SO SIEHT IHR LERNKONZEPT AUS

Schemata fassen Prüfungsbereiche konzentriert zusammen und dienen als Erinnerungsstütze, um die Prüfungsvorbereitung zu erleichtern.

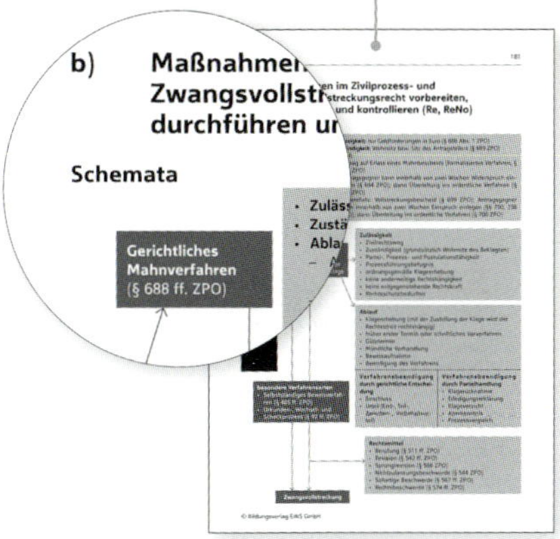

Anhand der fallbezogenen Aufgaben können Sie Ihren Wissensstand überprüfen und sich umfassend auf die Prüfung vorbereiten.

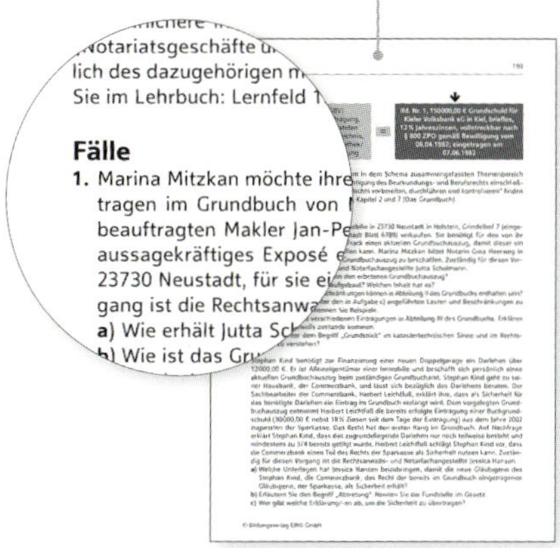

Das Konzept für Ihre erfolgreiche Zwischen- und Abschlussprüfung:

- → sowohl für die Prüfung zur/zum Rechtsanwaltsfachangestellten als auch für die Prüfung zur/zum Rechtsanwalts- und Notarfachangestellten bestens geeignet,
- → in übersichtlichen **Schemata** wird der Lernstoff kompakt zusammengefasst,
- → vielfältige **fallbezogene Aufgaben** vermitteln Wissen praxisnah,
- → mit **Lösungsvorschlägen** zu jeder Aufgabe bleibt genug Raum für alternative Antworten,
- → für den Kanzleialltag geeignet, denn Situationen müssen angemessen eingeschätzt, Gesetze richtig gedeutet und angewendet werden.

Zum Shop:

westermann.de/artikel/50524

ISBN	Titel	Beschreibung	Preis
978-3-427-**50524**-2	Übungsfälle	1. Auflage 2017, 351 Seiten	32,95 €

952.770 | Preisstand Januar 2022, Preisänderungen vorbehalten

Westermann Gruppe
c/o Bildungsmedien
Service GmbH

Bestellservice
Postfach 3320
38023 Braunschweig

T. +49 531 708 8614
F. +49 531 708 664
bestellung@westermanngruppe.de

westermann GRUPPE

Ihre Prüfungsbereiche ReFa und ReNo:

- → Kommunikation und Büroorganisation
- → Rechtsanwendung
- → Geschäfts- und Leistungsprozesse
- → Mandanten- (und Beteiligten)betreuung
- → Rechtsanwendung im Rechts- anwalts- (und Notar)bereich
- → Vergütung und Kosten
- → Wirtschafts- und Sozialkunde

RVG-Änderungen berücksichtigt. Dateien stehen kostenlos als Download zur Verfügung.

Übungsfälle für die Zwischen- und Abschlussprüfung

RECHT UND NOTARIAT

Bildungsverlag EINS   Winklers   westermann

westermann

Christine Kirsch, Martina Kober, Daniela Lampe, Elke Lange-Scholz, Petra Wronewitz

Herausgeberin: Martina Kober

Rechtsanwaltsfachangestellte

3. Ausbildungsjahr, fall- und praxisorientiert

3. Auflage

Bestellnummer 50716

Die in diesem Produkt gemachten Angaben zu Unternehmen (Namen, Internet- und E-Mail-Adressen, Handelsregistereintragungen, Bankverbindungen, Steuer-, Telefon- und Faxnummern und alle weiteren Angaben) sind i. d. R. fiktiv, d. h., sie stehen in keinem Zusammenhang mit einem real existierenden Unternehmen in der dargestellten oder einer ähnlichen Form. Dies gilt auch für alle Kunden, Lieferanten und sonstigen Geschäftspartner der Unternehmen wie z. B. Kreditinstitute, Versicherungsunternehmen und andere Dienstleistungsunternehmen. Ausschließlich zum Zwecke der Authentizität werden die Namen real existierender Unternehmen und z. B. im Fall von Kreditinstituten auch deren IBANs und BICs verwendet.

Zusatzmaterialien zu „Rechtsanwaltsfachangestellte – 3. Ausbildungsjahr, fall- und praxisorientiert"

Für Lehrerinnen und Lehrer

Lösungen: 978-3-427-50718-5
Lösungen Download: 978-3-427-50717-8
Lösungen zum Arbeitsheft: 978-3-427-50865-6
Lösungen zum Arbeitsheft Download: 978-3-427-50852-6

BiBox westermann inkl. E-Book

BiBox Einzellizenz für Lehrer/-innen (Dauerlizenz): 978-3-427-85466-1
BiBox Kollegiumslizenz für Lehrer/-innen (Dauerlizenz): 978-3-427-85695-5
BiBox Kollegiumslizenz für Lehrer/-innen (1 Schuljahr): 978-3-427-87734-9

Für Schülerinnen und Schüler

Arbeitsheft: 978-3-427-50848-9

BiBox westermann inkl. E-Book

BiBox Einzellizenz für Schüler/-innen (1 Schuljahr): 978-3-427-50793-2
BiBox Klassensatz PrintPlus (1 Schuljahr): 978-3-427-81453-5

westermann GRUPPE

Druck und Bindung: Westermann Druck GmbH, Georg-Westermann-Allee 66, 38104 Braunschweig

ISBN 978-3-427-**50716**-1

Vorwort

Liebe Auszubildende,
liebe Leserinnen und Leser,

das vorliegende Lehrbuch ist als Lehr- und Übungsbuch für das 3. Ausbildungsjahr gedacht. Dabei wurde der aktuelle Rahmenlehrplan mit den zu vermittelnden Lerninhalten und beruflichen Handlungskompetenzen berücksichtigt.

Das Autorenteam besteht aus praxisorientierten Fachleuten. Für die Erstellung dieses Lehrbuchs haben sich Juristinnen, Rechtsanwaltsfachangestellte und Berufsschullehrerinnen zusammengetan, um den Lesern eine Vielzahl von Erfahrungen aus der Berufspraxis zu prüfungsrelevanten Themen zu vermitteln.

Auf das Lernfeldkonzept entsprechend abgestimmt, wird der Inhalt mit der Berufspraxis und den damit verbundenen ökonomischen, ökologischen und sozialen Aspekten zusammengebracht. Dabei wird auch immer wieder auf die vorangegangenen Ausbildungsjahre Bezug genommen, in denen die Grundlagen gelegt wurden.

Da auch im 3. Ausbildungsjahr die Lernfelder bei den Rechtsanwaltsfachangestellten sowie den Rechtsanwalts- und Notarfachangestellten mit unterschiedlichen Schwerpunkten ausgestaltet sind, wurden diese für beide Ausbildungsgruppen getrennt aufbereitet. Das vorliegende Lehrbuch enthält die Lernfelder 11–14 für die Ausbildung zur/zum Rechtsanwaltsfachangestellten:

Lernfeld 11: Rechtsbehelfs- und Rechtsmittelverfahren begleiten
Lernfeld 12: Vorgänge in der Zwangsvollstreckung bearbeiten
Lernfeld 13: In familien- und erbrechtlichen Angelegenheiten tätig werden
Lernfeld 14: Besondere Verfahren bearbeiten

Die Intention der Lehrplankommission hinsichtlich des Lernfelds 14 ging dahin, die besonderen Verfahren ein Stück weit offen zu lassen, um den einzelnen Bundesländern die Möglichkeit zu geben, variabel und nach jeweiligem Bedarf auszubilden bzw. den Kompetenzerwerb zu ermöglichen. Das Autorenteam hat deshalb eine Vielzahl möglicher besonderer Verfahren im Buch abgedeckt.

Jedes Kapitel beginnt mit einer Lernsituation, die Arbeitsaufträge enthält, um Sie selbstständig an neue Lehrinhalte heranzuführen. Gleichzeitig ermöglicht dies, die Diskussion im Klassenverband mit dem Austausch von Erfahrungen aus der Praxis zu kombinieren. Damit ist dieses **Lehrbuch** nicht nur für den Unterricht in den jeweiligen Berufsschulen gedacht, sondern eignet sich auch als Begleiter für das Selbststudium zu Hause.

Die in diesem Buch dargestellten Beispiele und Überblicke erleichtern es, die behandelten Lehrinhalte zu festigen und übersichtlich darzustellen. Am Ende jedes Kapitels finden Sie Wiederholungs- und Vertiefungsfragen, mit denen Sie eine Erfolgskontrolle durchführen können.

Nicht nur zur Vorbereitung auf die Zwischen- und Abschlussprüfung dient der **Band „Übungsfälle“,** der beim Verlag käuflich erworben werden kann. Die hierin enthaltenen Übersichten und Aufgaben können auch zur Wiederholung und Vertiefung herangezogen werden.

Weitere Materialien stehen unter **BuchPlusWeb** auf der Homepage des Verlags und für Lehrkräfte im zum Band gehörenden **Lehrerhandbuch** zur Verfügung.

Zur besseren Verständlichkeit wird in diesem Buch die männliche Bezeichnung gewählt, die jeweils die weibliche und männliche Form umfasst.

Die Autoren

Inhaltsverzeichnis

Einleitung

Eine Kanzlei stellt sich vor

Annika Sauer hat die Realschule absolviert und sich für eine anschließende Berufsausbildung in einer Rechtsanwaltskanzlei entschieden.

Die Rechtsanwaltskanzlei als ihr Ausbildungsbetrieb

Rechtsanwältin Dr. Annette Neumann (50 Jahre alt) war zunächst als Einzelanwältin tätig. Nachdem die Mandate immer mehr wurden und sie die Arbeit nicht mehr alleine bewältigen konnte, gründete sie mit Rechtsanwalt Peter Huber (42 Jahre alt) eine Partnerschaft:

Dr. Neumann & Huber, Rechtsanwälte, Partnerschaft

mit dem Firmensitz in 67434 Neustadt an der Weinstraße, Grainstraße 101

Registergericht:	Amtsgericht Neustadt an der Weinstraße
Registernummer:	PR 956
Steuernummer:	310/556/1296
Zuständiges Finanzamt:	Finanzamt Darmstadt
Umsatzsteuer-Identifikations-Nummer:	DE573964122
Zuständige Rechtsanwaltskammer:	Pfälzische Rechtsanwaltskammer Zweibrücken
Betriebsnummer Sozialversicherung:	45567979

Im Einzelnen ist zu beiden Partnern Folgendes auszuführen:

	Rechtsanwältin Dr. Annette Neumann ist Fachanwältin für Verkehrsrecht und Mitglied der Arbeitsgemeinschaft Verkehrsrecht im Deutschen Anwaltverein (DAV). Weiterhin ist sie Vorsitzende des Prüfungsausschusses der Pfälzischen Rechtsanwaltskammer Zweibrücken für die Fachanwälte für Verkehrsrecht.
	Ihr Partner, Rechtsanwalt Peter Huber, ist Fachanwalt für Erbrecht und Mitglied im Deutschen Anwaltverein (DAV) und im Verband deutscher Anwälte e. V. (VDA).

Die Mitarbeiter der Rechtsanwaltskanzlei

Aufgrund der vielen Mandate hatten sich die beiden Partner vor einigen Jahren dafür entschieden, eine Rechtsanwältin einzustellen. Ihre Wahl fiel auf die mittlerweile 33-jährige Katharina Schuh, die bereits während ihres Referendariats für die beiden Partner Recherchetätigkeiten u. a. übernommen hat. Rechtsanwältin Katharina Schuh ist seit kurzem Fachanwältin für Familienrecht.

Die gute Seele der Kanzlei ist Marion Webermann. Die 37 Jahre alte Bürovorsteherin hat Rechtsanwältin Dr. Annette Neumann schon vor Gründung der Partnerschaft mit Rechtsanwalt Peter Huber bei der täglichen Arbeit unterstützt und entlastet.
Marion Webermann betreut auch die Auszubildende Annika Sauer (19 Jahre), die sich nun im 3. Ausbildungsjahr zur Rechtsanwaltsfachangestellten befindet.

Die 20-jährige Julia Hoffmann hat ihre Ausbildung abgeschlossen. Da sie keine passende Arbeitsstelle gefunden hat, hat sie sich nun doch entschlossen, ihr Abitur nachzuholen und Jura zu studieren. Daneben möchte sie etwas Geld verdienen. Deshalb hat sie das Angebot der Partnerschaft Dr. Neumann & Huber angenommen, auf Minijob-Basis Marion Webermann und Annika Sauer bei der täglichen Arbeit zu unterstützen.

Die Kontaktdaten der Rechtsanwaltskanzlei

Telefon:	+49 6321 5632-0
Telefax:	+49 6321 5632-15
Homepage:	www.rae-neumann-huber.de
E-Mail, allgemein:	info@rae-neumann-huber.de
E-Mail, personenbezogen:	Die beiden Partner und alle Mitarbeiter der Partnerschaft haben eine persönliche E-Mail-Adresse. Dabei ist der jeweilige Name dem @ vorangestellt. Beispiel: annette.neumann@rae-neumann-huber.de

Facebook:	www.facebook.com/rae-neumann-huber
Twitter:	https://twitter.com/rae-neumann-huber
Xing:	https://www.xing.com/companies/raeneumannhuber

Die Bankverbindungen der Rechtsanwaltskanzlei

Institut:	Commerzbank Neustadt a. d. Wstr.	Deutsche Bank Neustadt a. d. Wstr.
IBAN:	DE41 5464 0035 0012 5832 19	DE52 5467 0095 0096 7844 58

Die Zusammenarbeit der Rechtsanwaltskanzlei mit einem Notariat

Die Partnerschaft Dr. Neumann & Huber arbeitet mit Rechtsanwältin und Notarin Katharina Marschner zusammen.

Ein Notariat stellt sich vor

Oxana Schuhmann hat die Gesamtschule absolviert und sich für eine anschließende Berufsausbildung zur Rechtsanwalts- und Notarfachangestellten entschieden.

Das Notariat als ihr Ausbildungsbetrieb

Katharina Marschner ist 39 Jahre alt. Sie ist Rechtsanwältin und versieht auch die Amtstätigkeit als Notarin. Sie ist Mitglied beim Deutschen Notarverein e. V.

Rechtsanwältin und Notarin Katharina Marschner
mit dem Sitz in 64283 Darmstadt, Wilhelminenplatz 220

Steuernummer:	315/651/1445
Zuständiges Finanzamt:	Finanzamt Darmstadt
Umsatzsteuer-Identifikations-Nummer:	DE999999999
Zuständige Rechtsanwaltskammer:	Rechtsanwaltskammer Frankfurt a. M.
Zuständige Notarkammer:	Notarkammer Frankfurt a. M.
Betriebsnummer Sozialversicherung:	67395638

Die Mitarbeiter des Notariats

Die 26-jährige Rechtsanwalts- und Notarfachangestellte Jana Seidel arbeitet schon seit Eröffnung der Kanzlei mit Katharina Marschner zusammen. Sie betreut auch die Auszubildende in der Kanzlei. Oxana Schuhmann (19 Jahre alt) befindet sich im 3. Ausbildungsjahr zur Rechtsanwalts- und Notarfachangestellten. Neben anwaltlichen Aufgaben wird sie vermehrt mit Notariatsaufgaben betraut. Sie ist sehr engagiert dabei.

Die Kontaktdaten des Notariats

Telefon:	+49 621 9999999-0
Telefax:	+49 621 9999999-1
Homepage:	www.ra-marschner.de
E-Mail, allgemein:	kontakt@ra-marschner.de
E-Mail, personenbezogen:	Die Rechtsanwältin und Notarin sowie ihre Mitarbeiter haben jeweils eine persönliche E-Mail-Adresse. Dabei ist der jeweilige Name dem @ vorangestellt. Beispiel: oxana-schuhmann@ra-marschner.de
Facebook:	www.facebook.com/ra-marschner
Twitter:	https://twitter.com/ra-marschner
Xing:	https://www.xing.com/companies/ramarschner

Die Bankverbindung des Notariats

Institut:	Commerzbank Darmstadt
IBAN:	DE41 5084 0005 0000 5638 12

Lernfeld 11 – Kompetenzen

In diesem Lernfeld lernen Sie:

Kapitel 1 **Rechtsbehelfe und Rechtsmittel**	• Rechtsbehelfe von Rechtsmitteln abzugrenzen • das richtige Rechtsmittel gegen eine bestimmte gerichtliche Entscheidung zu wählen • die Zulässigkeitsvoraussetzungen einer Berufung zu prüfen • welche Fristen im Zusammenhang mit der Berufung zu beachten sind • in welchen Fällen eine Berufung begründet sein kann • die Zulässigkeitsvoraussetzungen einer Revision zu prüfen • welche Fristen im Zusammenhang mit der Revision zu beachten sind • in welchen Fällen eine Revision begründet sein kann • die Besonderheiten bei der Sprungrevision zu beachten • die Zulässigkeitsvoraussetzungen der sofortigen Beschwerde und der Rechtsbeschwerde zu prüfen • welche Fristen im Zusammenhang mit der Einlegung von Beschwerden zu beachten sind • gegen welche Fristen Wiedereinsetzung in den vorigen Stand beantragt werden kann • die Zulässigkeitsvoraussetzungen eines Wiedereinsetzungsantrags • einen Wiedereinsetzungsantrag zu begründen und welches typische Fälle für ein unverschuldetes Fristversäumnis sind

Kapitel 2 **Rechtsanwaltsgebühren in Rechtsbehelfs- und Rechtsmittelverfahren**	• den Gegenstands- bzw. Streitwert zu ermitteln, der den Verfahren zugrunde liegt • die Gebühren und Auslagen in Berufungs- und Revisionsverfahren richtig abzurechnen • die Gebühren und Auslagen in Rechtsbehelfsverfahren richtig abzurechnen • eine eventuelle Gebührenanrechnung auf die entstehenden Gebühren zu beachten und vorzunehmen • bei sog. Mischfällen die Gebührenbegrenzung gem. § 15 Abs. 3 RVG zu beachten und vorzunehmen

Kapitel 3 **Führen des erforderlichen Schriftverkehrs**	• Kostenrechnungen normgerecht zu erstellen und zu gestalten • Schriftstücke an Gerichte, Mandanten und sonstige Beteiligte effizient und normgerecht zu erstellen und zu gestalten • Schnellbausteinkataloge zu erstellen und anzuwenden

Lernfeld 11: Rechtsbehelfs- und Rechtsmittelverfahren begleiten

1 Rechtsbehelfe und Rechtsmittel

Auch Richter können Fehlentscheidungen treffen. Daher ist es für eine funktionierende Rechtsordnung unabdingbar, dass Entscheidungen überprüfbar und ggf. korrigierbar sind. Rechtsbehelfe ermöglichen diese Korrektur und sichern damit das Recht auf Gewährung wirkungsvollen Rechtsschutzes (Art. 19 Abs. 4 GG) sowie das Recht auf ein faires Verfahren (Art. 2 Abs. 1 GG i. V. m. Art. 20 Abs. 3 GG, vgl. auch Art. 6 Abs. 1 EMRK) und den Rechtsfrieden.

Lernsituation

Rechtsanwältin Katharina Schuh vertritt Vivianna Lertwirojkul in einem Rechtsstreit vor dem AG Neustadt an der Weinstraße. In dem Verfahren möchte die Mandantin Mietrückstände aus der Vermietung einer Zweizimmerwohnung in Höhe von 1.433,16 € einklagen.

Das Gericht spricht der Mandantin jedoch nur einen Betrag in Höhe von 827,56 € zu. Das Urteil mit dem Az.: 4 C 546/17 wird am 18.10.2022 zugestellt. Die Berufung wurde darin nicht zugelassen.

Vivianna Lertwirojkul ist mit dem Urteil nicht zufrieden und bittet daher Rechtsanwältin Katharina Schuh, das Verfahren weiter zu betreiben.

Annika Sauer erhält den Auftrag, alles für die Einlegung des Rechtsmittels vorzubereiten.

Arbeitsaufträge:

a) Überlegen Sie in Partnerarbeit, was ein Rechtsmittel von einem Rechtsbehelf im engeren Sinn unterscheidet. Ist der Antrag auf Tatbestandsberichtigung gem. § 320 ZPO nach diesen Kriterien ein Rechtsmittel? Notieren Sie Ihr Ergebnis.

b) Erstellen Sie eine Mindmap zur Unterscheidung von Rechtsmittel und Rechtsbehelf mit Beispielen.

c) Wie kann Vivianna Lertwirojkul gegen das Urteil vorgehen? Prüfen Sie die Zulässigkeit des Rechtsmittels und notieren Sie Ihr Ergebnis stichpunktartig. Notieren Sie dabei auch die Anschrift des zuständigen Gerichts und alle relevanten Fristen.

d) In der nächsten Instanz wird die Hauptsache in der mündlichen Verhandlung für erledigt erklärt. Am 29.03.2023 wird der Beschluss zugestellt, der die gesamten Kosten Vivianna Lertwirojkul auferlegt. Recherchieren Sie in Gruppenarbeit im Gesetz, wie Rechtsanwältin Katharina Schuh dagegen vorgehen kann und notieren Sie die relevanten Fristen.

e) Reflektieren Sie anschließend Ihr Wissen anhand des Fragebogens, den Sie im Downloadbereich zum Buch finden.

Web

1.1 Begrifflichkeiten

Es gibt zahlreiche Möglichkeiten, Entscheidungen zu korrigieren oder abzuändern. Diese Möglichkeiten unterscheiden sich teilweise in ihren Wirkungen, weisen jedoch auch viele Gemeinsamkeiten auf, die im Folgenden dargestellt werden. Besonders bedeutende und in der Praxis häufig vorkommende Rechtsbehelfe im zivilrechtlichen Erkenntnisverfahren werden in den folgenden Kap. 1.2 – 1.5 dargestellt. Daneben gibt es auch im Zwangsvollstreckungsverfahren Rechtsbehelfe, die in LF 12, Kap. 3 behandelt werden.

1.1.1 Abgrenzung zwischen Rechtsbehelfen und Rechtsmitteln

Alle zugelassenen Mittel, mit denen ein nachteiliger Rechtszustand bzw. eine behördliche oder gerichtliche Entscheidung angefochten werden kann, werden als **Rechtsbehelfe** bezeichnet.

Rechtsbehelfe können, je nachdem gegen wen bzw. was sie gerichtet sind, wie folgt unterschieden werden:

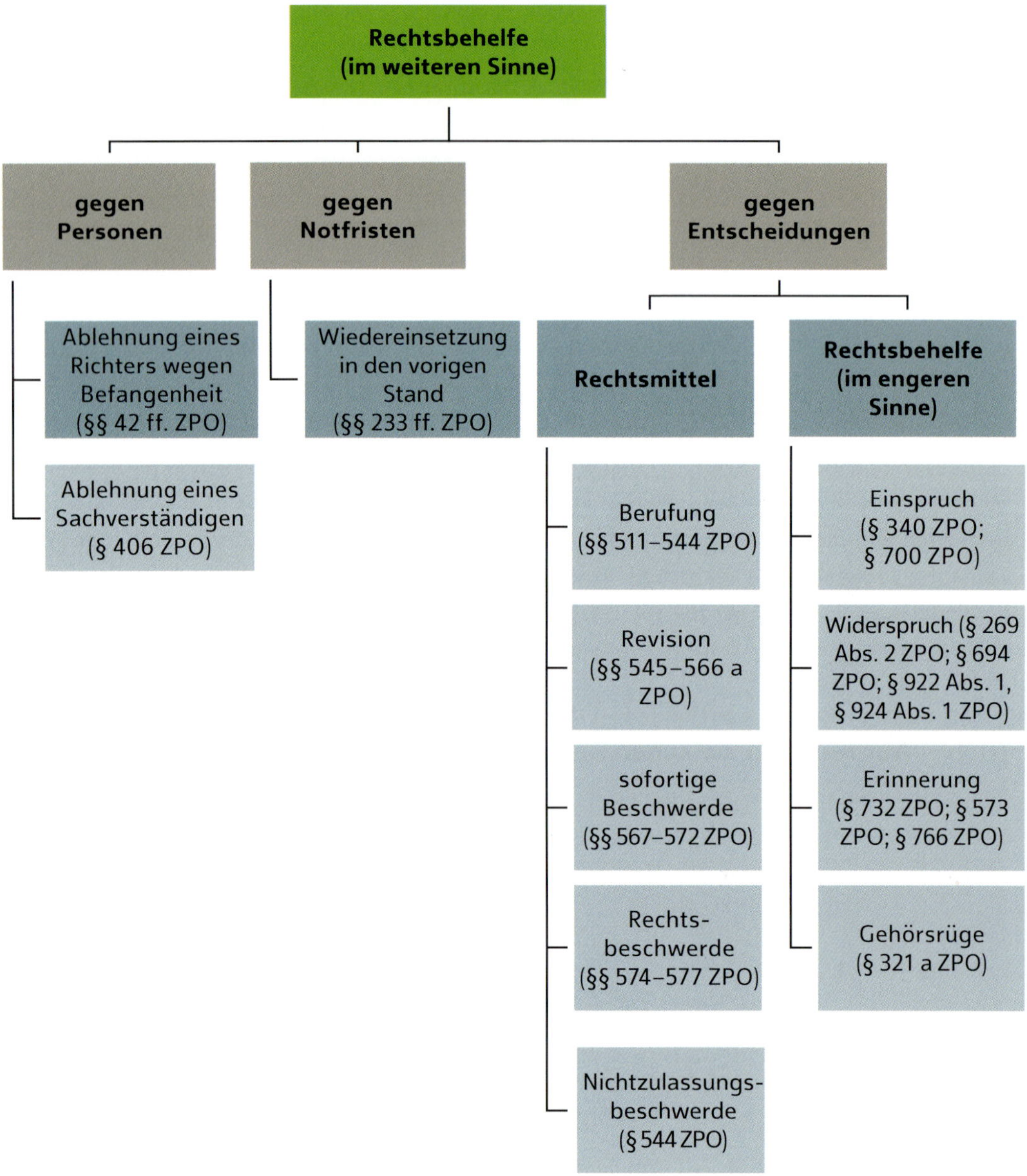

Rechtsbehelf ist somit der Oberbegriff, der Rechtsmittel und Rechtsbehelfe im engeren Sinne umfasst.

Merke: Rechtsbehelfe im weiteren Sinne = Rechtsmittel + Rechtsbehelfe im engeren Sinne.

Rechtsmittel sind Rechtsbehelfe, mit denen gerichtliche Entscheidungen angegriffen werden und deren Einlegung dazu führt, dass ein höheres Gericht die angefochtene Entscheidung überprüft.

Rechtsmittel haben daher im Unterschied zu Rechtsbehelfen im engeren Sinn zwei charakteristische Wirkungen:

- Der **Suspensiveffekt** (auch als Hemmungswirkung bezeichnet) bewirkt, dass gem. § 705 S. 2 ZPO die formelle Rechtskraft der Entscheidung gehemmt wird. Die Entscheidung wird also nicht „wirksam", bis nicht abschließend über das Rechtsmittel entschieden wurde. Die formelle Rechtskraft ist gem. § 704 Abs. 1 ZPO Voraussetzung für die Zwangsvollstreckung. In der Praxis werden Urteile jedoch in der Regel für „vorläufig vollstreckbar" erklärt, sodass sie gegen eine Sicherheitsleistung vollstreckt werden können. vgl. LF 12, Kap. 1.3
- Der **Devolutiveffekt** (auch als Abwälzungswirkung bezeichnet) bewirkt, dass ein Rechtsstreit in einer höheren Instanz anhängig wird, also ein höheres Gericht mit der Entscheidung betraut wird.

Die in der ZPO geregelten wichtigsten Rechtsmittel sind die Berufung (§§ 511–544 ZPO), die Revision (§§ 545–566 a ZPO) und die Beschwerde (§§ 567–577 a ZPO). vgl. LF 11, Kap. 1.2–1.4

Rechtsbehelfe im engeren Sinne sind sonstige prozessrechtliche Möglichkeiten zur Überprüfung gerichtlicher Entscheidungen, die diese Effekte nicht haben.

▶ Beispiel: Beim Widerspruch und Einspruch im Mahnverfahren gem. §§ 694 bzw. 700 Abs. 3 ZPO entscheidet das Gericht der gleichen Instanz. Diese Rechtsbehelfe haben somit keinen Devolutiveffekt und sind daher keine Rechtsmittel.

Die häufigsten Rechtsbehelfe im engeren Sinne sind:

- Der **Einspruch:** Er ist statthaft gegen erste echte Versäumnisurteile (§§ 338, 345 ZPO) und gegen Vollstreckungsbescheide (§ 700 ZPO).
- Der **Widerspruch:** Er ist statthaft gegen Arrestbeschlüsse und einstweilige Verfügungen, welche ohne mündliche Verhandlung ergehen (§§ 936, 924 ZPO) sowie gegen einen Mahnbescheid (§ 694 Abs. 1 ZPO). vgl. LF 12, Kap. 2.7.1, 2.7.2, LF 9 (ReFa), Kap. 1
- **Die Erinnerung:** Sie ist statthaft gegen Entscheidungen des beauftragten oder ersuchten Richters oder gegen Entscheidungen des Urkundsbeamten der Geschäftsstelle (§ 573 Abs. 1 ZPO) sowie Entscheidungen des Rechtspflegers, gegen welche nach allgemeinen Regeln kein Rechtsmittel gegeben ist (vgl. § 11 Abs. 2 RPflG). vgl. LF 12, Kap. 3.1.1

Web

Im Downloadbereich zum Buch finden Sie eine Übersicht gängiger Rechtsbehelfe im Zivilverfahren und der dazugehörigen Fristen.

1.1.2 Das Verschlechterungsverbot

Bei Rechtsbehelfen in Zivilverfahren besteht ein **Verschlechterungsverbot (sog. Verbot der reformatio in peius)**. Dieses besagt, dass die angefochtene Entscheidung nicht zum Nachteil des Rechtsbehelfsführers verändert werden darf (vgl. § 528 S. 2 ZPO). Dies ist Ausfluss der Dispositionsmaxime. Das erstinstanzliche Urteil darf nur insofern abgeändert werden, als die Abänderung beantragt wurde.

vgl. LF 10, Kap. 1.1.1

▶ Beispiel: Jaron Winterkorn hat Klage auf Zahlung einer Werklohnforderung in Höhe von 2.275,00 € erhoben. In erster Instanz wurden ihm jedoch nur 1.300,00 € zugesprochen. Er legt gegen das Urteil Berufung ein, da er der Meinung ist, dass ihm der volle Betrag zusteht. Das Berufungsgericht darf ihm nicht weniger als 1.300,00 € zusprechen, auch wenn es der Meinung ist, dass die ursprüngliche Klage vollumfänglich unbegründet war.

Eine **Ausnahme** vom Verschlechterungsverbot stellt jedoch die **Anschlussberufung** (§ 524 ZPO) bzw. **Anschlussrevision** (§ 554 ZPO) dar. In diesen Fällen legt der Gegner das gleiche Rechtsmittel ein und beantragt, die Entscheidung zu seinen Gunsten (und damit auch gleichzeitig zum Nachteil des Gegners) zu ändern.

1.1.3 Zulässigkeit und Begründetheit von Rechtsbehelfen

Rechtsbehelfe (im weiteren Sinne) müssen – wie Klagen auch – **zulässig** und **begründet** sein, um erfolgreich zu sein. Das Gericht wird also stets prüfen, ob die formalen Voraussetzungen (Statthaftigkeit, Zuständigkeit, Form, Frist, Beschwer) und die materiellen Voraussetzungen (Verletzung eines Rechts) vorliegen.

Ist der Rechtsbehelf unzulässig, so wird er durch Urteil oder Beschluss **verworfen** (vgl. § 522 Abs. 1 S. 2 ZPO). Ist der Rechtsbehelf unbegründet, so wird er **zurückgewiesen** (vgl. § 522 Abs. 2 ZPO).

1.2 Die Berufung

Im Berufungsverfahren wird ein Urteil in rechtlicher und tatsächlicher Hinsicht überprüft. Das Berufungsgericht kann bzw. muss eigene Tatsachenfeststellungen treffen und dazu auch ggf. die Beweisaufnahme wiederholen.

1.2.1 Statthaftigkeit

Die Berufung ist gem. § 511 Abs. 1 ZPO grds. nur statthaft gegen **Endurteile** der ersten Instanz.

Darüber hinaus ist sie statthaft gegen solche Urteile, die aufgrund einer gesetzlichen Regelung einem Endurteil **gleichgestellt** sind.

▶ Beispiele: Zwischenurteil bei Verhandlung über die Zulässigkeit gem. § 280 Abs. 2 ZPO; Vorbehaltsurteil über eine Aufrechnung gem. § 302 Abs. 3 ZPO; Zwischenurteil über den Grund eines Anspruchs gem. § 304 Abs. 2 ZPO; zweites Versäumnisurteil mit der Behauptung fehlender Säumnis gem. § 514 Abs. 2 ZPO; Vorbehaltsurteil gem. § 599 Abs. 3 ZPO

Die Berufung kann nur durch die **Parteien der ersten Instanz** oder einen **Streithelfer** (vgl. §§ 70 Abs. 1, 66 Abs. 2 ZPO) eingelegt werden.

1.2.2 Zuständigkeit

Zuständig für die Berufung ist die **nächsthöhere Instanz**. Gegen ein Urteil des **Amtsgerichts** ist also die Berufung beim **Landgericht** einzulegen (vgl. §§ 72, 119 GVG), gegen ein Urteil des **Landgerichts** beim **Oberlandesgericht** (vgl. § 119 Abs. 1 Nr. 2 GVG).

In **Familiensachen** ist gem. § 119 Abs. 1 Nr. 1 a GVG das **Oberlandesgericht** für die Berufung zuständig.

Das Berufungsgericht entscheidet grds. durch ein **Kollegialorgan** (also als Kammer beim LG bzw. Senat beim OLG). Die Führung des Berufungsverfahrens kann jedoch gem. § 526 Abs. 1 ZPO einem **Einzelrichter** übertragen werden, wenn die erstinstanzliche Entscheidung von einem Einzelrichter getroffen wurde, die Sache keine besonderen Schwierigkeiten tatsächlicher oder rechtlicher Art aufweist, die Rechtssache keine grundsätzliche Bedeutung hat und nicht bereits im Haupttermin zur Hauptsache verhandelt worden ist.

1.2.3 Form

Die Berufungsschrift muss **schriftlich** eingereicht werden und gem. § 130 Nr. 6 ZPO (durch einen Rechtsanwalt) unterzeichnet sein. Gemäß § 519 Abs. 2 ZPO muss darin das angefochtene Urteil durch **Angabe des Aktenzeichens** deutlich gemacht werden. Zudem soll eine Ausfertigung oder beglaubigte **Abschrift des angefochtenen Urteils** vorgelegt werden (vgl. § 519 Abs. 3 ZPO).

vgl. LF 10, Kap. 2.2.6

Hinweis: Da das Berufungsgericht immer ein LG oder OLG ist, kann eine Berufung gem. § 78 Abs. 1 S. 1 ZPO nur durch einen Rechtsanwalt eingelegt werden.

Die Berufung muss zudem (üblicherweise in einem gesonderten Schriftsatz) **begründet** werden und dabei folgende Angaben enthalten:

- die **Berufungsanträge**, also die Erklärung, inwieweit das erstinstanzliche Urteil angefochten wird und welche Abänderungen des Urteils beantragt werden (§ 520 Abs. 3 Nr. 1 ZPO)
- die Bezeichnung der Umstände, aus denen sich die **Rechtsverletzung** und deren Erheblichkeit für die angefochtene Entscheidung ergibt (§ 520 Abs. 3 Nr. 2 ZPO)
- die Bezeichnung konkreter Anhaltspunkte, die **Zweifel** an der Richtigkeit oder Vollständigkeit der **Tatsachenfeststellungen** im angefochtenen Urteil begründen und deshalb eine erneute Feststellung gebieten (§ 520 Abs. 3 Nr. 3 ZPO)
- die Bezeichnung der **neuen Angriffs- und Verteidigungsmittel** sowie der Tatsachen, aufgrund derer die neuen Angriffs- und Verteidigungsmittel nach § 531 Abs. 2 ZPO zuzulassen sind (§ 520 Abs. 3 Nr. 4 ZPO)

1.2.4 Frist

vgl. LF 4, Kap. 2.2.2

Die **Frist für die Einlegung der Berufung** beträgt gem. § 517 ZPO **einen Monat** ab Zustellung des Urteils in vollständiger Form. Die Berechnung der Einlegungsfrist erfolgt nach § 222 ZPO i. V. m. §§ 187, 188 BGB.

vgl. LF 10, Kap. 1.1.7, LF 11, Kap. 1.5

Es handelt sich dabei um eine **Notfrist.** Wird sie versäumt, kommt nur die Wiedereinsetzung in den vorigen Stand infrage.

vgl. LF 11, Kap. 1.5

Die **Frist für die Berufungsbegründung** beträgt gem. § 520 ZPO **zwei Monate** ab Zustellung des Urteils in vollständiger Form. Hierbei handelt es sich jedoch um **keine Notfrist**, sodass auf Antrag eine **Verlängerung möglich** ist. Zudem kann gem. § 233 ZPO **Wiedereinsetzung in den vorigen Stand** beantragt werden. Gemäß § 520 Abs. 2 S. 3 ZPO ist eine Verlängerung von bis zu einem Monat durch den Vorsitzenden möglich, wenn hierdurch keine Verzögerung entsteht, anderenfalls nach § 520 Abs. 2 S. 2 ZPO nur mit Zustimmung des Gegners.

Beide Fristen beginnen spätestens mit Ablauf von fünf Monaten nach der Verkündung des Urteils (vgl. § 517 2. Hs. ZPO bzw. § 520 Abs. 2 S. 1 2. Hs. ZPO).

1.2.5 Beschwer

Der Berufungsführer muss beschwert sein.

Der **Kläger** der ersten Instanz ist beschwert, wenn das Urteil zu seinem Nachteil von den gestellten Klageanträgen abweicht. Der **Beklagte** ist beschwert, wenn ihn das erstinstanzliche Urteil rechtlich belastet, er also verurteilt wurde.

▶ Beispiel: Friso Jansen hat in einem Verfahren im Zusammenhang mit einem Verkehrsunfall vollständig recht bekommen. Nun möchte er jedoch Berufung einlegen, da er meint, dass er ein höheres Schmerzensgeld hätte beantragen können. Die Berufung ist unzulässig, da Friso Jansen nicht beschwert ist.

Die **Berufungssumme** (also die Differenz aus dem erstinstanzlichem Antrag und dem im Urteil zugesprochenen Betrag) muss zudem entweder **600,00 €** übersteigen oder die Berufung muss vom erstinstanzlichen Gericht ausdrücklich gem. § 511 Abs. 2 Nr. 1 und 2 ZPO zugelassen worden sein.

Die **Zulassung** erfolgt gem. § 511 Abs. 4 ZPO, wenn die Rechtssache grundsätzliche Bedeutung hat oder die Fortbildung des Rechts oder die Sicherung einer einheitlichen Rechtsprechung eine Entscheidung des Berufungsgerichts erfordert. Das Berufungsgericht ist an die Zulassung gebunden und muss somit in der Sache entscheiden. Eine Nichtzulassungsbeschwerde gibt es in solchen Fällen nicht.

1.2.6 Begründetheit

Im Rahmen der Begründetheit wird überprüft, ob **die erstinstanzliche Klage zulässig und begründet** ist.

Die Berufung ist somit begründet, wenn eine erneute Überprüfung der Sach- und Rechtslage ergibt, dass das erstinstanzliche Urteil abzuändern ist, und unbegründet, wenn das Berufungsgericht zu demselben Ergebnis gelangt wie das Gericht erster Instanz.

Die Berufung muss dabei gem. § 513 Abs. 1 ZPO auf einen Berufungsgrund gestützt werden. Diese sind:

- **Vorliegen einer Rechtsverletzung** (§ 546 ZPO): Überprüft wird, ob eine prozessuale oder materielle Rechtsnorm nicht oder nicht richtig angewendet wurde. Bei der Prüfung ist das Gericht gem. § 529 Abs. 2 S. 2 ZPO nicht auf die vorgebrachten Berufungsgründe beschränkt.

  ▶ Beispiele: Das erstinstanzliche Gericht hat eine Norm angewandt, die nicht mehr in Kraft ist. Das Gericht der ersten Instanz hat den Inhalt von AGB falsch ausgelegt. Das Gericht erster Instanz hat den ermittelten Sachverhalt falsch unter die angewendete Rechtsnorm subsumiert.

- **Unrichtige Tatsachenfeststellung der ersten Instanz** (§ 529 Abs. 1 Nr. 1 ZPO): Das Berufungsgericht ist grds. an die Tatsachenfeststellung der ersten Instanz gebunden. Bestehen jedoch erhebliche Zweifel an der Richtigkeit oder Vollständigkeit der Tatsachenfeststellung, muss die Beweisaufnahme wiederholt werden.

  ▶ Beispiel: Die protokollierte Aussage des Zeugen steht in Widerspruch zu den Urteilsgründen.

- **Zulässiger neuer Tatsachenvortrag** (§§ 529 Abs. 1 Nr. 2, 531 Abs. 2 ZPO): Grundsätzlich dürfen im Berufungsverfahren keine neuen Tatsachen vorgebracht werden, da diese präkludiert, also verspätet sind. Neue Tatsachen dürfen jedoch ausnahmsweise vorgebracht werden, wenn sie einen Gesichtspunkt betreffen, der vom Gericht des ersten Rechtszugs erkennbar übersehen oder für unerheblich gehalten worden ist oder sie infolge eines Verfahrensmangels im ersten Rechtszug nicht geltend gemacht wurden oder sie im ersten Rechtszug nicht geltend gemacht worden sind, ohne dass dies auf einer Nachlässigkeit der Partei beruht.

  ▶ Beispiel: In erster Instanz wurde die Klage von Hartmut Senkpiehl abgelehnt, da das Gericht der Auffassung war, dass er die streitgegenständliche Forderung abgetreten hatte. Hartmut Senkpiehl hatte zu dieser Frage nichts vorgetragen, ein entsprechender richterlicher Hinweis gem. § 139 ZPO ist jedoch auch nicht ergangen. Hartmut Senkpiehl kann daher mangels Nachlässigkeit noch zur Frage der Abtretung im Berufungsverfahren vortragen.

Die **örtliche oder sachliche Unzuständigkeit** des erstinstanzlichen Gerichts ist gem. § 513 Abs. 2 ZPO **kein Berufungsgrund**.

1.2.7 Entscheidung

vgl. LF 11, Kap. 1.4.2

Ist die Berufung **unzulässig,** so wird sie **verworfen** (§ 522 Abs. 1 S. 2 ZPO). Gegen diesen Beschluss ist die **Rechtsbeschwerde** gem. § 522 Abs. 1 S. 4 ZPO statthaft.

Ist die Berufung zwar **zulässig, aber** geht das Gericht davon aus, dass
- die Berufung **keine Aussicht auf Erfolg**,
- die Rechtssache keine grundsätzliche Bedeutung hat,
- eine Entscheidung durch das Berufungsgericht der Fortbildung des Rechts nicht dient oder eine Entscheidung durch das Berufungsgericht zur Sicherung einer einheitlichen Rechtsprechung nicht erforderlich ist und
- keine mündliche Verhandlung erforderlich ist,

so soll es die Berufung gem. § 522 Abs. 2 ZPO **unverzüglich zurückweisen**. Die Zurückweisung ist also nicht zwingend.

Gegen den Zurückweisungsbeschluss kann gem. § 522 Abs. 3 ZPO **Nichtzulassungsbeschwerde** gem. § 544 ZPO eingelegt werden. vgl. LF 11, Kap. 1.4.3

Ist die Berufung **zulässig und begründet**, so wird das erstinstanzliche Urteil **aufgehoben** und das Berufungsgericht **entscheidet** grds. gem. § 538 Abs. 1 ZPO **selbst** in der Sache. Nur in den in § 538 Abs. 2 ZPO genannten Fällen kann es die Sache an das erstinstanzliche Gericht **zurückverweisen**, wo erneut über die Sache verhandelt (und auch über die Kosten entschieden) wird. Entscheidet das Berufungsgericht selbst, so bestimmt es unverzüglich den Termin zur mündlichen Verhandlung (§ 523 Abs. 1 ZPO) und das eigentliche Berufungsverfahren beginnt. Das erstinstanzliche Urteil wird somit bis zum Abschluss des Rechtsmittelverfahrens nicht rechtskräftig. Das Berufungsgericht kann selbst Beweise erheben.

1.3 Die Revision

Die Revision eröffnet im Gegensatz zur Berufung keine neue Tatsacheninstanz, sondern dient nur der Überprüfung von Rechtsfehlern. Es findet also keine Beweisaufnahme statt und der durch die Vorinstanzen festgestellte Sachverhalt wird der Entscheidung zugrunde gelegt. Der vorrangige Zweck der Revision ist Rechtsfortbildung und -vereinheitlichung und weniger die Klärung eines bestimmten Einzelfalls.

1.3.1 Statthaftigkeit

Die Revision ist gem. § 542 Abs. 1 ZPO grds. nur statthaft gegen **Endurteile** der Berufungsinstanz (außer im Fall der Sprungrevision). Gegen Urteile im einstweiligen Rechtsschutz ist sie nicht statthaft. vgl. LF 11, Kap. 1.3.8

Die Revision muss zudem gem. § 543 Abs. 1 Nr. 1 ZPO **durch das Berufungsgericht zugelassen** worden sein. Im Gegensatz zur Berufung ist also eine Revision ohne ausdrückliche Zulassung nicht möglich. Zugelassen wird die Revision, wenn die Rechtssache grundsätzliche Bedeutung hat oder die Fortbildung des Rechts oder die Sicherung einer einheitlichen Rechtsprechung eine Entscheidung des Revisionsgerichts erfordert (vgl. § 543 Abs. 2 ZPO).

Wird die Revision nicht zugelassen, so kann dagegen **Nichtzulassungsbeschwerde** gem. § 544 ZPO eingelegt werden. vgl. LF 11, Kap. 1.4.3

Das Revisionsgericht ist an die Zulassung durch das Berufungsgericht gebunden. Gemäß § 552 a ZPO kann das Revisionsgericht die von dem Berufungsgericht zugelassene Revision jedoch durch einstimmigen Beschluss zurückweisen, wenn es davon überzeugt ist, dass die Voraussetzungen für die Zulassung der Revision nicht vorliegen und die Revision keine Aussicht auf Erfolg hat.

1.3.2 Zuständigkeit

Zuständig für die Revision ist gem. § 133 GVG der **Bundesgerichtshof**.

1.3.3 Form

Die Berufungsschrift muss **schriftlich** eingereicht werden und gem. § 130 Nr. 6 ZPO durch einen beim BGH zugelassenen Rechtsanwalt unterzeichnet sein. Gemäß § 549 Abs. 2 Nr. 1 ZPO muss darin das angefochtene Urteil durch **Angabe des Aktenzeichens** deutlich gemacht werden.

vgl. LF 10, Kap. 2.2.6

Hinweis: Vor dem Bundesgerichtshof müssen sich die Parteien gem. § 78 Abs. 1 S. 3 ZPO durch einen bei dem Bundesgerichtshof zugelassenen Rechtsanwalt vertreten lassen, d. h., nur dieser kann die Revision wirksam einlegen. Eine Liste der (weniger als 50) zugelassenen Rechtsanwälte findet sich unter: https://www.rak-bgh.de/verzeichnis/

Die Revision muss zudem **begründet** werden und dabei folgende Angaben enthalten:

- die **Revisionsanträge**, also die Erklärung, inwieweit das Urteil angefochten und dessen Aufhebung beantragt wird (§ 551 Abs. 3 Nr. 1 ZPO)
- die Angabe der Revisionsgründe (§ 551 Abs. 3 Nr. 2 ZPO)

1.3.4 Frist

vgl. LF 4, Kap. 2.2.2

Die **Frist für die Einlegung der Revision** beträgt gem. § 548 ZPO **einen Monat** ab Zustellung des Berufungsurteils in vollständiger Form. Die Berechnung der Einlegungsfrist erfolgt nach § 222 ZPO i. V. m. §§ 187, 188 BGB.

vgl. LF 10, Kap. 1.1.7, LF 11, Kap. 1.5

Es handelt sich dabei um eine **Notfrist**. Wird sie versäumt, kommt nur die Wiedereinsetzung in den vorigen Stand infrage.

vgl. LF 11, Kap. 1.5

Die **Frist für die Revisionsbegründung** beträgt gem. § 551 Abs. 2 S. 2 ZPO **zwei Monate** ab Zustellung des Berufungsurteils in vollständiger Form. Hierbei handelt es sich jedoch um keine Notfrist, sodass auf Antrag eine **Verlängerung**, aber gem. § 233 ZPO auch die **Wiedereinsetzung in den vorigen Stand möglich** ist. Gemäß § 551 Abs. 2 S. 4 ZPO kann die Frist auf Antrag von dem Vorsitzenden verlängert werden, wenn der Gegner einwilligt. Ohne Einwilligung kann gem. § 551 Abs. 2 S. 5 ZPO die Frist um bis zu zwei Monate verlängert werden, wenn nach freier Überzeugung des Vorsitzenden der Rechtsstreit durch die Verlängerung nicht verzögert wird oder wenn der Revisionskläger erhebliche Gründe darlegt. Kann dem Revisionskläger innerhalb dieser Frist Einsicht in die Prozessakten nicht für einen angemessenen Zeitraum gewährt werden, kann der Vorsitzende auf Antrag die Frist um bis zu zwei Monate nach Übersendung der Prozessakten verlängern.

Beide Fristen beginnen spätestens mit Ablauf von fünf Monaten nach der Verkündung des Urteils (vgl. § 548 2. Hs. ZPO bzw. § 551 Abs. 2 S. 3 2. Hs. ZPO).

1.3.5 Beschwer

Wie bei der Berufung auch, muss der Rechtsmittelführer durch die angefochtene Entscheidung beschwert sein, die Entscheidung muss also zu seinem Nachteil ausgefallen sein. Eine bestimmte **Wertgrenze** wie bei der Berufung gibt es jedoch nicht.

1.3.6 Begründetheit

Die Revision muss gem. § 513 Abs. 1 ZPO auf einen Revisionsgrund gestützt werden. Dabei werden folgende Arten von Revisionsgründen unterschieden:

- **Verfahrensmängel** (vgl. § 557 Abs. 3 S. 2 ZPO): Unterschieden wird dabei zwischen den in § 547 ZPO aufgezählten absoluten und relativen Revisionsgründen.
  Bei **absoluten Revisionsgründen** wird davon ausgegangen, dass die Entscheidung stets auf einer Verletzung des Rechts beruht, ohne dass eine weitere Begründung erforderlich ist.

  ▶ Beispiele: Absolute Revisionsgründe sind schwerwiegende Verstöße wie die nicht vorschriftsmäßige Besetzung des erkennenden Gerichts, die Befangenheit eines Richters oder wenn bei der mündlichen Verhandlung die Öffentlichkeit des Verfahrens nicht eingehalten wurde.

  Bei **relativen Revisionsgründen** muss hingegen die Entscheidungserheblichkeit dargelegt werden. Es muss also aufgezeigt werden, inwieweit das Urteil auf diesem Rechtsverstoß beruht, und dass bei richtiger Rechtsanwendung die Entscheidung anders ausgefallen wäre.

  ▶ Beispiel: fehlerhafte Ablehnung eines Beweisantrags

  Verfahrensmängel sind gem. § 165 ZPO nur beachtlich, wenn sie durch das **Sitzungsprotokoll** nachgewiesen werden können.

- **Sachmängel** (vgl. §§ 545, 546 ZPO): Ein sachlicher Revisionsgrund liegt vor, wenn die Entscheidung auf einer Verletzung des Rechts beruht, also wenn eine Rechtsnorm nicht oder nicht richtig angewendet worden ist. Die Ursächlichkeit der Rechtsverletzung für die angefochtene Entscheidung muss dargelegt werden.

  ▶ Beispiele: Hier gelten die gleichen Grundsätze wie beim Vorliegen einer Rechtsverletzung nach § 546 ZPO bei der Berufung: Das Berufungsgericht hat eine Norm angewandt, die nicht mehr in Kraft ist. Das Berufungsgericht hat den Inhalt von AGB falsch ausgelegt. Das Berufungsgericht hat den ermittelten Sachverhalt falsch unter die angewendete Rechtsnorm subsumiert. Das Berufungsgericht hat Denk- oder Erfahrungssätze falsch angewandt.

Das Revisionsgericht ist gem. § 557 Abs. 3 S. 1 ZPO **an die geltend gemachten Revisionsgründe nicht gebunden**. Wenn es also Mängel findet, die nicht vom Revisionsführer geltend gemacht wurden, so darf (und muss) das Gericht das darauf beruhende Urteil aufheben. Nur Verfahrensmängel, die nicht von Amts wegen zu berücksichtigen sind, untersucht das Revisionsgericht gem. § 557 Abs. 3 S. 2 ZPO nur, sofern diese gerügt wurden. Von Amts wegen sind insbesondere die Sachurteilsvoraussetzungen zu prüfen.

vgl. LF 10, Kap. 2.1.2

1.3.7 Entscheidung

Ist die Revision **unzulässig**, so wird sie **verworfen** (§ 552 Abs. 1 S. 2 ZPO).

Ist die Revision zwar zulässig, aber geht das Gericht davon aus, dass die Voraussetzungen für die Zulassung der Revision nicht vorliegen und die Revision **keine Aussicht auf Erfolg** hat, so weist es die Revision gem. § 552 a Abs. 2 ZPO **unverzüglich zurück**. Die Zurückweisung ist im Gegensatz zur Berufung zwingend.

vgl. LF 11, Kap. 1.2.7

Ist die Revision (zumindest teilweise) **zulässig und begründet**, so **hebt** das Revisionsgericht das angefochtene Urteil **auf** und **verweist** die Sache an das Ausgangsgericht **zurück**. Dort wird die Sache vor anderen Richtern neu verhandelt. Das Revisionsgericht trifft also keine eigene Entscheidung in der Sache.

Ist die Revision erfolglos, so wird das Urteil der Vorinstanz rechtskräftig.

1.3.8 Sprungrevision

Bei der Sprungrevision wird nach Beendigung des erstinstanzlichen Verfahrens die Berufungsinstanz „übersprungen" und sofort das Revisionsverfahren betrieben.

Eine Sprungrevision ist gem. § 566 Abs. 1 ZPO **statthaft**, wenn
- die Berufung statthaft wäre (also ein Endurteil mit einem Berufungswert von mehr als 600,00 € angegriffen wird),
- der Gegner einwilligt und
- das Revisionsgericht die Sprungrevision zulässt.

Der Antrag auf Zulassung der Sprungrevision sowie die Erklärung der Einwilligung gelten als Verzicht auf das Rechtsmittel der Berufung.

Voraussetzung für die **Zulassung** der Sprungrevision ist (wie bei der Revision), dass die Rechtssache grundsätzliche Bedeutung hat oder die Fortbildung des Rechts oder die Sicherung einer einheitlichen Rechtsprechung eine Entscheidung des Revisionsgerichts erfordert.

Zuständig ist gem. § 133 GVG ebenfalls der **Bundesgerichtshof**.

Die Zulassung ist gem. § 566 Abs. 2 ZPO durch Einreichung eines Schriftsatzes (**Zulassungsschrift**) bei dem Revisionsgericht zu beantragen. In dem Antrag müssen (in gleicher Weise wie in der Begründung der Nichtzulassungsbeschwerde gem. § 544 Abs. 2 S. 3 ZPO) die Voraussetzungen für die Zulassung der Sprungrevision dargelegt werden. Die schriftliche Einwilligungserklärung des Antragsgegners ist beizufügen.

Die **Frist für die Einlegung** beträgt gem. §§ 566 Abs. 2 S. 2, Abs. 8 S. 1, 548, 551 Abs. 1 ZPO wie bei der Revision **einen Monat** ab Zustellung des Urteils. Die **Begründungsfrist** beginnt gem. § 566 Abs. 7 S. 3 ZPO mit der Zustellung der Entscheidung, mit der die Sprungrevision zugelassen wird und beträgt wie bei der Revision auch **zwei Monate**.

Im Gegensatz zur Revision kann die Sprungrevision gem. § 566 Abs. 4 S. 2 ZPO **nicht auf einen Verfahrensmangel**, sondern nur auf einen Sachmangel **gestützt werden**.

Lässt der BGH die Sprungrevision zu, wird gem. § 566 Abs. 7 ZPO ein „normales" Revisionsverfahren durchgeführt. Andernfalls wird das **erstinstanzliche Urteil** gem. § 566 Abs. 6 ZPO **rechtskräftig** und kann nicht mehr durch Rechtsbehelfe angegriffen werden.

Eine **Sprungrevision bietet sich somit nur an**, wenn der Sachverhalt unstreitig ist, die Entscheidung nur von Rechtsfragen abhängt und eine schnelle höchstrichterliche Entscheidung angestrebt wird.

1.4 Beschwerden

In der ZPO finden sich verschiedene Arten von Beschwerden. Die gängigsten werden im Folgenden kurz erläutert.

1.4.1 Die sofortige Beschwerde

Gegen Endurteile kann nur mithilfe von Berufung und Revision vorgegangen werden. Gegen andere Entscheidungen des Gerichts (**Zwischenurteile, Beschlüsse** usw.) ist hingegen die sofortige Beschwerde das richtige Rechtsmittel.

vgl. LF 10, Kap. 1.2.6

Die sofortige Beschwerde hat gem. § 570 Abs. 1 ZPO nur dann einen **Suspensiveffekt**, also aufschiebende Wirkung, wenn sie sich gegen Ordnungs- oder Zwangsmittel richtet. Auf Antrag kann gem. § 570 Abs. 2 ZPO die Vollziehung jedoch ausgesetzt werden. Die sofortige Beschwerde erfüllt damit streng genommen nicht ganz die Kriterien für ein Rechtsmittel, ist nach der Systematik der ZPO jedoch als solches anzusehen.

Statthaftigkeit

Die sofortige Beschwerde ist gem. § 567 Abs. 1 ZPO **statthaft** gegen die im ersten Rechtszug ergangenen Entscheidungen der Amtsgerichte und Landgerichte, wenn

- das Gesetz es **ausdrücklich anordnet**

vgl. LF 10, Kap. 4

▶ Beispiele: Anfechtung von Kostenentscheidungen (§§ 91 a Abs. 2, 99 Abs. 2, 104 Abs. 3 ZPO), Ablehnung der Prozesskostenhilfe (vgl. § 127 Abs. 3 ZPO), Zurückweisung des Antrags auf Erlass eines Versäumnisurteils (§ 336 Abs. 1 ZPO)

oder

- es sich um einen Fall des § 567 Abs. 1 Nr. 2 ZPO (Gesuche, die keine mündliche Verhandlung erfordern) handelt.

▶ Beispiele: Ablehnung einer Terminsbestimmung, Ablehnung der öffentlichen Zustellung eines Scheidungsantrags (§§ 121 Nr. 1, 113 Abs. 1 S. 2 FamFG i. V. m. §§ 185, 186 ZPO)

Zuständigkeit

Die sofortige Beschwerde kann wahlweise beim **Ausgangsgericht** oder beim **Beschwerdegericht** eingereicht werden. Beschwerdegericht ist gem. §§ 72, 119 Abs. 1 Nr. 2 GVG das Gericht der nächsthöheren Instanz, beim Amtsgericht also grds. das Landgericht und beim Landgericht das Oberlandesgericht. Das Oberlandesgericht ist zudem gem. § 119 Abs. 1 Nr. 1 GVG das zuständige Beschwerdegericht für Beschwerden gegen amtsgerichtliche Entscheidungen in Familiensachen.

Form

Die sofortige Beschwerde ist grds. gem. § 569 Abs. 2 S. 1 ZPO **schriftlich** einzulegen, kann in den in § 569 Abs. 3 ZPO geregelten Fällen aber auch zu Protokoll der Geschäftsstelle eingelegt werden. Es besteht dann gem. § 78 Abs. 3 ZPO kein Anwaltszwang. Die Beschwerde soll gem. § 571 ZPO begründet werden und kann sich auf neue Angriffs- und Verteidigungsmittel stützen. Da die Begründung nicht zwingend ist, gibt es dafür auch keine gesetzlich festgelegte Frist.

Frist

Die sofortige Beschwerde ist gem. § 569 Abs. 1 S. 1 ZPO, sofern nichts anderes geregelt ist, innerhalb einer Notfrist von **zwei Wochen** einzulegen.

> **Hinweis:** Für Entscheidungen im PKH-Verfahren gilt gem. § 127 Abs. 2 S. 4 ZPO und § 127 Abs. 3 S. 3 ZPO eine abweichende Notfrist von einem Monat.

Die **Frist** beginnt mit der Zustellung der Entscheidung, spätestens mit dem Ablauf von fünf Monaten nach der Verkündung des Beschlusses.

Beschwer

Der Beschwerdeführer muss durch die angefochtene Entscheidung **beschwert** sein. Eine bestimmte Wertgrenze ist nicht erforderlich.

Begründetheit

Die sofortige Beschwerde ist **begründet**, wenn eine Rechtsverletzung vorliegt.

Entscheidung

Erachtet das Gericht, dessen Entscheidung angefochten wird, die Beschwerde für zulässig und begründet, so kann es ihr selbst gem. § 572 Abs. 1 ZPO **abhelfen**; andernfalls muss es die Beschwerde unverzüglich dem Beschwerdegericht vorlegen.

Das Beschwerdegericht **verwirft** gem. § 572 Abs. 2 ZPO die Beschwerde durch Beschluss, wenn sie **unzulässig** ist. Ist sie **zulässig und begründet**, so kann das Beschwerdegericht (im Gegensatz zum Revisionsgericht) durch Beschluss **selbst entscheiden** oder die Sache gem. § 572 Abs. 3 ZPO zurückverweisen.

Gegen Beschlüsse des Beschwerdegerichts kann, soweit dies gesetzlich vorgesehen ist, durch eine **Rechtsbeschwerde** vorgegangen werden. vgl. LF 11, Kap. 1.4.2

1.4.2 Die Rechtsbeschwerde

Wie die Revision die nächste Stufe nach der Berufung ist, so ist die Rechtsbeschwerde die nächste Stufe nach der sofortigen Beschwerde.

Statthaftigkeit

Die Rechtsbeschwerde ist gem. § 574 Abs. 1 ZPO **statthaft** gegen Beschlüsse (der I. Instanz und der Berufungsinstanz), wenn

- dies **im Gesetz ausdrücklich bestimmt** ist

▶ Beispiel: Verwerfung der Berufung als unzulässig (§ 522 Abs. 1 S. 3 ZPO)

und die Rechtssache grundsätzliche Bedeutung hat oder die Fortbildung des Rechts oder die Sicherung einer einheitlichen Rechtsprechung eine Entscheidung des Rechtsbeschwerdegerichts erfordert

oder

- das Gericht sie in dem Beschluss **zugelassen** hat.

Lässt das Beschwerdegericht die Rechtsbeschwerde nicht zu, gibt es dagegen kein Rechtsmittel, wie etwa eine Nichtzulassungsbeschwerde.

Zuständigkeit

Zuständig ist gem. § 133 GVG der Bundesgerichtshof.

Form

Die Rechtsbeschwerde ist **schriftlich** einzulegen und muss enthalten:
- die Bezeichnung der Entscheidung, gegen die die Rechtsbeschwerde gerichtet wird
- die Erklärung, dass gegen diese Entscheidung Rechtsbeschwerde eingelegt wird

Mit der Rechtsbeschwerdeschrift soll eine Ausfertigung oder beglaubigte **Abschrift** der angefochtenen Entscheidung vorgelegt werden.

Frist

Die Rechtsbeschwerde ist gem. § 575 Abs. 1 S. 1 ZPO binnen einer **Notfrist von einem Monat** nach Zustellung des Beschlusses einzulegen. Sofern die Beschwerdeschrift keine **Begründung** enthält, ist sie binnen einer Frist von **einem Monat** ab Zustellung der angefochtenen Entscheidung zu begründen. Die Rechtsbeschwerde kann gem. § 576 ZPO nur auf eine **Rechtsverletzung** gestützt werden, und nicht darauf, dass das Gericht des ersten Rechtszugs seine Zuständigkeit zu Unrecht angenommen oder verneint hat.

Beschwer

Der Beschwerdeführer muss durch die angefochtene Entscheidung **beschwert** sein. Eine bestimmte Wertgrenze ist nicht erforderlich.

Begründetheit

Die Rechtsbeschwerde ist **begründet**, wenn eine Rechtsverletzung vorliegt.

Entscheidung

Ist die Rechtsbeschwerde **unzulässig**, so wird sie durch Beschluss gem. § 577 Abs. 1 ZPO **verworfen**. Ist die Rechtsbeschwerde **zulässig und begründet**, ist die angefochtene Entscheidung durch Beschluss aufzuheben und die Sache zur erneuten Entscheidung an das Ausgangsgericht **zurückzuverweisen** (§ 577 Abs. 4 ZPO) oder, wenn sie entscheidungsreif ist, durch das Rechtsbeschwerdegericht **selbst zu entscheiden** (§ 577 Abs. 5 ZPO).

1.4.3 Die Nichtzulassungsbeschwerde

Mithilfe der Nichtzulassungsbeschwerde kann die Durchführung eines Revisionsverfahrens erzwungen werden und somit die (rechtliche) Überprüfung der Sache in einer weiteren Instanz.

Statthaftigkeit

Die Nichtzulassungsbeschwerde gem. § 544 ZPO ist **statthaft**, wenn das Berufungsgericht in seinem Urteil die **Revision nicht zugelassen** hat oder das Urteil keinen Ausspruch über die Zulassung der Revision enthält. Sie ist ebenso statthaft, wenn das Berufungsgericht die Berufung durch Beschluss gem. § 522 Abs. 2 ZPO zurückgewiesen hat.

Bis zum 31.12.2016 war zudem gem. § 26 Nr. 8 EGZPO (Gesetz, betreffend die Einführung der Zivilprozessordnung) erforderlich, dass der Wert der mit der Revision geltend zu machenden Beschwer 20.000,00 € übersteigt.

Zuständigkeit

Zuständig ist gem. § 133 GVG der Bundesgerichtshof.

Form

Die Nichtzulassungsbeschwerde ist **schriftlich** einzulegen, muss durch einen beim BGH zugelassenen Rechtsanwalt unterschrieben sein und soll eine Ausfertigung oder beglaubigte Abschrift des Urteils, gegen das die Revision eingelegt werden soll, enthalten. Darüber hinaus muss dargelegt und begründet werden, welcher Zulassungsgrund nach § 543 Abs. 2 ZPO vorliegt.

Frist

Die Nichtzulassungsbeschwerde muss gem. § 544 Abs. 1 S. 2 ZPO innerhalb einer **Notfrist von einem Monat** nach Zustellung des in vollständiger Form abgefassten Urteils, spätestens aber bis zum Ablauf von sechs Monaten nach der Verkündung des Urteils eingelegt werden.

Die **Frist für die Begründung** beträgt gem. § 544 Abs. 2 S. 3 ZPO zwei Monate nach Zustellung des in vollständiger Form abgefassten Urteils, höchstens aber sieben Monate nach der Verkündung des Urteils.

Beschwer

Der Beschwerdeführer muss durch die angefochtene Entscheidung **beschwert** sein. Eine bestimmte Wertgrenze ist nicht (mehr) erforderlich.

Begründetheit

Die Nichtzulassungsbeschwerde ist **begründet**, wenn ein Zulassungsgrund nach § 543 Abs. 2 ZPO vorliegt, die Sache also grundsätzliche Bedeutung hat oder die Fortbildung des Rechts oder die Sicherung einer einheitlichen Rechtsprechung eine Entscheidung des Revisionsgerichts erfordert.

Entscheidung

Ist die Nichtzulassungsbeschwerde **zulässig und begründet**, so wird das Beschwerdeverfahren gem. § 544 Abs. 6 S. 1 ZPO **als Revisionsverfahren fortgesetzt**. Mit der **Ablehnung der Beschwerde** durch das Revisionsgericht wird gem. § 544 Abs. 5 S. 2 ZPO das beanstandete Urteil **rechtskräftig**. Es gibt dagegen kein Rechtsmittel.

1.5 Die Wiedereinsetzung in den vorigen Stand

Wurde eine bestimmte Frist schuldlos versäumt, so kann die Partei mittels eines Antrags auf Wiedereinsetzung in den vorigen Stand gem. §§ 233–238 ZPO verlangen, wieder so gestellt zu werden, wie sie vor dem Verstreichen dieser Frist prozessual stand. Der Wiedereinsetzungsantrag ist also der geeignete Rechtsbehelf bei schuldloser Versäumung bestimmter Fristen.

1.5.1 Statthaftigkeit

Statthaft ist der Wiedereinsetzungsantrag bei:

vgl. LF 10, Kap. 1.1.7

- **Versäumung einer Notfrist:** Eine Frist ist eine Notfrist, wenn sie ausdrücklich in der ZPO als solche bezeichnet wird (vgl. § 224 Abs. 1 S. 2 ZPO). Notfristen können nicht verlängert oder verkürzt werden.
- **Versäumung einer in § 233 ZPO besonders genannten Frist.** Diese sind:
  - Berufungsbegründungsfrist (§ 519 Abs. 2 S. 2 ZPO)
  - Revisionsbegründungsfrist (§ 554 Abs. 2 S. 2 ZPO)
  - Frist zur Begründung der Nichtzulassungsbeschwerde (§ 544 Abs. 2 ZPO)
  - Frist zur Begründung der Rechtsbeschwerde (§ 575 Abs. 2 ZPO)
  - Antragsfrist zur Wiedereinsetzung in den vorigen Stand (§ 234 Abs. 1 ZPO)

Bei der Versäumung anderer Fristen, insbesondere gerichtliche Fristen, ist keine Wiedereinsetzung möglich.

1.5.2 Zuständigkeit

Zuständig ist gem. § 237 ZPO das **Gericht**, das **für die versäumte Prozesshandlung** zuständig gewesen wäre.

▶ Beispiel: Wurde die Berufungsbegründungsfrist versäumt, so ist der Antrag auf Wiedereinsetzung in den vorigen Stand beim Berufungsgericht einzulegen.

1.5.3 Form

Der Wiedereinsetzungsantrag muss gem. § 236 Abs. 1 ZPO in der **Form** gestellt werden, die **für die versäumte Prozesshandlung** gegolten hatte, also in der Regel schriftlich. Galt für die versäumte Handlung **Anwaltszwang** gem. § 78 ZPO, so gilt dies auch für den Wiedereinsetzungsantrag.

Antragsberechtigt sind die Partei, die die Frist versäumt hat, und der Streithelfer, nicht aber der Antragsgegner.

Der Antrag muss die **die Wiedereinsetzung begründenden Tatsachen** angeben und diese i. S. v. § 294 ZPO glaubhaft machen. Zur **Glaubhaftmachung** kann der Antragsteller sich aller Beweismittel bedienen und auch eine Versicherung an Eides Statt abgeben. vgl. LF 10, Kap. 1.2.5

Die versäumte Prozesshandlung muss zudem innerhalb der Antragsfrist wiederholt werden.

▶ Beispiel: Wurde die Berufungsbegründungsfrist versäumt, so muss innerhalb der Antragsfrist die Berufungsbegründung nachgereicht werden.

Wurde die Prozesshandlung fristgerecht wiederholt, so kann die Wiedereinsetzung gem. § 236 Abs. 2 S. 2 ZPO auch **von Amts wegen** erfolgen. Die Wiederholung wird sozusagen als konkludente Antragstellung angesehen. Die die Wiedereinsetzung begründenden Tatsachen müssen dabei akten- oder offenkundig sein oder fristgerecht nachgeliefert werden.

1.5.4 Frist

Die Frist zur Antragstellung beträgt gem. § 234 Abs. 1 S. 1 ZPO grds. **zwei Wochen**. Wurde die Frist zur Begründung der Berufung, der Revision, der Nichtzulassungsbeschwerde oder der Rechtsbeschwerde versäumt, so beträgt die Antragsfrist gem. § 234 Abs. 1 S. 2 ZPO **einen Monat**.

Die Frist **beginnt** gem. § 234 Abs. 2 ZPO mit dem Tag, an dem das Hindernis behoben ist, das zum Versäumen der Frist geführt hat, also dann, wenn die Partei weiß oder wissen musste, dass die Frist versäumt worden ist.

▶ Beispiel: Zeliha Aslan hat gegen das ihr am 08.04.2022 zugestellte Versäumnisurteil per Telefax Einspruch eingelegt. Durch ein Schreiben des Gerichts, das ihr am 18.04.2022 zugestellt wird, erfährt sie, dass dieses Fax nicht angekommen ist, da es im Gerichtsgebäude einen Stromausfall gab. Die Frist zur Antragstellung auf Wiedereinsetzung in den vorigen Stand beginnt also am 18.04.2022, da sie an diesem Tag von dem Fristversäumnis Kenntnis erlangte und somit das Hindernis behoben war.

vgl. LF 4, Kap. 2.2.2

Die Fristberechnung richtet sich nach den §§ 187 ff. BGB. Der Tag, an dem das Hindernis behoben wird, wird gem. § 187 Abs. 1 BGB nicht mitgerechnet.

Die Frist **endet spätestens** nach Ablauf eines Jahrs, von dem Ende der versäumten Frist an gerechnet.

1.5.5 Begründetheit

Der Antrag auf Wiedereinsetzung in den vorigen Stand ist begründet, wenn die Fristversäumung **unverschuldet**, also weder vorsätzlich noch fahrlässig, war. Dies bedeutet, dass der Antragsteller die im Verkehr erforderliche Sorgfalt beachten muss. Dabei werden an einen Rechtsanwalt höhere Anforderungen gestellt als an einen Laien.

Das Verschulden des gesetzlichen Vertreters sowie des Prozessbevollmächtigten wird dem Antragsteller gem. § 51 Abs. 2 ZPO bzw. § 85 Abs. 2 ZPO zugerechnet.

▶ Beispiele: Der Vater des minderjährigen Finn Sennmeyer versäumt es, seine Verteidigungsbereitschaft in einem vor dem Amtsgericht anhängigen Verfahren gegen seinen Sohn anzuzeigen. Dieter Petkovic, der Vorstandsvorsitzende der Sporting Goods AG, legt gegen ein gegen das Unternehmen ergangenes Versäumnisurteil nicht fristgerecht Einspruch ein. Die Rechtsanwältin Thea Heintze vergisst in der Sache Ghobadpour ./. Hildmann, die Revision fristgerecht zu begründen.

Typische Fälle einer unverschuldeten Fristversäumung sind:

- **Verzögerungen bei der Zustellung durch die Post:** Der Antragsteller darf sich darauf verlassen, dass Schriftstücke im Rahmen der üblichen Postlaufzeiten, also bei im Bundesgebiet werktags aufgegebenen Postsendungen am folgenden Werktag, ausgeliefert werden. Voraussetzung hierfür ist allerdings, dass der Antragsteller die notwendigen Voraussetzungen erfüllt hat, also etwa den Brief ausreichend frankiert oder mit der korrekten Postleitzahl versehen hat.
- **Störungen im Gerichtsbetrieb:** Solche Störungen, wie etwa das Fehlen eines Nachtbriefkastens, stellen immer einen Wiedereinsetzungsgrund dar. Geht ein Schriftsatz nicht bei dem Berufungsgericht, sondern dem zuvor zuständigen erstinstanzlichen Gericht ein, so ist dieses Gericht verpflichtet, den Schriftsatz weiterzuleiten. Erreicht der Schriftsatz das Gericht so frühzeitig, dass die fristgerechte Weiterleitung an das Berufungsgericht im ordentlichen

Geschäftsgang ohne Weiteres erwartet werden kann, so ist der Partei Wiedereinsetzung in den vorigen Stand zu gewähren, wenn der Schriftsatz nicht rechtzeitig beim Rechtsmittelgericht eingetroffen ist.

- **Störungen bei der Übermittlung per Telefax:** Sofern die Übermittlung des Schriftsatzes daran scheitert, dass eine Leitungsstörung vorlag oder kein Papier im Faxgerät des Gerichts vorhanden war, liegt eine Störung im Gerichtsbetrieb und damit ein Wiedereinsetzungsgrund vor. War das Faxgerät hingegen durch andere eingehende Sendungen belegt, stellt dies ein Verschulden des Absenders dar, da er sich um eine rechtzeitige Übermittlung (bzw. eine Übermittlung außerhalb der üblichen Bürozeiten, etwa spät abends) kümmern muss.
- **Fristausnutzung bis zum letzten Tag:** Grundsätzlich darf eine Frist bis zum letzten Tag ausgenutzt werden. Bei der Übermittlung des Schriftsatzes muss dann jedoch darauf geachtet werden, dass eine Übermittlungsart (Telefax, Bote, persönliches Hinbringen) gewählt wird, mit der die Frist noch gewahrt werden kann. Zudem muss der Antragsteller darauf achten, dass seine Armbanduhr oder die des Faxes genau geht.
- **Büroorganisation:** Rechtsanwälte müssen ihre Kanzlei so organisieren, dass Fristversäumnisse praktisch ausgeschlossen sind. Dazu gehört u. a. das Führen eines Fristenkalenders und eines Postausgangsbuchs. Mit der Fristnotierung und -überwachung muss eine Fachkraft betraut werden. Nicht zuzurechnen sind somit nur individuelle Fehler oder Nachlässigkeiten von ansonsten zuverlässigen, sorgfältig ausgesuchten und überwachten Angestellten. Seit 01.01.2022 müssen Rechtsanwälte Schriftsätze per beA einreichen. vgl. LF 4, Kap. 2.2.2

Eine ausführliche Darstellung weiterer Beispiele zu Wiedereinsetzungsgründen und insbesondere zu Fragen der korrekten Büroorganisation finden Sie im Downloadbereich. Web

1.5.6 Entscheidung

Die **Form der Entscheidung** richtet sich gem. § 238 Abs. 2 ZPO **nach der nachgeholten Prozesshandlung**. Das Gericht kann also nach mündlicher Verhandlung durch Urteil entscheiden oder ohne mündliche Verhandlung den Antrag durch Beschluss zurückweisen und die nachgeholte Prozesshandlung als unzulässig verwerfen.

Die Entscheidung ist gem. § 238 Abs. 3 ZPO **unanfechtbar**.

Wird dem Wiedereinsetzungsantrag stattgegeben, so wird das Verfahren **in den Zustand vor der Fristversäumung versetzt** und nachteilige Folgen oder bereits ergangene Entscheidungen werden automatisch beseitigt.

Die **Kosten** der Wiedereinsetzung trägt gem. § 238 Abs. 4 ZPO der **Antragsteller**, soweit sie nicht durch einen unbegründeten Widerspruch des Gegners entstanden sind.

Zusammenfassung

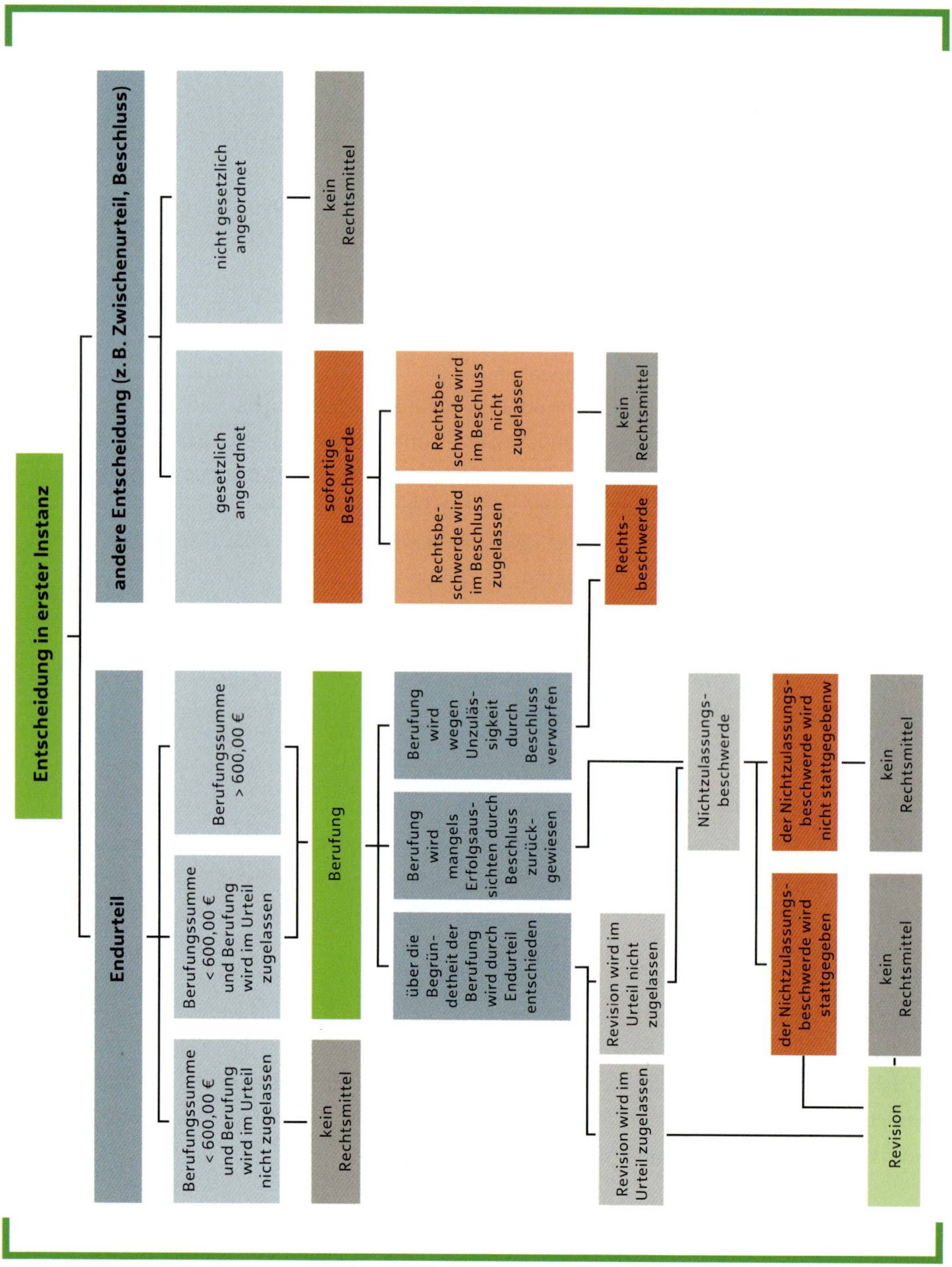

Wiederholung und Vertiefung

1. Was unterscheidet ein Rechtsmittel von anderen Rechtsbehelfen?
2. Was unterscheidet Berufung und Revision?
3. In einem Nachbarschaftsstreit, bei dem das Gericht einen Streitwert von 300,00 € festgesetzt hat, wird Richard Teichmann dazu verurteilt, einen von ihm gepflanzten Baum zu beseitigen. Richard Teichmann möchte gegen das Urteil, in dem die Berufung nicht zugelassen wurde, vorgehen, da er meint, dass das Gericht rechtsfehlerhaft entschieden hat und ihn die Beseitigung des Baums laut einem Kostenvoranschlag der Gartenbaufirma Türegün OHG zufolge 720,00 € kosten würde. Ist die Berufung zulässig?
4. Nennen Sie drei Beispiele, in denen die sofortige Beschwerde statthaft ist.
5. Welche Frist gilt für die Einlegung der Rechtsbeschwerde?
6. Wann beginnt die Antragsfrist zur Wiedereinsetzung in den vorigen Stand? Nennen Sie ein Fallbeispiel.
7. Nennen Sie drei Fristen, gegen die eine Wiedereinsetzung in den vorigen Stand statthaft ist.

2 Rechtsanwaltsgebühren in Rechtsbehelfs- und Rechtsmittelverfahren

Um die Rechtsanwaltsgebühren ermitteln zu können, muss zunächst der Streitwert bestimmt werden, also der Wert, der mit dem Rechtsbehelf/Rechtsmittel angegriffen werden soll (= sog. Beschwer). Er richtet sich nach den Anträgen des Rechtsbehelfs- bzw. Rechtsmittelführers (§ 47 Abs. 1 S. 1 GKG, § 23 Abs. 2 S. 1 RVG). Der Streitwert ist durch den Wert des Streitgegenstands des ersten Rechtszugs begrenzt (§ 47 Abs. 2 S. 1 GKG, § 23 Abs. 2 S. 2 RVG).

Die Rechtsanwaltsgebühren in Rechtsbehelfs- und Rechtsmittelverfahren können grds. jeweils gesondert abgerechnet werden, da es sich

- bei Verfahren über ein Rechtsmittel (z. B. Berufung) und dem vorausgegangenen Rechtszug (z. B. Klageverfahren) um verschiedene Angelegenheiten (§ 17 Nr. 1 RVG),
- bei Beschwerde- und Erinnerungsverfahren um besondere Angelegenheiten (§ 18 Abs. 1 Nr. 3 RVG) und
- bei einem an eine erfolgreiche Nichtzulassungsbeschwerde anschließenden Rechtsmittelverfahren um verschiedene Angelegenheiten handelt (§ 17 Nr. 9 RVG).

vgl. LF 4, Kap. 4.4.2, 4.4.3; LF 10, Kap. 3

Der Rechtsanwalt hat auch einen Erstattungsanspruch in Bezug auf die ihm entstandenen Auslagen gem. Nrn. 7000–7008 VV RVG und die von ihm getätigten Aufwendungen. Zu den getätigten Aufwendungen gehören u. a. die entstehenden Gerichtskosten.

vgl. LF 6, Kap. 6

Hinweis: Nach dem Versand der Vergütungsrechnung muss der Zahlungseingang überprüft und im Aktenkonto notiert werden.

Lernsituation

Rechtsanwalt Peter Huber konnte zwei Berufungsverfahren mit einem Vergleich beenden. Die beiden Akten übergibt er Annika Sauer mit der Bitte, diese abzurechnen.

Rechtsstreit Kristian Jörgensen ./. Anna-Lena Marquart:

Rechtsanwalt Peter Huber vertritt im Rechtsstreit Kristian Jörgensen ./. Anna-Lena Marquart die Mandantin Anna-Lena Marquart. Diese bittet Rechtsanwalt Peter Huber, gegen das Urteil des Landgerichts Frankenthal (Pfalz) Berufung einzulegen, da sie den Kristian Jörgensen zugesprochenen Betrag in Höhe von 15.000,00 € nicht zahlen will.

In einem Termin zur mündlichen Verhandlung einigen sich die Parteien dahingehend, dass Anna-Lena Marquart ein Drittel des geltend gemachten Betrags zahlt. Die Kosten des Rechtsstreits werden gegeneinander aufgehoben.

Rechtsstreit Leonie Burkhard ./. Wolfgang Barthel:

Rechtsanwalt Peter Huber vertritt Leonie Burkhard im Berufungsverfahren vor dem Oberlandesgericht Stuttgart. Leonie Burkhard macht rückständige Miete in Höhe von 6.300,00 € geltend. Nach Zustellung der Berufungsbegründung setzt sich Rechtsanwalt Dr. Matthias Mattusek, der den Gegner Wolfgang Barthel vertritt, mit Rechtsanwalt Peter Huber in Verbindung. Er möchte eine Einigung herbeiführen, um den Rechtsstreit endlich zu beenden und schlägt vor, dass Wolfgang Barthel einen Betrag in Höhe von 4.300,00 € zahlt.

Nach Rücksprache mit Leonie Burkhard erklärt Rechtsanwalt Peter Huber, dass mit dem Vorschlag Einverständnis besteht, wenn ein zwischenzeitlich weiterer aufgelaufener Betrag in Höhe von 300,00 € dahingehend mitverglichen wird, dass Wolfgang Barthel einen Betrag von insgesamt 4.500,00 € zahlt. Wolfgang Barthel nimmt diesen Vorschlag an.

Arbeitsaufträge:

a) Welche Gebühren können im Berufungsverfahren entstehen? Erstellen Sie hierüber in Gruppenarbeit eine übersichtliche Grafik.
b) Welche Gebühren und Auslagen erhält Rechtsanwalt Peter Huber für die Tätigkeit im Rechtsstreit Kristian Jörgensen ./. Anna-Lena Marquart nach dem RVG?
c) Im Rechtsstreit Leonie Burkhard ./. Wolfgang Barthel wurde ein nicht anhängiger Anspruch mitverglichen. Überlegen Sie in Partnerarbeit, welche gesetzliche Regelung hier bei der Abrechnung berücksichtigt werden muss.
d) Welche Gebühren und Auslagen erhält Rechtsanwalt Peter Huber im Rechtsstreit Leonie Burkhard ./. Wolfgang Barthel?
e) Vergleichen Sie Ihr Ergebnis mit den Ergebnissen Ihrer Mitschüler. Berichtigen Sie ggf. die von Ihnen erstellte Kostenaufstellung.
f) Reflektieren Sie anschließend Ihr Wissen anhand des Fragebogens, den Sie im Downloadbereich zum Buch finden.

Web

2.1 Gebühren im Berufungsverfahren

vgl. LF 11, Kap. 1.2

Im Berufungsverfahren können nach Teil 3 Abschnitt 2 Unterabschnitt 1 des Vergütungsverzeichnisses zum RVG folgende Gebühren entstehen:

Gebühren im Berufungsverfahren	**Verfahrensgebühr** • 1,6 gem. Nr. 3200 VV RVG • ermäßigt: 1,1 gem. Nr. 3201 VV RVG
	ggf. Erhöhungsgebühr pro Mandant 0,3, höchstens 2,0 gem. Nr. 1008 VV RVG
	Terminsgebühr • 1,2 gem. Nr. 3202 VV RVG • ermäßigt: 0,5 gem. Nr. 3203 VV RVG
	Einigungsgebühr 1,3 gem. Nrn. 1000, 1004 VV RVG

vgl. LF 4, Kap. 4.6.4; LF 9 (ReFa), Kap. 3.1.5

Hinweise:
- Sofern der Rechtsanwalt nur die Erfolgsaussicht der Berufung prüft bzw. über die Prüfung der Erfolgsaussicht ein Gutachten ausarbeitet, entstehen lediglich die Gebühren gem. Nrn. 2100 und 2101 VV RVG. Diese Gebühren sind auf die Gebühren, die in einem eventuell nachfolgenden Rechtsmittelverfahren entstehen, in voller Höhe anzurechnen.
- Sofern Mischfälle vorkommen, ist § 15 Abs. 3 RVG anzuwenden.

2.1.1 Die Verfahrensgebühr

Der Rechtsanwalt erhält für das Betreiben des Geschäfts eine **1,6 Verfahrensgebühr gem. Nr. 3200 VV RVG**. Diese Gebühr kann sich gem. Nr. 3201 VV RVG auf 1,1 reduzieren, wenn sich das Berufungsverfahren vorzeitig erledigt, also bevor der Rechtsanwalt

- die Berufung einlegt oder
- einen Schriftsatz, der Sachanträge, Sachvortrag oder die Zurücknahme der Berufung enthält, einreicht oder
- für seine Partei einen gerichtlichen Termin wahrgenommen hat.

Merke: Beide Verfahrensgebühren können sich gem. Nr. 1008 VV RVG um 0,3 pro weiterem Auftraggeber erhöhen, höchstens jedoch um 2,0 (= **Erhöhungsgebühr**), sofern es sich um dieselbe Angelegenheit handelt.

vgl. LF 4, Kap. 4.6.2, 4.1.3

▶ Beispiel: Das Landgericht Duisburg hat im Rechtsstreit Dorothea Kondert ./. Linda Rudny wegen einer Darlehensforderung in Höhe von 6.300,00 € die Klage abgewiesen. Der anwaltliche Vertreter von Dorothea Kondert legt zunächst Frist wahrend Berufung gegen das Urteil des Landgerichts Duisburg ein. Vor Ablauf der Begründungsfrist nimmt er jedoch namens und im Auftrag von Dorothea Kondert die Berufung zurück. Rechtsanwalt Roland Vaustmann, der Linda Rudny anwaltlich vertritt, hat sich lediglich für Linda Rudny bestellt, jedoch keine Anträge gestellt. Rechtsanwalt Roland Vaustmann erhält für seine Tätigkeit folgende Gebühren und Auslagen:

Streitwert: 6.300,00 €, § 47 Abs. 1 S. 1 GKG

1,1 Verfahrensgebühr, Nrn. 3200, 3201 VV RVG	490,60 €
Pauschale Post und Telekommunikation, Nr. 7002 VV RVG	20,00 €
Zwischensumme	510,60 €
19 % Umsatzsteuer, Nr. 7008 VV RVG	97,01 €
Summe	607,61 €

Sofern der Rechtsanwalt bereits beratend oder außergerichtlich tätig geworden ist, sind die dort entstandenen Gebühren auf die Verfahrensgebühren gem. Nrn. 3200, 3201 VV RVG anzurechnen, aber nur dann, wenn sie zuvor noch nicht angerechnet wurden.

vgl. LF 9 (ReFa), Kap. 3.1.6

Hinweis: Sofern das Berufungsgericht den Rechtsstreit an das erstinstanzliche Gericht zurückverweist, muss die Verfahrensgebühr aus dem vorangegangenen erstinstanzlichen Verfahren in voller Höhe angerechnet werden (Vorbemerkung 3 Abs. 6 VV RVG).

Im Downloadbereich zum Buch finden Sie Beispielfälle zu den Anrechnungsvorschriften.

Web

2.1.2 Die Terminsgebühr

Neben der Verfahrensgebühr kann eine **1,2 Terminsgebühr gem. Nr. 3202 VV RVG** entstehen. Diese entsteht dann, wenn

- ein gerichtlicher Termin wahrgenommen wird,
- ein von einem gerichtlich bestellten Sachverständigen anberaumter Termin wahrgenommen wird,
- an Besprechungen mitgewirkt wird, die auf die Vermeidung oder Erledigung des Berufungsverfahrens gerichtet sind,

- in einem Verfahren, für das eine mündliche Verhandlung vorgeschrieben ist, im Einverständnis mit den Parteien oder gem. § 307 ZPO ohne mündliche Verhandlung entschieden oder in einem solchen Verfahren ein gerichtlicher Vergleich geschlossen wird oder
- das Gericht mithilfe eines Hinweisbeschlusses bereits angekündigt hat, die Berufung gem. § 522 Abs. 2 ZPO zurückzuweisen (z. B. mangels Aussicht auf Erfolg).

vgl. LF 10, Kap. 5.1.2

Wie auch im Klageverfahren kann die Terminsgebühr gem. Nr. 3203 VV RVG im Fall einer Säumnis auf 0,5 ermäßigt werden.

▶ Beispiel: Im Rechtsstreit Michelle Brice ./. Susanne Katzenberger wegen einer Kaufpreisforderung in Höhe von 15.500,00 € hat das Landgericht Nürnberg der Klage in Höhe von 7.500,00 € stattgegeben. Hinsichtlich eines Betrags in Höhe von 8.000,00 € wurde die Klage abgewiesen. Susanne Katzenberger beauftragt Rechtsanwältin Mareike Bauer, hinsichtlich des Betrags in Höhe von 7.500,00 € in Berufung zu gehen. Im dortigen Termin zur mündlichen Verhandlung erscheint Michelle Brice ohne Rechtsanwalt, sodass antragsgemäß Versäumnisurteil ergeht. Rechtsanwältin Mareike Bauer erhält für ihre Tätigkeit folgende Gebühren und Auslagen:

Streitwert: 7.500,00 €, § 47 Abs. 1 S. 1 GKG

1,6 Verfahrensgebühr, Nr. 3200 VV RVG	803,20 €
0,5 Terminsgebühr, Nrn. 3202, 3203 VV RVG	251,00 €
Pauschale Post und Telekommunikation, Nr. 7002 VV RVG	20,00 €
Zwischensumme	1.074,20 €
19 % Umsatzsteuer, Nr. 7008 VV RVG	204,10 €
Summe	1.278,30 €

2.1.3 Die Einigungsgebühr

Wird im Berufungsverfahren eine Einigung geschlossen, erhält der daran beteiligte Rechtsanwalt eine **1,3 Einigungsgebühr gem. Nrn. 1000, 1004 VV RVG**.

▶ Beispiel: Rechtsanwältin Ingrid Schoeningh hat für Ruben Marx Berufung gegen das erstinstanzliche Urteil eingelegt (Streitwert: 8.330,00 €). Im Termin zur mündlichen Verhandlung einigen sich die Parteien darauf, dass Ruben Marx einen Betrag in Höhe von 5.200,00 € zahlt. Rechtsanwältin Ingrid Schoeningh erhält für ihre Tätigkeit folgende Gebühren und Auslagen:

Streitwert: 8.330,00 €, § 47 Abs. 1 S. 1 GKG

1,6 Verfahrensgebühr, Nr. 3200 VV RVG	892,80 €
1,2 Terminsgebühr, Nr. 3202 VV RVG	669,60 €
1,3 Einigungsgebühr, Nrn. 1000, 1004 VV RVG	725,40 €
Pauschale Post und Telekommunikation, Nr. 7002 VV RVG	20,00 €
Zwischensumme	2.307,80 €
19 % Umsatzsteuer, Nr. 7008 VV RVG	438,48 €
Summe	2.746,28 €

2.2 Gebühren im Revisionsverfahren

Im Revisionsverfahren können nach Teil 3 Abschnitt 2 Unterabschnitt 2 des Vergütungsverzeichnisses zum RVG folgende Gebühren entstehen:

vgl. LF 11, Kap. 1.3

Gebühren im Revisionsverfahren	**Verfahrensgebühr** • 1,6 gem. Nr. 3206 VV RVG • ermäßigt: 1,1 gem. Nr. 3207 VV RVG • vor dem BGH: 2,3 gem. Nrn. 3206, 3208 VV RVG • vor dem BGH, ermäßigt: 1,8 gem. Nrn. 3206, 3209 VV RVG
	ggf. Erhöhungsgebühr pro Mandant 0,3, höchstens 2,0 gem. Nr. 1008 VV RVG
	Terminsgebühr • 1,5 gem. Nr. 3210 VV RVG • ermäßigt: 0,8 gem. Nr. 3211 VV RVG
	Einigungsgebühr 1,3 gem. Nrn. 1000, 1004 VV RVG

Hinweise:
- Sofern der Rechtsanwalt nur die Erfolgsaussicht der Revision prüft bzw. über die Prüfung der Erfolgsaussicht ein Gutachten ausarbeitet, entstehen lediglich die Gebühren gem. Nrn. 2100 und 2101 VV RVG. Diese Gebühren sind auf die Gebühren, die in einem eventuell nachfolgenden Rechtsmittelverfahren entstehen, in voller Höhe anzurechnen.
- Sofern Mischfälle vorkommen, ist § 15 Abs. 3 RVG anzuwenden.

vgl. LF 4, Kap. 4.6.4; LF 9 (ReFa), Kap. 3.1.5

2.2.1 Die Verfahrensgebühr

Der Rechtsanwalt erhält für seine Tätigkeit eine 1,6 Verfahrensgebühr gem. Nr. 3206 VV RVG. Diese kann sich auf 1,1 gem. Nr. 3207 VV RVG ermäßigen. Der beim BGH zugelassene Rechtsanwalt erhält für das Betreiben des Geschäfts eine **2,3 Verfahrensgebühr gem. Nrn. 3206, 3208 VV RVG**. Diese Gebühr kann sich gem. Nr. 3209 VV RVG auf 1,8 reduzieren, wenn sich das Revisionsverfahren vorzeitig erledigt, also bevor der Rechtsanwalt

- die Revision einlegt oder
- einen Schriftsatz, der Sachanträge, Sachvortrag oder die Zurücknahme der Revision enthält, einreicht oder
- für seine Partei einen gerichtlichen Termin wahrgenommen hat.

vgl. LF 4, Kap. 4.6.2, 4.1.3

Merke: Alle Verfahrensgebühren können sich gem. Nr. 1008 VV RVG um 0,3 pro weiterem Auftraggeber erhöhen, höchstens jedoch um 2,0 (= **Erhöhungsgebühr**), sofern es sich um dieselbe Angelegenheit handelt.

▶ Beispiel: Im Rechtsstreit Mary und Andrew Hopkins ./. Barbara Schmidhuber (Streitwert: 43.546,00 €) möchten die Geschwister Mary und Andrew Hopkins in Revision gegen das Urteil gehen. Die Revision wurde zugelassen. Zuständiges Gericht ist der BGH. Der bisherige anwaltliche Vertreter empfiehlt dem Ehepaar Rechtsanwalt Marco Langert, der beim BGH zugelassen ist. Dieser legt zunächst Frist wahrend Revision ein, ohne Sachanträge zu stellen. Nach eingehendem Aktenstudium rät Rechtsanwalt Marco Langert dem Ehepaar davon ab, die Revision „durchzufechten". Auf Bitten der Mandanten nimmt er die Revision ein paar Tage später zurück. Für seine Tätigkeit erhält Rechtsanwalt Marco Langert folgende Gebühren und Auslagen:

Streitwert: 43.546,00 €, § 47 Abs. 1 S. 1 GKG

2,1 Verfahrensgebühr, Nrn. 3206, 3209, 1008 VV RVG	2.515,80 €
Pauschale Post und Telekommunikation, Nr. 7002 VV RVG	20,00 €
Zwischensumme	2.535,80 €
19 % Umsatzsteuer, Nr. 7008 VV RVG	481,80 €
Summe	3.017,60 €

Hinweis: Sofern dem Revisionsverfahren eine erfolgreiche Nichtzulassungsbeschwerde vorangegangen ist, wird die dort entstehende Verfahrensgebühr gem. Nr. 3506 VV RVG auf die Verfahrensgebühr des Revisionsverfahrens angerechnet (Anmerkung zu Nr. 3506 VV RVG).

Web

Im Downloadbereich zum Buch finden Sie Beispielfälle zu den Anrechnungsvorschriften.

2.2.2 Die Terminsgebühr

Neben der Verfahrensgebühr kann eine **1,5 Terminsgebühr gem. Nr. 3210 VV RVG** entstehen. Diese entsteht dann, wenn

- ein gerichtlicher Termin wahrgenommen wird oder
- in einem Verfahren, für das eine mündliche Verhandlung vorgeschrieben ist, im Einverständnis mit den Parteien oder gem. § 307 ZPO ohne mündliche Verhandlung entschieden oder in einem solchen Verfahren ein gerichtlicher Vergleich geschlossen wird.

Gemäß Nr. 3211 VV RVG kann sich die Terminsgebühr, z. B. im Fall einer Säumnis, auf 0,8 ermäßigen.

▶ Beispiel: Rechtsanwältin Dr. Andrea Karch, die beim BGH zugelassen ist, legt im Rechtsstreit Roland Voigt ./. Victoria Stolberg (Streitwert: 101.516,00 €) Revision gegen das Urteil des Oberlandesgerichts Hannover ein, das die Revision zugelassen hat. Nach einem gerichtlichen Termin wird die Revision zurückgewiesen. Rechtsanwältin Dr. Andrea Karch erhält folgende Gebühren und Auslagen:

Streitwert: 101.516,00 €, § 47 Abs. 1 S. 1 GKG

2,3 Verfahrensgebühr, Nrn. 3206, 3208 VV RVG	3.806,50 €
1,5 Terminsgebühr, Nr. 3210 VV RVG	2.482,50 €
Pauschale Post und Telekommunikation, Nr. 7002 VV RVG	20,00 €
Zwischensumme	6.309,00 €
19 % Umsatzsteuer, Nr. 7008 VV RVG	1.198,71 €
Summe	7.507,71 €

2.2.3 Die Einigungsgebühr

Wenn im Revisionsverfahren eine Einigung über die dort anhängigen Ansprüche getroffen wird, so erhält der Rechtsanwalt eine **1,3 Einigungsgebühr gem. Nrn. 1000, 1004 VV RVG**.

▶ Beispiel: Rechtsanwalt Guido Dallmanger vertritt das Ehepaar Marina und Marius Schmitz im Revisionsverfahren vor dem BGH (Streitwert: 33.456,00 €). Im Termin zur mündlichen Verhandlung einigen sich die Parteien auf Anraten des Gerichts. Rechtsanwalt Guido Dallmanger erhält folgende Gebühren und Auslagen:

Streitwert: 33.456,00 €, § 47 Abs. 1 S. 1 GKG

2,6 Verfahrensgebühr, Nrn. 3206, 3208, 1008 VV RVG	2.693,60 €
1,5 Terminsgebühr, Nr. 3210 VV RVG	1.554,00 €
1,3 Einigungsgebühr, Nrn. 1000, 1004 VV RVG	1.346,80 €
Pauschale Post und Telekommunikation, Nr. 7002 VV RVG	20,00 €
Zwischensumme	5.614,40 €
19 % Umsatzsteuer, Nr. 7008 VV RVG	1.066,74 €
Summe	6.681,14 €

2.3 Gebühren im Beschwerdeverfahren

vgl. LF 11, Kap. 1.4

Im Beschwerdeverfahren können nach Teil 3 Abschnitt 5 des Vergütungsverzeichnisses zum RVG folgende Gebühren entstehen:

Gebühren im Beschwerdeverfahren	**Beschwerde/ Erinnerung**	• 0,5 Verfahrensgebühr gem. Nr. 3500 VV RVG • ggf. Erhöhungsgebühr: pro weiterem Mandant 0,3, höchstens 2,0 gem. Nr. 1008 VV RVG • 0,5 Terminsgebühr gem. Nr. 3513 VV RVG • 1,0 Einigungsgebühr gem. Nrn. 1000, 1003 VV RVG
	Rechtsbeschwerde	• 1,0 Verfahrensgebühr gem. Nr. 3502 VV RVG • ermäßigt: 0,5 Verfahrensgebühr gem. Nr. 3503 VV RVG • ggf. Erhöhungsgebühr: pro weiterem Mandant 0,3, höchstens 2,0 gem. Nr. 1008 VV RVG • 1,2 Terminsgebühr gem. Nr. 3516 VV RVG • 1,0 Einigungsgebühr gem. Nrn. 1000, 1003 VV RVG
	Nichtzulassungsbeschwerde	• 1,6 Verfahrensgebühr gem. Nr. 3506 VV RVG • ermäßigt: 1,1 Verfahrensgebühr gem. Nr. 3507 VV RVG • vor dem BGH: 2,3 Verfahrensgebühr gem. Nrn. 3506, 3508 VV RVG • vor dem BGH: ermäßigt 1,8 Verfahrensgebühr gem. Nrn. 3506, 3509 VV RVG • ggf. Erhöhungsgebühr: pro weiterem Mandant 0,3, höchstens 2,0 gem. Nr. 1008 VV RVG • 1,2 Terminsgebühr gem. Nr. 3516 VV RVG • 1,3 Einigungsgebühr gem. Nrn. 1000, 1004 VV RVG

2.3.1 Die Beschwerde/Erinnerung

Sofern der Rechtsanwalt Beschwerde/Erinnerung gegen eine gerichtliche Entscheidung einreicht, erhält er eine 0,5 **Verfahrensgebühr** gem. Nr. 3500 VV RVG. Diese entsteht bereits durch die Prüfung, ob etwas zu veranlassen ist, selbst wenn keine weiteren Schritte unternommen werden. Voraussetzung ist aber ein gesonderter Auftrag durch den Mandanten. Die Einreichung eines Schriftsatzes ist also nicht zwingend erforderlich. vgl. LF 11, Kap. 1.4.1

Sofern in derselben Angelegenheit mehrere Personen den Rechtsanwalt mit der Vertretung beauftragen, erhöht sich gem. Nr. 1008 VV RVG die Verfahrensgebühr pro weiterem Auftraggeber um 0,3, höchstens jedoch um 2,0 (= **Erhöhungsgebühr**). vgl. LF 4, Kap. 4.6.2, 4.1.3

Merke: Die 0,5 Verfahrensgebühr gem. Nr. 3500 VV RVG reduziert sich bei vorzeitiger Erledigung nicht.

Neben der Verfahrensgebühr kann auch eine 0,5 **Terminsgebühr** gem. Nr. 3513 VV RVG anfallen. Diese entsteht, wenn

- ein gerichtlicher Termin wahrgenommen wird,
- ein von einem gerichtlich bestellten Sachverständigen anberaumter Termin wahrgenommen wird oder
- an Besprechungen mitgewirkt wird, die auf die Vermeidung oder Erledigung des Beschwerde-/Erinnerungsverfahrens gerichtet sind.

Weiterhin erhält der Rechtsanwalt, sofern er an einer Einigung der Parteien mitwirkt, eine 1,0 **Einigungsgebühr** gem. Nrn. 1000, 1003 VV RVG.

▶ Beispiel: Rechtsanwältin Carina Ditzsche legt für das Ehepaar Imelda und Heiner Schmitt gegen den vom Landgericht Koblenz erlassenen Kostenfestsetzungsbeschluss Beschwerde wegen eines Betrags in Höhe von 1.630,31 € ein. Sie erhält folgende Gebühren und Auslagen:

Streitwert: 1.630,31 €, § 23 Abs. 2 S. 2 RVG

0,8 Verfahrensgebühr, Nrn. 3500, 1008 VV RVG	132,80 €
Pauschale Post und Telekommunikation, Nr. 7002 VV RVG	20,00 €
Zwischensumme	152,80 €
19 % Umsatzsteuer, Nr. 7008 VV RVG	29,03 €
Summe	181,83 €

2.3.2 Die Rechtsbeschwerde

vgl. LF 11, Kap. 1.4.2; LF 4, Kap. 4.6.2, 4.1.3

Sofern der Rechtsanwalt im Rechtsbeschwerdeverfahren tätig wird, erhält er hierfür eine 1,0 **Verfahrensgebühr** gem. Nr. 3502 VV RVG. Diese reduziert sich z. B. bei vorzeitiger Beendigung des Auftrags auf eine 0,5 Verfahrensgebühr gem. Nr. 3503 VV RVG. Beide Gebühren erhöhen sich gem. Nr. 1008 VV RVG pro weiterem Auftraggeber um 0,3, höchstens jedoch um 2,0 (= **Erhöhungsgebühr**), sofern es sich um dieselbe Angelegenheit handelt.

Neben der Verfahrensgebühr kann im Rechtsbeschwerdeverfahren auch eine 1,2 **Terminsgebühr** gem. Nr. 3516 VV RVG entstehen. Die Terminsgebühr entsteht z. B. auch dann, wenn der Rechtsanwalt an Besprechungen mitwirkt, die auf die Vermeidung oder Erledigung der Sache gerichtet sind.

Sofern eine Einigung zwischen den Parteien herbeigeführt wird, an der der Rechtsanwalt mitwirkt, kann im Rechtsbeschwerdeverfahren auch eine 1,0 **Einigungsgebühr** gem. Nrn. 1000, 1003 VV RVG anfallen.

▶ Beispiel: Rechtsanwalt Daniel Scharkowski vertritt Fabian Legge im Rechtsstreit Ulrike Mayer ./. Fabian Legge. Rechtsanwalt Quentin Riegeler, der Ulrike Mayer vertritt, hat gegen die Beschwerdeentscheidung des Landgerichts Dortmund Rechtsbeschwerde eingelegt, nachdem das Gericht diese zugelassen hatte. Das Landgericht Dortmund hatte die Kosten für vorgerichtliche Sachverständigenkosten in Höhe von 8.330,00 € abgesetzt. Um eine Einigung herbeizuführen, telefonieren die beiden Rechtsanwälte mehrfach miteinander. Eine Einigung kommt jedoch nicht zustande, sodass das Beschwerdegericht durch Beschluss entscheidet. Danach sind die vorgerichtlichen Sachverständigenkosten nicht erstattungsfähig. Rechtsanwalt Daniel Scharkowski erhält folgende Gebühren und Auslagen:

Streitwert: 8.330,00 €, § 23 Abs. 2 S. 2 RVG

1,0 Verfahrensgebühr, Nr. 3502 VV RVG	558,00 €
1,2 Terminsgebühr, Nr. 3516 VV RVG	669,60 €
Pauschale Post und Telekommunikation, Nr. 7002 VV RVG	20,00 €
Zwischensumme	1.247,60 €
19 % Umsatzsteuer, Nr. 7008 VV RVG	237,04 €
Summe	1.484,64 €

2.3.3 Die Nichtzulassungsbeschwerde

Der Rechtsanwalt erhält gem. Nr. 3506 VV RVG eine 1,6 Verfahrensgebühr für seine Tätigkeit im Verfahren über die Beschwerde gegen die Nichtzulassung bestimmter Rechtsbeschwerden (Vorbemerkung 3.2.2 VV RVG). Die Verfahrensgebühr kann sich gem. Nr. 3507 VV RVG auf 1,1 reduzieren. Der beim BGH zugelassene Rechtsanwalt erhält für die Nichtzulassungsbeschwerde 2,3 **Verfahrensgebühr** gem. Nrn. 3506, 3508 VV RVG. Im Fall der vorzeitigen Beendigung des Auftrags reduziert sich diese auf eine 1,8 Verfahrensgebühr gem. Nrn. 3506, 3509 VV RVG. vgl. LF 11, Kap. 1.4.3

Alle Verfahrensgebühren erhöhen sich gem. Nr. 1008 VV RVG pro weiterem Auftraggeber um 0,3, höchstens jedoch um 2,0 (= **Erhöhungsgebühr**), sofern es sich um dieselbe Angelegenheit handelt. vgl. LF 4, Kap. 4.6.2, 4.1.3

Hinweis: Kommt es nach erfolgreicher Nichtzulassungsbeschwerde zur Durchführung der Revision/Rechtsbeschwerde, wird die Verfahrensgebühr gem. Nrn. 3506, 3508 VV RVG bzw. Nr. 3506 VV RVG auf die Verfahrensgebühr des Revisions- bzw. Rechtsbeschwerdeverfahrens angerechnet.

Neben der Verfahrensgebühr steht dem Rechtsanwalt grds. eine 1,2 **Terminsgebühr** gem. Nr. 3516 VV RVG zu. Da jedoch gem. § 544 ZPO eine mündliche Verhandlung im Verfahren der Nichtzulassungsbeschwerde nicht vorgesehen ist, erhält der Rechtsanwalt die Terminsgebühr in der Regel nur dann, wenn er an Gesprächen mitwirkt, die auf die Erledigung oder Vermeidung des Verfahrens gerichtet sind.

Kommt es im Verfahren dann zu einer Einigung, so entsteht dem Rechtsanwalt zusätzlich eine 1,3 **Einigungsgebühr** gem. Nrn. 1000, 1004 VV RVG.

▶ Beispiel: Rechtsanwalt Carl Meier vertritt Sina Dittmann wegen einer Kaufpreisforderung in Höhe von 21.253,00 €. Sina Dittmann ist mit dem Berufungsurteil des Oberlandesgerichts Hamm nicht einverstanden. Da die Revision nicht zugelassen wurde, beauftragt Sina Dittmann die beim BGH zugelassene Rechtsanwältin Dr. Ursula Remhagen damit, Nichtzulassungsbeschwerde einzulegen, die jedoch mit Beschluss abgewiesen wird. Rechtsanwältin Dr. Ursula Remhagen erhält für ihre Tätigkeit folgende Gebühren und Auslagen:

Streitwert: 21.253,00 €, § 23 Abs. 2 S. 2 RVG

2,3 Verfahrensgebühr, Nrn. 3506, 3508 VV RVG	1.890,60 €
Pauschale Post und Telekommunikation, Nr. 7002 VV RVG	20,00 €
Zwischensumme	1.910,60 €
19 % Umsatzsteuer, Nr. 7008 VV RVG	363,01 €
Summe	2.273,61 €

Zusammenfassung

Gebühren im Berufungsverfahren	Gebühren im Revisionsverfahren	Gebühren im Beschwerdeverfahren
• Verfahrensgebühr, Nrn. 3200, 3201 VV RVG • ggf. Erhöhungsgebühr, Nr. 1008 VV RVG • Terminsgebühr, Nrn. 3202, 3203 VV RVG • Einigungsgebühr, Nrn. 1000, 1004 VV RVG	• Verfahrensgebühr, Nrn. 3206–3209 VV RVG • ggf. Erhöhungsgebühr, Nr. 1008 VV RVG • Terminsgebühr, Nrn. 3210, 3211 VV RVG • Einigungsgebühr, Nrn. 1000, 1004 VV RVG	• Unterscheidung zwischen Beschwerde/Erinnerung, Rechtsbeschwerde und Nichtzulassungsbeschwerde • Gebühren: Nrn. 3500-3516 VV RVG (Verfahrens-/Terminsgebühren), Nr. 1008 VV RVG (Erhöhungsgebühr), Nrn. 1000, 1003, 1004 VV RVG (Einigungsgebühr)

Wiederholung und Vertiefung

1. Im Rechtsstreit Jack White ./. Anja Rothenburger legt Rechtsanwalt Dr. Armin Kuntze namens und im Auftrag von Anja Rothenburger Berufung gegen das Urteil des Amtsgerichts Aschaffenburg ein. Das Gericht hat der Klage des Jack White in Höhe von 3.000,00 € stattgegeben, hinsichtlich eines Betrags in Höhe von 502,00 € wurde die Klage abgewiesen. Im Termin zur mündlichen Verhandlung einigen sich die Parteien. Ermitteln Sie die Gebühren und Auslagen, die Rechtsanwalt Dr. Armin Kuntze im Berufungsverfahren gegenüber Anja Rothenburger abrechnen kann.
2. Rechtsanwältin Renate Peters legt für Elvira Koller Berufung gegen das Urteil des Landgerichts München I über einen Betrag in Höhe von 5.010,00 € ein. Die gegnerische Partei erscheint zum vom Gericht anberaumten Termin nicht, sodass antragsgemäß Versäumnisurteil ergeht. Welche Gebühren und Auslagen erhält Rechtsanwältin Renate Peters?
3. Das Landgericht Dortmund hat die Klage des Wilhelm Kunkel über eine offene Darlehensforderung in Höhe von 30.590,00 € in vollem Umfang zurückgewiesen. Auch die gegen das erstinstanzliche Urteil eingelegte Berufung blieb ohne Erfolg. Das Berufungsgericht hat die Revision nicht zugelassen. Namens und im Auftrag von Wilhelm Kunkel erhebt die beim BGH zugelassene Rechtsanwältin Sabine Scheuring Nichtzulassungsbeschwerde. Diese ist erfolgreich, sodass Rechtsanwältin Sabine Scheuring anschließend Revision einlegt. Rechtsanwältin Sabine Scheuring wirkt an Gesprächen mit, die auf die Erledigung des Verfahrens gerichtet sind. Die Parteien einigen sich. Welche Gebühren und Auslagen kann Rechtsanwältin Sabine Scheuring gegenüber Wilhelm Kunkel im Verfahren über die Nichtzulassung der Revision sowie im sich anschließenden Revisionsverfahren abrechnen?

4. Rechtsanwalt Oliver Königer vertritt Dr. Alexandra Esswein im Revisionsverfahren vor dem BGH. Es geht um einen Betrag in Höhe von 256.030,00 €. Um die Angelegenheit doch noch gütlich beizulegen, bespricht Rechtsanwalt Oliver Königer sie mit dem gegnerischen Rechtsanwalt. Eine Einigung kommt am Ende auch zustande. Welche Gebühren und Auslagen erhält Rechtsanwalt Oliver Königer?
5. Im Rechtsstreit Lukas Warmuth ./. Rita und Xaver Polt geht Rechtsanwältin Dr. Franziska Stadelhuber namens und im Auftrag des Ehepaars Polt gegen den Kostenfestsetzungsbeschluss des Landgerichts Bremen mit der sofortigen Beschwerde vor, die jedoch ohne Erfolg bleibt. Es geht um einen Betrag in Höhe von 1.615,00 €. Welche Gebühren und Auslagen erhält Rechtsanwältin Dr. Franziska Stadelhuber im Beschwerdeverfahren?
6. Daniela Rützel ist mit der Entscheidung des Landgerichts Bielefeld im Beschwerdeverfahren nicht einverstanden. Da das Gericht die Rechtsbeschwerde wegen der grundsätzlichen Bedeutung der Angelegenheit zugelassen hat, bittet Daniela Rützel Rechtsanwalt Rüdiger Thiede, Rechtsbeschwerde einzulegen, die jedoch ohne Erfolg bleibt. Es geht um einen Betrag in Höhe von 9.000,00 €. Ermitteln Sie die Gebühren und Auslagen, die Rechtsanwalt Rüdiger Thiede für seine Tätigkeit im Rechtsbeschwerdeverfahren erhält.

3 Führen des erforderlichen Schriftverkehrs

vgl. LF 10, Kap. 7.1.4, 7.1.5

In Rechtsbehelfs- und Rechtsmittelverfahren muss der Rechtsanwaltsfachangestellte bzw. Rechtsanwalts- und Notarfachangestellte vielfältige Schreiben erstellen. Neben den Schreiben und Kostenrechnungen an Mandanten sind auch diverse Schriftsätze an das Gericht zu erstellen. Hierzu gehören z. B. Anträge auf Terminsverlegung und Fristverlängerung. Um das Erstellen solcher Schriftsätze in der täglichen Praxis zu erleichtern, bietet sich der Einsatz von Schnellbausteinen an.

Web

Im Downloadbereich zum Buch finden Sie die Schnellbausteinkataloge „Terminsverlegung“ und „Fristverlängerung“, die Sie jederzeit beliebig auf die Bedürfnisse Ihrer Kanzlei abstimmen können.

vgl. LF 2, Kap. 2.3.4

Da seit 01.01.2022 alle Rechtsanwälte verpflichtet sind, Schriftsätze an die Gerichte per beA elektronisch zu übermitteln, entfällt ab diesem Zeitpunkt das Vervielfältigen des Schriftsatzes und damit das Erstellen einer beglaubigten und einfachen Abschrift für den Gegner zum Zweck der Zustellung (vgl. § 133 Abs. 1 ZPO). Der Schriftsatz wird ab 01.01.2022 per beA einmal im Original übermittelt und vom Gericht an die andere Partei weitergeleitet.

Etwaige Anlagen müssen dem Schriftsatz beigefügt werden. Zudem soll in Rechtsbehelfs- und Rechtsmittelverfahren der Beschluss bzw. das Urteil, das angegriffen wird, in Ausfertigung oder in beglaubigter Abschrift an das zuständige Gericht mitgesandt werden (§§ 519 Abs. 3, 544 Abs. 1, 550 Abs. 1, 575 Abs. 1 ZPO).

Nachfolgend werden wieder Beispielschreiben anhand einer Situationsbeschreibung formuliert. Diese Schreiben werden verkleinert dargestellt und stellen keine Musterlösung dar. Sie dienen lediglich der Anregung.

> **Tipp:** Im (Kurz-)Rubrum von Schriftsätzen sollte in jedem Fall jeweils der sachbearbeitende Rechtsanwalt (Vor- und Nachname sowie Postleitzahl und Ort) der Parteien angegeben werden. Dadurch wird sichergestellt, dass man auf den ersten Blick sieht, wer Sachbearbeiter ist. Dies erleichtert die Zustellung per beA. Sinnvoll ist auch die Angabe am Briefende, ob der Schriftsatz einfach oder elektronisch signiert ist, damit einfach und schnell nachvollzogen werden kann, wie signiert wurde.

Web

Den Briefbogen der Partnerschaft Dr. Neumann & Huber finden Sie im Downloadbereich zum Buch. Grundlagen dieses Briefbogens sind die Form B, der gestaltete Informationsblock und das Anschriftfeld mit Rücksendeangabe. Ebenfalls im Downloadbereich zum Buch finden Sie den Briefbogen von Rechtsanwältin und Notarin Katharina Marschner.

Hinweis: Sofern es sich um Schreiben handelt, die an den BGH gesandt werden, wird lediglich der Brieftext als Lösungsvorschlag angegeben, denn von der Partnerschaft Dr. Neumann & Huber ist keiner der Rechtsanwälte beim BGH zugelassen, ebenso wenig Rechtsanwältin und Notarin Katharina Marschner, sodass die Schreiben nicht auf den Kanzleibriefbögen erstellt werden können.

Lernsituation

Rechtsanwältin Katharina Marschner vertritt Lukas Leitner (wohnhaft in 64293 Darmstadt, Carl-Schenck-Ring 51) in der Zwangsvollstreckungssache Lukas Leitner ./. Claus-Peter Reith. Der Schuldner Claus-Peter Reith (wohnhaft in 64293 Darmstadt, Im Tiefen See 9) wird von Rechtsanwältin Mia Richter vertreten. Diese hat ihren Kanzleisitz in 64295 Darmstadt, Klausenburger Straße 132. Lukas Leitner hat aus dem Endurteil des Amtsgerichts Darmstadt vom 18.11.2021 einen Anspruch auf Zahlung eines Betrags in Höhe von 2.000,00 € gegenüber Claus-Peter Reith. Die vollstreckbare Ausfertigung des Titels ging dem Schuldner am 25.11.2021 zu. Dies ergibt sich aus der Zustellbescheinigung. Der Gerichtsvollzieher wurde am 10.01.2022 beauftragt, dem Schuldner die Vermögensauskunft abzunehmen. Diese wurde am 24.01.2022 auch abgegeben.

Die Auskunft ist aber nicht vollständig. Gegenüber dem Gläubiger hat der Schuldner nämlich erwähnt, dass er neben seinem Girokonto bei der Sparkasse noch ein Bankkonto bei der Combi-Privatbank AG hat sowie eine Lebensversicherung bei der ABC-Versicherung AG. Deshalb wurde namens und im Auftrag des Gläubigers am 28.02.2022 ein Antrag auf erneute Abnahme der Vermögensauskunft nach § 802 d ZPO gestellt. Der Gerichtsvollzieher hat diesen Antrag aber zurückgewiesen, da der Schuldner ihm versichert habe, dass er alles angegeben hat. Zudem waren in dem ihm vorgelegten Ordner keine Unterlagen bzgl. des Bankkontos und der Lebensversicherung enthalten. Rechtsanwältin Katharina Marschner übergibt die Akte deshalb an Oxana Schuhmann, die gegen die Art und Weise der Zwangsvollstreckung Erinnerung gem. § 766 ZPO einlegen soll. Mithilfe ihrer Kollegin Jana Seidel begründet sie die Erinnerung auch gleich kurz.

Arbeitsaufträge:

a) Welches Gericht ist sachlich für die Erinnerung gegen die Art und Weise der Zwangsvollstreckung zuständig?

b) Welches Gericht ist örtlich zuständig? Ermitteln Sie die Anschrift des Gerichts mithilfe des Internets.

c) Formulieren Sie in Partnerarbeit das Rubrum und den Brieftext der Erinnerung.
d) Der Mandant Lukas Leitner soll eine Abschrift der Erinnerung per E-Mail erhalten. Formulieren Sie den Brieftext für die Kenntnisnahme.
e) Berichten Sie Ihren Mitschülern, auf welchem Weg bei Ihnen in der Kanzlei Schreiben zur Kenntnisnahme versandt werden. Überwiegt in der heutigen Zeit der E-Mail-Versand gegenüber dem herkömmlichen Post-Versand?
f) Vergleichen Sie Ihr Ergebnis mit dem Ergebnis Ihrer Mitschüler und ergänzen Sie ggf. Ihre Schreiben.
Web g) Reflektieren Sie anschließend Ihr Wissen anhand des Fragebogens, den Sie im Downloadbereich zum Buch finden.

3.1 Rechtsbehelfsverfahren

Zu den Rechtsbehelfsverfahren gehören neben der Erinnerung (z. B. gegen den Kostenfestsetzungsbeschluss; gegen die Art und Weise der Zwangsvollstreckung) auch der Einspruch (z. B. gegen den Vollstreckungsbescheid; gegen das Versäumnisurteil) und der Widerspruch (z. B. gegen den Mahnbescheid; gegen den Wohngeldbescheid). Teilweise sind in diesen Verfahren (umfangreiche) rechtliche Ausführungen erforderlich, die üblicherweise von den Rechtsanwälten und nicht von den Rechtsanwaltsfachangestellten bzw. Rechtsanwalts- und Notarfachangestellten erstellt werden.

Auch die Wiedereinsetzung in den vorigen Stand gehört zu den Rechtsbehelfen, wird hier jedoch separat in Kap. 3.3 behandelt.

3.1.1 Die Erinnerung

Situationsbeschreibung: Rechtsanwältin Katharina Schuh vertritt Carmen Roßberger im Rechtsstreit Carmen Roßberger ./. Reiner Kleinschrod (Az.: 209/2021). Das Amtsgericht Kassel (Frankfurter Straße 9, 34117 Kassel; gerichtliches Az.: 3 C 831/2021) hat am 21.10.2021 den Kostenfestsetzungsbeschluss vom 14.10.2021 übersandt. Annika Sauer überprüft diesen und stellt fest, dass anstelle der tatsächlich angefallenen Portokosten in Höhe von 35,75 € gem. Nr. 7001 VV RVG lediglich die Auslagenpauschale in Höhe von 20,00 € gem. Nr. 7002 VV RVG festgesetzt wurde. Mit Kostenfestsetzungsantrag vom 20.09.2021 wurden die tatsächlich angefallenen Portokosten nachgewiesen. Annika Sauer erstellt deshalb nach Rücksprache mit Rechtsanwältin Katharina Schuh am 22.10.2021 die Erinnerung gegen den Kostenfestsetzungsbeschluss.

Dr. Neumann & Huber
Rechtsanwälte Partnerschaft

RAe Dr. Neumann & Huber, Grainstr. 101, 67434 Neustadt a. d. Wstr.
Per beA
Amtsgericht Kassel
Frankfurter Straße 9
34117 Kassel

Ihr Zeichen:	3 C 831/2021
Ihre Nachricht vom:	
Unser Zeichen:	209/2021
Unsere Nachricht vom:	
Name:	RAin Katharina Schuh
Sekretariat:	Annika Sauer
Telefon:	+49 6321 5632-12
Telefax:	+49 6321 5632-15
Datum:	22.10.2021

Az.: 3 C 831/2021
In dem Rechtsstreit
Carmen Roßberger (RAin Katharina Schuh, 67434 Neustadt a. d. Wstr.)
gegen
Reiner Kleinschrod

legen wir namens und im Auftrag der Klägerin gegen den Kostenfestsetzungsbeschluss vom 14.10.2021, zugestellt am 21.10.2021, **Erinnerung** gem. § 573 Abs. 1 ZPO, § 11 RPflG ein.

Wir beantragen, unter Aufhebung des Kostenfestsetzungsbeschlusses vom 14.10.2021, anstelle der Auslagenpauschale gem. Nr. 7002 VV RVG in Höhe von 20,00 € die tatsächlich angefallenen Portokosten in Höhe von 35,75 € gem. Nr. 7001 VV RVG zuzubilligen zzgl. 19 % Umsatzsteuer gem. Nr. 7008 VV RVG.

Begründung:

In dem Kostenfestsetzungsbeschluss vom 14.10.2021 wurden die tatsächlich angefallenen Portokosten zu Unrecht nicht festgesetzt. Die Portokosten sind im vorliegenden Verfahren angefallen und wurden bereits mit Kostenfestsetzungsantrag vom 20.09.2021 nachgewiesen. Somit sind die tatsächlich angefallenen Portokosten in Höhe von 35,75 € zzgl. 19 % Umsatzsteuer entstanden und festzusetzen.

Katharina Schuh
Rechtsanwältin

Dieser Schriftsatz ist einfach elektronisch signiert.

RAin Dr. Annette Neumann Fachanwältin für Verkehrsrecht · **RA Peter Huber** Fachanwalt für Erbrecht
In Zusammenarbeit mit **RAin Katharina Schuh** Fachanwältin für Familienrecht

RAe Dr. Neumann & Huber · Grainstr. 101 · 67434 Neustadt a. d. Wstr. · Telefon +49 6321 5632-0 · Fax +49 6321 5632-15
info@rae-neumann-huber.de · www.rae-neumann-huber.de
Registernummer PR 956 · Amtsgericht Neustadt a. d. Wstr. · USt-IdNr.: DE573964122

Commerzbank Neustadt a. d. Wstr. · IBAN DE41 5464 0035 0012 5832 19
Deutsche Bank Neustadt a. d. Wstr. · IBAN DE52 5467 0095 0096 7844 58

3.1.2 Der Einspruch

Situationsbeschreibung: Am 25.11.2021 wird Rechtsanwältin Katharina Schuh von Paul Reinhardt in dem Rechtsstreit Ludmilla Loose ./. Paul Reinhardt mandatiert (Az.: 251/2021). Paul Reinhardt legt in der Besprechung das Versäumnisurteil des Amtsgerichts Saarbrücken (Franz-Josef-Röder-Straße 13, 66119 Saarbrücken; gerichtliches Az.: 3 C 1131/2021) vom 11.11.2021 vor. Dieses wurde am 12.11.2021 zugestellt. Um die Frist zu wahren, soll Annika Sauer per beA Einspruch einlegen und die Anträge dahin gehend stellen, dass das Versäumnisurteil aufgehoben und die Klage abgewiesen wird. Weiterhin soll die Klägerin die Kosten des Rechtsstreits tragen. Da die Mandatierung erst kurz vor Ablauf der Frist erfolgte und der Mandant nicht alle Unterlagen vorlegen konnte, bittet Annika Sauer um Akteneinsicht. Nach erfolgter Akteneinsicht wird der Einspruch dann begründet. Das Schreiben wird am 26.11.2021 gefertigt.

Dr. Neumann & Huber
Rechtsanwälte Partnerschaft

RAe Dr. Neumann & Huber, Grainstr. 101, 67434 Neustadt a. d. Wstr.
Per beA
Amtsgericht Saarbrücken
Franz-Josef-Röder-Straße 13
66119 Saarbrücken

Ihr Zeichen:	3 C 1131/2021
Ihre Nachricht vom:	
Unser Zeichen:	251/2021
Unsere Nachricht vom:	
Name:	RAin Katharina Schuh
Sekretariat:	Annika Sauer
Telefon:	+49 6321 5632-12
Telefax:	+49 6321 5632-15
Datum:	26.11.2021

Az.: 3 C 1131/2021
In dem Rechtsstreit
Ludmilla Loose
gegen
Paul Reinhardt (RAin Katharina Schuh, 67434 Neustadt a. d. Wstr.)

zeigen wir an, dass wir den Beklagten Paul Reinhardt anwaltlich vertreten.

Namens und im Auftrag des Beklagten wird gegen das am 11.11.2021 verkündete Versäumnisurteil, dem Beklagten zugestellt am 12.11.2021,

Einspruch

eingelegt. In der Sache wird beantragt:

1. Das Versäumnisurteil vom 11.11.2021 wird aufgehoben und die Klage abgewiesen.
2. Die Kosten des Rechtsstreits, einschließlich etwaiger Säumniskosten, trägt die Klägerin.

Da die Unterfertigte erst am 25.11.2021 mandatiert wurde und nicht alle Unterlagen vorliegen, wird um Akteneinsicht gebeten.

Eine Begründung des Einspruchs wird noch erfolgter Akteneinsicht erfolgen.

Katharina Schuh
Rechtsanwältin

Dieser Schriftsatz ist einfach elektronisch signiert.

RAin Dr. Annette Neumann Fachanwältin für Verkehrsrecht · **RA Peter Huber** Fachanwalt für Erbrecht
In Zusammenarbeit mit **RAin Katharina Schuh** Fachanwältin für Familienrecht

RAe Dr. Neumann & Huber · Grainstr. 101 · 67434 Neustadt a. d. Wstr. · Telefon +49 6321 5632-0 · Fax +49 6321 5632-15
info@rae-neumann-huber.de · www.rae-neumann-huber.de
Registernummer PR 956 · Amtsgericht Neustadt a. d. Wstr. · USt-IdNr.: DE573964122

Commerzbank Neustadt a. d. Wstr. · IBAN DE41 5464 0035 0012 5832 19
Deutsche Bank Neustadt a. d. Wstr. · IBAN DE52 5467 0095 0096 7844 58

3.2 Rechtsmittelverfahren

Zu den ständig wiederkehrenden Aufgaben eines Rechtsanwaltsfachangestellten bzw. Rechtsanwalts- und Notarfachangestellten im Rechtsmittelverfahren gehören neben den Beschwerden auch die Einlegung und ggf. die Rücknahme von Berufung und Revision. Ein Teil der Schriftsätze fällt aufgrund der rechtlichen Ausführungen in der Regel in den Aufgabenbereich der Rechtsanwälte.

Im Downloadbereich zum Buch finden Sie eine Situationsbeschreibung nebst Lösungsvorschlag zur Einlegung der sofortigen Beschwerde. Web

3.2.1 Die Einlegung einer Revision

Situationsbeschreibung: In dem Rechtsstreit Dietrich Fistler ./. Gudrun Nofz hat das Berufungsgericht mit Urteil vom 20.12.2021 dem Kläger Dietrich Fistler die volle Kaufpreisforderung in Höhe von 31.516,39 € zugesprochen. Gudrun Nofz, die bereits das erstinstanzliche Urteil des Landgerichts Stuttgart, Az.: 5 O 323/2020, mit der Berufung angegriffen hat, möchte auch dieses Urteil nicht akzeptieren, da ihrer Meinung nach ein Formfehler vorliegt. Sie beauftragt deshalb die beim BGH zugelassene Rechtsanwältin Dr. Doris Butschek damit, Revision gegen das Urteil des Oberlandesgerichts Stuttgart vom 20.12.2021, Az.: 3 U 15/2020, zugestellt am 27.12.2021, einzulegen. Die Revision wird am 21.01.2022 beim BGH eingelegt. Die Anträge sowie die Begründung werden fristgerecht in einem gesonderten Schriftsatz erfolgen.

Revision

In dem Rechtsstreit

Dietrich Fistler, *Anschrift,*

– Kläger, Berufungsbeklagter, Revisionsbeklagter –

Prozessbevollmächtigte: RAin Dr. Doris Butschek, *Anschrift,*

gegen

Gudrun Nofz, *Anschrift,*

– Beklagte, Berufungsklägerin, Revisionsklägerin –

Prozessbevollmächtigte II. Instanz: *Name, Anschrift,*

wegen Kaufpreisforderung,

lege ich hiermit namens und im Auftrag der Beklagten und Revisionsklägerin gegen das Urteil des Oberlandesgerichts Stuttgart vom 20.12.2021, Az.: 3 U 15/2020, zugestellt am 27.12.2021,

Revision

ein. Die Revision wurde vom Oberlandesgericht Stuttgart im Urteil vom 20.12.2021 zugelassen.

Anträge und Begründung bleiben einem gesonderten Schriftsatz vorbehalten.

Dr. Doris Butschek
Rechtsanwalt

Anlage
Urteilsabschrift

3.2.2 Die Rücknahme einer Berufung

Situationsbeschreibung: Jason Brockmeyer übergibt Rechtsanwalt Peter Huber in einem Besprechungstermin das Urteil des Amtsgerichts Mannheim vom 13.05.2022, Az.: 5 C 11/2022, zugestellt am 17.05.2022. Er ist mit der Entscheidung des Gerichts im Rechtsstreit Jason Brockmeyer ./. Lilly Vaustmann wegen einer Wohnraummietforderung in Höhe von 5.110,00 € nicht einverstanden und möchte hiergegen vorgehen. Rechtsanwalt Peter Huber hat deshalb am 17.06.2022 zunächst Frist wahrend Berufung beim Landgericht Mannheim eingelegt. Nach eingehendem Aktenstudium kommt er zu dem Ergebnis, dass eine Berufung keine Aussicht auf Erfolg hat. Nach einem Telefongespräch mit Jason Brockmeyer übergibt Rechtsanwalt Peter Huber die Akte an Annika Sauer. Er bittet diese, die eingelegte Berufung namens und im Auftrag des Mandanten zurückzunehmen. Annika Sauer fertigt den entsprechenden Schriftsatz am 24.06.2022 zum kanzleiinternen Az.: 101/2022 an. Informationen darüber, wer die Gegenseite im Berufungsverfahren vertritt, liegen noch nicht vor. Das Berufungsgericht hat zwischenzeitlich das Az.: 3 S 436/2022 vergeben.

Dr. Neumann & Huber
Rechtsanwälte Partnerschaft

RAe Dr. Neumann & Huber, Grainstr. 101, 67434 Neustadt a. d. Wstr.
Per beA
Landgericht Mannheim
A1, 1
68159 Mannheim

Ihr Zeichen:	3 S 436/2022
Ihre Nachricht vom:	
Unser Zeichen:	101/2022
Unsere Nachricht vom:	
Name:	RA Peter Huber
Sekretariat:	Annika Sauer
Telefon:	+49 6321 5632-12
Telefax:	+49 6321 5632-15
Datum:	24.06.2022

Az.: 3 S 436/2022
In dem Rechtsstreit
Jason Brockmeyer (RA Peter Huber, 67434 Neustadt a. d. Wstr.)
gegen
Lilly Vaustmann

nehmen wir die Berufung des Klägers und Berufungsklägers vom 17.06.2022 gegen das Urteil des Amtsgerichts Mannheim vom 13.05.2022, Az.: 5 C 11/2022, zurück.

Peter Huber
Rechtsanwalt

Dieser Schriftsatz ist einfach elektronisch signiert.

RAin Dr. Annette Neumann Fachanwältin für Verkehrsrecht · **RA Peter Huber** Fachanwalt für Erbrecht
In Zusammenarbeit mit **RAin Katharina Schuh** Fachanwältin für Familienrecht

RAe Dr. Neumann & Huber · Grainstr. 101 · 67434 Neustadt a. d. Wstr. · Telefon +49 6321 5632-0 · Fax +49 6321 5632-15
info@rae-neumann-huber.de · www.rae-neumann-huber.de
Registernummer PR 956 · Amtsgericht Neustadt a. d. Wstr. · USt-IdNr.: DE573964122

Commerzbank Neustadt a. d. Wstr. · IBAN DE41 5464 0035 0012 5832 19
Deutsche Bank Neustadt a. d. Wstr. · IBAN DE52 5467 0095 0096 7844 58

3.3 Der Antrag auf Wiedereinsetzung in den vorigen Stand

Beim Antrag auf Wiedereinsetzung in den vorigen Stand muss neben der Frist beachtet werden, dass der Vortrag, weswegen Wiedereinsetzung beantragt wird, glaubhaft gemacht wird, z. B. durch die Vorlage einer eidesstattlichen Versicherung, von ärztlichen Attesten oder Urkunden (z. B. Handakte, Termin- und Fristenkalender).

Situationsbeschreibung: Rechtsanwältin Dr. Annette Neumann vertritt Lilo Reimers in dem Rechtsstreit Kurt Lanzig (In den Birken 33, 66999 Hinterweidenthal; vertreten durch RA Michael Reitner, Landauer Straße 68, 67433 Neustadt an der Weinstraße) ./. Lilo Reimers (Ellerkopf 5 a, 66130 Saarbrücken) wegen einer Geldforderung (Az.: 189/2021). Das Urteil des Landgerichts Saarbrücken (gerichtliches Az.: 3 S 333/2021) vom 10.01.2022 wird am 14.01.2022 zugestellt. Zusammen mit der Handakte wurde es am Tag der Zustellung vorgelegt. Marion Webermann hatte bereits in der Handakte den Ablauf der Berufungsfrist am 14.02.2022 und die Vorfrist am 07.02.2022 notiert. Ebenso war ein Erledigungsvermerk über die Eintragung im Fristenkalender angebracht. Daraufhin wurde das Empfangsbekenntnis unterzeichnet und die Akte zum Abtragen gelegt, da alles für eine rechtzeitige Wiedervorlage getan war. Es stand auch schon fest, dass Berufung zum Oberlandesgericht Saarbrücken (Franz-Josef-Röder-Straße 15, 66119 Saarbrücken) eingelegt werden sollte. Die Handakte wurde Rechtsanwältin Dr. Annette Neumann jedoch erst am 04.03.2020 mit einem Telefonvermerk wieder vorgelegt, die die Fristversäumnis feststellte. Die Fristversäumnis beruhte darauf, dass Marion Webermann, die bereits seit zehn Jahren Bürovorsteherin in der Kanzlei ist, im Fristenkalender versehentlich Frist und Vorfrist auf den Monat März 2022 eingetragen hatte. Ihre Tätigkeit wird regelmäßig stichprobenartig überwacht, zuletzt am 03.12.2021, dabei sind bislang nie Beanstandungen nötig gewesen. Annika Sauer verfasst am 07.03.2022 zunächst den Wiedereinsetzungsantrag. Die Berufungsanträge sowie die -begründung werden dann noch von Rechtsanwältin Dr. Annette Neumann eingefügt. Der Schriftsatz wird per beA übersandt.

Dr. Neumann & Huber
Rechtsanwälte Partnerschaft

RAe Dr. Neumann & Huber, Grainstr. 101, 67434 Neustadt a. d. Wstr.
Per beA
Oberlandesgericht Saarbrücken
Franz-Josef-Röder-Straße 15
66119 Saarbrücken

Ihr Zeichen:	
Ihre Nachricht vom:	
Unser Zeichen:	189/2021
Unsere Nachricht vom:	
Name:	RAin Dr. Annette Neumann
Sekretariat:	Annika Sauer
Telefon:	+49 6321 5632-12
Telefax:	+49 6321 5632-15
Datum:	07.03.2022

Antrag auf Wiedereinsetzung in den vorigen Stand

In dem Rechtsstreit

Kurt Lanzig, In den Birken 33, 66999 Hinterweidenthal,

– Kläger und Berufungsbeklagter –

Prozessbevollmächtigter: RA Michael Reitner, Landauer Straße 68, 67433 Neustadt a. d. Wstr.,

gegen

Lilo Reimers, Ellerkopf 5 a, 66130 Saarbrücken,

– Beklagte und Berufungsklägerin –

Prozessbevollmächtigte: RAe Dr. Neumann & Huber, RAin Dr. Annette Neumann, Grainstraße 101, 67434 Neustadt a. d. Wstr.,

wegen Geldforderung,

beantragen wir namens und in Vollmacht der Beklagten und Berufungsklägerin wegen der versäumten Frist zur Einlegung der Berufung gegen das Urteil des Landgerichts Saarbrücken vom 10.01.2022, Az.: 3 S 333/2021, zugestellt am 14.01.2022,

Wiedereinsetzung in den vorigen Stand.

Seite 1 von 2

RAin Dr. Annette Neumann Fachanwältin für Verkehrsrecht · **RA Peter Huber** Fachanwalt für Erbrecht
In Zusammenarbeit mit **RAin Katharina Schuh** Fachanwältin für Familienrecht

RAe Dr. Neumann & Huber · Grainstr. 101 · 67434 Neustadt a. d. Wstr. · Telefon +49 6321 5632-0 · Fax +49 6321 5632-15
info@rae-neumann-huber.de · www.rae-neumann-huber.de
Registernummer PR 956 · Amtsgericht Neustadt a. d. Wstr. · USt-IdNr.: DE573964122

Commerzbank Neustadt a. d. Wstr. · IBAN DE41 5464 0035 0012 5832 19
Deutsche Bank Neustadt a. d. Wstr. · IBAN DE52 5467 0095 0096 7844 58

Gleichzeitig legen wir namens und im Auftrag der Beklagten und Berufungsklägerin gegen das Urteil des Landgerichts Saarbrücken vom 10.01.2022 dessen Ausfertigung wir in der Anlage beifügen,

Berufung

ein.

Begründung:

I. Wiedereinsetzung in den vorigen Stand

Das Wiedereinsetzungsgesuch begründen wir wie folgt:

Das erstinstanzliche Urteil des Landgerichts Saarbrücken vom 10.01.2022 wurde am 14.01.2022 zugestellt. Es wurde der Unterfertigten zusammen mit der Handakte vorgelegt. Die Bürovorsteherin, Frau Marion Webermann, hatte in der Handakte bereits den Ablauf der Berufungsfrist am 14.02.2022 sowie die Vorfrist am 07.02.2022 notiert. Frau Marion Webermann hatte auch bereits einen Erledigungsvermerk über die entsprechende Eintragung im Fristenkalender angebracht.

Die Unterfertigte hat daraufhin das Empfangsbekenntnis unterschrieben und die Akte zum Abtragen gelegt, da aus ihrer Sicht alles für eine rechtzeitige Wiedervorlage getan war. Die Beklagte und Berufungsklägerin hatte auch bereits Weisung erteilt, Berufung einzulegen.

Erst am 04.03.2022 wurde der Unterfertigten die Akte mit einem Telefonvermerk wieder vorgelegt und sie stellte die Fristversäumung fest. Diese beruhte darauf, dass die seit zehn Jahren im Büro tätige Bürovorsteherin, Frau Marion Webermann, in den Fristenkalender versehentlich die Frist sowie die Vorfrist auf den Monat März 2022 eingetragen hatte.

Die Tätigkeit von Frau Marion Webermann hat die Unterfertigte regelmäßig stichprobenartig überwacht, zuletzt am 03.12.2021. Dabei sind bislang nie Beanstandungen nötig gewesen. Das versichert die Unterfertigte anwaltlich.

Zur Glaubhaftmachung des gesamten Vortrags wird auf die anliegende eidesstattliche Versicherung der Bürovorsteherin, Frau Marion Webermann, verwiesen. Weiterhin werden beglaubigte Ablichtungen aus der Handakte und dem Termin- und Fristenkalender zur Glaubhaftmachung vorgelegt.

Die Versäumung der Berufungsfrist ist damit weder der Partei noch der Unterzeichnerin zuzurechnen und damit unverschuldet i. S. v. § 233 ZPO. Aus dem glaubhaft gemachten Vortrag ergibt sich zugleich, dass die Wiedereinsetzungsfrist des § 234 Abs. 1 ZPO gewahrt ist.

Der Beklagten und Berufungsklägerin ist damit Wiedereinsetzung zu gewähren.

II. **Berufung**

...

3.4 Schreiben an Mandanten

Die Schreiben an Mandanten können sehr vielfältig sein. So kann es vorkommen, dass Mandanten z. B. über einen anberaumten Gerichtstermin informiert werden müssen oder über einzuzahlende Zeugenvorschüsse o. Ä. Die nachfolgenden Beispielschreiben stellen deshalb nur einen kleinen Auszug aus der Vielzahl anzufertigender Schreiben dar.

3.4.1 Mitteilung über einen Antrag auf Urteilsberichtigung

Situationsbeschreibung: Rechtsanwältin Dr. Annette Neumann vertritt Florian Hopp (Lessingstraße 1, 76887 Bad Bergzabern) im Berufungsverfahren Jasmin Bauer ./. Florian Hopp wegen Forderung vor dem Oberlandesgericht Stuttgart. Dieses hat mit Urteil vom 17.01.2022 die Forderung der Klägerin Jasmin Bauer zurückgewiesen. Laut dem Urteilstenor zu Ziff. 2. hat das Gericht jedoch Florian Hopp die Kosten des Verfahrens auferlegt. Hierbei handelt es sich um eine offensichtliche Unrichtigkeit, denn im Fall der Zurückweisung der Klageforderung hat die Klägerin die Kosten des Verfahrens zu tragen (§ 91 Abs. 1 ZPO). Rechtsanwältin Dr. Annette Neumann beantragt deshalb am 24.01.2022 die Berichtigung des Urteils gem. § 319 Abs. 1 ZPO. Anschließend übergibt sie die Akte (Az.: 201/2021) am 27.01.2022 an Annika Sauer mit der Bitte, den Mandanten hierüber zu informieren. Erstellen Sie dieses Schreiben mithilfe des Kanzleibriefbogens.

Dr. Neumann & Huber
Rechtsanwälte Partnerschaft

RAe Dr. Neumann & Huber, Grainstr. 101, 67434 Neustadt a. d. Wstr.
Herrn
Florian Hopp
Lessingstraße 1
76887 Bad Bergzabern

Ihr Zeichen:	
Ihre Nachricht vom:	
Unser Zeichen:	201/2021
Unsere Nachricht vom:	
Name:	RAin Dr. Annette Neumann
Sekretariat:	Annika Sauer
Telefon:	+49 6321 5632-12
Telefax:	+49 6321 5632-15
Datum:	27.01.2022

Florian Hopp ./. Jasmin Bauer
wegen Forderung

Sehr geehrter Herr Hopp,

in der Anlage überreiche ich Ihnen das Urteil des Oberlandesgerichts Stuttgart vom 17.01.2022 zu Ihrer Kenntnisnahme.

Wie Sie sehen, hat das Oberlandesgericht Stuttgart die Forderung der Gegenseite zurückgewiesen, Ihnen aber unter Ziff. 2. des Urteilstenors die Kosten des Verfahrens auferlegt. Hierbei handelt es sich jedoch um eine offensichtliche Unrichtigkeit, denn im Falle der Zurückweisung der Klage hat die Klagepartei, in diesem Fall also Jasmin Bauer, die Kosten des Verfahrens zu tragen.

Daher haben wir die Berichtigung des Urteils beantragt, wie Sie beiliegendem Schriftsatz an das Oberlandesgericht Stuttgart vom 27.01.2022 entnehmen können.

Freundliche Grüße

Dr. Annette Neumann
Rechtsanwältin

Anlagen
Abschrift des Urteils
Antrag auf Urteilsberichtigung

RAin Dr. Annette Neumann Fachanwältin für Verkehrsrecht · **RA Peter Huber** Fachanwalt für Erbrecht
In Zusammenarbeit mit **RAin Katharina Schuh** Fachanwältin für Familienrecht

RAe Dr. Neumann & Huber · Grainstr. 101 · 67434 Neustadt a. d. Wstr. · Telefon +49 6321 5632-0 · Fax +49 6321 5632-15
info@rae-neumann-huber.de · www.rae-neumann-huber.de
Registernummer PR 956 · Amtsgericht Neustadt a. d. Wstr. · USt-IdNr.: DE573964122

Commerzbank Neustadt a. d. Wstr. · IBAN DE41 5464 0035 0012 5832 19
Deutsche Bank Neustadt a. d. Wstr. · IBAN DE52 5467 0095 0096 7844 58

3.4.2 Mitteilung über den weiteren Verfahrensablauf

Situationsbeschreibung: Robert Stelzinger (Hauptstraße 65, 76865 Rohrbach) wird im Rechtsstreit Michaela Sagasser ./. Robert Stelzinger wegen einer Kaufpreisforderung in Höhe von 2.600,00 € von Rechtsanwältin Katharina Schuh im Berufungsverfahren vor dem Landgericht Landau in der Pfalz anwaltlich vertreten. Im Termin zur mündlichen Verhandlung haben sich die Parteien auf Anraten des Gerichts dazu entschlossen, einen unwiderruflichen Vergleich zu schließen. Danach zahlt der Beklagte Robert Stelzinger bis spätestens 15.11.2021 einen Betrag in Höhe von 1.300,00 € auf das Konto der Klägerin und die Kosten des Rechtsstreits werden gegeneinander aufgehoben. Nach Erhalt des Sitzungsprotokolls vom 04.10.2021 übergibt Rechtsanwältin Katharina Schuh die Akte (Az.: 135/2021) am 14.10.2021 an Annika Sauer. Diese soll das Protokoll an den Mandanten senden, das Ergebnis der mündlichen Verhandlung kurz zusammenfassen und den Mandanten darauf hinweisen, dass er den Vergleichsbetrag fristgerecht bis 15.11.2021 zahlen sollte, um mögliche Zwangsvollstreckungsmaßnahmen zu vermeiden. Erstellen Sie dieses Schreiben mithilfe des Kanzleibriefbogens.

Dr. Neumann & Huber
Rechtsanwälte Partnerschaft

RAe Dr. Neumann & Huber, Grainstr. 101, 67434 Neustadt a. d. Wstr.
Herrn
Robert Stelzinger
Hauptstraße 65
76865 Rohrbach

Ihr Zeichen:
Ihre Nachricht vom:
Unser Zeichen: 201/2021
Unsere Nachricht vom:

Name: RAin Katharina Schuh
Sekretariat: Annika Sauer
Telefon: +49 6321 5632-12
Telefax: +49 6321 5632-15

Datum: 14.10.2021

Robert Stelzinger ./. Michaela Sagasser
wegen Kaufpreisforderung

Sehr geehrter Herr Stelzinger,

in der Anlage überreichen wir Ihnen das Sitzungsprotokoll des Landgerichts Landau in der Pfalz vom 04.10.2021 zu Ihrer Kenntnisnahme.

Wie Sie wissen, haben wir einen unwiderruflichen Vergleich mit folgendem Inhalt geschlossen:

1. Sie zahlen an Michaela Sagasser bis zum 15.11.2021 zur Abgeltung der streitgegenständlichen Kaufpreisforderung einen Betrag in Höhe von 1.300,00 €.
2. Die Kosten des Rechtsstreits werden gegeneinander aufgehoben.

Wir bitten Sie, den Betrag von 1.300,00 € fristgerecht auf das Ihnen bekannte Konto der Michaela Sagasser zu überweisen, um mögliche Zwangsvollstreckungsmaßnahmen zu vermeiden.

Für Rückfragen stehen wir Ihnen gerne telefonisch zur Verfügung.

Freundliche Grüße

Katharina Schuh
Rechtsanwältin

Anlage
Abschrift des Sitzungsprotokolls

RAin Dr. Annette Neumann Fachanwältin für Verkehrsrecht · **RA Peter Huber** Fachanwalt für Erbrecht
In Zusammenarbeit mit **RAin Katharina Schuh** Fachanwältin für Familienrecht

RAe Dr. Neumann & Huber · Grainstr. 101 · 67434 Neustadt a. d. Wstr. · Telefon +49 6321 5632-0 · Fax +49 6321 5632-15
info@rae-neumann-huber.de · www.rae-neumann-huber.de
Registernummer PR 956 · Amtsgericht Neustadt a. d. Wstr. · USt-IdNr.: DE573964122

Commerzbank Neustadt a. d. Wstr. · IBAN DE41 5464 0035 0012 5832 19
Deutsche Bank Neustadt a. d. Wstr. · IBAN DE52 5467 0095 0096 7844 58

3.5 Kostenrechnungen

Da gerichtliche Verfahren oft mehrere Monate oder Jahre dauern, sollte dem Mandanten in jedem Fall ein Vorschuss in Rechnung gestellt werden. Nach Beendigung der Angelegenheit sind die ggf. bereits bezahlten Vorschüsse in der Kostenendabrechnung aufzuführen und vom Gesamtbetrag in Abzug zu bringen.

Situationsbeschreibung: Rechtsanwalt Peter Huber vertritt Martin Kubitza (Alex-Müller-Straße 43, 67657 Kaiserslautern) seit dem 25.04.2022 im Berufungsverfahren Leonore Leisner ./. Martin Kubitza wegen einer Kaufpreisforderung in Höhe von 6.300,00 €. In der mündlichen Verhandlung am 12.09.2022 einigen sich die Parteien auf Anraten des Pfälzischen Oberlandesgerichts dahin gehend, dass Leonore Leisner einen Betrag in Höhe von 3.150,00 € erhält. Die Kosten des Verfahrens werden gegeneinander aufgehoben. Annika Sauer erstellt die Kostenendabrechnung (Rechnungsnr.: 189/2022) zum Az.: 98/2022 am 26.09.2022. Dabei berücksichtigt sie die Vorschusszahlung des Mandanten vom 03.06.2022 in Höhe von 850,00 €.

Dr. Neumann & Huber
Rechtsanwälte Partnerschaft

RAe Dr. Neumann & Huber, Grainstr. 101, 67434 Neustadt a. d. Wstr.
Herrn
Martin Kubitza
Alex-Müller-Straße 43
67657 Kaiserslautern

Ihr Zeichen:	
Ihre Nachricht vom:	
Unser Zeichen:	98/2022
Unsere Nachricht vom:	
Name:	RA Peter Huber
Sekretariat:	Annika Sauer
Telefon:	+49 6321 5632-12
Telefax:	+49 6321 5632-15
Datum:	26.09.2022

Kostenendabrechnung
Rechnungsnummer: 189/2022
Martin Kubitza ./. Leonore Leisner
wegen Kaufpreisforderung
Leistungszeitraum: 25.04.2022 – 26.09.2022

Streitwert: 6.300,00 €, § 47 Abs. 1 S. 1 GKG

1,6 Verfahrensgebühr, Nr. 3200 VV RVG	713,60 €
1,2 Terminsgebühr, Nr. 3202 VV RVG	535,20 €
1,3 Einigungsgebühr, Nrn. 1000, 1004 VV RVG	579,80 €
Pauschale Post und Telekommunikation, Nr. 7002 VV RVG	20,00 €
Zwischensumme	1.848,60 €
19 % Umsatzsteuer, Nr. 7008 VV RVG	351,23 €
Summe	2.199,83 €
abzgl. Ihrer Überweisung vom 03.06.2022 (darin enthalten 19 % Umsatzsteuer = 135,71 €)	850,00 €
Restforderung	1.349,83 €

Peter Huber
Rechtsanwalt

RAin Dr. Annette Neumann Fachanwältin für Verkehrsrecht · **RA Peter Huber** Fachanwalt für Erbrecht
In Zusammenarbeit mit **RAin Katharina Schuh** Fachanwältin für Familienrecht

RAe Dr. Neumann & Huber · Grainstr. 101 · 67434 Neustact a. d. Wstr. · Telefon +49 6321 5632-0 · Fax +49 6321 5632-15
info@rae-neumann-huber.de · www.rae-neumann-huber.de
Registernummer PR 956 · Amtsgericht Neustadt a. d. Wstr. · USt-INr.: DE573964122

Commerzbank Neustadt a. d. Wstr. · IBAN DE41 5464 0035 0012 5832 19
Deutsche Bank Neustadt a. d. Wstr. · IBAN DE52 5467 0095 0096 7844 58

Zusammenfassung

Führen des Schriftverkehrs in Rechtsbehelfs- und Rechtsmittelverfahren

Rechtsbehelfsverfahren	Rechtsmittelverfahren	Wiedereinsetzung in den vorigen Stand	Schreiben an Mandanten	Kostenrechnungen
Erinnerung; Einspruch; Widerspruch	Einlegung von Beschwerden; Einlegung eines Rechtsmittels; Rücknahme eines Rechtsmittels	Antragsschrift	Mitteilung über den aktuellen Verfahrensstand und/oder den weiteren Verfahrensablauf	Vorschusskostenrechnungen; Kostenendabrechnungen

Wiederholung und Vertiefung

1. Das Amtsgericht Speyer (Wormser Straße 41, 67346 Speyer; gerichtliches Az.: 8 C 783/2021) hat dem Kläger Hubert Liszt (Landwehrstraße 2, 67346 Speyer) mit Urteil vom 03.02.2022 die Klageforderung, eine Darlehensforderung in Höhe von 4.350,00 € zzgl. Zinsen in Höhe von fünf Prozentpunkten über dem Basiszinssatz seit 25.10.2021, nicht zugesprochen. Das Urteil wurde ihm am 07.02.2022 zugestellt. Hubert Liszt hat sich vor dem Amtsgericht Speyer selbst vertreten. Die gegnerische Partei, die Geschwister Gerit und Holger Meusert (Landwehrstraße 21, 67346 Speyer), wurden von Rechtsanwältin Dr. Sabine Kuckert (Landauer Straße 35, 67346 Speyer) anwaltlich vertreten.

a) Hubert Liszt beauftragt Rechtsanwalt Peter Huber am 17.02.2022 damit, Berufung gegen das Urteil einzulegen. Rechtsanwalt Peter Huber übergibt die Akte (Az.: 49/2022) am 21.02.2022 an Annika Sauer. Diese soll die Berufungsschrift an das zuständige Landgericht Frankenthal in der Pfalz (Bahnhofstraße 33, 67227 Frankenthal in der Pfalz) fertigen. Sie soll bereits die Anträge stellen. Die Berufungsbegründung soll einem gesonderten Schriftsatz vorbehalten sein. Erstellen Sie die Berufungsschrift mithilfe des Kanzleibriefbogens.

b) Annika Sauer erstellt am 21.02.2022 ein Schreiben an den Mandanten, um diesen über den aktuellen Stand der Angelegenheit zu informieren. Gleichzeitig legt sie dem Schreiben eine Kostenvorschussrechnung bei. Hubert Liszt soll den Rechnungsbetrag bis zum

09.03.2022 auf eines der Kanzleikonten überweisen. Erstellen Sie das Schreiben an den Mandanten. Verwenden Sie dabei den Kanzleibriefbogen.

c) Erstellen Sie die Kostenvorschussrechnung, die Annika Sauer dem Schreiben an den Mandanten beilegt. Annika Sauer stellt Hubert Liszt neben der Verfahrensgebühr die Postpauschale sowie die Umsatzsteuer in Rechnung. Erstellen Sie die Kostenvorschussrechnung (Rechnungsnr.: 31/2022) mithilfe des Kanzleibriefbogens.

2. Leonie Seidel (Obersülzer Straße 36, 67269 Grünstadt) übergibt Rechtsanwältin Dr. Annette Neumann in der Besprechung am 24.02.2022 neben dem gesamten Schriftwechsel mit dem Amtsgericht Grünstadt (Tiefenthaler Straße 8, 67269 Grünstadt; gerichtliches Az.: 3 C 601/2021) und dem Beklagten Lutz Bachert auch das Urteil des Amtsgerichts Grünstadt vom 17.02.2022, zugestellt am 21.02.2022. Im Urteil ist ein Fehler dahin gehend enthalten, dass Lutz Bachert unter Ziff. I. dazu verurteilt wird, einen Betrag in Höhe von 1.160,00 € an Leonie Seidel zu zahlen nebst Zinsen in Höhe von fünf Prozentpunkten über dem Basiszinssatz seit 23.12.2021. Dies ist jedoch nicht korrekt, da es sich eindeutig aus dem Tatbestand und den Entscheidungsgründen im Urteil ergibt, dass das Gericht der Klägerin Leonie Seidel den vollen Betrag in Höhe von 1.610,00 € zugesprochen hat. Leonie Seidel bittet Rechtsanwältin Dr. Annette Neumann, hiergegen vorzugehen. In der Besprechung erwähnt sie, dass sie gelesen hat, dass es die Möglichkeit gibt, Berufung gegen erlassene Gerichtsurteile einzulegen.

a) Ist es in diesem Fall erforderlich, Berufung gegen das Urteil des Amtsgerichts Grünstadt einzulegen, oder gibt es eine andere Möglichkeit, um die Angelegenheit richtigzustellen?

b) Annika Sauer erhält die Akte (Az.: 35/2022) von Rechtsanwältin Dr. Annette Neumann mit der Bitte um Erledigung. Sie erstellt am 24.02.2022 den entsprechenden Schriftsatz an das Gericht. Erstellen Sie diesen mithilfe des Kanzleibriefbogens.

3. Rechtsanwältin Katharina Schuh hat am 04.04.2022 für Stefanie Reusch (Eckenbertstraße 55, 67549 Worms) im Rechtsstreit Stefanie Reusch ./. Kuno Ditzsch wegen rückständiger Miete (Wert: 950,00 €) Berufung beim Landgericht Mainz (Postfach 30 20, 55020 Mainz, gerichtliches Az.: 3 U 203/2021) eingelegt. Aufgrund einer längeren Erkrankung kann sie erst am 29.04.2022, und somit nur fünf Tage vor Ablauf der Berufungsbegründungsfrist, wieder in der Kanzlei ihrer Arbeit nachgehen.

a) Rechtsanwältin Katharina Schuh übergibt die Akte (Az.: 75/2021) an Annika Sauer und bittet diese, bei Gericht aufgrund ihrer langen Erkrankung die Verlängerung der Berufungsbegründungsfrist bis zum 16.05.2022 zu beantragen. Annika Sauer erstellt den Schriftsatz noch am 29.04.2022. Informationen darüber, wer die Gegenseite nunmehr anwaltlich vertritt, liegen noch nicht vor. Erstellen Sie diesen Schriftsatz mithilfe des Kanzleibriefbogens.

b) Annika Sauer fertigt noch am gleichen Tag ein Schreiben an Stefanie Reusch, um diese über den Sachverhalt zu informieren. Erstellen Sie dieses Schreiben mithilfe des Kanzleibriefbogens.

4. Rechtsanwältin Katharina Schuh beantragt für Maik Beutner (Herzogstraße 55, 67435 Neustadt an der Weinstraße) im Rechtsstreit Maik Beutner ./. Hiltrud Ruben wegen einer Kaufpreisforderung in Höhe von 1.500,00 € Prozesskostenhilfe. Das Amtsgericht Neustadt an der Weinstraße (Robert-Stolz-Straße 20, 67433 Neustadt an der Weinstraße; gerichtliches Az.: 3 C 25/2022) entscheidet mit Beschluss vom 02.03.2022, zugestellt am 07.03.2022, dass Maik Beutner keine Prozesskostenhilfe zusteht, da er nach seinen persönlichen und wirtschaftlichen Verhältnissen in der Lage ist, die Kosten des Verfahrens selbst zu tragen. Nach Überprüfung der gerichtlichen Berechnung stellt Rechtsanwältin Katharina Schuh fest, dass das Amtsgericht Neustadt an der Weinstraße nicht alle Zahlungsverpflichtungen korrekt gewürdigt hat.

a) Rechtsanwältin Katharina Schuh übergibt die Akte (Az.: 18/2022) deshalb an Annika Sauer, die die Beschwerdeschrift erstellen soll, in der zunächst nur die Anträge gestellt werden. Die Begründung wird nachgereicht. Das Schreiben wird am 14.03.2022 versandt. Erstellen Sie die Beschwerdeschrift mithilfe des Kanzleibriefbogens.

b) Auf Bitten von Rechtsanwältin Katharina Schuh hin erstellt Annika Sauer am 16.03.2022 ein Schreiben an den Mandanten Maik Beutner. Sie übersendet ihm den gerichtlichen Beschluss sowie die Beschwerdeschrift und schildert ihm den weiteren Verfahrensablauf. Erstellen Sie dieses Schreiben. Verwenden Sie dafür den Kanzleibriefbogen.

Lernfeld 12 – Kompetenzen

In diesem Lernfeld lernen Sie:

Kapitel 1 **Die Vorbereitung der Zwangsvollstreckung**	• Anliegen des Mandanten zur Planung der Durchführung der Zwangsvollstreckung erfassen • zuständige Vollstreckungsorgane anhand deren Aufgabenbereiche auswählen • Titel, Klausel und Zustellung als Vollstreckungsvoraussetzung prüfen • zwei Insolvenzarten unterscheiden und deren Bedeutung bei der Durchführung der Zwangsvollstreckung berücksichtigen

Kapitel 2 **Die Zwangsvollstreckung durchführen**	• wie eine Vermögensauskunft des Schuldners erlangt werden kann • wie die Pfändung einer beweglichen körperlichen Sache durch die Sachpfändung erfolgt • wie mittels Pfändungs- und Überweisungsbeschluss in Forderungen und Rechte des Schuldners vollstreckt werden kann • wie sich der pfändbare Betrag bei Pfändung des Arbeitseinkommens des Schuldners berechnet • welche Möglichkeiten bestehen, eine unbewegliche körperliche Sache des Schuldners zu pfänden • auf welche Art und Weise das Zwangsvollstreckungsverfahren gütlich erledigt werden kann • wie sonstige Ansprüche des Mandanten außer Geldforderungen vollstreckt werden können • welche Maßnahmen ergriffen werden können, um noch vor dem Vorliegen der Vollstreckungsvoraussetzungen die Forderung des Mandanten sicherstellen zu können • effektiv bei der Zwangsvollstreckung vorzugehen

Kapitel 3 **Einwendungen im Rahmen der Zwangsvollstreckung erheben**	• wie gegen eine fehlerhafte Art und Weise einer Vollstreckungsmaßnahme vorgegangen werden kann • welcher Unterschied zwischen einer Vollstreckungsentscheidung und einer Vollstreckungsmaßnahme besteht und welche Einwendungsmöglichkeit gegen eine Vollstreckungsentscheidung besteht • wie sich ein Dritter dagegen wehren kann, dass sein Eigentum gepfändet oder sein vorrangiges Pfandrecht nicht berücksichtigt wird • unter welchen Voraussetzungen sich der Schuldner mittels Vollstreckungsabwehrklage gegen die Zwangsvollstreckung wenden kann • wie sich der Schuldner allgemein vor einer Vollstreckung schützen kann

Kapitel 4 **Abrechnung**	• die Gegenstandswerte im zwangsvollstreckungsrechtlichen Mandat korrekt zu ermitteln • die abrechenbare Angelegenheit zu bestimmen • die Gebühren und Auslagen für die Vertretung des Gläubigers richtig abzurechnen

Kapitel 5 **Zahlungsvorgänge während der Zwangsvollstreckung**	• Vollstreckungskosten durch die Beauftragung der Vollstreckungsorgane zu prüfen • Zahlungseingänge korrekt und zuverlässig zu erfassen • Teilzahlungen zu verrechnen • Vollstreckungskosten beizutreiben • Forderungsaufstellungen zu erstellen • Rechtsanwaltsvergütung formularmäßig zu erfassen

Kapitel 6 **Führen des erforderlichen Schriftverkehrs**	• Schreiben an Mandanten normgerecht zu erstellen und zu gestalten • Schriftsätze im Rahmen der Durchführung der Zwangsvollstreckung normgerecht zu erstellen und zu gestalten • Einwendungen gegen die Zwangsvollstreckung normgerecht zu erstellen und zu gestalten

Lernfeld 12: Vorgänge in der Zwangsvollstreckung bearbeiten

1 Die Vorbereitung der Zwangsvollstreckung

Mit dem Abschluss des Erkenntnisverfahrens und der Titulierung des Anspruchs des Mandanten ist zunächst die gerichtliche Prüfung abgeschlossen. Um aber die Ansprüche auch zwangsweise durchsetzen zu können, stellt die ZPO verschiedene Möglichkeiten zur Verfügung. Mithilfe staatlicher Vollstreckungsorgane kann dann die Realisierung der Ansprüche des Mandanten auch gegen den Willen des Schuldners erfolgen.

Einordnung in den Gesamtablauf und Begrifflichkeiten

Fragestellung	Ablauf	Die Parteien heißen:
Ist ein Anspruch des Mandanten entstanden?	Prüfung der Voraussetzungen für den Anspruch	Gläubiger und Schuldner
Spricht das Gericht dem Mandanten den Anspruch zu?	gerichtliche Festsetzung im Erkenntnisverfahren	Kläger und Beklagter Antragsteller und -gegner
Kann der Anspruch des Mandanten zwangsweise durchgesetzt werden?	Zwangsvollstreckung: staatliche Zwangsmittel zur Durchsetzung	Gläubiger und Schuldner

Für den Rechtsanwaltsfachangestellten bietet sich im Rahmen der Zwangsvollstreckung die Chance, selbstständig tätig zu werden. Es ist daher wichtig, die Voraussetzungen und Möglichkeiten, die die ZPO für die Zwangsvollstreckung bietet, genau zu kennen. Häufig muss auch eine Auswahl zwischen verschiedenen Maßnahmen getroffen werden. So stellt sich beispielsweise zuerst die Frage, ob bereits Kenntnisse über Vermögenswerte des Schuldners vorhanden sind. Fehlen diese, sollte zunächst die Abnahme eines Vermögensverzeichnisses veranlasst werden, damit nicht durch eine ziellose Sachpfändung unnötige Kosten entstehen. Erforderlich ist dabei, sich einen Überblick über Vor- und Nachteile der Maßnahmen zu verschaffen und auch die Zweckmäßigkeit im konkreten Fall zu beachten.

vgl. LF 12, Kap. 2.1, 2.2, 2.8

Definition: Zwangsvollstreckung ist die zwangsweise Durchsetzung der Ansprüche des Gläubigers mit staatlichen Mitteln.

Die wesentlichen Regelungen zur Zwangsvollstreckung finden sich im 8. Buch der ZPO. Weiterhin sind aber auch das Gesetz über die Zwangsversteigerung und die Zwangsverwaltung (ZVG) sowie die Insolvenzordnung (InsO) je nach Problemstellung relevant.

Web Im Downloadbereich finden Sie eine Übersicht über die Regelungen zur Zwangsvollstreckung in der ZPO, um so schneller bestimmte Normen aufzufinden.

Lernsituation

Rechtsanwalt Peter Huber hat für Volker Christow ein Räumungsurteil des Amtsgerichts Heidelberg erwirkt. Danach ist der Mieter Ingo Prikelder verpflichtet, die Wohnung des Mandanten in der Gutenbergstraße 10, 69221 Dossenheim, bis zum 31.03.2022 zu räumen. Da die Räumung nicht fristgerecht erfolgt ist, soll am 04.04.2022 die Zwangsvollstreckung erfolgen.

Gleichzeitig beauftragt Volker Christow am 04.04.2022 Rechtsanwalt Peter Huber mit der Durchführung von Zwangsvollstreckungsmaßnahmen wegen Mietrückständen in Höhe von 15.400,00 €. Rechtsanwalt Peter Huber hat wegen dieser Forderung gegen den Ingo Prikelder ein Schuldanerkenntnis des Schuldners notariell beurkunden lassen, wonach dieser die Mietrückstände über 15.400,00 € anerkennt und sich zur Zahlung bis ebenfalls zum 31.03.2022 verpflichtet. Für den Fall der Nichtleistung hat sich Ingo Prikelder der sofortigen Zwangsvollstreckung unterworfen.

Annika Sauer soll wegen beider Ansprüche die Zwangsvollstreckung vorbereiten. Sie unterhält sich mit Julia Hoffmann über die Angelegenheit. Diese rät ihr strukturiert vorzugehen. Annika Sauer soll zunächst einmal die verschiedenen Ansprüche, die jeweils möglichen Zwangsvollstreckungsmaßnahmen und die Zuständigkeiten klären. Annika Sauer ist insbesondere wegen der Mietrückstände irritiert und erkundigt sich bei Julia Hoffmann, ob nicht erst noch ein Urteil ergehen müsse. Julia Hoffmann verweist Annika Sauer darauf, dass es verschiedene Arten von Vollstreckungstiteln gibt, welche in § 794 ZPO aufgeführt sind, und dass die jeweils erforderlichen Vollstreckungsvoraussetzungen beachtet werden müssen.

Arbeitsaufträge:

a) Erstellen Sie eine Übersicht, welche Ansprüche des Mandanten in der Zwangsvollstreckung verfolgt werden sollen.
b) Ergänzen Sie die Übersicht durch die möglichen Vollstreckungsmaßnahmen für die Ansprüche.

c) Ordnen Sie den möglichen Vollstreckungsmaßnahmen auch jeweils das zuständige Vollstreckungsorgan zu.
d) Erstellen Sie in Partnerarbeit eine Mindmap, welche Vollstreckungsvoraussetzungen im Fall Christow ./. Prikelder erfüllt sein müssen, damit mit der Zwangsvollstreckung begonnen werden kann.
e) Klären Sie mithilfe der Insolvenzordnung, welche Auswirkung es für die Zwangsvollstreckung wegen der Mietrückstände hat, wenn über das Vermögen des Ingo Prikelder das Insolvenzverfahren eröffnet wird.
f) Wie könnten die Mietrückstände vollstreckt werden, wenn Ingo Prikelder nach Lyon umzieht? Erstellen Sie eine vergleichende Übersicht der Vollstreckung in Lyon und der Vollstreckung in Deutschland.
g) Vergleichen Sie Ihr Ergebnis mit dem Ihrer Mitschüler.
h) Reflektieren Sie anschließend Ihr Wissen anhand des Fragebogens, den Sie im Downloadbereich zum Buch finden.

Web

1.1 Die Ansprüche des Mandanten

Je nach der Art der Forderung kommen unterschiedliche Vollstreckungsmöglichkeiten in Betracht. Zu untersuchen ist daher zunächst, welche Ansprüche tituliert sind und zwangsweise durchgesetzt werden sollen, sofern der Schuldner auch nach der Titulierung nicht zu einer freiwilligen Leistung bereit ist.

1.1.1 Urteilsarten nach dem Rechtsschutzbegehren

Je nach Art des Rechtsschutzbegehrens können Leistungs-, Gestaltungs- und Feststellungsurteile unterschieden werden. Durch das **Gestaltungsurteil** gestaltet das Gericht in seiner Entscheidung die Rechtslage. So wird z. B. die Ehe durch Gerichtsbeschluss geschieden. Hierdurch wird das Rechtsschutzbegehren der Parteien bereits erfüllt, sodass keine zwangsweise Durchsetzung mehr erforderlich ist. Genauso verhält es sich mit einem **Feststellungsurteil**. Begehrt wird hier die Feststellung eines rechtlichen Sachverhalts, z. B. die Wirksamkeit einer Kündigung im Rahmen einer Kündigungsschutzklage. Mit der Feststellung, dass die Kündigung unwirksam und das Arbeitsverhältnis damit nicht beendet ist, erledigt sich das Rechtsschutzbegehren des Klägers. Feststellungs- und Gestaltungsurteile sind daher hinsichtlich des Haupttenors nicht vollstreckbar. Anders verhält es sich mit der Kostenentscheidung. Wenn die Gegenseite zur Kostentragung verpflichtet ist, so kann hier eventuell eine zwangsweise Durchsetzung erforderlich werden. Grundlage für die Zwangsvollstreckung ist dann der Kostenfestsetzungsbeschluss, in welchem die genaue Forderungshöhe festgelegt wird.

vgl. LF 10, Kap. 1.2.6

vgl. LF 10, Kap. 4

Urteilsarten	**Feststellungsurteil**	**Gestaltungsurteil**	**Leistungsurteil**
Haupt-Tenor	„Es wird festgestellt, dass …“	„Die Ehe der Parteien wird geschieden.“	„Der Beklagte wird verurteilt, …“
Rechtsschutzbegehren	Das Gericht trifft eine Feststellung, ob ein Sachverhalt vorliegt oder nicht, z. B. ob eine Urkunde echt ist.	Das Gericht gestaltet die Rechtslage, d. h., löst eine Ehe oder Gesellschaft auf.	Das Gericht verpflichtet den Gegner zu einer Leistung.
Vollstreckbarkeit	Mit dem Urteil ist das Anliegen des Mandanten erfüllt, d. h., das Urteil ist nicht vollstreckbar.	Mit dem Urteil ist das Anliegen des Mandanten erfüllt, d. h., das Urteil ist nicht vollstreckbar.	Erbringt der Gegner nicht die titulierte Leistung, muss zwangsweise gegen ihn vorgegangen werden = vollstreckbar.

Merke: Feststellungs- und Gestaltungsurteile sind lediglich hinsichtlich der Kosten (tituliert im KfB), nicht aber hinsichtlich des Haupttenors vollstreckbar.

1.1.2 Leistungsarten

Vollstreckbar sind daher lediglich **titulierte Leistungsansprüche**. Sofern der Schuldner die Leistung nicht freiwillig erbringt, ist eine zwangsweise Durchsetzung erforderlich. Allerdings sind verschiedene Leistungsarten zu unterscheiden. Die vom Schuldner zu erbringende Leistung kann in einer Herausgabe einer Sache, einer Handlung, einem Dulden oder Unterlassen, in der Abgabe einer Willenserklärung oder in einer Zahlung bestehen. Je nach geforderter Leistung ist eine andere Vollstreckungsmaßnahme zur zwangsweisen Durchsetzung erforderlich.

Leistungsarten		Definition	Vollstreckung
Zahlung		Leistung einer bestimmten Geldsumme	Verwertung von Vermögensgegenständen des Schuldners: a) bewegliche körperliche Sachen: Sachpfändung b) Forderungen und Rechte: Pfändungs- und Überweisungsbeschluss c) unbewegliche Sachen: – Zwangssicherungshypothek – Zwangsverwaltung – Zwangsversteigerung
Herausgabe einer Sache	beweglich	eine bestimmte körperliche Sache ist herauszugeben	Wegnahme der Sache, § 883 ZPO
	unbeweglich		Räumung, § 885 ZPO
Handlung	vertretbar	Handlung, die auch ein Dritter ausführen kann	Ersatzvornahme durch einen Dritten auf Kosten des Schuldners, § 887 ZPO
	unvertretbar	Handlung, die nur der Schuldner ausführen kann	Zwangsgeld oder Zwangshaft, § 888 ZPO
Dulden oder Unterlassen		Der Schuldner soll eine Handlung unterlassen oder die Vornahme einer Handlung dulden.	Ordnungsgeld oder Ordnungshaft, § 890 ZPO
Abgabe einer Willenserklärung		Der Schuldner soll eine Willenserklärung abgeben.	Das Urteil ersetzt die Willenserklärung, § 894 ZPO.

Anspruch auf Herausgabe einer Sache

Der Schuldner kann per Urteil zur Herausgabe einer beweglichen oder unbeweglichen Sache verpflichtet werden. Erfolgt keine freiwillige Herausgabe, kann dem Schuldner die Sache zwangsweise weggenommen werden.

Eine **bewegliche Sache** wird gem. § 883 ZPO dem Schuldner weggenommen und dem Gläubiger übergeben.

vgl. LF 12, Kap. 2.6.1

▶ Beispiel: Laura Kenzik hat an Marco Weller eine Digitalkamera für Fotoaufnahmen während seines Urlaubs verliehen. Da Marco Weller auch nach seiner Urlaubsrückkehr die Kamera nicht herausgibt, erwirkt Laura Kenzik ein Urteil, wonach Marco Weller zur Herausgabe verpflichtet wird.

vgl. LF 12, Kap. 2.6.1

Bei einer **unbeweglichen Sache** wird der Schuldner nach § 885 ZPO aus dem Besitz gesetzt und der Gläubiger in den Besitz eingewiesen. Eine Wohnung wird also zwangsweise geräumt, sodass der Gläubiger sie wieder für sich nutzen kann.

▶ Beispiel: Nino Laurentos hat an Edwin Weis eine Doppelhaushälfte befristet auf zwei Jahre vermietet. Nach Ablauf der zwei Jahre muss Edwin Weis auf Räumung verklagt werden, wenn er nicht auszieht. Der Räumungstitel ist dann nach § 885 ZPO zu vollstrecken.

Anspruch auf eine Handlung des Schuldners

Durch ein Leistungsurteil kann auch erwirkt werden, dass der Schuldner zu einer Handlung verpflichtet wird. Hinsichtlich der Zwangsvollstreckung ist dabei danach zu unterscheiden, ob es sich um eine **vertretbare** oder eine **unvertretbare** Handlung des Schuldners handelt. Vertretbar ist eine Handlung, die auch durch einen Dritten vorgenommen werden kann und nicht nur durch den Schuldner selbst.

vgl. LF 12, Kap. 2

Sofern der Schuldner die Durchführung der Handlung verweigert, kann im Fall einer **vertretbaren Handlung** nach § 887 ZPO die Ersatzvornahme durch einen Dritten beantragt werden. Zugleich ist zu beantragen, dass die Kosten für diese Ersatzvornahme dem Schuldner auferlegt werden. Diese Kosten muss der Gläubiger zwar verauslagen, ihre Beitreibung kann jedoch wie jeder andere Zahlungsanspruch im Rahmen der Zwangsvollstreckung erfolgen.

▶ Beispiel: Volker Badner hat gegen Malermeister Werner Chlosek ein Urteil erwirkt, wonach Werner Chlosek zum Streichen der Wohnung verpflichtet ist. Hier handelt es sich um eine vertretbare Handlung des Schuldners, da die Handlung auch durch einen anderen Maler ausgeführt werden kann.

Antrag gem. § 887 ZPO

Es wird beantragt, den Gläubiger zu ermächtigen, die dem Schuldner nach dem Urteil des ... vom ... obliegende vertretbare Handlung auf Streichen der Wohnung ... auf dessen Kosten im Weg der Ersatzvornahme durch den Gläubiger oder einen von ihm zu beauftragenden Dritten vornehmen zu lassen.

Tipp: Es bietet sich an, gleichzeitig noch einen Antrag auf Leistung eines Kostenvorschusses durch den Schuldner zu stellen, um so möglichst rasch die Kosten der Ersatzvornahme vollstrecken zu können.

Da die **unvertretbare Handlung** nur durch den Schuldner selbst erfolgen kann, muss hier auf den Schuldner eingewirkt werden. Dies erfolgt nach § 888 ZPO durch Festsetzung eines Zwangsgelds von höchstens 25.000,00 € oder sogar durch Zwangshaft. Letzteres kommt allerdings nur dann in Betracht, wenn das Zwangsgeld nicht beigetrieben werden kann. Die Maximaldauer der Zwangshaft beträgt insgesamt sechs Monate. Zu beachten ist aber, dass diese Zwangsmittel nicht bei Leistungen von Diensten aus einem Dienstvertrag zur Anwendung kommen (§ 888 Abs. 3 ZPO), da es sich hierbei um höchstpersönlich zu erbringende Leistungen handelt. vgl. LF 12, Kap. 2.6.2

▶ Beispiel: Marnie Zender hat ihren Vater Leandro Zender auf Auskunft über sein Vermögen und sein Einkommen verklagt, da sie hieraus Unterhaltsansprüche ermitteln möchte. Die Auskunft kann lediglich Leandro Zender selbst erteilen, es liegt demnach eine unvertretbare Handlung vor.

Antrag gem. § 888 ZPO

Es wird beantragt, dem Schuldner Zwangsgeld, und für den Fall einer nicht möglichen Beitreibung des Zwangsgelds Zwangshaft aufzuerlegen, verbunden mit der Aufforderung, die ihm durch Urteil vom ... (Datum) auferlegte Verpflichtung zur Erteilung einer vollständigen Vermögens- und Einkommensauskunft für die Gläubigerin vorzunehmen.

Anspruch auf Duldung oder Unterlassung des Schuldners

Sofern der Schuldner eine Handlung unterlassen oder die Vornahme einer Handlung dulden soll, ist dieses vergleichbar mit einer unvertretbaren Handlung. Auch das Dulden bzw. Unterlassen kann nur durch den Schuldner selbst geleistet und nicht durch einen Dritten vorgenommen werden. Daher bestimmt auch § 890 ZPO Ordnungsgeld und Ordnungshaft. Das einzelne Ordnungsgeld darf einen Betrag von 250.000,00 € nicht überschreiten. Im Unterschied zur unvertretbaren Handlung kann hier jedoch Ordnungshaft auch anstelle von Ordnungsgeld festgelegt werden. Die einzelne Ordnungshaft darf sechs Monate nicht überschreiten. Insgesamt darf höchstens eine Ordnungshaft von zwei Jahren festgesetzt werden. vgl. LF 12, Kap. 2.6.3

▶ Beispiele:

- Vera Dendrik erwirkt folgendes Urteil gegen Jens Sinder: „Der Beklagte wird verurteilt, es zu unterlassen, über das Grundstück der Klägerin in ... zu fahren."
- Hendrik Yeser wird verurteilt, die Überfahrt über sein Grundstück durch die Klägerin Sarah Zumtel zu dulden.

Ein weiterer Unterschied zu den unvertretbaren Handlungen besteht darin, dass die Ordnungsmittel vor deren Verhängung angedroht werden müssen (§ 890 Abs. 2 ZPO).

Tipp: Es bietet sich an, die Ordnungsmittel für jeden Fall der Zuwiderhandlung bereits im Urteil androhen zu lassen.

Anspruch auf Abgabe einer Willenserklärung durch den Schuldner

vgl. LF 8, Kap. 1.4.2

Auch die Abgabe einer Willenserklärung ist eine Leistung, zu der der Schuldner durch Leistungsurteil verpflichtet werden kann. Hauptfall ist hier die Erklärung der Auflassung beim Erwerb eines Grundstücks.

▶ Beispiel: Solveig Wernike legt dem Grundbuchamt Hamburg folgendes Urteil gegen Hubert Gunfrid vor: „Der Beklagte wird verurteilt, das im Grundbuch von Hamburg, Band 16, Blatt 7, unter der lfd. Nr. 2 eingetragene Grundstück der Gemarkung Blankenese, Flur 9, Flurstück 18 in Hamburg, Elbchaussee 20, an die Klägerin aufzulassen."

§ 894 ZPO bestimmt hier, dass eine Zwangsvollstreckung nicht mehr erforderlich ist. Mit Urteil gilt die Willenserklärung als abgegeben. Für die Eintragung als neuer Eigentümer ist daher die Auflassungserklärung des Verkäufers nicht mehr erforderlich, sondern hierfür wird dem Grundbuchamt das Urteil vorgelegt.

Zahlungsansprüche

vgl. LF 10, Kap. 4; LF 12, Kap. 5.1.4

Hauptanwendungsfall der Zwangsvollstreckung ist die Vollstreckung von Geldforderungen. Zu den Zahlungsansprüchen zählen die **Hauptforderung sowie die Nebenforderungen**, wie vorgerichtliche Mahnkosten, Zinsen, Gerichtskosten, Rechtsanwaltsvergütung. Die vorgerichtlichen Mahnkosten nebst Zinsen werden im Haupttenor des Zahlungstitels tituliert. Rechtsanwaltsvergütung sowie Gerichtskosten werden im Regelfall im Kostenfestsetzungsbeschluss festgesetzt. Im Lauf der Zwangsvollstreckung kommen eventuell noch weitere Kosten für die Vollstreckungsorgane oder den Rechtsanwalt hinzu.

vgl. LF 12, Kap. 5

> **Hinweis:** Damit bei Verwertung der Vermögensgegenstände des Schuldners alle noch offenen Forderungen befriedigt werden, ist es wichtig, sorgfältig ein **Forderungskonto** zu führen. Hier sind alle Forderungen und auch Zahlungen durch den Schuldner fortlaufend zu aktualisieren, um keine Ansprüche zu vergessen. Das Forderungskonto ist als Forderungsaufstellung auch dem jeweiligen Antrag in der Zwangsvollstreckung beizufügen.

vgl. LF 12, Kap. 2.2–2.4

Wenn der Schuldner zur Zahlung eines bestimmten Betrags verurteilt wurde, ist der Gläubiger im Regelfall nicht an einem bestimmten konkreten Vermögenswert interessiert. Hier werden alle Vermögenswerte des Schuldners verwertet, um so den Zahlungsanspruch des Gläubigers zu befriedigen. Je nach Art des Vermögenswerts – bewegliche körperliche Sachen, Forderungen des Schuldners oder unbewegliche Sachen – werden verschiedene Zwangsvollstreckungsmaßnahmen unterschieden. Bei beweglichen körperlichen Sachen wird mittels Sachpfändung vorgegangen. Forderungen des Schuldners werden durch einen Pfändungs- und Überweisungsbeschluss (PfÜB) verfolgt. Sofern der Schuldner unbewegliches Vermögen besitzt, kommen die Eintragung einer Zwangssicherungshypothek, die Zwangsverwaltung oder die Zwangsversteigerung als Maßnahmen der Immobiliarvollstreckung in Betracht.

Merke: Bei einer Zwangsvollstreckung **wegen** Geldforderungen wird danach unterschieden, **in** welche Vermögenswerte des Schuldners vollstreckt werden soll.

1.2 Die Vollstreckungsorgane

Es sind jeweils unterschiedliche Vollstreckungsorgane für die einzelnen Vollstreckungsmaßnahmen zuständig. Dabei orientiert sich die sachliche Zuständigkeit im Wesentlichen danach, in welchem Umfang eine rechtliche Prüfung durch das jeweilige Vollstreckungsorgan stattfinden muss.

Die örtliche Zuständigkeit richtet sich im Regelfall nach dem Ort, an dem die Vollstreckungshandlung erfolgt.

Vollstreckungsorgan	Zuständigkeit	Prüfungsumfang
Gerichtsvollzieher	Sachpfändung und Versteigerung; Abnahme der Vermögensauskunft, Errichtung des Vermögensverzeichnisses; Anordnung der Eintragung ins Schuldnerverzeichnis; Herausgabevollstreckung von Sachen und Personen, Durchführung der Verhaftung, Vorpfändung, Zustellungen innerhalb und außerhalb der Zwangsvollstreckung im Parteibetrieb; Aufenthaltsort des Schuldners ermitteln; gütliche Erledigung	formelle Anforderungen bei Pfändung in bewegliche körperliche Sachen Ausführung von richterlichen Entscheidungen, z. B. Haftbefehl
Vollstreckungsgericht beim Amtsgericht	Rechtspfleger – PfÜB, Zwangsversteigerung, Zwangsverwaltung; Richter – Entscheidung über die Erinnerung, Erlass eines Haftbefehls, Anordnung der Durchsuchung einer Wohnung, Austauschpfändung; Entscheidung über Vollstreckungsschutzanträge; Zentrales Vollstreckungsgericht – Führung des Schuldner- und Vermögensverzeichnisses	Rechtspfleger – formelle Anforderungen bei Pfändung in Forderungen und Rechte; Richter – rechtliche Entscheidungen, teilweise mit Anhörung des Schuldners
Prozessgericht I. Instanz	Vollstreckung von Ansprüchen auf Handlung, Duldung, Unterlassung; Klage auf Erteilung der Vollstreckungsklausel; Vollstreckungsabwehrklage	besondere Eingriffe in die Freiheitsrechte des Schuldners; rechtliche Entscheidungen hinsichtlich Klausel bzw. der Forderung des Gläubigers
Grundbuchamt	Eintragung der Zwangssicherungshypothek	Eintragung ins Grundbuch

1.2.1 Der Gerichtsvollzieher

vgl. LF 1, Kap. 2.3.2

Der Gerichtsvollzieher ist im Regelfall ein Beamter des mittleren Justizdiensts in einer besonderen Laufbahn. Der Gerichtsvollzieher wird nach § 753 Abs. 1 ZPO im Auftrag des Gläubigers tätig. Seine Rechte und Pflichten sind in den §§ 753 ff. ZPO sowie den Dienstanweisungen der Justizverwaltung und Gerichtsvollzieherverordnung (GVO) und der Geschäftsanweisung für Gerichtsvollzieher (GVGA) geregelt. Der Gerichtsvollzieher hat nach dem Gerichtsvollzieherkostengesetz (GvKostG) Anspruch auf Gebühren und Ersatz seiner Barauslagen. Kostenschuldner sind nach § 13 GvKostG sowohl der Gläubiger als Auftraggeber als auch der Vollstreckungsschuldner. Vom Gläubiger kann jedoch nach § 6 GvKostG ein Vorschuss gefordert werden.

vgl. LF 12, Kap. 5.1.2

Der Gerichtsvollzieher ist bei der Vollstreckung wegen Geldforderungen hauptsächlich für die Sachpfändung zuständig (§ 808 ZPO). Bei der Vollstreckung in Forderungen und Rechte des Schuldners beschränkt sich seine Zuständigkeit auf die Vorpfändung (§ 845 Abs. 1 ZPO). Begleitend ist er im Rahmen der Vollstreckung wegen Geldforderungen für die Abnahme der Vermögensauskunft nebst Erstellung des Vermögensverzeichnisses und Durchführung des Haftbefehls sowie für eine eventuelle gütliche Erledigung zuständig (§§ 802 a ff. ZPO). Im Auftrag des Gläubigers ist der Gerichtsvollzieher auch zur Einholung von Auskünften über den Aufenthaltsort des Schuldners nach § 755 ZPO befugt. Bei der Vollstreckung wegen anderer Ansprüche ist er für die Vollstreckung von Herausgabeansprüchen zuständig (§§ 883 Abs. 1, 885 Abs. 1 ZPO). Daneben besteht noch eine Zuständigkeit für durchzuführende Zustellungen (§ 192 Abs. 1 ZPO).

Insgesamt prüft der Gerichtsvollzieher vor allem die Vollstreckungsformalien. Tiefergreifende rechtliche Prüfungen finden nicht statt.

1.2.2 Das Vollstreckungsgericht

Das Vollstreckungsgericht ist das örtlich zuständige Amtsgericht. Hier ist noch nach der funktionellen Zuständigkeit zu unterscheiden. Der Rechtspfleger ist für das Vollstreckungsgericht für den Erlass des PfÜB (§ 20 Abs. 1 Nr. 16 RPflG) sowie die Zwangsversteigerung und Zwangsverwaltung (§ 3 Abs. 1 i RPflG) zuständig. Seine Zuständigkeit liegt also im Rahmen der Zwangsvollstreckung wegen Geldforderungen in Forderungen und Rechte sowie in unbewegliches Vermögen. Auch hier beschränken sich die Prüfungsanforderungen eher auf formelle Kriterien.

Verstärkte rechtliche Prüfungen sind dem Richter beim Vollstreckungsgericht vorbehalten. Dieser ist zuständig für Entscheidungen über eingelegte Erinnerungen (§ 766 Abs. 1 S. 1 ZPO), den Erlass eines Haftbefehls (§ 802 g Abs. 1 S. 1 ZPO) sowie die Anordnung der Wohnungsdurchsuchung (§ 758 a Abs. 1 S. 1 ZPO). Er entscheidet weiterhin über Vollstreckungsschutzanträge (§ 765 a Abs. 1 S. 1 ZPO) und erlässt den entsprechenden Beschluss zur Zulassung einer Austauschpfändung (§ 811 a Abs. 2 S. 1 ZPO).

Beim Zentralen Vollstreckungsgericht werden die Vermögens- und Schuldnerverzeichnisse geführt. So besteht die Möglichkeit, zentral Informationen über Vermögenswerte oder insolvente Schuldner zu erhalten. vgl. LF 12, Kap. 2.1

Hinweis: Eine Liste der Zentralen Vollstreckungsgerichte der Länder nebst deren Anschrift erhalten Sie unter https://justiz.de/onlinedienste/vollstreckungsportal/Die_Zentralen_Vollstreckungsgerichte_der_Laender.pdf

1.2.3 Das Prozessgericht I. Instanz

Für die Festsetzung von Zwangs- und Ordnungsmitteln (§§ 888 Abs. 1 S. 1, 890 Abs. 1 S. 1 ZPO) sowie die Ersatzvornahme eines Dritten auf Kosten des Schuldners (§ 887 Abs. 1 ZPO) ist das Prozessgericht I. Instanz zuständig. Die Zuständigkeit liegt also hauptsächlich im Bereich der Zwangsvollstreckung wegen Ansprüchen auf Handlung, Duldung oder Unterlassung. Hinsichtlich der Zwangsvollstreckung wegen Geldforderungen ist das Prozessgericht I. Instanz für Klagen auf Erteilung der Vollstreckungsklausel (§ 731 ZPO) und für Vollstreckungsabwehrklagen (§ 767 Abs. 1 ZPO) zuständig. Bei der Vollstreckungsabwehrklage wird gegen den zu vollstreckenden Anspruch an sich eingewendet, dass dieser mittlerweile z. B. durch Zahlung erloschen ist. vgl. LF 12, Kap. 3.2.3

Die konkrete örtliche und sachliche Zuständigkeit bestimmt sich dabei nach dem Rechtsstreit, in welchem die zu vollstreckende Forderung tituliert wurde.

▶ Beispiel: Lisa Klaibold klagt gegen Jutta Ignatz auf Entfernung der auf der Grundstücksgrenze befindlichen 14 Nadelbäume vor dem Landgericht Köln. Eine rechtskräftige Entscheidung, welche der Klägerin Recht gibt, wird jedoch erst durch das OLG Köln getroffen. Für die Anordnung der Ersatzvornahme auf Kosten von Jutta Ignatz ist dann das Landgericht Köln als Prozessgericht I. Instanz zuständig.

1.2.4 Das Grundbuchamt

Das Amtsgericht als Grundbuchamt (§ 1 Abs. 1 GBO) ist als Vollstreckungsorgan lediglich im Rahmen der Zwangsvollstreckung wegen Geldforderungen in unbewegliches Vermögen des Schuldners zur Eintragung einer Zwangssicherungshypothek zuständig. Hier prüft das Grundbuchamt, ob die grundbuchrechtlichen Voraussetzungen für eine Zwangssicherungshypothek vorliegen, und trägt ggf. diese Hypothek dann ins Grundbuch ein. vgl. LF 12, Kap. 2.4.3

1.3 Die Vollstreckungsvoraussetzungen

Da bei der Zwangsvollstreckung zwangsweise in Rechte des Schuldners wie z. B. das Recht auf Eigentum gem. Art. 14 GG oder auch das Hausrecht eingegriffen wird, sind nach der ZPO diese Maßnahmen nur unter Einhaltung strenger Formalien zulässig. Allgemeine Voraussetzungen sind das Vorliegen eines Vollstreckungstitels, die Vollstreckungsklausel sowie die Zustellung des Vollstreckungstitels an den Schuldner.

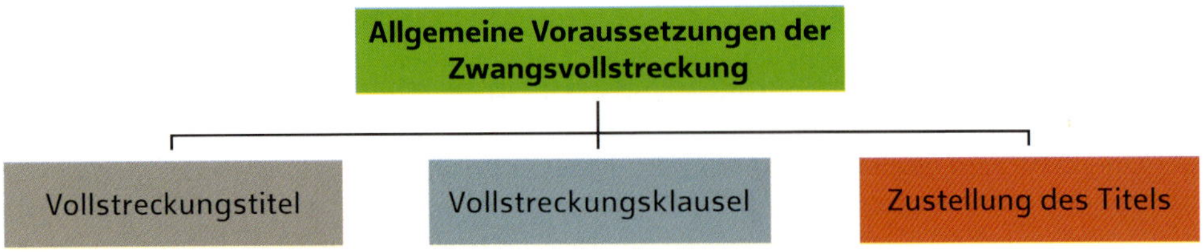

Merke: TKZ – Titel, Klausel, Zustellung – sind neben einem entsprechenden Antrag die Voraussetzungen für die Zwangsvollstreckung.

1.3.1 Vollstreckungstitel

Im Vollstreckungstitel ist der zu vollstreckende Anspruch des Gläubigers gegen den Schuldner in einer Urkunde niedergelegt. Neben dem Urteil gibt es nach § 794 ZPO noch weitere Vollstreckungstitel. Dabei handelt es sich häufig um Titel, die vor einem Gericht zustande kommen, wie z. B. ein Prozessvergleich, der Kostenfestsetzungsbeschluss, der Vollstreckungsbescheid sowie Arrest und einstweilige Verfügung. Daneben können aber noch andere Titel vor außergerichtlichen Stellen geschaffen werden, wie z. B. vor einem Notar oder zwischen Rechtsanwälten.

vgl. LF 12, Kap. 2.7

Vollstreckbare Vergleiche (§§ 794 Abs. 1 Nr. 1, 796 a ZPO)

Ein Vergleich ist durch gegenseitiges Nachgeben der Parteien geprägt. Um hieraus einen vollstreckbaren Titel zu erhalten, müssen bestimmte Anforderungen erfüllt sein.

Der **Prozessvergleich** ist ein vor einem deutschen Gericht geschlossener oder protokollierter Vergleich nach § 794 Abs. 1 Nr. 1 ZPO und stellt unter diesen Voraussetzungen einen Vollstreckungstitel dar. Der Vergleich ist dann vollstreckbar, wenn er entweder unwiderruflich geschlossen oder innerhalb einer vereinbarten Widerrufsfrist nicht widerrufen wurde. Ein bedingt geschlossener Vergleich, wie z. B. eine Scheidungsfolgenvereinbarung, ist dann vollstreckbar, wenn die Bedingung, also die Scheidung, eingetreten ist.

Ebenso kann ein zwischen Rechtsanwälten geschlossener Vergleich, der **Anwaltsvergleich** nach § 796 a ZPO, zur Vollstreckung herangezogen werden. Voraussetzung hierfür ist nach §§ 796 a ff. ZPO, dass sich der Schuldner im Vergleich der sofortigen Zwangsvollstreckung unterworfen hat. Die Formulierung der Vollstreckungsunterwerfung lautet: „Der Schuldner unterwirft sich hinsichtlich der ausgewiesenen Forderung einschließlich Zinsen und Kosten der Zwangsvollstreckung in sein gesamtes Vermögen.“ Außerdem ist der Vergleich beim Amtsgericht am allgemeinen Gerichtsstand einer der Parteien niederzulegen oder bei einem in diesem Amtsgerichtsbezirk ansässigen Notar in Verwahrung zu geben. Die Vollstreckbarerklärung erfolgt dann entweder durch das für den zu vollstreckenden Anspruch zuständige Prozessgericht oder durch den Notar, der den Vergleich in Verwahrung genommen hat (§§ 796 b, 796 c ZPO). Die Vollstreckbarerklärung ist bei Unwirksamkeit des Vergleichs oder bei Verstoß gegen die öffentliche Ordnung zu versagen (§ 796 a Abs. 3 ZPO).

▶ Beispiel: Theo Gasnow aus Köln, vertreten durch Rechtsanwältin Erika Beulter, macht eine Kaufpreisforderung über 12.350,00 € gegen Martina Xandow aus Hamburg, vertreten durch Rechtsanwältin Nora Dainer, geltend. Die Parteien einigen sich dahin gehend, dass gegen Zahlung in Höhe von 9.880,00 € die Forderung erledigt ist. Martina Xandow unterwirft sich in dem zwischen den beiden Rechtsanwältinnen gefertigten Vergleich bei Nichtzahlung der sofortigen Zwangsvollstreckung. Der Anwaltsvergleich wird beim Amtsgericht Köln niedergelegt. Die Vollstreckbarerklärung wird durch das Landgericht Hamburg erteilt, da dieses für eine klagweise Geltendmachung der Forderung sachlich und örtlich zuständig gewesen wäre und daher Prozessgericht ist.

Vollstreckbare Urkunde (§ 794 Abs. 1 Nr. 5 ZPO)

Die vollstreckbare Urkunde nach § 794 Abs. 1 Nr. 5 ZPO muss verschiedene Kriterien aufweisen, wobei manche Inhalte ausgeschlossen sind. Voraussetzungen sind

- eine von einem Notar oder einem deutschen Gericht aufgenommene Urkunde,
- ein Anspruch, der einer vergleichsweisen Regelung zugänglich ist, also keiner zwingenden gesetzlichen Regelung unterliegt,
- die Unterwerfung des Schuldners unter die sofortige Zwangsvollstreckung, so dass kein Prozess und kein Urteil mehr erforderlich ist.

▶ Beispiel: Rechtsanwältin Dr. Annette Neumann macht für Rita Jordan eine Kaufpreisforderung über 13.400,00 € gegen Cornelius Wigner geltend. Da sich Cornelius Wigner vergleichsbereit zeigt, wird vor Notarin Katharina Marschner eine vollstreckbare notarielle Urkunde erstellt. Diese beinhaltet folgende Unterwerfungsklausel: „Wegen der vorstehend übernommenen Kaufpreisforderung in Höhe von 13.400,00 € unterwirft sich Cornelius Wigner der sofortigen Zwangsvollstreckung aus dieser Urkunde in sein gesamtes Vermögen."

Ausgeschlossen sind jedoch folgende Inhalte:

- Abgabe einer Willenserklärung
- Bestehen eines Mietverhältnisses über Wohnraum, d. h., eine Mietaufhebungsvereinbarung, ist also nicht möglich

Rechtskräftige Urteile

Endurteile sind die Vollstreckungstitel, die am häufigsten einer Zwangsvollstreckung zugrunde liegen. Dabei ergeben sich auch je nach Art des Urteils Unterschiede in der Vollstreckbarkeit. Nach § 704 ZPO findet die Zwangsvollstreckung aus rechtskräftigen Urteilen statt.

vgl. LF 11, Kap. 1

Für die Zwangsvollstreckung ist die formelle Rechtskraft erforderlich. Diese tritt mit Ablauf der Rechtsbehelfsfristen ein, ohne dass ein Rechtsmittel oder Einspruch gegen ein Versäumnisurteil eingelegt wurde (§ 705 ZPO). Zu diesem Zeitpunkt ist das Urteil mit Rechtsbehelfen nicht mehr angreifbar. Insofern besteht eine hohe Wahrscheinlichkeit, dass dieses Urteil Bestand hat.

Für die Zwangsvollstreckung muss die formelle Rechtskraft auch nachgewiesen und dokumentiert werden. Mittels **Rechtskraftzeugnis** nach § 706 Abs. 1 ZPO wird durch die Geschäftsstelle des Gerichts, an dem der Rechtsstreit gerade anhängig ist, auf der Grundlage der Prozessakten die Rechtskraft auf dem Urteil vermerkt. Die Formulierung lautet beispielsweise: „Das vorstehende Urteil ist rechtskräftig."

Teilweise kann die Rechtskraft aber nur dadurch bestätigt werden, dass innerhalb der entsprechenden Frist weder ein Rechtsmittel noch Einspruch eingelegt wurde. Als Voraussetzung für ein Rechtskraftzeugnis ist daher ein entsprechendes **Notfristzeugnis** (§ 706 Abs. 2 ZPO), auch Notfristattest genannt, erforderlich. Dieses wird durch die Geschäftsstelle des Rechtsmittelgerichts erteilt. Es enthält folgenden Wortlaut: „Gegen das Urteil des (Gerichts) vom (Datum) ist innerhalb der Notfrist (Alternativ: bis heute) keine Rechtsmittelschrift eingegangen."

Vorläufig vollstreckbare Urteile

Nach § 704 ZPO kann die Zwangsvollstreckung auch aus vorläufig vollstreckbaren Urteilen stattfinden. Vorläufig vollstreckbar ist ein Urteil zwischen dessen Erlass und Rechtskraft. Bei der Zwangsvollstreckung sind jedoch nach §§ 708 ff. ZPO verschiedene Besonderheiten zu beachten.

Bis zum Eintritt der Rechtskraft eines Urteils kann sehr viel Zeit für die Durchführung der Rechtsmittelverfahren vergehen. Für den Gläubiger besteht das Risiko, dass der Schuldner in dieser Zeit Vermögenswerte beiseiteschafft und/oder versucht, Zeitverzögerungen, z. B. durch Einlegung sinnloser Rechtsmittel, Terminverlegungsanträgen und/oder Verlängerung von Schriftsatzfristen, zu erzielen. Andererseits besteht für den Schuldner bei einer Vollstreckbarkeit vor Rechtskraft die Gefahr, dass das erstinstanzliche Urteil in der nächsten Instanz wieder aufgehoben wird. Sofern der Gläubiger dann bereits vollstreckt hat, muss der Schuldner versuchen, die gepfändeten Vermögenswerte oder zumindest einen Geldersatz wieder zu erlangen.

Dieser **gegenläufigen Interessenlage von Gläubiger und Schuldner** trägt das Rechtsinstitut der vorläufigen Vollstreckbarkeit Rechnung, indem zwar eine Vollstreckungsmöglichkeit vor Rechtskraft geschaffen wird, diese aber für den Gläubiger grds. nur durch Zahlung einer Sicherheit realisierbar ist.

Interesse des Gläubigers
Er möchte möglichst schnell vollstrecken, um eine Erfüllung seiner Forderung zu erreichen und den Schuldner an der Fortschaffung von Vermögenswerten zu hindern.

↔

Interesse des Schuldners
In erster Instanz kann auch ein fehlerhaftes Urteil ergangen sein, sodass erst in der Rechtsmittelinstanz korrekt erkannt wird, dass der Schuldner nicht zahlen muss. Der Schuldner möchte daher möglichst eine Zwangsvollstreckung erst nach Rechtskraft des Urteils.

↓

gesetzliche Lösung:
Das (erstinstanzliche) Urteil ist **vorläufig vollstreckbar.**

↓

gesetzliche Lösung:
Die Zwangsvollstreckung erfolgt grds. nur gegen **Sicherheitsleistung**, sodass der Schuldner gegen eine unberechtigte Zwangsvollstreckung abgesichert ist.

Insgesamt hat der Gläubiger bei vorläufig vollstreckbaren Urteilen folgende Möglichkeiten:

• Soll die Rechtskraft abgewartet werden?	Problematisch ist, dass hierbei sehr viel Zeit vergehen kann, in der andere Gläubiger bereits vollstrecken.
• Soll die Sicherheitsleistung erbracht werden?	Diese Möglichkeit ist dann anzuraten, wenn von einem Obsiegen ausgegangen werden kann und der Gläubiger die Sicherheitsleistung erbringen kann.
• Soll eine Sicherungsvollstreckung beantragt werden?	Hierdurch werden zumindest die Ansprüche gesichert; dies ist zu empfehlen, sofern der Gläubiger auf die Geldforderung nicht dringend angewiesen ist.

Zu klären ist dabei, welche Urteile gegen Sicherheitsleistung vollstreckbar sind, wie eine Sicherheitsleistung erbracht werden kann und wie auch eine Pfändung ohne erforderliche Sicherheitsleistung erreicht wird.

Vorläufig vollstreckbare Urteile mit oder ohne Sicherheitsleistung

Grundsätzlich sind Urteile vor Rechtskraft lediglich mit Sicherheitsleistung vorläufig vollstreckbar (§ 709 ZPO). Hiervon trifft § 708 ZPO jedoch Ausnahmen. Urteile nach § 708 Nr. 1–3 ZPO sind generell ohne Sicherheitsleistung für vorläufig vollstreckbar zu erklären. Es handelt sich hierbei z. B. um Versäumnis- oder Anerkenntnisurteile. Insbesondere beim Anerkenntnisurteil ist nicht davon auszugehen, dass ein Rechtsmittelverfahren durchgeführt wird. Urteile nach § 708 Nr. 4–11 ZPO sind zwar ebenfalls ohne Sicherheitsleistung für vorläufig vollstreckbar zu erklären, allerdings erhält der Schuldner die Möglichkeit, die Zwangsvollstreckung gegen eigene Sicherheitsleistung abzuwenden (§ 711 ZPO), sofern nicht wiederum der Gläubiger Sicherheit leistet. Ohne Sicherheitsleistung sind weiterhin auch Arrest, einstweilige Verfügungen sowie Arbeitsgerichtsurteile (§ 62 Abs. 1 Nr. 1 ArbGG) vorläufig vollstreckbar. Weiterhin hat auch der Gläubiger in Härtefällen die Möglichkeit, nach § 710 ZPO einen Antrag auf vorläufige Vollstreckbarkeit ohne Sicherheitsleistung zu stellen.

Unterscheidung vorläufig vollstreckbarer Urteile

	ohne Sicherheitsleistung, § 708 Nr. 1–3 ZPO	**Abwendungsbefugnis des Schuldners, § 708 Nr. 4–11 ZPO**			**mit Sicherheitsleistung, § 709 ZPO**
Tenor	„Das Urteil ist vorläufig vollstreckbar."	„Das Urteil ist vorläufig vollstreckbar. Der Beklagte kann die Zwangsvollstreckung in Höhe von 110 % der jeweils beizutreibenden Forderung abwenden, wenn nicht der Kläger vor der Vollstreckung Sicherheit in gleicher Höhe leistet."			„Das Urteil ist gegen Sicherheitsleistung in Höhe von ... vorläufig vollstreckbar."
Sicherheit leistet:	keiner	keiner	nur der Schuldner	Schuldner und Gläubiger	Gläubiger
Zwangsvollstreckung	Zwangsvollstreckung ist möglich	Zwangsvollstreckung ist möglich	Zwangsvollstreckung ist nicht möglich	Gegen Nachweis der Sicherheitsleistung durch den Gläubiger[1] ist die Vollstreckung möglich.	Gegen Nachweis der Sicherheitsleistung ist die Zwangsvollstreckung möglich.

Die Sicherheitsleistung

Die Sicherheitsleistung soll Schadenersatzansprüche des Schuldners durch eine Zwangsvollstreckung abdecken, die der Schuldner dadurch erleidet, dass vollstreckt wurde und in der nächsten Instanz das Urteil aufgehoben wird. Vollstreckt wurden neben der Hauptforderung auch Nebenforderungen, Kosten und Zinsen. Die Sicherheitsleistung wird daher auch nach der zu vollstreckenden Forderung bestimmt und ist der **Höhe** nach bereits im Urteil festzulegen. Die Festlegung der Höhe kann in einem bestimmten Betrag oder unter Angabe der Prozentzahl

1 Der Schuldner kann seine geleistete Sicherheit von der Hinterlegungsstelle zurückfordern.

erfolgen. Um die durch die Vollstreckung verursachten Kosten zu erfassen, wird im Regelfall der zu vollstreckenden Forderung noch ein Aufschlag von 10 % hinzugefügt.

▶ Beispiel: Rechtsanwalt Peter Huber hat für Uwe Förderer einen Pflichtteilsanspruch gegen Franziska Baulik in Höhe von 40.000,00 € geltend gemacht und für seinen Mandanten das Verfahren vollumfänglich gewonnen. Der Tenor des Endurteils zur vorläufigen Vollstreckbarkeit lautet wie folgt:

> ...
> *3. Das Urteil ist gegen Sicherheitsleistung in Höhe von 110 % des jeweils zu vollstreckenden Betrags vorläufig vollstreckbar.*

Auch die **Art der Sicherheitsleistung** kann im Urteil gerichtlich angeordnet werden. In Betracht kommen Kostbarkeiten, Geld in ausländischen Währungen oder Wertpapiere. Ohne gerichtliche Anordnung kann die Sicherheitsleistung nach § 108 Abs. 1 S. 1 ZPO durch

- schriftliche, unwiderrufliche, unbedingte und unbefristete Bankbürgschaft,
- Hinterlegung von inländischem Geld,
- Wertpapiere nach § 234 Abs. 1, 3 BGB

geleistet werden.

▶ Beispiel: Uwe Förderer hat in vorgenanntem Beispiel bei einer Zwangsvollstreckung gegen Franziska Baulik die Möglichkeit, z. B. die Sicherheitsleistung durch Hinterlegung des erforderlichen Geldbetrags (z. B. 44.000,00 € bei Vollstreckung der Hauptforderung) oder durch eine schriftliche, unwiderruflich, unbedingte und unbefristete Bankbürgschaft zu erbringen.

Sofern die Sicherheit durch eine Barzahlung oder durch Wertpapiere erbracht werden soll, ist der Geldbetrag bzw. das Wertpapier bei der Hinterlegungsstelle an dem Ort, an dem die Zwangsvollstreckung stattfinden soll, zu hinterlegen. Hinterlegungsstellen sind die Amtsgerichte.

Im Downloadbereich finden Sie einen entsprechenden Antrag auf Annahme von Geldhinterlegungen zum Herunterladen. Web

Gemäß § 751 Abs. 2 ZPO ist die Leistung der Sicherheit durch eine öffentliche oder öffentlich beglaubigte Urkunde **nachzuweisen** und spätestens gleichzeitig mit Beginn der Zwangsvollstreckung zuzustellen. Bei der Urkunde kann es sich um die entsprechende Bankbürgschaft oder um den Hinterlegungsschein der Hinterlegungsstelle bei der Geldhinterlegung handeln.

▶ Beispiel: Rechtsanwältin Katharina Schuh vertritt Judith Hunpol wegen einer Schadenersatzforderung in Höhe von 2.500,00 € gegen Steffen Kleinmeister. Da bereits aus dem vorläufig vollstreckbaren Amtsgerichtsurteil vollstreckt werden soll, veranlasst Rechtsanwältin Katharina Schuh die Hinterlegung eines Barbetrags bei der Hinterlegungsstelle des Amtsgerichts. Sie erhält vom Amtsgericht einen Hinterlegungsschein. Diesen fügt Rechtsanwältin Katharina Schuh im Original dem Zwangsvollstreckungsauftrag an den Gerichtsvollzieher bei.

Derjenige, der die Sicherheit geleistet hat – im Regelfall wird dies eher der Gläubiger sein –, kann die **Freigabe** der geleisteten Sicherheit nach Wegfall des Sicherungszwecks zurückverlangen. Dies tritt für den Gläubiger dann ein, wenn das vorläufig vollstreckbare Urteil rechtskräftig wird. Gegen Vorlage eines Rechtskraftzeugnisses beim Prozessgericht kann die Freigabe nach § 715 ZPO verlangt werden. In anderen Fällen der Sicherheitsleistung gelten die Voraussetzungen des § 109 ZPO. Auf Antrag beim Gericht, welches die Sicherheitsleistung angeordnet hat, bestimmt dieses eine Frist, binnen derer die Partei, zu deren Gunsten die Sicherheit geleistet wurde, die Einwilligung in die Rückgabe der Sicherheit erklären oder die Erhebung einer Klage nachweisen muss. Dieses kommt z. B. dann in Betracht, wenn der Schuldner zwar durch Sicherheitsleistung die Zwangsvollstreckung abgewendet hat (bei Urteilen nach § 708 Nr. 4–11 ZPO), aber der Gläubiger dieses nun durch eigene Sicherheitsleistung hinfällig macht. Der Schuldner kann dann die für ihn nutzlos gewordene Sicherheitsleistung wieder zurückfordern.

Sicherungsvollstreckung

Der Gläubiger ist eventuell nicht in der Lage, eine Sicherheitsleistung zu erbringen. Außerdem dauert die Sicherheitsleistung Zeit und bringt damit die Gefahr, dass der Schuldner Vermögen beiseiteschafft oder in finanzielle Schwierigkeiten gerät. Die Sicherungsvollstreckung nach § 720 a ZPO bietet dem Gläubiger die Möglichkeit, diesen Zeitverlust zu vermeiden, indem er bereits **pfändet, aber noch nicht verwertet**. Das Vermögen des Schuldners wird in diesem Fall für eine spätere Zwangsvollstreckung lediglich gesichert. Dies bedeutet für die Zwangsvollstreckung in

vgl. LF 12, Kap. 2.2–2.4

- bewegliche körperliche Sachen: Pfändung, aber keine Versteigerung
- Forderungen und Rechte: Pfändungsbeschluss, aber kein Überweisungsbeschluss; ebenso ist eine Vorpfändung möglich
- unbewegliches Vermögen: Sicherungshypothek, aber keine Zwangsversteigerung oder Zwangsverwaltung

vgl. LF 12, Kap. 2.1

Weiterhin kann nach herrschender Ansicht auch die Abnahme der Vermögensauskunft beantragt werden. Erst mit Rechtskraft des Titels oder nach Sicherheitsleistung darf das gepfändete Vermögen dann verwertet werden.

vgl. LF 12, Kap. 1.3.2

Für die Zuständigkeiten gelten keine Besonderheiten. Auf dem Zwangsvollstreckungsantrag an den Gerichtsvollzieher ist jedoch deutlich zu machen, dass lediglich die Sicherungsvollstreckung gem. § 720 a ZPO beantragt wird. Auch eine Vollstreckungsklausel ist als allgemeine Voraussetzung für eine Zwangsvollstreckung erforderlich. Der Schuldner kann die Sicherungsvollstreckung durch Sicherheitsleistung abwenden (§ 720 a Abs. 3 ZPO). Allerdings darf die Sicherungsvollstreckung erst nach einer **Wartefrist von mindestens zwei Wochen** seit Zustellung von Urteil und Vollstreckungsklausel beginnen (§ 750 Abs. 3 ZPO).

1.3.2 Vollstreckungsklausel

Die Vollstreckungsklausel bescheinigt die Vollstreckbarkeit. Sie ist für vorläufig vollstreckbare oder rechtskräftige Urteile ebenso erforderlich wie grds. auch für die Vollstreckungstitel nach § 794 ZPO. Im Klauselerteilungsverfahren wird die formelle Eignung des Titels für die Zwangsvollstreckung geprüft. Es müssen zunächst alle formellen Voraussetzungen des Titels für eine Zwangsvollstreckung erfüllt sein.

▶ Beispiele:
- Unterschrift der im Urteil genannten Richter
- Rechtskraft oder vorläufige Vollstreckbarkeit des Titels
- Identität des Antragstellers mit demjenigen, dem der Titel ein Recht zuspricht
- vollstreckungsfähiger Inhalt des Titels
- wirksame Protokollierung des Prozessvergleichs

So bezeugt die Klausel das Bestehen und die sog. **Vollstreckungsreife** des Vollstreckungstitels.

Unterschieden werden die **einfache Vollstreckungsklausel** nach § 724 ZPO und die qualifizierte nach §§ 726 ff. ZPO. Nach § 725 ZPO lautet die einfache Vollstreckungsklausel: „Vollstreckbare Ausfertigung wird dem Kläger/Beklagten zum Zwecke der Zwangsvollstreckung erteilt." Sie wird vom Urkundsbeamten der Geschäftsstelle des Prozessgerichts (§ 724 Abs. 2 ZPO) oder bei notariellen Urkunden vom Notar gem. § 797 Abs. 2 ZPO erteilt.

Hinweis: Der Anwaltsvergleich ist entweder nach § 796 b ZPO durch das Prozessgericht oder nach § 797 c ZPO durch einen Notar für vollstreckbar zu erklären.

vgl. LF 12, Kap. 1.3.1

Eine **qualifizierte Vollstreckungsklausel** ist in folgenden Fällen erforderlich:
- bedingte Leistung gem. § 726 ZPO; z. B.: der Gläubiger muss vor Vollstreckung eine Vorleistung erbringen
- Rechtsnachfolge, Testamentsvollstrecker, Nacherbe gem. §§ 727, 728 ZPO; z. B.: der Gläubiger möchte die titulierte Kaufpreisforderung gegen den Erben des verstorbenen Schuldners vollstrecken

Vom Erfordernis der Vollstreckungsklausel bestehen jedoch folgende **Ausnahmen**:
- Vollstreckungsbescheid, § 796 ZPO
- Kostenfestsetzungsbeschluss im vereinfachten Verfahren, § 795 a ZPO
- Arrest, einstweilige Verfügung, §§ 936, 929 ZPO

Bei diesen Titeln ist eine Vollstreckungsklausel lediglich dann erforderlich, wenn gegen den Rechtsnachfolger vollstreckt werden soll.

vgl. LF 12, Kap. 3.1.1

Hinweis: Der Schuldner kann wegen einer zu Unrecht erteilten Vollstreckungsklausel Erinnerung nach § 732 ZPO einlegen.

1.3.3 Zustellung

Die letzte allgemeine Voraussetzung für den Beginn der Zwangsvollstreckung ist die Zustellung des Vollstreckungstitels. Grundsätzlich hat die Zustellung des in vollständiger Form abgefassten Vollstreckungstitels vor oder spätestens mit Beginn der Zwangsvollstreckung gem. § 750 Abs. 1 S. 1 ZPO zu erfolgen. Ausnahmen gelten jedoch für bestimmte Titel. So ist eine Wartefrist von zwei Wochen zwischen Zustellung und Beginn der Zwangsvollstreckung einzuhalten bei:

vgl. LF 10, Kap. 4.2.1

- (selbstständigen) Kostenfestsetzungsbeschlüssen (§ 798 ZPO)
- Anwaltsvergleichen (§ 798 ZPO)
- vollstreckbaren Urkunden (§ 798 ZPO)
- Sicherungsvollstreckung (§ 750 Abs. 3 ZPO)

vgl. LF 12, Kap. 2.7

Umgekehrt kann bei Arrest und einstweiliger Verfügung gem. § 929 Abs. 3 S. 2 ZPO die Zustellung grds. auch innerhalb einer Woche seit Durchführung der Vollstreckung erfolgen.

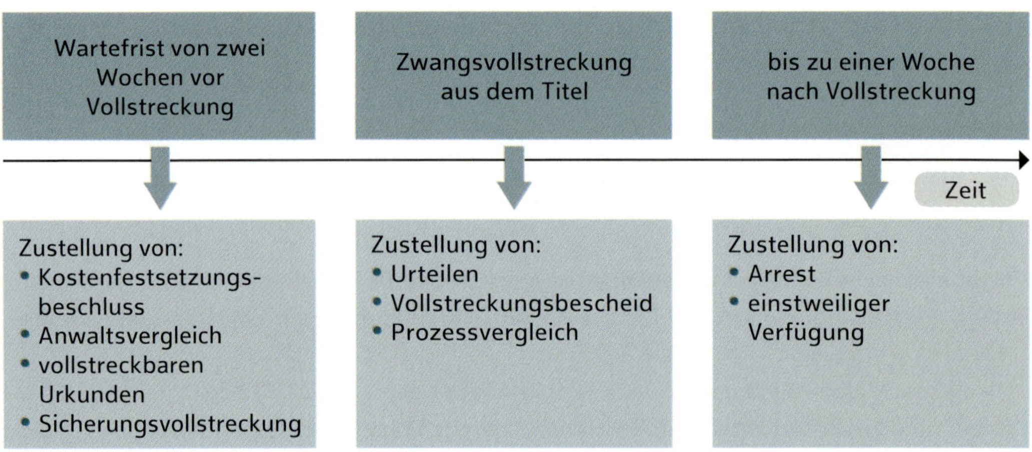

Die Zustellung der Vollstreckungsklausel ist grds. nicht erforderlich. Eine Ausnahme gilt jedoch dann, wenn eine Sicherungsvollstreckung nach § 720 a ZPO erfolgt. Hier muss die Vollstreckungsklausel mit zugestellt werden. Bei vorläufig vollstreckbaren Urteilen muss der Gläubiger auch die Leistung der eventuell erforderlichen Sicherheit nachweisen (§ 751 Abs. 2 ZPO).

Die Zustellung erfolgt bei Urteilen und Beschlüssen von Amts wegen (§§ 166 Abs. 1, 329 Abs. 3 ZPO). Die übrigen Vollstreckungstitel, also insbesondere Vergleiche (§§ 160 Abs. 4,

278 Abs. 6 ZPO), notarielle Urkunden (§ 794 Abs. 1 Nr. 5 ZPO) sowie Arrest oder einstweilige Verfügungen (§§ 916, 936 ZPO) sind im Parteibetrieb zuzustellen. Die Zustellung kann von Anwalt zu Anwalt, gegen Empfangsbekenntnis oder durch den Gerichtsvollzieher erfolgen.

vgl. LF 9 (ReFa), Kap. 1.5

Übersicht zu den Vollstreckungsvoraussetzungen:

	Titel	Klausel	Zustellung
Endurteile	• Leistungsurteile • rechtskräftig = mit Rechtskraftvermerk • vorläufig vollstreckbar	einfache oder teilweise qualifizierte Klausel erforderlich	vor oder spätestens gleichzeitig mit Beginn der Zwangsvollstreckung; erfolgt von Amts wegen • ggf. Nachweis Sicherheitsleistung • Sicherungsvollstreckung: Wartefrist von zwei Wochen
Vergleich	• gegenseitiges Nachgeben • Prozess-, Notar- oder Anwaltsvergleich	einfache oder teilweise qualifizierte Klausel erforderlich	vor oder spätestens gleichzeitig mit Beginn der Zwangsvollstreckung; erfolgt im Parteibetrieb Wartefrist von zwei Wochen bei Anwalts-/ Notarvergleich
Kostenfestsetzungsbeschluss	• selbstständiger KfB (= eigener Titel)	einfache oder teilweise qualifizierte Klausel erforderlich	Wartefrist von zwei Wochen; erfolgt von Amts wegen
	• unselbstständiger KfB (= auf dem Urteil)	Klausel muss auf dem zugrunde liegenden Urteil sein	erfolgt mit dem Urteil
Vollstreckungsbescheid	bereits mit Erlass vollstreckbar	nur bei Rechtsnachfolge erforderlich (= qualifizierte Klausel)	vor oder spätestens gleichzeitig mit Beginn der Zwangsvollstreckung; wahlweise von Amts wegen oder im Parteibetrieb
vollstreckbare Urkunden	• vor Notar oder teilweise auch vor Gericht • Unterwerfungsklausel	einfache oder teilweise qualifizierte Klausel erforderlich	Wartefrist von zwei Wochen erfolgt im Parteibetrieb
Arrest, einstweilige Verfügung	vgl. LF 12, Kap. 2.7	nur bei Rechtsnachfolge erforderlich	Zustellung grds. bis zu einer Woche nach Vollstreckung möglich; erfolgt im Parteibetrieb

1.4 Der Vorrang des Insolvenzverfahrens

Nach § 89 InsO (Insolvenzordnung) sind während eines Insolvenzverfahrens weder in die Insolvenzmasse noch in sonstiges Vermögen des Schuldners Vollstreckungsmaßnahmen zulässig. Daher ist es sinnvoll, vor der Einleitung kostenpflichtiger Vollstreckungsmaßnahmen zu prüfen, ob über das Vermögen des Schuldners das Insolvenzverfahren eröffnet wurde.

Hinweis: Die Prüfung kann über das Internetportal www.insolvenzbekanntmachungen.de erfolgen. Die Prüfung ist kostenlos möglich. Für eine Abfrage sind jedoch z. B. Name und Geburtsdatum des Schuldners oder sonstige Unterscheidungskriterien erforderlich.

Im Unterschied zur Einzelvollstreckung, die für einen Gläubiger in einzelne Vermögenswerte des Schuldners erfolgt, besteht die Zielsetzung eines Insolvenzverfahrens gem. § 1 InsO darin, für alle Gläubiger gemeinschaftlich das gesamte Vermögen des Schuldners einzubeziehen. Außerdem erfolgt die **Verwertung** der Insolvenzmasse nicht nach dem Rang, also dem Zeitpunkt der Zwangsvollstreckungsmaßnahme, sondern grds. **quotenmäßig**. Bei dieser Gesamtvollstreckung gilt also nicht der Grundsatz „wer zuerst kommt, mahlt zuerst“.

Je nach Schuldner wird zwischen dem Verbraucherinsolvenzverfahren als vereinfachtem Insolvenzverfahren und dem Unternehmensinsolvenzverfahren als Regel-Insolvenzverfahren unterschieden.

Verbraucherinsolvenz	Arten	Unternehmensinsolvenz
natürliche Personen ohne oder mit überschaubarer selbstständiger wirtschaftlicher Tätigkeit; hierzu zählen sowohl aktuelle wie ehemalige selbstständige Tätigkeit	**Schuldner**	natürliche Personen mit selbstständiger wirtschaftlicher Tätigkeit, juristische Personen, Personengesellschaften ohne Rechtspersönlichkeit
außergerichtlicher Einigungsversuch	**Voraussetzung**	–
Zahlungsunfähigkeit; drohende Zahlungsunfähigkeit	**Eröffnungsgrund**	Zahlungsunfähigkeit; drohende Zahlungsunfähigkeit; Überschuldung (bei juristischen Personen)
vor Eröffnung: gerichtlicher Schuldenbereinigungsversuch; nach Eröffnung kein Unterschied zur Unternehmensinsolvenz	**Insolvenzverfahren**	Regel-Insolvenzverfahren; Einsetzung eines Insolvenzverwalters
mit Eröffnungsantrag zu stellen	**Restschuldbefreiung**	mit Eröffnungsantrag zu stellen, sofern natürliche Personen persönlich haften

1.4.1 Das Verbraucherinsolvenzverfahren

Seit 1998 ist es auch Privatpersonen möglich, Insolvenz – früher Konkurs – anzumelden. Das gerichtliche Aktenzeichen IK steht für diese Verfahrensart. Der Eröffnungsantrag kann sowohl durch den Schuldner als auch durch den oder die Gläubiger gestellt werden.

Insolvenzschuldner

Die Verbraucherinsolvenz nach §§ 304 ff. InsO greift für Schuldner, welche **natürliche Personen** sind und entweder keine selbstständige wirtschaftliche Tätigkeit aufweisen bzw. aufgewiesen haben oder eine selbstständige Tätigkeit zwar ausüben bzw. ausgeübt haben, aber deren Vermögensverhältnisse überschaubar sind und keine Forderungen aus Arbeitsverhältnissen bestehen (§ 304 Abs. 1 S. 2 InsO). Dies ist dann der Fall, wenn weniger als 20 Gläubiger vorhanden sind (§ 304 Abs. 2 InsO).

▶ Beispiel: Lea Wiesner betreibt eine Gastwirtschaft und hat zwei angestellte Köche beschäftigt. Sofern weniger als 20 Gläubiger offene Forderungen haben, ist das Verbraucherinsolvenzverfahren zulässig. Allerdings dürfen aus den Arbeitsverhältnissen keine Forderungen z. B. der Arbeitnehmer oder der Sozialversicherungsträger bestehen.

Eröffnungsgrund

Die Eröffnung eines Insolvenzverfahrens setzt einen Eröffnungsgrund voraus (§ 16 InsO). Im Unterschied zum Zwangsvollstreckungsverfahren genügt dabei nicht das Vorliegen einer titulierten Forderung. Eröffnungsgründe sind die (eingetretene) **Zahlungsunfähigkeit** gem. § 17 InsO und die **drohende Zahlungsunfähigkeit** nach § 18 InsO. Der Gesetzgeber definiert die Zahlungsunfähigkeit so, dass der Schuldner nicht mehr in der Lage ist, die fälligen Zahlungspflichten pünktlich und vollständig zu erfüllen (§ 17 Abs. 2 S. 1 InsO). Die Einnahmen des Schuldners decken also nicht mehr die bestehenden Ausgaben für offene Forderungen. Als Indiz dient dabei nach § 17 Abs. 2 S. 2 InsO die Zahlungseinstellung. Drohend ist die Zahlungsunfähigkeit dann, wenn voraussichtlich die laufenden, absehbaren Forderungen nicht erfüllbar sind. Im Unterschied zur Zahlungsunfähigkeit ist für den Antrag eines Gläubigers die drohende Zahlungsunfähigkeit kein Eröffnungsgrund.

▶ Beispiel: Toni Lombardo hat monatliche Einnahmen in Höhe von 1.500,00 €. Zahlungsunfähigkeit tritt dann ein, wenn die regelmäßigen monatlichen Zahlungsverpflichtungen diese Einnahmenhöhe übersteigen. Dabei muss nicht abgewartet werden, bis die Zahlungsverpflichtung konkret entstanden ist. Wenn absehbar ist, dass im folgenden Monat Zahlungsverpflichtungen über 1.500,00 € entstehen werden, z. B. für Miete, Versicherungen, Darlehenszinsen, ist für den Schuldner bereits der Eröffnungsgrund der drohenden Zahlungsunfähigkeit gegeben.

Verfahrensvoraussetzung

Beim Verbraucherinsolvenzverfahren muss vor Eröffnung des Verfahrens ein ernsthafter Versuch erfolgen und nachgewiesen werden, eine **außergerichtliche Schuldenbereinigung** herbeizuführen (§ 305 Abs. 1 Nr. 1 InsO). Die Durchführung und Bescheinigung muss durch eine geeignete Person oder Stelle erfolgen. Dies sind z. B. Rechtsanwälte, Steuerberater, Notar oder staatlich anerkannte Insolvenzberatungsstellen. Dieser Versuch ist gescheitert, wenn auch nur ein Gläubiger die Zustimmung verweigert. Sofern ein Zahlungsplan zustande kommt und der Schuldner die vereinbarten Zahlungen einhält, ist er danach schuldenfrei.

Ablauf des Insolvenzverfahrens

Für den **Eröffnungsantrag** besteht Formularzwang nach der Verbraucherinsolvenzformularverordnung (VbrInsFV). **Zuständig** ist gem. §§ 2, 3 InsO das Amtsgericht als Insolvenzgericht, in dessen Bezirk der Schuldner seinen allgemeinen Gerichtsstand hat oder der Mittelpunkt seiner selbstständigen wirtschaftlichen Tätigkeit liegt. Dem Antrag sind eine Bescheinigung über einen erfolglosen außergerichtlichen Einigungsversuch sowie ein Schuldenbereinigungsplan beizufügen. Der Schuldner muss seine Einkommens- und Vermögenslage darlegen sowie eine Erklärung über die Restschuldbefreiung nach Beendigung des Verbraucherinsolvenzverfahrens abgeben. Der Antrag über die Erteilung der Restschuldbefreiung nach Beendigung des Insolvenzverfahrens wird bereits zu diesem Zeitpunkt gestellt. Auch ein Gläubiger kann den Eröffnungsantrag stellen (§ 306 Abs. 3 S. 1 InsO). Der Schuldner erhält in diesem Fall Gelegenheit, einen eigenen Antrag zu stellen und den außergerichtlichen Einigungsversuch noch nachzuholen.

Web Im Downloadbereich erhalten Sie das Muster eines Antrags auf Eröffnung des Insolvenzverfahrens sowie eine Bescheinigung über das Scheitern des außergerichtlichen Einigungsversuchs zum Herunterladen.

Sofern es nicht als aussichtslos betrachtet wird, wird durch das Gericht ein **Schuldenbereinigungsverfahren** durchgeführt und der Eröffnungsantrag ruht in dieser Zeit (§ 306 InsO). Es wird nunmehr also mit Unterstützung des Gerichts versucht, einen Vergleich zwischen dem Schuldner und den Gläubigern in Form eines Schuldenbereinigungsplans herbeizuführen. Die Gläubiger müssen innerhalb einer Notfrist von einem Monat seit Zustellung zu diesem Schuldenbereinigungsplan Stellung nehmen (§ 307 InsO). Eine fehlende Stellungnahme gilt nach § 307 Abs. 2 InsO als Einverständnis. Im Unterschied zum außergerichtlichen Einigungsversuch scheitert der Schuldenbereinigungsplan nicht bei Ablehnung eines Gläubigers. Nach § 309 InsO kann das Insolvenzgericht auf Antrag eines Gläubigers oder des Schuldners die Zustimmung ersetzen, wenn mehr als die Hälfte der Gläubiger nach Anzahl und Beträgen zugestimmt haben.

▶ Beispiel: Der Schuldner Jörg Beringer hat die Eröffnung des Verbraucherinsolvenzverfahrens beantragt. Offen sind Forderungen aus einem Hauskauf in Höhe von insgesamt 300.000,00 € bei fünf Gläubigern. Die Zustimmung ablehnender Gläubiger kann auf Antrag ersetzt werden, wenn mindestens drei Gläubiger zugestimmt haben und deren Forderungen insgesamt mindestens 150.000,01 € betragen.

Der Schuldenbereinigungsplan stellt einen Vollstreckungstitel dar. Sofern der Schuldner also seinen Zahlungspflichten aus dem Schuldenbereinigungsplan nicht nachkommt, kann hiermit die Zwangsvollstreckung betrieben werden. Um dem Schuldenbereinigungsplan eine Chance zu geben, ist begleitend die Einstellung von Zwangsvollstreckungsmaßnahmen zu veranlassen. Nur dadurch kann sichergestellt werden, dass die Insolvenzmasse nicht durch die Vollstreckung einzelner Vermögenswerte geschmälert wird.

Wenn der Schuldenbereinigungsplan scheitert, wird das **Insolvenzverfahren eröffnet**. Im Unterschied zur Unternehmensinsolvenz handelt es sich um ein vereinfachtes Insolvenzverfahren. Die Eröffnung kann jedoch mangels Masse abgelehnt werden, wenn die Kosten des Verfahrens nicht gedeckt sind (§ 26 InsO). Dem Schuldner bleibt jedoch die Möglichkeit, nach § 4 a InsO die Stundung der Kosten des Insolvenzverfahrens zu beantragen. In diesem Fall wird dem Schuldner auf Antrag auch ein Rechtsanwalt zur Vertretung beigeordnet. Ab der Eröffnung besteht nach § 89 InsO ein Vollstreckungsverbot. Im Insolvenzverfahren werden auf der einen Seite die offenen Forderungen und auf der anderen Seite die verwertbaren Vermögenswerte des Schuldners, die sog. Insolvenzmasse, festgestellt. Außerdem wird auf Antrag auch geprüft, ob eine beantragte Restschuldbefreiung nach § 290 InsO versagt wird. Mit der grds. quotenmäßigen Verteilung der Insolvenzmasse wird das Insolvenzverfahren beendet (§ 200 InsO). Eine Ausnahme von der quotenmäßigen Verteilung besteht für Gläubiger, die ein Aussonderungsrecht (§ 47 InsO), wie z. B. Eigentum an einem Vermögenswert im Besitz des Schuldners, oder ein Absonderungsrecht (§§ 49 ff. InsO), wie z. B. ein Vermieterpfandrecht an Vermögenswerte des Schuldners, besitzen. Diese Rechte gestatten eine vorrangige Befriedigung dieser Gläubiger.

Die Restschuldbefreiung

Sofern der Insolvenzschuldner mit dem Eröffnungsantrag auch die Restschuldbefreiung beantragt hat, wird mit dem Schluss des Insolvenzverfahrens die Restschuldbefreiung nach Ablauf einer **Wohlverhaltensphase** angekündigt. Die Zielsetzung des Restschuldbefreiungsverfahrens besteht darin, dass unter bestimmten Bedingungen der Schuldner auch von den Verbindlichkeiten befreit wird, die nach der Verteilung der Insolvenzmasse noch offen sind. Diese Möglichkeit besteht jedoch nur für natürliche Personen (§ 286 InsO). Voraussetzung ist, dass der Schuldner während der Wohlverhaltensperiode seinen Obliegenheiten nachkommt. Diese bestehen gem. § 295 InsO vor allem darin, zumutbare Arbeiten anzunehmen und die pfändbaren Beträge seines Einkommens abzutreten. Die Abtretung erfolgt an einen durch das Insolvenzgericht bestellten Treuhänder, der die Beträge an die Gläubiger verteilt. Die Wohlverhaltensperiode beträgt mittlerweile gem. § 287 Abs. 2 InsO **drei Jahre** und beginnt mit dem Tag der Eröffnung des Insolvenzverfahrens. Wenn der Schuldner seine Obliegenheiten erfüllt hat und keine Versagungsgründe nachträglich bekannt wurden, wirkt die Restschuldbefreiung grds. gegen alle Insolvenzgläubiger. Dies gilt sogar für die Gläubiger, die ihre Forderung nicht angemeldet haben (§ 301 Abs. 1 S. 2 InsO). Ausgenommen sind jedoch Forderungen nach § 302 InsO, wie z. B. Verbindlichkeiten aus einer vorsätzlich begangenen unerlaubten Handlung.

1.4.2 Das Unternehmensinsolvenzverfahren

vgl. LF 2, Kap. 4

Für natürliche Personen mit umfangreicher selbstständiger wirtschaftlicher Tätigkeit, juristische Personen und Personengesellschaften ohne Rechtspersönlichkeit ist ein Unternehmensinsolvenzverfahren möglich. Das gerichtliche Aktenzeichen lautet IN. Auch hier kann der Eröffnungsantrag durch Schuldner wie auch Gläubiger erfolgen.

Im Unterschied zur Verbraucherinsolvenz ist kein außergerichtlicher Einigungsversuch Verfahrensvoraussetzung. Außerdem ist bei juristischen Personen die Überschuldung ein **weiterer Eröffnungsgrund** (§ 19 InsO) für Schuldner und Gläubiger. Überschuldung liegt vor, wenn das Vermögen des Schuldners die bestehenden Verbindlichkeiten nicht mehr deckt (§ 19 Abs. 2 S. 1 InsO).

Auch für diesen Eröffnungsantrag besteht Formularzwang. Sofern eine natürliche Person haftet, hat mit Antragstellung auch eine Erklärung über die Restschuldbefreiung zu erfolgen.

▶ Beispiel: Die Fliesner KG stellt wegen Zahlungsunfähigkeit Antrag auf Eröffnung des Insolvenzverfahrens. Der persönlich haftende Komplementär Franz Fliesner kann einen Antrag auf Restschuldbefreiung stellen. Dieses ist sinnvoll, da mit Abschluss des Insolvenzverfahrens noch offene Verbindlichkeiten gegen den Komplementär weiter geltend gemacht werden können.

Das Insolvenzverfahren wird durch einen Insolvenzverwalter durchgeführt, welcher durch das Insolvenzgericht bestimmt wird. Hierbei besteht durchaus auch die Möglichkeit, dass das Unternehmen saniert werden kann. Dies ist umso häufiger der Fall, wenn möglichst frühzeitig bei bereits drohender Zahlungsunfähigkeit der Insolvenzantrag gestellt wird, um noch Vermögenswerte für einen Insolvenzplan zur Verfügung zu haben.

Hinweis: Um seine Rechte während eines Insolvenzverfahrens möglichst zu wahren, ist es für den Gläubiger sinnvoll, seine Forderung zum Insolvenzverfahren anzumelden. Aus- und Absonderungsrechte sollten gründlich geprüft werden. Zur Verhinderung der Restschuldbefreiung sollten Versagungsgründe sowie die Erfüllung der Obliegenheiten des Insolvenzschuldners während der Wohlverhaltensphase kontrolliert werden.

Web

Im Downloadbereich finden Sie eine Checkliste für Gläubiger von Insolvenzschuldnern zum Herunterladen nebst Erläuterungen von Rechtsbegriffen in diesem Zusammenhang sowie eine Übersicht zum Restschuldbefreiungsverfahren beim Verbraucher- und Unternehmensinsolvenzverfahren.

1.5 Grenzüberschreitende Zwangsvollstreckung innerhalb der Europäischen Union

Als Folge der zunehmenden globalen Vernetzung stellt sich verstärkt die Frage, wie entweder inländische Titel im Ausland oder ausländische Titel im Inland vollstreckt werden können. Das Augenmerk liegt hierbei auf dem EU-Ausland.

1.5.1 Vollstreckung aus Titeln aus EU-Verfahren

Es gibt verschiedene Möglichkeiten, einen Titel zu erlangen, der ohne weitere zusätzliche Voraussetzungen innerhalb der EU – teilweise mit Ausnahme von Dänemark – vollstreckt werden kann. Es handelt sich hierbei vor allem um den Europäischen Zahlungsbefehl für grenzüberschreitende Streitigkeiten in Zivil- und Handelssachen bei fälligen, bezifferten Geldforderungen. Weiterhin sind auch Urteile als Abschluss des Europäischen Verfahrens für geringfügige Forderungen bei Forderungen bis 2.000,00 € Titel, die innerhalb der gesamten EU gelten und ohne weitere Zwischenschritte vollstreckbar sind. Nicht zuletzt kommt auch in Betracht, bei unbestrittenen Forderungen einen Europäischen Vollstreckungstitel zu beantragen.

vgl. LF 9 (ReFa), Kap. 2

▶ Beispiel: Rechtsanwältin Karin Sandaru hat Georg Löwe im Verfahren Georg Löwe ./. Maria El Lobo Ruiz wegen einer Schadenersatzforderung aus einem Verkehrsunfall in Bremen in Höhe von 9.340,00 € vor dem Landgericht Bremen vertreten. Im Termin vor dem Landgericht Bremen erkannte Maria El Lobo die geltend gemachte Forderung an. Maria El Lobo hat ihren Wohnsitz in Madrid. Als Maria El Lobo trotz Aufforderung keine Zahlung vornimmt, lässt Rechtsanwältin Karin Sandaru vor Vollstreckung mittels Formblatt in Madrid das Endurteil des Landgerichts Bremen als Europäischen Vollstreckungstitel bestätigen und kann damit die Vollstreckungsorgane in Madrid beauftragen.

Ein Vollstreckungsbescheid stellt ebenfalls eine unbestrittene Forderung dar und kann daher ebenfalls als Europäischer Vollstreckungstitel bestätigt werden.

1.5.2 Vollstreckung aus inländischen Titeln im EU-Ausland

Nach der Europäischen Gerichtsstands- und Vollstreckungsverordnung (EuGVVO – auch Brüssel I-Verordnung genannt) vom 12.12.2012 kann seit dem 10.01.2015 aus einem inländischen Titel, der in den Anwendungsbereich der EuGVVO fällt, direkt in einem EU-Mitgliedstaat vollstreckt werden. Es handelt sich nach Art. 2 EuGVVO um folgende Titel:

- gerichtliche Entscheidungen: z.B. Urteile, Vollstreckungsbescheid, Kostenfestsetzungsbeschlüsse

- gerichtliche Vergleiche = Prozessvergleich
- öffentliche Urkunden = notarielle Urkunden
- einstweilige Verfügungen nach Art. 42 Abs. 2 EuGVVO

Das bis zu diesem Zeitpunkt erforderliche Verfahren zur Vollstreckbarerklärung entfällt nunmehr. Die Vollstreckung kann innerhalb der EU genauso wie in Deutschland erfolgen.

Web Im Downloadbereich erhalten Sie eine Übersicht der Mitgliedstaaten, in welchen die EuGVVO gilt, zum Herunterladen.

Erforderlich ist lediglich eine Vollstreckungsbescheinigung nach Art. 53, 60 EuGVVO. Diese stellt der Staat aus, in welchem der Titel ergangen ist. Zuständig ist nach § 1110 ZPO das Gericht (dort funktionell der Rechtspfleger gem. § 20 Ziff. 11 RPflG) oder der Notar, dem die Erteilung einer vollstreckbaren Ausfertigung obliegt. Die Vollstreckungsbescheinigung wird auf Antrag, welcher keinem Anwaltszwang unterliegt (§ 13 RPflG), erteilt. Folgende Voraussetzungen müssen für die Erteilung der Bescheinigung erfüllt sein:

- Vollstreckbarkeit des Titels im Inland
- Titel unterfällt dem Anwendungsbereich der EuGVVO

Web Im Downloadbereich finden Sie das Formular für die Vollstreckungsbescheinigung nach Art. 53, 60 EuGVVO zum Herunterladen.

Nach Nr. 1513 KV GKG wird für die Erteilung der Bescheinigung eine Gebühr in Höhe von 20,00 € erhoben.

Der EU-Mitgliedstaat, in welchem vollstreckt wird, prüft weder den Vollstreckungstitel noch die Bescheinigung. Mit Vorlage der erforderlichen Unterlagen kann im EU-Ausland umgehend mit der Vollstreckung begonnen werden. Dem Vollstreckungsorgan sind folgende Unterlagen durch den Gläubiger vorzulegen:

- Vollstreckungstitel eventuell mit Zustellungsbescheinigung gem. Art. 41, 59, 58 Abs. 1 S. 3 EuGVVO
- Bescheinigung unter Verwendung des Formblatts in Anhang I EuGVVO bei Entscheidungen bzw. in Anhang II EuGVVO bei Vergleichen und öffentlichen Urkunden; mit Zustellungsbescheinigung gem. Art. 43, 59, 58 Abs. 1 S. 3 EuGVVO, § 1111 Abs. 1 ZPO
- ggf. Übersetzung der Unterlagen in der erforderlichen Amtssprache des Lands, in dem vollstreckt wird

Tipp: Unter www.europe-eje.eu/de erhalten Sie die Möglichkeit, nach einem zuständigen Gerichtsvollzieher zu suchen. Hier erhalten Sie auch noch weitere Informationen zur Zwangsvollstreckung innerhalb der EU.

Für die Vollstreckung zwischen der Europäischen Union sowie Schweiz, Norwegen und Island ist das Luganer Übereinkommen über die gerichtliche Zuständigkeit und die Vollstreckung in Zivil- und Handelssachen (LugÜ) maßgeblich.

Nähere Informationen zur Vollstreckung auf der Grundlage des Luganer Übereinkommens erhalten Sie im Downloadbereich zum Herunterladen. Web

1.5.3 Vollstreckung aus Europäischen Titeln im Inland

Umgekehrt ist auch für die Vollstreckung EU-ausländischer Titel im Inland kein Verfahren zur Vollstreckbarerklärung durchzuführen. Nach § 1112 ZPO bedarf der ausländische Titel auch keiner Vollstreckungsklausel.

1.5.4 Einwendungsmöglichkeiten für den Schuldner

Vor der Erteilung der Vollstreckungsbescheinigung wird der Schuldner nicht angehört (§ 1111 Abs. 1 S. 1 ZPO), allerdings muss ihm diese zugestellt werden (§ 1111 Abs. 1 S. 3 ZPO). Er hat dann noch die Möglichkeit, einen Antrag auf Versagung der Anerkennung einer Entscheidung gem. Art. 45 EuGVVO zu stellen. So kann er z. B. einwenden, dass wesentliche Verfahrensgrundsätze, wie der Anspruch auf rechtliches Gehör, verletzt worden sind oder die Vollstreckung des Titels der öffentlichen Ordnung (ordre public) des Staats widerspricht, in dem vollstreckt wird.

▶ Beispiel: Jones Brown erlangt 2020 vor dem Supreme Court of the United Kingdom in London ein Urteil, Case ID: UKSC 2018/5721, wonach Anne Davies zur Zahlung von 12 500,00 GBP verurteilt wurde. Anne Davies ist deutsche Staatsangehörige und war im Jahre 2020 in London ansässig. Mittlerweile ist sie nach Neuwied/Rhein verzogen. Als Jones Brown ihr die Vollstreckungsbescheinigung zustellen lässt, stellt Anne Davies den Antrag auf Versagung der Anerkennung der Entscheidung des Supreme Court nach Art. 45 EuGVVO. Sie wendet ein, dass sie mittlerweile nachweisen kann, dass dieses Urteil auf einer Falschaussage des Zeugen Philipp Miller beruht. Zu dieser Falschaussage wurde Philipp Miller durch Jones Brown angestiftet. Das Urteil beruht demnach auf einem Prozessbetrug.

Will sich ein deutscher Schuldner gegen die Vollstreckung aus einem EU-ausländischen Titel zur Wehr setzen, ist hierfür ausschließlich das Landgericht an seinem Wohnsitz zuständig (§ 1115 Abs. 1 ZPO).

1.5.5 Informationsbeschaffung

vgl. LF 12, Kap. 2.1

Für eine gezielte Zwangsvollstreckung ist es wichtig zu wissen, wo der Schuldner seinen Wohn- oder Geschäftssitz hat und welche Vermögenswerte er besitzt. Im Inland können diese Informationen über den Gerichtsvollzieher erlangt werden.

Wenn der Schuldner jedoch seinen Wohnsitz und/oder Vermögenswerte im europäischen Ausland hat, bestehen derzeit nur teilweise Informationsmöglichkeiten von Deutschland aus. Sofern abgeklärt werden soll, ob über das Vermögen des im Ausland lebenden Schuldners das Insolvenzverfahren eröffnet wurde, bietet das E-Justiz-Portal (https://e-justice.europa.eu) die Möglichkeit, mithilfe einer mehrsprachigen Abfrageschnittstelle eine Suche in allen vernetzten Registern durchzuführen. Die Insolvenzregister einer Reihe von Mitgliedstaaten sind seit Juli 2014 miteinander verlinkt. Weiterhin kann über das E-Justiz-Portal teilweise Einblick in Unternehmensregister und Grundbuchämter angeschlossener Mitgliedstaaten genommen werden. Eine Möglichkeit ist auch die Informationsbeschaffung über das Europäische Unternehmensregister (www.ebr.org). Dies ist ein Verbund europäischer Unternehmensregister und stellt Informationen über Unternehmen in ganz Europa bereit. Die Europäische Grundbuchvereinigung (www.elra.eu) ist eine Plattform für den Zugang zu Grundbüchern auf europäischer Ebene. Hier können Anfragen zum Grundvermögen des Schuldners gestellt werden. Der europäische Datenverbund nationaler Grundbuchsysteme EULIS wurde mittlerweile eingestellt.

vgl. LF 12, Kap. 2.1

Insgesamt ist davon auszugehen, dass eine weitere Vernetzung der Register – eventuell auch der Zentralen Vollstreckungsgerichte – erfolgen wird, welche die zielgerichtete Zwangsvollstreckung im Ausland erleichtern werden.

Zusammenfassung

Vollstreckung wegen
- Zahlungsanspruch
- sonstiger Leistungsansprüche

Vollstreckung in
- bewegliche, körperliche Sachen
- Forderungen + Rechte
- unbewegliche Sachen

Vollstreckung durch
= Vollstreckungsorgane
- Gerichtsvollzieher
- Vollstreckungsgericht
- Grundbuchamt
- Prozessgericht I. Instanz

Besonderheiten:
grenzüberschreitende Zwangsvollstreckung

Zwangsvollstreckung

kein Vollstreckungsverbot
= bei eröffnetem Insolvenzverfahren, § 89 InsO

Titel
- (Leistungs-)Urteile
- sonstige Vollstreckungstitel nach § 794 ZPO

Vollstreckungsklausel
- einfache (= Vollstreckungsreife bescheinigt)
- qualifizierte

Zustellung
- grds. spätestens mit Beginn der Zwangsvollstreckung
- teilweise Wartefristen beachten

Wiederholung und Vertiefung

1. Auf welche Art und Weise können Zahlungsansprüche vollstreckt werden?
2. Wegen eines Zahlungsanspruchs soll in das unbewegliche Vermögen des Schuldners vollstreckt werden. Welche Zwangsvollstreckungsmaßnahmen kommen hier in Betracht?
3. Welche Vollstreckungsorgane sind für die Zwangsvollstreckung zuständig und welche Aufgaben haben sie jeweils?
4. Welche Voraussetzungen müssen erfüllt sein, bevor mit der Zwangsvollstreckung begonnen werden kann?
5. Das Gericht hat die vorläufige Vollstreckbarkeit gegen Sicherheitsleistung bestimmt. Die Art der Sicherheitsleistung wurde nicht angeordnet. Wie kann die Sicherheitsleistung erbracht werden?
6. Nennen Sie zwei Urteile, die ohne Sicherheitsleistung für vorläufig vollstreckbar erklärt werden.
7. Erläutern Sie, welche Vollstreckungsmöglichkeiten bei einer Sicherungsvollstreckung nach § 720 a ZPO bestehen.
8. Wann muss die Zustellung des Vollstreckungstitels für eine Zwangsvollstreckung spätestens erfolgen?
9. Erläutern Sie, wodurch sich Verbraucher- und Unternehmensinsolvenzverfahren unterscheiden.

2 Die Durchführung der Zwangsvollstreckung

Sofern alle Voraussetzungen für die Durchführung der Zwangsvollstreckung vorliegen, kommen je nach Einzelfall verschiedene Maßnahmen in Betracht. Wichtig ist es dabei, ausreichende Informationen über vorhandene Vermögenswerte des Schuldners zu besitzen, um mit der entsprechenden Vollstreckungsmaßnahme gezielt in den Vermögensgegenstand vollstrecken zu können. Die einzelnen Maßnahmen weisen weitere besondere Voraussetzungen auf, die zu beachten sind. Insgesamt ist vor allem Schnelligkeit sehr wichtig. Im Unterschied zum Insolvenzverfahren gilt bei der (Einzel-)Vollstreckung:

vgl. LF 12, Kap. 1.4

„Wer zuerst kommt, mahlt zuerst.“

Dieses sog. Prioritätsprinzip bedeutet, dass derjenige, der als Erster auf einen Vermögenswert zugreift, grds. auch bei der Verwertung vorrangig bedacht wird.

Nach der **Gerichtsvollzieherformular-Verordnung** (GVFV) vom 28.09.2015 ist seit dem 01.04.2016 ein verbindlich vorgeschriebenes Auftragsformular für alle Anträge an den Gerichtsvollzieher zu verwenden. Das Auftragsformular ist nach verschiedenen Modulen gegliedert:

Modul	Inhalt/Antrag	Kapitel im Buch
A	Parteien, Vertretung, Bevollmächtigter, Bankverbindung	–
B	Bezeichnung der beigefügten Seiten	–
C	Anlagen: z. B. Geldempfangsvollmacht	–
D	Zustellauftrag	LF 12, Kap. 1.3
E	Festlegung von Modalitäten für eine gütliche Erledigung	LF 12, Kap. 2.5
F	Ablehnung einer Zahlungsvereinbarung	LF 12, Kap. 2.5
G	Auftrag zur Abnahme der Vermögensauskunft	LF 12, Kap. 2.1
H	Auftrag, Antrag auf Erlass eines Haftbefehls weiterzuleiten	LF 12, Kap. 2.1.3
I	Auftrag, Schuldner zu verhaften	LF 12, Kap. 2.1.3
J	Vorpfändung	LF 12, Kap. 2.3.4
K	Auftrag zur Pfändung körperlicher Sachen	LF 12, Kap. 2.2
L	Ermittlung des Aufenthaltsorts des Schuldners	LF 12, Kap. 2.1.4

Modul	Inhalt/Antrag	Kapitel im Buch
M	Einholung von Auskünften Dritter	LF 12, Kap. 2.1.4
N	Angaben zur Reihenfolge bzw. Kombination von Aufträgen	LF 12, Kap. 2
O	Weitere Aufträge	–
P	Hinweise an den Gerichtsvollzieher	–
Q	Rechtsanwaltskosten nach RVG	LF 12, Kap. 4, 5.3.2
Anlage	Forderungsaufstellung	LF 12, Kap. 5.3.1

Zu den einzelnen Sachthemen werden jeweils die Module als Auszug aus dem Gesamtformular zur Verdeutlichung herangezogen.

Im Downloadbereich finden Sie das vollständige Antragsformular für Aufträge auf Abgabe der Vermögensauskunft, die Sachpfändung sowie die Vorpfändung. Web

vgl. LF 12, Kap. 2.1 – 2.3.4

Lernsituation

Annika Sauer liegt die Akte Brenda Micada ./. Kai Wehler zur weiteren Bearbeitung vor. Gegen Kai Wehler wurden per Vollstreckungsbescheid des Amtsgerichts – Zentrale Mahnabteilung – Hagen die Hauptforderung aus Kaufvertrag in Höhe von 10.000,00 € sowie 15,60 € Nebenforderungen tituliert und 1.252,79 € an Kosten festgesetzt.

Da der Vertragsabschluss online erfolgte, sind Vermögenswerte von Kai Wehler nicht bekannt. Annika Sauer veranlasst daher zunächst die Einholung einer Vermögensauskunft. Der Gerichtsvollzieher leitet die eingeholte Vermögensauskunft am 22.05.2022 an die Kanzlei weiter. Dabei informiert er darüber, dass er ein Ratenzahlungsangebot des Schuldners über 100,00 € monatlich abgelehnt habe. Das Angebot bestehe aber nach wie vor.

Aus der Vermögensauskunft ergeben sich folgende Daten:
- Kai Wehler ist verheiratet und arbeitet als fest angestellter Versicherungsberater.
- Sachwerte: verschiedene Jugendstilmöbel, ein Trauring im Wert von 1.500,00 €, ein Maserati (Schätzwert: 20.000,00 €), den Kai Wehler dringend für die Fahrten zu Kunden benötigt

- Kai Wehler bezieht ein Gehalt in Höhe von 4.400,00 € brutto monatlich, die Abzüge betragen 1.326,23 €. Außerdem erhält Kai Wehler Urlaubsgeld in Höhe von 300,00 € sowie eine Überstundenvergütung über 428,00 €.
- Immobilien: Kai Wehler ist Eigentümer eines vermieteten Einfamilienhauses.

Annika Sauer soll nunmehr die Pfändung des Maserati sowie des Gehalts veranlassen. Sie holt außerdem Auskünfte über die Immobilie des Kai Wehler ein, um hier ein weiteres Vorgehen vorzubereiten.

Arbeitsaufträge:

a) Wie erfolgt generell die Einholung einer Vermögensauskunft? Erstellen Sie in Partnerarbeit ein Ablaufschema.

b) Laden Sie sich den Vollstreckungsauftrag an den Gerichtsvollzieher (z. B. aus BuchPlusWeb oder über die Seite des Bundesjustizministeriums https://www.bmj.de/DE/Service/Formulare/Formulare_node.html) herunter und kreuzen Sie in Modul G und H die Aufträge an, wenn folgende Vorgaben der Mandantin bestehen:
   - Es soll kostengünstig vorgegangen werden und Vollstreckungsmaßnahmen nur erfolgen, wenn konkrete Vermögensgegenstände bekannt sind.
   - Es soll bereits möglichst auf dem schnellsten Weg vorgegangen werden, wenn der Schuldner die Abgabe der Vermögensauskunft verweigert.

   Begründen Sie Ihre Entscheidung.

c) Erläutern Sie, weshalb der Gerichtsvollzieher das Ratenzahlungsangebot abgelehnt hat und ob es der Mandantin zu raten ist, dieses doch anzunehmen.

d) Prüfen Sie, ob die beweglichen Sachwerte des Schuldners pfändbar sind.

e) Skizzieren Sie den Ablauf der Pfändung des Maserati und begründen Sie, weshalb diese Pfändung sinnvoll ist.

f) Erstellen Sie eine Übersicht, wer für die Gehaltspfändung zuständig ist, welche Unterlagen dem Antrag beizufügen sind, welche Aufforderungen an Schuldner und Drittschuldner ergehen und welche Pflichten der Drittschuldner hat.

g) Erklären Sie, was Annika Sauer zusätzlich zur Gehaltspfändung noch veranlassen sollte und welche Frist hierbei zu beachten ist.

h) Berechnen Sie nachvollziehbar und übersichtlich die Höhe des pfändbaren Gehalts.

i) Begründen Sie, welchen Antrag Annika Sauer stellen wird, wenn bekannt wird, dass die Ehefrau des Kai Wehler eigene Einkünfte in Höhe von 3.780,00 € brutto bezieht.

j) Erläutern Sie, welche Informationen Annika Sauer zu der Immobilie des Schuldners einholen wird.

k) Stellen Sie zusammen, wie die Zwangsvollstreckung der Immobilie des Schuldners erfolgen kann und welches Vollstreckungsorgan zuständig ist.

l) Vergleichen Sie Ihr Ergebnis mit dem Ihrer Mitschüler.

m) Reflektieren Sie anschließend Ihr Wissen anhand des Fragebogens, den Sie im Downloadbereich zum Buch finden.

Web

2.1 Die Vermögensauskunft

Zum 01.01.2013 trat das „Gesetz zur Reform der Sachaufklärung in der Zwangsvollstreckung" in Kraft. Dadurch wurde der Aufgabenbereich des Gerichtsvollziehers (GV) erweitert. So erhält der Gerichtsvollzieher als neue Aufgabe, auf Antrag des Gläubigers hin die Anschrift des Schuldners zu ermitteln. Die Vermögensauskunft kann im Unterschied zur vorherigen Rechtslage isoliert – insbesondere vor einem Pfändungsversuch – eingeholt werden und der Gerichtsvollzieher ist bei Vorliegen bestimmter Voraussetzungen auch berechtigt, weitere Auskünfte über das Vermögen des Schuldners einzuholen. Auch wird nun das Vermögensverzeichnis zentral verwaltet. Die weiteren Neuerungen zur gütlichen Einigung, die nunmehr im Vordergrund steht, und die Einzelheiten zur Zahlungsvereinbarung werden nachfolgend in Kap. 2.5 erläutert.

2.1.1 Antrag auf Erteilung der Vermögensauskunft

Sofern über den Schuldner keinerlei Erkenntnisse hinsichtlich verwertbarer Vermögenswerte vorliegen, bietet es sich an, bereits vor weitergehenden Vollstreckungsmaßnahmen einen Antrag auf Abgabe der Vermögensauskunft zu stellen. So kann dann gezielt in angegebene Vermögenswerte, sofern vorhanden, vollstreckt werden. Nach § 802 a Abs. 2 ZPO kann der Antrag jedoch auch mit sonstigen Aufträgen, z. B. Sachpfändung, Einholung von Drittauskünften oder Vorpfändung, verknüpft werden. Im Vollstreckungsauftragsformular ist das Modul G zu verwenden:

G	**Abnahme der Vermögensauskunft** (bitte Hinweise in der Anlage 2 des Formulars beachten)
G1	☐ nach den §§ 802c, 802f ZPO (ohne vorherigen Pfändungsversuch)
G2	☐ nach den §§ 802c, 807 ZPO (nach vorherigem Pfändungsversuch) Sofern der Schuldner wiederholt nicht anzutreffen ist, ☐ bitte ich um Rücksendung der Vollstreckungsunterlagen. ☐ beantrage ich, das Verfahren zur Abnahme der Vermögensauskunft nach den §§ 802c, 802f ZPO einzuleiten.
G3	☐ erneute Vermögensauskunft nach § 802d ZPO (wenn der Schuldner bereits innerhalb der letzten zwei Jahre die Vermögensauskunft abgegeben hat) Die Vermögensverhältnisse des Schuldners haben sich wesentlich geändert, weil __________ __________ __________ Zur Glaubhaftmachung füge ich bei: __________ __________ __________
G4	weitere Angaben im Zusammenhang mit der Vermögensauskunft ☐ __________ __________

Ausschnitt aus einem Zwangsvollstreckungsauftrag

Voraussetzungen und Zuständigkeit

vgl. LF 12, Kap. 1

Neben dem Auftrag und den allgemeinen Zwangsvollstreckungsvoraussetzungen sind keine weiteren Voraussetzungen erforderlich. Zuständiges Vollstreckungsorgan für die Abnahme der Vermögensauskunft ist nach § 802 e ZPO der Gerichtsvollzieher bei dem Amtsgericht, in dessen Bezirk der Schuldner zum Zeitpunkt der Auftragserteilung seinen Wohnsitz hat.

Verfahrensablauf

Nach § 802 f ZPO setzt der Gerichtsvollzieher dem Schuldner zunächst eine Frist von zwei Wochen, innerhalb derer die Forderung beglichen werden kann. Gleichzeitig bestimmt der Gerichtsvollzieher einen Termin zur Abgabe der Vermögensauskunft und lädt den Schuldner hierzu, sofern keine vollständige Begleichung der Forderung erfolgt. In der entsprechenden Terminsladung ist der Schuldner über seine Rechte und Pflichten sowie insbesondere die Folgen seines Nichterscheinens zu belehren. Der Gläubiger erhält eine Mitteilung über die Terminsbestimmung.

vgl. LF 12, Kap. 2.5

Wenn der Schuldner nicht vollständig bezahlt oder keine gütliche Einigung nach § 802 b ZPO getroffen wird, nimmt der Gerichtsvollzieher die Vermögensauskunft ab. Dies erfolgt entweder in den Räumlichkeiten des Gerichtsvollziehers oder nach § 802 f Abs. 2 ZPO in der Wohnung des Schuldners. Der Gerichtsvollzieher errichtet eine Aufstellung der Vermögenswerte und sonstige Angaben als elektronisches Dokument, welches beim Zentralen Vollstreckungsgericht hinterlegt wird. Der Gläubiger erhält einen Ausdruck (§ 802 f Abs. 6 ZPO), auf Verlangen auch der Schuldner.

Die Vermögensauskunft

Nach § 802 c ZPO umfasst die Vermögensauskunft des Schuldners folgende Angaben:

- persönliche Verhältnisse des Schuldners
- alle aktuellen Vermögensgegenstände
- entgeltliche Veräußerungen an nahestehende Personen innerhalb der letzten zwei Jahre
- unentgeltliche Leistungen innerhalb der letzten vier Jahre
- Versicherung an Eides statt: Der Schuldner versichert die Vollständigkeit und Richtigkeit seiner Angaben an Eides statt.

Zwei-Jahres-Frist und weitere Vermögensauskunft

Grundsätzlich ist eine Vermögensauskunft nur beantragbar, wenn innerhalb der letzten zwei Jahre keine Vermögensauskunft abgegeben wurde (§ 802 d ZPO). Vor Ablauf der zwei Jahre sind nur folgende Maßnahmen möglich:

Korrektur/Ergänzung der Vermögensauskunft

Sofern die vom Schuldner abgegebene Vermögensauskunft fehlerhaft ist, kann jederzeit eine Korrektur verlangt werden. Lücken können sich insbesondere daraus ergeben, dass bei unterhaltsberechtigten Personen keine Angaben zu deren Einkünften gemacht wurden.

▶ Beispiel: Rechtsanwalt Karl Frantero stellt für den Gläubiger Martin Kenzik den Antrag auf Abgabe der Vermögensauskunft durch den Schuldner Samuel Schuster. Hierauf erhält er die Abschrift eines Vermögensverzeichnisses, welches vor zwei Wochen erstellt wurde. Danach ergibt sich lediglich ein Einkommen des Samuel Schuster, welches unterhalb der Pfändungsgrenze liegt, da er gegenüber seiner Ehefrau unterhaltspflichtig ist. Rechtsanwalt Karl Frantero beantragt daher eine Ergänzung der Vermögensauskunft dahin gehend, dass der Schuldner Angaben über die Höhe des Einkommens seiner Ehefrau macht. Sofern die Ehefrau eigene Einkünfte besitzt, kann beantragt werden, dass sie bei der Berechnung der Pfändungsgrenze beim Einkommen des Schuldners Samuel Schuster unberücksichtigt bleibt.

Weitere Vermögensauskunft nach § 802 d ZPO

Von der Korrektur eines vorhandenen Vermögensverzeichnisses ist die erneute Vermögensauskunft nach § 802 d ZPO zu unterscheiden. Diese kommt dann in Betracht, wenn **sich Veränderungen der Vermögensverhältnisse** des Schuldners ergeben haben. Eine Veränderung tritt z. B. ein, wenn der Schuldner eine Erbschaft macht, eine Arbeitsstelle antritt oder ihm gekündigt wurde oder wenn die Ehe zum bislang unterhaltsberechtigten Ehepartner geschieden wurde. Hier bietet sich teilweise nicht nur die erneute Vermögensauskunft nach § 802 d ZPO, sondern stattdessen oder gleichzeitig auch eine Drittauskunft nach § 802 l ZPO an.

vgl. LF 12, Kap. 2.3

2.1.2 Das Vermögens- und das Schuldnerverzeichnis

Beim Zentralen Vollstreckungsgericht werden zwei verschiedene Verzeichnisse geführt, welche insbesondere hinsichtlich Inhalt und Einsichtsmöglichkeit unterschieden werden.

Das Vermögensverzeichnis

Nach den Angaben des Schuldners errichtet der Gerichtsvollzieher eine Aufstellung der Vermögenswerte als elektronisches Dokument. Der Gläubiger, welcher die Abnahme der Vermögensauskunft veranlasst hat, erhält automatisch eine Abschrift. Im Übrigen erhalten lediglich der Gerichtsvollzieher und sonstige Vollstreckungsbehörden, wie z. B. Finanzämter oder das Hauptzollamt bei Steuerschuldnern, die Möglichkeit, die Vermögensverzeichnisse abzurufen (§ 802 k ZPO). Gläubiger können daher nicht direkt Einsicht nehmen oder einen Ausdruck erhalten. Sofern ein neuer Gläubiger innerhalb der Sperrfrist von zwei Jahren Antrag auf Abgabe der Vermögensauskunft stellt, leitet ihm der Gerichtsvollzieher eine Abschrift des Vermögensverzeichnisses zu (§ 802 d Abs. 1 S. 2 ZPO).

vgl. LF 12, Kap. 2.1.4

Das Vermögensverzeichnis wird nach zwei Jahren seit Abgabe der Auskunft gelöscht. Eine vorzeitige Löschung erfolgt lediglich dann, wenn ein neues Vermögensverzeichnis – entweder durch Korrektur oder eine erneute Vermögensauskunft nach § 802 d ZPO – vorliegt (§ 802 k Abs. 1 S. 4 ZPO).

Das Schuldnerverzeichnis

Im Unterschied zum Vermögensverzeichnis erhält ein erweiterter Personenkreis ein (kostenpflichtiges) **Einsichtsrecht** in das Schuldnerverzeichnis. Nach §§ 882 f. ZPO genügt bereits ein Interesse, wirtschaftliche Nachteile durch fehlende Zahlungen des Schuldners abzuwenden. Damit kommt eine Einsichtnahme in das Schuldnerverzeichnis, insbesondere vor der Eingehung von Dauerschuldverhältnissen, wie z. B. ein Mietverhältnis, in Betracht. Hier besteht ein Interesse des Vermieters daran, sich über die Zahlungsfähigkeit des zukünftigen Mieters zu informieren. Dabei kann der Inhalt des Schuldnerverzeichnisses über eine zentrale und länderübergreifende Abfrage im Internet (Landesjustizportal) eingesehen werden (vgl. § 882 h Abs. 1 S. 2 ZPO), sodass im Unterschied zur früheren dezentralen Führung des Schuldnerverzeichnisses nun verhindert wird, dass bei einem Umzug des Schuldners Informationen für den Gläubiger nicht ersichtlich sind. Das Einsichtsrecht bedeutet nicht zugleich auch, dass ein Anspruch auf Erteilung eines Abdrucks besteht. Dies ist nach § 882 g ZPO z. B. dann der Fall, wenn der Gläubiger ein berechtigtes Interesse nachweist.

Voraussetzung für die Eintragung ins Schuldnerverzeichnis und gleichzeitig auch **Informationsmöglichkeiten** für Gläubiger sind nach § 882 c Abs. 1 ZPO:

- Der Schuldner hat die Abgabe einer Vermögensauskunft unberechtigt verweigert oder
- die Vollstreckung in die Vermögenswerte nach der Vermögensauskunft führt offensichtlich nicht zur vollständigen Befriedigung des Gläubigers oder
- innerhalb eines Monats nach Abgabe der Vermögensauskunft wird keine vollständige Befriedigung des Gläubigers nachgewiesen. Eine Ausnahme hiervon besteht jedoch dann, wenn ein Zahlungsplan gilt.

vgl. LF 12, Kap. 2.5.2

Nach § 882 c ZPO ordnet der Gerichtsvollzieher von Amts wegen die Eintragung des Schuldners in das Schuldnerverzeichnis an, wenn eine der genannten Voraussetzungen vorliegt. Gegen die **Eintragungsanordnung** kann der Schuldner binnen zwei Wochen Widerspruch beim Vollstreckungsgericht einlegen, welcher jedoch die Vollziehung, also die Eintragung, zunächst nicht hindert.

Spätestens nach Ablauf von drei Jahren seit der Eintragungsanordnung des Gerichtsvollziehers löscht das Zentrale Vollstreckungsgericht die Eintragung (§ 882 e ZPO). Vor Ablauf dieser Frist ist eine Löschung insbesondere bei Nachweis der vollständigen Befriedigung der Forderung des Gläubigers möglich.

Vermögensverzeichnis		Schuldnerverzeichnis
• persönliche Verhältnisse • Vermögenswerte • Veräußerungen der letzten Jahre	Information über	• Schuldner hat die Abgabe der Vermögensauskunft verweigert • Vollstreckung führt oder führte nicht zur vollständigen Befriedigung des Gläubigers
• Gerichtsvollzieher • sonstige Vollstreckungsbehörden	Einsichtsrecht	• jedermann mit berechtigtem Interesse nach § 882 f Abs. 1 ZPO
• zwei Jahre seit Abgabe der Auskunft • bei Vorliegen eines neuen Vermögensverzeichnisses	Löschung	• drei Jahre seit Eintragungsanordnung • vollständige Befriedigung des Gläubigers

2.1.3 Der Haftbefehl

Sofern der Schuldner zum Termin zur Abgabe der Vermögensauskunft grundlos nicht erscheint oder zwar erscheint, jedoch unbegründet die Abgabe der Vermögensauskunft verweigert, stehen dem Gläubiger verschiedene Varianten offen. Zum einen kann die **Einholung einer Drittauskunft** nach § 802 l ZPO beantragt werden. Dritte Stellen geben dann Auskunft über bestimmte Vermögenswerte, wie z. B. Einkommen oder Bankguthaben. Eine weitere Möglichkeit anstelle oder auch neben der Drittstellenauskunft ist die **Beantragung von Erzwingungshaft**. Der Schuldner soll durch die Androhung und Vollziehung einer Haftstrafe zur Abgabe der Vermögensauskunft angehalten werden. Der Antrag (= Modul H) kann bereits mit Modul G (Auftrag, die Vermögensauskunft abzunehmen) verknüpft werden. Der Gerichtsvollzieher leitet bei Vorliegen der Voraussetzungen den Antrag dann an das Amtsgericht weiter.

vgl. LF 12, Kap. 2.1.4

H ☐ **Erlass des Haftbefehls nach § 802g ZPO**
Bleibt der Schuldner dem Termin zur Abgabe der Vermögensauskunft unentschuldigt fern oder weigert er sich ohne Grund, die Vermögensauskunft zu erteilen, beantrage ich den Erlass eines Haftbefehls nach § 802g Absatz 1 ZPO. Die Gerichtsvollzieherin/den Gerichtsvollzieher bitte ich, den Antrag an das zuständige Amtsgericht weiterzuleiten und dieses zu ersuchen, nach Erlass des Haftbefehls diesen an

☐ den Gläubiger ☐ den Gläubigervertreter zu übersenden.

☐ die zuständige Gerichtsvollzieherin/den zuständigen Gerichtsvollzieher weiterzuleiten. Gegenüber der Gerichtsvollzieherin/dem Gerichtsvollzieher stelle ich den Antrag auf Verhaftung des Schuldners.

Ausschnitt aus einem Zwangsvollstreckungsauftrag

Für den Erlass des Haftbefehls ist das Amtsgericht – Vollstreckungsgericht – zuständig, in dessen Bezirk der Schuldner seinen Wohnsitz hat (§ 802 g Abs. 1 ZPO). Da in die Freiheitsrechte des Schuldners eingegriffen wird, ist eine richterliche Kontrolle der Voraussetzungen für den Haftbefehl erforderlich (= Modul I):

I	☐ **Verhaftung des Schuldners (§ 802g Absatz 2 ZPO)**		
	Haftbefehl des Amtsgerichts	Datum	Geschäftszeichen
	______________	______________	______________

Ausschnitt aus einem Zwangsvollstreckungsauftrag

Für die Vollziehung des Haftbefehls, welche innerhalb von zwei Jahren seit Erlass des Haftbefehls erfolgen muss, ist wiederum der Gerichtsvollzieher zuständig. Die Haft darf eine Dauer von sechs Monaten nicht übersteigen (§ 802 j Abs. 1 ZPO). Allerdings kann der Schuldner diese auch nach § 802 i ZPO jederzeit dadurch beenden, dass er die geforderte Vermögensauskunft abgibt. Ob die Erzwingungshaft für den Gläubiger sinnvoll ist, bleibt fraglich, da im Regelfall der Gläubiger die Kosten für die Erzwingungshaft, einschließlich der Verpflegungskosten, als Vorschuss leisten muss. Nach der Bekanntmachung des Bundesministeriums der Justiz und für Verbraucherschutz vom 31.12.2020 (www.bundesanzeiger.de) handelte es sich um einen höchsten täglichen Haftkostenbeitrag von bis zu 15,26 € täglich für das Kalenderjahr 2021. Die Beträge erhöhen sich jährlich um ca. 20 Cent–30 Cent.

Web

Im Downloadbereich erhalten Sie die Bekanntmachung der Feststellung der Haftkostenbeiträge im Kalenderjahr 2021 zum Herunterladen.

2.1.4 Sonstige Auskünfte

Neben der Vermögensauskunft bieten sich dem Gerichtsvollzieher noch weitere Auskunftsmöglichkeiten.

Auskunft über den Aufenthaltsort des Schuldners

Nach § 755 ZPO ist es dem Gerichtsvollzieher gestattet, bei Vorliegen der gesetzlichen Voraussetzungen den Aufenthaltsort des Schuldners zu ermitteln. Generell wird vorausgesetzt, dass ein Vollstreckungsauftrag – z. B. Sachpfändungsauftrag, Antrag auf Abgabe der Vermögensauskunft – vorliegt. Außerdem darf der Wohnsitz des Schuldners nicht bekannt sein. Ansonsten wird unterschieden:

Stelle für die Aufenthaltsermittlung	**Zu beachten:**
Meldebehörde	Es ist zu empfehlen, diese Auskunft durch den Gläubiger einzuholen und dem Gerichtsvollzieher bereits vorzulegen, um Kosten zu sparen.
Ausländerzentrale	bei Bürgern der EU nur, wenn deren Freizügigkeit eingeschränkt ist
Träger der gesetzlichen Rentenversicherung und berufsständische Versorgungseinrichtungen	Nach der Fassung aufgrund EU-rechtlicher Vorgaben vom 21.11.2016, in Kraft getreten am 26.11.2016, ist kein Mindestbetrag für die zu vollstreckende Forderung mehr vorgeschrieben.
Kraftfahrt-Bundesamt	

Im Vollstreckungsauftragsformular ist das Modul L zu verwenden:

L	**Ermittlung des Aufenthaltsorts des Schuldners (§ 755 ZPO)** (bitte Hinweise in der Anlage 2 des Formulars beachten)
L1	☐ Mir ist bekannt, dass der Schuldner unbekannt verzogen ist.
L2	☐ Negativauskunft des Einwohnermeldeamtes ist beigefügt.
	Ermittlung
L3	☐ der gegenwärtigen Anschriften sowie der Angaben zur Haupt- und Nebenwohnung des Schuldners durch Nachfrage bei der **Meldebehörde**
L4	☐ des Aufenthaltsorts durch Nachfragen beim **Ausländerzentralregister** und bei der aktenführenden **Ausländerbehörde**
L5	☐ der bekannten derzeitigen Anschrift sowie des derzeitigen oder zukünftigen Aufenthaltsorts des Schuldners bei den **Trägern der gesetzlichen Rentenversicherung**
L6	☐ der Halterdaten nach § 33 Absatz 1 Satz 1 Nummer 2 des Straßenverkehrsgesetzes (StVG) des Schuldners beim **Kraftfahrt-Bundesamt**
L7	☐ der gegenwärtigen Anschriften, des Ortes der Hauptniederlassung oder des Sitzes des Schuldners durch Einsicht in das **Handels-, Genossenschafts-, Partnerschafts-, Unternehmens- oder Vereinsregister**
L8	☐ der gegenwärtigen Anschriften, des Ortes der Hauptniederlassung oder des Sitzes des Schuldners durch Einholung einer Auskunft bei den nach Landesrecht **für die Durchführung der Aufgaben nach § 14 Absatz 1 der Gewerbeordnung (GewO) zuständigen Behörden**
L9	Hinweise zur Reihenfolge der Ermittlungen (wenn Anfrage nach den Modulen L3, L7 und L8 ergebnislos oder ein Fall des Moduls L1 gegeben ist) ☐

Ausschnitt aus einem Zwangsvollstreckungsauftrag

Auskunft über bestimmte Vermögenswerte des Schuldners – Drittauskünfte

Im Zusammenhang mit dem Antrag auf Abgabe der Vermögensauskunft können nach § 802 l ZPO noch folgende Auskünfte bei Dritten eingeholt werden:

- beim Träger der gesetzlichen Rentenversicherung und berufsständischen Versorgungseinrichtungen: über mögliche Beschäftigungsverhältnisse des Schuldners
- beim Bundeszentralamt für Steuern: über Steuererstattungsansprüche oder z. B. auch über mögliche Bankkonten
- beim Kraftfahrt-Bundesamt: über mögliche Fahrzeuge des Schuldners

Im Vollstreckungsauftragsformular ist das Modul M zu verwenden:

M	**Einholung von Auskünften Dritter (§ 802l ZPO)** (bitte Hinweise zur Einholung von Auskünften Dritter in der Anlage 2 des Formulars beachten)
M1	☐ Ermittlung der Namen, der Vornamen oder der Firma sowie der Anschriften der derzeitigen Arbeitgeber eines versicherungspflichtigen Beschäftigungsverhältnisses des Schuldners bei den **Trägern der gesetzlichen Rentenversicherung**
M2	☐ Ersuchen an das **Bundeszentralamt für Steuern**, bei den Kreditinstituten die in § 93b Absatz 1 der Abgabenordnung (AO) bezeichneten Daten abzurufen
M3	☐ Ermittlung der Fahrzeug- und Halterdaten nach § 33 Absatz 1 StVG zu einem Fahrzeug, als dessen Halter der Schuldner eingetragen ist, beim **Kraftfahrt-Bundesamt**
M4	☐ Die vorstehend ausgewählte/-n Drittauskunft/Drittauskünfte sollen nur eingeholt werden, wenn der Schuldner seiner Pflicht zur Abgabe der Vermögensauskunft nicht nachkommt.
M5	☐ Antrag auf aktuelle Einholung von Auskünften (§ 802l Absatz 4 Satz 3 ZPO) Zur Änderung der Vermögensverhältnisse des Schuldners trage ich vor:

Ausschnitt aus einem Zwangsvollstreckungsauftrag

vgl. LF 12, Kap. 2.1.3

Diese Drittauskünfte sind jedoch nur möglich, wenn der Schuldner nicht zum Termin zur Abgabe der Vermögensauskunft erscheint, die Ladung nicht zustellbar ist oder der Schuldner die Abgabe verweigert. Der Gläubiger kann dann nicht nur den Erlass eines Haftbefehls beantragen, sondern auch die genannten Drittauskünfte einholen lassen. Diese Möglichkeit besteht auch dann, wenn der Schuldner zwar die Vermögensauskunft abgegeben hat, danach aber nicht mit einer vollständigen Befriedigung des Gläubigers zu rechnen ist.

▶ Beispiel: Rechtsanwältin Sandra Selkic hat für den Gläubiger Markus Wenig die Abgabe der Vermögensauskunft durch die Schuldnerin Verena Hutzler veranlasst. Danach sind keine verwertbaren Vermögenswerte benannt. Nach Rücksprache mit ihrem Mandanten veranlasst Rechtsanwältin Sandra Selkic vorsorglich die Drittauskunft beim Bundeszentralamt für Steuern, um eventuell weitere Bankkonten zu ermitteln. Der Antrag auf Drittauskunft kann jedoch auch bereits mit dem Antrag auf Abgabe der Vermögensauskunft verknüpft werden.

Seit 26.11.2016 ist die weitere Voraussetzung, dass die zu vollstreckende Forderung mindestens 500,00 € betragen muss, entfallen.

Insgesamt können über den Gerichtsvollzieher bei Vorliegen der entsprechenden Voraussetzungen folgende Informationen eingezogen werden:

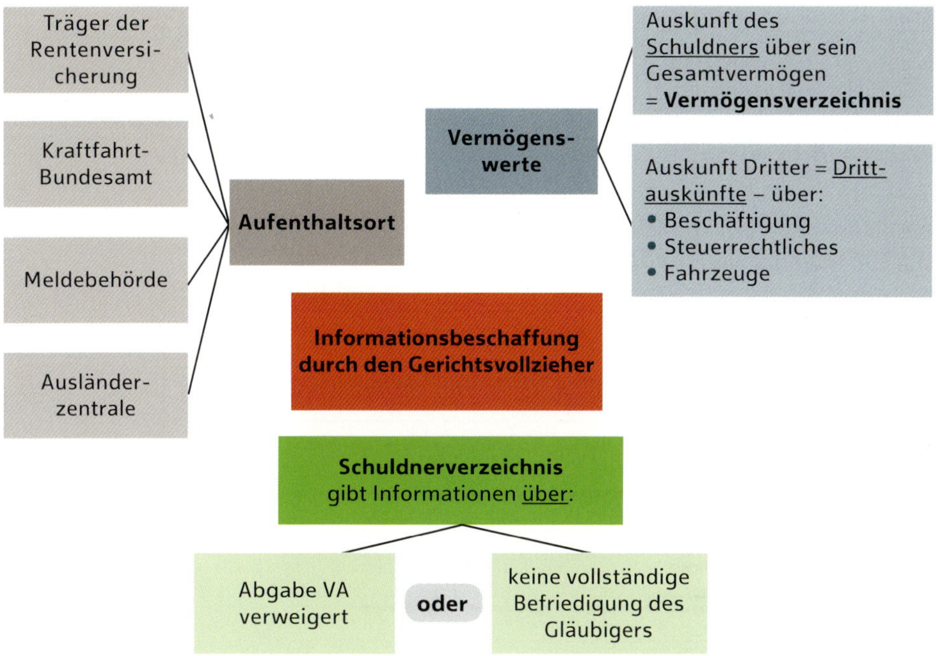

2.2 Die Zwangsvollstreckung wegen Geldforderungen in bewegliche, körperliche Sachen

Wegen Geldforderungen in bewegliche körperliche Sachen kann mittels Sachpfändungsauftrag, auch Zwangsvollstreckungsauftrag genannt, gepfändet werden. Dabei erfolgt die Pfändung grds. unspezifisch, d. h., in alle beweglichen körperlichen Vermögenswerte des Schuldners wird vollstreckt. Zuständig ist der Gerichtsvollzieher am Wohnsitz des Schuldners. Der Antrag ist daher entweder an den Gerichtsvollzieher direkt, sofern dieser bekannt ist, zu richten oder an die Gerichtsvollzieher-Verteilerstelle beim zuständigen Amtsgericht zu adressieren. Zu unterscheiden sind dabei die Pfändung als Beschlagnahme des Gegenstands und dessen Verwertung. Bei beiden Verfahrensschritten sind jeweils unterschiedliche Kriterien, die bei der Sachpfändung beachtet werden müssen, zu berücksichtigen.

Pfändung ← ① — **Sachpfändung** = in bewegliche, körperliche Sachen — ② → **Verwertung**

Pfändung:

- zur rechten Zeit
- am rechten Ort
- Gewahrsam des Schuldners
- Verbot der Überpfändung
- Verbot der zwecklosen Pfändung
- Unpfändbarkeit

Verwertung:

- Ort + Zeit (eine Woche seit Pfändung)
- öffentliche Versteigerung
- Zuschlag = Eigentumsübergang
- Beobachtung von Mindestgebote

Im formularmäßigen Vollstreckungsauftrag an den Gerichtsvollzieher sind die entsprechenden Angaben im Modul K anzukreuzen:

K	☐ **Pfändung körperlicher Sachen**
K1	☐ Pfändung von Forderungen aus Wechseln und anderen Papieren, die durch Indossament übertragen werden können
K2	☐ Taschenpfändung/Kassenpfändung
K3	☐ Pfändung soll nach Abnahme der Vermögensauskunft durchgeführt werden, soweit sich aus dem Vermögensverzeichnis pfändbare Gegenstände ergeben.
K4	☐ Mit der Erteilung einer Fruchtlosigkeitsbescheinigung nach § 32 der Geschäftsanweisung für Gerichtsvollzieher (GVGA) bin ich **nicht** einverstanden.
K5	Aufträge und Hinweise zur Pfändung und Verwertung, z. B. zu besonderen Gegenständen ☐ ____________

Ausschnitt aus einem Zwangsvollstreckungsauftrag

2.2.1 Die Pfändung

Gemäß § 808 Abs. 1 ZPO sind grds. alle beweglichen körperlichen Sachen im Gewahrsam des Schuldners pfändbar. Allerdings hat die Pfändung bestimmte Grenzen zu beachten. Durch die Pfändung entstehen zunächst die Pfandverstrickung und ein Pfändungspfandrecht des Gläubigers. Pfandverstrickung bedeutet, dass der Staat nun die Verfügungsgewalt über den gepfändeten Gegenstand besitzt. Eine Beschädigung oder Veräußerung des gepfändeten Vermögenswerts ist als Verstrickungsbruch gem. § 136 StGB (Strafgesetzbuch) mit Geldstrafe oder Freiheitsstrafe bis zu einem Jahr zu bestrafen.

Durchführung der Pfändung

Die Pfändung erfolgt nach § 808 Abs. 1 ZPO dadurch, dass der Gerichtsvollzieher die Vermögenswerte in Besitz nimmt. Die Inbesitznahme erfolgt grds. auf zwei verschiedene Arten:

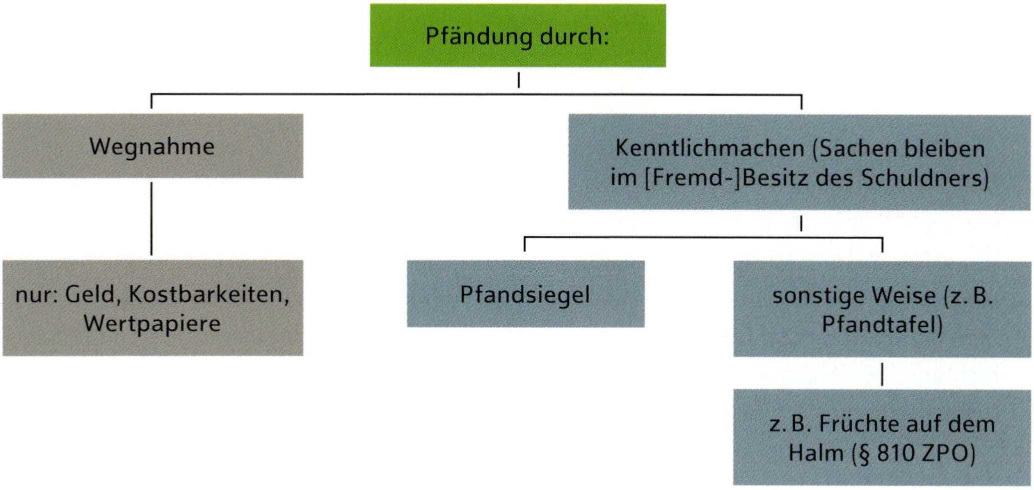

Gewahrsam

Dabei bezeichnet Gewahrsam den unmittelbaren Besitz des Schuldners. Ob der Schuldner auch Eigentümer der zu pfändenden Sache ist, wird grds. nicht geprüft. Folgende Fälle sind zu unterscheiden:

- **Gewahrsam des Schuldners, aber Eigentum eines Dritten**

  ▶ Beispiel: Der Schuldner Erik Wiesner hat sich den Beamer seines Bruders für eine private Filmvorführung geliehen.

  Nach § 808 Abs. 1 ZPO ist der Beamer beim Schuldner pfändbar. Der tatsächliche Eigentümer hat lediglich die Möglichkeit, sein Eigentum vom Gläubiger heraus zu verlangen und ggf. mit der Drittwiderspruchsklage (§ 711 ZPO) gegen ihn vorzugehen. vgl. LF 12, Kap. 3.2

- **Gewahrsam eines Dritten, aber Eigentum des Schuldners**

  ▶ Beispiel: Karin Rowange hat ihren Laptop an ihre Freundin Lisa Fiehr verliehen.

  Eine Pfändung des Laptops bei Lisa Fiehr kommt nur in Betracht, wenn Lisa Fiehr zur Herausgabe bereit ist (§ 809 ZPO). Sollte dies nicht der Fall sein, besteht lediglich die Möglichkeit, den Herausgabeanspruch von Karin Rowange gegenüber Lisa Fiehr zu pfänden. Die entsprechende Vollstreckungsmaßnahme für die Pfändung dieses Anspruchs ist der Antrag auf Erlass eines Pfändungs- und Überweisungsbeschlusses (§ 886 ZPO). vgl. LF 12, Kap. 2.3

- **Mitgewahrsam von Schuldner und Ehegatte**

▶ Beispiel: Gerichtsvollzieherin Petra Los soll bei Karl Meinze eine Sachpfändung durchführen. Als sie an einer wertvollen Standuhr das Pfandsiegel anbringen möchte, behauptet die Ehefrau des Schuldners, Lea Meinze, dass sie Eigentümerin der Standuhr sei.

Nach § 739 ZPO i.V.m. § 1362 BGB wird vermutet, dass der Schuldner Eigentümer der beweglichen Sachen ist. Er gilt im Rahmen der Zwangsvollstreckung als alleiniger Gewahrsamsinhaber, sofern nicht die Sache erkennbar der Ehefrau gehört. Dieses wäre z.B. dann der Fall, wenn es sich um Damenschmuck handelt. Die Pfändung ist im Beispielfall daher rechtens. Lea Meinze bleibt lediglich die Möglichkeit, mittels Herausgabeverlangen und Drittwiderspruchsklage (§ 711 ZPO) vorzugehen.

vgl. LF 12, Kap. 3.2

- **Mitgewahrsam von Schuldner und einem Dritten**

▶ Beispiel: Gerichtsvollzieher Ernst Wegrich findet im von der Schuldnerin Karin Bold und deren Schwester Marnie Bold gemeinsam bewohnten Haus ein wertvolles Gemälde vor. Marnie Bold behauptet, Eigentümerin zu sein.

Da § 739 ZPO nur für den Ehegatten eine (negative) Ausnahme trifft, ist hier das Gemälde nicht pfändbar. Es ist nicht im alleinigen Gewahrsam des Schuldners. Dem Gläubiger verbleibt nur die Möglichkeit, über eine Vermögensauskunft die tatsächlichen Eigentumsverhältnisse klären zu lassen.

- **Gewahrsam des Schuldners, aber erkennbar Eigentum eines Dritten**

▶ Beispiel: Der Schuldner Heiko Clark ist als Meister in seiner Reparaturwerkstatt tätig. Die dort in Reparatur befindlichen Fahrzeuge sind offensichtlich nicht Eigentum des Schuldners.

Da klar ersichtlich ist, dass der Schuldner die Fahrzeuge lediglich während der Reparatur in Besitz hat, aber nicht Eigentümer ist, kommt eine Pfändung nicht in Betracht. Auch hier bleibt dem Gläubiger nur die Möglichkeit, eine Vermögensauskunft zu verlangen, sofern sich keine sonstigen pfändbaren Vermögenswerte finden.

Art und Weise der Pfändung sowie Pfändungsgrenzen

Neben der Beachtung des Gewahrsams des Schuldners muss die Sachpfändung auch in der korrekten Art und Weise erfolgen. Weiterhin sind auch Pfändungsgrenzen zu beachten.

Zur rechten Zeit erfolgt die Pfändung, wenn diese grds. zwischen 06:00 Uhr und 21:00 Uhr sowie an Werktagen (also auch samstags) stattfindet (§ 758 a ZPO). Der **rechte Ort** ist der Wohnsitz des Schuldners oder dessen Geschäftsräume. Grundsätzlich kann die Zwangsvollstreckung aber auch überall dort stattfinden, wo der Schuldner angetroffen wird. Grenzen bestehen dann, wenn zu diesem Zweck fremde Räumlichkeiten betreten werden müssen. Wegen der Unverletzlichkeit der Wohnung nach Art. 13 Abs. 2 GG muss hier der Wohnungseigentümer einverstanden sein. Dies betrifft auch den Schuldner selbst. Wenn dieser nicht in das Betreten und die Durchsuchung der Wohnung einwilligt, ist eine **richterliche Durchsuchungsanordnung** erforderlich (§ 758 a Abs. 1 ZPO). Eine solche ist auch für die Pfändung in Wohnungen zur Unzeit also zwischen 21:00 Uhr und 06:00 Uhr oder an Sonn- oder Feiertagen gem. § 758 a Abs. 4 ZPO nötig.

Im Downloadbereich finden Sie ein Formulierungsbeispiel für den Antrag auf Erteilung einer richterlichen Durchsuchungsanordnung. Web

Pfändungsgrenzen werden durch den Gesetzgeber festgelegt. So ist zum einen das **Verbot der Überpfändung** nach § 803 Abs. 1 S. 2 ZPO zu beachten. Es dürfen nur so viele Vermögenswerte gepfändet werden, dass durch deren Verwertung die Forderungen des Gläubigers und die Kosten der Zwangsvollstreckung gedeckt werden können. Wenn also verschiedene Vermögensgegenstände beim Schuldner vorhanden sind, ist diese Grenze zu beachten. Dies gilt allerdings dann nicht, wenn lediglich ein – sehr hochwertiger – Vermögensgegenstand vorhanden ist.

▶ Beispiel: In der Wohnung des Schuldners ist ein sehr wertvolles Bild mit einem Verkehrswert von ca. 15.000,00 € vorhanden. Für eine Gesamtforderung eines Gläubigers über 1.000,00 € ist dieses Bild nur dann pfändbar, wenn keine weiteren Vermögenswerte vorhanden sind. Gläubiger sehr kleiner Forderungen müssten andernfalls auf eine Befriedigung verzichten, wenn der Schuldner nur sehr hochpreisige Vermögenswerte besitzt.

Auf der anderen Seite besteht aber auch das **Verbot der zwecklosen Pfändung** (§ 802 Abs. 2 ZPO). Dieses greift dann, wenn so geringwertige Pfändungsgegenstände aufgefunden werden, dass durch deren Verwertung noch nicht einmal die Kosten der Zwangsvollstreckung gedeckt werden können. Eine Pfändung macht hier keinen Sinn.

Zum Schutz der Existenzgrundlage des Schuldners sind verschiedene Sachen nach § 811 ZPO **unpfändbar**. Es handelt sich dabei zum einen um Gegenstände für den persönlichen Gebrauch wie z. B. nach § 811 Abs. 1 Nr. 1 a ZPO, Gegenstände für die Erwerbstätigkeit nach § 811 Abs. 1 Nr. 1 b ZPO und auch persönliche Gegenstände sowie Tiere nach § 811 Abs. 1 Nr. 1 c und d, 7, 8 ZPO.

▶ Beispiele:

- Gegenstände für den persönlichen Gebrauch:
  - Haushaltsgeräte
  - Fernseher
  - Kleidungsstücke
  - Waschmaschine
- Gegenstände für die Erwerbstätigkeit:
  - Geschäftsfahrzeug
  - PC, soweit für Studium, Beruf oder Gewerbe benötigt

  - Scanner eines Freiberuflers
- persönliche Gegenstände:
  - Trauringe
  - Bibel oder sonstige für die Ausübung von Weltanschauungen benötigte Sachen im Wert von bis zu 500,00 €
  - künstliche Gliedmaßen, Brillen, Rollstuhl

Dadurch soll zum einen sichergestellt werden, dass dem Schuldner durch die Pfändung nicht die Möglichkeit genommen wird, seine eigene Lebensgrundlage zu erhalten. Als Motiv für diese Regelung gilt zum anderen der Grundgedanke, dass auch dem Schuldner und der mit ihm im gemeinsamen Haushalt lebenden Personen eine gewisse Lebensqualität erhalten sowie die Sicherung seiner Erwerbstätigkeit ermöglicht bleiben soll.

▶ Beispiel: Bettina Dolde arbeitet freiberuflich als Pelznäherin und wird von Modehäusern mit Änderungsarbeiten beauftragt. Sie erzielt durch diese Tätigkeit ihr einziges Einkommen. Für ihre Arbeit benötigt sie eine spezielle Nähmaschine. Eine Pfändung dieser Nähmaschine würde bedeuten, dass Bettina Dolde keine Einnahmen mehr hätte und auf staatliche Hilfe angewiesen wäre. Daher bestimmt hier der Gesetzgeber, dass solche Gegenstände unpfändbar sind.

Web

vgl. LF 12, Kap. 2.2

Im Downloadbereich erhalten Sie eine detailliertere Liste mit Beispielsfällen zur Unpfändbarkeit bzw. Pfändbarkeit beweglicher körperlicher Sachen nebst Vermerk, ob eine Austauschpfändung in Betracht kommt.

Wirkung der Pfändung

vgl. LF 8, Kap. 1.5.1

Durch die Pfändung erwirbt der Gläubiger nach § 804 ZPO ein **Pfändungspfandrecht**, welches ihn berechtigt, sich aus der Verwertung der Pfandsache zu befriedigen. Es tritt die sog. Pfandverstrickung ein, welche auch **strafrechtlich geschützt** wird. Nach § 136 StGB kann der Schuldner zu einer Geld- oder sogar Freiheitsstrafe wegen Verstrickungs- bzw. Siegelbruch verurteilt werden, wenn er die gepfändete Sache oder das Pfandsiegel beschädigt. Der Schuldner ist nach der Pfändung nicht mehr befugt, über die gepfändeten Gegenstände zu verfügen.

Besondere Pfändungsarten

Um Ungerechtigkeiten zu vermeiden, wenn der Schuldner sehr teure nach § 811 ZPO unpfändbare Vermögenswerte besitzt, kann über Austauschpfändung und Vorwegpfändung trotz Unpfändbarkeit eine Zwangsvollstreckung stattfinden. Außerdem ist die Pfändung gesondert geregelt, wenn für mehrere Gläubiger gleichzeitig oder nacheinander vollstreckt wird. Folgende besondere Pfändungsarten sind zu unterscheiden:

Die Austauschpfändung, vorläufige Austauschpfändung

Nach § 811 a ZPO kann eine Austauschpfändung dann beantragt werden, wenn sehr teure unpfändbare Vermögenswerte nach **§ 811 Abs. 1 Nr. 1 a und b und 2 ZPO** beim Schuldner vorgefunden werden. Grundprinzip der Austauschpfändung ist, dass dem Schuldner diese unpfändbaren Vermögensgegenstände dann genommen werden können, wenn er dafür ein Ersatzstück erhält. Das Ersatzstück ist zwar geringer im Wert, erfüllt jedoch dieselbe Funktion wie der gepfändete Gegenstand.

▶ Beispiel: Manuela Lundig ist freie Journalistin und besitzt einen sehr wertvollen PC. Dieser ist nach § 811 Abs. 1 Nr. 1 b ZPO unpfändbar. Im Weg einer Austauschpfändung kann der PC durch ein günstigeres Modell ersetzt werden. Voraussetzung ist allerdings, dass das Ersatzstück die entsprechende Funktionstüchtigkeit für die Arbeit von Manuela Lundig aufweist.

Diese Vorgehensweise ist lediglich dann sinnvoll, wenn eine große preisliche Differenz zwischen dem unpfändbaren Geschäftsgegenstand und dem Ersatzstück besteht. Nach § 811 a Abs. 2 S. 1 ZPO soll das Vollstreckungsgericht die Austauschpfändung auch nur dann zulassen, wenn der zu erwartende Vollstreckungserlös den Wert des Ersatzstücks erheblich übersteigt.

Um dem Schuldner seine Erwerbsgrundlage zu belassen, kann eine Wegnahme des Vermögenswerts erst erfolgen, wenn er zuvor den Ersatzgegenstand oder einen für seine Anschaffung erforderlichen Geldbetrag erhalten hat. Über die Art des Ersatzgegenstands bzw. den erforderlichen Geldbetrag entscheidet – grds. vor der Pfändung – das Vollstreckungsgericht. Erst nach Rechtskraft des Zulassungsbeschlusses kann die Wegnahme und dann auch die spätere Versteigerung des unpfändbaren Vermögenswerts erfolgen (§ 811 a Abs. 4 ZPO).

Bei der **vorläufigen Austauschpfändung** nach § 811 b ZPO erfolgt zuerst die Pfändung durch den Gerichtsvollzieher. Dieser bringt also z. B. ein Pfandsiegel an der unpfändbaren Sache an. Der Gläubiger wird hierüber informiert und hat nunmehr zwei Wochen Zeit, die Austauschpfändung zu beantragen. Wird diese Frist versäumt, ist die Pfändung wieder aufzuheben. Im Übrigen entsprechen Voraussetzungen und der weitere Ablauf denen der Austauschpfändung.

Die Vorwegpfändung

Der Grundgedanke der Vorwegpfändung nach § 811 c ZPO besteht darin, dass eine Sache zwar momentan nach § 811 ZPO unpfändbar ist, diese Unpfändbarkeit aber längstens innerhalb einer Jahresfrist endet. Im Unterschied zur Austauschpfändung kommen alle unpfändbaren Gegenstände für diese Pfändungsart in Betracht. Der unpfändbare Vermögenswert ist jedoch im Gewahrsam des Schuldners zu belassen. Die Vollstreckung kann erst mit Pfändbarkeit des Vermögenswerts fortgesetzt werden. Nach Ablauf eines Jahrs ist die Pfändung aufzuheben, wenn zu diesem Zeitpunkt der Gegenstand nach wie vor unpfändbar ist.

▶ Beispiel: Olaf Ganpal ist weitsichtig und muss daher eine Brille tragen. Diese weist einen Wert von 2.000,00 € auf, da sie eine wertvolle Goldfassung hat. Olaf Ganpal beabsichtigt jedoch, eine Augenoperation durchführen zu lassen, welche eine Brille entbehrlich machen wird. Somit kommt eine Vorwegpfändung in Betracht. Eine Austauschpfändung kommt nach § 811 a ZPO nicht in Betracht, da die Brille nach § 811 Abs. 1 Nr. 1 c ZPO unpfändbar ist und nicht von einer Austauschpfändung erfasst werden kann.

Die Anschlusspfändung

Wenn bereits eine Sachpfändung in einen – pfändbaren – Vermögenswert erfolgt ist, kann ein weiterer Gläubiger grds. ebenfalls in diesen Vermögenswert vollstrecken. Dies ist dann sinnvoll, wenn es sich um einen sehr hochwertigen Gegenstand handelt und die Forderung des ersten Gläubigers unterhalb des voraussichtlichen Versteigerungswerts liegt. Bei der Verwertung erfolgt die Verteilung des Erlöses nach der Rangfolge. Zunächst werden die Forderungen des ersten Gläubigers und dann erst die der nachfolgenden Gläubiger befriedigt. Nur wenn eine gleichzeitige Vollstreckung erfolgen sollte, wird der Erlös quotenmäßig nach der Höhe der Forderungen verteilt.

Nach § 826 ZPO erfolgt bei der Anschlusspfändung ein vereinfachtes Vollstreckungsverfahren. Der Gegenstand wird nicht mit einem weiteren Pfandsiegel versehen, sondern nur im Vollstreckungsprotokoll vermerkt. Der Schuldner und der Gerichtsvollzieher der ersten Pfändung werden von der Anschlusspfändung informiert.

Web

Im Downloadbereich finden Sie jeweils ein Ablaufschema und Formulierungsbeispiele zu den besonderen Pfändungsarten.

2.2.2 Die Verwertung

Auch bei der Verwertung sind verschiedene, gesetzlich vorgeschriebene Formalien einzuhalten.

Zeitpunkt

Grundsätzlich ist eine **Frist von mindestens einer Woche** zwischen Pfändung und Versteigerung einzuhalten (§ 816 Abs. 1 ZPO). Hiervon kann aus verschiedenen Gründen abgewichen werden. So können sich Gläubiger und Schuldner über eine frühere Versteigerung einigen.

Weiterhin kommt auch bei der Gefahr einer Wertverringerung ein früherer Termin in Betracht. Dies ist insbesondere bei Pfändung und Verwertung von Früchten oder Getreide auf dem Feld der Fall. Nicht zuletzt können auch unverhältnismäßig hohe Kosten für eine längere Aufbewahrung Gründe für die Verkürzung der Frist sein.

Ort

Nach § 816 Abs. 2 ZPO erfolgt die Versteigerung in der Gemeinde, in der die Pfändung erfolgt ist, oder auch an einem anderen Ort im Bereich des Vollstreckungsgerichts. Aber auch über den Ort der Verwertung können Gläubiger und Schuldner eine abweichende Vereinbarung treffen.

Art und Weise

Sofern keine andere Verwertungsart, wie z. B. ein freihändiger Verkauf, vereinbart wurde, erfolgt die Verwertung durch **öffentliche Versteigerung** (§ 814 ZPO). Dabei sind Ort und Zeitpunkt gem. § 816 Abs. 3 ZPO öffentlich bekannt zu machen, dies erfolgt im Regelfall in der Tageszeitung. Bei der Versteigerung dürfen sowohl der Gläubiger als auch der Schuldner anwesend sein und können auch mitsteigern.

▶ Beispiel: Rechtsanwalt Holger Zinser hat für Anja Wolgau die wertvolle Münzsammlung von Bernd Jugo in Speyer pfänden lassen. Die Sachpfändung erfolgte am 07.11.2022. Nach § 816 Abs. 1, 2 ZPO würde eine Zwangsversteigerung in Speyer nicht vor dem 15.11.2022 stattfinden. Anja Wolgau ist bekannt, dass bereits am 11.11.2022 eine Messe in Düsseldorf stattfindet, auf welcher Münzsammler höhere Preise für die Münzen zahlen als bei einer Versteigerung. Rechtsanwalt Holger Zinser wird daher versuchen, unverzüglich mit Bernd Jugo eine Einigung herbeizuführen, und beantragen, dass die Münzsammlung bereits am 11.11.2022 in Düsseldorf den Sachkundigen und Sammlern angeboten wird. Für Bernd Jugo bietet es den Vorteil, dass seine Münzsammlung nicht unter Wert versteigert wird, und sich seine Schuld daher stärker reduziert.

Im Vollstreckungsauftragsformular ist das Modul K5 zu verwenden:

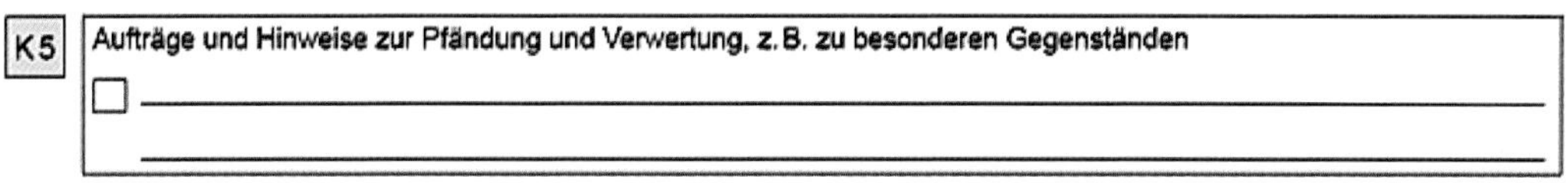
K5 Aufträge und Hinweise zur Pfändung und Verwertung, z. B. zu besonderen Gegenständen
☐ ____________________
____

Ausschnitt aus einem Zwangsvollstreckungsauftrag

Ablauf

Der **Zuschlag** an den Meistbietenden erfolgt nach dreimaligem Aufruf (§ 817 Abs. 1 ZPO) und bewirkt den Eigentumsübergang an den Erwerber. Es müssen jedoch Mindestgrenzen für die Gebote beachtet werden. Nach § 817 a Abs. 1 ZPO beträgt das **Mindestgebot** die Hälfte des gewöhnlichen Verkehrswerts. Allerdings setzt bei Gold- und Silbersachen der Gold- oder Silberwert die absolute Mindestgrenze.

▶ Beispiel: Der Gerichtsvollzieher hat eine wertvolle Goldbrosche von Roma Braknak gepfändet. Ein Sachverständiger hat den Verkehrswert auf 1.500,00 € geschätzt. Der Goldwert liegt zum Zeitpunkt der Versteigerung bei 900,00 €. Die Hälfte des Verkehrswerts beträgt 750,00 €. Es muss jedoch ein Mindestgebot von 900,00 € eingehalten werden, um den Goldwert nicht zu unterschreiten.

Die Versteigerung mehrerer Sachen wird eingestellt, wenn der **Erlös** zur Befriedigung des Gläubigers und zur Deckung der Zwangsvollstreckungskosten ausreicht (§ 818 ZPO). Der Erlös wird in Höhe der Forderung an den Gläubiger ausgekehrt, ein überschießender Betrag dem Schuldner ausgezahlt.

In Betracht kommt auch die Versteigerung im Internet (§ 816 Abs. 5 ZPO). Außerdem können sich Gläubiger und Schuldner auf einen „Verkauf" an den Gläubiger einigen. Gepfändetes Geld wird nach § 815 ZPO an den Gläubiger abgeliefert.

2.3 Die Zwangsvollstreckung wegen Geldforderungen in Forderungen und Rechte des Schuldners

Wegen Geldforderungen können auch Forderungen des Schuldners über einen Drittschuldner gepfändet werden. Die Pfändung und Verwertung erfolgt mittels eines Pfändungs- und Überweisungsbeschlusses (PfÜB).

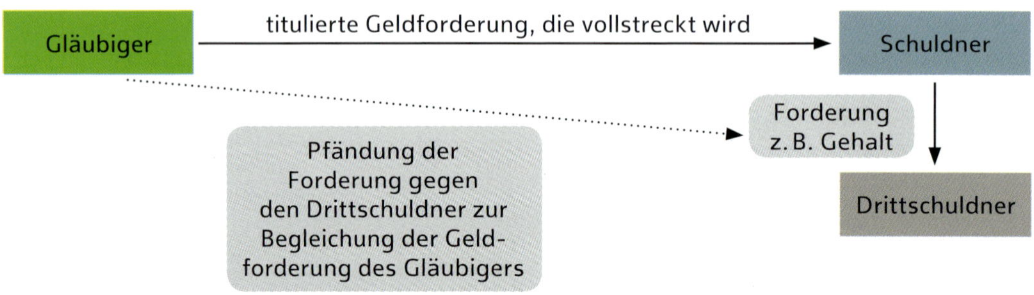

Gepfändet wird jeweils eine bestimmte Forderung gegen einen Drittschuldner. Allerdings können verschiedene Forderungspfändungen in einem Antrag zusammengefasst werden. Geregelt wird die Forderungspfändung in den §§ 828 ff. ZPO. Zu unterscheiden sind dabei der Pfändungsbeschluss, welcher die Beschlagnahme der Forderung bewirkt, und der Überweisungsbeschluss, wodurch eine Verwertung der Forderung durch Überweisung an den Gläubiger erfolgt.

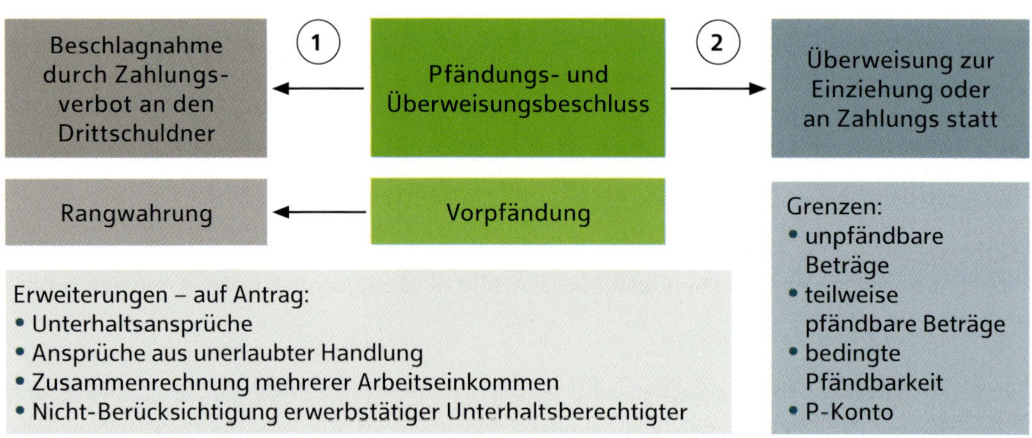

2.3.1 Die Grundlagen

Für den Erlass eines PfÜB ist sachlich das Amtsgericht als Vollstreckungsgericht zuständig (§ 828 Abs. 1 ZPO). Die örtliche **Zuständigkeit** richtet sich nach dem allgemeinen Gerichtsstand des Schuldners (§ 828 Abs. 2 ZPO). Funktionell ist der Rechtspfleger zuständig (§ 20 Abs. 1 Nr. 16 RPflG).

Durch das Bundesministerium der Justiz wurde ein amtlicher **Antragsvordruck** für den Erlass des PfÜB wegen gewöhnlicher Geldforderungen oder wegen Unterhaltsforderungen eingeführt, welcher seit dem 01.03.2013 verbindlich zu verwenden ist (Verordnung über Formulare für die Zwangsvollstreckung – ZVFV). Die Formulare können entweder in papiergebundener Fassung oder am PC ausgefüllt werden. In Zukunft besteht auch die Möglichkeit, die Angaben elektronisch zu übermitteln. Hierfür sind die Landesjustizverwaltungen zuständig. Der Antrag wird in vierfacher Ausfertigung gestellt, da auch Ausfertigungen für Schuldner und Drittschuldner zu beachten sind.

Web

Im Downloadbereich erhalten Sie den Vordruck des Antrags auf Erlass eines Pfändungs- und Überweisungsbeschlusses wegen gewöhnlicher Geldforderungen zum Herunterladen.

> **Antrag auf Erlass eines Pfändungs- und Überweisungsbeschlusses insbesondere wegen gewöhnlicher Geldforderungen**
>
> **Es wird beantragt**, den nachfolgenden Entwurf als Beschluss auf ☐ Pfändung ☐ und ☐ Überweisung zu erlassen.
>
> ☐ Zugleich wird beantragt, die Zustellung zu vermitteln (☐ mit der Aufforderung nach § 840 der Zivilprozessordnung – ZPO).
>
> ☐ Die Zustellung wird selbst veranlasst.

Für den Antrag auf Erlass eines PfÜB müssen die allgemeinen **Vollstreckungsvoraussetzungen** – Titel, Klausel und Zustellung – vorliegen. Für Vollstreckungsbescheide über eine Geldforderung von bis zu 5.000,00 € genügt nach § 829 a ZPO ein vereinfachter Vollstreckungsantrag. Die Übermittlung einer Ausfertigung des Vollstreckungsbescheids ist unter den in § 829 a ZPO genannten Voraussetzungen entbehrlich. Ansonsten muss jedoch der Vollstreckungstitel jeweils beigefügt werden. Außerdem ist auch eine Forderungsaufstellung beizufügen, um die durch die Zwangsvollstreckung bereits entstandenen Kosten zu vollstrecken.

Für den Antrag sind nach Nr. 2111 KV GKG **Gerichtskosten in Höhe von 22,00 €** zu begleichen. Diese können derzeit laut Antragsformular per Verrechnungsscheck oder Gerichtskostenstempler entrichtet werden. Es besteht jedoch auch die Möglichkeit, für das Verfahren Prozesskostenhilfe auf dem entsprechenden Vordruck zu beantragen. Die entsprechende Erklärung über die persönlichen und wirtschaftlichen Verhältnisse ist dann zusätzlich beizufügen. vgl. LF 12, Kap. 5.1.1

Vor Erlass des PfÜB ist der Schuldner nicht zu hören (§ 834 ZPO). Die **Zustellung des PfÜB** kann durch das Vollstreckungsgericht oder den Gläubiger über den Gerichtsvollzieher veranlasst werden. In der Regel wählt der Gläubiger die Vermittlung der Zustellung durch das Gericht.

2.3.2 Die Pfändung mittels Pfändungsbeschluss

Pfändbar sind alle Forderungen und Vermögensrechte des Schuldners gegenüber einem Drittschuldner. Dabei handelt es sich im Wesentlichen um Folgende:

Forderungen und Rechte des Schuldners	Drittschuldner	Antragsformular
Arbeitsgehalt	Arbeitgeber des Schuldners	Anspruch A
pfändbare Sozialleistungen	Agentur für Arbeit oder Versicherungsträger	Anspruch B
Steuererstattungsansprüche	Finanzamt	Anspruch C
Bankguthaben	Banken und sonstige Kreditinstitute	Anspruch D
Lebens-/Rentenversicherungen	Versicherungsgesellschaften, Banken	Anspruch E
Bausparsummen	Bausparkassen	Anspruch F
Rentenansprüche (Altersrente)	Rentenanstalten	Anspruch G
Mietforderungen	Mieter des Schuldners	Anspruch G
Herausgabeansprüche des Schuldners	Besitzer von Vermögenswerten des Schuldners, die nicht zur Herausgabe bereit sind	Anspruch G

vgl. LF 12, Kap. 2.2

Die Pfändung ist mit der Zustellung des PfÜB an den Drittschuldner **bewirkt** (§ 829 Abs. 3 ZPO). Erst zu diesem Zeitpunkt ist die Pfändung wirksam. Dies bedeutet, dass nunmehr für den Drittschuldner ein Zahlungsverbot besteht. Dem Drittschuldner ist die Zahlung an den Schuldner verboten (§ 829 Abs. 1 ZPO). Außerdem besteht für den Schuldner ein Verfügungsverbot (§ 829 Abs. 1 ZPO).

▶ Beispiel: Rechtsanwalt Rolf Nudorf beantragt für den Gläubiger Arndt Seefeld den Erlass eines Pfändungs- und Überweisungsbeschlusses zur Gehaltspfändung gegen die Schuldnerin Jana Bindner. Der PfÜB wird der Schuldnerin am 10.05.2022 und ihrem Arbeitgeber, der Münzig GmbH, am 09.05.2022 zugestellt. Mit Zustellung des PfÜB an den Arbeitgeber am Dienstag, den 09.05.2022, darf die Münzig GmbH das Gehalt ab Mai 2022 nicht mehr an Jana Bindner auszahlen. Außerdem darf Jana Bindner ab dem 09.05.2022 ihr Gehalt z. B. nicht mehr an jemand anderen abtreten. Bis zur vollständigen Begleichung der Forderung des Gläubigers Arndt Seefeld oder eine Aufhebung des PfÜB aus anderen Gründen entfaltet der PfÜB seine Wirksamkeit.

Mit Zustellung des PfÜB an den Drittschuldner entstehen für diesen noch weitere Pflichten. Er hat insbesondere die **Drittschuldnererklärung** nach § 840 ZPO abzugeben. Es handelt sich um folgende Erklärungen:

1. ob und inwieweit er die Forderung als begründet anerkennt und Zahlung zu leisten bereit ist
2. ob und welche Ansprüche andere Personen an die Forderung machen
3. ob und wegen welcher Ansprüche die Forderung bereits für andere Gläubiger gepfändet ist

Bei einer Kontopfändung sind zusätzlich noch Erklärungen abzugeben, ob eine Unpfändbarkeit des Guthabens nach § 850 I ZPO angeordnet wurde oder ob es sich um ein Pfändungsschutzkonto gem. § 850 k ZPO handelt (§ 840 Abs. 1 Nrn. 4, 5 ZPO).

Diese Drittschuldnererklärung muss auf Verlangen des Gläubigers, sofern sie nicht bei der Zustellung abgegeben wurde, innerhalb von zwei Wochen seit Zustellung des PfÜB an den Drittschuldner erfolgen (§ 840 Abs. 1, 3 ZPO). Sollte der Drittschuldner dieser Verpflichtung nicht rechtzeitig nachkommen, haftet er nach § 840 Abs. 2 S. 2 ZPO für den dem Gläubiger hierdurch entstandenen Schaden. Zudem besteht bei fehlender Drittschuldnererklärung für den Gläubiger die Möglichkeit, **Drittschuldnerklage** zu erheben. Bei der Drittschuldnerklage klagt der Gläubiger gegen den Drittschuldner auf Zahlung der dem Schuldner gegen den Drittschuldner zustehenden Forderung. Dem Schuldner muss der Streit verkündet werden, § 841 ZPO.

▶ Beispiel: Da die Münzig GmbH (vgl. oben) die Drittschuldnererklärung verweigert, erhebt Rechtsanwalt Rolf Nudorf für Arndt Seefeld Drittschuldnerklage. Beklagte ist die Münzig GmbH, Jana Bindner wird nach § 841 ZPO der Streit verkündet. Streitgegenstand ist die Zahlung des (pfändbaren) Gehaltsanspruchs der Schuldnerin Jana Bindner gegen die Drittschuldnerin Münzig GmbH. Zuständig ist das örtlich zuständige Arbeitsgericht des Arbeitsverhältnisses. Sollte sich im Verfahren herausstellen, dass Jana Bindner bei der Münzig GmbH lediglich Gehalt in unpfändbarer Höhe bezieht, ist die Drittschuldnerklage für erledigt zu erklären. Die für das Verfahren entstandenen Kosten können der Drittschuldnerin, der Münzig GmbH, als Schadenersatz nach § 840 Abs. 2 S. 2 ZPO auferlegt werden.

2.3.3 Die Verwertung mittels Überweisungsbeschluss

Mit der Zustellung des PfÜB an den Drittschuldner ist die Pfändung bewirkt, d.h., ab diesem Zeitpunkt besteht ein Pfändungspfandrecht des Gläubigers, aus welchem er sich befriedigen kann. Die Befriedigung erfolgt durch die Überweisung der Forderung des Schuldners gegenüber dem Drittschuldner. Dabei kann die Überweisung nach § 835 Abs. 1 ZPO auf zwei Arten erfolgen:

1. Überweisung an Zahlungs statt
2. Überweisung zur Einziehung

Der Drittschuldner darf, soweit die Forderung gepfändet ist, an den Schuldner nicht mehr zahlen. Der Schuldner darf insoweit nicht über die Forderung verfügen, sie insbesondere nicht einziehen.

☐ **Zugleich wird dem Gläubiger die zuvor bezeichnete Forderung in Höhe des gepfändeten Betrages**

☐ **zur Einziehung überwiesen.** ☐ an Zahlungs statt überwiesen.

Bei der **Überweisung an Zahlungs statt** nach § 835 Abs. 2 ZPO geht die Forderung des Schuldners gegen den Drittschuldner auf den Gläubiger über. Dadurch wird der Schuldner mit diesem Forderungsübergang gegenüber von der Zahlung befreit.

▶ Beispiel: Sara Jäger vollstreckt eine Forderung über 1.000,00 € gegen Jessica Chirac. Da Jessica Chirac einen Abfindungsanspruch gegenüber ihrem Arbeitgeber, der Holzbauer GmbH, in Höhe von 1.500,00 € besitzt, veranlasst Sara Jäger einen Pfändungs- und Überweisungsbeschluss und wählt die Überweisung an Zahlungs statt. Mit Zustellung des PfÜB an die Holzbauer GmbH erwirbt Sara Jäger die Abfindungsforderung bis zu einem Betrag von 1.000,00 € und die Forderung gegenüber der (ehemaligen) Schuldnerin Jessica Chirac besteht nicht mehr. Sollte nun die Holzbauer GmbH in Insolvenz gehen, trägt Sara Jäger das Risiko, dass ihre Forderung nicht befriedigt wird.

Vorzuziehen ist daher eher die **Überweisung zur Einziehung**. In diesem Fall erlischt die Forderung des Gläubigers gegen den Schuldner erst dann, wenn auch tatsächlich eine Zahlung durch den Drittschuldner erfolgt. Geht also der Drittschuldner in Insolvenz und wird damit zahlungsunfähig, verbleibt dem Gläubiger weiterhin die Möglichkeit, gegen seinen Schuldner vorzugehen.

Hinweis: Achten Sie bei der Antragstellung darauf, die für Sie korrekte Überweisungsart zu wählen. Im Regelfall wird es sich dabei um die Überweisung zur Einziehung handeln.

2.3.4 Die Vorpfändung

Problematisch ist teilweise, dass der Erlass und die Zustellung eines Pfändungs- und Überweisungsbeschlusses oftmals einige Zeit in Anspruch nimmt. Da im Rahmen der Zwangsvollstreckung das Prioritätsprinzip gilt, kommt es maßgeblich darauf an, möglichst rasch Zwangsvollstreckungsmaßnahmen durchzuführen, um anderen Gläubigern zuvorzukommen. Hierfür bietet die Vorpfändung, auch als vorläufiges Zahlungsverbot bezeichnet, nach § 845 ZPO eine geeignete Möglichkeit, schnell Forderungen und Rechte des Schuldners zu beschlagnahmen.

vgl. LF 12, Kap. 1

J

☐ **Vorpfändung (§ 845 ZPO)**
Anfertigung der Benachrichtigung über die Vorpfändung und Zustellung sowie unverzügliche Mitteilung über die Vorpfändung

☐ für pfändbare Forderungen, die der Gerichtsvollzieherin/dem Gerichtsvollzieher bekannt sind oder bekannt werden

☐ für die folgenden Forderungen:

____

____

____

Ausschnitt aus einem Zwangsvollstreckungsauftrag

Zuständig hierfür ist der Gerichtsvollzieher des Amtsgerichts, in dessen Bezirk der Schuldner seinen Wohnsitz hat. Voraussetzung ist lediglich ein vollstreckbarer Schuldtitel. Nach § 720 a ZPO ist die Vorpfändung auch mit einem lediglich vorläufig vollstreckbaren Urteil statthaft. Auch die Wartefrist z. B. beim Kostenfestsetzungsbeschluss muss nicht abgewartet werden.

vgl. LF 12, Kap. 1.3

Die Vorpfändung ist wie auch der Pfändungs- und Überweisungsbeschluss mit der Zustellung an den Drittschuldner bewirkt und hat die Wirkung eines Arrests (§ 845 Abs. 2 ZPO). Dies bedeutet, dass mit Zustellung der Vorpfändung an den Drittschuldner das Zahlungsverbot an diesen ergeht und auch der Schuldner nicht mehr über die Forderung verfügen darf. Die Forderung ist damit beschlagnahmt. Eine Zahlung an den Schuldner oder Dritte darf nicht mehr erfolgen. Allerdings erhält auch der Gläubiger noch keine Zahlung.

Diese Wirkung endet jedoch, wenn nicht innerhalb eines Monats ein Pfändungs- und Überweisungsbeschluss bewirkt, also an den Drittschuldner zugestellt wird (§ 845 Abs. 2 ZPO). Demnach muss der Gläubiger darauf achten, diese Frist nicht zu versäumen, um nicht seinen durch die Vorpfändung erzielten Rang wieder zu verlieren.

▶ Beispiel: Dem Arbeitgeber Bernd Staiger e. K. liegen verschiedene Pfändungen des Gehalts seines Arbeitnehmers Wilhelm Pünder vor. Die Gläubigerin Sarah Vonne hat am 25.07.2022 eine Vorpfändung zustellen lassen. Zwar liegt bereits eine Vorpfändung des Gläubigers Christian Goal vor, die am 18.07.2022 zugestellt wurde. Der Pfändungs- und Überweisungsbeschluss für Christian Goal wurde jedoch erst am 22.08.2022 zugestellt, sodass die Vorpfändung ihre Wirkung verloren hat. Sofern Sarah Vonne den Pfändungs- und Überweisungsbeschluss bis spätestens 26.08.2022 zustellen lässt, geht deren Pfändung rangmäßig der des Christian Goal vor. Sie erhält daher vorrangig Zahlungen aus dem Gehalt des Schuldners Wilhelm Pünder.

2.3.5 Die Grenzen der Pfändung

Wie auch bei der Sachpfändung besteht bei der Forderungspfändung grds. das Verbot der Kahlpfändung, d. h., je nach gepfändeter Forderung sind verschiedene Grenzen zu beachten.

Arbeitsentgelt

Das Arbeitseinkommen bildet im Regelfall die Existenzgrundlage für den Schuldner. Diese soll ihm und seinen unterhaltsberechtigten Angehörigen grds. auch nicht genommen werden. Der Gläubiger erhält lediglich den Teil, der über die Existenzgrundlage hinausgeht. Berechnet wird der pfändbare Anteil nach der Pfändungstabelle (vgl. Anlage zu § 850 c ZPO i. V. m. der Pfändungsfreigrenzenbekanntmachung 2021). Die Pfändungstabelle ist unterteilt nach dem regelmäßigen Einkommen (monatlich, wöchentlich, täglich) und der Anzahl der Unterhaltsberechtigten des Schuldners. Die pfändbaren Beträge steigen degressiv an, d.h., je mehr der Schuldner verdient, desto mehr verbleibt ihm auch trotz der Pfändung. Dadurch besteht auch für den Schuldner ein Anreiz, seine Arbeit nicht zu reduzieren. Die Pfändungsfreigrenzenbekanntmachung hat lediglich zwei Jahre Gültigkeit.

Zum Arbeitseinkommen zählen nach § 850 ZPO alle Vergütungen, die dem Schuldner aus Arbeits- und Dienstleistungen zustehen. Diese umfassen neben dem Netto-Einkommen (§ 850 e Abs. 1 Nr. 1 ZPO) auch die Renten sowie Zahlungen zum Ausgleich von Wettbewerbsbeschränkungen (§ 850 Abs. 2 ZPO).

Weiterhin sind Anteile des Arbeitseinkommens ganz oder teilweise gem. § 850 a ZPO unpfändbar oder nach § 850 b ZPO nur unter bestimmten Bedingungen pfändbar:

unpfändbar: § 850 a Nr. 2, 3, 5, 6, 7, 8 ZPO	Urlaubsgelder, Zuwendungen, Treuegelder im üblichen Rahmen; Aufwandsentschädigungen, Auslösungsgelder, Gefahrenzulagen im üblichen Rahmen; Geburtsbeihilfen, Erziehungsgelder, Studienbeihilfen, Sterbe- und Gnadenbezüge, Blindenzulagen
teilweise unpfändbar: § 850 a Nr. 1, 4 ZPO	Weihnachtsgelder bis zu der Hälfte des Betrags, dessen Höhe sich nach Aufrundung des monatlichen Freibetrags nach § 850 c Abs. 1 ZPO in Verbindung mit Abs. 4 auf den nächsten vollen 10-Euro-Betrag ergibt; 50 % der Mehrarbeitsstunden
bedingt pfändbar: § 850 b ZPO	Renten aus Verletzung von Körper oder Gesundheit; gesetzliche Unterhaltsrenten, Einkünfte aus Stiftungen oder Fürsorge; Bezüge aus Witwen-, Waisen-, Hilfs- und Krankenkasse; Ansprüche aus Lebensversicherungen, die auf den Todesfall abgeschlossen wurden und deren Versicherungssumme 5.400,00 € nicht übersteigt

Nach der Pfändungstabelle zu § 850 c ZPO wird berücksichtigt, wenn der Schuldner unterhaltspflichtig gegenüber Ehegatten oder Angehörigen ist. Dies betrifft insbesondere den Fall, dass Ehegatte und/oder Kinder im Haushalt des Schuldners leben. Hier müssen nicht unbedingt direkte Zahlungen an die Unterhaltsberechtigten erfolgen. Berücksichtigt werden vielmehr erhöhte Lebensunterhaltskosten, z.B. für die Anmietung größerer Wohnungen, Energiekosten und Lebensmittel.

▶ Beispiel: Rechtsanwältin Jana Lenner veranlasst den Erlass eines PfÜB für eine Kaufpreisforderung des Ernst Olpe gegen Karsten Svendal. Karsten Svendal ist bei der Weißer KG beschäftigt und verdient 3.200,00 € brutto. Abgezogen werden Steuern in Höhe von 666,25 € und Sozialversicherungsbeiträge in Höhe von 583,62 €. Zusätzlich erhält Karsten Svendal im Monat der Pfändung Weihnachtsgeld von 2.500,00 €, eine Aufwandsentschädigung von 95,70 € sowie eine Überstundenvergütung in Höhe von 350,00 €. Karsten Svendal ist verheiratet, seine Ehefrau betreut zu Hause das minderjährige Kind und hat keine eigenen Einnahmen. Der pfändbare Betrag errechnet sich wie folgt:

Einnahmen:	Bruttolohn	3.200,00 €	
	Weihnachtsgeld	2.500,00 €	
	Aufwandsentschädigung	95,70 €	
	Überstundenvergütung	350,00 €	6.145,70 €
Abzüge:	Steuern	666,25 €	
	Sozialversicherungen	583,62 €	
	unpfändbarer Teil Weihnachtsgeld (§ 850 a Nr. 4 ZPO)	630,00 €	
	Aufwandsentschädigung (§ 850 a Nr. 3 ZPO)	95,70 €	
	50 % Überstundenvergütung (§ 850 a Nr. 1 ZPO)	175,00 €	2.150,57 €
		pfändbares Arbeitseinkommen:	**3.995,13 €**
Pfändbar:	Arbeitseinkommen	3.995,13 €	
	./. Höchstbetrag (§ 850 c Abs. 2 ZPO)	3.840,08 €	155,05 €
	lt. Pfändungstabelle zu § 850 c ZPO (zwei Unterhaltsberechtigte)		741,31 €
		insgesamt pfändbar:	**896,36 €**

In diesem Monat sind demnach 896,36 € pfändbar. Dieser Betrag kann sich monatlich ändern, da insbesondere die Abzüge monatlich variieren. Sofern Unterhaltsberechtigte hinzukommen oder wegen eigener Einnahmen wegfallen, ergibt sich ebenfalls ein anderer pfändbarer Betrag.

Tipp: Kreuzen Sie auf jeden Fall bei der Beantragung eines PfÜB auf der achten Seite des Formulars an, dass der Schuldner die Gehaltsabrechnungen der letzten drei Monate an den Gläubiger herauszugeben hat. Dadurch können Sie die korrekte Höhe des durch den Drittschuldner überwiesenen Betrags kontrollieren.

☐ **Es wird angeordnet, dass**

☐ der Schuldner die Lohn- oder Gehaltsabrechnung oder die Verdienstbescheinigung einschließlich der entsprechenden Bescheinigungen der letzten drei Monate vor Zustellung des Pfändungs- und Überweisungsbeschlusses an den Gläubiger herauszugeben hat

Nach der Netto-Methode des Bundesarbeitsgerichts (10 AZR 59/12, 17.04.2013) sind zunächst vom Brutto-Einkommen die unpfändbaren Anteile nach § 850 a ZPO abzuziehen. Erst aus dem Restbetrag werden dann zusammen mit der Einkommensteuertabelle die Steuer- und Sozialversicherungsbeträge ermittelt.

vgl. LF 5, Kap. 2.3

Web

Im Downloadbereich finden Sie ein Modell für eine eigene Berechnung des pfändbaren Betrags unter Berücksichtigung der Netto-Methode des Bundesarbeitsgerichts.

Bankguthaben

Auch das Bankguthaben des Schuldners kann mittels Pfändungs- und Überweisungsbeschluss gepfändet werden. Die IBAN ist hierzu nicht erforderlich. Gepfändet wird die gesamte Geschäftsverbindung des Schuldners zur Bank, also alle dort bestehenden Konten.

Dem Schuldner bietet sich jedoch die Möglichkeit, ein **Pfändungsschutzkonto**, abgekürzt P-Konto, einzurichten. Bei dieser Kontenart kann der Schuldner über den Betrag der Pfändungsfreigrenze frei verfügen. Seit 01.07.2021 beträgt die Pfändungsfreigrenze gem. § 850 c Abs. 2 a ZPO i.V.m. Pfändungsfreigrenzenbekanntmachung 2021 (PfändfreiGrBek) derzeit (Stand August 2021) 1.252,64 €. Der Betrag ändert sich ebenfalls alle zwei Jahre, also zukünftig zum 01.07.2023. Dabei berücksichtigt die Bank bei einer Pfändung die Pfändungsfreigrenze von sich aus. Sofern der Schuldner Unterhaltsberechtigte zu versorgen hat, erhöht sich der Freibetrag jeweils. Jedem Schuldner darf aber lediglich **ein** P-Konto gewährt werden. Weiterhin kann der Schuldner nach § 850 k ZPO beantragen, dass das Guthaben auf dem P-Konto für eine Dauer von bis zu zwölf Monaten nicht gepfändet werden darf. Voraussetzung hierfür ist der Nachweis des Schuldners, dass auf das Konto ganz überwiegend nur unpfändbare Beträge gutgeschrieben werden.

2.3.6 Erweiterte Pfändungsmöglichkeiten

Im Rahmen der Forderungspfändung bieten sich verschiedene Möglichkeiten, den Zugriff auf die Vermögenswerte zu erweitern. Um hier eine höhere Verwertungsquote zu erzielen, ist es wichtig, die wesentlichen Regelungen zu kennen.

Bevorrechtigte Forderungen

Die Forderungen von **unterhaltsberechtigten** Gläubigern sind begünstigt. Sie gehen zwar rangmäßig nicht den übrigen Forderungen vor, aber die Pfändungsgrenzen der Pfändungstabelle (Anlage zu § 850 c ZPO) und des § 850 a ZPO finden keine Anwendung. Allerdings besteht auch in diesem Fall das Verbot der Kahlpfändung. Dem Schuldner ist seine Lebensgrundlage und die seiner unterhaltsberechtigten Angehörigen zu belassen (§ 850 d Abs. 1 ZPO).

Im Downloadbereich finden Sie ein Beispiel für einen Pfändungs- und Überweisungsbeschluss wegen Unterhaltsforderungen. Web

Nach § 850 f Abs. 2 ZPO sind auch die Gläubiger bevorrechtigt, welche **Forderungen aus unerlaubten Handlungen** besitzen. Im Titel muss jedoch klargestellt sein, dass der Anspruchsgrund eine unerlaubte Handlung ist. Auch für diese Gläubiger ist ein erweiterter Zugriff auf das Arbeitseinkommen des Schuldners gegeben. Weiterhin fallen auch diese Forderungen im Insolvenzverfahren nicht unter die Restschuldbefreiung. Der Gläubiger kann daher auch noch nach erteilter Restschuldbefreiung gegen den Schuldner vollstrecken. vgl. LF 12, Kap. 1.4

Für die übrigen Gläubiger sind hinsichtlich des Arbeitseinkommens noch zwei Antragsmöglichkeiten eventuell von Bedeutung. Zum einen kann nach § 850 e Abs. 2 ZPO der Antrag (Seite 7 des Formulars) gestellt werden, dass mehrere **Arbeitseinkommen zusammengerechnet** werden. Dies bietet sich vor allem dann an, wenn der Schuldner bei verschiedenen Arbeitgebern Einkünfte unterhalb der Pfändungsfreigrenze erzielt.

☐ **Es wird angeordnet,** dass zur Berechnung des nach §850c ZPO pfändbaren Teils des Gesamteinkommens zusammenzurechnen sind:

☐ Arbeitseinkommen bei Drittschuldner (genaue Bezeichnung)

____ und

☐ Arbeitseinkommen bei Drittschuldner (genaue Bezeichnung)

____ .

Der unpfändbare Grundbetrag ist in erster Linie den Einkünften des Schuldners bei Drittschuldner (genaue Bezeichnung)

____ zu entnehmen,

weil dieses Einkommen die wesentliche Grundlage der Lebenshaltung des Schuldners bildet.

Außerdem kann der Gläubiger nach § 850 c Abs. 4 ZPO beantragen (Seite 7 des Formulars), dass **Unterhaltsberechtigte ganz oder teilweise nicht berücksichtigt** werden, wenn diese ein eigenes Einkommen erzielen.

☐ Gemäß §850c Absatz 4 ZPO wird **angeordnet**, dass

☐ der Ehegatte ☐ der Lebenspartner/die Lebenspartnerin ☐ das Kind/die Kinder

bei der Berechnung des unpfändbaren Teils des Arbeitseinkommens

☐ nicht ☐ nur teilweise

als Unterhaltsberechtigte/-r zu berücksichtigen sind/ist.

(Begründung zu Höhe und Art des eigenen Einkommens)

____

____

____

Tipp: Achten Sie bei der Vermögensauskunft insbesondere darauf, ob Unterhaltsberechtigte ein eigenes Einkommen erzielen, um rasch den Antrag nach § 850 c Abs. 4 ZPO zu stellen. Ebenso sollte auf das Geburtsdatum der Kinder geachtet werden. Mit Erreichen des 18. Lebensjahrs endet unter bestimmten Umständen die Unterhaltspflicht. Hier bietet sich an, eine erneute Vermögensauskunft nach § 802 d ZPO zu verlangen.

2.4 Die Zwangsvollstreckung wegen Geldforderungen in das unbewegliche Vermögen des Schuldners

In das unbewegliche Vermögen des Schuldners kann nach § 866 Abs. 1 ZPO auf drei grds. verschiedene Arten vollstreckt werden:

1. Zwangsversteigerung
2. Zwangsverwaltung
3. Eintragung einer Zwangssicherungshypothek

Es bleibt dem Gläubiger überlassen, ob er nur eine dieser Maßnahmen oder zwei oder alle drei zusammen ergreift (§ 866 Abs. 2 ZPO). Als Grundlage für eine solche Immobiliarvollstreckung bietet sich die **Einholung eines Grundbuchauszugs** an, um hieraus Informationen zu den rechtlichen Verhältnissen im Zusammenhang mit dem Grundstück, wie z. B. konkrete Eigentumsverhältnisse oder Belastungen des Grundstücks, zu erhalten.

2.4.1 Die Zwangsversteigerung

Im Zug des Zwangsversteigerungsverfahrens wird dem Schuldner das Eigentum am Grundstück genommen. Hierfür sind jedoch strenge Formalien zu beachten. Diese werden im Gesetz über die Zwangsversteigerung und die Zwangsverwaltung (ZVG) geregelt.

Voraussetzungen

Zuständig ist das Amtsgericht – Vollstreckungsgericht – in dem Bezirk, in dem das Grundstück liegt (§ 1 Abs. 1 ZVG). Im Übrigen müssen die allgemeinen Vollstreckungsvoraussetzungen vorliegen, also Titel, Vollstreckungsklausel und Zustellung.

Allerdings gelten hinsichtlich des Titels Besonderheiten. Um aus Rangklasse 4 nach § 10 ZVG das Verfahren betreiben zu können, muss ein **Duldungstitel** i. S. d. § 1147 BGB vorliegen. Es handelt sich dabei um sog. dingliche Gläubiger, die ihre Rechte durch Eintragung einer Grundschuld oder einer Hypothek (auch in Form einer Zwangssicherungshypothek) gesichert haben. Die Klage und das entsprechende Urteil lauten demnach auf Duldung der Zwangsversteigerung aus den entsprechenden Rechten. Persönliche Gläubiger, also z. B. Gläubiger, die aus einem zur Zahlung einer Geldsumme lautenden Titel das Verfahren betreiben, weisen lediglich Rangklasse 5 nach § 10 ZVG auf. Dies bedeutet, dass sämtliche Rechte aus dem Grundbuch im Rang vorgehen und vor Auszahlung des Versteigerungserlöses zu bedienen sind.

vgl. LF 8, Kap. 1.5.2

▶ Beispiel: Rechtsanwalt Peter Huber hat für seine Mandantin Elvira Heimann-Wenig deren Kaufpreisforderung in Höhe von 23.500,00 € gegen Gerhard Vogler titulieren lassen. Der Schuldner ist im Besitz eines kleinen und sehr abseits gelegenen Einfamilienhauses aus dem Jahr 1976, welches zuletzt im Jahr 2000 renoviert wurde und dringend eines neuen Dachs bedarf. In Abteilung III sind Grundschulden und Hypotheken im Wert von insgesamt 200.000,00 € eingetragen. Rechtsanwalt Peter Huber rät in diesem Fall von einem Zwangsversteigerungsverfahren ab, da die eingetragenen Grundschulden und Hypotheken bestehen blieben und vor Elvira Heimann-Wenig zu bedienen sind.

Ablauf des Verfahrens

Nach Prüfung des Antrags **ordnet** das Gericht per Beschluss **die Zwangsversteigerung an**. Zugleich ersucht es das Grundbuchamt um Eintragung dieser Anordnung in das Grundbuch, Abteilung II (§ 19 Abs. 1 ZVG). Hierdurch wird das Grundstück zugunsten des Gläubigers beschlagnahmt (§ 20 Abs. 1 ZVG). Die **Beschlagnahme** erfasst hierbei auch das Zubehör. Der Schuldner darf nun das Grundstück nicht mehr veräußern oder belasten (§ 23 ZVG). Die Einziehung von Mietzinsen ist dem Schuldner jedoch noch möglich. Diese Nutzungsrechte werden von der Beschlagnahme nicht erfasst (§ 21 Abs. 2 ZVG). Hier kann jedoch der Gläubiger die Zwangsverwaltung beantragen.

Durch Einholung eines **Verkehrswertgutachtens** von einem öffentlich bestellten und vereidigten Sachverständigen wird es dem Gericht ermöglicht, einen Verkehrswert festzusetzen. Dieser ist für das gesamte weitere Verfahren (insbesondere auch für Gerichtskosten und Rechtsanwaltsgebühren) dann entsprechend maßgebend. Interessierte Bieter haben die Möglichkeit, das Verkehrswertgutachten auf der Geschäftsstelle des Gerichts einzusehen, um sich so näher über das Objekt zu informieren.

vgl. LF 12, Kap. 4, 5

Nach §§ 35 ff. ZVG bestimmt das Vollstreckungsgericht einen **Versteigerungstermin**. Dieser ist öffentlich bekannt zu machen, wobei mittlerweile in vielen Fällen eine Bekanntmachung über das Internet erfolgt.

Hinweis: Über www.zvg-portal.de können bei verschiedenen Gerichten Informationen über anstehende Zwangsversteigerungstermine eingeholt werden. Zum Stand August 2021 sind jedoch noch nicht alle Gerichte vertreten.

Zum Versteigerungstermin sind mindestens vier Wochen vorher der Schuldner und alle Beteiligten **zu laden** (§ 41 ZVG). Beteiligte sind neben dem Gläubiger und dem Schuldner alle diejenigen, die ein Recht im Grundbuch eingetragen haben, sowie auch diejenigen, die ein der Zwangsvollstreckung entgegenstehendes Recht angemeldet und glaubhaft gemacht haben (§ 9 ZVG).

Der Versteigerungstermin beginnt mit dem Aufruf der Sache (§ 66 ZVG). Den Anwesenden werden durch den Rechtspfleger Informationen zum Verkehrswert, Auflagen und Beschränkungen gegeben. Für die Bieter ist dabei insbesondere von Interesse, dass sie nicht notwendigerweise ein lastenfreies Grundstück erwerben. So bleiben Rechte, die dem Gläubiger vorgehen, bestehen. Außerdem können Rechte, die in Abteilung II des Grundbuchs eingetragen sind, bestehen bleiben.

▶ Beispiel: Jörg Chiuz betreibt das Zwangsversteigerungsverfahren in das Reiheneckhaus des Sam Hofer. In Abteilung III des Grundbuchs ist eine vorrangige Grundschuld über 150.000,00 € eingetragen. Abteilung II des Grundbuchs weist ein Wohnrecht zugunsten der Mutter von Sam Hofer auf. Der Erwerber wird darüber informiert, dass die Grundschuld und das Wohnrecht auch nach der Zwangsversteigerung noch bestehen bleiben und zulasten des ersteigerten Grundstücks gehen.

Weiterhin stellt der Rechtspfleger das **geringste Gebot** sowie die Versteigerungsbedingungen fest (§ 45 ZVG). Das geringste Gebot entspricht nicht dem Verkehrswert, sondern setzt sich aus den dem versteigernden Gläubiger vorangehenden Rechten sowie den Kosten des Verfahrens zusammen. Die bestehen bleibenden Rechte sowie die Kosten des Verfahrens müssen also mindestens gedeckt sein.

Die **Bietzeit** beginnt nach der Aufforderung zur Abgabe von Geboten. Sie beträgt mindestens 30 Minuten (§ 73 ZVG), kann aber auch entsprechend verlängert werden. In dieser Zeit können auch noch Fragen gestellt oder das Verkehrswertgutachten eingesehen werden. Wenn trotz Aufforderung des Rechtspflegers keine Gebote mehr abgegeben werden und die Mindestzeit von 30 Minuten abgelaufen ist, wird die Versteigerung geschlossen.

Das höchste Gebot, das sog. Meistgebot, muss im ersten Termin die Hälfte des Verkehrswerts erreichen (§ 85 a ZVG). Sofern das Gebot zwischen $^{5}/_{10}$ und $^{7}/_{10}$ des Verkehrswerts liegt, kann ein Berechtigter einen Antrag auf Zuschlagsverweigerung nach § 74 a ZVG stellen. Erst in einem weiteren Versteigerungstermin gilt nur noch das geringste Gebot als unterste Grenze.

▶ Beispiel: Nele Lijan betreibt wegen einer Forderung in Höhe von 120.000,00 € die Zwangsversteigerung gegen Olaf Topner. Im Grundbuch ist lediglich eine vorrangige Hypothek über 50.000,00 € eingetragen. Der Verkehrswert der Immobilie wurde mit 200.000,00 € festgestellt. Im ersten Versteigerungstermin wird der Zuschlag lediglich dann erteilt, wenn mindestens 100.000,00 € geboten werden. Bei einem Meistgebot zwischen 100.000,00 € und 140.000,00 € kann jedoch Nele Lijan einen Antrag auf Zuschlagsversagung stellen. Sollte in diesem Termin kein Zuschlag erteilt werden, ist im zweiten Termin lediglich das geringste Gebot mit 50.000,00 € zzgl. der Verfahrenskosten als Untergrenze zu berücksichtigen. Nele Lijan kann nun höchstens noch eine Einstellung des Verfahrens beantragen, um einen Zuschlag bei einem sehr geringen Gebot zu verhindern.

Nach § 67 ZVG kann ein Beteiligter, der bei einer Nichterfüllung des Gebots benachteiligt wird, eine **Sicherheitsleistung** sofort nach Abgabe des Gebots verlangen. Die Höhe der Sicherheitsleistung beträgt 10 % des Verkehrswerts (§ 68 ZVG). Die Sicherheitsleistung kann gem. § 69 ZVG durch Bundesbankscheck, Verrechnungsscheck oder unbefristete, unbedingte und selbstschuldnerische Bürgschaft erbracht werden.

Der Bieter erwirbt durch den **Zuschlag** das Eigentum an dem Grundstück (§ 90 ZVG). Für den Eigentumsübergang kommt es demnach nicht auf die Eintragung im Grundbuch an. Nach § 93 ZVG ist der Zuschlagsbeschluss ein Vollstreckungstitel, mit welchem der neue Eigentümer gegenüber dem früheren Eigentümer zwangsweise die Räumung und Herausgabe vollstrecken kann. In andere Mietverhältnisse tritt der neue Eigentümer ein. Er besitzt jedoch nach § 57 a ZVG ein Sonderkündigungsrecht, welches er unmittelbar nach Eigentumserwerb geltend machen muss. Allerdings muss ein berechtigtes Interesse des Erwerbers an der Kündigung vorliegen. Dieses ist z. B. dann der Fall, wenn der neue Eigentümer in die ersteigerte Wohnung selbst einziehen möchte, also Eigenbedarf geltend macht.

Nach der Erteilung des Zuschlags bestimmt das Gericht einen **Termin zur Verteilung des Versteigerungserlöses** (§ 105 ZVG). Dabei wird der Erlös nicht nach Quoten, sondern nach der Rangordnung der Rechte gem. § 10 ZVG verteilt. Für den Gläubiger, der die Zwangsversteigerung betreibt, ist daher stets dieses Rangverhältnis zu beachten. Die Zwangsversteigerung selbst löst vielfältige Kosten für die Anordnung der Zwangsversteigerung, die Erstellung des Verkehrswertgutachtens und die Durchführung der Zwangsversteigerung aus. Wenn der vollstreckende Gläubiger diese Kosten als Vorschuss leisten muss, der Erlös jedoch ausschließlich für vorrangige Gläubiger ausreicht, ist diese Vollstreckungsart nicht sinnvoll.

vgl. LF 12, Kap. 5.1.1

2.4.2 Die Zwangsverwaltung

Das Zwangsmittel der Zwangsverwaltung nimmt dem Schuldner nicht das Eigentum, sondern der Gläubiger wird aus den Erträgen eines Grundstücks befriedigt. Das Grundstück ist bis zur Befriedigung durch die Anordnung der Zwangsverwaltung beschlagnahmt. Die Zwangsverwaltung ist in den §§ 146–161 ZVG und in der Zwangsverwalterverordnung (ZwVwV) geregelt.

Zuständig ist der Rechtspfleger beim Vollstreckungsgericht (Amtsgericht) in dem Bezirk, in dem sich das Grundstück befindet. Dem Antrag auf Zwangsverwaltung ist der entsprechende Titel beizufügen. Das Gericht erlässt einen Beschluss über die Zwangsverwaltung, welcher in Abteilung II des Grundbuchs eingetragen wird. Zugleich bestellt das Gericht einen Zwangsverwalter.

Dadurch bleibt der Schuldner zwar Eigentümer seines Grundstücks, aber die Verwaltung und Nutzung sind ihm entzogen. Der **Zwangsverwalter** tritt diesbezüglich an die Stelle des Schuldners und führt die Erträge aus dem Grundstück, z. B. Miete, Pacht oder Versicherungsleistungen, nach Abzug der Verfahrens- und Verwaltungskosten sowie der öffentlichen Lasten, wie z. B. Grundsteuer, an den Gläubiger zur Befriedigung ab. Erst nach vollständiger Befriedigung der Forderungen des Gläubigers wird die Zwangsverwaltung wieder aufgehoben.

▶ Beispiel: Zoé Lacroix hat wegen einer Unterhaltsforderung in Höhe von monatlich 365,00 € gegen Eike Franzen die Zwangsverwaltung seines Miethauses in Stuttgart veranlasst. Das Amtsgericht – Vollstreckungsgericht – Stuttgart hat als Zwangsverwalter den Immobilienfachwirt Lars Meisner bestellt. Lars Meisner zieht nun die Mieteinnahmen ein. Unter Abzug der Kosten, wie z. B. die Kosten der Zwangsverwaltung, leitet er die monatlichen Beträge an Zoé Lacroix weiter.

Die Verwaltung umfasst nicht nur die Einziehung der Miet- oder Pachtzinsen, sondern auch z. B. die Veranlassung erforderlicher Reparaturen, die Klärung rechtlicher Belange, wie z. B. die rechtzeitige Kündigung oder Verfolgung von Mietansprüchen, und auch die Sorge für eine ausreichende Versicherung der Immobilie. Wichtig ist daher, dass eine geschäftskundige natürliche Person als Zwangsverwalter (§ 1 Abs. 2 ZwVwV) ausgewählt wird. Nach § 150 Abs. 1 ZVG wird der Verwalter vom Vollstreckungsgericht bestellt. In seiner Auswahl ist das Gericht dabei nicht an die Vorschläge der Beteiligten, also Gläubiger und Schuldner, gebunden. In Betracht kommen insbesondere Rechtsanwälte, Wirtschaftsprüfer, Steuerberater oder gewerbliche Hausverwalter, welche eine entsprechende Qualifikation für die Aufgabenstellung aufweisen.

Der Schuldner hat nach § 149 ZVG das Recht, seine Wohnung in der Immobilie weiterhin zu nutzen. Er muss allerdings bereit sein, die Nebenkosten für dieses Objekt zu übernehmen. Andernfalls besteht die Möglichkeit, dass der Zwangsverwalter die Räumlichkeiten des Schuldners räumen lässt.

Nach Nr. 2220 KV GKG entsteht für die Entscheidung über den Antrag auf Anordnung der Zwangsverwaltung eine Gerichtsgebühr in Höhe von 110,00 €. vgl. LF 12, Kap. 5.1.1

2.4.3 Die Zwangssicherungshypothek

Die Zwangssicherungshypothek, auch Zwangshypothek oder Sicherungshypothek genannt, dient lediglich der Sicherung der Forderung eines Gläubigers. Eine Befriedigung erfolgt daraus – zunächst – nicht. Sie ist daher auch bei einer Sicherungsvollstreckung nach § 720 a ZPO zulässig. vgl. LF 4, Kap. 1,3

Zuständig für den Antrag ist nach § 867 Abs. 1 ZPO, § 1 GBO der Rechtspfleger (§ 3 Nr. 1 h RPflG) beim Grundbuchamt, in dessen Bezirk sich das Grundstück befindet. Dort wird dann auch das entsprechende Grundbuch geführt. Die Sicherungshypothek wird in Abteilung III des Grundbuchs eingetragen.

Neben den allgemeinen Voraussetzungen – Titel, Vollstreckungsklausel und Zustellung – bestimmt § 866 Abs. 3 ZPO eine **Forderungshöhe von mehr als 750,00 €**. Die bisherigen Vollstreckungskosten werden hierbei mit einberechnet. Das aktuelle Forderungskonto weist die konkrete Forderung zu diesem Zeitpunkt aus. Die durch die Eintragung der Sicherungshypothek entstehenden Kosten werden ebenso wie die Zinsen nicht hinzugerechnet.

Die Sicherungshypothek **bedeutet für den Gläubiger**, dass er bei einem freihändigen Verkauf des Grundstücks oder einer Zwangsversteigerung oder Zwangsverwaltung durch einen anderen Gläubiger beteiligt ist. Insbesondere bei einem freihändigen Verkauf des Grundstücks kann der Gläubiger die Löschungsbewilligung der Sicherungshypothek davon abhängig machen, dass seine Forderung durch den Schuldner vorher beglichen wird. Vorrangige Gläubiger oder Eigentümergrundschulden kann der Gläubiger ablösen oder löschen lassen (§§ 268, 1150, 1179 a, b BGB). Dadurch kann er seine Rangposition verbessern. Weiterhin kann aus der Sicherungshypothek die Zwangsversteigerung betrieben werden, ohne dass ein Duldungstitel i. S. d. § 1147 BGB vorliegen muss. Dieser Gläubiger nimmt dann den 4. Rang nach § 10 ZVG ein und geht damit den persönlichen Gläubigern, die die Zwangsversteigerung betreiben wollen, vor. vgl. LF 12, Kap. 2.4.1

▶ Beispiel: Rolf Olsen hat aus Kostengründen zunächst nur eine Sicherungshypothek wegen einer Forderung in Höhe von insgesamt 4.500,00 € gegenüber Sven Hansen eintragen lassen. Sven Hansen beabsichtigt nun, sein Hausgrundstück zu veräußern. Der Erwerber besteht auf einer lastenfreien Übergabe des Grundstücks. Sven Hansen wird hier gehalten sein, die noch offene Forderung bei Rolf Olsen zu begleichen, um die Löschungsbewilligung von diesem zu erhalten. Andernfalls besteht für Sven Hansen das Risiko, dass der Verkauf nicht zustande kommt.

Insgesamt stellt sich der Vergleich der drei Vollstreckungsmöglichkeit in eine Immobilie wie folgt dar:

Arten	Zwangsversteigerung	Zwangsverwaltung	Sicherungshypothek
Vorgehen	Die Immobilie wird versteigert und der Erlös an die Gläubiger verteilt.	Ein Verwalter verwaltet für die Gläubiger die Immobilie, zieht die sich daraus ergebenden Einnahmen ein und verteilt diese an die Gläubiger.	Im Grundbuch wird für den vollstreckenden Gläubiger ein Sicherungsrecht in Form einer Hypothek eingetragen.
Zuständigkeit	Vollstreckungsgericht	Vollstreckungsgericht	Grundbuchamt
Besonderheiten	Versteigerungsbedingungen, z. B. geringstes Gebot	Zwangsverwalter muss bestimmt werden	Forderungshöhe über 750,00 €
rechtliche Grundlagen	Gesetz über die Zwangsversteigerung und die Zwangsverwaltung (ZVG)		§§ 867, 868 ZPO
Eignung	Immobilie, welche kaum oder keine Einnahmen bietet, z. B. vom Schuldner selbst bewohnt wird. Oder: es soll baldmöglichst ein hoher Erlös erzielt werden.	Aus der Immobilie fließen Einnahmen, z. B. aus einem vermieteten Objekt.	hohe vorrangige Rechte; freihändiger Verkauf des Grundstücks beabsichtigt

Web

Im Downloadbereich finden Sie die Muster der entsprechenden Anträge auf Zwangsversteigerung, Zwangsverwaltung sowie auf Eintragung einer Sicherungshypothek.

2.5 Die gütliche Erledigung

Der Gerichtsvollzieher soll in jedem Stadium des Zwangsvollstreckungsverfahrens auf eine gütliche Erledigung hinwirken (§ 802 b Abs. 1 ZPO). Dabei entscheidet jedoch letztlich der Gläubiger, ob er einer Zahlungsvereinbarung in der entsprechenden Fassung zustimmen will.

E	**gütliche Erledigung (§ 802b der Zivilprozessordnung – ZPO)**
E 1	☐ Ich bin einverstanden, dass die folgende Zahlungsfrist gewährt wird: ____________
E 2	☐ Mit der Einziehung von Teilbeträgen bin ich einverstanden. ☐ Ratenhöhe mindestens ____________ Euro ☐ monatlicher Turnus ☐ sonstiger Turnus: ____________
E 3	☐ Ich bin mit einer Abweichung von den Zahlungsmodalitäten nach dem Ermessen der Gerichtsvollzieherin/des Gerichtsvollziehers einverstanden.
E 4	sonstige Weisungen ☐ ____________
E 5	☐ Der Auftrag beschränkt sich auf die gütliche Erledigung.

F	**keine Zahlungsvereinbarung**
	☐ Mit einer Zahlungsvereinbarung bin ich nicht einverstanden (§ 802b Absatz 2 Satz 1 ZPO).

Ausschnitt aus einem Zwangsvollstreckungsauftrag

2.5.1 Voraussetzungen

Für die gütliche Erledigung kann nach Modul E des Zwangsvollstreckungsauftrags der Gerichtsvollzieher durch den Gläubiger beauftragt werden. Dabei kann dieser Antrag sowohl isoliert als auch in Kombination mit weiteren Aufträgen, wie der Sachpfändung oder der Vorpfändung, gestellt werden.

Aber auch ohne Auftrag durch den Gläubiger kann der Gerichtsvollzieher einen Zahlungsplan mit dem Schuldner vereinbaren. Hierbei legt § 802 b Abs. 2 ZPO bestimmte Kriterien für die Zahlungsvereinbarung fest. Inhaltlich kann eine Zahlungsfrist oder Ratenzahlung vereinbart werden. Vorausgesetzt wird jedoch jeweils, dass der Schuldner die Einhaltung der Vereinbarung glaubhaft macht. Allein auf das Wort des Schuldners hin, z. B. nach Ablauf einer Frist zahlen zu wollen, ist kein Zahlungsplan möglich. Hier besteht die Gefahr, dass der Schuldner lediglich eine Verzögerung der Zwangsvollstreckung erreichen will, um z. B. Vermögenswerte beiseite zu schaffen. Letztlich soll auch die Tilgung innerhalb von zwölf Monaten abgeschlossen sein. Es handelt sich hierbei um keine zwingende Bedingung, allerdings ist eine Abweichung von der Tilgungsfrist nur bei außerordentlichen Bedingungen angezeigt.

▶ Beispiel: Gerichtsvollzieher Werner Kinzig ist wegen einer Forderung in Höhe von insgesamt 15.000,00 € mit der Sachpfändung bei Karl Grotwitzig beauftragt. Der vollstreckende Gläubiger Markus Quilt hat keine Vorgaben zum Abschluss einer Zahlungsvereinbarung getroffen. Karl Grotwitzig legt dem Gerichtsvollzieher mittels Gehaltsbescheinigungen dar, dass aus seinem Einkommen lediglich ein Betrag in Höhe von monatlich 599,28 € pfändbar ist. Da ihm aber wichtig ist, dass sein Arbeitgeber über seine Schuldensituation keine Mitteilung erhält, erklärt sich der Schuldner zu einer monatlichen Zahlung in Höhe von 1.000,00 € bereit. Außerdem verpflichtet er sich zum Einsatz seines vollständigen Weihnachtsgelds in Höhe von 1.935,00 €. Hier kann davon ausgegangen werden, dass der Gläubiger mit diesen Konditionen einverstanden sein wird, da über einen Pfändungs- und Überweisungsbeschluss wesentlich geringere Beträge erzielbar sind.

Die Vereinbarung eines Zahlungsplans ist dem Gerichtsvollzieher jedoch verwehrt, wenn der Gläubiger einen solchen in seinem Auftrag (Modul F) ausdrücklich ausgeschlossen hat.

2.5.2 Der Zahlungsplan

Der abgeschlossene Zahlungsplan hat zur Wirkung, dass die Vollstreckung aufgeschoben wird. Weitere Vollstreckungsmaßnahmen sind für den Gläubiger daher während der Laufzeit des Zahlungsplans nicht zulässig. Dies betrifft jedoch nur den Gläubiger, für welchen der Zahlungsplan vereinbart wurde. Andere Gläubiger sind selbstverständlich durch die Zahlungsvereinbarung nicht an einer Zwangsvollstreckung gehindert.

vgl. LF 12, Kap. 2.1

Hinweis: Der Schuldner kann einen Eintrag ins Schuldnerverzeichnis vermeiden, wenn er innerhalb eines Monats nach Abgabe der Vermögensauskunft zwar keine vollständige Befriedigung des Gläubigers, aber eine Zahlungsvereinbarung nachweist.

Der Zahlungsplan wird jedoch hinfällig und der Vollstreckungsaufschub endet, wenn
- der Gläubiger dem Zahlungsplan unverzüglich nach Unterrichtung über den Abschluss widerspricht oder
- der Schuldner mit einer der vereinbarten Zahlungen ganz oder teilweise länger als zwei Wochen in Rückstand gerät.

In diesem Fall ist es dem Gläubiger dringend anzuraten, unverzüglich die Zwangsvollstreckung fortzusetzen, um seine Rechte zu wahren.

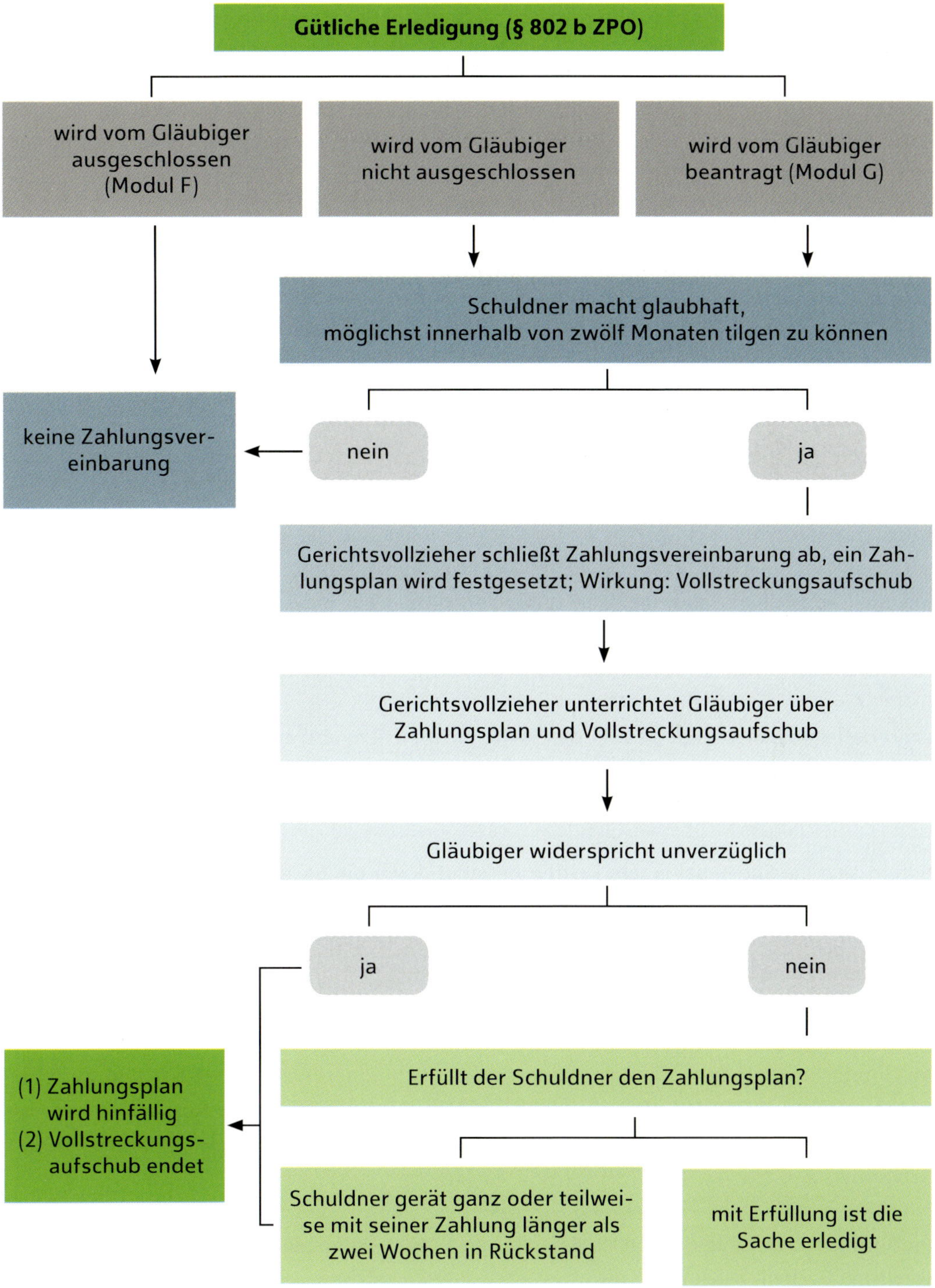
Gütliche Erledigung (§ 802 b ZPO)
wird vom Gläubiger ausgeschlossen (Modul F)
wird vom Gläubiger nicht ausgeschlossen
wird vom Gläubiger beantragt (Modul G)
Schuldner macht glaubhaft, möglichst innerhalb von zwölf Monaten tilgen zu können
keine Zahlungsvereinbarung
nein
ja
Gerichtsvollzieher schließt Zahlungsvereinbarung ab, ein Zahlungsplan wird festgesetzt; Wirkung: Vollstreckungsaufschub
Gerichtsvollzieher unterrichtet Gläubiger über Zahlungsplan und Vollstreckungsaufschub
Gläubiger widerspricht unverzüglich
ja
nein
(1) Zahlungsplan wird hinfällig
(2) Vollstreckungsaufschub endet
Erfüllt der Schuldner den Zahlungsplan?
Schuldner gerät ganz oder teilweise mit seiner Zahlung länger als zwei Wochen in Rückstand
mit Erfüllung ist die Sache erledigt

2.6 Die Zwangsvollstreckung wegen sonstiger Ansprüche

vgl. LF 12, Kap. 1.1.2

Bei den titulierten Geldforderungen wird in das Vermögen des Schuldners vollstreckt und verschiedene Vermögensgegenstände verwertet, um eine Befriedigung des Gläubigers zu erreichen. Bei sonstigen Leistungsansprüchen ist eine konkrete Leistung des Schuldners mittels staatlicher Gewalt zu erzwingen. Geregelt wird die Zwangsvollstreckung sonstiger Leistungsansprüche im Abschnitt 3 des 8. Buchs der ZPO.

2.6.1 Die Zwangsvollstreckung von Herausgabeansprüchen

Zuständig für die Herausgabe beweglicher wie auch unbeweglicher Sachen ist der Gerichtsvollzieher gem. §§ 883, 885 ZPO. Die Zwangsvollstreckung erfolgt durch Wegnahme der herauszugebenden Sache.

Herausgabe beweglicher Sachen, § 883 ZPO

Die Zwangsvollstreckung beginnt mit dem Vollstreckungsauftrag des Gläubigers zur Herausgabe beweglicher Sachen an den Gerichtsvollzieher. Die allgemeinen Vollstreckungsvoraussetzungen (Titel, Klausel, Zustellung) sind einzuhalten. Findet der Gerichtsvollzieher die Sache beim Schuldner vor, nimmt er diese weg und übergibt sie dem Gläubiger (§ 883 Abs. 1 ZPO). Wenn der Gerichtsvollzieher die Sache nicht vorfindet und auch der Aufenthalt der Sache unbekannt ist, kann durch den Gläubiger beantragt werden, dass der Schuldner eine eidesstattliche Versicherung abgibt (§ 883 Abs. 2 ZPO). Der Schuldner versichert dabei an Eides statt, dass er die Sache nicht besitze und auch nicht wisse, wo sie sich befindet. Nach § 893 ZPO bietet sich in diesem Fall die Möglichkeit, dass der Gläubiger Schadenersatz geltend macht.

vgl. LF 12, Kap. 2.2.1

Sofern sich die Sache bei einem Dritten befindet, kann die Sache bei dem Dritten entsprechend § 809 ZPO weggenommen werden, wenn dieser zur Herausgabe bereit ist. Sollte der Dritte aber nicht zur Herausgabe bereit sein, kann der Gläubiger den Erlass eines Pfändungs- und Überweisungsbeschlusses nach § 886 ZPO beantragen. „Überwiesen" wird durch Herausgabe des gepfändeten Gegenstands.

vgl. LF 12, Kap. 2.2

Im Unterschied zur Sachpfändung kann sich der Schuldner nicht darauf berufen, dass die Sache unpfändbar ist. Mit der Herausgabevollstreckung wird ein titulierter Rechtsanspruch des Gläubigers auf eine konkrete Sache gepfändet. Diese steht nicht im Eigentum des Schuldners.

Web

Im Downloadbereich finden Sie ein Beispiel eines Vollstreckungsauftrags zur Herausgabe beweglicher Sachen.

Herausgabe unbeweglicher Sachen, § 885 ZPO

Zu den unbeweglichen Sachen gehören insbesondere Wohnungen und Grundstücke. Die Vollstreckung erfolgt dadurch, dass der Schuldner gem. § 885 Abs. 1 S. 1 ZPO außer Besitz gesetzt und der Gläubiger in den Besitz eingewiesen wird. Wichtig ist dabei vor allem, dass im Räumungstitel die Räumlichkeit eindeutig identifiziert wird. Im Übrigen müssen auch alle Bewohner im Räumungstitel bezeichnet sein. Auch hier müssen ansonsten die allgemeinen Vollstreckungsvoraussetzungen vorliegen.

Problematisch ist im Regelfall, dass die Wohnung vollständig zu räumen ist, das Mobiliar jedoch im Eigentum des Schuldners steht. Bei einem „normalen" Räumungsauftrag wird auch das Inventar geräumt. Gemäß § 885 Abs. 2 ZPO sind bewegliche Gegenstände, die nicht Gegenstand der Zwangsvollstreckung sind, also das Eigentum des Schuldners, vom Gerichtsvollzieher wegzuschaffen und dem Schuldner oder dessen Bevollmächtigten zu übergeben. Ist dies nicht möglich, sind die Sachen in Verwahrung zu nehmen (§ 885 Abs. 3 ZPO). Für den Abtransport und die Verwahrung wird der Gerichtsvollzieher im Regelfall eine Spedition beauftragen, deren Kosten dem Gläubiger als Vorschuss in Rechnung gestellt werden.

Es bietet sich jedoch eine Modifikation der Räumungsvollstreckung nach dem sog. Berliner Modell an. Dabei wird die Räumung lediglich auf die Herausgabe der Wohnung beschränkt und hinsichtlich des Wohnungsinventars macht der Gläubiger ein Vermieterpfandrecht gegen den Schuldner geltend. Ein solches kommt z. B. in Betracht, wenn noch Mietforderungen offen sind. Problematisch dabei ist allerdings die Unterscheidung der Gegenstände danach, welche unter das Vermieterpfandrecht fallen und auf welche sich wegen Unpfändbarkeit das Vermieterpfandrecht nicht erstreckt.

vgl. LF 8, Kap. 2.3.2

Der Schuldner muss zum Räumungstermin nicht anwesend sein. In diesem Fall ist der Gerichtsvollzieher berechtigt, auch ohne gesonderte richterliche Durchsuchungsordnung verschlossene Wohnungstüren durch einen Schlosser zwangsweise öffnen zu lassen.

Die Verwahrung der eingelagerten Möbel erfolgt für zwei Monate gem. § 885 Abs. 4 ZPO. Sofern der Schuldner sie dann nicht herausfordert, verkauft der Gerichtsvollzieher die Sachen und hinterlegt den Erlös unter Abzug der entstandenen Räumungskosten bei der zuständigen Gerichtskasse (§ 885 Abs. 4 ZPO). Nicht verwertbare Sachen können vernichtet werden.

Im Downloadbereich finden Sie ein Beispiel eines Auftrags zur Räumungsvollstreckung. Web

2.6.2 Die Zwangsvollstreckung von Ansprüchen auf Vornahme einer Handlung durch den Schuldner

Die Handlung umfasst nicht die Herausgabe oder Leistung von Sachen. Diese werden nach §§ 883, 885 ZPO vollstreckt. Zu unterscheiden ist bei der Handlung i. S. d. §§ 887, 888 ZPO, ob es sich um eine vertretbare oder unvertretbare Handlung des Schuldners handelt. In beiden Fällen ist das Prozessgericht I. Instanz für die Zwangsvollstreckung zuständig.

Anspruch auf Vornahme einer vertretbaren Handlung, § 887 ZPO

Vertretbare Handlungen sind solche, die auch ein Dritter erbringen kann, ohne dass sich aus der Sicht des Gläubigers am wirtschaftlichen Erfolg und am Charakter der Leistung etwas ändert.

▶ Beispiele: Abnahme einer Kaufsache, Beseitigung von Baumängeln, Beseitigung von Bäumen oder Sträuchern, Errichtung eines Lärmschutzwalls, Erstellung einer Heizkostenabrechnung

Der Gläubiger wird durch das Prozessgericht I. Instanz ermächtigt, einen Dritten die Handlung auf Kosten des Schuldners durchführen zu lassen. Diese Kosten können dann wie jede andere Geldforderung vollstreckt werden. Wichtig ist, im Antrag auf Ersatzvornahme die Maßnahme konkret zu benennen. Den Namen des zu beauftragenden Unternehmens muss der Gläubiger jedoch nicht bezeichnen. Über den Antrag entscheidet das Gericht durch Beschluss. Der Schuldner ist vor einer Entscheidung gem. § 891 ZPO zu hören. Im Beschluss sind die Ersatzvornahme der Handlung konkret zu bezeichnen und ggf., sofern dies beantragt wurde, einen Vorschuss für die notwendigen Kosten der Ersatzvornahme festzusetzen.

Verweigert der Schuldner die Vornahme der Ersatzvornahme durch den Dritten, indem er ihm z. B. den Zutritt zu seinem Grundstück verwehrt, so kann der Gerichtsvollzieher diesen Widerstand gem. § 892 ZPO brechen, ohne dass es einer richterlichen Durchsuchungsanordnung bedarf.

Web Im Downloadbereich finden Sie das Beispiel eines Antrags einer Ermächtigung zur Ersatzvornahme einer vertretbaren Handlung.

Anspruch auf Vornahme einer unvertretbaren Handlung, § 888 ZPO

Die unvertretbare Handlung ist dadurch gekennzeichnet, dass sie nicht durch einen Dritten vorgenommen werden kann, sondern ausschließlich durch den Schuldner selbst.

▶ Beispiele: Auskunftserteilung, Erstellung eines qualifizierten Arbeitszeugnisses, Rechnungslegung, Widerruf einer unrichtigen Tatsachenbehauptung, Weiterbeschäftigung eines Arbeitnehmers

Nach § 888 Abs. 3 ZPO kommt eine Zwangsvollstreckung nicht in Betracht, wenn die begehrte Handlung in der Leistung von Diensten aus einem Dienstvertrag besteht. Ebenso sind Verpflichtungen zur Eingehung einer Ehe oder die Herstellung der ehelichen Gemeinschaft weder titulierbar noch vollstreckbar.

Die Vollstreckung erfolgt durch Verhängung von Zwangsgeld oder Zwangshaft. Es wird demnach nicht aus dem Urteil vollstreckt, welches die Handlung tituliert, sondern erst aus dem entsprechenden Beschluss, der Zwangsgeld oder Zwangshaft anordnet. Der Gläubiger stellt beim Prozessgericht I. Instanz den Antrag auf Anordnung der Zwangsmittel. Es muss weder das Zwangsmittel noch dessen Höhe angegeben werden. Hier müssen wiederum die drei allgemeinen Vollstreckungsvoraussetzungen vorliegen.

Auf Antrag wird dem Gläubiger eine vollstreckbare Ausfertigung des Anordnungsbeschlusses erteilt. Er kann nun wegen einer Geldforderung bei Festsetzung von Zwangsgeld oder wegen der Verhaftung bei Anordnung von Zwangshaft vollstrecken. Zuständig hierfür ist der Gerichtsvollzieher. Für die Vollstreckung der Zwangshaft muss jedoch auf der Grundlage des Zwangshaftbeschlusses noch ein Haftbefehl beim Prozessgericht I. Instanz beantragt werden. Das beigetriebene Zwangsgeld steht aber nicht dem Gläubiger, sondern der Staatskasse zu. Im Übrigen folgt die Beitreibung den allgemeinen Regeln der Vollstreckung einer Geldforderung.

Im Downloadbereich finden Sie ein Beispiel eines Antrags zur Beitreibung des Zwangsgelds. Web

2.6.3 Die Zwangsvollstreckung zur Erwirkung von Duldung oder Unterlassung durch den Schuldner

Da Duldung oder Unterlassung grds. nur durch den Schuldner persönlich vorgenommen werden können, ist die Zwangsvollstreckung daher wie bei unvertretbaren Handlungen darauf ausgerichtet, auf den Schuldner selbst einzuwirken. Nach § 890 ZPO können gegen ihn Ordnungsmittel in Form von Ordnungsgeld oder Ordnungshaft festgesetzt werden.

Neben den allgemeinen Vollstreckungsvoraussetzungen ist ein Antrag des Gläubigers beim Prozessgericht I. Instanz erforderlich. Vor Erlass des Ordnungsmittels muss dieses angedroht worden sein (§ 890 Abs. 2 ZPO). Sofern der Schuldner schuldhaft gegen seine titulierte Verpflichtung verstößt, findet das Ordnungsmittelverfahren statt. Der Schuldner ist gem. § 891 ZPO vor der Entscheidung, welche auch ohne mündliche Verhandlung ergehen kann, anzuhören. Das Ordnungsmittel wird durch Beschluss festgesetzt. Die Beitreibung von Ordnungsgeld bzw. die Verhaftung des Schuldners erfolgt von Amts wegen, sofern der Schuldner schuldhaft die titulierte Verpflichtung, also die Duldung oder Unterlassung, verletzt. Es handelt sich demnach um die Ahndung einer Zuwiderhandlung.

▶ Beispiel: Felix Weisenberger wird verurteilt, es zu unterlassen, sich seiner Ex-Ehefrau Annemarie Weisenberger auf mehr als 200 m zu nähern. Bereits im Beschluss des Familiengerichts wird ein Ordnungsgeld in Höhe von 5.000,00 € für jeden Fall der Zuwiderhandlung angedroht. Sofern Felix Weisenberger sich danach absichtlich Annemarie Weisenberger annähert, wird das angedrohte Ordnungsgeld durch das Familiengericht als Prozessgericht I. Instanz vollstreckt.

2.7 Einstweiliger Rechtsschutz

vgl. LF 12, Kap. 2.3, 1.3

Eine Voraussetzung für die Durchführung der Zwangsvollstreckung ist ein Vollstreckungstitel. Im gewöhnlichen Erkenntnisverfahren einen – rechtskräftigen – Vollstreckungstitel zu erwirken, kostet den Gläubiger Monate, nicht selten Jahre. Rascher verhilft ihm das Mahnverfahren zum Ziel; es wird jedoch auf den Widerspruch oder Einspruch des Schuldners in das gewöhnliche zeitraubende Erkenntnisverfahren übergeleitet. Mit Vorliegen wenigstens eines Vollstreckungstitels können zumindest über die Vorpfändung oder die Sicherungsvollstreckung Vermögenswerte für eine spätere Verwertung gesichert werden.

vgl. LF 12, Kap. 2.3, 1.3

Bis der Gläubiger schließlich einen Vollstreckungstitel in Händen hält, hat der Schuldner – vor allem ein böswilliger – genügend Zeit, Vermögen, in das eine Zwangsvollstreckung möglich wäre, beiseite zu schaffen. Ebenso könnten sich zwischenzeitlich die Vermögensverhältnisse, z. B. bei einem verschwendungssüchtigen Schuldner, so verschlechtern, dass eine erfolgreiche Zwangsvollstreckung dann wesentlich erschwert oder sogar unmöglich wäre.

Arrest und einstweilige Verfügung sind Möglichkeiten, sehr frühzeitig Vermögenswerte des Schuldners für eine spätere Zwangsvollstreckung sicherzustellen.

Überblick im Zeitablauf

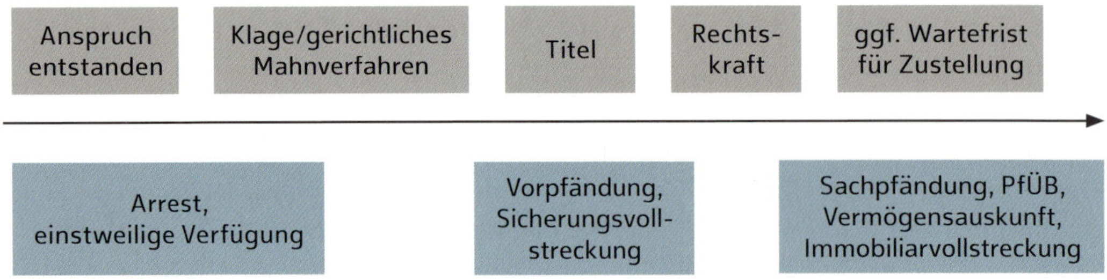

2.7.1 Arrest

Der Gläubiger einer Geldforderung besitzt die Möglichkeit, sogar noch vor Einreichung einer Klage in einem Eilverfahren mit dem Arrestbefehl einen Vollstreckungstitel zu erhalten. Hiermit kann bereits gepfändet, aber noch nicht verwertet werden. Dieser Titel dient lediglich der

Sicherung der Zwangsvollstreckung in das bewegliche oder unbewegliche Vermögen. Der Gläubiger hat nun aber die Zeit, seinen Anspruch im Klage- oder gerichtlichen Mahnverfahren titulieren zu lassen, ohne dass eine Verschlechterung der Vermögensverhältnisse beim Schuldner in der Zwischenzeit befürchtet werden muss.

Voraussetzungen

Für das Arrestgesuch ist örtlich und sachlich das Gericht der Hauptsache **zuständig**, also das Gericht für die Geltendmachung des Anspruchs des Gläubigers (§ 919 ZPO). Daneben kann der Arrest auch bei dem Amtsgericht beantragt werden, in dessen Bezirk sich der mit dem Arrest zu belegende Gegenstand (bei dinglichem Arrest) oder der in seiner persönlichen Freiheit zu beschränkende Schuldner (bei persönlichem Arrest) befindet. Anwaltszwang besteht demnach nicht.

Drei Voraussetzungen sind erforderlich, um einen Arrestbeschluss zu erhalten:

1. Arrestanspruch
   Nach § 916 ZPO muss es sich bei dem Arrestanspruch um eine Geldforderung oder einen Anspruch handeln, der in eine Geldforderung übergehen kann.

   ▶ Beispiel: Ole Pendovic hat die Toni Luando KG mit der Erstellung eines Einfamilienhauses beauftragt. Es zeigen sich nunmehr Mängel an der Fassade. Hier können die Gewährleistungsansprüche durch Rücktritt oder Minderung in eine Geldforderung übergehen. Sofern Ole Pendovic bereits die Werklohnforderung vollständig beglichen hat, verbleibt ihm nur die Möglichkeit, bei Vorliegen der entsprechenden Voraussetzungen einen Arrest zu beantragen.

2. Arrestgrund
   Des Weiteren muss nach §§ 917, 918 ZPO ein Arrestgrund vorliegen. Dies ist dann der Fall, wenn der Gläubiger befürchtet, dass die Vollstreckung eines noch zu erwirkenden Vollstreckungstitels durch eine drohende Verschlechterung der Vermögensverhältnisse beim Schuldner ohne den Arrest gefährdet ist.

   ▶ Beispiel: Rechtsanwalt Arndt Reger hat für Bettina Flatow den Erlass eines Mahnbescheids wegen einer Kaufpreisforderung in Höhe von 53.800,00 € gegen Zirko Kirkec beantragt. Bettina Flatow erfährt, dass Zirko Kirkec beabsichtigt, seine Eigentumswohnung an seinen Bruder zu veräußern. Es steht zu befürchten, dass unter den Brüdern nicht der tatsächliche Wert der Wohnung beim Verkauf zugrunde gelegt wird. Außerdem sind Geldbeträge leichter beiseite zu schaffen als Immobilien. Es ist daher von einem Arrestgrund auszugehen.

Andere Gläubiger und deren Vollstreckungsmaßnahmen sowie eine generell schlechte Vermögenslage des Schuldners sind kein Arrestgrund, da es hier an einer Verschlechterung der Vermögenslage fehlt. Arrestgründe sind jedoch:

- verschwenderische Lebensweise des Schuldners
- Verschleierung des Aufenthalts, Aufgabe des Wohnsitzes, häufiger Wechsel des Wohnsitzes
- Wegzug ins Ausland
- verdächtige Veräußerungen oder Belastungen des Vermögens durch den Schuldner

3. Glaubhaftmachung

   Sowohl der Arrestanspruch als auch der Arrestgrund sind nach § 920 Abs. 2 ZPO glaubhaft zu machen. Gemäß § 294 ZPO reicht bei der Glaubhaftmachung aus, dass eine Tatsache dem Gericht überwiegend wahrscheinlich erscheint. Es sind alle Beweismittel und darüber hinaus noch weitere Möglichkeiten, wie z. B. die eidesstattliche Versicherung, zulässig. Der Arrestanspruch kann z. B. durch Vorlage einer Urkunde oder auch durch Zeugen belegt werden. Für den Arrestgrund bietet sich in der Praxis eher die Abgabe einer eidesstattlichen Versicherung an. Sofern eine Glaubhaftmachung nicht möglich ist oder dem Gericht nicht ausreicht, kann gem. § 921 ZPO auch die Leistung einer Sicherheit durch den Gläubiger angeordnet werden.

vgl. LF 10, Kap. 1.2.5

Verfahrensablauf

Das Arrestverfahren beginnt mit dem **Arrestgesuch** (§ 920 ZPO). Dieses soll die Bezeichnung des Anspruchs unter Angabe des Geldbetrags sowie die Bezeichnung des Arrestgrunds enthalten, welche beide auch glaubhaft zu machen sind.

Der Verfahrensablauf wird danach unterschieden, ob eine mündliche Verhandlung stattfindet oder nicht.

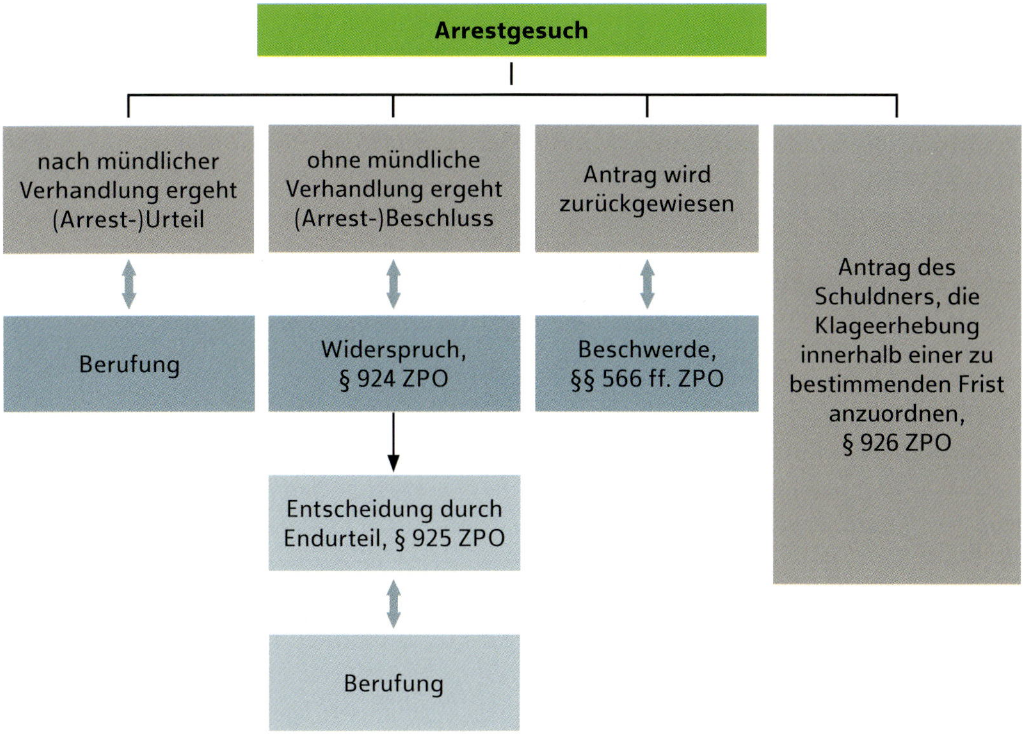

- Die Entscheidung über das Arrestgesuch ergeht nach mündlicher Verhandlung durch **(Arrest-) Urteil**. Hiergegen kann als Rechtsmittel Berufung eingelegt werden. vgl. LF 11, Kap. 1.2
- Ohne mündliche Verhandlung ergeht die Entscheidung durch **(Arrest-)Beschluss**. Hiergegen ist nach § 924 ZPO der Rechtsbehelf des Widerspruchs gegeben. Eine Frist ist hierfür nicht bestimmt, allerdings wird zum einen die Vollziehung des Arrests nicht gehemmt, zum anderen besteht Anwaltszwang, wenn der Arrestbeschluss durch ein Landgericht ergeht. Über den Widerspruch wird nach § 925 ZPO durch Endurteil entschieden. Hiergegen steht bei Vorliegen der entsprechenden Voraussetzungen das Rechtsmittel der Berufung zur Verfügung.
- Gegen einen **zurückweisenden Beschluss** des Arrestgerichts kann der Gläubiger Beschwerde nach §§ 566 ff. ZPO innerhalb einer Notfrist von zwei Wochen einlegen. vgl. LF 11, Kap. 1.4.1
- Daneben kann der Schuldner nach § 926 ZPO auch beantragen, dass die **Klageerhebung binnen einer bestimmten Frist angeordnet** wird, sofern die Hauptsache nicht anhängig ist. Dadurch kann der Schuldner sicherstellen, dass möglichst rasch über den Zahlungsanspruch des Gläubigers entschieden wird. Sollte der Anspruch des Gläubigers nicht tituliert werden, sind die durch Arrest gesicherten Vermögenswerte des Schuldners wieder freizugeben.

Vollziehung des Arrests

Im **Arrestbefehl** sind sowohl der Arrestgrund als auch die Höhe der durch den Arrest gesicherten Geldforderung anzugeben. Weiterhin wird nach § 923 ZPO die sog. **Lösungssumme** festgesetzt. Es handelt sich um einen Geldbetrag, durch dessen Hinterlegung der Schuldner die Aufhebung des vollzogenen Arrests beantragen kann. Eine Sicherung des Gläubigers ist mit Leistung dieser Lösungssumme nicht mehr erforderlich.

▶ Beispiel: Der Gläubiger Frank Nertlop hat wegen einer Kaufpreisforderung in Höhe von 2.500,00 € gegen die Schuldnerin Anika Kurz-Wagner einen Arrest erwirkt. Das Arrestgericht setzt eine Lösungssumme in Höhe von 3.000,00 € fest, da diese nicht nur nach der Forderung, sondern zusätzlich nach Zinsen und Kosten bemessen wird.

Im Arrestbefehl ist ferner anzugeben, ob der Arrest gegen das Vermögen des Schuldners gerichtet ist (sog. **dinglicher Arrest** gem. § 917 ZPO) oder gegen die Person des Schuldners (sog. **persönlicher Arrest** nach § 918 ZPO). Der dingliche Arrest richtet sich gegen das Vermögen des Schuldners. Hierdurch kann z. B. ein Konto des Schuldners gepfändet werden. Der persönliche Arrest ist nach § 918 ZPO nur zulässig, wenn der dingliche Arrest zur Sicherung des Anspruchs nicht ausreicht. Dies ist z. B. dann der Fall, wenn keine Vermögenswerte bekannt sind und der Schuldner versucht, sich der Abgabe der Vermögensauskunft zu entziehen. Hier kommen Haft oder andere freiheitseinschränkende Maßnahmen, wie z. B. der Entzug des Reisepasses, in Betracht.

Der Arrestbefehl stellt einen Vollstreckungstitel dar. Nach § 929 Abs. 1 ZPO ist eine Vollstreckungsklausel nur in Sonderfällen erforderlich. Im Übrigen ist der Arrestbefehl sofort vollstreckbar. Die Vollstreckung erfolgt:

- in bewegliches Vermögen: durch Pfändung (§ 930 Abs. 1 ZPO); zuständig ist der Gerichtsvollzieher
- in Forderungen und Rechte: durch Pfändungsbeschluss (§ 930 Abs. 1 ZPO); zuständig ist das Arrestgericht als Vollstreckungsgericht
- in unbewegliches Vermögen: durch Arresthypothek (§ 932 Abs. 1 ZPO); zuständig ist das Grundbuchamt

Als Besonderheit sind bei der Vollstreckung zwei Fristen zu beachten:

1. Vollziehungsfrist
2. Zustellfrist

Vollziehungsfrist

Die Vollziehungsfrist beträgt längstens **einen Monat** seit Verkündung des Arresturteils (nach mündlicher Verhandlung) oder seit Zustellung des Arrestbeschlusses (ohne mündliche Verhandlung) an den Gläubiger. Bei einer Vollziehung in unbewegliches Vermögen gilt der Antrag auf Eintragung der Arresthypothek als Vollziehung (§ 932 Abs. 3 ZPO).

Zustellfrist

vgl. LF 12, Kap. 1.3

Die Zustellung des Arrestbefehls muss durch den Gläubiger erfolgen. Allerdings ist eine Vollziehung bereits vor Zustellung zulässig, sofern die Zustellung innerhalb von **einer Woche** nach Vollziehung und vor Ablauf der Vollziehungsfrist erfolgt. Als Ausnahme zur Zustellungsfrist nach § 750 ZPO kann hier also die Zustellung der Vollziehung nachfolgen.

▶ Beispiel: Am 29.03.2022 stellt das Amtsgericht Köln einen Arrestbeschluss dem Gläubiger zu. Je nachdem, wann die Vollziehung erfolgt – a) am 01.04.2022 oder b) am 26.04.2022 – muss die Zustellung an den Schuldner erfolgen bis spätestens:

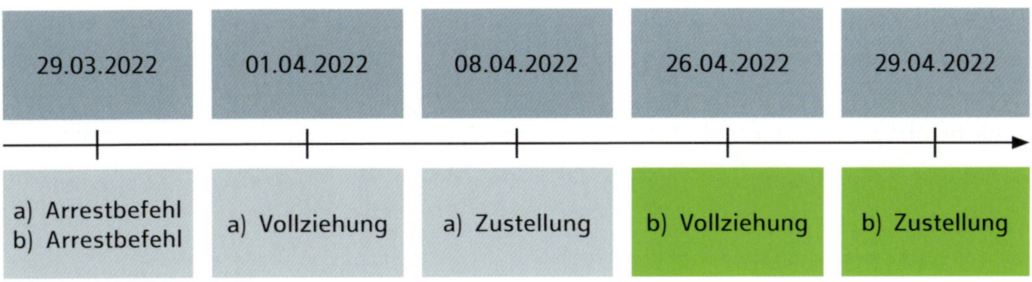

2.7.2 Einstweilige Verfügung

Die einstweilige Verfügung dient der Sicherung von Ansprüchen, die keine Geldansprüche sind. Nach § 935 ZPO ist ein Antrag dann zulässig, wenn die Gefahr besteht, dass das Recht des Antragstellers vereitelt oder wesentlich erschwert wird oder er der Sicherung des Rechtsfriedens dient. Dabei sind hierfür im Wesentlichen die Arrestvorschriften anwendbar (§ 936 ZPO).

▶ Beispiel: Vera Trondeik hat zur Erstellung ihrer Steuererklärung die entsprechenden Unterlagen ihrem Steuerberater Josef Findeisen übergeben. Da sich beide Parteien nicht über die Höhe der Entgeltforderung für die Tätigkeit des Steuerberaters einigen können, hält Josef Findeisen bis zur vollständigen Begleichung seiner Honorarforderung die Steuerunterlagen zurück. Vera Trondeik ist auf die Herausgabe der Steuerunterlagen dringend angewiesen, da sie einen anderen Steuerberater mit der Steuererklärung beauftragen möchte. Sie kann nun den Antrag auf einstweilige Verfügung stellen, wonach ihr – ggf. gegen Zahlung einer Sicherheitsleistung – die Steuerunterlagen herausgegeben werden.

Nach Gesetz und Rechtsprechung werden drei Arten einstweiliger Verfügungen unterschieden:

Sicherungsverfügung § 935 ZPO:	**Regelungsverfügung § 940 ZPO:**	**Leistungsverfügung:**
Verfügungsanspruch ist die Sicherung von Ansprüchen, die nicht auf eine Geldforderung gerichtet sind	zur Regelung eines einstweiligen Zustands	Zahlungen von Geldbeträgen zur vorläufigen Befriedigung des Gläubigers; zu beachten ist, dass nicht die Hauptsache sich dadurch bereits erledigt
Beispiele:		
Sicherung einer Herausgabeforderung, Unterlassungsansprüche im Wettbewerbsrecht; Recht auf Gegendarstellung nach dem Landespresserecht	Untersagung eines Streiks während eines Arbeitskampfs; Gebot an den Vermieter, ordnungsgemäß zu heizen; Gebot an den Mieter, Reparaturen zuzulassen	Schadenersatz bei großer Not des Geschädigten; Unterlassungsansprüche, z. B. das Unterlassen von Beleidigungen oder Tätlichkeiten

Voraussetzungen sind entsprechend den drei Voraussetzungen für einen Arrest:
1. Verfügungsanspruch
2. Verfügungsgrund
3. Glaubhaftmachung

Auch die Fristen hinsichtlich Zustellung und Vollziehung sind entsprechend anwendbar. Insgesamt ergibt sich folgende Zusammenstellung zum Rechtsinstitut der einstweiligen Verfügung:

EINSTWEILIGE VERFÜGUNG §§ 935–945 ZPO			
Arten	**Zweck**	**Voraussetzungen**	**Verfahren**
1. **Sicherungsverfügung:** Sicherung eines Anspruchs (§ 935 BGB) 2. **Regelungsverfügung:** Regelung eines einstweiligen Zustands zur Sicherung des Rechtsfriedens (§ 940 ZPO) 3. **Leistungsverfügung:** Zahlung von Geldbeträgen zur vorläufigen Befriedigung des Gläubigers	Sicherung eines Anspruchs, der nicht auf Geld gerichtet ist. Das Verfahren entspricht dem Arrestverfahren.	1. Verfügungsanspruch 2. Verfügungsgrund 3. Glaubhaftmachung (eidesstattliche Versicherung)	Zuständig ist das Gericht der Hauptsache und nur in dringenden Fällen kann das Amtsgericht entscheiden, in dessen Bezirk sich der Streitgegenstand befindet.
Rechtsbehelfe: gegen den (Verfügungs-)Beschluss: Widerspruch gegen das (Verfügungs-)Urteil: Berufung			

2.8 Effektives Vorgehen

Im Rahmen der Zwangsvollstreckung ist zum einen Schnelligkeit entscheidend, um potenziellen anderen Gläubigern zuvorzukommen. Zum anderen ist es auch wichtig, möglichst viele Informationen über den Schuldner zu besitzen, um alle Vollstreckungsmöglichkeiten ausschöpfen zu können. Je nach Sachlage sind verschiedene Überlegungen entscheidend.

2.8.1 Der Anspruch des Mandanten

Ausgangspunkt jeder Überlegung ist zunächst, welche Ansprüche der Mandant verfolgt. Bei anderen Ansprüchen als Geldforderungen werden konkrete Gegenstände oder Handlungen des Schuldners verfolgt. Hinsichtlich des Kostenausspruchs kann aber auch ein solcher Anspruch mit einer Geldforderung verknüpft sein. Auch bei einem Anspruch auf eine vertretbare Handlung ist zu beachten, dass die Kosten für die Ersatzvornahme möglichst rasch beigetrieben werden, damit der Gläubiger nicht in Vorleistung treten muss. vgl. LF 12, Kap. 2.6.2

▶ Beispiel: Rechtsanwältin Sarina Holsten hat für Thorsten Ehlers ein Urteil gegen Rolf Hintzig erlangt, wonach dieser verurteilt wird, die Waschmaschine des Thorsten Ehlers zu reparieren. Thorsten Ehlers hat bereits einen Vorschuss an Rolf Hintzig gezahlt. Rechtsanwältin Sarina Holsten hat Rolf Hintzig unter angemessener Fristsetzung zur Vornahme der Reparatur aufgefordert. Mit ergebnislosem Fristablauf wird nunmehr für Thorsten Ehlers umgehend der Antrag auf Ermächtigung zur Ersatzvornahme durch einen Installateur beantragt und gleichzeitig noch der Antrag mit aufgenommen, Rolf Hintzig zu verurteilen, für diese Ersatzvornahme einen Kostenvorschuss zu bezahlen. Die Kosten für die Ersatzvornahme werden durch einen Kostenvoranschlag einer Fachfirma nachgewiesen. Dadurch vermeidet Rechtsanwältin Sarina Holsten, dass für Thorsten Ehlers nochmals Kosten als Vorschuss für die Ersatzvornahme anfallen.

2.8.2 Informationen über den Schuldner

Bei Geldforderungen ist jede Information über Vermögenswerte des Schuldners bedeutsam. Vollstreckt werden kann in bewegliches wie unbewegliches Vermögen. Auch Forderungen und Rechte des Schuldners unterliegen der Zwangsvollstreckung. Hierbei wäre zunächst der Mandant eine eventuelle Informationsquelle. Dieser sollte also als Erstes zu seinen Kenntnissen über den Schuldner befragt werden. Wichtig sind teilweise auch Erkenntnisse über seine persönlichen Verhältnisse, wie z. B. das Alter der Kinder, um abschätzen zu können, wann die Unterhaltspflicht diesen gegenüber entfällt. Von Bedeutung ist auch das Geburtsdatum des Schuldners, welches vor allem für eine Vollstreckung im Ausland benötigt wird. Über den Mandanten oder ggf. auch Nachbarn des Schuldners können ebenfalls Informationen z. B. zu einem Pkw oder eine Arbeitsstelle einbezogen werden.

Sofern Anhaltspunkte bestehen, dass der Schuldner **Immobilien** besitzt, ist eine Anfrage bei den Grundbuchämtern, einer Abteilung des Amtsgerichts, möglich. Wenn eine Postanschrift eines Grundstücks bekannt ist, ist die grundbuchmäßige Bezeichnung eines Grundstücks zu ermitteln. Ein Grundbuchauszug ist eine wertvolle Informationsquelle, um die Werthaltigkeit des Grundstücks abschätzen zu können. Sofern das Grundstück mit Grundschulden und/oder Hypotheken belastet ist, besteht das Risiko, dass bei einer Zwangsversteigerung kein Erlös für den vollstreckenden Gläubiger verbleibt. Über ein Grundbuchportal (www.grundbuch-portal.de) kann online ein Grundbuchauszug angefordert werden. Dieser Dienst steht allerdings nicht allen Nutzern zur Verfügung. Nur bei Erfüllung der gesetzlichen Voraussetzungen werden Stellen zum automatisierten Abrufverfahren zugelassen. Ansonsten ist die Grundbucheinsicht bei den Grundbuchämtern jedem gestattet, der ein berechtigtes Interesse darlegen kann (§§ 12, 12 c GBO [Grundbuchordnung]). Teilweise kann auch eine Einsichtnahme in ein Grundstücksverzeichnis über das Katasteramt oder manche Amtsgerichte erfolgen.

Sonstiges Vermögen kann teilweise auch über Detekteien ermittelt werden. Gerade bei größeren Forderungen kann es für den Mandanten attraktiv sein, die Kosten für die Detekteien zu begleichen, wenn sich durch deren Auskünfte noch weitere Quellen erschließen lassen. Zu berücksichtigen ist jedoch, dass diese Kosten nur dann notwendige Kosten der Zwangsvollstreckung sind, wenn die Auskunft nicht einfacher und billiger hätte eingeholt werden können. Der Mandant muss darauf hingewiesen werden, dass das Risiko besteht, diese Kosten nicht vom Schuldner zu erlangen. Eine weitere Quelle sind die Kfz-Zulassungsstellen. Allerdings sind diese nur befugt, Auskünfte im Zusammenhang mit der Teilnahme am Straßenverkehr zu erteilen. Zudem muss der Halter eines Fahrzeugs nicht unbedingt dessen Eigentümer sein. Sofern gegen den Schuldner ein Strafverfahren geführt wurde, z. B. bei Schadenersatzansprüchen aus einem Verkehrsunfall, können durch Beiziehung der Ermittlungsakten ebenfalls Informationen über die Lebensumstände des Schuldners gewonnen werden.

Auskünfte sind weiterhin zu erhalten über Einwohnermeldeämter, Gewerberegisteranfragen, Handelsregisterauszüge, Anfrage bei der IHK oder das Ausländerzentralregister beim Bundesverwaltungsamt. Auch private Auskunfteien wie SCHUFA, Bürgel, Creditreform Boniversum, Deltavista u. a. liefern verschiedene Informationen, welche Vermögenswerte des Schuldners aufzeigen. Nicht zuletzt sind mittlerweile online sehr viele Informationen zu beschaffen. So bietet sich eventuell die Möglichkeit, über einen Internetauftritt des Schuldners noch weitere seiner Einnahmequellen aufzudecken.

Weiterhin können über eine Einsichtnahme in das Schuldnerverzeichnis auch verschiedene Angaben zum Schuldner (Personalien, Wohnsitz, Geburtsdatum, Eintragungsanordnung) abgefragt werden. Sollten diese Möglichkeiten keine (ausreichenden) Informationen liefern, ist nach Vorliegen der Vollstreckungsvoraussetzungen mit Titel, Klausel, Zustellung die sofortige Abnahme der Vermögensauskunft zu veranlassen. vgl. LF 12, Kap. 2.1.2

2.8.3 Umgehende Antragstellung

Um möglichst zeitsparend vorzugehen, kann z. B. mit dem Kostenfestsetzungsantrag bereits der Antrag auf Erteilung der Vollstreckungsklausel gestellt werden. Auch bei Ansprüchen auf vertretbare Handlungen ist mit der Beantragung der Ersatzvornahme bereits ein Antrag auf Kostenvorschuss stellbar, welcher genutzt werden sollte. Insgesamt sind Fristen, z. B. bei einem Aufforderungsschreiben, nicht zu großzügig zu setzen, um keine zeitliche Verzögerung hinnehmen zu müssen. Dass eine sorgfältige Überwachung der Wiedervorlage in diesem Zusammenhang ebenfalls erforderlich ist, sollte selbstverständlich sein. Mit dem Mandanten können bereits vor Einleitung von Zwangsvollstreckungsmaßnahmen ein weiteres Vorgehen und potenzielle Kosten besprochen werden, damit nicht vor weiteren Schritten langwierige Rückfragen erforderlich werden. vgl. LF 10, Kap. 4.2

Sofern Vermögenswerte bekannt sind, ist es auf jeden Fall sinnvoll, die schnellste Vollstreckungsmöglichkeit zu ergreifen. Die Sicherungsvollstreckung nach § 720 a ZPO sichert zumindest die Zwangsvollstreckung aus vorläufig vollstreckbaren Titeln. Die Vorpfändung erfüllt denselben Zweck bei der Vollstreckung von Geldforderungen in Forderungen und Rechte des Schuldners. Hier sollte jedoch die Monatsfrist für die Beantragung eines PfÜB beachtet werden, da ansonsten die Rang wahrende Wirkung der Vorpfändung entfällt. Auch ein Arrest bei Geldforderungen oder eine einstweilige Verfügung bei sonstigen Ansprüchen bieten die Möglichkeit, rasch Vermögenswerte zu beschlagnahmen, sodass Vollstreckungsmaßnahmen zur Verwertung dann abgewartet werden können. vgl. LF 12, Kap. 1.3.1, 2.3.4, 2.7

2.8.4 Auswahl zwischen Vollstreckungsmaßnahmen

Sobald Informationen vorliegen, stellt sich die Frage, welche Maßnahmen konkret ausgewählt werden sollen.

Kombination mehrerer Vollstreckungsmaßnahmen

Optimalerweise bietet es sich trotz entsprechender Kostenfolge an, mehrere Zwangsvollstreckungsmaßnahmen zeitgleich in die Wege zu leiten. So kann mit dem Sachpfändungsauftrag an den Gerichtsvollzieher zeitgleich die Vorpfändung in Forderungen des Schuldners verknüpft werden. Auch Vollstreckungsmaßnahmen durch verschiedene Vollstreckungsorgane, wie z. B. die Sachpfändung zeitgleich mit dem Antrag auf Erlass eines PfÜB, sind denkbar. Zwar muss jeweils der vollstreckbare Titel im Original vorgelegt werden. Aber zum einen kann z. B. der Gerichtsvollzieher darauf hingewiesen werden, dass das Original nach Überlassung durch das Vollstreckungsgericht zugeleitet wird. Zum anderen kommt auch ein Antrag auf Erteilung einer weiteren vollstreckbaren Ausfertigung eines Titels nach § 733 ZPO in Betracht. Unproblematisch können verschiedene Forderungen des Schuldners wie z. B. Arbeitsentgelt, Bankguthaben und Steuererstattungsansprüche in einem Antrag auf PfÜB gepfändet werden.

vgl. LF 12, Kap. 2.2.1

- **Sachpfändung**

  Die Sachpfändung ist in der Regel wenig Erfolg versprechend. Dennoch sollte auch hier genau geprüft werden, ob nicht eine Austauschpfändung oder eine Vorwegpfändung in Betracht kommt. Insbesondere bietet es sich an, bereits mit dem Sachpfändungsantrag vorsorglich einen Antrag auf Austauschpfändung zu stellen, damit der Gerichtsvollzieher die Möglichkeit einer vorläufigen Austauschpfändung berücksichtigt. Auch kann eine sog. Taschenpfändung Erfolge bringen. Diese erfolgt durch den Gerichtsvollzieher im Rahmen einer Sachpfändung durch körperliche Durchsuchung der vom Schuldner getragenen Kleider. Sie muss nicht unbedingt beim Schuldner zu Hause durchgeführt werden, sondern kann an jedem Ort erfolgen, an dem der Gerichtsvollzieher den Schuldner antrifft.

  ▶ Beispiel: Rechtsanwalt Peter Huber veranlasst für Traudel Haudik die Zwangsvollstreckung gegen Luise Wernerbeck. Über Luise Wernerbeck ist bekannt, dass diese als Pferdeheilpraktikerin selbstständig tätig ist. Sie kassiert immer bar bei ihren Kunden ab, sodass eine Forderungspfändung wenig Aussicht auf Erfolg hat. Rechtsanwalt Peter Huber erlangt durch Recherchen von Traudel Haudik Informationen darüber, welche Kunden in den nächsten Wochen aufgesucht werden. Er setzt sich deshalb mit der Gerichtsvollzieherin Beate Schnobel in Verbindung und schildert ihr die Sachlage. Zur Erledigung des Sachpfändungsauftrags fängt Gerichtsvollzieherin Beate Schnobel Luise Wernerbeck bei ihrem nächsten Kunden ab und pfändet das gezahlte Entgelt.

  Außerdem kann die Effektivität einer Sachpfändung auch dadurch gesteigert werden, dass für spezielle Vermögenswerte auch anderweitige Verwertungsvarianten gewählt werden.

So ist die öffentliche Versteigerung einer Briefmarkensammlung am Ort der Versteigerung nicht unbedingt zielführend, da interessierte fachkundige Bieter fehlen. Auf einer Briefmarkenbörse können in der Regel höhere Preise erzielt werden. Ein rascheres Vorgehen ist eventuell auch dadurch möglich, dass der Sachpfändungsauftrag mit dem Auftrag zur Abnahme der Vermögensauskunft kombiniert wird. Sofern der Schuldner nicht widerspricht, kann dann gleich im Anschluss an die (erfolglose) Sachpfändung die Vermögensauskunft vor Ort abgenommen werden, § 807 ZPO.

- **Forderungspfändung**

Die Forderungspfändung wird meistens als sehr effektiv angesehen, da diese weniger Aufwand mit sich bringt und durch die Vorpfändung eine Sicherungsmaßnahme vor dem Vorliegen aller Vollstreckungsvoraussetzungen bietet. Das Erfolgspotenzial kann dadurch erhöht werden, dass z. B. bei mehreren Arbeitsstellen eine Zusammenrechnung der Arbeitseinkommen beantragt wird oder bei Wegfall eines Unterhaltsberechtigten dessen Nichtberücksichtigung beantragt wird. Für Geldforderungen aus einer unerlaubten Handlung oder Unterhaltsforderungen des Gläubigers gelten im Übrigen nicht die Pfändungsgrenzen des § 850 c ZPO, sodass hier eine erweiterte Lohnpfändung möglich ist. Voraussetzung ist jedoch, dass zum einen im Vollstreckungstitel bereits die Anspruchsgrundlage der unerlaubten Handlung tituliert ist und zum anderen ein entsprechender Antrag gestellt wird.

vgl. LF 12, Kap. 2.3.5

Hinweis: Für die Beantragung eines PfÜB wegen Unterhaltsforderungen existiert ein gesondertes Formular, welches bei der Antragstellung heranzuziehen ist.

Die typischen Forderungen und Rechte des Schuldners wie Arbeitsentgelt, Bankguthaben oder Versicherungssummen sind sehr häufig im Visier der Gläubiger. Lohnenswert ist daher häufig auch, unbekanntere Anspruchsgruppen ins Auge zu fassen. So kann beispielsweise der sog. Taschengeldanspruch des Schuldners gegenüber seinem Ehegatten gepfändet werden.

▶ Beispiel: Der Schuldner gibt an, dass er kein eigenes Einkommen besitzt, da er den Haushalt führt. Seine Ehefrau verdient 3.250,00 € netto. Bedingt pfändbar nach § 850 b Abs. 1 Nr. 2 ZPO ist zum einen der Anspruch auf Familienunterhalt gegenüber seiner Ehefrau, der nach der Düsseldorfer Tabelle berechnet wird, sowie auch das bar zu leistende Taschengeld in Höhe von mindestens 5 % des Familieneinkommens. Eine Pfändbarkeit ergibt sich nach § 850 b Abs. 2 ZPO dann, wenn eine sonstige Vollstreckung fruchtlos ist und die Pfändung der Billigkeit entspricht.

Sofern der Schuldner Eigentümer einer Mietwohnung ist, kann nicht nur in die Immobilie vollstreckt werden. Es bietet sich zur Zeitersparnis auch an, gleichzeitig die Mieteinkünfte mittels PfÜB zu pfänden.

- **Immobiliarpfändung**
  Vor Vollstreckung in unbewegliches Vermögen ist dringend ein Grundbuchauszug einzuholen, um die Verwertungsmöglichkeiten besser einschätzen zu können. Die Zwangsversteigerung eines mit Hypotheken und Grundschulden völlig überlasteten Grundstücks nützt lediglich den vorrangigen Gläubigern. Die Eintragung einer Zwangssicherungshypothek ist hier das effektivste Mittel. Da diese schneller und kostengünstiger veranlasst werden kann, ist sie auch begleitend zu Zwangsversteigerungsanträgen oder einer Zwangsverwaltung zu empfehlen.

vgl. LF 12, Kap. 2.4.3

  Sofern aus dem Grundstück Einnahmen erzielt werden, z. B. bei Vermietung der Wohnung, können diese Einnahmen durch einen PfÜB gepfändet werden. Eine Zwangsverwaltung ist hier aber eventuell effektiver als eine sehr zeitaufwendige Zwangsversteigerung.

2.8.5 Chancen einer gütlichen Erledigung

Nach § 802 b Abs. 1 ZPO soll der Gerichtsvollzieher auch ohne entsprechenden Antrag auf eine gütliche Erledigung bedacht sein. Es bietet sich jedoch an, hier selbst die Initiative zu ergreifen. Ein Widerspruch gegen eine gütliche Erledigung (Modul F des Vollstreckungsauftrags an den Gerichtsvollzieher) ist dann ratsam, wenn bereits im Vorfeld der Eindruck entstanden ist, dass der Schuldner lediglich Absichtserklärungen abgibt, Ratenzahlungen aber bereits nach kürzester Zeit scheitern.

Sofern eine gütliche Erledigung in Betracht kommt, kann in Modul E des Vollstreckungsauftrags der Inhalt einer Zahlungsvereinbarung festgelegt werden. So bietet sich z. B. die Kombination einer Höchstfrist mit einer Mindestrate an. Dadurch wird das Verfahren beschleunigt. Der Gerichtsvollzieher ist bei einem Einverständnis mit Mindestraten daran gebunden. Die Einhaltung einer getroffenen Zahlungsvereinbarung ist sorgfältig zu überwachen, um bei einem Zahlungsverzug umgehend zu reagieren und die Zwangsvollstreckung wieder fortzusetzen.

Vor Abschluss einer Zahlungsvereinbarung sollten idealerweise genügend Informationen über die vorhandenen Vermögenswerte vorhanden sein. Dadurch kann besser abgeschätzt werden, ob eine Zwangsvollstreckung nicht schnellere und höhere Erlöse bringt. Die Realisierbarkeit des angebotenen Zahlungsplans ist so ebenfalls besser prüfbar.

▶ Beispiel: Der arbeitslose Schuldner ohne nennenswerte Vermögenswerte bietet eine monatliche Ratenzahlung von 500,00 € an. Dieses ist nur dann realistisch, wenn eine entsprechende Zahlungsquelle glaubhaft gemacht wird.

Generell bietet eine Zahlungsvereinbarung den Vorteil, dass der Schuldner meist daran interessiert ist, rasch eine Erledigung herbeizuführen, um weitere Kosten auslösende Maßnahmen zu verhindern.

Zusammenfassung

Informationsbeschaffung:
- Welche Vermögenswerte besitzt der Schuldner?
- Vermögensauskunft durch den Schuldner
- Erzwingungshaft zur Erlangung der Vermögensauskunft möglich
- Drittauskünfte über bestimmte Vermögenswerte
- Ermittlung des Aufenthaltsorts

Zwangsvollstreckung wegen Geldforderungen in

bewegliche körperliche Sachen:
- Sachpfändung
- Gewahrsam des Schuldners
- Unpfändbarkeit und Pfändungsverbote
- Verwertung, insbesondere Versteigerung
- besondere Pfändungsarten

Forderung und Rechte:
- Pfändungs- und Überweisungsbeschluss (PfÜB)
- Rangfolge der Pfändungen
- Vorpfändung zur Rangwahrung
- Verwertung mittels Überweisungsbeschluss
- Pfändungstabelle für Arbeitseinkommen
- P-Konto

Immobilien:
- Zwangsversteigerung der Immobilie
- Zwangsverwaltung = Erlöse, z. B. Mieteinnahmen aus der Immobilie
- Zwangssicherungshypothek

Eilverfahren:
- Sicherungsvollstreckung, § 720 a ZPO
- Vorpfändung, § 845 ZPO
- Arrest, §§ 916 ff. ZPO

Gütliche Erledigung:
- Zahlungsplan
- einstweilen Ruhen der Vollstreckung

Zwangsvollstreckung wegen sonstiger Ansprüche

Herausgabe beweglicher oder unbeweglicher Sachen:
- Wegnahme/Räumung
- durch Gerichtsvollzieher

Vornahme von Handlungen:
- **vertretbare Handlung:** Ersatzvornahme auf Kosten des Schuldners
- **unvertretbare Handlung:** Zwangsgeld oder Zwangshaft

Duldung oder Unterlassung:
Ordnungsgeld oder Ordnungshaft

Eilverfahren:
einstweilige Verfügung, §§ 935 ff. ZPO

Wiederholung und Vertiefung

1. Unter welchen Voraussetzungen ist eine Drittstellenauskunft möglich?
2. Welche Möglichkeiten bleiben dem Gläubiger, wenn der Schuldner nicht zum vereinbarten Termin zur Abgabe der Vermögensauskunft erscheint?
3. Beurteilen Sie, ob bzw. unter welchen Voraussetzungen eine wertvolle Uhr des Schuldners, die dieser seinem Vater ausgeliehen hat, gepfändet werden kann.
4. Am 12.07.2022 pfändet der Gerichtsvollzieher bei der Schuldnerin ein wertvolles Schmuckstück. Wann kann frühestens ein Versteigerungstermin angesetzt werden?
5. Erläutern Sie den Zweck einer Vorpfändung.
6. Unterscheiden Sie die beiden Überweisungsarten des § 835 Abs. 1 ZPO.
7. Welche Teile des Arbeitseinkommens des Schuldners sind unpfändbar oder nur teilweise pfändbar?
8. Welche Voraussetzung muss beim Antrag auf Eintragung einer Sicherungshypothek erfüllt sein?
9. In welchen Fällen ist vom Antrag auf Zwangsversteigerung einer Immobilie eher abzuraten?
10. Welchen Inhalt kann ein Zahlungsplan haben?
11. Welche Wirkung hat der Zahlungsplan?
12. Am 10.05.2022 wird das Arresturteil verkündet und dieses am 17.05.2022 dem Gläubiger zugestellt. Welche Fristen hat der Gläubiger bei der Vollziehung zu beachten?
13. Wodurch unterscheiden sich Arrest und einstweilige Verfügung?

3 Die Einwendungen gegen Vollstreckungsmaßnahmen

Bei der Durchführung der Zwangsvollstreckung können verschiedene Fehler auftreten. Betroffene haben deshalb die Möglichkeit, sich hiergegen zu wehren. Die Abwehrmöglichkeiten unterscheiden sich danach, welche Art von Fehler aufgetreten ist. Wenn Formalien der Zwangsvollstreckung durch die Vollstreckungsorgane nicht beachtet wurden, kommen die Erinnerung oder die sofortige Beschwerde als Rechtsbehelfe in Betracht. Bei materiell-rechtlichen Einwendungen, also solchen, die sich gegen den titulierten Anspruch oder die Vollstreckung durch den Gläubiger richten, muss geklagt werden. Daneben bestehen für den Schuldner noch verschiedene Schutzvorschriften unabhängig von Fehlern der Vollstreckungsorgane oder des Gläubigers.

Einwendungen gegen die Zwangsvollstreckung

formelle Einwendungen = Verfahrensfehler	materiell-rechtliche Einwendungen = gegen den Anspruch an sich	Schuldnerschutzmaßnahmen
• Erinnerung gegen Art und Weise der Zwangsvollstreckung, § 766 ZPO • sofortige Beschwerde, § 793 ZPO i. V. m. §§ 566 ff. ZPO	• Vollstreckungsabwehrklage, § 767 ZPO • Drittwiderspruchsklage, § 771 ZPO • Klage auf vorzugsweise Befriedigung, § 805 ZPO	• Schutzantrag nach § 712 ZPO • P-Konto, § 850 k ZPO • Änderung des unpfändbaren Betrags, § 850 f ZPO • Vollstreckungsschutzantrag, § 765 a ZPO

Für den vollstreckenden Gläubiger sind Kenntnisse über Einwendungsmöglichkeiten wichtig, um bei Einwendungen des Schuldners oder eines Dritten sachgerecht reagieren zu können.

Lernsituation

Rechtsanwältin Dr. Annette Neumann hat für Selina Willgart einen Vollstreckungsbescheid über eine Darlehensforderung in Höhe von 13.500,00 € gegen Ingo Epler erwirkt. Hieraus wurde die Zwangsvollstreckung betrieben. Nach den Informationen aus der eingeholten Vermögensauskunft wird neben der Pfändung seines

Arbeitsentgelts am 28.04.2022 auch die Sachpfändung eines wertvollen PC des Ingo Epler sowie eines E-Bikes eingeleitet.

Ingo Epler, der im Angestelltenverhältnis in der Personalverwaltung als Industriekaufmann tätig ist, wendet gegen die Zwangsvollstreckung des PC ein, dass er darauf seine Berichte an seinen Arbeitgeber schreibe. Es handele sich demnach um einen unpfändbaren Gegenstand nach § 811 Abs. 1 Nr. 5 ZPO. Der Gerichtsvollzieher erklärt daraufhin die Sachpfändung des PC als gescheitert und pfändet am 19.05.2022 lediglich das E-Bike.

Am 20.05.2022 meldet sich Herbert Fuchs per E-Mail bei der Kanzlei. Er verweist darauf, dass die Pfändung des E-Bikes nicht rechtens sei, da dieses nicht im Eigentum des Ingo Epler stehe. Er habe das E-Bike seinem Freund Ingo Epler geliehen. Darauf habe Ingo Epler den Gerichtsvollzieher auch hingewiesen, der aber dennoch die Pfändung durchgeführt habe. Herbert Fuchs verlangt nun von Selina Willgart, vertreten durch Rechtsanwältin Dr. Annette Neumann, die Freigabe seines E-Bikes.

Annika Sauer erhält am 20.05.2022 die Akte mit der Bitte, ein entsprechendes Vorgehen gegen die Zurückweisung der Pfändung des PC zu prüfen und ggf. den entsprechenden Schriftsatz zu entwerfen. Außerdem soll sie die E-Mail des Herbert Fuchs an die Mandantin Selina Willgart weiterleiten und diese über mögliche weitere Schritte von Herbert Fuchs informieren. Annika Sauer setzt sich daraufhin mit Julia Hoffmann zusammen und beide klären mithilfe der ZPO die Rechtslage.

Arbeitsaufträge:

a) Prüfen Sie, ob es sich bei dem PC des Ingo Epler um einen unpfändbaren Gegenstand handelt.

b) Bestimmen Sie die mögliche Vorgehensweise gegen die Zurückweisung der Pfändung des PC und die Zuständigkeit. Fertigen Sie den entsprechenden Schriftsatz an. Gehen Sie hierbei von folgenden Daten aus:
   - Titel: Vollstreckungsbescheid des Amtsgerichts – Mahngericht – Mayen vom 23.02.2022, Az. 22-0159683649-0-3
   - Gerichtsvollzieher: Marius Dankel
   - Vollstreckungsprotokoll vom 19.05.2022, Az.: DR II 148/22
   - Ingo Epler, Eibenweg 17, 76297 Stutensee

c) Prüfen Sie, ob die Pfändung des E-Bike durch den Gerichtsvollzieher rechtmäßig war.

d) Erläutern Sie, wie Herbert Fuchs bei einer Ablehnung der Freigabe weiter vorgehen kann und begründen Sie, weshalb er zuvor die Gläubigerin zur Freigabe aufgefordert hat.

Web

e) Vergleichen Sie Ihr Ergebnis mit dem Ihrer Mitschüler.

f) Reflektieren Sie anschließend Ihr Wissen anhand des Fragebogens, den Sie im Downloadbereich zum Buch finden.

3.1 Formelle Einwendungen

Die Vollstreckungsorgane müssen die Formalien, insbesondere die der ZPO, bei Durchführung der Zwangsvollstreckung beachten. Je nachdem, ob eine Vollstreckungsmaßnahme oder eine Vollstreckungsentscheidung fehlerhaft ist, stehen die Rechtsbehelfe der Erinnerung oder der sofortigen Beschwerde zur Verfügung. Diese richten sich gegen die Art und Weise der Durchführung der Zwangsvollstreckung.

3.1.1 Erinnerung

Gegen fehlerhafte **Vollstreckungsmaßnahmen** eines Vollstreckungsorgans kann Erinnerung nach § 766 ZPO eingelegt werden. Die Vollstreckungsmaßnahme ist in diesem Zusammenhang dadurch gekennzeichnet, dass **keine vorherige Anhörung des Schuldners** erfolgt.

▶ Beispiele:

- Die Sachpfändung erfolgt ohne vorherige Anhörung des Schuldners. Es handelt sich demnach um eine Vollstreckungsmaßnahme. Wenn der Gerichtsvollzieher ein Fernsehgerät als unpfändbaren Gegenstand nach § 811 Abs. 1 Nr. 1 ZPO pfändet, kann sich der Schuldner hiergegen mit der Erinnerung wehren. vgl. LF 12, Kap. 2.2
- Dasselbe gilt, wenn der Rechtspfleger beim Vollstreckungsgericht einen Pfändungs- und Überweisungsbeschluss erlässt, wonach in ein P-Konto gepfändet wird. vgl. LF 12, Kap. 2.3
- Ebenso kann der Gläubiger Erinnerung einlegen, wenn sich der Gerichtsvollzieher weigert, eine Drittauskunft einzuholen, obwohl die gesetzlichen Voraussetzungen vorliegen. vgl. LF 12, Kap. 2.1
- Auch einem Dritten steht der Rechtsbehelf offen, wenn z. B. bei einem Dritten eine im Eigentum des Schuldners stehende Sache im Rahmen der Sachpfändung gepfändet wird, obwohl der Dritte nicht zur Herausgabe bereit ist. vgl. LF 12, Kap. 2.2

Hierbei kann es sich um Vollstreckungsmaßnahmen folgender **Vollstreckungsorgane** handeln:

- des Gerichtsvollziehers bei Vornahme oder Ablehnung eines Vollstreckungsakts
- des Rechtspflegers beim Vollstreckungsgericht nach § 11 Abs. 1 RPflG i. V. m. § 766 Abs. 1 ZPO

Lediglich in Ausnahmefällen handelt es sich bei Vollstreckungsakten durch den Richter beim Vollstreckungsgericht um Maßnahmen i. S. d. § 766 ZPO. Im Regelfall wird eine Entscheidung vorliegen, sodass mit der sofortigen Beschwerde dagegen vorzugehen ist. Dasselbe gilt auch bei Vollstreckungsakten des Prozessgerichts I. Instanz. Bei Vollstreckungshandlungen des Grundbuchamts ist die Beschwerde nach der Grundbuchordnung (§§ 71 ff. GBO) der entsprechende Rechtsbehelf.

Zuständig für die Entscheidung über die Erinnerung ist sachlich gem. §§ 766 Abs. 1 S. 1, 764 Abs. 2 ZPO das Amtsgericht – Vollstreckungsgericht – und funktionell der Richter gem.

§ 20 Nr. 17 RPflG. Nach § 764 Abs. 2 ZPO ist örtlich das Amtsgericht zuständig, in dessen Bezirk das Vollstreckungsverfahren stattfindet. Vor der Entscheidung durch das Vollstreckungsgericht kann aber das Vollstreckungsorgan, welches die fehlerhafte Vollstreckungsmaßnahme durchgeführt hat, noch abhelfen, also seine eigene Maßnahme korrigieren. Das Vollstreckungsgericht entscheidet durch richterlichen Beschluss. Sofern die Erinnerung zulässig und begründet ist, wird die Vollstreckungsmaßnahme aufgehoben oder für unzulässig erklärt oder das Vollstreckungsorgan angewiesen, die vom Gläubiger beantragte Vollstreckungsmaßnahme durchzuführen.

Erinnerungsbefugt ist jedermann, der durch die Vollstreckungsmaßnahme betroffen ist. Hierbei kann es sich um den Gläubiger handeln, wenn eine Vollstreckungsmaßnahme abgelehnt wird. Wird eine Vollstreckungsmaßnahme durchgeführt, kann sowohl ein Dritter, z. B. bei Pfändung eines nicht zur Herausgabe bereiten Dritten (§ 809 ZPO), als auch der Schuldner erinnerungsbefugt sein.

Der **Antrag** lautet für den Gläubiger wie folgt:

Es wird beantragt, den Gerichtsvollzieher ... anzuweisen, die ... (beantragte Vollstreckungsmaßnahme) durchzuführen.

Für Schuldner oder Dritte lautet der Antrag:

Es wird beantragt, die von Gerichtsvollzieher ... unter dem Geschäftszeichen ... beim Schuldner durchgeführte Pfändung in ... (den Pfandgegenstand) für unzulässig zu erklären.

Eine **Frist** ist für diesen Rechtsbehelf nicht bestimmt. Es sollte aber möglichst rasch reagiert werden, da z. B. durch Zuschlag in der Versteigerung das Eigentum an der Sache auf den Erwerber übergeht und dann nur noch Schadenersatzansprüche verbleiben. Die Erinnerung ist damit unzulässig, wenn die angefochtene Vollstreckungsmaßnahme beendet ist. Dies ist bei einer Sachpfändung dann der Fall, wenn der Versteigerungserlös an den Gläubiger ausgekehrt ist. Bei der Forderungspfändung ist die Erinnerung nach Zahlung durch den Drittschuldner an den Gläubiger unzulässig.

Die ZPO enthält keine Bestimmungen zur **Form** der Erinnerung. Diese kann daher auch formlos, z. B. zu Protokoll der Geschäftsstelle, eingelegt werden.

Begründet ist die Erinnerung des Gläubigers, wenn eine Vollstreckungsmaßnahme nicht durchgeführt wird, obwohl die Vollstreckungsvoraussetzungen vorliegen und keine Pfändungsgrenzen gegeben sind.

▶ Beispiele:
- Weigerung des Gerichtsvollziehers, einen Vollstreckungsauftrag durchzuführen
- Gerichtsvollzieher erledigt Vollstreckungsauftrag nicht in angemessener Zeit
- Gerichtsvollzieher setzt zu hohen Kostenvorschuss für die Zwangsvollstreckung an

Die Erinnerung des Schuldners oder eines Dritten ist dann begründet, wenn Verfahrensfehler vorliegen.

▶ Beispiele:
- Pfändung unpfändbarer Gegenstände
- Pfändung durch unzuständiges Vollstreckungsorgan
- ordnungsgemäße Vollstreckungsklausel fehlt
- Überpfändung
- Sicherheitsleistung wurde nicht hinterlegt

Hinweis: In LF 12, Kap. 6.3.1 finden Sie ein Formulierungsbeispiel für ein Erinnerungsschreiben nach § 766 ZPO.

Eine spezielle Erinnerungsmöglichkeit ist die **Klauselerinnerung** nach § 732 ZPO wegen einer zu Unrecht erteilten Vollstreckungsklausel. Im Unterschied zu einer Erinnerung nach § 766 ZPO wegen fehlender Vollstreckungsklausel, werden nach § 732 ZPO Einwendungen gegen die erteilte Vollstreckungsklausel vorgebracht. Es handelt sich hierbei um formelle Einwendungen, dass die Klausel unzulässig erteilt wurde. Begründet ist die Erinnerung, wenn die Voraussetzungen für die Erteilung der Vollstreckungsklausel nicht vorliegen. vgl. LF 12, Kap. 1.3.2

▶ Beispiele:
- Ein wirksamer Titel fehlt, da dieser zuvor aufgehoben wurde.
- Das Urteil ist nicht vorläufig vollstreckbar oder rechtskräftig.
- Der Titel hat keinen vollstreckungsfähigen Inhalt, da der Tenor zu unbestimmt ist.
- Die Klausel wurde unter Verletzung von Verfahrensvorschriften, z. B. durch einen unzuständigen Beamten, erteilt.

Zuständig ist das Prozessgericht, von dessen Urkundsbeamten oder Rechtspfleger die Klausel erlassen wurde (§ 732 Abs. 1 S. 1 ZPO). Die Klauselerinnerung ist schriftlich oder zu Protokoll der Geschäftsstelle (entspr. § 569 Abs. 2, 3 ZPO) einzulegen. Auch hier besteht keine Frist, die Erinnerung ist aber ebenso wie die Erinnerung nach § 766 ZPO nur vor Beendigung der Zwangsvollstreckung zulässig.

Der Schuldner hat bei beiden Erinnerungsarten noch die Möglichkeit, gem. § 766 Abs. 1 S. 2 ZPO i. V. m. § 732 Abs. 2 ZPO den Antrag zu stellen, dass bis zur Entscheidung über die Erinnerung die Zwangsvollstreckung einstweilen eingestellt wird. Dies ist erforderlich, weil die Erinnerung selbst nicht die weitere Zwangsvollstreckung hemmt.

3.1.2 Sofortige Beschwerde

Gegen **Entscheidungen** des Vollstreckungsgerichts, die ohne mündliche Verhandlungen ergehen, findet die sofortige Beschwerde nach § 793 ZPO statt. Die Entscheidung ist im Unterschied zur Vollstreckungsmaßnahme dadurch gekennzeichnet, dass der Schuldner vorher angehört wird.

Beschwerdeberechtigt sind, wie bei der Erinnerung, Schuldner, Gläubiger oder auch Dritte, sofern sie durch die Entscheidung beschwert sind.

▶ Beispiele:
- Das Vollstreckungsgericht lehnt eine durch den Gläubiger beantragte richterliche Durchsuchungsanordnung ab.
- Das Vollstreckungsgericht erlässt einen Haftbefehl gegen den Schuldner, der die Abgabe einer Vermögensauskunft verweigert.
- Das Vollstreckungsgericht hebt aufgrund einer Erinnerung des Schuldners den erlassenen Pfändungs- und Überweisungsbeschluss auf.
- Der Schuldner wendet sich mit der sofortigen Beschwerde gegen die Zulassung einer Austauschpfändung.

vgl. LF 11, Kap. 1.4.1

Für die sofortige Beschwerde gelten die Voraussetzungen der §§ 567 ff. ZPO. Die sofortige Beschwerde kann demnach sowohl beim Vollstreckungsgericht wie auch beim Beschwerdegericht **eingelegt** werden (§ 569 Abs. 1 S. 1 ZPO). Für die Einlegung besteht kein Anwaltszwang (§§ 569 Abs. 3, 78 Abs. 3 ZPO). Für eine – sehr selten stattfindende – mündliche Verhandlung vor der Beschwerdekammer müsste jedoch ein Rechtsanwalt gem. §§ 572 Abs. 4, 128 Abs. 4 ZPO herangezogen werden.

Zuständiges Beschwerdegericht ist nach § 72 Abs. 1 S. 1 GVG das Landgericht, da dieses dem Amtsgericht – Vollstreckungsgericht – übergeordnet ist.

Nach § 569 Abs. 2 ZPO ist bei der Beschwerde die **Form** einer Beschwerdeschrift zu beachten. Die Beschwerde kann unter bestimmten Voraussetzungen auch zu Protokoll der Geschäftsstelle eingelegt werden. Dies ist z. B. dann der Fall, wenn das Verfahren nicht als Anwaltsprozess zu führen war. Dieses ist beim Zwangsvollstreckungsverfahren der Fall. Die Beschwerdeschrift muss Folgendes enthalten:
- Bezeichnung der angefochtenen Entscheidung
- Erklärung, dass Beschwerde eingelegt wird

Die sofortige Beschwerde ist fristgebunden. Für die Einlegung ist eine **Notfrist von zwei Wochen** seit Zustellung der Entscheidung zu beachten (§ 569 Abs. 1 S. 1 ZPO).

Tipp: Für den Schuldner oder einen Dritten empfiehlt es sich, die sofortige Beschwerde mit einem Antrag auf Aussetzung der Vollziehung der angefochtenen Entscheidung (§ 570 Abs. 2, 3 ZPO) zu verbinden. Dadurch kann verhindert werden, dass die Zwangsvollstreckung während der Durchführung der sofortigen Beschwerde weiter betrieben wird.

Sofern die sofortige Beschwerde als unzulässig erachtet wird, wird sie durch Beschluss verworfen:

Tenor	„Die sofortige Beschwerde des ... gegen den Beschluss des Amtsgerichts ... vom ..., Az.: ..., wird verworfen."

Davon unterscheidet sich der Tenor, wenn die sofortige Beschwerde als unbegründet erachtet wird:

Tenor	„Die sofortige Beschwerde des ... gegen den Beschluss des Amtsgerichts ... vom ..., Az.: ..., wird zurückgewiesen."

Gegen die Entscheidung über die sofortige Beschwerde ist die Rechtsbeschwerde zum Bundesgerichtshof nur dann möglich, wenn sie durch das Beschwerdegericht in der Entscheidung zugelassen wurde (§ 574 Abs. 1 Nr. 2 ZPO). vgl. LF 11, Kap. 1.4.2

Hinweis: In LF 12, Kap. 6.3.2 finden Sie ein Formulierungsbeispiel für eine sofortige Beschwerde.

Merke: Vollstreckungsmaßnahmen erfolgen ohne Anhörung. Bei fehlerhaften Vollstreckungsmaßnahmen ist die Erinnerung gegeben. Vollstreckungsentscheidungen erfolgen nach Anhörung. Hiergegen kann mit der sofortigen Beschwerde vorgegangen werden.

3.2 Materiell-rechtliche Einwendungen

Materiell-rechtliche Einwendungen richten sich nicht gegen Verfahrensvorschriften, sondern gegen den Anspruch an sich. Die Gegenseite ist hierbei jeweils der Gläubiger, welcher den entsprechenden Anspruch verfolgt bzw. die Zwangsvollstreckung betreibt.

3.2.1 Drittwiderspruchsklage

Zweck der Drittwiderspruchsklage nach § 771 ZPO ist, dass lediglich das Schuldnervermögen zugunsten des Gläubigers verwertet werden soll, nicht aber das Vermögen eines Dritten. Der Gerichtsvollzieher muss bei der Pfändung grds. die Eigentumsverhältnisse nicht prüfen. Wenn also der Gerichtsvollzieher Eigentum eines Dritten, welches sich im Gewahrsam des Schuldners befindet, pfändet, so ist dies rechtlich zulässig. Die Erinnerung nach § 766 ZPO ist demnach nicht der richtige Rechtsbehelf, da die Art und Weise der Zwangsvollstreckung nicht zu beanstanden ist. Hier muss mit der Drittwiderspruchsklage nach § 771 ZPO gegen die Durchführung der Zwangsvollstreckung an sich geklagt werden.

vgl. LF 12, Kap. 2.2

Beanstandet wird die Zwangsvollstreckung in einen konkreten Gegenstand. Zielsetzung ist die Aufhebung der Zwangsvollstreckung in diesen Vermögensgegenstand, sodass der entsprechende **Klageantrag** lautet:

„Es wird beantragt, die Zwangsvollstreckung in ... (bestimmter, gepfändeter Gegenstand) aufzuheben."

Da die Zwangsvollstreckung durch Erhebung der Drittwiderspruchsklage nicht gehemmt wird, sollte die Klage mit dem Antrag auf vorläufige Einstellung der Zwangsvollstreckung nach §§ 771 Abs. 3, 769 ZPO verbunden werden. Entschieden wird über diesen Antrag durch ein Gestaltungsurteil.

Parteien dieser Klage sind der Eigentümer als Kläger gegen den vollstreckenden Gläubiger als Beklagten. Der Schuldner kann als Streitgenosse mit einbezogen werden (§ 771 Abs. 2 ZPO).

Exkurs: Die Streitgenossenschaft wird auch subjektive Klagehäufung genannt. In einem Rechtsstreit sind entweder auf Kläger- oder auf Beklagtenseite mehrere Personen beteiligt. Im Rahmen der Drittwiderspruchsklage können auf der Beklagtenseite Gläubiger und Schuldner beteiligt sein. Da der Dritte sein Eigentum geltend macht, welches sich im Gewahrsam des Schuldners befindet, ist es zweckmäßig, auch den Schuldner mit einzubeziehen.

Die sachliche **Zuständigkeit** richtet sich nach dem Verkehrswert des gepfändeten Gegenstands. Bei einem Wert bis zu 5.000,00 € ist demnach das Amtsgericht, ansonsten das Landgericht zuständig. Örtlich ist das Gericht zuständig, in dessen Bezirk die Zwangsvollstreckung erfolgt ist (§ 771 Abs. 1 ZPO).

Es besteht jedoch das Risiko, dass der Gläubiger den Anspruch des Eigentümers auf Freigabe des gepfändeten Gegenstands im Prozess sofort anerkennt und die Zwangsvollstreckung in diesen Vermögenswert nicht weiterverfolgt. Der klagende Eigentümer hätte dann nach § 93 ZPO die Kosten des Verfahrens zu tragen. Daher ist ihm dringend zu empfehlen, vor Klageerhebung eine **Freigabeaufforderung** an den Gläubiger zu richten.

Hinweis: Die Drittwiderspruchsklage nach § 771 ZPO ist nicht mit der Drittschuldnerklage zu verwechseln. Bei der Drittwiderspruchsklage klagt der Eigentümer (Dritter) auf Aufhebung der Zwangsvollstreckung in sein Eigentum. Im Unterschied dazu klagt bei der Drittschuldnerklage der Gläubiger gegen den Drittschuldner auf Begleichung seiner Forderung.

Web

Im Downloadbereich finden Sie zusätzlich z. B. einer Drittwiderspruchsklage auch ein Beispiel für ein Freigabeaufforderungsschreiben.

vgl. LF 12, Kap. 6.3.3

3.2.2 Klage auf vorzugsweise Befriedigung

vgl. LF 8, Kap. 1,5; LF 12, Kap. 2.2.1

Nach § 805 ZPO steht dem Inhaber eines besitzlosen Pfand- oder Vorzugsrechts an einer beweglichen Sache die Klage auf vorzugsweise Befriedigung aus dem Erlös zu. Pfandrechte können sowohl durch vertragliche Vereinbarung oder aufgrund einer gesetzlichen Regelung oder auch durch Pfändung entstehen. Besitzlos ist das Pfandrecht dann, wenn der Pfandgläubiger die Pfandsache nicht in Händen hält. Der Pfandgläubiger hat keinen Anspruch auf das Pfand an sich, aber auf Befriedigung aus dem Erlös. Sofern dieses Pfandrecht rangmäßig vorgeht, kann die Klage nach § 805 ZPO gegen den vollstreckenden Gläubiger erhoben werden.

▶ Beispiel: Maria Feinster hat ihre Wohnung an Kai Dangelhaus vermietet. Ihr Vermieterpfandrecht (§§ 562 ff. BGB) erstreckt sich auf alle eingebrachten Sachen des Kai Dangelhaus. Sigurd Zarik betreibt aufgrund einer titulierten Forderung gegen Kai Dangelhaus die Sachpfändung und lässt einen wertvollen Bauernschrank in der Mietwohnung des Kai Dangelhaus pfänden. Eine Drittwiderspruchsklage nach § 771 ZPO ist Maria Feinster nicht möglich, da sie keinen Anspruch auf den wertvollen Bauernschrank besitzt. Dessen Zwangsvollstreckung kann sie also nicht verhindern. Maria Feinster kann aber im Weg der Klage auf vorzugsweise Befriedigung erreichen, dass zunächst ihre offenen Forderungen gegen Kai Dangelhaus aus dem Versteigerungserlös beglichen werden, da ihr Vermieterpfandrecht zeitlich vor dem Pfändungspfandrecht der Sigurd Zarik entstanden ist und daher diesem rangmäßig vorgeht. Dabei kommt es gem. § 805 Abs. 1 ZPO nicht darauf an, ob die offenen Forderungen der Maria Feinster fällig sind oder nicht.

Begehrt wird die vorzugsweise Befriedigung aus dem Versteigerungserlös, sodass der entsprechende **Klageantrag** wie folgt lautet:

„Es wird beantragt, den Kläger vor dem Beklagten bis zu einem Betrag in Höhe von ... € aus dem Erlös des durch den Gerichtsvollzieher ... am ..., Geschäftszeichen: ..., gepfändeten ... (Gegenstand) zu befriedigen."

Die Zwangsvollstreckung an sich ist nicht (einstweilen) einzustellen. Allerdings ist es für den Kläger ratsam, eine Hinterlegung des Verwertungserlöses bis zur rechtskräftigen Entscheidung der Klage auf vorzugsweise Befriedigung gem. § 805 Abs. 4 S. 1 ZPO zu beantragen.

Parteien dieser Klage sind der besitzlose Pfandgläubiger als Kläger gegen den vollstreckenden Gläubiger als Beklagten. Der Schuldner kann wiederum als Streitgenosse mit einbezogen werden (§ 805 Abs. 3 ZPO).

Die sachliche **Zuständigkeit** richtet sich nach dem Verkehrswert des gepfändeten Gegenstands. Bei einem Wert bis zu 5.000,00 € ist demnach das Amtsgericht als Vollstreckungsgericht, ansonsten das Landgericht zuständig. Örtlich ist das Gericht zuständig, in dessen Bezirk die Zwangsvollstreckung erfolgt ist (§ 805 Abs. 2 ZPO).

Web Im Downloadbereich finden Sie ein Beispiel einer Klage auf vorzugsweise Befriedigung.

3.2.3 Vollstreckungsabwehrklage

Im Unterschied zur Drittwiderspruchsklage wendet sich bei der Vollstreckungsabwehrklage, auch Vollstreckungsgegenklage genannt, gem. § 767 ZPO der Schuldner gegen die Zwangsvollstreckung insgesamt. Die Einwendungen des Schuldners richten sich gegen den titulierten Anspruch an sich.

▶ Beispiele:

- Zahlung oder Stundung der Forderung
- Aufrechnung gegen die titulierte Forderung
- erfolgreiche Anfechtung oder Erlöschen der Forderung
- Verjährung der Forderung

Zu beachten ist aber, dass diese Einwendungen erst nach dem Schluss der mündlichen Verhandlung entstehen dürfen (§ 767 Abs. 2 ZPO). Der Schuldner muss die Einwendungen also gegen den titulierten Anspruch und nicht gegen das Urteil erheben. Wenn also z. B. die Aufrechnungsmöglichkeit bereits vor dem Urteil bestand, kann sie nicht nach der Titulierung erst gegen die Zwangsvollstreckung vorgebracht werden. Zeitlich kann die Vollstreckungsabwehrklage daher nur zwischen Beginn und Beendigung der Zwangsvollstreckung erhoben werden.

Im Unterschied zur Drittwiderspruchsklage lautet der **Antrag** auf Aufhebung der Zwangsvollstreckung aus diesem Titel insgesamt. Er ist daher wie folgt zu formulieren:

> „Es wird beantragt, die Zwangsvollstreckung aus ... (Titel) des ... (Gericht) vom ..., Az.: ..., für unzulässig zu erklären."

Auch hier sollte im Wege der einstweiligen Anordnung nach § 769 Abs. 1 ZPO beantragt werden, dass die Zwangsvollstreckung während der Vollstreckungsabwehrklage eingestellt wird oder nur gegen Sicherheitsleistung fortgesetzt werden darf.

Parteien sind der Schuldner als Kläger gegen den Gläubiger als Beklagten.

Zuständig ist das Prozessgericht des ersten Rechtszugs (§ 767 Abs. 1 ZPO), also das Gericht, welches für die Titulierung der Forderung des Gläubigers in erster Instanz zuständig war. Es handelt sich also um das Gericht, welches den Vollstreckungstitel geschaffen hat. Die sachliche und örtliche Zuständigkeit wird demnach durch die Forderung bestimmt, welche vollstreckt wird.

Hinweis: In LF 12, Kap. 6.3.4 finden Sie eine Formulierung für eine Vollstreckungsabwehrklage.

vgl. LF 12, Kap. 6.3.4

3.3 Der Vollstreckungsschutz in der Zwangsvollstreckung

Neben den formellen und materiell-rechtlichen Einwendungen sieht die ZPO noch verschiedene besondere Vollstreckungsschutzvorschriften vor. Die Vorschriften für die Durchführung der Zwangsvollstreckung wurden ebenso wie die Rechte Dritter beachtet. Die Zwangsvollstreckung ist also völlig korrekt abgelaufen, allerdings besteht ein Bedürfnis nach Schutz.

3.3.1 Schutzantrag während der vorläufigen Vollstreckbarkeit eines Urteils

Bereits das Erfordernis einer Sicherheitsleistung schützt den Schuldner vor den Folgen einer Zwangsvollstreckung bei lediglich vorläufiger Vollstreckbarkeit. Wenn die Zwangsvollstreckung aber dem Schuldner einen nicht (durch Sicherheitsleistung) ersetzbaren Nachteil bringt, kann der Schuldner nach § 712 ZPO beantragen, dass er die Vollstreckung durch Sicherheitsleistung abwenden kann.

▶ Beispiel: Werner Finke klagt gegen Yasmin Pündel auf Zahlung einer Mietzinsforderung in Höhe von 4.860,00 €. Yasmin Pündel ist als selbstständige Heilpraktikerin tätig. Sie wehrt sich gegen die Mietzinsforderung, da sie mangels entsprechender Heizung bereits Vermögenseinbußen beim Betreiben ihrer Tätigkeit hinnehmen musste. Sollte nun die Zwangsvollstreckung aus dem Urteil des Amtsgerichts betrieben werden, würde dieses die wirtschaftliche Existenz von Yasmin Pündel bedrohen, da die Zwangsvollstreckung Kunden abschrecken könnte. Die Bedrohung ihrer wirtschaftlichen Existenz kann eine Sicherheitsleistung nicht ersetzen.

Bei der Entscheidung über den Schutzantrag werden die Interessen des Schuldners an der Abwehr der Zwangsvollstreckung mit denen des Gläubigers an der vorläufigen Vollstreckbarkeit abgewogen.

Der Schutzantrag des Schuldners kann in allen Verfahren gestellt werden, in denen das zu erwartende Urteil für vorläufig vollstreckbar zu erklären ist. Der Antrag muss nach §§ 712, 714 Abs. 1 ZPO vor Schluss der mündlichen Verhandlung, auf die das Urteil ergeht, gestellt werden.

vgl. LF 12, Kap. 1.3.1

Sofern der Schuldner nicht in der Lage ist, Sicherheit zu leisten, besteht die Möglichkeit, dass gem. § 712 Abs. 1 S. 2 ZPO entweder das Urteil nicht für vorläufig vollstreckbar zu erklären ist oder die Vollstreckung auf eine Sicherungsvollstreckung gem. § 720 a ZPO beschränkt wird.

3.3.2 Vollstreckungsschutz bei Forderungspfändung

Die Regelungen zur Unpfändbarkeit sichern die Existenzgrundlage des Schuldners. Es sind jedoch Fälle denkbar, in denen dieser Schutz nicht ausreicht.

Wenn der Gläubiger das Arbeitseinkommen und Bankguthaben des Schuldners pfändet, besteht das Risiko, dass das Bankkonto, auf welches nur der unpfändbare Teil des Arbeitseinkommens eingezahlt wird, vollständig gepfändet wird. Die gesetzlichen Regelungen zur Unpfändbarkeit laufen in diesem Fall ins Leere, da durch die Pfändung des Bankguthabens diese Beträge dem Schuldner nicht mehr zur Verfügung stehen. Dies kann der Schuldner durch Einrichtung eines Pfändungsschutzkontos gem. § 850 k ZPO verhindern.

Nach § 850 f Abs. 1 ZPO kann der Schuldner eine Erhöhung des unpfändbaren Betrags beantragen. Hierzu muss er alternativ folgende Gründe nachweisen:

- Der notwendige Lebensunterhalt des Schuldners und seiner Unterhaltsberechtigten im Sinn des Sozialgesetzbuchs ist nicht gedeckt.
- besondere Bedürfnisse des Schuldners aus persönlichen (z. B. Krankheit) oder beruflichen (z. B. Mehrkosten für Anfahrtswege) Gründen
- gesteigerte Unterhaltspflichten, z. B. Krankheit der Unterhaltsberechtigten oder hohe Anzahl der Unterhaltsberechtigten

Wenn einer der drei genannten Gründe vorliegt, wird das Interesse des Schuldners mit den Belangen des Gläubigers abgewogen. Sofern der Gläubiger selbst durch eine Reduzierung der Zwangsvollstreckungsmöglichkeit in eine finanzielle Notlage gerät, kann dieses dem Schutzantrag des Schuldners entgegengehalten werden.

Hinweis: Nach §§ 850 i, 851 a, 851 b, 851 c, 851 d ZPO kann auch Pfändungsschutz für andere Einnahmen erreicht werden, z. B. für:

- Mietzinsen, soweit hierdurch notwendige Instandsetzungsarbeiten beglichen werden sollen (§ 851 b Abs. 1 S. 1 ZPO)
- Einnahmen von Landwirten, soweit diese den Unterhalt des Schuldners, seiner Familie und seiner Arbeitnehmer abdecken (§ 851 Abs. 1 ZPO)
- Einnahmen aus selbstständiger Tätigkeit, soweit dadurch der Lebensunterhalt des Schuldners und seiner Familie sowie die Aufrechterhaltung seiner Tätigkeit sicherzustellen ist (§ 850 i Abs. 1 S. 1 ZPO)

Orientierungspunkt für die Ermittlung des pfändungsfreien Betrags anderer Einnahmequellen sind die Kriterien, die für die Pfändbarkeit von Arbeitseinkommen gelten. vgl. LF 12, Kap. 2.3.5

3.3.3 Allgemeiner Vollstreckungsschutz

Nach § 765 a ZPO hat der Schuldner die Möglichkeit, einen Vollstreckungsschutzantrag in den Fällen zu stellen, in denen kein spezielles Vollstreckungsverbot greift, die Zwangsvollstreckung jedoch unverhältnismäßig oder unbillig ist. Spezielle Vollstreckungsverbote und die Einwendungsmöglichkeit der Erinnerung nach § 766 ZPO gehen dem Vollstreckungsschutzantrag vor **(Subsidiarität)**. Damit soll der Vollstreckungsschutzantrag eine absolute Ausnahme bleiben und ist nur unter sehr engen Voraussetzungen einsetzbar.

Zuständig ist das Vollstreckungsgericht, in dessen Bezirk die Zwangsvollstreckung stattfindet (§ 765 a ZPO). Der **Antrag** kann gegen alle Maßnahmen aller Vollstreckungsorgane gerichtet werden, sofern keine spezielleren Einwendungsmöglichkeiten greifen, also die Subsidiarität des Vollstreckungsschutzantrags beachtet wird. Der Antrag lautet auf Untersagung der Maßnahme, einstweilige Einstellung oder Aufhebung der Zwangsvollstreckung.

▶ Beispiel:

„Es wird beantragt, die Zwangsvollstreckung aus ... (Titel) des ... (Gericht) vom ..., Az.: ..., gem. § 765 a ZPO einstweilen einzustellen."

Der Antrag ist dann begründet, wenn die Abwägung zwischen Schutzbedürfnis des Gläubigers und sittenwidriger Härte für den Schuldner zugunsten des Schuldners zu entscheiden ist. Dieser muss die üblichen Härten einer Zwangsvollstreckung hinnehmen. Lediglich ausnahmsweise kann bei besonderen Umständen ein Vollstreckungsschutz erreicht werden. Hauptanwendungsfälle des Vollstreckungsschutzes sind die Zwangsversteigerung und die Räumungsvollstreckung.

Vollstreckungsschutzantrag in der Zwangsversteigerung

Anerkannter Grund für einen Vollstreckungsschutzantrag in der Zwangsversteigerung einer Immobilie des Schuldners ist eine konkrete Gefahr für Leib und Leben des Schuldners oder seiner nahen Angehörigen durch die Zwangsversteigerung. Dies kann insbesondere der Fall sein, wenn die Schuldnerin oder Ehefrau des Schuldners kurz vor der Geburt eines Kinds steht. Auch das ernsthafte Risiko eines Suizids bei Durchführung, welches durch ärztliches Attest nachzuweisen ist, steht zumindest einstweilen einer Zwangsversteigerung entgegen.

Vollstreckungsschutzantrag in der Räumungsvollstreckung

Bei einer Räumungsvollstreckung muss die Frist des § 765 a Abs. 3 ZPO beachtet werden. Ein Räumungsschutzantrag muss innerhalb von zwei Wochen vor dem durch den Gerichtsvollzieher festgesetzten Räumungstermin erfolgen. Ausnahmsweise ist auch eine spätere Antragstellung zulässig, wenn entweder die Gründe vor dem Antrag später entstanden sind oder der Schuldner unverschuldet nicht rechtzeitig den Vollstreckungsschutz beantragen konnte (§ 765 a Abs. 3 ZPO).

Der Räumungsschutzantrag ist jedoch ebenfalls subsidiär zu anderen Möglichkeiten. Zum einen kann nach § 721 ZPO beim Prozessgericht vor Schluss der letzten mündlichen Verhandlung beantragt werden, eine Räumungsfrist von längstens einem Jahr (§ 721 Abs. 5 ZPO) einzuräumen. Bei Räumungsvergleichen ist nach § 794 a Abs. 1 ZPO ein Antrag auf Gewährung einer Räumungsfrist beim Amtsgericht im Bezirk des Wohnraums möglich. Es ist eine Frist von zwei Wochen vor dem im Vergleich festgelegten Räumungstermin zu beachten.

Web Im Downloadbereich finden Sie ein Beispiel eines Räumungsschutzantrags.

Zusammenfassung

Einwendungen	formelle Einwendungen		materiell-rechtliche Einwendungen			Vollstreckungsschutz
	Erinnerung, §§ 766, 732 ZPO	sofortige Beschwerde, § 793 ZPO	Drittwiderspruchsklage, § 771 ZPO	Klage auf vorzugsweise Befriedigung, § 805 ZPO	Vollstreckungsabwehrklage, § 767 ZPO	
zuständig	Vollstreckungsgericht	Beschwerdegericht	AG/LG (Wert der gepfändeten Forderung)	AG/LG (Wert des Pfandrechts)	AG/LG (Wert der titulierten Forderung)	Prozessgericht, Vollstreckungsgericht
Zielsetzung	Vollstreckungsmaßnahme korrigieren	Vollstreckungsentscheidung korrigieren	Zwangsvollstreckung in bestimmten Gegenstand aufheben	vorrangige Befriedigung aus Versteigerungserlös	Aufhebung der Zwangsvollstreckung insgesamt	Aufhebung oder einstweilige Einstellung der Zwangsvollstreckung
Antragsteller/ Kläger	Schuldner, Gläubiger, Dritter	Schuldner, Gläubiger, Dritter	Dritter (Eigentümer)	Dritter (besitzloser Pfandgläubiger)	Schuldner	Schuldner
gegen	Vollstreckungsmaßnahme eines Vollstreckungsorgans (Gerichtsvollzieher, Vollstreckungsgericht – Rechtspfleger)	Vollstreckungsentscheidung eines Vollstreckungsorgans (Vollstreckungsgericht – Rechtspfleger oder Richter; Prozessgericht I. Instanz)	Gläubiger; Schuldner eventuell als Streitgenosse	Gläubiger; Schuldner eventuell als Streitgenosse	Gläubiger	

Einwendungen	**formelle Einwendungen**		**materiell-rechtliche Einwendungen**			**Vollstre-ckungsschutz**
	Erinnerung, §§ 766, 732 ZPO	**sofortige Beschwerde, § 793 ZPO**	**Drittwider-spruchsklage, § 771 ZPO**	**Klage auf vorzugsweise Befriedigung, § 805 ZPO**	**Voll-streckungs-abwehrklage, § 767 ZPO**	
Form/Frist	formlos; vor Beendigung der Zwangsvollstre-ckung	Beschwerde-schrift; Notfrist von 2 Wochen seit Zustellung	Klageschrift; vor Verstei-gerung des Gegenstands	Klageschrift; vor Verteilung des Versteigerungs-erlöses	Klageschrift; vor Been-digung der Zwangsvoll-streckung	vor Been-digung der Zwangsvoll-streckung
Besonder-heiten	einstweilige Einstellung der Zwangsvollstre-ckung nach § 732 Abs. 2 ZPO möglich	Antrag auf Aussetzung der Vollziehung nach § 570 Abs. 2, 3 ZPO möglich	zuerst Freiga-beaufforde-rung; Antrag auf einstweilige Einstellung der Zwangs-vollstreckung nach § 769 ZPO möglich	Antrag auf einstweilige Hinterlegung des Versteigerungs-erlöses nach § 805 Abs. 4 ZPO möglich	Antrag auf einstweilige Einstellung der Zwangs-vollstreckung nach § 769 ZPO möglich	

Wiederholung und Vertiefung

1. Nennen Sie jeweils ein Beispiel für formelle und materiell-rechtliche Einwendungen sowie Schuldnerschutzanträge.
2. Der Gerichtsvollzieher pfändet beim Schuldner dessen goldenen und mit Brillanten besetzten Trauring. Prüfen Sie, ob und ggf. wie sich der Schuldner hiergegen zur Wehr setzen kann.
3. Wodurch unterscheiden sich Vollstreckungsmaßnahmen und Vollstreckungsentscheidungen?
4. Der Gerichtsvollzieher pfändet beim Schuldner eine wertvolle Erstausgabe von Goethes „Faust". Ein Dritter behauptet, Eigentümer dieser Erstausgabe zu sein.
   a) War die Pfändung rechtens?
   b) Wie kann der Dritte hiergegen vorgehen?
   c) Wie lautet ein entsprechender Antrag des Dritten?
   d) Welches Vorgehen ist dem Dritten zu empfehlen?
5. Welche Möglichkeiten hat ein Schuldner, eine Räumungsfrist bei der Räumungsvollstreckung zu erreichen?

4 Die Abrechnung der Zwangsvollstreckungsmaßnahmen

Da die Zwangsvollstreckung relativ formalisiert abläuft, sind die entsprechenden Gebühren auch niedriger angesetzt als z. B. für die Tätigkeit im gerichtlichen Verfahren. Besonderheiten ergeben sich auch für die Gegenstandswerte. Zu berücksichtigen ist, dass im Verlauf der Zwangsvollstreckung eine Änderung des Gegenstandswerts eintreten kann. Es ist daher von besonderer Wichtigkeit, den aktuellen Gegenstandswert zu ermitteln, um keine Gebühren zu verschenken. Die Zahlungsein- und -ausgänge sind aus diesem Grund sorgfältig zu notieren und zu überwachen.

vgl. LF 12, Kap. 5

Lernsituation

Annika Sauer bekommt die Akte Rolf Wirt ./. Eheleute Petra und Uwe Bader zur Betreibung der Zwangsvollstreckung und Abrechnung der jeweiligen Vollstreckungsmaßnahme vorgelegt. Aus einem Berufungsurteil des Landgerichts Köln soll eine Hauptforderung über 4.800,00 € vollstreckt werden. Tituliert wurden weiterhin Mahnkosten des Mandanten über 15,00 € sowie Zinsen in Höhe von fünf Prozentpunkten über dem Basiszinssatz seit dem 14.09.2020. Daneben liegt noch ein Kostenfestsetzungsbeschluss vor, in dem Kosten in Höhe von insgesamt 1.726,68 € nebst Zinsen von fünf Prozentpunkten über dem Basiszinssatz seit dem 03.12.2020 festgesetzt werden.

Zunächst beauftragt Annika Sauer am 22.10.2021 den Gerichtsvollzieher mit der Durchführung einer Sachpfändung kombiniert mit dem Auftrag auf Erstellung des Vermögensverzeichnisses. Da die Zwangsvollstreckung keinen Erfolg bringt, wird am 12.11.2021 die Vermögensauskunft von Petra und Uwe Bader eingeholt. Für die Durchführung der Sachpfändung entstehen Gerichtsvollzieherkosten von jeweils 32,60 €, für die Abnahme der Vermögensauskunft jeweils 36,70 €.

Aus der Vermögensauskunft des Rentners Uwe Bader ist ersichtlich, dass dieser als pfändbaren Vermögenswert lediglich eine Kapitallebensversicherung mit einem Wert von 4.000,00 € besitzt. Diese lässt Annika Sauer am 03.12.2021 mittels Pfändungs- und Überweisungsbeschluss pfänden. Es entstehen Gerichtsvollzieherkosten von 15,60 €.

Petra Bader ist laut Vermögensauskunft noch berufstätig. Annika Sauer hat daher zunächst ebenfalls am 03.12.2021 ein vorläufiges Zahlungsverbot gegen Petra Bader veranlasst und zeitgleich auch einen Pfändungs- und Überweisungsbeschluss beantragt. Es entstehen Gerichtsvollzieherkosten für die Zustellung des vorläufigen Zahlungsverbots in Höhe von 22,40 € und für die Zustellung des Pfändungs- und Überweisungsbeschlusses in Höhe von 14,80 €.

Arbeitsaufträge:

a) Erstellen Sie eine Übersicht, welche Angelegenheiten im vorliegenden Fall jeweils abgerechnet werden können.
b) Bestimmen Sie die jeweiligen Gegenstandswerte für die Abrechnung der Angelegenheiten. Stellen Sie die Ermittlung des Gegenstandswerts übersichtlich zusammen.
c) Rechnen Sie die jeweiligen Zwangsvollstreckungsmaßnahmen ab.
d) Vergleichen Sie Ihr Ergebnis mit dem Ihrer Mitschüler.
e) Reflektieren Sie anschließend Ihr Wissen anhand des Fragebogens, den Sie im Downloadbereich zum Buch finden.

Web

4.1 Die Gegenstandswerte ermitteln

Die Gegenstandswerte in der Zwangsvollstreckung richten sich für die Rechtsanwaltsgebühren nach dem RVG. Das GKG ist hier grds. nicht heranzuziehen, da kein gerichtliches Verfahren zugrunde liegt. Je nach Vollstreckungsmaßnahme sind unterschiedliche Gegenstandswerte zu beachten.

4.1.1 Zwangsvollstreckung wegen Geldforderungen

Grundsätzlich ist in der Zwangsvollstreckung wegen Geldforderungen der Wert zugrunde zu legen, wegen dem vollstreckt werden soll. Dieser umfasst nicht nur die Hauptforderung, sondern nach § 25 Abs. 1 Nr. 1 RVG auch sämtliche zu vollstreckende Nebenforderungen, Zinsen und Kosten. Die im laufenden Zwangsvollstreckungsverfahren immer weiter entstehenden Kosten für den Rechtsanwalt, den Gerichtsvollzieher oder das Vollstreckungsgericht erweitern somit laufend den Gegenstandswert.

▶ Beispiel: Rechtsanwältin Linda Fieler vollstreckt für ihre Mandantin Sandra Weiskopf in das Vermögen des Schuldners Hans Ponski wegen einer Kaufpreisforderung über 1.400,00 €, vorgerichtlichen Mahnkosten in Höhe von 7,50 € sowie festgesetzten Kosten des Klageverfahrens in Höhe von 635,63 €. Zum Zeitpunkt der Antragstellung auf Sachpfändung sind noch Zinsen in Höhe von 14,92 € aufgelaufen. Der Gegenstandswert für die Sachpfändung beläuft sich somit auf 2.058,05 €. Für weitere Aufträge addieren sich hierzu grds. auch noch die durch die Sachpfändung entstandenen Rechtsanwaltsgebühren und Gerichtsvollzieherkosten.

Web Im Downloadbereich erhalten Sie die Berechnung der Kosten für das Klageverfahren im obigen Fall zum Herunterladen.

vgl. LF 12, Kap. 5 Es ist wichtig, das Forderungskonto sorgfältig zu führen, um so den jeweils aktuellen Gegenstandswert einer Vollstreckungsmaßnahme bestimmen zu können.

Ein weiteres Kriterium für die Bestimmung des Gegenstandswerts in der Zwangsvollstreckung ist der Wert des Gegenstands, in welchen vollstreckt wird. Sofern also wegen einer Geldforderung ein bestimmter Vermögenswert gepfändet werden soll, z. B. im Rahmen einer Austauschpfändung oder die Pfändung eines Guthabenbetrags auf dem Bankkonto des Schuldners, ist der niedrigere der beiden Werte – Verkehrswert oder Addition aller Forderungen – als Gegenstandswert zugrunde zu legen. Dies gilt jedoch nur, wenn die Vollstreckung lediglich in einen ganz bestimmten Gegenstand erfolgt. Im Regelfall wird die Vollstreckungsabsicht dahin gehen, die Vollstreckung so lange zu betreiben, bis die Forderungen des Gläubigers befriedigt sind. Umstritten ist, welcher Gegenstandswert heranzuziehen ist, wenn sich bei der Vollstreckung herausstellt, dass der Vermögenswert nicht werthaltig ist.

▶ Beispiel: Rechtsanwalt Karl Mitka lässt für die Gläubigerin Karin Banz-Volk wegen einer Gesamtforderung in Höhe von 4.560,00 € das Bankkonto des Schuldners Arne Clowig pfänden. Es stellt sich heraus, dass das Bankkonto mit 20,00 € überzogen ist. Fraglich ist nun, welcher Gegenstandswert der Berechnung der Rechtsanwaltsgebühren zugrunde zu legen ist.

Teilweise wird die Ansicht vertreten, dass hier lediglich der Mindeststreitwert von 500,00 € heranzuziehen ist. Demgegenüber steht jedoch die Überlegung, dass hier mangels Wert des gepfändeten Gegenstands wieder die grundlegende Streitwertbestimmung, also die offene Gesamtforderung heranzuziehen ist. Im vorliegenden Beispielsfall wäre dies demnach 4.560,00 €. In der Praxis gilt – sofern keine Grundsatzentscheidung durch den BGH getroffen wurde –, dass die aktuelle Rechtsprechung des Landgerichts, in dessen Gerichtsbezirk sich das zuständige Gericht befindet, heranzuziehen ist.

Im Verfahren über die Erteilung der Vermögensauskunft wird nach § 25 Abs. 1 Nr. 4 RVG ein Höchstwert von 2.000,00 € festgelegt.

Nach § 25 Abs. 1 RVG gilt jeweils der geringere der aufgeführten Werte.

Insgesamt sind die Gegenstandswerte wie folgt zu bestimmen:

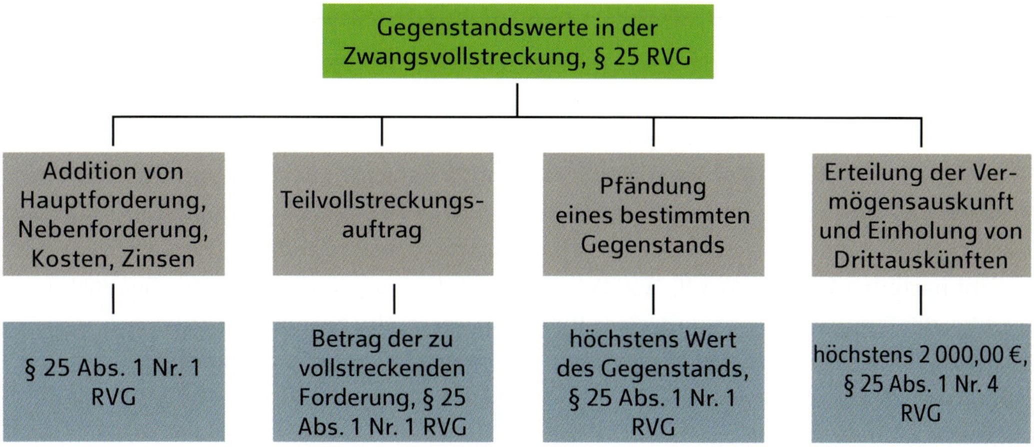

Besonderheiten sind bei besonderen Geldforderungen und bestimmten Vermögenswerten des Schuldners zu beachten.

Besonderheiten bei der Forderungspfändung

Wird wegen Unterhaltsansprüchen in zukünftig fällig werdendes Arbeitseinkommen nach § 850 d Abs. 3 ZPO gepfändet, bestimmt sich der Gegenstandswert nach § 25 Abs. 1 Nr. 1 RVG i. V. m. § 51 Abs. 1 S. 1 FamGKG und § 9 ZPO. Dieser wird berechnet aus den ersten zwölf Monaten nach der Zustellung des PfÜB, begrenzt aber durch den Gesamtbetrag der Vollstreckungsforderung.

Eine Pfändung einer Schmerzensgeldrente wegen Tötung, Verletzung von Körper oder Gesundheit eines Menschen hat den 3,5-fachen Jahresbetrag der Geldrente als Gegenstandswert, sofern nicht der Gesamtbetrag der Vollstreckungsforderung niedriger ist, § 48 Abs. 1 GKG i. V. m. § 9 ZPO.

Umstritten ist insbesondere auch die Frage, wie der Gegenstandswert beim Antrag auf Erlass eines PfÜB zu bestimmen ist, wenn die Höhe der zu pfändenden Forderung, wie z. B. bei Pfändung eines Bankguthabens, unbekannt ist. In der Rechtsprechung wird meistens darauf abgestellt, dass sich der Wert nach der Erwartung des Gläubigers vom Erfolg der Pfändungsmaßnahme richtet. Im Regelfall ist davon auszugehen, dass die Höhe der zu vollstreckenden Forderung den Gegenstandswert bildet. Gegebenenfalls erfolgt eine Reduzierung, wenn sich herausstellt, dass die gepfändete Forderung einen niedrigeren Wert aufweist.

Der Gegenstandswert der Drittschuldnerklage wird nach allgemeiner Ansicht durch den Betrag bestimmt, der vom Gläubiger gegen den Drittschuldner geltend gemacht wird.

Besonderheiten bei der Immobiliarzwangsvollstreckung

Der Streitwert bei der Zwangsversteigerung weist eine unterschiedliche Höhe auf, je nachdem, welcher Verfahrensbeteiligte durch den Rechtsanwalt vertreten war. Der Gegenstandswert für die Gebühren des Gläubigervertreters bestimmt sich nach § 26 Nr. 1 RVG nach dem Wert des dem Gläubiger oder sonstigen Beteiligten zustehenden Rechts einschließlich Nebenforderung. Der Schuldnervertreter legt gem. § 26 Nr. 2 RVG als Gegenstandswert den Wert des Gegenstands der Zwangsversteigerung zugrunde. Dies ist der durch das Vollstreckungsgericht nach den §§ 66 I, 74 a V, 162 ZVG festgesetzte Grundstückswert. Der Gegenstandswert bei der Gebührenabrechnung eines Bietervertreters wird bestimmt durch den Betrag des höchsten für den Bieter abgegebenen Gebots. Sofern kein Gebot abgegeben wird, ist es mindestens der Wert der Immobilie.

Auch bei der Zwangsverwaltung unterscheiden sich nach § 27 RVG die Gegenstandswerte:
- Antragstellervertreter: Höhe der Vollstreckungsforderung (§ 27 S. 1 RVG)
- Schuldnervertreter: zusammengerechneter Wert aller Vollstreckungsforderungen (§ 27 S. 2 RVG)

Besonderheiten beim einstweiligen Rechtsschutz

Beim Antrag auf Anordnung, Abänderung oder Aufhebung von Arrest oder einstweiliger Verfügung ist der Geschäftswert nach § 53 Abs. 1 Nr. 1 GKG, § 3 ZPO zu schätzen. Im Regelfall wird ein Bruchteil von ¼ bis ½ des Werts der zu sichernden Hauptsacheforderung als Gegenstandswert herangezogen. Grundsätzlich ist das Interesse des Antragstellers für die Bestimmung des Gegenstandswerts maßgebend.

4.1.2 Zwangsvollstreckung wegen sonstiger Forderungen

Nach § 25 Abs. 1 Nr. 2 RVG bestimmt sich bei einer **Herausgabevollstreckung** der Gegenstandswert nach dem Verkehrswert der Sache. Für die **Räumungsvollstreckung** wird als Höchstgrenze der Jahresmietwert nach § 41 Abs. 1 GKG herangezogen. Die sonstige Vollstreckung eines Anspruchs auf Herausgabe seines Eigentums an einem Grundstück hat als Gegenstandswert den Verkehrswert des herauszugebenden Grundstücks.

Bei einer **Handlungsvollstreckung** ist der Wert der Handlung, Duldung oder Unterlassung für den Gläubiger zugrunde zu legen. Dieser Wert ist nach billigem Ermessen zu schätzen. Für die beantragte **Ersatzvornahme** werden je nach Antrag der Wert des Vorschussanspruchs oder die voraussichtlichen Kosten der Ersatzvornahme herangezogen. Im Regelfall handelt es sich um den Wert des Hauptsacheverfahrens.

Im **Ordnungsmittelverfahren** nach § 890 ZPO werden 1/5 bis 1/3 des Werts des Hauptverfahrens als Geschäftswert zugrunde gelegt. Die Höhe des beantragten bzw. festgesetzten Zwangs- oder Ordnungsgelds ist für die Gegenstandswertbestimmung unerheblich. Erfolgt die Ordnungsgeldandrohung noch im Erkenntnisverfahren, handelt es sich um eine Nebentätigkeit, die mit dem Rechtszug zusammenhängt. Gemäß § 19 RVG wird diese Tätigkeit nicht gesondert vergütet.

4.1.3 Einwendungen gegen die Zwangsvollstreckung

Für die **Drittwiderspruchsklage** nach § 771 ZPO ist die Höhe der Forderung maßgebend, wegen der gepfändet wurde, höchstens jedoch der Wert des gepfändeten Gegenstands (§ 6 ZPO).

Der Gegenstandswert für eine **Vollstreckungsabwehrklage** gem. § 767 ZPO bestimmt sich nach dem Umfang der erstrebten Ausschließung der Vollstreckung. Hierbei handelt es sich um den Nennbetrag des vollstreckbaren (Haupt-)Anspruchs ohne Zinsen und Kosten.

Der Gegenstandswert von **Schuldnerschutzanträgen** ist gem. § 25 Abs. 2 ZPO nach billigem Ermessen zu bestimmen. Hierbei sind in der Rechtsprechung zu bestimmten Gegenstandswerten bereits Entscheidungen ergangen. Beim Vollstreckungsschutzantrag nach § 765 a ZPO wird das Interesse des Schuldners mit einem Bruchteil von 1/5 der Hauptsache eingeschätzt. Räumungsschutzanträgen wird die Miete für den Zeitraum des begehrten Räumungsschutzes, höchstens jedoch der Jahresmietbetrag zugrunde gelegt.

Beim Antrag auf **einstweilige Einstellung der Zwangsvollstreckung** wird der Gegenstandswert mit 1/5 des vollstreckungsfähigen Anspruchs ohne Zinsen und Kosten (§ 4 ZPO) im Weg der Schätzung gem. § 3 ZPO bestimmt.

4.2 Die Abrechnung der zwangsvollstreckungsrechtlichen Angelegenheit

Bei der Abrechnung ist zunächst zu prüfen, ob es sich um eine gesondert abrechenbare Angelegenheit handelt. Erst dann sind die Besonderheiten der jeweiligen Zwangsvollstreckungsmaßnahmen zu berücksichtigen.

4.2.1 Die abrechenbare Angelegenheit

Bei den Gebühren, die der Rechtsanwalt in einem Zwangsvollstreckungsmandat abrechnen kann, handelt es sich um Gebühren für besondere Verfahren, die in den Unterabschnitten 3 und 4 des Abschnitts 3.3 VV RVG geregelt sind. Bei der Abrechnung ist zu berücksichtigen, welche Maßnahmen als eine einheitliche Angelegenheit zählen und welche gesondert abgerechnet werden können. § 18 RVG trifft hier die maßgebliche Regelung:

abrechenbare Angelegenheit

- **besondere Angelegenheit, § 18 RVG**
  - insbesondere jede Vollstreckungsmaßnahme z. B. Sachpfändung, Pfändungs- und Überweisungsbeschluss, Vermögensauskunft
- **einheitliche Angelegenheit, §§ 18 Abs. 1 Nr. 1, 19 RVG**
  - von der Vorbereitung einer Vollstreckungsmaßnahme bis zur Befriedigung des Gläubigers

Für die Abrechnung ist diese Unterscheidung von besonderer Bedeutung, damit nicht einerseits zu viel abgerechnet wird, auf der anderen Seite aber auch keine Gebühren verschenkt werden.

▶ Beispiele:

besondere Angelegenheiten

- jede Vollstreckungsmaßnahme, z. B.
  - Sachpfändung
  - Forderungspfändung
  - Immobiliarvollstreckung
- Vollziehung von Arrest, einstweiliger Verfügung
- Beschwerde
- Erteilung einer weiteren vollstreckbaren Ausfertigung
- Vollstreckungsschutzanträge
- Austauschpfändung
- Antrag auf andere Verwertungsart
- Eintragung Zwangshypothek
- Kostenvorschussverfahren für Ersatzvornahme
- Vollstreckung auf Vornahme einer Handlung
- Ordnungsmittelverfahren
- Abnahme einer Vermögensauskunft
- Löschung der Eintragung im Schuldnerverzeichnis
- Einholung von Drittauskünften

mit abgegolten sind:

- Aufforderungsschreiben
- erstmalige Erteilung der Vollstreckungsklausel
- Zustellung des Titels
- Mitwirkung bei der Erbringung einer Sicherheitsleistung
- erneute Anträge, wenn z. B. wegen Umzugs erforderlich werdend
- richterliche Durchsuchungsanordnung nach § 758 a ZPO
- Erinnerung nach § 766 ZPO im Zusammenhang mit der angefochtenen Maßnahme
- Androhung von Zwangsgeld, die einer Verurteilung vorausgeht
- Aufhebung einer Vollstreckungsmaßnahme
- Vorpfändung im Zusammenhang mit PfÜB
- Beschaffung eines Grundbuchauszugs
- einstweilige Einstellung der Vollstreckung im Zusammenhang mit Einwendung

Die Klagen im Zwangsvollstreckungsverfahren (Drittschuldnerklage, Drittwiderspruchsklage, Vollstreckungsabwehrklage, Klage auf vorzugsweise Befriedigung) sind gesonderte Verfahren. Diese lösen jedoch nicht die Gebühren nach Nrn. 3309 ff. VV RVG, sondern die nach den Nrn. 3100 ff. VV RVG aus. Für die außergerichtliche Herausgabeaufforderung vor Einreichung einer Drittwiderspruchsklage nach § 771 ZPO entsteht eine Geschäftsgebühr gem. Nr. 2300 VV RVG.

vgl. LF 12, Kap. 4.2.2, 3.2.1

4.2.2 Abrechnung

Grundsätzlich können im Rahmen der Zwangsvollstreckung für Vollstreckung und Vollziehung nach Nrn. 3309, 3310 VV RVG und für Zwangsversteigerung und Zwangsverwaltung nach Nrn. 3311, 3312 VV RVG folgende Gebühren entstehen:

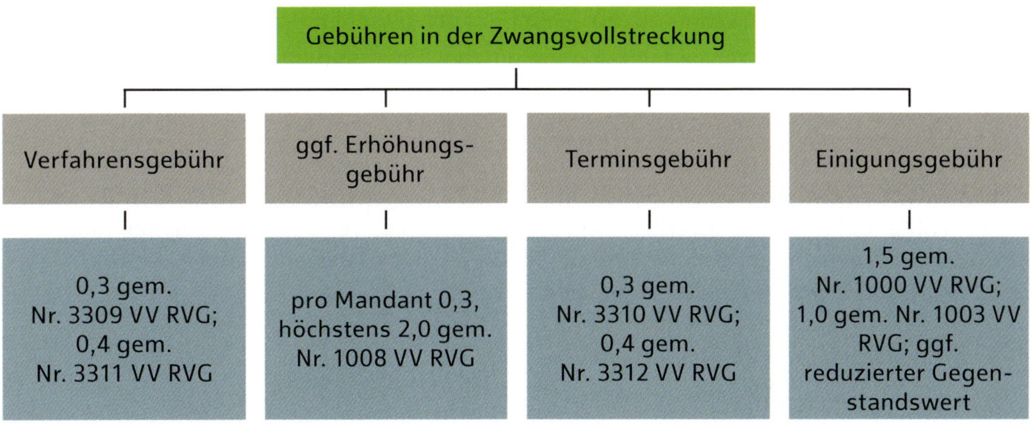

Für die Tätigkeit des Rechtsanwalts im Insolvenzverfahren können Gebühren nach den Nrn. 3313 ff. VV RVG abgerechnet werden.
Die Terminsgebühr entsteht im Rahmen der Zwangsvollstreckung nicht bereits bei Gesprächen mit der Gegenseite, sondern nur für die Teilnahme an einem gerichtlichen Termin oder einem Termin zur Abnahme der Vermögensauskunft.

> **Hinweis:** Die Mindestgebühr von 15,00 € ist bei Gegenstandswerten bis zu 500,00 € zu beachten.

Beantragt der Rechtsanwalt für mehrere Gläubiger als Gesamtgläubiger eine Vollstreckungsmaßnahme, so vertritt er mehrere Mandanten und die Verfahrensgebühren nach den Nrn. 3309 bzw. 3311 VV RVG erhöhen sich je weiterem Mandanten um jeweils 0,3 bis höchstens 2,0 nach Nr. 1008 VV RVG.

Geht der Rechtsanwalt jedoch für seinen Mandanten gegen mehrere Schuldner als Gesamtschuldner vor, so ist jeweils pro Schuldner die Vollstreckungsmaßnahme abzurechnen. Wichtig ist dabei zu beachten, gegen welchen Schuldner welche Maßnahme beantragt wird und welche Kosten für das Vollstreckungsgericht oder den Gerichtsvollzieher jeweils entstehen. Die Schuldner haften jedoch auch für die Kosten der Zwangsvollstreckung grds. als Gesamtschuldner.

Web Im Downloadbereich erhalten Sie ein Beispiel für eine Abrechnung bei Gesamtschuldnern.

Der Zwangsvollstreckungsauftrag

Beantragt der Rechtsanwalt eine Sachpfändung, so errechnet sich der Gegenstandswert grds. aus Hauptforderung, Nebenforderung, Kosten und Zinsen. Lediglich bei der Pfändung in bestimmte Sachwerte, wie z. B. bei einer Austauschpfändung, ist zu prüfen, ob nicht der Verkehrswert des Gegenstands niedriger ist und daher herangezogen werden muss. Die Kosten für die durchgeführte Sachpfändung nebst Gerichtsvollzieherkosten und die fortlaufenden Zinsen sind in die Forderungsaufstellung mit aufzunehmen und erhöhen den Gegenstandswert für weitere Vollstreckungsmaßnahmen.

▶ Beispiel: Rechtsanwalt Peter Huber veranlasst für Regina Heinbucher die Sachpfändung wegen einer Gesamtforderung in Höhe von 7.823,45 € gegen Udo Oldenreich. Gepfändet wird eine Standuhr mit einem Verkehrswert von 4.800,00 €. Der Gerichtsvollzieher stellt 45,70 € in Rechnung. Hierbei sind folgende Gebühren und Kosten entstanden, welche gegenüber Udo Oldenreich geltend gemacht werden:

Streitwert: 4.800,00 €, § 25 Abs. 1 Nr. 1 RVG

0,3 Verfahrensgebühr, Nr. 3309 VV RVG	100,20 €
Pauschale Post und Telekommunikation, Nr. 7002 VV RVG	20,00 €
Zwischensumme	120,20 €
19 % Umsatzsteuer, Nr. 7008 VV RVG	22,84 €
Zwischensumme	143,04 €
Gerichtsvollzieherkosten	45,70 €
Summe	188,74 €

Die Vermögensauskunft

Im Rahmen der Beantragung einer Vermögensauskunft ist die Höchstgrenze von 2.000,00 € für den Gegenstandswert zu beachten. Die Gebühren bestehen bei einem mit der Sachpfändung nach § 807 ZPO kombinierten Antrag erst dann, wenn der Antrag auf Abnahme der Vermögensauskunft durchgeführt wird. Dies ist dann der Fall, wenn die Sachpfändung gescheitert ist und dem Schuldner entweder die Vermögensauskunft abgenommen oder er bei Widerspruch gegen die sofortige Vermögensauskunft zu deren Abnahme geladen wird. Nimmt der Rechtsanwalt am Termin zur Abnahme der Vermögensauskunft teil, entsteht auch eine

Terminsgebühr nach Nr. 3310 VV RVG. Weiterhin entstehen Gerichtsvollzieherkosten sowie bei Beantragung eines Haftbefehls Gerichtskosten in Höhe von 22,00 € nach Nr. 2113 KV GKG.

▶ Beispiel: Rechtsanwältin Katharina Schuh beantragt für Walter Frisch die Abnahme der Vermögensauskunft sowie vorsorglich den Erlass eines Haftbefehls wegen einer Gesamtforderung von 17.829,13 € gegen Erika Altdorf. Den Termin zur Abnahme der Vermögensauskunft nimmt Rechtsanwältin Katharina Schuh im Interesse von Walter Frisch wahr. Die Vermögensauskunft erbringt kein pfändbares Vermögen. Rechtsanwältin Katharina Schuh rechnet daher ihre Vergütung sowie die verauslagten Gerichtsvollzieherkosten über 41,40 € gegenüber Walter Frisch wie folgt ab:

Streitwert: 2.000,00 €, § 25 Abs. 1 Nr. 4 RVG

0,3 Verfahrensgebühr, Nr. 3309 VV RVG	49,80 €
0,3 Terminsgebühr, Nr. 3310 VV RVG	49,80 €
Pauschale Post und Telekommunikation, Nr. 7002 VV RVG	19,92 €
Zwischensumme	119,52 €
19 % Umsatzsteuer, Nr. 7008 VV RVG	22,71 €
Zwischensumme	142,23 €
Gerichtsvollzieherkosten	41,40 €
Summe	183,63 €

Hinweis: Zu beachten ist, dass die Beantragung und Durchführung des Haftbefehls keine besondere Maßnahme darstellt, sondern mit dem Antrag auf Vermögensauskunft ein einheitliches Verfahren bildet, welches nicht gesondert abgerechnet wird.

Der Pfändungs- und Überweisungsbeschluss

Der Antrag auf Erlass eines Pfändungs- und Überweisungsbeschlusses stellt zusammen mit einer beantragten Vorpfändung lediglich eine abrechenbare Angelegenheit dar. Wird jedoch lediglich die Vorpfändung beantragt, kann diese Tätigkeit nach Nr. 3309 VV RVG gesondert abgerechnet werden. Der Gegenstandswert ermittelt sich im Regelfall aus der Hauptforderung zzgl. Nebenforderungen, Zinsen und Kosten.

Nur wenn in einen bestimmten Gegenstand, wie z. B. eine Steuerrückzahlung, gepfändet wird, stellt dessen Wert die Höchstgrenze für den Gegenstandswert dar. Wird wegen einer Unterhaltsforderung gepfändet, berechnet sich der Gegenstandswert aus Rückständen zzgl. des Jahresbetrags der Unterhaltsforderung nach § 25 Abs. 1 RVG i. V. m. § 51 Abs. 1 FamGKG.

Weiterhin entstehen Gerichtskosten nach Nr. 2111 KV GKG in Höhe von 22,00 € sowie eventuell Gerichtsvollzieherkosten für die Vorpfändung.

▶ Beispiel: Rechtsanwältin Katharina Schuh veranlasst wegen einer titulierten Gesamtforderung in Höhe von 8.940,00 € für die Eheleute Hedwig und Konrad Schneider einen PfÜB in das Arbeitsentgelt des Arndt Bosfield. Zeitgleich wurde eine Vorpfändung beantragt. Der Gerichtsvollzieher stellt hierfür Kosten in Höhe von 27,80 € in Rechnung. Die Vergütungsberechnung lautet wie folgt:

Streitwert: 8.940,00 €, § 25 Abs. 1 Nr. 1 RVG

0,6 Verfahrensgebühr, Nrn. 3309, 1008 VV RVG	334,80 €
Pauschale Post und Telekommunikation, Nr. 7002 VV RVG	20,00 €
Zwischensumme	354,80 €
19 % Umsatzsteuer, Nr. 7008 VV RVG	67,41 €
Zwischensumme	422,21 €
Gerichtskosten, Nr. 2111 KV GKG	22,00 €
Gerichtsvollzieherkosten	27,80 €
Summe	472,01 €

Die Ratenzahlungsvereinbarung – gütliche Erledigung

vgl. LF 4, Kap. 4.6.3

Nach Nr. 1000 Anmerkung 1.2 VV RVG entsteht eine Einigungsgebühr auch bei einer reinen Zahlungsvereinbarung, wenn also nur eine ratenweise Zahlung der Gesamtforderung vereinbart wird. Hier wird also auf das Kriterium des gegenseitigen Nachgebens verzichtet, welches einen Vergleich kennzeichnet. Sofern es sich um eine reine (Raten-)Zahlungsvereinbarung handelt, reduziert sich der Gebührensatz für die Einigungsgebühr seit dem 01.10.2021 auf 0,7 und der Gegenstandswert beträgt nach § 31 b RVG lediglich 50 % des (zu vollstreckenden) Anspruchs. Diese Reduzierung tritt nur bei Einigungen ein, in denen die Höhe der Forderung nicht streitig ist, sondern nur ein Verzicht auf gerichtliche Geltendmachung oder auf die Vollstreckung erfolgt. Der Rechtsanwalt muss jedoch bei der Ratenzahlungsvereinbarung mitgewirkt haben. Eine Zahlungsvereinbarung durch den Gerichtsvollzieher löst daher grds. keine Einigungsgebühr aus.

▶ Beispiel: Rechtsanwalt Peter Huber fordert nach Titulierung einer Gesamtforderung in Höhe von 2.455,72 € von Franka Helwig gegen Samuel Rieger den Schuldner zur Zahlung vor Durchführung von Zwangsvollstreckungsmaßnahmen auf. Mit Samuel Rieger wird eine Einigung getroffen, dass dieser die Gesamtforderung zusätzlich zu den entstandenen Rechtsanwaltsgebühren in vier Monatsraten begleicht. Die Abrechnung lautet:

Streitwert: 2.455,72 €, § 25 Abs. 1 Nr. 1 RVG (Aufforderungsschreiben); 1.227,86 €, § 31 b RVG (Zahlungsvereinbarung)

0,3 Verfahrensgebühr aus 2.455,72 €, Nr. 3309 VV RVG	66,60 €
0,7 Einigungsgebühr aus 1.227,86 €, Nr. 1000 VV RVG	88,90 €
Pauschale Post und Telekommunikation, Nr. 7002 VV RVG	20,00 €
Zwischensumme	175,50 €
19 % Umsatzsteuer, Nr. 7008 VV RVG	33,35 €
Summe	208,85 €

Zusammenfassung

Anwaltsgebühren im Zwangsvollstreckungsmandat

Gegenstandswerte

Der jeweils niedrigere Wert von:
- Addition Hauptforderung, Nebenforderung, Zinsen, Kosten
- Wert eines bestimmten Vermögensgegenstands
- 2.000,00 € bei Abnahme Vermögensauskunft

Gebühren:
- 0,3 Verfahrensgebühr, Nr. 3309 VV RVG
- 0,4 Verfahrensgebühr, Nr. 3311 VV RVG (Zwangsversteigerung/-verwaltung)
- 0,3 Terminsgebühr, Nr. 3310 VV RVG
- 0,4 Terminsgebühr, Nr. 3312 VV RVG (Zwangsversteigerung/-verwaltung)
- ggf. Erhöhungsgebühr, Nr. 1008 VV RVG
- ggf. 0,7 Einigungsgebühr, Nr. 1000 VV RVG

besondere Angelegenheiten

insbesondere:
- Antrag auf Sachpfändung
- Antrag auf Abnahme der Vermögensauskunft
- Antrag auf Einholung von Drittauskünften
- Antrag auf Erlass eines Pfändungs- und Überweisungsbeschlusses oder Auftrag auf Vorpfändung
- Antrag auf Austauschpfändung

mit abgegolten sind:
- vorbereitende Handlungen bis zur Befriedigung des Gläubigers
- Vorpfändung mit PfÜB
- Haftbefehl mit Vermögensauskunft

Wiederholung und Vertiefung

1. Rechtsanwalt Arndt Paulsen hat für seine Mandantin Susanne Fredou ein Urteil erstritten, wonach Thilo Tauber zur Rückzahlung einer Darlehensforderung in Höhe von 10.500,00 € bis zum 02.08.2022 verurteilt wurde. Da bis zu diesem Zeitpunkt keine Zahlung erfolgt ist, veranlasst Rechtsanwalt Arndt Paulsen am 09.08.2022 die Sachpfändung. Aufgelaufen sind zur Hauptforderung noch Zinsen in Höhe von 11,67 €. Außerdem liegt der vollstreckbare Kostenfestsetzungsbeschluss vor, wonach Gerichtskosten nebst Rechtsanwaltsgebühren in Höhe von 2.890,15 € tituliert sind. Welche Gebühren und Auslagen können für die Beantragung der Sachpfändung dem Schuldner Thilo Tauber gegenüber geltend gemacht werden?

2. Rechtsanwältin Franka Übalder liegt eine notarielle Urkunde ihres Mandanten Wildur Peters vor, wonach Sven Hausen Mietrückstände in Höhe von 3.400,00 € anerkennt und sich der sofortigen Zwangsvollstreckung unterwirft. Da über die Vermögensverhältnisse des Schuldners Sven Hausen keine Erkenntnisse bestehen, wird zunächst die Abnahme der Vermögensauskunft veranlasst. Daraus ergeben sich keine Vermögenswerte, sodass einstweilen der Auftrag endet. Welche Gebühren und Auslagen sind für die Tätigkeit von Rechtsanwältin Franka Übalder entstanden?

3. Die Eheleute Bernd und Elsa Heinze haben eine titulierte Forderung in Höhe von 6.250,00 € gegenüber Sarah Zinser. Sie beauftragen Rechtsanwältin Katja Herdegen mit der zwangsweisen Durchsetzung dieser Forderung. Diese veranlasst zunächst eine Vermögensauskunft der Schuldnerin. Daraus ergibt sich, dass Sarah Zinser bei der Gandor GmbH als Industriekauffrau arbeitet. Der Gerichtsvollzieher stellt Kosten in Höhe von 32,50 € für diesen Auftrag in Rechnung. Rechtsanwältin Katja Herdegen beauftragt den Gerichtsvollzieher mit der Vorpfändung, wodurch Kosten für den Gerichtsvollzieher in Höhe von 25,60 € entstehen. Zugleich wird der Erlass eines Pfändungs- und Überweisungsbeschlusses veranlasst. Welche Gebühren und Auslagen sind für die Aufträge insgesamt entstanden?

4. Rechtsanwalt Dr. Gerd Wiesner veranlasst für Jenny Landic die Abnahme der Vermögensauskunft wegen einer Gesamtforderung in Höhe von 5.780,00 € gegen Mark Slendar. Der Gerichtsvollzieher räumt dem Schuldner gem. § 802 f Abs. 1 S. 1 ZPO eine Zahlungsfrist von zwei Wochen ein. Mark Slendar wendet sich an Rechtsanwalt Dr. Gerd Wiesner. Mit diesem wird eine Ratenzahlungsvereinbarung geschlossen, wonach die Gesamtforderung in zehn Monatsraten beglichen werden soll. Im Namen seiner Mandantin verzichtet Rechtsanwalt Dr. Gerd Wiesner vorläufig auf weitere Vollstreckungsmaßnahmen. Welche Gebühren und Auslagen kann Rechtsanwalt Dr. Gerd Wiesner abrechnen?

5 Zahlungsvorgänge während der Zwangsvollstreckung

Bei der Beitreibung der Forderung des Mandanten im Zwangsvollstreckungsverfahren sind besonders viele Zahlungsausgänge, wie z. B. die Begleichung von Gerichtskosten, zu veranlassen, die Zahlungseingänge sachgerecht zu verbuchen und entsprechend abzurechnen. Hier ist eine sorgfältige Arbeitsweise besonders angeraten, da ansonsten finanzielle Verluste für den Mandanten oder auch für die Rechtsanwaltskanzlei drohen.

In LF 6 wurde die Buchhaltung des Rechtsanwalts bereits dargestellt. Hierbei sind steuerrechtliche Vorschriften, z. B. bei der Einnahmenüberschussrechnung, zu beachten. Die Einhaltung dieser Steuervorschriften ist ein wesentlicher Grund dafür, dass die Zahlungsvorgänge innerhalb der Rechtsanwaltskanzlei sorgfältig zu behandeln sind. Aber auch aus anderen Gründen ist bei Zahlungsausgängen und Zahlungseingängen eine sorgfältige Arbeitsweise erforderlich.

vgl. LF 6, Kap. 3

Die Zahlungsvorgänge im Rahmen der Zwangsvollstreckung betreffen nun zum einen die Forderung, die der Mandant als Gläubiger gegenüber dem Schuldner verfolgt. Die Kosten, die durch Zwangsvollstreckungsmaßnahmen entstehen, können dem Schuldner aufgrund seines Verzugs in Rechnung gestellt werden. Zum anderen sind die Zahlungsvorgänge aber auch in dem Rechtsverhältnis zwischen Mandant und Rechtsanwalt von Bedeutung. Der Mandant ist als Auftraggeber zunächst dazu verpflichtet, dem Rechtsanwalt die entstehenden Gebühren und Auslagen zu bezahlen. Zu unterscheiden sind daher zwei verschiedene Konten des Rechtsanwalts:

Aktenkonto/Finanzbuchhaltung	**Forderungskonto**
Rechtsverhältnis zwischen Rechtsanwalt und Mandant aufgrund des Geschäftsbesorgungsvertrags	Forderungen des Mandanten als Gläubiger gegenüber dem Gegner als Schuldner
Der Mandant ist zunächst zur Zahlung der Gebühren und Kosten verpflichtet. Die Geltendmachung erfolgt als Vorschussforderung oder über die Endabrechnung, sofern die Gebühren und Kosten vom Schuldner nicht beigetrieben werden können.	Nach § 788 ZPO fallen die durch die Zwangsvollstreckung notwendig werdenden Kosten dem Schuldner zur Last und sind zugleich mit den durch die Zwangsvollstreckung verfolgten Ansprüchen beizutreiben. Den Vollstreckungsaufträgen ist dabei jeweils eine Forderungsaufstellung beizufügen.

Im Regelfall werden die entsprechenden Zahlungsvorgänge über spezielle Anwaltssoftware erfasst. Die Anwaltssoftware ermöglicht eine Zuordnung der Buchungen zu den jeweiligen Akten und eine tagesaktuelle Forderungsaufstellung gegenüber dem eigenen Mandanten (Aktenkonto) oder dem Schuldner gegenüber (Forderungskonto). Wichtig ist jedoch eine korrekte Eingabe in das Programm.

Lernsituation

Rechtsanwältin Katharina Schuh hat Vera Lambrecht-Schneider im Verfahren vor dem Amtsgericht Heilbronn wegen einer Werklohnforderung über 1.800,00 € gegenüber Max Henning vertreten. Das Urteil ist rechtskräftig und genauso wie der mittlerweile veranlasste Kostenfestsetzungsbeschlusses vollstreckbar.

Aus der eingeholten Vermögensauskunft ist bekannt, dass Max Henning lediglich privat einen PKW besitzt, der einen Verkehrswert über 3.500,00 € aufweist. Zur Durchführung der Sachpfändung erhält Annika Sauer die Akte.

Annika Sauer wendet sich an Julia Hoffmann mit der Bitte, sie beim Vorgehen zu unterstützen. Julia Hoffmann rät ihr, zunächst eine Forderungsaufstellung anzufertigen, in der die Forderungen der Mandantin sowie alle bislang entstandenen Kosten erfasst sind. Außerdem solle sie sicherheitshalber den aktuellen Kontoauszug kontrollieren, ob eventuell Zahlungen erfolgt sind.

Anlässlich des Kontoauszugs lässt sich feststellen, dass am 13.09.2022 eine Zahlung über 500,00 € ohne nähere Bestimmung erfolgt ist. Julia Hoffmann weist Annika Sauer darauf hin, dass eine rasche Verrechnung nötig sei, da es sich um Fremdgeld handele.

Arbeitsaufträge:

a) Welche Kosten können generell während eines Zwangsvollstreckungsverfahrens entstehen?

b) Erstellen Sie eine Forderungsaufstellung für den 13.09.2022, wenn folgende Ansprüche bestehen:
   - Hauptforderung in Höhe von 1.800,00 € zzgl. Zinsen von 234,14 € bis zum Zahlungseingang
   - vorgerichtliche Kosten in Höhe von 12,50 €
   - festgesetzte Kosten über 811,65 € zzgl. Zinsen von 45,89 € bis zum Zahlungseingang
   - bisherige Vollstreckungskosten in Höhe von 123,28 €

c) Begründen Sie, weshalb Fremdgelder besonders zu behandeln sind.

d) In welcher Reihenfolge wird die eingegangene Zahlung auf die bestehenden Forderungen der Vera Lambrecht-Schneider verrechnet?

e) Stellen Sie die Rechtsanwaltsgebühren sowie die Gerichtsvollzieherkosten für die Sachpfändung, die am 15.09.2022 beauftragt wird, zusammen.

f) Vergleichen Sie Ihre Ergebnisse mit dem Ihrer Mitschüler.

g) Reflektieren Sie anschließend Ihr Wissen anhand des Fragebogens, den Sie im Downloadbereich zum Buch finden. Web

5.1 Die Vollstreckungskosten der Vollstreckungsorgane

Neben den Rechtsanwaltsgebühren entstehen durch die Vollstreckungsmaßnahmen auch Kosten für die Tätigkeit der Vollstreckungsorgane. vgl. LF 12, Kap. 4

5.1.1 Die Kosten des Vollstreckungsgerichts

Für die Tätigkeit des Vollstreckungsgerichts ist ebenso wie im Erkenntnisverfahren das Gerichtskostengesetz (GKG) die Grundlage für die entstehenden Kosten. In Teil 2 des Kostenverzeichnisses (Anlage 1 zu § 3 Abs. 2 GKG) sind die Kosten für die Zwangsvollstreckung nach der Zivilprozessordnung, dem Insolvenzverfahren und ähnlichen Verfahren geregelt. Im Wesentlichen handelt es sich um Gebühren, die sich der **Höhe** nach nicht nach dem Streitwert richten. Hinsichtlich der Gebühren für das Verfahren über Zwangsversteigerung und Zwangsverwaltung ist der Verkehrswert nach § 54 GKG i. V. m. § 74 a Abs. 5 ZVG heranzuziehen. Beispielsweise entstehen folgende Gerichtskosten für die in LF 12, Kap. 2 und 3 behandelten Verfahren: vgl. LF 10, Kap. 3.1.2; LF 12, Kap. 4.1.1

Nr. im KV	Tätigkeit des Vollstreckungsgerichts	Betrag/ Satz
Nr. 2111 KV GKG	Vollstreckungsmaßnahmen des Vollstreckungsgerichts, z. B. Pfändungs- und Überweisungsbeschluss oder Vollstreckung wegen anderer Ansprüche als Geldforderungen	22,00 €
Nr. 2114 KV GKG	Erlass des Haftbefehls	22,00 €
Nr. 2118 KV GKG	Vollstreckbarerklärung eines Anwaltsvergleichs nach § 765 a ZPO	66,00 €
Nr. 2121 KV GKG	Entscheidung über Beschwerden	33,00 €
Nr. 2210 KV GKG	Entscheidung über den Antrag auf Anordnung der Zwangsversteigerung	110,00 €
Nr. 2211 KV GKG	Verfahren der Zwangsversteigerung	0,5
Nr. 2213 KV GKG	Abhaltung des Versteigerungstermins	0,5
Nr. 2214 KV GKG	Erteilung des Zuschlags	0,5
Nr. 2215 KV GKG	Verteilungsverfahren	0,5
Nr. 2220 KV GKG	Entscheidung über den Antrag auf Anordnung der Zwangsverwaltung	110,00 €
Nr. 2221 KV GKG	Jahresgebühr bei Durchführung der Zwangsverwaltung – je Jahr	0,5

vgl. LF 10, Kap. 3.2.1

Auch für diese Kosten gilt, dass zunächst der Zweitschuldner nach § 22 GKG die entstehenden Gerichtsgebühren als Vorschuss zahlen muss. Mit Auftragseinreichung sind demnach die Gerichtskosten zu begleichen.

▶ Beispiel: In Sachen Olaf Taurin ./. Beate Vollmer wird Rechtsanwalt Dr. Quintin Bauer von Olaf Taurin damit beauftragt, eine Lebensversicherung von Beate Vollmer pfänden zu lassen. Da es sich hier um die Pfändung einer Forderung der Schuldnerin handelt, ist der Antrag auf Erlass eines Pfändungs- und Überweisungsbeschlusses die korrekte Vollstreckungsmaßnahme. Mit Einreichung des Antrags auf Erlass des Pfändungs- und Überweisungsbeschlusses veranlasst Rechtsanwalt Dr. Quintin Bauer die Begleichung von Gerichtskosten in Höhe von 22,00 €, da andernfalls der Antrag nicht bearbeitet wird.

Auf der ersten Seite des Antrags auf Erlass eines Pfändungs- und Überweisungsbeschlusses kann angekreuzt werden, welche Anlagen beifügt sind. Dabei besteht die Möglichkeit, sich zwischen der **Zahlung** per Verrechnungsscheck oder Gerichtskostenstempler zu entscheiden.

Anlagen:
- ☐ Schuldtitel und ___ Vollstreckungsunterlagen
- ☐ Erklärung über die persönlichen und wirtschaftlichen Verhältnisse nebst ___ Belegen
- ☐ ______________________________ ______________________________
- ☐ Verrechnungsscheck für Gerichtskosten
- ☐ Gerichtskostenstempler

Unabhängig davon kann aber auch eine andere Zahlungsart, wie z.B. die elektronische Kostenmarke, gewählt werden.

vgl. LF 10, Kap. 3.2.2

Die Gebühr wird bei **Gesamtschuldnern**, gegen die ein einheitlicher Pfändungs- und Überweisungsbeschluss beantragt wird, mehrfach fällig. Eine Ausnahme gilt nur dann, wenn es sich um dieselbe Forderung des Gläubigers und denselben Vollstreckungsgegenstand, wie z.B. ein gemeinsames Bankkonto der Gesamtschuldner, handelt (Anm. zu Nr. 2111 KV GKG).

Kein Gerichtskostenvorschuss wird zum einen bei einem nach § 829 a ZPO vereinfachten (elektronischen) Vollstreckungsantrag bei Vollstreckungsbescheiden fällig. In Nr. 2111 KV GKG werden die Verfahren, bei denen eine Gerichtsgebühr entsteht, explizit genannt. Der vereinfachte Vollstreckungsantrag nach § 829 a ZPO wird nicht benannt. Zum anderen ist bei einer Vollstreckung aus arbeitsrechtlichen Titeln, wie z.B. bei titulierten Lohnforderungen, kein Gerichtskostenvorschuss zu leisten (§ 11 S. 1 GKG). Zudem besteht die Möglichkeit, Prozesskostenhilfe zu beantragen und auch so von der Leistung der Gerichtskosten entbunden zu werden.

vgl. LF 12, Kap. 2.3

5.1.2 Die Kosten des Gerichtsvollziehers

Der Gerichtsvollzieher rechnet seine Tätigkeit nach dem Gerichtsvollzieherkostengesetz (GvKostG) ab. Dieses ist, wie auch das RVG und das GKG, in einen Paragrafenteil sowie das Kostenverzeichnis als Anlage gegliedert. Eine Gebührentabelle fehlt, da sich die Tätigkeit des Gerichtsvollziehers nicht am Gegenstandswert ausrichtet, sondern feste Beträge festgelegt sind. Das Kostenverzeichnis umfasst folgende Abschnitte:

Nr.	Tätigkeit des Gerichtsvollziehers, Kostenbereiche
1	Zustellung nach § 191 ZPO
2	Durchführung der Vollstreckung
3	Verwertung
4	besondere Geschäfte
5	Zeitzuschläge
6	nicht erledigte Amtshandlungen
7	Auslagen

Für die im Kap. 2 aufgeführten Vollstreckungsmaßnahmen sind folgende Beträge maßgeblich:

Nr. im KV GvKostG	Tätigkeit des Gerichtsvollziehers	Betrag
Nr. 200 KV GvKostG	Durchführung der Vorpfändung	17,60 €
Nr. 205 KV GvKostG	Sachpfändung – eventuell noch mit Zeitzuschlag von 20,00 € je Stunde bei Überschreiten einer Dauer von 3 Stunden (Nr. 500 KV GvKostG)	28,60 €
Nr. 207 KV GvKostG	gütliche Erledigung	17,60 €
Nr. 260 KV GvKostG	Abnahme der Vermögensauskunft	36,60 €
Nr. 270 KV GvKostG	Durchführung der Verhaftung des Schuldners	42,90 €
Nr. 300 KV GvKostG	Durchführung der Versteigerung beweglicher Sachen	57,20 €
Nr. 430 KV GvKostG	Entgegennahme von Zahlungen	4,40 €
Nr. 440 KV GvKostG	Ermittlung des Aufenthaltsorts, Einholung von Dritteinkünften	14,30 €
Auslagen nach Nrn. 711 ff. KV GvKostG	• Wegegeld • Reisekosten • Dokumentation • Transport und Verpackung von Sachen oder Tieren • Pauschale für sonstige bare Auslagen je Auftrag (20 % der Gebühren, mindestens 3,00 €, höchstens 10,00 €)	

Kostenschuldner sind als Gesamtschuldner der Auftraggeber, also im Regelfall der Gläubiger, und der Vollstreckungsschuldner, § 13 Abs. 1, 2 GvKostG. Die Kosten werden nach § 14 GvKostG nach Durchführung des Auftrags oder bei einem Ruhen von mehr als zwölf Kalendermonaten **fällig**. Auch das GvKostG gestattet nach § 4 GvKostG eine Vorschussforderung. Bei den eher geringen Kosten wird in der Regel die Auftragsdurchführung nicht von einem **Vorschuss** abhängig gemacht.

Nach § 788 Abs. 1 S. 1 ZPO sind die Kosten der Zwangsvollstreckung zugleich mit beizutreiben. Kosten, die im Zusammenhang mit der Versteigerung oder dem Verkauf beweglicher Sachen entstehen, können dem Erlös vor Auskehrung an den Gläubiger entnommen werden (§ 15 Abs. 1 S. 1 GvKostG). Der Gerichtsvollzieher behält hier also die entsprechenden Beträge ein. Im Übrigen werden die Kosten – sofern nicht bereits ein Vorschuss bezahlt wurde – durch Rechnung oder auch per Nachnahme vom Auftraggeber eingefordert.

5.1.3 Die Kosten des Grundbuchamts

vgl. LF 12, Kap. 2.4

Für die Beantragung einer Zwangssicherungshypothek ist das Grundbuchamt das zuständige Vollstreckungsorgan. Dessen Kosten richten sich nach dem Gesetz über Kosten der freiwilligen Gerichtsbarkeit für Gerichte und Notare (GNotKG). Auch dieses Kostengesetz ist untergliedert in einen Paragrafenteil, ein Kostenverzeichnis (Anlage 1 zu § 3 Abs. 2 GNotKG) und eine Werttabelle (Anlage 2 zu § 34 Abs. 3 GNotKG). Der Hauptabschnitt 4 des Kostenverzeichnisses des GNotKG trifft Vorschriften zu der Abrechnung von Grundbuchsachen. Für die Zwangssicherungshypothek gilt dabei:

Nr. im KV	Grundbuchsachen	Satz
Nr. 14121 KV GNotKG	Eintragung eines sonstigen Rechts, wie z. B. (Zwangssicherungs-)Hypothek	1,0

Es handelt sich hierbei um eine Wertgebühr, welche sich nach dem Geschäftswert richtet. Hierfür muss die **Werttabelle** (Anlage 2 zu § 34 Abs. 3 GNotKG) herangezogen werden. Diese ist nach Tabelle A und Tabelle B unterteilt. Für die Tätigkeit in Grundbuchsachen ist die **Tabelle B** heranzuziehen.

Nr.	Gebührentatbestand	Gebühr oder Satz der Gebühr nach § 34 GNotKG **- Tabelle B**
Hauptabschnitt 4 Grundbuchsachen, Schiffs- und Schiffsbauregistersachen und Angelegenheiten des Registers für Pfandrechte an Luftfahrzeugen		

Ausschnitt aus dem Kostenverzeichnis

Die Höhe der zu ermittelnden Gebühr berechnet sich nach dem Betrag der Forderung (§ 53 Abs. 3 GNotKG). Weiterhin können noch Auslagen nach Nrn. 31000–31016 KV GNotKG hinzukommen.

▶ Beispiel: Rechtsanwältin Bettina Lansen veranlasst für ihre Mandantin Silke Ondsan wegen einer zu vollstreckenden Forderung in Höhe von 80.235,10 € die Eintragung einer Zwangssicherungshypothek in das Grundbuch des Grundstücks des Schuldners Leandro Rossalli. Rechtsanwältin Bettina Lansen erhält einen Grundbuchauszug (5 Seiten). Das Grundbuchamt kann folgende Forderung stellen:

Geschäftswert: 80.235,10 € (§ 53 Abs. 3 GNotKG)

1,0 Gebühr, Nr. 14121 KV GNotKG	246,00 €
Dokumentenpauschale, Nr. 31000 KV GNotKG	2,50 €
Gesamtforderung	248,50 €

5.2 Zahlungseingänge überwachen und kontrollieren

Zahlungen, die im Rahmen eines zwangsvollstreckungsrechtlichen Mandats erfolgen, können verschiedene Ansprüche abdecken. Dies betrifft z. B. noch offene Rechtsanwaltsgebühren oder durch den Rechtsanwalt verauslagte Kosten für Gericht und Gerichtsvollzieher. Im Regelfall wird es sich jedoch um sog. Fremdgeld handeln, welches besonders zu behandeln ist. Wichtig ist daher, die Verrechnung eingegangener Zahlungen sorgfältig vorzunehmen.

5.2.1 Umgang mit Fremdgeldern

vgl. LF 6, Kap. 2.3.3, 2.3.4

Unter dem Gesichtspunkt der kaufmännischen Buchführung und dem damit verknüpften Zahlungsverkehr wurden die Themen Fremdgeld und Anderkonto bereits behandelt. Diese Aspekte erlangen in der Zwangsvollstreckung eine besonders wichtige Bedeutung.

Fremdgelder sind die Gelder, die nicht dem Rechtsanwalt, sondern Dritten – im Regelfall dem Mandanten – zustehen. Dabei handelt es sich insbesondere um die Hauptforderung, also um den Anspruch, den der Mandant gegenüber dem Schuldner fordert, nebst Zinsen. Weiterhin sind aber auch die vom Mandanten verauslagten Kosten, z. B. bezahlte Gerichts- und Rechtsanwaltsgebühren, bei Bezahlung durch den Schuldner fremdes Geld, auf welches der Rechtsanwalt keinen Anspruch hat.

Der Umgang mit Fremdgeldern ist in der Bundesrechtsanwaltsordnung (BRAO) und der Berufsordnung für Rechtsanwältinnen und Rechtsanwälte (BORA) geregelt. Nach § 43 a Abs. 5 BRAO ist die sorgfältige Behandlung anvertrauter Vermögenswerte sowie die Weiterleitung fremder Gelder eine der Grundpflichten eines Rechtsanwalts.

So hat der Rechtsanwalt grds. Fremdgelder **unverzüglich weiterzuleiten** (§ 4 Abs. 2 S. 1 BORA). Sollte eine unverzügliche Weiterleitung nicht möglich sein, müssen Fremdgelder auf einem Anderkonto, zu dessen Führung der Rechtsanwalt nach § 4 Abs. 1 BORA verpflichtet ist, verwaltet werden (§ 4 Abs. 2 S. 2 BORA). Ein Einzelanderkonto, also für jeden Mandanten, ist erforderlich, wenn sich die Fremdgelder länger als einen Monat auf einem Sammelanderkonto befinden (§ 4 Abs. 2 S. 3 BORA). Der Mandant hat weiterhin einen Anspruch darauf, dass Fremdgelder unverzüglich, spätestens mit Beendigung des Mandats, abgerechnet werden.

Sofern die Pflichten nicht erfüllt werden, besteht die Gefahr strafrechtlicher Konsequenzen. Das Unterlassen der Weiterleitung stellt eine Veruntreuung anvertrauter Gelder dar, welche als Untreue nach § 266 StGB (Strafgesetzbuch) strafbar ist. Geldstrafe oder gar Freiheitsstrafe bis zu fünf Jahren können die Folge sein. Dies könnte auch die Entziehung der Rechtsanwaltszulassung durch die Rechtsanwaltskammer als Folgewirkung bedeuten.

Für die Entgegennahme von Fremdgeldern benötigt der Rechtsanwalt eine gesonderte Geldempfangsvollmacht (= sog. Inkassovollmacht). Die im Verfahren erteilte (Prozess-) Vollmacht ermächtigt grds. nicht zur Empfangnahme gepfändeter Geldbeträge. Im Regelfall enthalten jedoch die Standard-Prozessvollmachten bereits einen Absatz, der eine Geldempfangsvollmacht beinhaltet.

Im Downloadbereich erhalten Sie ein Muster einer Geldempfangsvollmacht zum Herunterladen. Web

Für die Weiterleitung von Fremdgeld kann der Rechtsanwalt eine Hebegebühr nach Nr. 1009 VV RVG erheben. Diese Gebühr kann vom weiterzuleitenden Betrag einbehalten werden. vgl. LF 4, Kap. 4.6.4

5.2.2 Verrechnung von Zahlungen

Nach § 367 BGB sind Zahlungen zunächst auf Zinsen und Kosten und dann erst auf die Hauptforderung zu verrechnen. Dies bedeutet, dass die Hauptforderung zunächst unverändert bleibt und sich damit auch der Zinsanspruch nicht verändert. Da die erst nach Rechtskraft entstehenden Zinsen nach drei Jahren verjähren (§ 197 Abs. 2 BGB), muss für einen Neubeginn innerhalb dieser regelmäßigen Verjährungsfrist eine Vollstreckungsmaßnahme erfolgen. Daher ist eine Tilgungsreihenfolge, welche diese schneller verjährenden Forderungen zunächst zum Erlöschen bringt, durchaus sinnvoll.

Etwas anderes gilt nur, wenn der Schuldner eine andere Anrechnung bestimmt hat. In diesem Fall muss jedoch der Gläubiger dieser Verrechnungsart zustimmen. Im Zuge eines Zwangsvollstreckungsverfahrens kommt eine Zustimmung durchaus in Betracht.

Unter bestimmten Voraussetzungen kann eine Vergütungsforderung des Rechtsanwalts von den Zahlungseingängen im Rahmen der Zwangsvollstreckung einbehalten werden. Dieses ist möglich, wenn die Vergütungsforderung im selben Mandatsverhältnis besteht, fällig und ordnungsgemäß abgerechnet ist. Der Zahlungseingang kann demnach auf offene und abgerechnete Gebührenforderungen in dieser Zwangsvollstreckungsakte vor der Weiterleitung des Fremdgelds verrechnet werden.

▶ Beispiel: Rechtsanwalt Viktor Behrens vertritt Monika Wenggruber in einer Vollstreckungsangelegenheit gegen Hedwig Chorus. Bei Zahlung einer Teilforderung von 2.500,00 € sind neben der Hauptforderung in Höhe von 3.200,00 € noch Zinsen über 145,65 €, durch den Rechtsanwalt verauslagte Gerichtsvollzieherkosten in Höhe von 54,60 € und eine fällige Gebührenrechnung über 107,96 € offen. Weiterzuleiten ist daher ein Betrag in Höhe von 2.337,44 €. Offen ist nach Verrechnung auf die Zinsen noch eine Hauptforderung in Höhe von 1.008,12 €. Die zukünftige Zinsberechnung erfolgt aus dieser neuen Hauptforderung ab dem Zeitpunkt des Zahlungseingangs.

5.2.3 Quittierung von Zahlungen des Schuldners

Sofern der Schuldner die Forderung **vollständig** direkt an den Gerichtsvollzieher zahlt, hat dieser nach Empfang der Leistung dem Schuldner die vollstreckbare Ausfertigung des Titels nebst einer Quittung auszuhändigen (§ 757 Abs. 1 ZPO). Zur Entgegennahme von Zahlungen und zur Ausstellung einer Quittung ist der Gerichtsvollzieher nach § 754 ZPO berechtigt. Daneben könnte der Schuldner auch noch eine Quittung durch den Gläubiger fordern (§ 757 Abs. 2 ZPO). Dadurch kann der Schuldner ausschließen, dass der Gläubiger sich eine weitere vollstreckbare Ausfertigung des Titels besorgt und weiterhin erfolgreich vollstreckt. Die Zahlung wäre so in einer Vollstreckungsabwehrklage beweisbar.

vgl. LF 12, Kap. 3.2.3

Bei einer Teilzahlung an den Gerichtsvollzieher erhält der Schuldner ebenfalls eine Quittung. Außerdem wird auf der vollstreckbaren Ausfertigung des Titels noch die Zahlung vermerkt (§ 757 Abs. 1 ZPO). Der Gläubiger wird dann bei der weiteren Zwangsvollstreckung aus diesem Titel in der Forderungsaufstellung die Verrechnung der Teilzahlung nachweisen.

Bei vollständiger Zahlung direkt an den Gläubiger kann der Schuldner nach § 371 BGB analog die Herausgabe des Titels vom Gläubiger verlangen. Dies kann im Rahmen einer Vollstreckungsabwehrklage erfolgen. Daneben hat der Schuldner nach § 362 BGB einen Anspruch auf eine Quittung. Dies gilt auch für Teilzahlungen. Sollte der Gläubiger die Teilzahlung bei der nächsten Vollstreckungsmaßnahme nicht berücksichtigen, verbleibt auch hier die Möglichkeit der Vollstreckungsabwehrklage. Es wäre jedoch für den Schuldner sinnvoll, zunächst mit dem Vollstreckungsorgan Kontakt aufzunehmen und die Sachlage klarzustellen.

5.3 Die Beitreibung der Vollstreckungskosten beim Schuldner

Nach § 788 Abs. 1 ZPO fallen die Kosten der Zwangsvollstreckung, sofern sie notwendig waren, dem Schuldner zur Last. Sie sind zugleich mit dem zur Zwangsvollstreckung stehenden Anspruch beizutreiben. Für die Beitreibung ist es erforderlich, die bisherigen Kosten der Zwangsvollstreckung in einer Forderungsaufstellung darzustellen und dem Vollstreckungsorgan nachzuweisen. Auch die durch den anstehenden Auftrag erst noch entstehenden Gebühren, insbesondere für den Rechtsanwalt, oder Kosten z. B. für das Vollstreckungsgericht müssen entsprechend in den Vollstreckungsauftrag mit aufgenommen werden, damit sie beigetrieben werden können. Hierfür müssen alle entstandenen Kosten berücksichtigt sowie Zahlungseingänge korrekt erfasst und verrechnet werden.

vgl. LF 12, Kap. 4, 5.1, 5.2.2

5.3.1 Die Forderungsaufstellung

Die Forderungsaufstellung erfasst eine übersichtliche Darstellung der aktuellen Forderung, differenziert nach Hauptforderung, Kosten, Zinsen und Vollstreckungskosten. Dieses ist insbesondere bei erfolgten Teilzahlungen hinsichtlich der Zinsberechnung sehr aufwendig. Bei der Zinsberechnung muss im Regelfall auch jeweils eine Anpassung an den aktuellen Basiszinssatz erfolgen. Insofern bieten professionelle, in der Anwaltssoftware enthaltene Programme, die die aktuelle Forderungsaufstellung jederzeit parat haben, eine enorme Arbeitserleichterung. Aber auch ohne Anwaltssoftware sind Module zur Forderungsberechnung – teilweise kostenlos – erhältlich. Im Übrigen bietet sich die Möglichkeit, selbst ein Excel-Programm zur Berechnung zu erstellen.

Eine Forderungsaufstellung ist allenfalls dann entbehrlich, wenn sich die vollständige Gesamtforderung aus dem Titel ergibt und keine weiteren Kosten entstanden sind oder keine Teilzahlungen geleistet wurden. Ansonsten besteht insbesondere bei Teilzahlungen die Obliegenheit, eine ordnungsgemäße Forderungsaufstellung beizufügen, um es dem Vollstreckungsorgan zu ermöglichen, die korrekte Verrechnung der geleisteten Zahlungen nachzuvollziehen.

Die Formulare für den Vollstreckungsauftrag an den Gerichtsvollzieher und für die Beantragung des Pfändungs- und Überweisungsbeschlusses enthalten als Anlage jeweils eine Forderungsaufstellung. Sofern die entsprechenden Zahlungsvorgänge korrekt erfasst wurden, nimmt die Anwaltssoftware eine automatische Aufnahme der Daten in die Vollstreckungsaufträge vor.

Anlage 1

Forderungsaufstellung

☐ Der Gläubiger kann von dem Schuldner die nachfolgend aufgeführten Beträge beanspruchen:

☐ ____________________

(zusätzliche Informationen, z. B. bei Vollstreckung in unterschiedlicher Höhe gegen mehrere Schuldner)

________ €	☐ Hauptforderung
________ €	☐ Restforderung
________ €	☐ Teilforderung
________ €	☐ nebst ____ % Zinsen daraus/aus ________ Euro seit dem ________ ☐ bis ________
________ €	☐ nebst ____ % Zinsen daraus/aus ________ Euro ab Antragstellung
________ €	☐ nebst Zinsen in Höhe von ____ Prozentpunkten über dem jeweiligen Basiszinssatz daraus/aus ________ Euro seit dem ________ ☐ bis ________
________ €	☐ nebst Zinsen in Höhe von ____ Prozentpunkten über dem jeweiligen Basiszinssatz daraus/aus ________ Euro ab Antragstellung
________ €	☐ ________
________ €	☐ ________
________ €	☐ Säumniszuschläge gemäß § 193 Absatz 6 Satz 2 des Versicherungsvertragsgesetzes
________ €	☐ titulierte vorgerichtliche Kosten ☐ Wechselkosten
________ €	☐ Kosten des Mahn-/Vollstreckungsbescheides
________ €	☐ festgesetzte Kosten
________ €	☐ nebst ____ % Zinsen daraus/aus ________ Euro seit dem ________ ☐ bis ________
________ €	☐ nebst ____ % Zinsen daraus/aus ________ Euro ab Antragstellung
________ €	☐ nebst Zinsen in Höhe von ____ Prozentpunkten über dem jeweiligen Basiszinssatz daraus/aus ________ Euro seit dem ________ ☐ bis ________
________ €	☐ nebst Zinsen in Höhe von ____ Prozentpunkten über dem jeweiligen Basiszinssatz daraus/aus ________ Euro ab Antragstellung
________ €	☐ bisherige Vollstreckungskosten
________ €	**Summe I**
________ € (wenn Angabe möglich)	☐ gemäß sonstiger Anlage/-n des Gläubigers/Gläubigervertreters ________ (zulässig, wenn in dieser Aufstellung die erforderlichen Angaben nicht oder nicht vollständig eingetragen werden können)
________ € (wenn Angabe möglich)	**Summe II** (aus Summe I und Summe aus sonstiger Anlage/sonstigen Anlagen des Gläubigers/Gläubigervertreters)

Ausschnitt aus einem Zwangsvollstreckungsauftrag

kann der Gläubiger von dem Schuldner nachfolgend aufgeführte Beträge beanspruchen:	
€	☐ Hauptforderung ☐ Teilhauptforderung
€	☐ Restforderung aus Hauptforderung
€	☐ nebst ____ % Zinsen daraus/aus ______________ Euro seit dem ______________ ☐ bis ______________
€	☐ nebst Zinsen in Höhe von ☐ 5 Prozentpunkten ☐ 2,5 Prozentpunkten ☐ 8 Prozentpunkten ☐ ____ Prozentpunkten über dem jeweiligen Basiszinssatz daraus/aus ______________ Euro seit dem ______________ ☐ bis ______________
€	☐ Säumniszuschläge gemäß § 193 Absatz 6 Satz 2 des Versicherungsvertragsgesetzes
€	☐ titulierte vorgerichtliche Kosten ☐ Wechselkosten
€	☐ Kosten des Mahn-/Vollstreckungsbescheides
€	☐ festgesetzte Kosten
€	☐ nebst ☐ 4 % Zinsen ☐ ____ % Zinsen daraus/aus ______________ Euro seit dem ______________ ☐ bis ______________
€	☐ nebst Zinsen in Höhe von ☐ 5 ☐ ____ Prozentpunkten über dem jeweiligen Basiszinssatz daraus/aus ______________ Euro seit dem ______________ ☐ bis ______________
€	☐ bisherige Vollstreckungskosten
€	**Summe I**
€ (wenn Angabe möglich)	☐ gemäß Anlage(n) ______________ (zulässig, wenn in dieser Aufstellung die erforderlichen Angaben nicht oder nicht vollständig eingetragen werden können)
€ (wenn Angabe möglich)	**Summe II** (aus Summe I und Anlage(n) ______________)
Wegen dieser Ansprüche sowie wegen der Kosten für diesen Beschluss (vgl. Kostenrechnung) und wegen der Zustellungskosten für diesen Beschluss wird/werden die nachfolgend aufgeführte/-n angebliche/-n Forderung/-en des Schuldners gegenüber dem Drittschuldner – einschließlich der künftig fällig werdenden Beträge – so lange gepfändet, bis der Gläubigeranspruch gedeckt ist.	

Ausschnitt aus einem Antrag auf Erlass eines Pfändungs- und Überweisungsbeschlusses

Die Formulare untergliedern sich in vier Abschnitte:

1. Hauptforderung und Zinsen

vgl. LF 12, Kap. 5.2.2

Die Hauptforderung nebst Zinsen wird als Erstes erfasst. Zu prüfen ist, ob eventuell nach Verrechnung einer Zahlung nur noch eine Restforderung besteht oder ob nur ein Teil einer Forderung geltend gemacht wird.

2. vorgerichtliche Kosten

vgl. LF 4, Kap. 5

Danach sind im Titel festgesetzte vorgerichtliche Kosten, z. B. für Auskünfte oder ein anwaltliches Aufforderungsschreiben, aufzunehmen. In der Regel sind diese zinslos.

3. festgesetzte Kosten

vgl. LF 10, Kap. 3.1.1; LF 12, Kap. 1.3.1

Die festgesetzten Kosten nebst Zinsen umfassen die Prozesskosten. Diese sind entweder im Titel, wie z. B. im Vollstreckungsbescheid, bereits enthalten oder in einem Kostenfestsetzungsbeschluss tituliert.

4. bisherige Vollstreckungskosten

Die notwendigen Kosten der bisherigen Zwangsvollstreckungsmaßnahmen können ebenfalls mit beigetrieben werden. Hierzu sind die entstandenen Kosten nachzuweisen. Diese Kosten müssen nicht tituliert werden. Nach § 788 Abs. 2 S. 1 ZPO i. V. m. §§ 103 Abs. 2, 104, 107 ZPO kann aber eine Kostenfestsetzung bei dem Gericht beantragt werden, bei dem zum Zeitpunkt der Antragstellung eine Vollstreckungshandlung anhängig ist oder die letzte Vollstreckungshandlung anhängig war. Durch den Kostenfestsetzungsbeschluss wird die Anzahl der beizufügenden Vollstreckungsunterlagen erheblich reduziert. Außerdem kann ein Antrag auf Verzinsung dieser Kosten in Höhe von fünf Prozentpunkten über dem jeweiligen Basiszinssatz nach § 104 Abs. 1 ZPO erfolgen. Der Kostenfestsetzungsbeschluss unterliegt der 30-jährigen Verjährungsfrist nach § 197 Abs. 1 Nr. 3, 4, 5 BGB.

vgl. LF 10, Kap. 4.2.1; LF 4, Kap. 2.2.2

5.3.2 Die formularmäßige Erfassung der Rechtsanwaltsvergütung

vgl. LF 12, Kap. 4, 5.1.1

Die durch den Auftrag entstehenden Rechtsanwaltsgebühren werden ebenfalls in den Formularen berücksichtigt. Dabei umfasst der Antrag auf Erlass eines Pfändungs- und Überweisungsbeschlusses auch die hierdurch entstehenden Gerichtskosten. Auch hier erfolgt bei korrekter Eingabe eine automatische Erfassung.

> **Hinweis:** Die Aufträge sollten dennoch sicherheitshalber kontrolliert werden, um mögliche Eingabefehler auszuschließen.

Q

Anwaltskosten gemäß Rechtsanwaltsvergütungsgesetz (RVG)

für den oben stehenden Auftrag/die oben stehenden Aufträge, und zwar für

____

(Angabe der Vollstreckungsmaßnahme)

Gegenstandswert (§ 25 RVG) aus	________ €
1. Verfahrensgebühr (VV Nr. 3309, ggf. i. V. m. VV Nr. 1008)	________ €
2. ________ (VV Nr. ________)	________ €
3. Auslagen oder Auslagenpauschale (VV Nr. 7001 oder VV Nr. 7002)	________ €
4. weitere Auslagen (VV Nr. ________)	________ €
5. Umsatzsteuer (VV Nr. 7008)	________ €
Summe	________ €

Anwaltskosten gemäß Rechtsanwaltsvergütungsgesetz (RVG)

für den oben stehenden Auftrag/die oben stehenden Aufträge, und zwar für

____

(Angabe der Vollstreckungsmaßnahme)

Gegenstandswert (§ 25 RVG) aus	________ €
1. Verfahrensgebühr (VV Nr. 3309, ggf. i. V. m. VV Nr. 1008)	________ €
2. ________ (VV Nr. ________)	________ €
3. Auslagen oder Auslagenpauschale (VV Nr. 7001 oder VV Nr. 7002)	________ €
4. weitere Auslagen (VV Nr. ________)	________ €
5. Umsatzsteuer (VV Nr. 7008)	________ €
Summe	________ €

______________________________ ______________________________

(Datum) (Unterschrift, Auftraggeber)

Ausschnitt aus einem Zwangsvollstreckungsauftrag

I.	**Gerichtskosten** Gebühr gemäß GKG KV Nr. 2111		€
II.	**Anwaltskosten gemäß RVG** Gegenstandswert: _______ €		
	1. Verfahrensgebühr VV Nr. 3309, ggf. i. V. m. Nr. 1008	€	
	2. Auslagenpauschale VV Nr. 7002	€	
	3. Umsatzsteuer VV Nr. 7008	€	
	Summe von II.		€
	Summe von I. und II.:		€

Ausschnitt aus einem Antrag auf Erlass eines Pfändungs- und Überweisungsbeschlusses

Zusammenfassung

Wiederholung und Vertiefung

1. Beschreiben Sie den Unterschied zwischen Akten- und Forderungskonto.
2. Welche Kosten für das Vollstreckungsorgan entstehen in den folgenden Fällen?
   - Erlass eines Pfändungs- und Überweisungsbeschlusses
   - Durchführung der Vorpfändung
   - Abnahme der Vermögensauskunft
   - Eintragung einer Zwangssicherungshypothek
3. Wie sind Teilzahlungen grds. zu verrechnen?
4. Wie hat ein Rechtsanwalt bei Eingang von Fremdgeldern zu verfahren?
5. Rechtsanwältin Katharina Schuh leitet Zwangsvollstreckungsmaßnahmen für Lea Kieswald gegen Ilja Kasovic ein. Am 15.04.2022 geht im Rahmen einer Sachpfändung auf dem Konto der Rechtsanwälte Dr. Neumann & Huber eine Teilzahlung über 3.400,00 € ein. Zu diesem Zeitpunkt sind folgende Forderungen offen: Hauptforderung 4.000,00 €, Zinsen 325,64 €, bisherige Kosten der Zwangsvollstreckung 289,50 € sowie die noch offenen, aber bereits abgerechneten Rechtsanwaltskosten in Höhe von 129,81 €.
   a) Wie wird die Zahlung verrechnet?
   b) Welchen Betrag leitet Rechtsanwältin Katharina Schuh an Lea Kieswald weiter, wenn die Kosten der Zwangsvollstreckung durch die Rechtsanwälte Dr. Neumann & Huber verauslagt wurden?
   c) Erstellen Sie eine Forderungsaufstellung zur Ermittlung der Hauptforderung zum 15.04.2022.

6 Führen des erforderlichen Schriftverkehrs

Das zwangsvollstreckungsrechtliche Mandat ist vor allem durch eine formularmäßige Abwicklung geprägt. Über Anwaltsprogramme oder auch über die Justizportale der einzelnen Länder sind Formulare abrufbar und können am PC ausgefüllt werden.

Wichtig ist jedoch auch jeweils die Information des Mandanten, damit dieser sachgerechte Entscheidungen über das Vorgehen treffen kann. Hier ist darauf zu achten, dass der Inhalt einfach, verständlich und vollständig dargestellt wird. Dabei helfen dem Mandanten vor allem kurze Sätze. Sofern diese Hinweise eingehalten werden, lassen sich telefonische Nachfragen durch Mandanten häufig vermeiden. Außerdem ist darauf zu achten, dass die Rechtschreib- und Grammatikregeln richtig angewandt werden.

vgl. LF 2, Kap. 2.3.4

Hinweis: Seit 01.01.2022 sind alle Rechtsanwälte verpflichtet, Schriftsätze per beA elektronisch zu übermitteln. Eine posta-lische Übermittlung ist dann nicht mehr möglich.

Nachfolgend wird nach der Kapitelüberschrift jeweils ein Beispielschreiben anhand einer Situationsbeschreibung formuliert. Diese Schreiben werden verkleinert dargestellt und stellen keine Musterlösung dar. Sie dienen lediglich der Anregung.

Tipp: Im (Kurz-)Rubrum von Schriftsätzen sollte in jedem Fall jeweils der sachbearbeitende Rechtsanwalt (Vor- und Nachname sowie Postleitzahl und Ort) der Parteien angegeben werden. Dadurch wird sichergestellt, dass man auf den ersten Blick sieht, wer Sachbearbeiter ist. Dies erleichtert die Zustellung per beA. Sinnvoll ist auch die Angabe am Briefende, ob der Schriftsatz einfach oder elektronisch signiert ist, damit einfach und schnell nachvollzogen werden kann, wie signiert wurde.

Web

Den Briefbogen der Kanzlei Dr. Neumann & Huber finden Sie im Downloadbereich zum Buch. Grundlagen dieses Briefbogens sind die Form B, der gestaltete Informationsblock und das Anschriftfeld mit Rücksendeangabe.

Im Folgenden werden einige Schreiben aus den verschiedenen Bereichen eines zwangsvollstreckungsrechtlichen Mandats beispielhaft dargestellt.

Lernsituation

Rechtsanwältin Dr. Annette Neumann hat für Roland Sieber ein Anerkenntnisurteil, zugestellt am 04.11.2021, erstritten, wonach die Brüder Sven und Jesse Konsen zur Zahlung von 14.500,00 € Schadenersatz verpflichtet sind. Weiterhin liegt ein Kostenfestsetzungsbeschluss, zugestellt am 25.11.2021, über 2.483,85 € vor. Über die Vermögensverhältnisse der Brüder Konsen ist zunächst nichts bekannt.

Da keine Zahlung erfolgt, übergibt Rechtsanwältin Dr. Annette Neumann die Akte (Sieber ./. Konsen, Az.: 367/2021) am 29.11.2021 mit der Bitte, die Mandanten über das weitere mögliche Vorgehen zur Verfolgung der Angelegenheit zu informieren.

Roland Sieber bespricht mit Rechtsanwältin Dr. Annette Neumann die Angelegenheit. Aus Kostengründen ist es ihm wichtig, dass zunächst ausschließlich eine Vermögensauskunft eingeholt wird. Erst dann sollen konkret Zwangsvollstreckungsmaßnahmen erfolgen.

Nachdem alle Zwangsvollstreckungsvoraussetzungen erfüllt sind, wird auftragsgemäß eine Vermögensauskunft über das Vermögen der Brüder Konsen eingeholt. Zum angesetzten Termin am 20.12.2022 erscheint Jesse Konsen nicht. Annika Sauer informiert Roland Sieber am 21.12.2022 über die Nichtteilnahme und das in Betracht kommende weitere Vorgehen.

Aus der Vermögensauskunft vom 07.01.2022 von Sven Konsen (unverheiratet, ein zweijähriges Kind) ergibt sich, dass dieser in Darmstadt bei dem Unternehmen Graz KG, vertreten durch Heiner Graz, als Programmierer beschäftigt ist. Er bezieht nach den Angaben in der Vermögensauskunft ein monatliches Einkommen in Höhe von 4.404,30 € netto. Die Graz KG gibt auf den Pfändungs- und Überweisungsbeschluss vom 18.01.2022, am 21.01.2022 an die Graz KG zugestellt, weder Auskunft noch erfolgt eine Auszahlung des pfändbaren Betrags. Am 07.02.2022 schreibt Annika Sauer daher die Graz KG an.

Arbeitsaufträge:

a) Erstellen Sie eine Übersicht, welche Voraussetzungen für eine Zwangsvollstreckung in diesem Fall vorliegen müssen und welche Voraussetzungen am 29.11.2021 bereits erfüllt sind.

b) Erstellen Sie in Partnerarbeit das Informationsschreiben vom 29.11.2021 an den Mandanten.
c) Stellen Sie zur Vorbereitung des Informationsschreibens vom 21.12.2022 alle Maßnahmen zusammen, die bei Nichtteilnahme eines Schuldners am Termin zur Abnahme der Vermögensauskunft in Betracht kommen.
d) Bestimmen Sie das sachlich, örtlich und funktionell zuständige Vollstreckungsorgan für den Erlass des Pfändungs- und Überweisungsbeschlusses.
e) Fertigen Sie den Brieftext des Anschreibens vom 07.02.2022 an die Graz KG. Gehen Sie dabei von folgenden Daten aus:
   - Sven Konsen, Jahrstraße 5, 64521 Groß-Gerau
   - Roland Sieber, Entengasse 1, 67471 Elmstein
f) Vergleichen Sie Ihre Ergebnisse mit denen Ihrer Mitschüler.
g) Reflektieren Sie anschließend Ihr Wissen anhand des Fragebogens, den Sie im Downloadbereich zum Buch finden.

Web

6.1 Anschreiben an den Mandanten

Im Rahmen der Zwangsvollstreckung ist eine Information des Mandanten insbesondere vor Einleitung der Zwangsvollstreckung erforderlich, um das weitere – kostenpflichtige – Vorgehen abzusprechen. Weiterhin sind auch während des Ablaufs Informationsschreiben erforderlich sowie eine Abrechnung zum Abschluss eines Verfahrens.

Die nachfolgenden Beispielschreiben stellen nur einen kleinen Auszug aus den vielfältigen anzufertigenden Schreiben dar.

6.1.1 Information vor der Einleitung der Zwangsvollstreckung

Situationsbeschreibung: Rechtsanwalt Peter Huber hat Claus Pölz (Mainzer Straße 1, 76829 Landau) im Mietrechtsstreit Claus Pölz ./. Karla Veser vertreten. Im Verfahren vor dem Amtsgericht Landau haben die Parteien am 11.01.2022 einen gerichtlich protokollierten Vergleich geschlossen. Einschließlich Kosten und Zinsen besteht eine Gesamtforderung in Höhe von 4.512,50 €. Karla Veser hat am 21.01.2022 telefonisch mitgeteilt, dass sie zu Zahlungen nicht in der Lage sei, da sie zu wenig verdiene. Der Arbeitgeber von Karla Veser ist ebenso wenig wie deren sonstigen Vermögensverhältnisse bekannt. Rechtsanwalt Peter Huber übergibt die Akte (Az.: 228/2021) an Annika Sauer mit der Bitte, den Mandanten über das Telefonat zu informieren und auf mögliche Zwangsvollstreckungsmaßnahmen hinzuweisen. Es soll ein Besprechungstermin zur konkreten Klärung des weiteren Vorgehens vereinbart werden. Annika Sauer fertigt das Schreiben am 21.01.2022 an.

Dr. Neumann & Huber
Rechtsanwälte Partnerschaft

Ihr Zeichen:	
Ihre Nachricht vom:	
Unser Zeichen:	228/2021
Unsere Nachricht vom:	
Name:	RA Peter Huber
Sekretariat:	Annika Sauer
Telefon:	+49 6321 5632-12
Telefax:	+49 6321 5632-15
Datum:	21.01.2022

RAe Dr. Neumann & Huber, Grainstr. 101, 67434 Neustadt a. d. Wstr.
Herrn
Claus Pölz
Mainzer Straße 1
76829 Landau

Claus Pölz ./. Karla Veser
wegen Mietzinsforderung

Sehr geehrter Herr Pölz,

Frau Karla Veser hat uns heute telefonisch mitgeteilt, dass sie zu wenig verdiene, um die noch offene Forderung in Höhe von 4.512,50 € vollständig zu begleichen.

Es sollten daher Zwangsvollstreckungsmaßnahmen ergriffen werden, um Ihre Forderung durchzusetzen. Voraussetzungen für die Zwangsvollstreckung sind Titel, Vollstreckungsklausel und Zustellung. Mit dem gerichtlich protokollierten Vergleich vom 11.01.2022 haben Sie einen Titel. Wir werden die Erteilung der Vollstreckungsklausel auf diesem Vergleich veranlassen und diesen mit Einleitung der Zwangsvollstreckung durch den Gerichtsvollzieher an Frau Karla Veser zustellen lassen.

Sofern Ihnen keine konkreten Vermögenswerte von Frau Karla Veser bekannt sind, empfiehlt es sich, zunächst eine Vermögensauskunft einzuholen, um Informationen über ihre finanzielle Lage zu erhalten.

Wir bitten Sie zur Klärung des konkreten Vorgehens einen Besprechungstermin mit dem Unterzeichner zu vereinbaren.

Freundliche Grüße

Peter Huber
Rechtsanwalt

RAin Dr. Annette Neumann Fachanwältin für Verkehrsrecht · **RA Peter Huber** Fachanwalt für Erbrecht
In Zusammenarbeit mit **RAin Katharina Schuh** Fachanwältin für Familienrecht

RAe Dr. Neumann & Huber · Grainstr. 101 · 67434 Neustadt a. d. Wstr. · Telefon +49 6321 5632-0 · Fax +49 6321 5632-15
info@rae-neumann-huber.de · www.rae-neumann-huber.de
Registernummer PR 956 · Amtsgericht Neustadt a. d. Wstr. · USt-INr.: DE573964122

Commerzbank Neustadt a. d. Wstr. · IBAN DE41 5464 0035 0012 5832 19
Deutsche Bank Neustadt a. d. Wstr. · IBAN DE52 5467 0095 0096 7844 58

6.1.2 Information über das weitere Vorgehen nach Vorlage eines Vermögensverzeichnisses

Situationsbeschreibung: In Sachen Claus Pölz (Mainzer Straße 1, 76829 Landau) gegen Karla Veser (Az.: 228/2021) liegt mittlerweile die Vermögensauskunft von Karla Veser vom 28.01.2022 vor. Diese weist folgende wesentliche Inhalte auf:

- Familienstand: verheiratet, kinderlos
- Ehemann Bernd Veser ist tätig bei der Norwanus GmbH.
- Bankkonto: Dresdner Bank Landau, als Pfändungsschutzkonto geführt
- Arbeitgeber: Ludwig Gartenbedarf OHG

- Sachwerte: Goldring mit Smaragd (Ehering); Fahrrad Rennfix, derzeit an Gabriele Eisenstein vermietet
- keine Immobilien vorhanden

Rechtsanwalt Peter Huber erteilt Annika Sauer den Auftrag, den Mandanten über das Vermögensverzeichnis sowie die sich hieraus ergebenden Vollstreckungsmöglichkeiten zu informieren und zu erfragen, wie konkret weiter vorgegangen werden soll. Annika Sauer fertigt das Schreiben am 01.02.2022 an.

Dr. Neumann & Huber
Rechtsanwälte Partnerschaft

Ihr Zeichen:
Ihre Nachricht vom:
Unser Zeichen: 228/2021
Unsere Nachricht vom:

Name: RA Peter Huber
Sekretariat: Annika Sauer
Telefon: +49 6321 5632-12
Telefax: +49 6321 5632-15

Datum: 01.02.2022

RAe Dr. Neumann & Huber, Grainstr. 101, 67434 Neustadt a. d. Wstr.
Herrn
Claus Pölz
Mainzer Straße 1
76829 Landau

Claus Pölz ./. Karla Veser
wegen Mietzinsforderung

Sehr geehrter Herr Pölz,

das Vermögensverzeichnis von Frau Karla Veser vom 28.01.2022 liegt uns mittlerweile vor. Eine Abschrift hiervon überlassen wir Ihnen in der Anlage.

Als Vollstreckungsmöglichkeit ergibt sich zunächst die Pfändung des Arbeitseinkommens von Karla Veser. Hierbei sollte veranlasst werden, dass Herr Bernd Veser als Unterhaltsberechtigter unberücksichtigt bleibt, damit sich ein höherer Pfändungsbetrag ergibt.

Die Pfändung des Bankkontos ist wenig erfolgversprechend, da das Konto als sog. Pfändungsschutzkonto geführt wird und insofern der Pfändung weitestgehend entzogen ist. Auch der Ehering ist unpfändbar, sodass lediglich noch das Fahrrad gepfändet werden könnte.

Wir weisen vorsorglich darauf hin, dass sich das Fahrrad zumindest derzeit noch bei einem Dritten, Gabriele Eisenstein, befindet. Wenn Frau Eisenstein nicht zur Herausgabe bereit ist, müsste der Herausgabeanspruch von Frau Karla Veser gegenüber Frau Eisenstein mittels Pfändungs- und Überweisungsbeschluss gepfändet werden.

Eine Kostenübersicht für die genannten Vollstreckungsmöglichkeiten füge ich Ihnen ebenfalls in der Anlage bei. Ich bitte um Mitteilung, ob Sie mit der Pfändung des Arbeitseinkommens einverstanden sind und auch eine Pfändung des Fahrrads wünschen.

Seite 1 von 2

RAin Dr. Annette Neumann Fachanwältin für Verkehrsrecht · **RA Peter Huber** Fachanwalt für Erbrecht
In Zusammenarbeit mit **RAin Katharina Schuh** Fachanwältin für Familienrecht

RAe Dr. Neumann & Huber · Grainstr. 101 · 67434 Neustadt a. d. Wstr. · Telefon +49 6321 5632-0 · Fax +49 6321 5632-15
info@rae-neumann-huber.de · www.rae-neumann-huber.de
Registernummer PR 956 · Amtsgericht Neustadt a. d. Wstr. · USt-INr.: DE573964122

Commerzbank Neustadt a. d. Wstr. · IBAN DE41 5464 0035 0012 5832 19
Deutsche Bank Neustadt a. d. Wstr. · IBAN DE52 5467 0095 0096 7844 58

Für telefonische Rückfragen stehe ich Ihnen gerne zur Verfügung.

Freundliche Grüße

Peter Huber
Rechtsanwalt

Anlagen
Vermögensverzeichnis vom 28.01.2022
Kostenübersicht zu Vollstreckungsmaßnahmen

6.1.3 Vorschläge zum Vorgehen bei Einwendungen

Situationsbeschreibung: Rechtsanwältin Katharina Schuh hat einen Vollstreckungsbescheid für Gabi Taslier-Haupt (Albert-Pfeiffer-Straße 16, 67346 Speyer) gegen Heiner Übeler wegen einer Werklohnforderung über 4.850,00 € nebst Zinsen und Kosten erwirkt. Hieraus wurde mittels Sachpfändung vollstreckt und die Pfändung einer wertvollen Digitalkamera erwirkt. Rechtsanwältin Katharina Schuh erhält nun am 10.01.2022 eine Drittwiderspruchsklage der Lisa Nehmar vom 07.01.2022, die mittels Kaufvertrag und Benennung von Heiner Übeler als Zeuge nachweist, dass sie Eigentümerin der Digitalkamera ist und diese nur an Heiner Übeler verliehen habe. Rechtsanwältin Katharina Schuh legt die Akte Gabi Tasilier-Haupt ./. Heiner Übeler (Az.: 128/2022) Annika Sauer mit dem Auftrag vor, die Mandantin über die Drittwiderspruchsklage und das mögliche weitere Vorgehen zu informieren. Annika Sauer fertigt das Schreiben am 10.01.2022 an.

Dr. Neumann & Huber
Rechtsanwälte Partnerschaft

RAe Dr. Neumann & Huber, Grainstr. 101, 67434 Neustadt a. d. Wstr.
Frau
Gabi Taslier-Haupt
Albert-Pfeiffer-Straße 16
67346 Speyer

Ihr Zeichen:
Ihre Nachricht vom:
Unser Zeichen: 128/2022
Unsere Nachricht vom:

Name: RAin Katharina Schuh
Sekretariat: Annika Sauer
Telefon: +49 6321 5632-12
Telefax: +49 6321 5632-15

Datum: 10.01.2022

Gabi Taslier-Haupt ./. Heiner Übeler
wegen Werklohnforderung/Zwangsvollstreckung

Sehr geehrte Frau Taslier-Haupt,

anliegend fügen wir Ihnen eine Abschrift der Drittwiderspruchsklage von Lisa Nehmar vom 07.01.2022 bei. Frau Nehmar wendet sich gegen die veranlasste Pfändung einer Digitalkamera, die sich im Gewahrsam von Herrn Heiner Übeler befunden hat. Sie trägt vor, Eigentümerin der Digitalkamera zu sein, und belegt dieses mittels Kaufvertrag und Zeugenbeweis durch Heiner Übeler.

Angesichts der Beweislage ist davon auszugehen, dass Frau Nehmar tatsächlich Eigentümerin ist und die Drittwiderspruchsklage daher Erfolg haben wird. Wir raten Ihnen daher an, die Klageforderung von Frau Lisa Nehmar anzuerkennen. Da Frau Nehmar vor Klageeinreichung keine Herausgabeaufforderung an uns gerichtet hat, handelt es sich bei diesem Anerkenntnis um ein sog. sofortiges Anerkenntnis i. S. v. § 93 ZPO. Dieses hätte zur Folge, dass Frau Nehmar die Kosten für die Drittwiderspruchsklage tragen müsste.

Wegen der durch das Gericht gesetzten Frist bitten wir um Mitteilung bis zum 17.01.2022, ob Sie bereit sind, die Klageforderung anzuerkennen. Für telefonische Rückfragen stehe ich Ihnen gerne zur Verfügung.

Freundliche Grüße

Katharina Schuh
Rechtsanwältin

Anlage

RAin Dr. Annette Neumann Fachanwältin für Verkehrsrecht · **RA Peter Huber** Fachanwalt für Erbrecht
In Zusammenarbeit mit **RAin Katharina Schuh** Fachanwältin für Familienrecht

RAe Dr. Neumann & Huber · Grainstr. 101 · 67434 Neustadt a. d. Wstr. · Telefon +49 6321 5632-0 · Fax +49 6321 5632-15
info@rae-neumann-huber.de · www.rae-neumann-huber.de
Registernummer PR 956 · Amtsgericht Neustadt a. d. Wstr. · USt-IdNr.: DE573964122

Commerzbank Neustadt a. d. Wstr. · IBAN DE41 5464 0035 0012 5832 19
Deutsche Bank Neustadt a. d. Wstr. · IBAN DE52 5467 0095 0096 7844 58

6.1.4 Abrechnung des Vorgehens im Zwangsvollstreckungsverfahren

Situationsbeschreibung: Rechtsanwalt Peter Huber vertritt Verena Gravolski (Alex-Müller-Straße 43, 67657 Kaiserslautern) seit dem 25.01.2022 im Zwangsvollstreckungsverfahren gegen Daniela Lopa wegen einer Kaufpreisforderung in Höhe von 8.700,00 €. Auftragsgemäß wurde am 18.02.2022 eine Vermögensauskunft über das Vermögen von Daniela Lopa veranlasst. Hieraus ergibt sich jedoch, dass Daniela Lopa derzeit keinerlei pfändbare Vermögenswerte besitzt. Die Akte wird daher auf Wiedervorlage in zwei Jahren gelegt. Annika Sauer erstellt die Kostenendabrechnung (Rechnungsnr.: 28/2022) zum Az.: 309/2022 am 21.03.2022. Dabei berücksichtigt sie die entstandenen Gerichtsvollzieherkosten vom 16.02.2022 in Höhe von 38,50 €.

Dr. Neumann & Huber
Rechtsanwälte Partnerschaft

Ihr Zeichen:
Ihre Nachricht vom:
Unser Zeichen: 309/2022
Unsere Nachricht vom:

Name: RA Peter Huber
Sekretariat: Annika Sauer
Telefon: +49 6321 5632-12
Telefax: +49 6321 5632-15

Datum: 21.03.2022

RAe Dr. Neumann & Huber, Grainstr. 101, 67434 Neustadt a. d. Wstr.
Frau
Verena Gravolski
Alex-Müller-Straße 43
67657 Kaiserslautern

Kostenendabrechnung
Rechnungsnummer: 28/2022
Verena Gravolski ./. Daniela Lopa
wegen Kaufpreisforderung/Einholung einer Vermögensauskunft
Leistungszeitraum: 25.01.2022 – 21.03.2022

Streitwert: 2.000,00 €, § 25 Abs. 1 S. 4 RVG

0,3 Verfahrensgebühr, Nr. 3309 VV RVG	49,80 €
Pauschale Post und Telekommunikation, Nr. 7002 VV RVG	9,96 €
Zwischensumme	59,76 €
19 % Umsatzsteuer, Nr. 7008 VV RVG	11,35 €
Summe	71,11 €
Gerichtsvollzieherkosten vom 16.12.2019	38,50 €
Restforderung	109,61 €

Peter Huber
Rechtsanwalt

RAin Dr. Annette Neumann Fachanwältin für Verkehrsrecht · **RA Peter Huber** Fachanwalt für Erbrecht
In Zusammenarbeit mit **RAin Katharina Schuh** Fachanwältin für Familienrecht

RAe Dr. Neumann & Huber · Grainstr. 101 · 67434 Neustadt a. d. Wstr. · Telefon +49 6321 5632-0 · Fax +49 6321 5632-15
info@rae-neumann-huber.de · www.rae-neumann-huber.de
Registernummer PR 956 · Amtsgericht Neustadt a. d. Wstr. · USt-IdNr.: DE573964122

Commerzbank Neustadt a. d. Wstr. · IBAN DE41 5464 0035 0012 5832 19
Deutsche Bank Neustadt a. d. Wstr. · IBAN DE52 5467 0095 0096 7844 58

6.2 Einleitung zwangsvollstreckungsrechtlicher Maßnahmen

Verschiedene Anträge können über die Homepage der einzelnen Gerichte geladen und teilweise auch über das Internet gestellt werden. Sie wurden in LF 12, Kap. 2 bereits auszugsweise dargestellt und auch zum Download zur Verfügung gestellt. Es handelt sich um folgende Anträge:

vgl. LF 12, Kap. 2.2, 2.3, 2.5

vgl. LF 12, Kap. 2.2.1, 2.2.2

- Zwangsvollstreckungsauftrag
- Antrag auf richterliche Durchsuchungsanordnung
- Erklärungen zur gütlichen Einigung
- Vorpfändung
- Pfändungs- und Überweisungsbeschluss, allgemein
- Pfändungs- und Überweisungsbeschluss wegen Unterhaltsforderungen

Das Gerichtsvollzieherformular umfasst auch die Möglichkeit, eine Vorwegpfändung (Modul K5) sowie eine andere Verwertungsart (Modul K5) zu beantragen. Auch insofern wird auf die entsprechenden Formulare, die in Kap. 2 dieses Lernfelds teilweise abgedruckt sind, verwiesen.

Daneben gibt es jedoch noch weitere Anträge, die im Zusammenhang mit den Zwangsvollstreckungsmaßnahmen wichtig sind. Hier sind einige beispielhaft ausgeführt.

6.2.1 Zahlungsaufforderung an den Schuldner

Situationsbeschreibung: Rechtsanwalt Peter Huber hat für Edwin Kluge außergerichtlich wegen einer Kaufpreisforderung über 6.500,00 € gegenüber Jörg Weirich (Ulmenstraße 3, 67661 Kaiserslautern-Hohenecken) am 07.01.2022 einen Vollstreckungsbescheid beim Amtsgericht – Mahngericht – Mayen (Az.: 21-362491720-0-6) erwirkt. Vor Einleitung von Zwangsvollstreckungsmaßnahmen soll nunmehr am 13.01.2022 Jörg Weirich zur Zahlung der Hauptforderung nebst festgesetzter Kosten in Höhe von 838,73 € sowie Zinsen bis zum 13.01.2022 über 172,31 € aufgefordert werden. Dabei setzt Annika Sauer eine angemessene Frist und droht bei deren Ablauf die Zwangsvollstreckung an. Weiterhin werden Jörg Weirich auch die Kosten für das Aufforderungsschreiben in Rechnung gestellt. Dieses Schreiben zum Az.: 510/2021 geht am 13.01.2022 zur Post.

Dr. Neumann & Huber
Rechtsanwälte Partnerschaft

RAe Dr. Neumann & Huber, Grainstr. 101, 67434 Neustadt a. d. Wstr.
Herrn
Jörg Weirich
Ulmenstraße 3
67661 Kaiserslautern

Ihr Zeichen:	
Ihre Nachricht vom:	
Unser Zeichen:	510/2021
Unsere Nachricht vom:	
Name:	RA Peter Huber
Sekretariat:	Annika Sauer
Telefon:	+49 6321 5632-12
Telefax:	+49 6321 5632-15
Datum:	13.01.2022

Edwin Kluge ./. Jörg Weirich
wegen Kaufpreisforderung

Sehr geehrter Herr Weirich,

nach dem Vollstreckungsbescheid des Amtsgerichts – Mahngericht – Mayen vom 07.01.2022 (Az.: 21-362491720-0-6) sind Sie zur Zahlung von

Hauptforderung	6.500,00 €
festgesetzte Kosten	838,73 €
Zinsen bis 13.01.2020	172,31 €

verpflichtet. Zur Zahlung der Gesamtforderung in Höhe von 7.511,04 € auf eines der unten genannten Konten werden Sie bis zum

27.01.2022

aufgefordert. Geldempfangsvollmacht liegt bei.

Sollte eine Zahlung innerhalb der genannten Frist nicht erfolgen, werden wir Zwangsvollstreckungsmaßnahmen gegen Sie einleiten.

Seite 1 von 2

RAin Dr. Annette Neumann Fachanwältin für Verkehrsrecht · **RA Peter Huber** Fachanwalt für Erbrecht
In Zusammenarbeit mit **RAin Katharina Schuh** Fachanwältin für Familienrecht

RAe Dr. Neumann & Huber · Grainstr. 101 · 67434 Neustadt a. d. Wstr. · Telefon +49 6321 5632-0 · Fax +49 6321 5632-15
info@rae-neumann-huber.de · www.rae-neumann-huber.de
Registernummer PR 956 · Amtsgericht Neustadt a. d. Wstr. · USt-IdNr.: DE573964122

Commerzbank Neustadt a. d. Wstr. · IBAN DE41 5464 0035 0012 5832 19
Deutsche Bank Neustadt a. d. Wstr. · IBAN DE52 5467 0095 0096 7844 58

Weiterhin sind Sie auch aufgrund Ihres Verzugs verpflichtet, die durch diese Aufforderung entstandenen Kosten zu erstatten. Diese ermitteln sich wie folgt:

Gegenstandswert: 7.511,04 €, § 25 Abs. 1 Nr. 1 RVG	
0,3 Verfahrensgebühr, Nr. 3309 VV RVG	150,60 €
Pauschale Post und Telekommunikation, Nr. 7002 VV RVG	20,00 €
Zwischensumme	170,60 €
19 % Umsatzsteuer, Nr. 7008 VV RVG	32,41 €
Gesamtbetrag	203,01 €

Zur Begleichung dieser Forderung werden Sie ebenfalls innerhalb obiger Frist aufgefordert.

Freundliche Grüße

Peter Huber
Rechtsanwalt

Anlage
Geldempfangsvollmacht

6.2.2 Antrag auf Erteilung einer vollstreckbaren Ausfertigung

Situationsbeschreibung: Rechtsanwältin Dr. Annette Neumann hat Rosa Neunef wegen einer Schadenersatzforderung über 14.500,00 € vor dem Landgericht Frankenthal (Pfalz) (Bahnhofstraße 33, 67227 Frankenthal; Az.: 4 O 325/2021) vertreten. Gegen das Urteil vom 13.04.2022 wurde vor dem Oberlandesgericht Zweibrücken (Schlossplatz 7, 66482 Zweibrücken; Az.: 1 U 407/2022) das Berufungsverfahren geführt. Das Berufungsurteil vom 14.06.2022 wurde Rechtsanwältin Dr. Annette Neumann am 17.06.2022 zugestellt. Es ist seit dem 20.07.2022 rechtskräftig. Es soll nun umgehend mit der Zwangsvollstreckung begonnen werden. Annika Sauer fertigt daher noch am 20.07.2022 zum Az.: 385/2021 einen Schriftsatz an das zuständige Landgericht an und bittet um Erteilung einer vollstreckbaren Ausfertigung.

Dr. Neumann & Huber
Rechtsanwälte Partnerschaft

RAe Dr. Neumann & Huber, Grainstr. 101, 67434 Neustadt a. d. Wstr.
Landgericht Frankenthal (Pfalz)
Bahnhofstraße 33
67227 Frankenthal

Ihr Zeichen:	
Ihre Nachricht vom:	
Unser Zeichen:	385/2021
Unsere Nachricht vom:	
Name:	RAin Dr. Annette Neumann
Sekretariat:	Annika Sauer
Telefon:	+49 6321 5632-12
Telefax:	+49 6321 5632-15
Datum:	20.07.2022

In dem Rechtsstreit
Rosa Neunef ./. Jonas Kahlenberg
Az.: 4 O 325/2021 (LG Frankenthal)
1 U 407/2022 (OLG Zweibrücken)

überreichen wir in der Anlage das Urteil des Oberlandesgerichts Zweibrücken vom 14.10.2019 und beantragen namens und in Vollmacht des Klägers die Erteilung einer vollstreckbaren Ausfertigung.

Dr. Annette Neumann
Rechtsanwältin

Anlage
Urteil vom 14.06.2022

RAin Dr. Annette Neumann Fachanwältin für Verkehrsrecht · **RA Peter Huber** Fachanwalt für Erbrecht
In Zusammenarbeit mit **RAin Katharina Schuh** Fachanwältin für Familienrecht

RAe Dr. Neumann & Huber · Grainstr. 101 · 67434 Neustadt a. d. Wstr. · Telefon +49 6321 5632-0 · Fax +49 6321 5632-15
info@rae-neumann-huber.de · www.rae-neumann-huber.de
Registernummer PR 956 · Amtsgericht Neustadt a. d. Wstr. · USt-IdNr.: DE573964122

Commerzbank Neustadt a. d. Wstr. · IBAN DE41 5464 0035 0012 5832 19
Deutsche Bank Neustadt a. d. Wstr. · IBAN DE52 5467 0095 0096 7844 58

6.2.3 Antrag auf Austauschpfändung

Situationsbeschreibung: In Sachen Traudel Walder (Altkirchenstraße 18, 68229 Mannheim) gegen Bernd Äldow (Gutenbergstraße 10, 69221 Dossenheim) hat Annika Sauer die Sachpfändung wegen einer Kaufpreisforderung nebst Kosten und Zinsen in Höhe von insgesamt 34.173,25 € aus einem Vollstreckungsbescheid des Amtsgerichts – Mahnabteilung – Stuttgart vom 11.02.2022 (Az.: 22-914473044-0-5) veranlasst. Aus dem Pfändungsprotokoll des Gerichtsvollziehers Kurt Helm vom 12.04.2022 ergibt sich, dass Bernd Äldow Eigentümer eines neuwertigen Mercedes

(B 220 d 4MATIC; Fahrgestell-Identifizierungsnummer: WDD 187 007-1J-173291) mit einem aktuellen Verkehrswert von 40.988,00 € ist. Die Pfändung ist jedoch unterblieben, da Bernd Äldow als selbstständiger Immobilienmakler tätig und daher auf das Fahrzeug angewiesen ist. Traudel Walder besitzt einen Gebrauchtwagenhandel. Es wäre ihr möglich, ein wesentlich preisgünstigeres Modell (B 180 CDI, Erstzulassung 04/2019 im Wert von 12.400,00 €) als Ersatz zur Verfügung zu stellen. Annika Sauer fertigt daher am 20.04.2022 zum Az.: 14/2022 einen entsprechenden Schriftsatz und legt ihn Rechtsanwältin Katharina Schuh zur Unterschrift vor.

Dr. Neumann & Huber
Rechtsanwälte Partnerschaft

RAe Dr. Neumann & Huber, Grainstr. 101, 67434 Neustadt a. d. Wstr.
Per beA
Amtsgericht Heidelberg
Vollstreckungsgericht
Kurfürstenanlage 15
69115 Heidelberg

Ihr Zeichen:	
Ihre Nachricht vom:	
Unser Zeichen:	14/2022
Unsere Nachricht vom:	
Name:	RAin Katharina Schuh
Sekretariat:	Annika Sauer
Telefon:	+49 6321 5632-12
Telefax:	+49 6321 5632-15
Datum:	20.04.2022

Antrag auf Gestattung der Austauschpfändung

In der Zwangsvollstreckungssache

Traudel Walder, Altkirchenstraße 18, 68229 Mannheim,

– Gläubigerin –

Verfahrensbevollmächtigte: Dr. Neumann & Huber, Rechtsanwälte, Partnerschaft, RAin Katharina Schuh, Grainstraße 101, 67434 Neustadt an der Weinstraße,

gegen

Bernd Äldow, Gutenbergstraße 10, 69221 Dossenheim,

– Schuldner –

beantragen wir namens und in Vollmacht der Gläubigerin die Pfändung des Mercedes B 220 d 4MATIC, Fahrgestell-Identifizierungsnummer: WDD 187 007-1J-173291, gegen Übereignung eines Mercedes B 180 CDI, Erstzulassung 04/19, im Wert von 12.400,00 € an den Schuldner zuzulassen. Der Wert des Austauschgegenstands ist der Gläubigerin aus dem Vollstreckungserlös zu erstatten.

Seite 1 von 2

RAin Dr. Annette Neumann Fachanwältin für Verkehrsrecht · **RA Peter Huber** Fachanwalt für Erbrecht
In Zusammenarbeit mit **RAin Katharina Schuh** Fachanwältin für Familienrecht

RAe Dr. Neumann & Huber · Grainstr. 101 · 67434 Neustadt a. d. Wstr. · Telefon +49 6321 5632-0 · Fax +49 6321 5632-15
info@rae-neumann-huber.de · www.rae-neumann-huber.de
Registernummer PR 956 · Amtsgericht Neustadt a. d. Wstr. · USt-IdNr.: DE573964122

Commerzbank Neustadt a. d. Wstr. · IBAN DE41 5464 0035 0012 5832 19
Deutsche Bank Neustadt a. d. Wstr. · IBAN DE52 5467 0095 0096 7844 58

Die Gläubigerin hat mit der Durchführung der Sachpfändung den Gerichtsvollzieher Kurt Helm beauftragt. Dabei ist ausweislich des beigefügten Pfändungsprotokolls vom 12.04.2022 die Pfändung des Mercedes B 220 d 4MATIC unterblieben, da das Fahrzeug wegen der Geschäftstätigkeit des Schuldners nach § 811 Nr. 1b ZPO unpfändbar ist.

Der Gläubigerin steht das Recht zu, die Pfändung einer höherwertigen Sache gegen den Austausch einer geringwertigen Sache, die den Schutzzweck in gleicher Weise gewährleistet, zu veranlassen. Dieser Funktion entspricht das zum Austausch angebotene Fahrzeug, welches in seiner Leistungsfähigkeit dem gepfändeten Fahrzeug vergleichbar ist.

Der Wert des Austauschgegenstands ist der Gläubigerin nach § 811 a Abs. 2 S. 4 ZPO aus dem Versteigerungserlös zu erstatten.

Katharina Schuh
Rechtsanwältin

Anlagen
Vollstreckungsbescheid vom 11.02.2022
Pfändungsprotokoll vom 12.04.2022
Forderungsaufstellung

Dieser Schriftsatz ist qualifiziert elektronisch signiert.

6.2.4 Drittschuldnerklage

Situationsbeschreibung: Annika Sauer hat für Heiner Neuhaus (Wormser Straße 23, 67098 Bad Dürkheim) wegen einer Schmerzensgeldforderung über 8.700,00 € aus einem Urteil des Landgerichts Landau vom 11.03.2022 (Az.: 2 U 513/2022), zu verzinsen mit fünf Prozentpunkten über dem Basiszinssatz seit 24.05.2021 sowie wegen 2.601,12 € festgesetzte Kosten (zu verzinsen mit 5 % seit dem 14.03.2022) einen Pfändungs- und Überweisungsbeschluss gegen Markus Leidig (Oberlinstraße 8, 67069 Ludwigshafen am Rhein) veranlasst. Vollstreckt wird in das Arbeitseinkommen von Markus Leidig bei seinem Arbeitgeber, der Findus KG (Komplementär Daniel Mansfeld, Bismarckstraße 43, 76726 Germersheim). Der Pfändungs- und Überweisungsbeschluss vom 02.06.2022 wurde der Findus KG am 09.06.2022 zugestellt. Bis zum 02.07.2022 erfolgte jedoch keine Drittschuldnererklärung der Findus KG, sodass nun Drittschuldnerklage erhoben wird. Markus Leidig ist unverheiratet und kinderlos. Er hat im Vermögensverzeichnis vom 13.05.2022 angegeben, dass er 2.400,00 € netto verdiene. Zum 02.07.2022 beträgt die Gesamtforderung des Heiner Neuhaus 11.947,58 €. Durch die bisherige Zwangsvollstreckung sind Kosten in Höhe von 384,56 € entstanden. Die Drittschuldnerklage zum Az.: 14/2022 wird von Rechtsanwältin Katharina Schuh als Sachbearbeiterin unterzeichnet.

Dr. Neumann & Huber
Rechtsanwälte Partnerschaft

RAe Dr. Neumann & Huber, Grainstr. 101, 67434 Neustadt a. d. Wstr.
Per beA
Arbeitsgericht Ludwigshafen am Rhein
Wredestraße 6
67059 Ludwigshafen am Rhein

Ihr Zeichen:	
Ihre Nachricht vom:	
Unser Zeichen:	14/2022
Unsere Nachricht vom:	
Name:	RAin Katharina Schuh
Sekretariat:	Annika Sauer
Telefon:	+49 6321 5632-12
Telefax:	+49 6321 5632-15
Datum:	02.07.2022

Klage und Streitverkündung

In Sachen

Heiner Neuhaus, Wormser Straße 23, 67098 Bad Dürkheim,

– Kläger –

Prozessbevollmächtigte: Dr. Neumann & Huber, Rechtsanwälte, Partnerschaft, RAin Katharina Schuh, Grainstraße 101, 67434 Neustadt an der Weinstraße,

gegen

Findus KG, vertr. d. d. Komplementär Daniel Mansfeld, Bismarckstraße 43, 76726 Germersheim,

– Beklagte –

erheben wir namens und in Vollmacht des Klägers Klage und werden beantragen:

1. Die Beklagte wird verurteilt, an den Kläger 803,15 € nebst Zinsen in Höhe von fünf Prozentpunkten über dem Basiszinssatz seit dem 30.06.2022 zu zahlen.
2. Die Beklagte wird verurteilt, künftig für die Dauer der Beschäftigung des Vollstreckungsschuldners und Streitverkündeten bei ihr 803,15 € monatlich ab 01.07.2022 bis zum Ausgleich der zu vollstreckenden Forderung in Höhe von derzeit 11.947,58 € zu zahlen.
3. Die Kosten des Rechtsstreits trägt die Beklagte.
4. Das Urteil ist vorläufig vollstreckbar.

Seite 1 von 2

RAin Dr. Annette Neumann Fachanwältin für Verkehrsrecht · **RA Peter Huber** Fachanwalt für Erbrecht
In Zusammenarbeit mit **RAin Katharina Schuh** Fachanwältin für Familienrecht

RAe Dr. Neumann & Huber · Grainstr. 101 · 67434 Neustadt a. d. Wstr. · Telefon +49 6321 5632-0 · Fax +49 6321 5632-15
info@rae-neumann-huber.de · www.rae-neumann-huber.de
Registernummer PR 956 · Amtsgericht Neustadt a. d. Wstr. · USt-IdNr.: DE573964122

Commerzbank Neustadt a. d. Wstr. · IBAN DE41 5464 0035 0012 5832 19
Deutsche Bank Neustadt a. d. Wstr. · IBAN DE52 5467 0095 0096 7844 58

Gleichzeitig wird hiermit dem Vollstreckungsschuldner

Herrn Markus Leidig, Oberlinstraße 8, 67069 Ludwigshafen am Rhein,

nach § 841 ZPO der Streit verkündet mit der Aufforderung, dem Rechtsstreit aufseiten des Klägers beizutreten.

Begründung:

Dem Kläger steht gegen den Streitverkündeten aus dem anliegenden Urteil des Landgerichts Landau vom 11.02.2022, Az.: 2 U 513/2022, eine Forderung in Höhe von 8.700,00 € zzgl. Zinsen in Höhe von fünf Prozentpunkten über dem Basiszinssatz seit dem 24.05.2021 zu. Außerdem sind 2.601,12 € an festgesetzten Kosten entstanden, die seit dem 14.03.2022 mit 5 % zu verzinsen sind. Daneben sind weitere 384,56 € an Vollstreckungskosten entstanden.

Beweis: Urteil in Kopie nebst den Vollstreckungsunterlagen in Kopie – Anlagenkonvolut K1 –

Der Streitverkündete ist Arbeitnehmer der Beklagten. Sein Lohnanspruch gegen die Beklagten ist durch den Kläger mittels Pfändungs- und Überweisungsbeschluss des Amtsgerichts – Vollstreckungsgericht – vom 02.06.2022, zugestellt an die Beklagte am 09.06.2022, gepfändet worden.

Beweis: Pfändungs- und Überweisungsbeschluss nebst Zustellnachweis in Kopie – Anlage K2 –

Die Beklagte hat auf die ihr am 09.06.2022 zugestellte Aufforderung zur Abgabe der Drittschuldnererklärung nach § 840 Abs. 1 ZPO nicht reagiert und bis heute weder Auskunft erteilt noch Zahlungen geleistet.

Beweis: Zustellungsurkunde nach § 840 Abs. 2 ZPO in Kopie – Anlage K3 –

Nach den Angaben im Vermögensverzeichnis verdient der unverheiratete und kinderlose Streitverkündete monatlich 2.400,00 € netto.

Beweis: Auszug aus dem Vermögensverzeichnis vom 13.05.2022 in Kopie – Anlage K 4 –

Nach der Pfändungstabelle, Anlage zu § 850 c ZPO, ergibt sich demnach ein monatlich pfändbarer Betrag in Höhe von 803,15 €. Seit Zustellung des Pfändungs- und Überweisungsbeschlusses ist der Lohn einmal fällig gewesen, sodass sich hieraus der Klageantrag zu Ziff. 1. ergibt.

Katharina Schuh
Rechtsanwältin

Anlagen

Dieser Schriftsatz ist qualifiziert elektronisch signiert.

6.2.5 Arrestantrag

Situationsbeschreibung: Rechtsanwältin Dr. Annette Neumann hat für ihre Mandantin Petra Kahlenfeld (Fliederweg 7, 67346 Speyer) am 13.06.2022 beim Landgericht Frankenthal eine Schadenersatzforderung gegen Karl Eklon e. K. (Johannesstraße 27, 67346 Speyer) in Höhe von 100.000,00 € eingeklagt, da durch eine fehlerhafte Kabelverlegung ein Kabelbrand entstanden ist, sodass ein Teil des Dachstuhls ausbrannte und neu errichtet werden muss. Karl Eklon wurde zuvor mit Strafurteil des Amtsgerichts Speyer (Az.: 2 Ds 534/2022) vom 03.06.2022 zu einer Geldstrafe verurteilt. Im Rahmen des Strafverfahrens wurde der Schaden durch einen Gutachter bereits auf 100.000,00 € geschätzt. Im Zivilverfahren vor dem Landgericht Frankenthal erfährt Petra Kahlenfeld in der mündlichen Verhandlung vom 08.07.2022 durch Franz Black, einen mit ihr befreundeten Mitarbeiter des Karl Eklon, dass Karl Eklon durch die Schadenersatzforderung in finanzielle Schwierigkeiten geraten wird. Es laufen bereits Verhandlungen, das Unternehmen zu verkaufen und es steht zu befürchten, dass sich Karl Eklon mit seinem noch vorhandenen Vermögen, insbesondere mit seinem Bankguthaben bei der Sparkasse in Speyer, ins Ausland absetzen wird. Eine eidesstattliche Versicherung des Franz Black vom 08.07.2022 liegt vor. Annika Sauer fertigt am 11.07.2022 zum Az.: 379/2022 den Arrestantrag an.

Dr. Neumann & Huber
Rechtsanwälte Partnerschaft

RAe Dr. Neumann & Huber, Grainstr. 101, 67434 Neustadt a. d. Wstr.
Per beA
Amtsgericht Speyer
Wormser Straße 41
67346 Speyer

Ihr Zeichen:
Ihre Nachricht vom:
Unser Zeichen: 379/2022
Unsere Nachricht vom:

Name: RAin Dr. Annette Neumann
Sekretariat: Annika Sauer
Telefon: +49 6321 5632-12
Telefax: +49 6321 5632-15

Datum: 11.07.2022

Antrag auf dinglichen Arrest und Arrestpfändung

In Sachen

der Petra Kahlenfeld, Fliederweg 7, 67346 Speyer,

– Antragstellerin –

Verfahrensbevollmächtigte: Dr. Neumann & Huber, Rechtsanwälte, Partnerschaft,
RAin Dr. Annette Neumann, Grainstraße 101,
67434 Neustadt an der Weinstraße,

gegen

Karl Eklon e. K., Johannesstraße 27, 67346 Speyer,

– Antragsgegner –

wegen Arrest und Arrestpfändung

beantragen wir namens und in Vollmacht der Antragstellerin, gegen den Antragsgegner – wegen der Dringlichkeit ausschließlich ohne mündliche Verhandlung – folgenden Arrestbefehl und Arrestbeschluss zu erlassen:

1. Wegen einer Schadenersatzforderung des Antragstellers in Höhe von 100.000,00 € zzgl. Zinsen in Höhe von fünf Prozentpunkten über dem Basiszinssatz seit dem 18.04.2022 gegen den Antragsgegner wird der dingliche Arrest in das Vermögen des Antragsgegners angeordnet.

Seite 1 von 2

RAin Dr. Annette Neumann Fachanwältin für Verkehrsrecht · **RA Peter Huber** Fachanwalt für Erbrecht
In Zusammenarbeit mit **RAin Katharina Schuh** Fachanwältin für Familienrecht

RAe Dr. Neumann & Huber · Grainstr. 101 · 67434 Neustadt a. d. Wstr. · Telefon +49 6321 5632-0 · Fax +49 6321 5632-15
info@rae-neumann-huber.de · www.rae-neumann-huber.de
Registernummer PR 956 · Amtsgericht Neustadt a. d. Wstr. · USt-IdNr.: DE573964122

Commerzbank Neustadt a. d. Wstr. · IBAN DE41 5464 0035 0012 5832 19
Deutsche Bank Neustadt a. d. Wstr. · IBAN DE52 5467 0095 0096 7844 58

2. Die Kosten des Arrestverfahrens trägt der Antragsgegner.
3. Die Vollziehung des Arrests wird durch Hinterlegung in Höhe von 107.000,00 € durch den Antragsgegner gehemmt.
4. In Vollziehung des Arrests wird die Geschäftsbeziehung des Antragsgegners zur Sparkasse Speyer bis zum Höchstbetrag von 107.000,00 € gepfändet. Der Antragsgegner hat sich jeder Verfügung über die Forderung zu enthalten, die Sparkasse darf an den Antragsgegner nicht mehr leisten.

Begründung:

Die Antragstellerin hat am 09.02.2022 den Antragsgegner mit der Durchführung der Elektroarbeiten in ihrem Einfamilienhaus im Fliederweg 7, 67346 Speyer, beauftragt. Dabei verlegte der Antragsgegner die Leitungen im Dachgeschoss fehlerhaft, wodurch es zu einem Kabelbrand kam. Hierdurch brannte der Dachstuhl des Einfamilienhauses nahezu vollständig aus. Nach Mitteilung der im Strafverfahren tätigen Gutachter ist hierdurch ein Schaden von 100.000,00 € entstanden. Der Antragsgegner wurde wegen fahrlässiger Brandstiftung durch das Amtsgericht Speyer mit Urteil vom 03.06.2022 (Az.: 2 Ds 534/2022) zu einer Geldstrafe verurteilt. Am 13.06.2022 wurde Klage vor dem Landgericht Frankenthal auf Schadenersatz in Höhe des entstandenen Sachschadens gegen den Antragsgegner erhoben.

Glaubhaftmachung: Kopie der Klageschrift vom 13.06.2022 mit weiteren Nachweisen
– Anlagenkonvolut A1 –

Im Termin zur mündlichen Verhandlung vom 08.07.2022 vor dem Landgericht Frankenthal teilte Franz Black, ein Mitarbeiter des Antragsgegners der Antragstellerin mit, dass Karl Eklon wegen finanzieller Schwierigkeiten beabsichtige, sein Unternehmen zu verkaufen und sich ins Ausland abzusetzen. Verkaufsverhandlungen würden bereits laufen.

Glaubhaftmachung: Eidesstattliche Versicherung des Franz Black vom 08.07.2022
– Anlagenkonvolut A2 –

Dieses Verhalten des Antragsgegners gibt zu befürchten, dass er seine noch in Deutschland vorhandenen Vermögenswerte, und insbesondere seine Konten bei der Sparkasse Speyer, beiseiteschaffen wird.

Dr. Annette Neumann
Rechtsanwältin

Anlagen
Kopie der Klageschrift
Eidesstattliche Versicherung

Dieser Schriftsatz ist einfach elektronisch signiert.

6.2.6 Antrag auf Eintragung einer Zwangssicherungshypothek

Situationsbeschreibung: Rechtsanwältin Katharina Schuh hat für Ludmilla Kasarow (Kappelhofgasse 5, 55116 Mainz) einen Vollstreckungsbescheid vom 18.08.2022 (Az.: 22-0695228-0-6) gegen Igor Bobinski (Clavastraße 2, 67547 Worms) wegen einer Kaufpreisforderung in Höhe von 15.000,00 € beim Amtsgericht – Mahngericht – Mayen erwirkt. Aus dem eingeholten Vermögensverzeichnis ist bekannt, dass Igor Bobinski ein von ihm selbst bewohntes kleines Einfamilienhaus (Grundbuch zu Worms, Blatt 4, FlSt. Nr. 249/6) besitzt. Zur Sicherung der noch offenen Gesamtforderung in Höhe von 16.691,98 € soll am 12.10.2022 eine Zwangssicherungshypothek eingetragen werden. Annika Sauer fertigt den entsprechenden Schriftsatz zum Az.: 297/2022 an.

Dr. Neumann & Huber
Rechtsanwälte Partnerschaft

RAe Dr. Neumann & Huber, Grainstr. 101, 67434 Neustadt a. d. Wstr.
Per beA
Amtsgericht Worms
Grundbuchamt
Hardtgasse 6
67547 Worms

Ihr Zeichen:	
Ihre Nachricht vom:	
Unser Zeichen:	297/2022
Unsere Nachricht vom:	
Name:	RAin Katharina Schuh
Sekretariat:	Annika Sauer
Telefon:	+49 6321 5632-12
Telefax:	+49 6321 5632-15
Datum:	12.10.2022

Antrag auf Eintragung einer Zwangssicherungshypothek

In der Zwangsvollstreckungssache

Ludmilla Kasarow, Kappelhofgasse 5, 55116 Mainz,

– Gläubigerin –

Verfahrensbevollmächtigte: Dr. Neumann & Huber, Rechtsanwälte, Partnerschaft,
RAin Katharina Schuh, Grainstraße 101,
67434 Neustadt an der Weinstraße,

gegen

Igor Bobinski, Clavastraße 2, 67547 Worms,

– Schuldner –

überreichen wir namens und in Vollmacht der Gläubigerin den Vollstreckungsbescheid des Amtsgerichts Mayen vom 18.08.2022 (Az.: 22-0695228-0-6) nebst Zustellungsurkunde und beantragen wegen der in der beigefügten Forderungsaufstellung enthaltenen Forderung in Höhe von 16.691,98 € auf dem Grundbesitz des Schuldners im Grundbuch zu Worms, Blatt 4, Flur-Nr. 249/6, zugunsten der Gläubigerin verzinslich eine Zwangssicherungshypothek einzutragen.

Katharina Schuh
Rechtsanwältin

Anlagen

Dieser Schriftsatz ist einfach elektronisch signiert.

RAin Dr. Annette Neumann Fachanwältin für Verkehrsrecht · **RA Peter Huber** Fachanwalt für Erbrecht
In Zusammenarbeit mit **RAin Katharina Schuh** Fachanwältin für Familienrecht

RAe Dr. Neumann & Huber · Grainstr. 101 · 67434 Neustadt a. d. Wstr. · Telefon +49 6321 5632-0 · Fax +49 6321 5632-15
info@rae-neumann-huber.de · www.rae-neumann-huber.de
Registernummer PR 956 · Amtsgericht Neustadt a. d. Wstr. · USt-IdNr.: DE573964122

Commerzbank Neustadt a. d. Wstr. · IBAN DE41 5464 0035 0012 5832 19
Deutsche Bank Neustadt a. d. Wstr. · IBAN DE52 5467 0095 0096 7844 58

6.3 Einwendungen im Zwangsvollstreckungsverfahren

Im Wesentlichen werden Einwendungen gegen die Zwangsvollstreckung durch den Schuldner oder betroffene Dritte vorgebracht. Hier werden vier der Einwendungen, die auch in Kap. 3.1 und 3.2 in LF 12 ausgeführt wurden, beispielhaft dargestellt.

6.3.1 Erinnerung gegen eine vollstreckungsrechtliche Maßnahme

Situationsbeschreibung: Marla Dankel (Eibenweg 21, 76297 Stutensee) wendet sich am 30.03.2022 an Rechtsanwalt Peter Huber, da am 25.03.2022 durch Gerichtsvollzieherin Lena Heister ihre wertvolle goldene Armbanduhr mit vier Amethysten gepfändet wurde. Vollstreckt wurde eine titulierte (Vollstreckungsbescheid des Amtsgerichts – Mahngericht – Stuttgart, Az.: 21-023893301-0-6, vom 13.01.2022) Darlehensforderung des Rolf Wiesengrund gegen Arndt Dankel, den Ehemann von Marla Dankel. Marla Dankel hat der Pfändung widersprochen und darauf verwiesen, dass auf der Rückseite der deutlich als Damenuhr erkennbaren Armbanduhr „Marla Dankel zur Erinnerung" eingraviert ist. Dies ließ die Gerichtsvollzieherin Lena Heister jedoch unbeeindruckt. Versteigerungstermin wurde auf den 14.04.2022 festgesetzt. Annika Sauer fertigt den entsprechenden Schriftsatz am 30.03.2022 zum Az.: 136/2022 an. Rechtsanwalt Peter Huber unterzeichnet als Sachbearbeiter.

Dr. Neumann & Huber
Rechtsanwälte Partnerschaft

RAe Dr. Neumann & Huber, Grainstr. 101, 67434 Neustadt a. d. Wstr.
Per beA
Amtsgericht Karlsruhe
Vollstreckungsgericht
Schlossplatz 23
76125 Karlsruhe

Ihr Zeichen:
Ihre Nachricht vom:
Unser Zeichen: 136/2022
Unsere Nachricht vom:

Name: RA Peter Huber
Sekretariat: Annika Sauer
Telefon: +49 6321 5632-12
Telefax: +49 6321 5632-15

Datum: 30.03.2022

Erinnerung gem. § 766 ZPO

In der Zwangsvollstreckungssache
Rolf Wiesengrund ./. Arndt Dankel

zeigen wir die Vertretung von Marla Dankel, der Ehefrau des Schuldners, an. Namens und im Auftrag von

Marla Dankel, Eibenweg 21, 76297 Stutensee,

– Erinnerungsführerin –

legen wir gegen die Art und Weise der Zwangsvollstreckung

Erinnerung

ein und beantragen:

1. Die von Frau Gerichtsvollzieherin Lena Heister unter dem Aktenzeichen DR II 148/22 bei dem Schuldner durchgeführte Pfändung in die goldene Damen-Armbanduhr mit vier Amethysten für unzulässig zu erklären.
2. Die Zwangsvollstreckung gem. § 766 Abs. 1 S. 2 ZPO aus dem Vollstreckungsbescheid des Amtsgerichts – Mahnabteilung - Stuttgart, Az.: 21-023893301-0-6, vom 13.01.2022, in die Armbanduhr bis zur Entscheidung über diesen Antrag einstweilen einzustellen.

Seite 1 von 2

RAin Dr. Annette Neumann Fachanwältin für Verkehrsrecht · **RA Peter Huber** Fachanwalt für Erbrecht
In Zusammenarbeit mit **RAin Katharina Schuh** Fachanwältin für Familienrecht

RAe Dr. Neumann & Huber · Grainstr. 101 · 67434 Neustadt a. d. Wstr. · Telefon +49 6321 5632-0 · Fax +49 6321 5632-15
info@rae-neumann-huber.de · www.rae-neumann-huber.de
Registernummer PR 956 · Amtsgericht Neustadt a. d. Wstr. · USt-IdNr.: DE573964122

Commerzbank Neustadt a. d. Wstr. · IBAN DE41 5464 0035 0012 5832 19
Deutsche Bank Neustadt a. d. Wstr. · IBAN DE52 5467 0095 0096 7844 58

Begründung:

Die Antragstellerin wohnt mit dem Schuldner im selben Haushalt in 76297 Stutensee, Eibenweg 21. Der Gläubiger hat aufgrund des Vollstreckungsbescheids des Amtsgerichts – Mahnabteilung – Stuttgart, Az.: 21-023893301-0-6, vom 13.01.2022, Frau Gerichtsvollzieherin Lena Heister mit der Sachpfändung beauftragt. Gepfändet wurde laut Vollstreckungsprotokoll vom 25.03.2022 u. a. auch eine goldene Armbanduhr mit vier Amethysten.

Beweis: Vollstreckungsprotokoll vom 25.03.2022 – Anlage A1 –

Die Pfändung der Armbanduhr ist jedoch unzulässig. Die Armbanduhr ist deutlich als Damenuhr der Antragstellerin erkennbar. Weiterhin befindet sich auf der Rückseite der Uhr eine Gravur mit dem Inhalt: „Marla Dankel zur Erinnerung".

Beweis: Augenschein

Die Gewahrsamsvermutung nach § 739 ZPO greift in diesem Fall nicht, da die Armbanduhr deutlich erkennbar ausschließlich zum persönlichen Gebrauch der Erinnerungsführerin bestimmt ist.

Die einstweilige Einstellung der Zwangsvollstreckung ist angesichts des unmittelbar bevorstehenden Versteigerungstermins am 14.04.2022 anzuordnen.

Peter Huber
Rechtsanwalt

Anlage
Vollstreckungsprotokoll vom 25.03.2022

Dieser Schriftsatz ist qualifiziert elektronisch signiert.

6.3.2 Sofortige Beschwerde gegen eine vollstreckungsrechtliche Entscheidung

Situationsbeschreibung: Rechtsanwältin Katharina Schuh wird von Theo Lund (Alfred-Delp-Straße 4, 67433 Neustadt an der Weinstraße) beauftragt, gegen eine Entscheidung des Amtsgerichts – Vollstreckungsgericht – Neustadt an der Weinstraße vom 09.03.2022 (Az.: 2 K 31/2022) vorzugehen, wonach im Rahmen einer Austauschpfändung des Dennis Windgas (Schelmenzeile 2, 67067 Ludwigshafen) sein Kleinbus Renault Trafic (Fahrgestell-Nr.: W-1-348125) gepfändet und als Ersatzstück lediglich ein Mittelklassewagen (Opel Insignia) wegen dessen Geräumigkeit und Eignung als Geschäftsfahrzeug zurückgelassen wurde. Da Theo Lund als Landschaftsgärtner selbstständig ist, muss er jeweils größere Werkzeuge transportieren. Hierzu ist ein Fahrzeug in der Größe eines VW-Busses dringend erforderlich. Im Übrigen weist der Kleinbus 80000 km an gefahrenen Kilometern auf und ist vier Jahre alt. Bei seiner Versteigerung ist zweifelhaft, ob der Versteigerungserlös die Kosten für das Ersatzstück wesentlich übersteigen wird. Die Austauschpfändung wurde am 02.03.2022 beantragt. Der Vollstreckung liegt der Vollstreckungsbescheid des Amtsgerichts – Mahngericht – Mayen vom 24.01.2022, Az.: 22-015983649-0-3, über eine Gesamtforderung von 14.560,00 € zugrunde. Annika Sauer fertigt die Beschwerde am 14.03.2022 zum Az.: 162/2022 an.

Dr. Neumann & Huber
Rechtsanwälte Partnerschaft

RAe Dr. Neumann & Huber, Grainstr. 101, 67434 Neustadt a. d. Wstr.
Per beA
Amtsgericht Neustadt an der Weinstraße
Robert-Stolz-Straße 20
67433 Neustadt an der Weinstraße

Ihr Zeichen:	
Ihre Nachricht vom:	
Unser Zeichen:	162/2022
Unsere Nachricht vom:	
Name:	RAin Katharina Schuh
Sekretariat:	Annika Sauer
Telefon:	+49 6321 5632-12
Telefax:	+49 6321 5632-15
Datum:	14.03.2022

Sofortige Beschwerde gem. § 793 ZPO

In der Zwangsvollstreckungssache

Dennis Windgas, Schelmenzeile 2, 67067 Ludwigshafen,

– Gläubiger und Beschwerdegegner –

gegen

Theo Lund, Alfred-Delp-Straße 4, 67433 Neustadt an der Weinstraße,

– Schuldner und Beschwerdeführer –

legen wir namens und in Vollmacht des Schuldners gegen die Entscheidung des Amtsgerichts – Vollstreckungsgericht – Neustadt an der Weinstraße vom 09.03.2022, Az.: 2 K 31/2022,

sofortige Beschwerde

ein und beantragen

die angefochtene Entscheidung aufzuheben und dem Gläubiger die Kosten des Beschwerdeverfahrens aufzuerlegen.

Seite 1 von 2

RAin Dr. Annette Neumann Fachanwältin für Verkehrsrecht · **RA Peter Huber** Fachanwalt für Erbrecht
In Zusammenarbeit mit **RAin Katharina Schuh** Fachanwältin für Familienrecht

RAe Dr. Neumann & Huber · Grainstr. 101 · 67434 Neustadt a. d. Wstr. · Telefon +49 6321 5632-0 · Fax +49 6321 5632-15
info@rae-neumann-huber.de · www.rae-neumann-huber.de
Registernummer PR 956 · Amtsgericht Neustadt a. d. Wstr. · USt-IdNr.: DE573964122

Commerzbank Neustadt a. d. Wstr. · IBAN DE41 5464 0035 0012 5832 19
Deutsche Bank Neustadt a. d. Wstr. · IBAN DE52 5467 0095 0096 7844 58

Begründung:

Gegen den Schuldner und Beschwerdeführer betreibt der Gläubiger die Zwangsvollstreckung auf der Grundlage eines Vollstreckungsbescheids des Amtsgerichts – Mahngericht – Mayen vom 24.01.2022, Az.: 22-015983649-0-3, wegen einer Gesamtforderung in Höhe von 14.560,00 €. Am 02.03.2022 beantragte der Gläubiger beim Amtsgericht – Vollstreckungsgericht – Neustadt an der Weinstraße, die Austauschpfändung hinsichtlich eines Kleinbusses Renault Trafic (Fahrgestell-Nr. W-1-348125), welchen der Schuldner und Beschwerdeführer als Geschäftsfahrzeug nutzt.

Als Ersatzstück wurde durch das Amtsgericht – Vollstreckungsgericht – Neustadt an der Weinstraße mit Beschluss vom 09.03.2022 ein Mittelklassewagen (Opel Insignia) zugelassen. Begründet wurde dieses mit der Geräumigkeit des Ersatzfahrzeugs und dessen Tauglichkeit als Geschäftsfahrzeug.

Beweis: Beschluss vom 09.03.2022
– Anlage A1 –

Dieser Beschluss wird angefochten, da er fehlerhaft ist. Der Schuldner und Beschwerdeführer arbeitet als selbstständiger Landschaftsgärtner. Daher ist er für den Transport der Gärtnereiwerkzeuge dringend auf ein größeres Fahrzeug angewiesen. In dem als Ersatzstück angebotenen Mittelklassewagen kann er die Arbeitsutensilien nicht verstauen. Zudem ist der Kleinbus mittlerweile vier Jahre alt und weist einen Tachostand von 80 000 km auf. Er wurde auch sehr intensiv für die Geschäftstätigkeit genutzt. Es ist daher zweifelhaft, ob der Versteigerungserlös den Wert des Ersatzstücks i. S. d. § 811 a Abs. 2 S. 2 ZPO wesentlich übersteigen wird.

Es wird gebeten, der Beschwerde durch die Aufhebung des angefochtenen Beschlusses abzuhelfen. Andernfalls wird gebeten, die sofortige Beschwerde dem Landgericht Frankenthal als Beschwerdegericht vorzulegen und die Nichtabhilfegründe mitzuteilen.

Katharina Schuh
Rechtsanwältin

Anlage
Beschluss des Amtsgerichts vom 09.03.2022

Dieser Schriftsatz ist qualifiziert elektronisch signiert.

Seite 2 von 2

6.3.3 Drittwiderspruchsklage

Situationsbeschreibung: Rechtsanwältin Dr. Annette Neumann hat für Helga Fischer (Lahnstraße 28, 64646 Heppenheim) am 25.02.2022 den Gläubiger Erich Wiesner (Donaustraße 45, 64625 Bensheim) angeschrieben und zur Aufhebung der Zwangsvollstreckung in einen Laptop Levono AC (Verkehrswert: 1.450,00 €) bis spätestens 02.03.2022 aufgefordert. Die Sachpfändung in den Laptop erfolgte aufgrund einer vollstreckbaren notariellen Urkunde des Notars Werner Gulbeutel vom 29.04.2021 (Urkundenrolle-Nr.: 327/2021) in das Vermögen des Schuldners Heinz Glaubnis. Die Gesamtforderung des Erich Wiesner beläuft sich auf derzeit

5.120,56 €. Helga Fischer hat ihrem arbeitslosen Nachbarn Heinz Glaubnis den Laptop ausgeliehen, damit dieser hierauf Bewerbungsschreiben anfertigen kann. Für den Erwerb des Laptops liegt Helga Fischer der Kaufvertrag vom 31.01.2022 vor. Versteigerungstermin ist auf den 16.03.2022 bestimmt. Die Drittwiderspruchsklage wird am 04.03.2022 erhoben. Annika Sauer fertigt zum Az.: 201/2022 den Schriftsatz an.

Dr. Neumann & Huber
Rechtsanwälte Partnerschaft

RAe Dr. Neumann & Huber, Grainstr. 101, 67434 Neustadt a. d. Wstr.
Per beA
Amtsgericht Bensheim
Wilhelmstraße 26
64625 Bensheim

Ihr Zeichen:
Ihre Nachricht vom:
Unser Zeichen: 201/2022
Unsere Nachricht vom:

Name: RAin Dr. Annette Neumann
Sekretariat: Annika Sauer
Telefon: +49 6321 5632-12
Telefax: +49 6321 5632-15

Datum: 04.03.2022

Drittwiderspruchsklage gem. § 771 ZPO

In Sachen

Helga Fischer, Lahnstraße 28, 64646 Heppenheim,

– Klägerin –

Prozessbevollmächtigte: Dr. Neumann & Huber, Rechtsanwälte, Partnerschaft,
RAin Dr. Annette Neumann, Grainstraße 101,
67434 Neustadt an der Weinstraße,

gegen

Erich Wiesner, Donaustraße 45, 64625 Bensheim,

– Beklagter –

wegen Unzulässigkeit der Zwangsvollstreckung,
Streitwert: 1.450,00 €,

beantragen wir namens und in Vollmacht der Klägerin

1. Die Zwangsvollstreckung aus der vollstreckbaren notariellen Urkunde des Notars Werner Gulbeutel vom 29.04.2021, Urkundenrolle-Nr.: 327/2021, wird für unzulässig erklärt und aufgehoben.
2. Der Beklagte trägt die Kosten des Verfahrens.
3. Das Urteil ist vorläufig vollstreckbar.

Seite 1 von 2

RAin Dr. Annette Neumann Fachanwältin für Verkehrsrecht · **RA Peter Huber** Fachanwalt für Erbrecht
In Zusammenarbeit mit **RAin Katharina Schuh** Fachanwältin für Familienrecht

RAe Dr. Neumann & Huber · Grainstr. 101 · 67434 Neustadt a. d. Wstr. · Telefon +49 6321 5632-0 · Fax +49 6321 5632-15
info@rae-neumann-huber.de · www.rae-neumann-huber.de
Registernummer PR 956 · Amtsgericht Neustadt a. d. Wstr. · USt-IdNr.: DE573964122

Commerzbank Neustadt a. d. Wstr. · IBAN DE41 5464 0035 0012 5832 19
Deutsche Bank Neustadt a. d. Wstr. · IBAN DE52 5467 0095 0096 7844 58

Ferner wird beantragt,

4. Die Zwangsvollstreckung aus der vollstreckbaren notariellen Urkunde des Notars Werner Gulbeutel vom 29.04.2021, Urkundenrolle-Nr.: 327/2021, wird ohne Sicherheitsleistung bis zur Entscheidung über die Klage einstweilen eingestellt.

Begründung:

Der Beklagte betreibt gegen den Schuldner Heinz Glaubnis die Zwangsvollstreckung aus der vollstreckbaren notariellen Urkunde des Notars Werner Gulbeutel vom 29.04.2021, Urkundenrolle-Nr.: 327/2021.

Die Gerichtsvollzieherin Sarah Lund hat am 24.02.2022 bei dem Schuldner den Laptop Lenovo AC gepfändet.

Beweis: Vollstreckungsprotokoll vom 24.02.2022
- Anlage K1 -

Die Klägerin macht an diesem Pfändungsgegenstand gem. § 771 Abs. 1 ZPO ein die Veräußerung hinderndes Recht geltend. Sie ist Eigentümerin des Laptops und kann ihr Eigentum anhand des Kaufvertrags vom 31.01.2022 nachweisen.

Beweis: Kaufvertrag vom 31.01.2022
- Anlage K2 -

Die Klägerin hat den Laptop lediglich kurzfristig an ihren Nachbarn Heinz Glaubnis verliehen, damit dieser hierauf seine Bewerbungen fertigen kann.

Mit Schreiben vom 25.02.2022 wurde der Beklagte angeschrieben und zur Herausgabe des Laptops bis zum 02.03.2022 aufgefordert.

Beweis: Aufforderungsschreiben vom 25.02.2022
- Anlage K3 -

Nachdem innerhalb der gesetzten Frist keine Herausgabe erfolgte, ist Klage erforderlich.

Die einstweilige Einstellung der Zwangsvollstreckung ist anzuordnen, da ein Versteigerungstermin bereits auf den 16.03.2022 bestimmt wurde.

Beweis: Vollstreckungsprotokoll vom 22.02.2022
- Anlage K 1 -

Dr. Annette Neumann
Rechtsanwältin

Anlagen

Dieser Schriftsatz ist einfach elektronisch signiert.

Seite 2 von 2

6.3.4 Vollstreckungsabwehrklage

Situationsbeschreibung: Sophie Magundus (Heinrich-Heine-Straße 32, 67466 Lambrecht (Pfalz)) wendet sich an Rechtsanwalt Peter Huber mit dem Auftrag, gegen die Zwangsvollstreckung durch Norbert Siebeich (Landschreibereistraße 9, 67433 Neustadt an der Weinstraße) vorzugehen. Sophie Magundus hat von Norbert Siebeich im Mai 2021 einen Computer zu einem Kaufpreis in Höhe von 2.540,00 € gekauft. Da die Vertragspartner wegen Mängel des Computers in Streit gerieten, verklagte Norbert Siebeich Sophie Magundus auf Zahlung des Kaufpreises in Höhe von 2.540,00 € und gewann den Prozess. Das Urteil des Amtsgerichts Neustadt an der Weinstraße vom 19.08.2021 (Az.: 2 C 267/2021) wurde rechtskräftig. Sophie Magundus überwies am 06.09.2021 den offenen Gesamtbetrag in Höhe von 3.533,87 €. Norbert Siebeich forderte nun mit Schreiben vom 03.12.2021 weitere 1.560,00 €, da Sophie Magundus am 25.06.2021 einen Laserdrucker gekauft habe und er den Überweisungsbetrag zunächst auf diese Forderung verrechnet habe. Mit Schreiben vom 13.12.2021 hat Rechtsanwalt Peter Huber für seine Mandantin Norbert Siebeich aufgefordert, bis zum 19.12.2021 schriftlich zu erklären, von Zwangsvollstreckungsmaßnahmen Abstand zu nehmen, und den Originaltitel herauszugeben. Da keine Reaktion erfolgte, wird am 22.12.2021 Vollstreckungsabwehrklage erhoben. Diesen Schriftsatz fertigt Annika Sauer zum Az.: 712/2021 an.

Dr. Neumann & Huber
Rechtsanwälte Partnerschaft

RAe Dr. Neumann & Huber, Grainstr. 101, 67434 Neustadt a. d. Wstr.
Per beA
Amtsgericht Neustadt an der Weinstraße
Robert-Stolz-Straße 20
67433 Neustadt an der Weinstraße

Ihr Zeichen:
Ihre Nachricht vom:
Unser Zeichen: 712/2021
Unsere Nachricht vom:

Name: RA Peter Huber
Sekretariat: Annika Sauer
Telefon: +49 6321 5632-12
Telefax: +49 6321 5632-15

Datum: 22.12.2021

Vollstreckungsabwehrklage gem. § 767 ZPO

In Sachen

Sophie Magundus, Heinrich-Heine-Straße 32, 67466 Lambrecht (Pfalz),

– Klägerin –

Prozessbevollmächtigte: Dr. Neumann & Huber, Rechtsanwälte, Partnerschaft,
RA Peter Huber, Grainstraße 101,
67434 Neustadt an der Weinstraße,

gegen

Norbert Siebeich, Landschreibereistraße 9, 67433 Neustadt an der Weinstraße,

– Beklagter –

wegen: Unzulässigkeit der Zwangsvollstreckung,
Streitwert: 1.500,00 €,

beantragen wir namens und in Vollmacht der Klägerin:

1. Die Zwangsvollstreckung aus dem Urteil des Amtsgerichts Neustadt an der Weinstraße vom 19.08.2021, Az.: 2 C 267/2021, wird für unzulässig erklärt.
2. Der Beklagte trägt die Kosten des Verfahrens.
3. Das Urteil ist vorläufig vollstreckbar.

Seite 1 von 2

RAin Dr. Annette Neumann Fachanwältin für Verkehrsrecht · **RA Peter Huber** Fachanwalt für Erbrecht
In Zusammenarbeit mit **RAin Katharina Schuh** Fachanwältin für Familienrecht

RAe Dr. Neumann & Huber · Grainstr. 101 · 67434 Neustadt a. d. Wstr. · Telefon +49 6321 5632-0 · Fax +49 6321 5632-15
info@rae-reumann-huber.de · www.rae-reumann-huber.de
Registernummer PR 956 · Amtsgericht Neustadt a. d. Wstr. · USt-IdNr.: DE573964122

Commerzbank Neustadt a. d. Wstr. · IBAN DE41 5464 0035 0012 5832 19
Deutsche Bank Neustadt a. d. Wstr. · IBAN DE 525467 0095 0096 7844 58

Begründung:

Der Beklagte hat wegen einer Kaufpreisforderung in Höhe von 2.540,00 € ein Urteil des Amtsgerichts Neustadt an der Weinstraße vom 19.08.2021, Az.: 2 C 267/2021, gegen die Klägerin erwirkt.

Beweis: Kopie des Urteils des Amtsgerichts Neustadt an der Weinstraße vom 19.08.2021, Az.: 2 C 267/2021
– Anlage K1 –

Auf diese Forderung hat die Klägerin zur Begleichung von Hauptforderung nebst Kosten und Zinsen am 06.09.2021 einen Betrag in Höhe von 3.533,87 € auf das Konto des Beklagten beglichen.

Beweis: Kopie des Überweisungsbelegs vom 06.09.2021
– Anlage K2 –

Mit Schreiben vom 03.12.2021 hat der Beklagte die Klägerin jedoch zur Zahlung eines angeblich noch offenen Forderungsbetrags aus dem Urteil des Amtsgerichts Neustadt an der Weinstraße vom 19.08.2021, Az.: 2 C 267/2021, in Höhe von 1.500,00 € mit Fristsetzung auf den 16.12.2021 aufgefordert. Sollte die Frist nicht eingehalten werden, wurden Zwangsvollstreckungsmaßnahmen gegen die Klägerin angekündigt. Dabei hat der Beklagte die Zahlung der Klägerin vom 06.09.2021 in Höhe von 3.522,87 € zunächst auf eine weitere noch offene Forderung aus dem Kauf eines Laserdruckers am 25.06.2021 verrechnet.

Beweis: Kopie des Aufforderungsschreibens vom 03.12.2021
– Anlage K3 –

Aus dem Überweisungsbeleg vom 06.09.2021 ist jedoch klar erkennbar, dass die Klägerin eine Zahlungsbestimmung getroffen hat, sodass eine Verrechnung mit einer weiteren noch offenen Forderung nicht in Betracht kommt.

Mit Schreiben vom 13.12.2021 wurde dem Beklagten die Rechtslage verdeutlicht und dieser aufgefordert, bis zum 19.12.2021 schriftlich von den beabsichtigten Zwangsvollstreckungsmaßnahmen Abstand zu nehmen und das Urteil des Amtsgerichts Neustadt an der Weinstraße vom 19.08.2021, Az.: 2 C 267/2021, als Vollstreckungstitel im Original herauszugeben.

Beweis: Kopie des Anschreibens vom 13.12.2021
– Anlage K4 –

Nachdem innerhalb der gesetzten Frist keine Reaktion erfolgte und insbesondere der Originaltitel nicht herausgegeben wurde, ist nunmehr Klage geboten.

Peter Huber
Rechtsanwalt

Anlagen

Dieser Schriftsatz ist einfach elektronisch signiert.

Seite 2 von 2

Zusammenfassung

Führen des Schriftverkehrs in der Zwangsvollstreckung

- **Schreiben an den Mandanten**
  - Information vor Einleitung der Zwangsvollstreckung
  - Information nach Einholung der Vermögensauskunft
  - Vorschläge zum Vorgehen nach Einwendungen
  - Kostenabrechnung
- **Einleitung von Zwangsvollstreckungsmaßnahmen**
  - Zahlungsaufforderung an Schuldner
  - Erteilung einer vollstreckbaren Ausfertigung
  - Antrag auf Austauschpfändung
  - Drittschuldnerklage
  - Arrestantrag
  - Antrag auf Eintragung einer Zwangssicherungshypothek
- **Einwendungen im Rahmen der Zwangsvollstreckung**
  - Erinnerung gegen die Art und Weise der Zwangsvollstreckung
  - sofortige Beschwerde
  - Drittwiderspruchsklage
  - Vollstreckungsabwehrklage

Wiederholung und Vertiefung

1. Rechtsanwalt Peter Huber hat den Kläger Volker Lomaus (Rappengasse 10, 67376 Harthausen) vor dem Amtsgericht Speyer (Wormser Straße 41, 67346 Speyer; gerichtliches Az.: 8 C 783/2021) wegen einer Darlehensforderung in Höhe von 4.350,00 € zzgl. Zinsen in Höhe von fünf Prozentpunkten über dem Basiszinssatz seit 25.10.2021 gegen die Geschwister Gerit und Holger Meusert (beide wohnhaft in der Bitzstraße 17, 67105 Schifferstadt) vertreten. Mit Urteil vom 03.02.2022 wurde Volker Lomaus die Klageforderung vollumfänglich zugesprochen und das Urteil für vorläufig vollstreckbar erklärt. Das Urteil wurde der Partnerschaft am 07.02.2022 zugestellt. Am selben Tag wurde durch Rechtsanwalt Peter Huber die Kostenfestsetzung beantragt.

a) Rechtsanwalt Peter Huber übergibt die Akte (Az.: 49/2021) am 07.02.2022 an Annika Sauer. Diese soll Volker Lomaus über den Sachstand (Urteilszustellung, Kostenfestsetzungsantrag) informieren und auf die Möglichkeit zur Einleitung der Zwangsvollstreckungsmaßnahmen hinweisen. Erstellen Sie das Schreiben an den Mandanten. Verwenden Sie dabei den Kanzleibriefbogen.

b) Am 09.03.2022 ergeht der beantragte Kostenfestsetzungsbeschluss in vollstreckbarer Ausfertigung. Annika Sauer beantragt nunmehr eine vollstreckbare Ausfertigung des

Urteils. Erstellen Sie den Schriftsatz an das Gericht. Verwenden Sie dabei den Kanzleibriefbogen.

c) Zugleich wird die Gegenseite am 09.03.2022 mit 14-tägiger Fristsetzung aufgefordert, die Zahlung (Hauptforderung: 4.350,00 €; festgesetzte Kosten: 1.363,23 €; Zinsen: 83,01 €) zur Vermeidung von Zwangsvollstreckungsmaßnahmen vorzunehmen. Die Kosten für das Aufforderungsschreiben werden ihm in Rechnung gestellt. Erstellen Sie das Schreiben, das Annika Sauer anfertigt, mithilfe des Kanzleibriefbogens.

2. Susan Kolidi (Schamottestraße 21, 67310 Hettenleidelheim) übergibt Rechtsanwältin Dr. Annette Neumann in der Besprechung am 24.02.2022 den vor dem Amtsgericht Grünstadt (Tiefenthaler Straße 8, 67269 Grünstadt; gerichtliches Az.: 3 C 601/2021) gerichtlich protokollierten Prozessvergleich zwischen ihr und dem Beklagten Vigdis Jòhansson vom 28.01.2022. Die vereinbarte Schadenersatzforderung über 4.800,00 € hat Vigdis Jòhansson bis zu diesem Tag nicht beglichen. Susan Kolidi ist bekannt, dass Vigdis Jòhansson eine von ihm bewohnte Eigentumswohnung in 67549 Worms, Eckenbertstraße 23, besitzt.

a) Welche Zwangsvollstreckungsmaßnahmen kommen in Betracht?

b) Was wird vor Einleitung von einer Zwangsvollstreckung in die Eigentumswohnung veranlasst werden müssen?

c) Annika Sauer erhält die Akte (Az.: 35/2021) von Rechtsanwältin Dr. Annette Neumann mit der Bitte um Eintragung einer Zwangssicherungshypothek. Sie erstellt am 16.03.2022 den entsprechenden Schriftsatz an das Gericht. Erstellen Sie diesen mithilfe des Kanzleibriefbogens (Grundbuch zu Worms (Grundbuchamt Worms, Hardtgasse 6, 67547 Worms), Band 2, Blatt 42, Flur-Nr. 123/12).

3. Timo Russo (Marie-Curie-Straße 56, 65189 Wiesbaden) hat einen Vollstreckungsbescheid (Amtsgericht – Mahngericht – Hünfeld vom 17.12.2021, Az.: 21-619362407-0-2) gegen Florian Endrizzi (Bleichgraben 4, 67269 Grünstadt) wegen einer Gesamtforderung über 7.250,00 € erwirkt und die Sachpfändung in das Vermögen des arbeitslosen Florian Endrizzi selbst veranlasst. Am 22.01.2022 erhält er das Pfändungsprotokoll der Gerichtsvollzieherin Sandra Eder, wonach Florian Endrizzi lediglich ein hochwertiges, neuwertiges LED-TV-Gerät im Wert von 9.500,00 € (Samsung OF94KS4317) besitzt. Weitere Vermögenswerte seien nicht vorhanden. Das TV-Gerät wurde vorläufig gepfändet, da die Gerichtsvollzieherin Sandra Eder davon ausging, dass eine Austauschpfändung erwartet werden könne. Ersatzstücke seien in einer Größenordnung von ca. 1.000,00 € durchaus möglich. Timo Russo wurde darauf hingewiesen, dass binnen einer Frist von zwei Wochen die Austauschpfändung beantragt werden müsse. Er wendet sich daher am 25.01.2022 an Rechtsanwältin Katharina Schuh und beauftragt diese, die entsprechende Maßnahme zu veranlassen. Rechtsanwältin Katharina Schuh übergibt die Akte (Az.: 375/2022) an Annika Sauer und beauftragt diese, die Austauschpfändung zu beantragen. Es solle ein Ersatzgerät mit einem Wert von 1.000,00 € und einer geringeren Bildschirmgröße angeboten werden. Annika Sauer erstellt den Schriftsatz noch am 25.01.2022. Erstellen Sie diesen Schriftsatz mithilfe des Kanzleibriefbogens.

4. Annika Sauer hat in Sachen Joseph Pichler (Lautzkirchenstraße 13, 66482 Zweibrücken) gegen Franziska Mayr (Froelichstraße 31, 66482 Zweibrücken; Az.: 518/2022) die Sachpfändung aus dem Urteil des Arbeitsgerichts Zweibrücken (Az.: 2 Ca 257/2022) wegen einer Lohnforderung in Höhe von 5.460,00 € veranlasst. Der Gerichtsvollzieher Mark Riegler teilt am 15.07.2022 mit (Az.: DR I 410/22), dass er den Zwangsvollstreckungsauftrag lediglich durchführen werde, wenn zuvor ein Vorschuss auf seine Kosten in Höhe von 1.000,00 € beglichen werde. Hintergrund sei die ihm bekannte Tatsache, dass die 65-jährige Franziska Mayr leicht erregbar und zudem herzkrank sei. Aus diesem Grund müsse er bei Durchführung des Zwangsvollstreckungsauftrags vorsorglich ärztliche Unterstützung anfordern. Nach Rücksprache mit Rechtsanwalt Peter Huber und Joseph Pichler legt Annika Sauer gegen diese Maßnahme am 22.07.2022 Erinnerung ein. Begründet wird diese damit, dass Franziska Mayr zum einen während des arbeitsgerichtlichen Verfahrens durchaus körperlich in der Lage war, ihre Rechte angemessen zu vertreten und keinerlei Erkrankungssymptome zeigte. Zum anderen könne auch nicht jegliches Lebensrisiko ausgeschlossen werden. Erstellen Sie den Schriftsatz mithilfe des Kanzleibriefbogens.

Lernfeld 13 – Kompetenzen

In diesem Lernfeld lernen Sie:

Kapitel 1 **Die Tätigkeit in familienrechtlichen Angelegenheiten**	• zu unterscheiden, wann ein Verlöbnis, eine Ehe, eine Lebenspartnerschaft oder eine nicht eheliche Lebensgemeinschaft vorliegt • unter welchen Voraussetzungen und Formvorschriften die Bürgerliche Ehe begründet wird und welche Wirkungen sie hat • in welchen Fällen eine Aufhebung der Ehe in Betracht kommt • die Fälle des ehelichen Güterrechts zu unterscheiden • den Zugewinnausgleich zu ermitteln • wann und unter welchen Voraussetzungen eine Ehe geschieden werden kann und welche Scheidungsfolgen es gibt • Verwandtschaft und Schwägerschaft zu unterscheiden und zu ermitteln, in welchem Verhältnis die Verwandten zueinander stehen • Personen- und Vermögenssorge im Rahmen der elterlichen Sorge zu unterscheiden • die Regelungen des Umgangsrechts und der Beistandschaft • in welchen Fällen eine Adoption eines Kinds zulässig ist • die verschiedenen Unterhaltsansprüche zu unterscheiden • zu unterscheiden, wann Vormundschaft, rechtliche Betreuung und Pflegschaft vorliegen • (besondere) Wertvorschriften zu ermitteln • Gebühren und Auslagen des Rechtsanwalts zu ermitteln • Schriftstücke zu formulieren sowie normgerecht zu erstellen und zu gestalten • Kostenrechnungen normgerecht zu erstellen und zu gestalten

Kapitel 2 **Die Tätigkeit in erbrechtlichen Angelegenheiten**	• wann eine Person erbfähig ist • zu ermitteln, wer gesetzlicher Erbe geworden ist • das gesetzliche Erbrecht des Ehegatten, des Lebenspartners und ggf. des Staats zu berücksichtigen • die Rechte und Pflichten eines Erben kennen • wann Testierfähigkeit vorliegt • den Unterschied der letztwilligen Verfügungen (Testament, Erbvertrag) kennen • den Nachlasswert zu errechnen • einen Pflichtteils- und Pflichtteilsergänzungsanspruch zu berechnen • in welchen Fällen der Pflichtteil entzogen werden kann • was ein Pflichtteilsverzicht ist • zu ermitteln, wann Erbunwürdigkeit vorliegt • dass ein Verzicht auf den gesetzlichen Erbanteil möglich ist • wann das Gericht einen Erbschein erteilt, wer hierfür zuständig ist und welche Inhalte in den Erbscheinsantrag aufzunehmen sind • dass die Erbschaft oder ein Miterbenanteil verkauft werden kann • (besondere) Wertvorschriften zu ermitteln • Gebühren und Auslagen des Rechtsanwalts zu ermitteln • Schriftstücke zu formulieren sowie normgerecht zu erstellen und zu gestalten • Kostenrechnungen normgerecht zu erstellen und zu gestalten

Lernfeld 13: In familien- und erbrechtlichen Angelegenheiten tätig werden

1 Die Tätigkeit in familienrechtlichen Angelegenheiten

Das Familienrecht ist wohl eines der emotionalsten Rechtsgebiete. Die Mandanten stehen kurz davor, lebensentscheidende Weichen zu stellen. Sie möchten z. B. heiraten oder eine Ehe beenden und die Folgen der Scheidung regeln. Es ist daher einerseits selbstverständlich, dass von der rechtsberatenden Seite Verständnis, Mitgefühl und ein gewisses Maß an Toleranz gefordert und gezeigt werden muss. Andererseits müssen insbesondere die Rechtsanwaltsfachangestellten Grenzen setzen. Gerade bei Mandanten, bei denen eine Beziehung in die Brüche gegangen ist und dementsprechend verletzte Gefühle und Unsicherheit herrschen, muss versucht werden, den schmalen Grat zwischen Empathie und sachlicher Kompetenz zu wahren.

Rechtsquellen, aus denen das Familienrecht schöpft, sind das BGB, die ZPO und das FamFG.

Das Familienrecht ist im vierten Buch des BGB geregelt. Da es sich um ein sehr umfangreiches Gebiet handelt, ist es in drei Themenkomplexe gegliedert. Diese Abschnitte sind:
- Bürgerliche Ehe (§§ 1297–1588 BGB),
- Verwandtschaft (§§ 1589–1772 BGB),
- Vormundschaft, rechtliche Betreuung, Pflegschaft (§§ 1773–1921 BGB).

Lernsituation

Die 17-jährige Kerstin Stockmann und der 21-jährige Julian Weiß haben sich im August 2021 verlobt. Die beiden hatten die volle Unterstützung ihrer Eltern, die die Verbindung der beiden von Anfang an unterstützt und einer Hochzeit auch zugestimmt haben, als ihre Kinder sie fragten. Die Hochzeit findet wie geplant ein Jahr später, am 06.08.2022, im Standesamt Neustadt an der Weinstraße statt. Zwei Jahre später werden Kerstin und Julian Weiß Eltern eines Mädchens, Janina. Sie umsorgen ihr Baby, wie man es sich nur wünschen kann.

Etwa vier Wochen nach der Geburt von Janina kommen die Eltern von Julian Weiß nach einem schweren Verkehrsunfall ins Krankenhaus. Als wäre das nicht schon schlimm genug, meldet sich die Nachbarin seines Großvaters bei Julian Weiß. Sie hat den Großvater Heinrich Weiß gerade in völlig verwirrtem Zustand auf der Straße angetroffen und mit zu sich nach Hause genommen.

Julian Weiß fährt sofort los, bedankt sich bei der Nachbarin und bringt seinen Großvater nach Hause. Dort stellt er fest, dass es sich wohl nicht um eine vorübergehende Verwirrung aufgrund des Unfalls seiner Eltern gehandelt hat, wie er zunächst vermutet hat, sondern dass sein Großvater wohl nicht mehr allein zurechtkommt. Im Haus findet er nämlich einige Mahnungen bzgl. der Grundbesitzabgaben und Müllgebühren. Auch fällt ihm bei einem Blick in den Kühlschrank auf, dass das Mindesthaltbarkeitsdatum vieler Produkte seit einigen Wochen abgelaufen ist. Auch ist die Wohnung nicht ordentlich aufgeräumt, was bei seinem Großvater früher immer der Fall war. Er kontaktiert deshalb Rechtsanwältin Katharina Schuh, da er sich über die rechtlichen Möglichkeiten beraten lassen will.

Arbeitsaufträge:

a) Überlegen Sie in Partnerarbeit, ob sich Kerstin Stockmann und Julian Weiß wirksam verloben konnten?
b) Wann endete vorliegend das Verlöbnis? In welchen Fällen kann das Verlöbnis noch enden?
c) Unter welcher gesetzlichen Voraussetzung kann eine Ehe geschlossen werden?
d) Mit der Eheschließung hat Kerstin den Nachnamen von Julian angenommen. Ist dies gesetzlich vorgeschrieben?
e) Überlegen Sie zusammen mit Ihren Mitschülern, welche Bereiche die elterliche Sorge umfasst? Nennen Sie jeweils ein Beispiel.
f) Julian Weiß ist klar, dass wegen seines Großvaters etwas passieren muss. Welche rechtlichen Möglichkeiten gibt es für solche Fälle?
g) Vergleichen Sie Ihre Ergebnisse mit denen Ihrer Mitschüler.
h) Reflektieren Sie anschließend Ihr Wissen anhand des Fragebogens, den Sie im Downloadbereich zum Buch finden.

Web

1.1 Die Bürgerliche Ehe

Für viele ist die Ehe der Inbegriff von Romantik und das Ziel einer partnerschaftlichen Beziehung. Im Rahmen der Tätigkeit eines Rechtsanwaltsfachangestellten ist mit Ehe natürlich die Ehe im Sinn des BGB gemeint – die sog. Bürgerliche Ehe. Nicht behandelt wird hier der religiöse Aspekt.

Auch der Abschnitt Bürgerliche Ehe im BGB ist nochmals in einzelne Titel unterteilt:

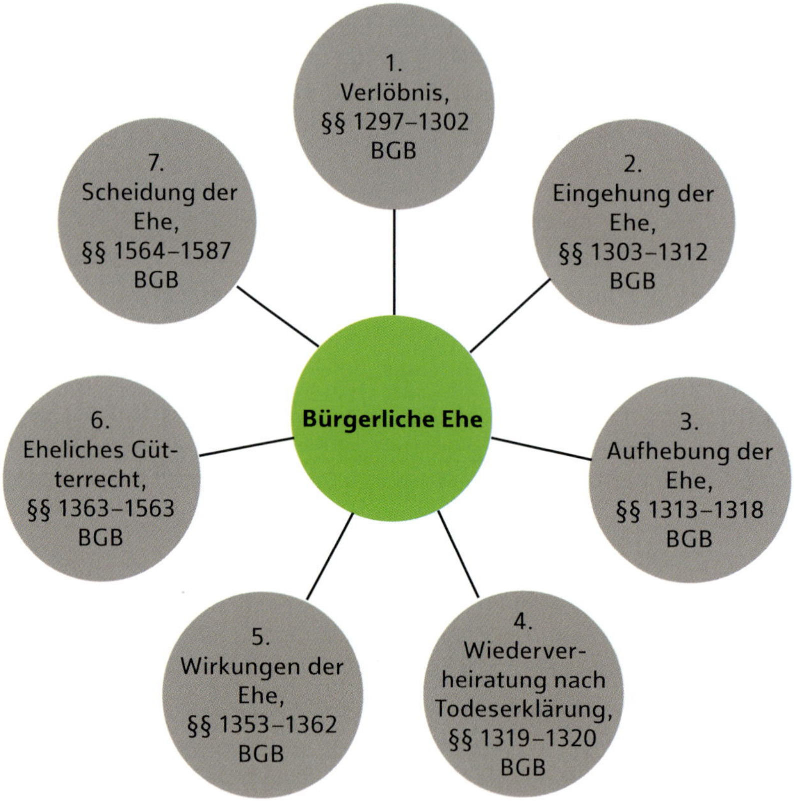

1.1.1 Das Verlöbnis

Vor der Eingehung der Ehe müssen sich die Partner – vergleichbar mit anderen Verträgen – einigen, ob sie eine Ehe eingehen wollen. Hier trifft die Formulierung „A macht B einen Antrag“ auch sprachlich zu. Sobald die gefragte Person zustimmt, wurde ein formfreier Vertrag geschlossen, in dem sich die Parteien versprechen, vor der richtigen Stelle die Ehe miteinander eingehen zu wollen. Seit Oktober 2017 spielt das Geschlecht der Partner keine Rolle mehr. Die Ehe kann von Personen unterschiedlichen und gleichen Geschlechts eingegangen werden.

Wie bei allen Verträgen üblich, sind auch hier die §§ 104 ff. BGB zu beachten, also die Regelungen zur Geschäftsfähigkeit. Bei Minderjährigen hängt die Gültigkeit der Willenserklärung von der Zustimmung des gesetzlichen Vertreters ab.

Mit diesem Vertrag – dem Verlöbnis – besteht die Verpflichtung zur Eheschließung, wobei dieses aber nicht einklagbar ist, § 1297 Abs. 1 BGB. Sollte ein Partner doch keine Ehe eingehen wollen („kalte Füße bekommen“), kann man ihn nicht zur Zahlung von Vertragsstrafen zwingen, § 1297 Abs. 2 BGB. In diesem Fall ist es aber denkbar, dass Schadenersatzansprüche geltend gemacht werden können. Ersetzt werden Aufwendungen, die angemessen waren (z. B. Kosten für eine Lokalität, die nicht mehr kurzfristig gekündigt werden kann). Sollte der Rücktritt aufgrund eines wichtigen Grunds erfolgen (z. B. Untreue), entfällt der Anspruch, vgl. § 1298 BGB.

Hinweis: Geschenke wie z. B. Verlobungsringe sind aber in jedem Fall zurückzugeben, § 1301 BGB.

Die Ansprüche auf Schadenersatz und Rückgabe der Geschenke verjähren mit Auflösung des Verlöbnisses nach den Vorschriften der §§ 1302, 195 BGB innerhalb von drei Jahren.

1.1.2 Die Eingehung der Ehe

Voraussetzung für die Ehe ist ein Verlöbnis nicht. Dieser Zwischenschritt kann also übersprungen werden. Dennoch müssen die Ehepartner ehemündig, d.h., volljährig sein (§ 1303 BGB). Die frühere Möglichkeit, unter bestimmten Voraussetzungen bereits mit 16 Jahren zu heiraten, wurde mittlerweile gestrichen.

Ein Geschäftsunfähiger kann eine Ehe nicht wirksam eingehen, § 1304 BGB. Auch darf eine Ehe nicht geschlossen werden, wenn einer der Heiratswilligen schon verheiratet ist oder eine sog. Lebenspartnerschaft (= Vorgänger der Ehe zwischen gleichgeschlechtlichen Personen) geschlossen hat, § 1306 BGB. Man spricht hier von einem Eheverbot. Weitere Eheverbote sind in §§ 1307, 1308 BGB geregelt, wonach die Ehe zwischen Verwandten in gerader Linie oder mit angenommenen Kindern ausgeschlossen ist.

Merke: Geschwister dürfen nicht heiraten – Cousins aber schon.

Sollte ein Ehepartner Ausländer sein, ist bei der Prüfung der Ehefähigkeit ein Zeugnis des Heimatlands einzuholen, § 1309 BGB.

Die Eheschließung selbst ist in den §§ 1310–1312 BGB geregelt. Danach erklären die Ehegatten bei gleichzeitiger Anwesenheit gegenüber dem Standesbeamten, dass sie die Ehe miteinander eingehen wollen. Der Standesbeamte bestätigt dies und trägt die neue Tatsache in das Eheregister ein. Trauzeugen sind keine Pflicht, können aber auf Wunsch der Eheleute dabei sein.

1.1.3 Die Aufhebung der Ehe

Eine Ehe kann bzw. muss unter bestimmten Umständen aufgehoben werden. Nicht gemeint ist hier die Scheidung. Als Aufhebungsgründe kommen die in § 1314 BGB aufgelisteten Sachverhalte in Betracht, z. B.:

- Die Ehe ist mit einem Minderjährigen geschlossen worden.
- Mindestens einer der Ehegatten ist geschäftsunfähig.
- Die Geistestätigkeit eines Ehegatten war vorübergehend gestört (z. B. weil er sich vorher ordentlich Mut angetrunken hat).
- Ein Ehegatte wusste nicht, dass es sich um eine Eheschließung handelte (z. B. wegen mangelnder Deutschkenntnisse).
- Ein Ehegatte wurde durch widerrechtliche Täuschung zur Ehe bewegt (z. B. wurde nur die Ehe eingegangen, weil vorgeschwindelt wurde, die Partnerin sei schwanger).
- Eine Ehe, die durch Drohung eingegangen wurde.
- Beide Ehegatten waren sich einig, dass sie keine Verpflichtungen nach § 1353 Abs. 1 BGB eingehen wollen (z. B. weil eigentlich nur einem Ausländer auf diese Weise die Einreise nach Deutschland ermöglicht werden sollte).

Einen entsprechenden Aufhebungsantrag können die Ehegatten und die Verwaltungsbehörde stellen, § 1316 BGB. Diese Ansprüche sind an Fristen gebunden, sodass z. B. die Aufhebung wegen Täuschung nur binnen Jahresfrist, bei einer Drohung innerhalb einer Frist von drei Jahren ab Entdeckung des Irrtums bzw. Ende der Zwangslage gestellt werden kann, § 1317 BGB.

Möchte ein Ehegatte so einen Antrag stellen, muss er sich vor dem Familiengericht von einem Rechtsanwalt vertreten lassen (§ 114 FamFG) wobei sich die örtliche Zuständigkeit nach § 122 FamFG richtet.

1.1.4 Die Wiederverheiratung nach Todeserklärung

Sollte einer der Ehegatten versterben, kann der überlebende Ehegatte eine neue Ehe eingehen. Der Verstorbene wird für tot erklärt. Manchmal kommt es aber vor, dass der vermeintlich tote Ehegatte gar nicht tot ist und später wieder auftaucht. Unter bestimmten Voraussetzungen ist es dann denkbar, dass entweder die alte oder die neue Ehe aufgehoben wird.

- **Aufhebung der bisherigen Ehe, § 1319 BGB:**
  Hier wird die alte Ehe aufgelöst, es sei denn, dass **beide** Ehegatten der neuen Ehe bei deren Schließung wussten, dass der für tot erklärte Ehegatte im Zeitpunkt der Todeserklärung noch lebte. Die alte Ehe bleibt dann auch aufgelöst, wenn die Todeserklärung aufgehoben wird. Wussten die beiden Ehegatten, dass der für tot Erklärte noch lebt, ist die neue Ehe aufzuheben.

▶ Beispiel: Laura Marschall ist bei einem Segelausflug in Südostasien spurlos verschwunden. Eine monatelange Suche blieb erfolglos, sodass sie später für tot erklärt wurde. Ihr Mann Philipp Marschall hat nach drei Jahren Antonia König kennengelernt und sie geheiratet. Völlig überraschend steht eines Tags eine quicklebendige Laura Marschall vor der Tür. Da Philipp und Antonia Marschall bei ihrer Eheschließung nicht wussten, dass Laura Marschall noch lebt, können sie die alte Ehe zwischen Philipp und Laura Marschall aufheben lassen.

- **Aufhebung der neuen Ehe, § 1320 BGB:**
  Hier kann der Ehegatte, dessen früherer Ehegatte doch noch lebt, die Aufhebung der neuen Ehe beantragen, es sei denn er wusste bei der neuen Eheschließung, dass der für tot Erklärte noch lebt. Die Jahresfrist beginnt mit dem Zeitpunkt, in dem der Ehegatte der früheren Ehe Kenntnis darüber erlangt, dass sein früherer Ehegatte noch lebt.

▶ Beispiel: Philipp Marschall kann innerhalb eines Jahrs ab dem Tag, an dem seine frühere Frau Laura Marschall vor der Tür stand, die Aufhebung seiner neuen Ehe mit Antonia König beantragen.

1.1.5 Die Wirkung der Ehe im Allgemeinen

Im Folgenden werden einige allgemeine Ehewirkungen aufgezeigt, die in den §§ 1353 ff. BGB zu finden sind.

- **Eheliche Lebensgemeinschaft, § 1353 BGB:**
  Hier wird festgestellt, dass die Ehe von zwei Personen verschiedenen oder gleichen Geschlechts grundsätzlich auf Lebenszeit geschlossen wird und die Ehegatten füreinander Verantwortung tragen, z. B. bei der Kinderbetreuung, Freizeitplanung oder der ehelichen Treue.

- **Ehename, § 1355 BGB:**
  Die Ehegatten sollen einen gemeinsamen Familiennamen (Ehenamen) bestimmen. Dies kann einer der Geburtsnamen der Ehegatten sein oder ein Doppelname. Bei einem Doppelnamen stellt der Ehegatte, dessen Name nicht Familienname wird, seinen Geburtsnamen dem neuen Familiennamen voran oder fügt ihn an. Mehrfachnamen sind aber nicht zulässig. Welcher Name Familienname wird, bestimmen die Ehegatten gegenüber dem Standesbeamten oder später in öffentlich beglaubigter Form. Da es sich um eine „Soll"-Vorschrift handelt, können die Ehegatten auch jeweils ihren Namen behalten und weiterführen.

- **Haushaltführung; Erwerbstätigkeit, § 1356 BGB:**
  Die Ehegatten regeln die Haushaltführung im gegenseitigen Einvernehmen. Ist einer zur Haushaltführung bestimmt, regelt er diese in eigener Verantwortung. Im Rahmen der

Gleichberechtigung ist besonders auch der Abs. 2 von Interesse, dass beide Ehegatten erwerbstätig sein dürfen, wobei sie auf die Interessen des anderen und der Familie Rücksicht nehmen müssen, z. B. kann ein Ehegatte verlangen, dass der andere seine berufsbedingten Abwesenheiten einschränkt, wenn ein Neugeborenes in die Familie gekommen ist.

- **Geschäfte zur Deckung des Lebensbedarfs, § 1357 BGB:**
  Jeder Ehegatte darf Geschäfte zur Deckung des Lebensbedarfs der Familie auch mit Wirkung für den anderen Ehegatten besorgen. Das Besondere hier ist die Rechtsfolge, dass damit auch der andere Ehegatte berechtigt und verpflichtet wird. Als Schlagwort wird hier von „Schlüsselgewalt" gesprochen.

- **Unterhalt, §§ 1360, 1360 a, 1361 BGB:**
  Die Ehegatten sind einander durch Arbeit und Vermögen zum Unterhalt verpflichtet, sog. Familienunterhalt. Wer den Haushalt führt, leistet in der Regel dadurch seinen Teil. Die Angemessenheit des Unterhalts bestimmt sich nach § 1360 a BGB, d. h., die Kosten des Haushalts und die persönlichen Bedürfnisse der Ehegatten. Hinzu kommen die Bedürfnisse der Kinder.

Zu den Haushaltkosten zählen u. a. Nahrung, Heizung, Wohnen, Einrichtung, Kleidung, Freizeitkosten, Ausbildungskosten – insbesondere für die Kinder. Auch Krankheitskosten, Arztkosten und Behandlungskosten werden erfasst. Daneben Kosten für Hobbies und Liebhabereien und ein Taschengeld in Höhe von ca. 5 % des bereinigten Nettoeinkommens.

Hinweis: Wenn ein Ehepartner in einer persönlichen Angelegenheit in einen Rechtsstreit verwickelt ist oder gegen ihn ein Strafverfahren läuft, so ist – wenn er die Kosten nicht selbst aufbringen kann – der andere Ehegatte verpflichtet, ihm diese Kosten vorzuschießen, soweit dies der Billigkeit entspricht.

Die Verpflichtung zum Familienunterhalt endet mit der Trennung. Danach wird unter bestimmten Voraussetzungen sog. Trennungsunterhalt geschuldet.

1.1.6 Eheliches Güterrecht

Grundsätzlich wird zwischen dem gesetzlichen und den vertraglichen Güterstanden unterschieden. Sollten die Ehegatten keine vertraglichen Regelungen treffen, sind sie automatisch im gesetzlichen Güterstand verheiratet. Einen vertraglichen Güterstand kann man auch nach der Eheschließung noch vereinbaren. Hierzu muss ein Ehevertrag im Sinn von §§ 1408 ff. BGB geschlossen werden. Dieser muss bei gleichzeitiger Anwesenheit beider Ehegatten zur Niederschrift eines Notars geschlossen werden, § 1410 BGB. Ein in anderer Form geschlossener Vertrag ist nichtig, § 125 BGB.

Die Güterstände lassen sich wie folgt darstellen:

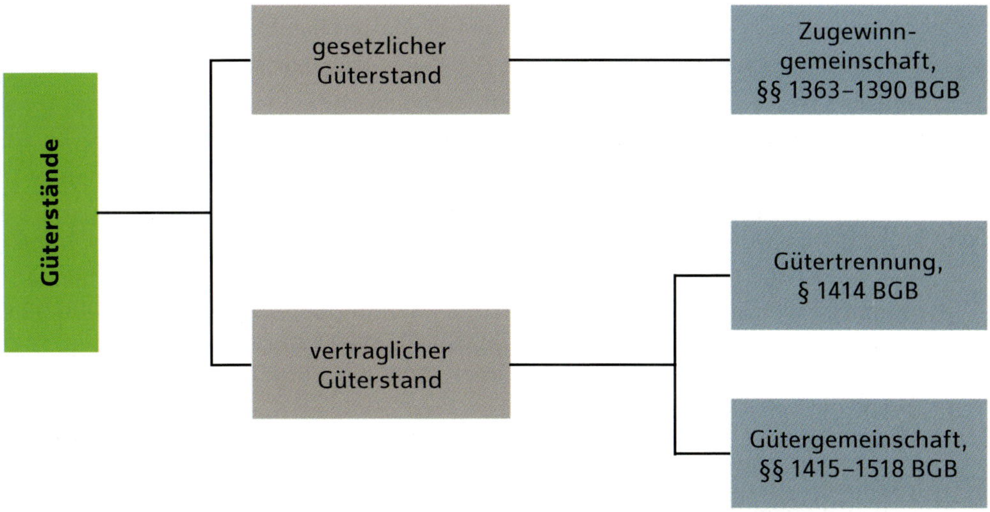

Hinweis: Regelmäßig wird in der Praxis eine Mischvariante per Vertrag vereinbart. Man spricht insofern von einer „modifizierten Zugewinngemeinschaft". Im Gesetz sind aber nur die oben genannten Güterstände näher definiert.

Zugewinngemeinschaft, § 1363 BGB

Während dieses gesetzlichen Güterstands bleiben die Vermögen der Eheleute während der Ehe getrennt. Dies bedeutet, dass die ursprünglichen Eigentumsverhältnisse durch die Eheschließung nicht verändert werden. Nach der Eheschließung erworbene Gegenstände können Allein- oder Miteigentum werden. Das eigene Vermögen verwaltet jeder Ehegatte für sich selbst und kann darüber frei verfügen, § 1364 BGB. Ausnahmen bilden nur:

- Verfügungen über das Vermögen im Ganzen, § 1365 BGB: Hier muss der andere Ehegatte zustimmen. Ohne die Zustimmung ist die Verfügung schwebend unwirksam.
- Verfügungen über Hausratsgegenstände, § 1369 BGB: Ein Ehegatte kann über ihm gehörende Haushaltgegenstände nur verfügen, wenn der andere Ehegatte zustimmt. Auch hier sind diese Geschäfte ohne die erforderliche Zustimmung schwebend unwirksam und hängen von der nachträglichen Genehmigung ab.

Wird eine Ehe im gesetzlichen Güterstand durch Tod oder Auflösung beendet, ist der während der Ehe erzielte Vermögenszuwachs (= Zugewinn) auszugleichen → Zugewinnausgleich.

- **Tod:** Wird die Ehe durch den Tod eines Ehegatten beendet, wird der Zugewinnausgleich grundsätzlich dadurch erzielt, dass der gesetzliche Erbteil des überlebenden Ehegatten um ein Viertel erhöht wird, § 1371 Abs. 1 BGB.

- **Scheidung:** Wird die Ehe durch Scheidung beendet, wird der Zugewinn nach den Vorschriften der §§ 1373–1390 BGB ausgeglichen, § 1372 BGB. Zur Berechnung muss zunächst das Anfangs- und das Endvermögen des jeweiligen Ehegatten ermittelt werden. Die Differenz zwischen diesen Vermögensständen ist der Zugewinn, wobei dieser mindestens „Null" ist. Der Zugewinn ist nie negativ. Vergleicht man nun die Zugewinne muss der Ehegatte, der den höheren Zugewinn hat, die Hälfte des übersteigenden Betrags an den anderen Ehegatten abgeben.

  ▶ Beispiel: Zu dem Zeitpunkt der Eheschließung hatte der Ehemann Tino Buresch ein Vermögen von 10.000,00 €. Sein Endvermögen beträgt 25.000,00 €. Damit hat er einen Zugewinn in Höhe von 15.000,00 € erzielt. Die Ehefrau Linda Buresch hatte 5.000,00 € und zum Schluss der Ehe ein Endvermögen von 10.00,00 €. Ihr Zugewinn beträgt also 5.000,00 €. Der Zugewinn vom Ehemann ist 10.000,00 € höher. Die Hälfte hiervon muss er nun an die Ex-Frau abgeben.

Ehemann

Anfangsvermögen	
Aktiva (Guthaben)	10.000,00 €
./. Passiva (Schulden)	0,00 €
= Anfangsvermögen	10.000,00 €

Endvermögen	
Aktiva (Guthaben)	25.000,00 €
./. Passiva (Schulden)	0,00 €
= Endvermögen	25.000,00 €

Ehefrau

Anfangsvermögen	
Aktiva (Guthaben)	5.000,00 €
./. Passiva (Schulden)	0,00 €
= Anfangsvermögen	5.000,00 €

Endvermögen	
Aktiva (Guthaben)	10.000,00 €
./. Passiva (Schulden)	0,00 €
= Endvermögen	10.000,00 €

Zugewinn Ehemann	
Endvermögen	25.000,00 €
./. Anfangsvermögen	10.000,00 €
= Zugewinn	15.000,00 €

Zugewinn Ehefrau	
Endvermögen	10.000,00 €
./. Anfangsvermögen	5.000,00 €
= Zugewinn	5.000,00 €

Zugewinnüberschuss	
Zugewinn Ehemann	15.000,00 €
./. Zugewinn Ehefrau	5.000,00 €
= Überschuss	10.000,00 €

Ausgleichsforderung Ehefrau

Überschuss 10.000,00 € : 2 = 5.000,00 €

Das Anfangsvermögen muss hierbei aber noch indexiert werden. Grund hierfür ist die Inflation, sodass 1,00 € zu Beginn der Ehe unter Umständen mehr wert war, also mehr Kaufkraft hatte als heute. Daher ist das Anfangsvermögen vor der Berechnung des Zugewinns mit dem

Lebenshaltungskostenindex zu indexieren. Damit sind Preissteigerungen und Teuerungsraten bereinigt. Dieser Index wird durch das Statistische Bundesamt veröffentlicht.

Der Zugewinnausgleich ist mit der Beendigung des Güterstands und damit mit der Rechtskraft der Ehescheidung geschuldet, § 1378 Abs. 3 BGB. Für die Berechnung des Zugewinns ist gem. § 1384 BGB der Zeitpunkt der Rechtshängigkeit des Scheidungsantrags ausschlaggebend.

Der Zugewinnausgleich wird vor dem Familiengericht geltend gemacht, § 23 a Abs. 1 GVG. Während der Anhängigkeit einer Ehesache ist das Gericht zuständig, bei dem die Ehesache im ersten Rechtszug anhängig ist (oder war), § 262 Abs. 1 FamFG.

Gütertrennung, § 1414 BGB

Die Ehegatten schließen durch Vertrag den gesetzlichen Güterstand oder den Zugewinnausgleich aus.

Die Vermögensmassen der Ehegatten bleiben auch hier während der Ehe getrennt und werden getrennt verwaltet. Der Unterschied zur Zugewinngemeinschaft besteht darin, dass im Fall des Tods eines Ehegatten, einer Scheidung oder Aufhebung der Ehe der Zugewinn nicht ausgeglichen wird.

Dieser Güterstand kann durch eine andere vertragliche Absprache geändert werden. Zu beachten ist aber die Formvorschrift des § 1408 BGB.

Gütergemeinschaft, §§ 1415 ff. BGB

Durch die Gütergemeinschaft werden drei Gütermassen geschaffen:

- **Gesamtgut, § 1416 BGB:**
  Hierzu zählt alles, was die Ehegatten vor oder während der Ehe erwirtschaften. Hieran besteht eine Gesamthandgemeinschaft. Daher darf kein Ehegatte allein über Gegenstände des Gesamtguts verfügen und auch nicht über seinen Anteil hieran, § 1419 BGB. Verwaltet wird das Vermögen gemeinschaftlich, § 1421 BGB. Sollte ein Ehegatte die Verwaltung allein übernehmen, muss dennoch die Zustimmung des anderen Ehegatten eingeholt werden, sollte über das Gesamtgut als Ganzes oder über Grundstücke verfügt werden oder wenn Schenkungen aus dem Gesamtgut vorgenommen werden sollen, §§ 1423–1425 BGB.
- **Sondergut, § 1417 BGB:**
  Sondergut sind Gegenstände, die nicht durch ein Rechtsgeschäft übertragen werden können (§ 1417 Abs. 2 BGB). Hierzu zählen z. B. Geschäftsanteile an einer OHG. Jeder Ehegatte verwaltet sein Sondergut selbst, wobei das Gesamtgut die Kosten hierfür trägt. Erträge des Sonderguts fließen dem Gesamtgut zu.

- **Vorbehaltsgut, § 1418 BGB:**
  Das Vorbehaltsgut wird von jedem Ehegatten selbst und auf eigene Rechnung verwaltet. Hierzu gehören Gegenstände, die durch einen Ehevertrag oder durch Dritte als Vorbehaltsgut bestimmt wurden oder als Ersatzstücke hierzu gelangt sind. Bestimmung durch Dritte kann z. B. durch eine Erbschaft erfolgen.

Die Gütergemeinschaft wird ebenfalls durch Tod eines Ehegatten, Scheidung oder Aufhebung der Ehe beendet. Ebenso ist es möglich, dass die Ehegatten einen Ehevertrag abschließen, der die Gütergemeinschaft aufhebt. Nach der Beendigung muss das Gesamtgut auseinandergesetzt werden, § 1471 BGB.

1.1.7 Die Scheidung der Ehe

Einer der häufigsten Fälle, in denen der Rechtsanwaltsfachangestellte mit dem Familienrecht in Kontakt kommt, ist die Scheidung einer Ehe.

Gemäß § 1565 Abs.1 BGB ist die Scheidung daran gebunden, dass die Ehe gescheitert ist. Man spricht vom **Zerrüttungsprinzip**. Scheitern liegt vor, wenn die eheliche Lebensgemeinschaft nicht mehr besteht und sehr wahrscheinlich nicht mehr hergestellt werden kann.

Merke: Auf ein Verschulden kommt es nicht (mehr) an. Es wird nicht mehr „mit Schuld“ geschieden.

Bei einem Scheidungsantrag muss das Scheitern der Ehe aufgezeigt werden. Dabei hilft § 1566 BGB, der besagt, dass ein Scheitern vermutet wird, wenn die Eheleute seit einem Jahr voneinander getrennt leben und beide die Ehescheidung beantragen bzw. einer die Scheidung beantragt und der andere diesem Antrag zustimmt. Sollte dies nicht der Fall sein, wird das Scheitern unwiderlegbar vermutet, wenn die Ehegatten seit drei Jahren getrennt leben, § 1566 Abs. 2 BGB.

Das Gericht wird prüfen, ob einer der oben genannten Fälle vorliegt. Also ob
- die Ehegatten beide den Scheidungsantrag stellen,
- einer den Antrag stellt, die Ehegatten bereits ein Jahr getrennt leben und der andere Ehegatte zustimmt,
- einer den Antrag stellt, der andere nicht zustimmt, aber bereits drei Jahre Getrenntleben vorliegt.

Bei einer Trennung seit einem Jahr wird das Gericht ein Scheitern vermuten, wenn keinerlei Gemeinsamkeiten mehr bestehen oder der antragstellende Ehegatte bereits eine neue Partnerschaft führt. Bei einer Trennung seit drei Jahren muss das Gericht das Scheitern nicht mehr prüfen. Es wird unwiderlegbar vermutet.

Hinweis: Nach § 1565 Abs. 2 BGB kann eine Ehe auch geschieden werden, wenn die Ehegatten noch nicht seit einem Jahr getrennt leben (sog. Härtefallscheidung). Dies ist jedoch nur unter sehr strengen Voraussetzungen möglich. Die Fortsetzung der Ehe muss für den Antragsteller unzumutbar sein und die Gründe hierfür in der Person des anderen Ehepartners liegen. Dies ist z. B. der Fall bei Morddrohungen, körperlichen Misshandlungen in Gegenwart der Kinder, Aufnahme der Prostitution nach der Trennung, bestimmte psychische Erkrankungen oder auch das Eingehen einer neuen Beziehung, welche zur Schwangerschaft führt.

Die Prüfung des Scheiterns einer Ehe knüpft an das **Getrenntleben** an. Auch hier hilft das BGB weiter – mit § 1567 BGB. Getrenntleben bedeutet, dass keine häusliche Gemeinschaft mehr besteht, wobei dies nicht unbedingt bedeutet, dass die Eheleute räumlich getrennt sein müssen. Getrenntleben kann auch innerhalb der ehelichen Wohnung vorliegen. Es muss aber eine Trennung von „Tisch und Bett“ vorgenommen worden sein.

Hinweis: Bei einer beabsichtigten Härtefallscheidung sollten die Eheleute in der Regel auch räumlich voneinander getrennt leben.

Aufrechterhaltung der Ehe trotz Scheiterns

Gemäß § 1568 BGB kann die Ehe trotz Vorliegens des Scheiterns nicht geschieden werden, wenn ein sogenannter „**Härtefall**“ vorliegt und die Ehe daher aufrechtzuerhalten ist. Hauptgrund ist hier das Interesse minderjähriger Kinder.

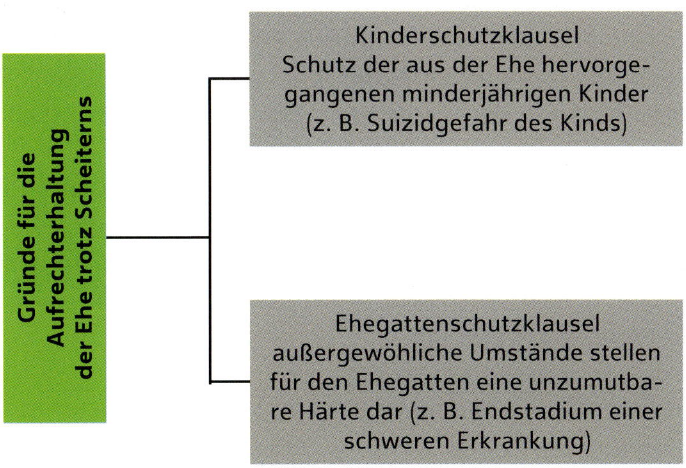

Scheidungsantrag und Scheidungsverfahren

Eine Scheidung kann nur erfolgen, wenn zunächst ein entsprechender Antrag gestellt wird. Dieser kann von einem Ehegatten oder von beiden gestellt werden, § 1564 BGB.

Der Inhalt dieses Antrags bestimmt sich nach § 133 Abs. 1 FamFG. Er enthält:

1. Namen und Geburtsdaten der gemeinschaftlichen minderjährigen Kinder sowie die Mitteilung ihres gewöhnlichen Aufenthalts,
2. die Erklärung, ob die Ehegatten eine Regelung über die elterliche Sorge, den Umgang und die Unterhaltspflicht gegenüber den gemeinschaftlichen minderjährigen Kindern sowie die durch die Ehe begründete gesetzliche Unterhaltspflicht, die Rechtsverhältnisse an der Ehewohnung und an den Haushaltsgegenständen getroffen haben, und
3. die Angabe, ob Familiensachen, an denen beide Ehegatten beteiligt sind, anderweitig anhängig sind.

Sachlich zuständig für den Scheidungsantrag ist das Amtsgericht – Abteilung für Familiensachen, § 23 a Abs. 1 GVG. In Ehesachen (Scheidung, Aufhebung und Feststellung des Bestehens oder Nichtbestehens einer Ehe) richtet sich die örtliche ausschließliche Zuständigkeit gem. § 122 FamFG nach folgender Rangfolge:

1. das Gericht, in dessen Bezirk einer der Ehegatten mit allen gemeinschaftlichen minderjährigen Kindern seinen gewöhnlichen Aufenthalt hat;
2. das Gericht, in dessen Bezirk einer der Ehegatten mit einem Teil der gemeinschaftlichen minderjährigen Kinder seinen gewöhnlichen Aufenthalt hat, sofern bei dem anderen Ehegatten keine gemeinschaftlichen minderjährigen Kinder ihren gewöhnlichen Aufenthalt haben;
3. das Gericht, in dessen Bezirk die Ehegatten ihren gemeinsamen gewöhnlichen Aufenthalt zuletzt gehabt haben, wenn einer der Ehegatten bei Eintritt der Rechtshängigkeit im Bezirk dieses Gerichts seinen gewöhnlichen Aufenthalt hat;
4. das Gericht, in dessen Bezirk der Antragsgegner seinen gewöhnlichen Aufenthalt hat;
5. das Gericht, in dessen Bezirk der Antragsteller seinen gewöhnlichen Aufenthalt hat;
6. in den Fällen des § 98 Abs. 2 das Gericht, in dessen Bezirk der Ehegatte, der im Zeitpunkt der Eheschließung das 16., aber nicht das 18. Lebensjahr vollendet hatte, seinen Aufenthalt hat;
7. das Amtsgericht Schöneberg in Berlin.

Geschieden wird die Ehe durch **Beschluss** (§ 116 Abs. 1 FamFG), wobei die Entscheidungen erst mit Rechtskraft wirksam werden, § 116 Abs. 2 FamFG.

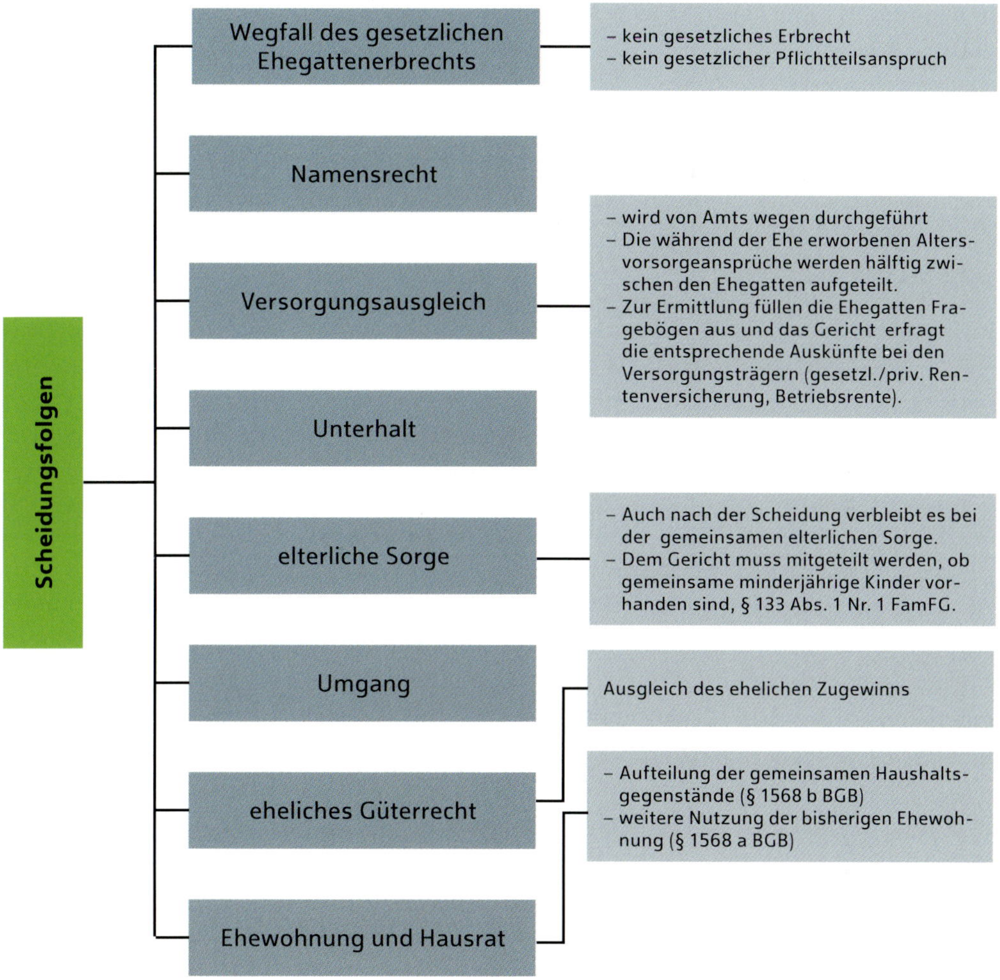

1.2 Weitere Lebensformen im Familienrecht

Im Familienrecht gibt es neben der Bürgerlichen Ehe weitere Lebensformen.

So gibt es die **Lebenspartnerschaft**. Diese ist im Lebenspartnerschaftsgesetz (LPartG) geregelt. Seit Oktober 2017 ist in Deutschland die „Ehe für Alle“ in Kraft. Dies bedeutet, dass die Ehe auch von gleichgeschlechtlichen Paaren eingegangen werden kann. Bevor die Ehe geöffnet wurde, konnten diese Paare lediglich eine Lebenspartnerschaft eingehen. Durch die Eheöffnung wird es keine neuen Fälle in diesem Bereich geben. Die Paare können diese Partnerschaft umschreiben lassen. Fälle aus diesem Bereich sind „Altfälle". Grundsätzlich sind die Regeln fast identisch.

Eine weitere Lebensform ist die **nichteheliche Lebensgemeinschaft**. Hier leben gleich- oder verschiedengeschlechtliche Paare zusammen, ohne geheiratet zu haben. Diese ist gesetzlich nicht geregelt. Das Bundesverfassungsgericht definiert die nichteheliche Lebenspartnerschaft wie folgt (17.11.1992):

> Die nichteheliche Lebensgemeinschaft ist eine auf Dauer zwischen einem Mann und einer Frau angelegte Lebensgemeinschaft, die daneben keine weitere Lebensgemeinschaft gleicher Art zulässt und sich durch innere Bindungen auszeichnet, die ein gegenseitiges Einstehen der Partner füreinander begründen. Eine nichteheliche Lebensgemeinschaft geht daher über eine reine Haushalts- und Wirtschaftsgemeinschaft hinaus.

Quelle: Bundesverfassungsgericht, BVerfG Urteil vom 17.11.1992 – 1 BvL 8/87

Obwohl das Bundesverfassungsgericht nur den Fall zwischen Mann und Frau im Blick hatte, ist heute davon auszugehen, dass auch die gleichgeschlechtlichen Partner gemeint sind. Dies ergibt sich auch aus dem „Gesetz zur Beendigung der Diskriminierung gleichgeschlechtlicher Gemeinschaften" vom 16.02.2001.

Die Partner in einer solchen Gemeinschaft werden als Lebensgefährten bezeichnet. Auch in einer nichtehelichen Lebensgemeinschaft können Unterhaltspflichten entstehen, wenn die beiden Partner ein gemeinsames Kind haben.

vgl. LF 13 (ReFa), Kap. 1.4.4

Der Unterhalt für das Kind richtet sich nach den allgemeinen Vorschriften der §§ 1601 ff. BGB und zwar unabhängig davon, ob die Eltern verheiratet sind oder nicht.

1.3 Die Verwandtschaft

Die Regelungen über die Verwandtschaft finden sich im 2. Abschnitt in §§ 1589 ff. BGB und beinhalten Vorschriften über die Abstammung (Schwägerschaft, Mutter-/Vaterschaft), Unterhaltspflichten, die elterliche Sorge usw.

Durch die Verwandtschaft entstehen diverse Rechtsfolgen z. B. zwischen Eltern und Kindern oder Erbrecht.

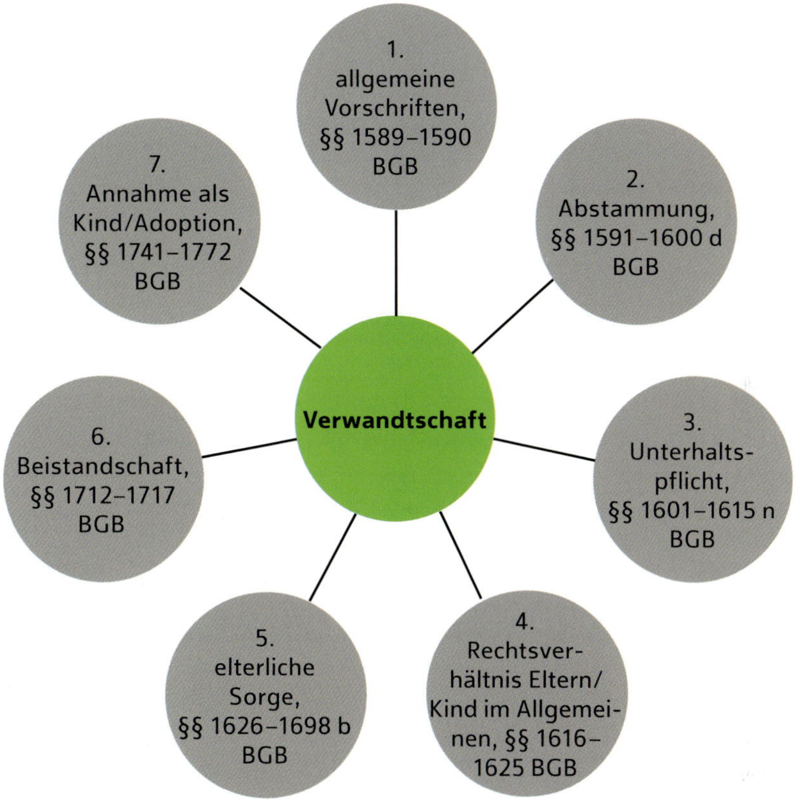

1.3.1 Die Abstammung

Bei der Abstammung bzw. Verwandtschaft im engeren Sinn geht es um die Personen, die entweder direkt voneinander oder gemeinsam von einer dritten Person abstammen. Diese Personen sind gem. § 1589 BGB miteinander verwandt. Man spricht hier von

- gerade Linie = Personen stammen direkt voneinander ab (z. B. Mutter/Kind)
- Seitenlinie = Personen, die gemeinsam von einer dritten Person abstammen (z. B. Geschwister)

▶ **Beispiele:**

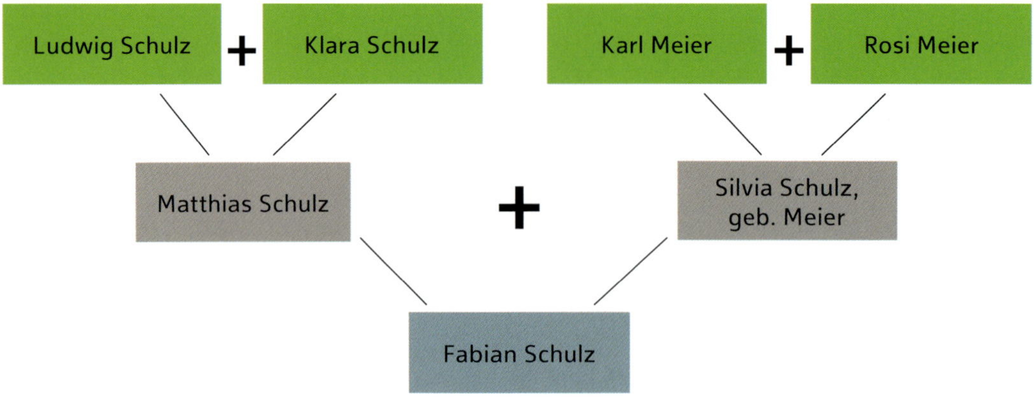

- Fabian Schulz stammt direkt (durch eine Geburt) von seinen Eltern Matthias und Silvia Schulz ab. Er ist im ersten Grad in gerader Linie mit ihnen verwandt.
- Mit seinem Opa, Karl Meier, ist Fabian im zweiten Grad in gerader Linie verwandt, da hier zwei Geburten dazwischenliegen.

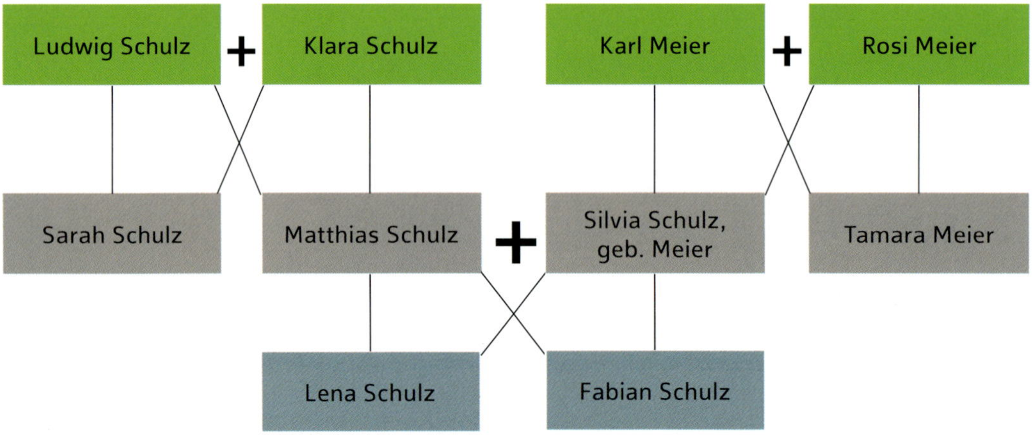

- Lena und Fabian Schulz sind im zweiten Grad in der Seitenlinie miteinander verwandt. Lena ist durch eine Geburt mit ihren Eltern verbunden und diese wiederum durch eine (weitere) Geburt mit Fabian.
- Fabian Schulz ist im dritten Grad in der Seitenlinie mit seiner Tante Sarah Schulz verwandt. Er ist durch eine Geburt mit seinem Vater Matthias Schulz verbunden, dieser durch eine Geburt mit dessen Vater Ludwig Schulz und der Opa wiederum durch eine Geburt mit seiner Tochter Sarah.

Auch die Ehegatten von Verwandten stehen in einem Rechtsverhältnis. Man spricht hier von Schwägerschaft, § 1590 BGB. Die Linie und der Grad der Schwägerschaft bestimmen sich nach der Linie und dem Grad der sie vermittelnden Verwandtschaft (§ 1590 Abs. 1 S. 2 BGB). Dies bedeutet, dass der Ehegatte mit dem Verwandten des anderen Ehegatten in dem Grad verschwägert, wie der andere Ehegatte mit diesem verwandt ist.

▶ Beispiel:

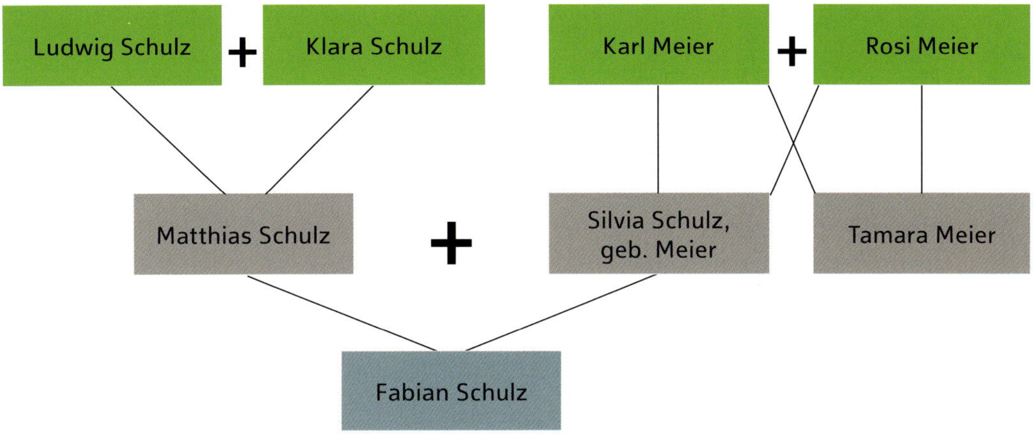

- Matthias Schulz ist mit Tamara Meier im zweiten Grad in der Seitenlinie verschwägert, da seine Frau Silvia Schulz im zweiten Grad in der Seitenlinie mit ihrer Schwester Tamara verwandt ist.
- Matthias Schulz ist mit Karl Meier im ersten Grad gerader Linie verschwägert, denn seine Frau Silvia Schulz ist mit ihrem Vater ebenfalls im ersten Grad gerader Linie verwandt.
- Da Ludwig Schulz mit seiner Schwiegertochter Silvia Schulz, geb. Meier nicht verwandt ist, kann er auch mit ihren Eltern, Karl und Rosi Meier, nicht verschwägert sein.
- Die Schwägerschaft bleibt auch bestehen, wenn die sie begründende Ehe aufgelöst wurde. Durch eine Schwägerschaft entsteht z. B. auch ein Zeugnisverweigerungsrecht.

Andere Begriffe sind die Mutter- und die Vaterschaft:

- **Mutterschaft**: Die Mutter ist die Frau, die das Kind geboren hat, § 1591 BGB. Wird ein fremdes Kind durch ein Ehepaar adoptiert oder nimmt ein Ehegatte das Kind des anderen Ehegatten an, so erlangt das Kind gem. § 1754 Abs. 1 BGB die rechtliche Stellung eines gemeinsamen Kinds. Durch eine Adoption erlischt das Verwandtschaftsverhältnis der leiblichen Mutter zu dem Kind, § 1755 BGB.

- **Vaterschaft:** Die Vaterschaft richtet sich nach § 1592 BGB. Als Vater kommt daher in Betracht, wer
  - zum Zeitpunkt der Geburt mit der Mutter des Kinds verheiratet ist,
  - die Vaterschaft anerkennt,
  - die Verwandtschaft nach § 1600 d BGB oder § 182 Abs. 1 FamFG durch ein ärztliches Abstammungsgutachten gerichtlich festgestellt hat.

Es kann also auch ein Mann Vater sein, der nicht der biologische Erzeuger ist, sobald er zum Geburtszeitpunkt mit der Mutter verheiratet ist. Damit ist er rechtlich der Vater und z. B. zum Unterhalt verpflichtet.

1.3.2 Die Unterhaltspflicht

Verwandte in gerader Linie sind verpflichtet, einander Unterhalt zu gewähren, § 1601 BGB. Die Unterhaltsberechtigung ergibt sich aus der Bedürftigkeit, d. h., dass der Berechtigte außerstande ist, sich selbst zu unterhalten, § 1602 Abs. 1 BGB.

Grundsätzlich ist Unterhalt als Geldrente zu gewähren. Eltern, die gegenüber ihren unverheirateten Kindern unterhaltspflichtig sind, können wählen, ob sie den Unterhalt in Geld oder Naturalien leisten, z. B. in Form von Essen oder Unterkunft, § 1612 Abs. 2 BGB.

Um entscheiden zu können, ob Unterhalt zu gewähren ist, müssen neben der Verwandtschaft in gerader Linie weitere Voraussetzungen gegeben sein. Hierzu zählen: Anspruchsgrundlage – Bedarf – Bedürftigkeit – Leistungsfähigkeit – keine Verwirkung – kein Erlöschen. Konkret bedeutet dies:

- **Anspruchsgrundlage:** Sie kann sich aus dem Gesetz oder einem Vertrag ergeben. Gesetzlich geregelt ist sie in § 1601 BGB, wonach Verwandte in gerader Linie einander verpflichtet sind. Sollten mehrere Unterhaltsverpflichtete vorhanden sein, ergibt sich aus § 1606 BGB eine Rangfolge:
  - Abkömmlinge sind vor Verwandten der aufsteigenden Linie unterhaltspflichtig.
  - Bei mehreren Abkömmlingen und unter Verwandten der aufsteigenden Linie haften die näher Verwandten.
  - Mehrere Verwandte auf der gleichen Linie haften anteilig nach ihren Erwerbs- und Vermögensverhältnissen.
- **Bedarf:** Er bestimmt die Höhe des Unterhalts und bestimmt sich danach, wieviel der Unterhaltsberechtigte monatlich zum Leben benötigt. Der Unterhalt gegenüber Kindern bestimmt sich nach der Düsseldorfer Tabelle. Daraus ergibt sich, dass es auf das Einkommen des Unterhaltsverpflichteten einerseits und dem Alter der Kinder andererseits ankommt.

Auszug aus der Düsseldorfer Tabelle (Stand: 30.08.2021):

	Nettoeinkommen des Barunterhaltspflichtigen	Altersstufe in Jahren			
		0–5	6–11	12–17	ab 18
1.	bis 1.900,00 €	393,00 €	451,00 €	528,00 €	564,00 €
2.	1.901,00–2.300,00 €	413,00 €	474,00 €	555,00 €	593,00 €
3.	2.301,00–2.700,00 €	433,00 €	497,00 €	581,00 €	621,00 €

▶ **Beispiel:** Manfred Mut hat ein Nettoeinkommen von 2.138,00 € und fällt damit in Gruppe 2. Er schuldet seinem siebenjährigen Sohn Diego Mut einen Barunterhalt der 2. Altersstufe in Höhe von 474,00 €.

- **Bedürftigkeit:** Nur wenn der Unterhaltsbedürftige seinen Bedarf nicht selbst durch seine Einkünfte decken kann, besteht Bedürftigkeit, § 1577 BGB.
- **Leistungsfähigkeit:** Durch die Unterhaltsleistung darf der Unterhaltspflichtige nicht in die Lage gebracht werden, seinen eigenen Unterhalt zu gefährden, § 1603 BGB. Die Gerichte (Oberlandesgerichte) haben daher Regeln erarbeitet, die festlegen, was ein unterhaltsrechtlich relevantes Einkommen ist und wieviel davon der Unterhaltsverpflichtete für sich selbst behalten (= Selbstbehalt) darf. Dies kann auch aus der Düsseldorfer Tabelle ersehen werden.
- **Beschränkung oder Wegfall der Verpflichtung:** Der Unterhaltsberechtigte kann seinen Anspruch durch bestimmtes Verhalten verlieren (§ 1611 BGB), beispielsweise weil er durch sein sittliches Verhalten bedürftig geworden ist. Damit kann sich der Anspruch auf Unterhalt verringern oder ganz entfallen.
- **Erlöschen des Unterhaltsanspruchs:** Der Unterhaltsanspruch kann erlöschen
  - wenn die Bedürftigkeit wegfällt (weil der Berechtigte selbst genug erwirtschaftet oder weil der Verpflichtete nicht mehr leistungsfähig ist),
  - der Berechtigte oder der Verpflichtete stirbt, § 1615 BGB.

1.3.3 Das Rechtsverhältnis zwischen Eltern und Kind

Das Verhältnis zwischen Eltern und Kind wird allgemein in den §§ 1616–1619 BGB geregelt. Die Vorschriften beinhalten Regeln zum Namensrecht, die Pflicht zu Beistand und Rücksicht, sowie die Verpflichtung des Kinds zu Dienstleistungen in Haus und Geschäft.

1.3.4 Die elterliche Sorge

Die Eltern haben das Recht und die Pflicht, für das minderjährige Kind zu sorgen, § 1626 Abs. 1 BGB. Diese elterliche Sorge umfasst sowohl die **Personensorge** (Sorge für die Person) als auch die **Vermögenssorge** (Sorge um das Vermögen des Kinds).

Sind die Eltern bei der Geburt des Kinds nicht miteinander verheiratet, so steht ihnen die elterliche Sorge gemeinsam zu,

1. wenn sie erklären, dass sie die Sorge gemeinsam übernehmen wollen (Sorgeerklärungen),
2. wenn sie einander heiraten oder
3. soweit ihnen das Familiengericht die elterliche Sorge gemeinsam überträgt.

Die Eltern haben diese Sorge in eigener Verantwortung und gegenseitigem Einvernehmen zum Wohl des Kinds auszuüben. Bei Meinungsverschiedenheiten müssen sie versuchen sich zu einigen, § 1627 BGB.

Hinweis: Das Wohl des Kinds ist beim Sorgerecht entscheidend.

Da das Kind noch nicht (voll) geschäftsfähig ist, umfasst die elterliche Sorge auch die Vertretung des Kinds nach § 1629 BGB.

Personensorge

- Die Eltern haben die Pflicht und das Recht, das Kind zu pflegen, zu erziehen und den Aufenthalt zu bestimmen (§ 1631 Abs. 1 BGB).
- Kinder haben das Recht auf eine gewaltfreie Erziehung (§ 1631 Abs. 2 BGB).
- In Hinblick auf Ausbildung und Beruf nehmen die Eltern Rücksicht auf Eignung und Neigung des Kinds (§ 1631 a BGB).
- Die Eltern haben das Recht, die Herausgabe des Kinds von jedem zu verlangen, der es den Eltern oder einem Elternteil widerrechtlich vorenthält (§ 1632 Abs. 1 BGB).
- Die Eltern haben das Recht, den Umgang des Kinds auch mit Wirkung für und gegen Dritte zu bestimmen (§ 1632 Abs. 2 BGB).

Vermögenssorge

- Die Eltern haben das Recht, das Vermögen des Kinds in Besitz zu nehmen.
- Die Eltern haben das Recht, das Vermögen des Kinds zu verwalten.

Der oberste Maßstab des Familiengerichts ist das Wohl des Kinds. Nach § 1666 BGB hat es daher alle erforderlichen Maßnahmen zu ergreifen, die zur Abwendung der Gefahr für das körperliche, geistige oder seelische Wohl des Kinds oder sein Vermögen notwendig sind. Insbesondere dann, wenn die Eltern nicht gewillt oder nicht in der Lage sind, diese Gefahr abzuwenden.

Sollten die Eltern (nicht mehr) zusammen sein, kann jeder Elternteil beantragen die elterliche Sorge oder Teile dieser elterlichen Sorge allein übertragen zu bekommen, § 1671 Abs. 1 BGB. Einem solchen Antrag hat das Gericht stattzugeben, wenn

- der andere Elternteil zustimmt, es sei denn, das Kind hat das 14. Lebensjahr vollendet und widerspricht der Übertragung, oder
- zu erwarten ist, dass die Aufhebung der gemeinsamen Sorge und die Übertragung auf den Antragsteller dem Wohl des Kinds am besten entspricht.

1.3.5 Das Umgangsrecht

Nach § 1684 BGB steht dem Kind das Recht zum Umgang mit jedem Elternteil zu. Ebenso haben die Eltern das Recht und die Pflicht zum Umgang mit dem Kind. Das Familiengericht kann über den Umfang des Umgangsrechts entscheiden und seine Ausübung gegenüber Dritten näher regeln. Auch kann der Vollzug früherer Entscheidungen das Umgangsrecht einschränken oder ausschließen, soweit dies zum Wohl des Kinds erforderlich ist, § 1684 Abs. 3 und 4 BGB.

Auch die Großeltern und Geschwister haben ein Recht auf Umgang mit dem Kind, wenn es dem Wohl des Kinds dient. Gleiches gilt für enge Bezugspersonen des Kinds, wenn diese für das Kind tatsächliche Verantwortung tragen oder getragen haben. Die tatsächliche Verantwortung wird angenommen, wenn die Person mit dem Kind längere Zeit in häuslicher Gemeinschaft zusammengelebt hat, § 1685 Abs. 1 und 2 BGB.

1.3.6 Die Beistandschaft

Unter Beistandschaft versteht man, dass auf schriftlichen Antrag eines Elternteils das Jugendamt Beistand des Kinds wird, § 1712 BGB. Denkbar sind folgende Aufgaben des Beistands:

- Feststellung der Vaterschaft
- Geltendmachung von Unterhaltsansprüchen sowie die Verfügung über diese Ansprüche

Nach § 158 Abs. 1 FamFG wird der Verfahrensbeistand vom Amtsgericht – Familiengericht bestellt. Regelmäßig ist dies erforderlich gem. § 158 Abs. 2 FamFG,

1. wenn das Interesse des Kinds zu dem seiner gesetzlichen Vertreter in erheblichem Gegensatz steht,
2. in Verfahren nach §§ 1666 und 1666 a BGB, wenn die teilweise oder vollständige Entziehung der Personensorge in Betracht kommt,
3. wenn eine Trennung des Kinds von der Person erfolgen soll, in deren Obhut es sich befindet,
4. in Verfahren, die die Herausgabe des Kinds oder eine Verbleibensanordnung zum Gegenstand haben, oder
5. wenn der Ausschluss oder eine wesentliche Beschränkung des Umgangsrechts in Betracht kommen.

1.3.7 Die Annahme als Kind (Adoption)

Zuständig für Adoptionssachen ist sachlich das Amtsgericht – Familiengericht (§ 111 Nr. 4 FamFG i. V. m. § 23 a Abs. 1 Nr. 1 GVG). Die ausschließliche örtliche Zuständigkeit ergibt sich daraus, in welchem Bezirk der Annehmende seinen gewöhnlichen Aufenthalt hat (§ 187 Abs. 1 FamFG).

Adoptionssachen sind Verfahren, die
- die Annahme als Kind,
- die Ersetzung der Einwilligung zur Annahme als Kind,
- die Aufhebung des Annahmeverhältnisses,
- die Befreiung vom Eheverbot des § 138 Abs. 1 BGB

betreffen.

Soll ein Kind adoptiert werden, steht wieder das Kindswohl im Vordergrund. Daher ist einer Annahme nur zuzustimmen, wenn zu erwarten ist, dass zwischen dem Annehmenden und dem Kind ein Eltern-Kind-Verhältnis entstehen wird, § 1741 Abs. 1 BGB. Voraussetzungen sind:
- die Beantragung durch den Annehmenden, § 1752 Abs. 1 BGB,
- die leiblichen Eltern müssen einwilligen (§ 1747 BGB) oder bei der Annahme eines Kinds durch den Ehegatten muss der andere Ehegatte eingewilligt haben (§ 1749 Abs. 1 BGB),
- das Kind muss selbst einwilligen, wenn es das 14. Lebensjahr bereits vollendet hat bzw. der gesetzliche Vertreter des Kinds muss einwilligen, wenn das Kind noch jünger ist (§ 1746 BGB).

Dem Antrag auf Adoption wird durch **Beschluss** entsprochen. Darin ist anzugeben, auf welche gesetzlichen Vorschriften sich die Annahme gründet (§ 197 Abs. 1 FamFG). Wirksam wird der Beschluss durch Zustellung an den Annehmenden (§ 197 Abs. 2 FamFG). Dieser Beschluss ist nicht anfechtbar (§ 197 Abs. 3 FamFG).

1.4 Die Unterhaltpflichten im Einzelnen

Im nächsten Abschnitt werden einzelne Unterhaltspflichten bzw. Unterhaltsansprüche dargestellt. Hierzu zählen: Verwandtenunterhalt – Trennungsunterhalt – nachehelicher Unterhalt – Unterhalt nicht miteinander verheirateter Eltern.

1.4.1 Der Verwandtenunterhalt, § 1601 BGB

Hier ist sowohl der Unterhalt, den Eltern ihren Kindern schulden, als auch der umgekehrte Fall gemeint. Man spricht vom Kindes- bzw. Elternunterhalt.

Unter Elternunterhalt ist die immer häufiger auftretende Situation gemeint, in der die Kinder für ihre Eltern Unterhalt leisten müssen, wenn diese im Alter pflegebedürftig werden und die Rente und die Leistungen der Pflegeversicherung nicht für die Deckung der Pflegekosten ausreichen.

Auch hier steht den Unterhaltsverpflichteten ein Selbstbehalt zu. Dieser ist gegenüber den Eltern höher als der Selbstbehalt gegenüber Kindern.

1.4.2 Der Trennungsunterhalt, § 1361 BGB

Leben die Ehegatten getrennt, so kann ein Ehegatte von dem anderen den nach den Lebensverhältnissen und den Erwerbs- und Vermögensverhältnissen der Ehegatten angemessenen Unterhalt verlangen.

Nach § 1361 Abs. 2 BGB kann der nicht erwerbstätige Ehegatte nur dann darauf verwiesen werden, seinen Unterhalt durch eine Erwerbstätigkeit selbst zu verdienen, wenn dies von ihm nach seinen persönlichen Verhältnissen, insbesondere wegen einer früheren Erwerbstätigkeit unter Berücksichtigung der Dauer der Ehe, und nach den wirtschaftlichen Verhältnissen beider Ehegatten erwartet werden kann.

Langfristig sollen die (ehemaligen) Ehegatten wieder für sich selbst wirtschaftlich sorgen. Im Trennungsjahr hat die Rechtsprechung aber die Besonderheit herausgearbeitet, dass grundsätzlich keine Verpflichtung besteht einer Erwerbstätigkeit nachzugehen, wenn dies in der Ehe auch nicht der Fall war. Wiederum eine Ausnahme hiervon bilden „Ehen von kurzer Dauer“. Der BGH geht hier von maximal zweieinhalb Jahren zwischen Eheschließung und Trennung aus. Bei diesen Ehen soll auch bereits im Trennungsjahr eine Verpflichtung zur Erwerbstätigkeit bestehen.

Für die meisten Mandanten ist die Frage nach der Höhe des Unterhalts entscheidend. Der geschuldete Unterhalt muss angemessen sein, wobei sich diese Größe nach den Einkommens- und Vermögensverhältnissen der Eheleute bestimmt. In der Rechtsprechung ist hierzu der „Halbteilungsgrundsatz“ entwickelt worden, d. h., es werden alle Einkünfte hälftig geteilt.

1.4.3 Der nacheheliche Unterhalt, §§ 1569 ff. BGB

Hier greift der Grundsatz der Eigenverantwortung. Die Ehegatten sollen nach der Scheidung wieder eigenständig für sich selbst sorgen. Dennoch kann ein Anspruch auf nachehelichen Unterhalt bestehen, wenn eine der folgenden Anspruchsgrundlagen gegeben ist:

Unterhalt wegen Betreuung eines Kinds, § 1570 BGB

- wegen der Pflege oder Erziehung des gemeinschaftlichen Kinds
- für mindestens drei Jahre nach der Geburt

Unterhalt wegen Alters, § 1571 BGB

- soweit wegen des Alters eine Erwerbstätigkeit nicht mehr erwartet werden kann
- grundsätzlich Erwerbsverpflichtung bis zur Regelaltersgrenze

Unterhalt wegen Krankheit oder Gebrechen, § 1572 BGB

- solange und soweit wegen Krankheit oder anderer Gebrechen oder Schwäche der körperlichen oder geistigen Kräfte eine Erwerbstätigkeit nicht erwartet werden kann

Unterhalt wegen Erwerbslosigkeit, § 1573 Abs. 1 BGB

- auch wenn kein Unterhaltsanspruch nach §§ 1570–1572 BGB besteht, kann Unterhalt verlangt werden, solange und soweit nach der Scheidung keine angemessene Errwerbstätigkeit gefunden wird
- derjenige, der nach dieser Vorschrift Unterhalt verlangt, muss darlegen und beweisen, dass er keine Arbeit finden kann

Aufstockungsunterhalt, § 1573 Abs. 2 BGB

- auch wenn kein Unterhaltsanspruch nach §§ 1570–1572 BGB besteht und Einkünfte aus einer angemessenen Erwerbstätigkeit nicht ausreichen, um Bedarf in voller Höhe selbst zu decken
- Unterschiedsbetrag zwischen seinen Einkünften und dem Bedarf

1.4.4 Unterhaltsansprüche nicht miteinander verheirateter Eltern, §§ 1615 l ff. BGB

Der Vater hat der Mutter für die Dauer von sechs Wochen vor und acht Wochen nach der Geburt des Kinds Unterhalt zu gewähren. Dies gilt auch hinsichtlich der Kosten, die infolge der Schwangerschaft oder der Entbindung außerhalb dieses Zeitraums entstehen.

Soweit die Mutter einer Erwerbstätigkeit nicht nachgeht, weil sie infolge der Schwangerschaft oder einer durch die Schwangerschaft oder die Entbindung verursachten Krankheit dazu außerstande ist, ist der Vater verpflichtet, ihr über die in § 1615 l Abs. 1 S. 1 BGB bezeichnete Zeit hinaus Unterhalt zu gewähren. Das Gleiche gilt, soweit von der Mutter wegen der Pflege oder Erziehung des Kinds eine Erwerbstätigkeit nicht erwartet werden kann. Die Unterhaltspflicht beginnt frühestens vier Monate vor der Geburt und besteht für mindestens drei Jahre nach der Geburt. Sie verlängert sich, solange und soweit dies der Billigkeit entspricht. Dabei sind insbesondere die Belange des Kinds und die bestehenden Möglichkeiten der Kinderbetreuung zu berücksichtigen.

1.4.5 Verhältnis der Unterhaltsansprüche zum Sozialrecht: Subsidiarität

Das Sozialrecht ist im Sozialgesetzbuch (SGB) geregelt, das insgesamt zwölf Bücher umfasst. Ab dem 01.01.2024 kommt ein weiteres Buch hinzu. Dies wäre eigentlich das 13. Buch, wird aber den Namen „SGB XIV“ (also SGB 14) tragen. Der Grund hierfür liegt wohl darin begründet, dass der Gesetzgeber vermeiden wollte die im Allgemeinen als „Unglückszahl“ angesehene 13 zu verwenden. Insbesondere im Sozialrecht, in dem es darum geht „Unglücke“ zu vermeiden oder zu verringern, wollte man auf diese symbolische Zahl verzichten.

Im SGB I finden sich allgemeine Grundlagen, die durch die nachfolgenden Bücher in bestimmten sozialrechtlichen Bereichen spezifiziert werden. So regelt das SGB II die Grundsicherung für Arbeitssuchende („Hartz IV“) und im SGB XII ist die Sozialhilfe näher geregelt.

§ 9 SGB I

Wer nicht in der Lage ist, aus eigenen Kräften seinen Lebensunterhalt zu bestreiten oder in besonderen Lebenslagen sich selbst zu helfen, und auch von anderer Seite keine ausreichende Hilfe erhält, hat ein Recht auf persönliche und wirtschaftliche Hilfe, die seinem besonderen Bedarf entspricht, ihn zur Selbsthilfe befähigt, die Teilnahme am Leben in der Gemeinschaft ermöglicht und die Führung eines menschenwürdigen Lebens sichert. Hierbei müssen Leistungsberechtigte nach ihren Kräften mitwirken.

§ 9 SGB II

Hilfebedürftig ist, wer seinen Lebensunterhalt nicht oder nicht ausreichend aus dem zu berücksichtigenden Einkommen oder Vermögen sichern kann und die erforderliche Hilfe nicht von anderen, insbesondere von Angehörigen oder von Trägern anderer Sozialleistungen, erhält.

Aus diesen Vorschriften ist zu erkennen, dass

- die Hilfe anderer vorrangig ist und
- eigene Einkommen und Vermögen bei der Gewährung der Sozialleistungen zu berücksichtigen sind.

Diese Regelungen bedeuten, dass Sozialleistungen gegenüber Unterhaltsansprüchen nachrangig (= subsidiär) sind. Der Sozialleistungsträger kann daher den Unterhaltsberechtigten darauf verweisen, zunächst seinen Unterhaltsanspruch gegen den Unterhaltsverpflichteten durchzusetzen. Bis dies geklärt ist, werden die Sozialleistungen häufig nur vorläufig gewährt.

1.5 Vormundschaft, rechtliche Betreuung, Pflegschaft

Im BGB sind im vierten Buch in Abschnitt 3 die Vormundschaft (Titel 1), die rechtliche Betreuung (Titel 2) und die Pflegschaft (Titel 3) geregelt.

1.5.1 Die Vormundschaft

Vormundschaft bedeutet die Wahrnehmung der rechtlichen Vertretung eines Minderjährigen. Das Amtsgericht – Familiengericht kann eine Vormundschaft anordnen. Örtlich zuständig ist das Gericht, in dessen Bezirk das Kind gewöhnlich seinen Aufenthalt hat, § 152 Abs. 2 FamFG.

Nach § 1773 BGB erhält ein Minderjähriger einen Vormund, wenn er nicht unter elterlicher Sorge steht oder wenn die Eltern weder in den die Person noch in den das Vermögen betreffenden Angelegenheiten zur Vertretung des Minderjährigen berechtigt sind. Dies ist der Fall, wenn beiden Elternteilen, z. B. wegen Alkoholabhängigkeit das Sorgerecht entzogen wurde.

Vormundschaft kann also angeordnet werden:
- für Minderjährige, die nicht unter elterlicher Sorge stehen (z. B. Eltern verstorben)
- für Minderjährige, deren Eltern das Sorgerecht entzogen wurde
- für Minderjährige, deren Personenstand nicht feststellbar ist (z. B. Findelkinder)

1.5.2 Die rechtliche Betreuung

Für die rechtliche Betreuung und deren Anordnung ist das Amtsgericht – Betreuungsgericht sachlich zuständig. Örtlich ist ausschließlich das Betreuungsgericht zuständig, bei dem die Betreuung anhängig ist, wenn bereits ein Betreuer bestellt ist (§ 272 Abs. 1 Nr. 1 FamFG). Ist noch kein Betreuer bestellt, ist örtlich das Gericht zuständig, in dessen Bezirk der Betroffene seinen gewöhnlichen Aufenthalt hat (§ 272 Abs. 1 Nr. 2 FamFG).

Ein Betreuer wird dann gem. § 1896 BGB bestellt, wenn ein Volljähriger aufgrund einer psychischen Krankheit oder einer körperlichen, geistigen oder seelischen Behinderung seine Angelegenheiten ganz oder teilweise nicht besorgen kann (§ 104 Nr. 2 BGB). Eine Betreuung kann auf Antrag oder von Amts wegen bestellt werden.

Hinweis: Eine Betreuung ist gem. § 1896 Abs. 2 BGB nicht erforderlich, wenn der Betroffene eine Vorsorgevollmacht errichtet hat.

vgl. LF 13, (ReFa), Kap. 1.6.1

Bevor das Gericht einen Betreuer bestellt, hat es ein Gutachten einzuholen über die Notwendigkeit der Maßnahme (§ 280 Abs. 1 FamFG). Gemäß § 281 FamFG genügt auch ein ärztliches Zeugnis, wenn der Betroffene die Bestellung eines Betreuers beantragt und auf die Begutachtung verzichtet hat und die Einholung des Gutachtens im Hinblick auf den Umfang des Aufgabenkreises des Betreuers unverhältnismäßig wäre oder ein Betreuer nur zur Geltendmachung von Rechten des Betroffenen bestellt wird.

Die Bestellung erfolgt mit Hilfe eines Beschlusses (§ 286 FamFG). Dieser wird durch die Bekanntgabe an den Betreuer wirksam. Dieser erhält zur Legitimation eine Urkunde über seine Bestellung, § 290 FamFG. In dieser Urkunde werden die Namen des Betreuten und des Betreuers aufgenommen sowie der Aufgabenkreis des Betreuers. Der Betreuer vertritt gem. § 1902 BGB den Betreuten gerichtlich und außergerichtlich im durch das Gericht festgelegten Aufgabenkreis. Dies bedeutet aber nicht, dass der Betroffene geschäftsunfähig ist.

1.5.3 Die Pflegschaft

Auch hier ist wieder das Amtsgericht – Familiengericht sachlich zuständig, § 23 a Abs. 1 GVG, § 151 Nr. 5 FamFG. Die örtliche Zuständigkeit ist § 152 FamFG zu entnehmen.

Gemäß § 1911 BGB wird ein Abwesenheitspfleger für einen abwesenden Volljährigen bestellt, dessen Aufenthalt unbekannt ist, um dessen Vermögensangelegenheiten zu regeln, soweit sie der Fürsorge bedürfen.

1.6 Vorsorge- und Generalvollmacht, Patientenverfügung

Die Vorsorge- und Generalvollmacht sowie die Patientenverfügung sind Themen, die gerne aufgeschoben werden. Es ist jedoch äußerst wichtig, sich über diesen Themenbereich Gedanken zu machen und zu regeln, was man sich wünscht, falls es zum Fall der Fälle kommt.

1.6.1 Vorsorge- und Generalvollmacht

Nicht immer ist es so, dass man bis zum Lebensende über seine geistigen Fähigkeiten verfügt. Sollte man dement werden oder auch schon in jüngerem Alter, etwa durch einen Unfall, die Fähigkeit für sich selbst Entscheidungen zu treffen verlieren, kann man mit einer sog. **Vorsorgevollmacht** für diesen Fall entscheiden, wer dann rechtlich verbindlich handeln soll.

Gemäß § 104 Nr. 2 BGB ist jemand **geschäftsunfähig**, wenn er sich in einem die freie Willensbestimmung ausschließenden Zustand krankhafter Störung der Geistestätigkeit befindet, sofern es sich nicht um einen vorübergehenden Zustand handelt. Mit dieser Formulierung stellt der Gesetzgeber klar, dass z. B. Betrunkene nicht geschäftsunfähig sind.

Merke: Mit einer Vorsorgevollmacht gibt der Betroffene in gesunden Tagen für den Fall einer späteren Geschäftsunfähigkeit jemand anderem die Vollmacht, in seinem Namen zu handeln.

Hat der Betroffene eine solche Vorsorgevollmacht nicht erteilt und wird er geschäftsunfähig, wird ihm gem. § 1896 Abs. 1 BGB ein **gesetzlicher Betreuer zur Seite gestellt**. Gegen den freien Willen des Volljährigen darf ein Betreuer nicht bestellt werden. Ein Betreuer darf nur für Aufgabenkreise bestellt werden, in denen die Betreuung erforderlich ist.

Gemäß § 1896 Abs. 2 BGB ist die Bestellung eines rechtlichen Betreuers selbst bei dem Vorliegen der medizinischen Voraussetzungen entbehrlich, wenn die Angelegenheiten des Betroffenen **durch eine Vollmacht ebenso gut erledigt** werden können. Aus dieser Formulierung geht hervor, dass der Gesetzgeber die Eigenvorsorge stärken möchte. Damit trägt er dem Grundrecht auf die freie Persönlichkeitsentfaltung aus Art. 2 GG Rechnung. Selbstverständlich ist auch der Bevollmächtigte, wenn auch nur in bestimmten Angelegenheiten, an das Betreuungsrecht gebunden. Beispielsweise muss er sich eine freiheitsentziehende Unterbringung, auch die Fixierung an das Krankenbett, vom Betreuungsgericht genehmigen lassen.

Obwohl die Vollmacht gem. § 167 Abs. 2 BGB eine bestimmte Form nicht voraussetzt, ist es dennoch ratsam, **eine Vollmacht gem. § 126 BGB schriftlich zu erteilen**. Mündliche Vollmachten werden im Rechtsverkehr in der Regel nicht akzeptiert.

Hinweis: Man kann auch ein Muster für die Vorsorgevollmacht verwenden. Ort, Datum und vollständige eigenhändige Unterschrift dürfen jedoch keinesfalls fehlen. Damit die Vorsorgevollmacht im Ernstfall auch gefunden wird, ist es empfehlenswert, die Vorsorgevollmacht beim Zentralen Vorsorgeregister der Bundesnotarkammer zu registrieren. Die Gebühr beträgt einmalig zwischen 13,00 € und 18,50 €.

Beispiel für eine Vorsorgevollmacht:

> Ich, Frau Christine Reußen, geb. am 01.08.1969, wohnhaft Bergstraße 12, 53179 Bonn, bevollmächtige gem. §§ 1896 Abs. 2 S. 2, 164 ff. BGB hiermit als meinen gesetzlichen Vertreter
>
> Herrn Manfred Reußen, geb. am 03.03.1965,
> wohnhaft Bergstraße 12, 53179 Bonn.
>
> Diese Vollmacht ist nach außen unbeschränkt gültig. Im Innenverhältnis zur Vollmachtgeberin ist der Bevollmächtigte verpflichtet von der Vollmacht nur dann Gebrauch zu machen, wenn die Vollmachtgeberin nicht mehr in der Lage ist, ihre persönlichen Angelegenheiten selbst zu regeln.
>
> Zum Ersatzbevollmächtigten im Fall der länger andauernden Verhinderung oder des Tods des/der Hauptbevollmächtigten bestimme ich: ***
>
> Die Vollmacht soll folgende Aufgabenbereiche umfassen: Vermögenssorge, Vertretung bei Behörden, Versicherungen, Renten- und Sozialleistungsträgern, Vertretung vor Gerichten, Öffnen und Entgegennehmen der Post, Aufenthaltsbestimmung, Regelung von Wohnungsangelegenheiten, Gesundheitssorge.
>
> Diese Vorsorgevollmacht umfasst auch alle übrigen Angelegenheiten, soweit diese in der Vollmacht nicht ausdrücklich genannt werden.

Die Bestimmung eines **Ersatzbevollmächtigten** ist nicht notwendig, kann aber sinnvoll sein, wenn die Wahrscheinlichkeit groß ist, dass sowohl Vollmachtgeber als auch Vollmachtnehmer mehr oder weniger gleichzeitig einer Betreuung bedürfen. Das kann beispielsweise bei Ehepaaren der Fall sein, die zusammen einen Unfall erleiden.

Von der Vorsorgevollmacht ist die **Generalvollmacht** zu unterscheiden. Unabhängig davon, ob der Vollmachtgeber selbst geschäftsfähig ist, versetzt diese Vollmacht die bevollmächtigte Person in die Lage, den Vollmachtgeber in allen rechtlichen und persönlichen Angelegenheiten zu vertreten. Eine Generalvollmacht erstreckt sich also auf alle Bereiche, in denen eine Vertretung möglich ist.

Eine Generalvollmacht macht Sinn, wenn ein geschäftsfähiger Vollmachtgeber bestimmte Aufgaben nicht selbst wahrnehmen kann und kommt in der Regel im Geschäftsleben vor.

▶ **Beispiel:** Ein Ehepaar betreibt gemeinsam ein Geschäft und einer der beiden muss für längere Zeit eine Freiheitsstrafe antreten. Er erteilt seinem Partner eine Generalvollmacht, damit er währenddessen die Geschäfte auch in seinem Namen weiterführen kann.

Hinweis: Grundstücksgeschäfte kann der Bevollmächtigte nur dann vornehmen, wenn die Generalvollmacht öffentlich von einem Notar beglaubigt wurde.

Daneben gibt es noch die Möglichkeit sog. **Einzelvollmachten** zu erteilen, z. B. um ein Paket in einer Postfiliale abzuholen.

1.6.2 Patientenverfügung

Sinnvoll ist, eine Vorsorgevollmacht durch eine Patientenverfügung zu ergänzen.

Definition: In einer Patientenverfügung legt man schriftlich vorsorglich fest, dass bestimmte medizinische Maßnahmen durchzuführen oder zu unterlassen sind, wenn man mangels Einsichtsfähigkeit nicht mehr selbst entscheiden kann.

Jeder einwilligungsfähige Volljährige kann eine Patientenverfügung verfassen. Die Patientenverfügung kann jederzeit formlos widerrufen werden. Sinnvoll ist es, sich unter Umständen bei der Formulierung von einem Arzt beraten zu lassen.

Hinweis: Im Internet finden sich viele hilfreiche Vordrucke, beispielsweise unter www.bundesgesundheitsministerium.de. Betreuungsvereine, die es in fast allen Bundesländern gibt, beraten kostenfrei.

Eine Patientenverfügung, die keine Fragen offenlässt und von medizinischem Personal deshalb befolgt werden muss, ist in der Regel umfangreich. Deshalb ist es ratsam bei dem Verfassen einer Patientenverfügung auf Textbausteine zurückzugreifen. So kann eine individuelle Verfügung zusammengestellt werden, die den eigenen wertanschaulichen Vorstellungen entspricht.

Folgende Punkte sind beim Schreiben einer Patientenverfügung zu berücksichtigen:

- In welcher Situation soll die Patientenverfügung angewendet werden?

  ▶ Beispiele:
  - wenn ich mich aller Wahrscheinlichkeit nach unabwendbar im unmittelbaren Sterbeprozess befinde
  - wenn ich mich im Endstadium einer unheilbaren, tödlich verlaufenden Krankheit befinde, selbst wenn der Todeszeitpunkt noch nicht absehbar ist
  - wenn ich infolge einer Gehirnschädigung meine Fähigkeit, Einsichten zu gewinnen, Entscheidungen zu treffen und mit anderen Menschen in Kontakt zu treten nach der Einschätzung zweier erfahrener Ärzte aller Wahrscheinlichkeit nach unwiederbringlich verloren habe

- Welche Maßnahmen wünsche ich zu unterlassen oder durchzuführen?

  ▶ Beispiele:
  - Ich möchte, dass lebenserhaltende Maßnahmen, die nur den Todeseintritt verzögern und dadurch mögliche Leiden unnötig verlängern würden, unterlassen werden.
  - Alle medizinischen Möglichkeiten, um mich so lange es möglich ist, am Leben zu halten, sollen eingesetzt werden.
  - Hunger und Durst sollen auf natürliche Weise gestillt werden, ggf. mit Hilfe bei der Aufnahme.
  - Ich möchte keine künstliche Ernährung, weder durch eine Magensonde noch durch venöse Zugänge.
  - Kann ich Nahrung und Flüssigkeit nicht mehr auf natürlichem Weg zu mir nehmen, möchte ich künstlich ernährt werden.
  - Ich möchte keine Wiederbelebungsmaßnahmen.
  - Jegliche möglichen Wiederbelebungsmaßnahmen sollen angewendet werden.
  - Ich möchte keine künstliche Beatmung, unter der Voraussetzung, dass ich Medikamente zur Linderung der Luftnot erhalte. Die Möglichkeit einer Bewusstseinsdämpfung oder einer ungewollten Verkürzung meiner Lebenszeit durch diese Medikamente nehme ich in Kauf.
  - Künstliche Beatmung ist durchzuführen.
- Wo möchte ich sterben?

  ▶ Beispiele:
  - Ich möchte zum Sterben in ein Hospiz verlegt werden.
  - Ich möchte nach Möglichkeit zu Hause sterben.
- Durch welche Personen wünsche ich Beistand?

  ▶ Beispiele:
  - Beistand durch folgende Personen: ***
  - Beistand durch einen Vertreter der folgenden Kirche oder Weltanschauungsgemeinschaft: ***

Hinweis: Auf jeden Fall sollte die Patientenverfügung noch den Hinweis enthalten, dass der Unterzeichner nach sorgfältiger Überlegung im Vollbesitz seiner geistigen Kräfte und ohne äußeren Druck diese Verfügung verfasst hat. Es ist empfehlenswert, eingangs seine weltanschaulichen Werte darzustellen, damit die Verfügung in einen größeren Kontext eingebettet ist und im Zweifel der mutmaßliche Wille leichter erforscht werden kann.

1.7 Familienrechtliche Angelegenheiten abrechnen

Familienrechtliche Angelegenheiten sind häufig nichtvermögensrechtliche Angelegenheiten, sodass der Wert unter Berücksichtigung aller Umstände des Einzelfalls – also Umfang, Bedeutung, Schwierigkeit, Vermögens- und Einkommensverhältnisse der Parteien – nach Ermessen zu bestimmen ist (§ 48 Abs. 2 S. 1 GKG). Das Gesetz über Gerichtskosten in Familiensachen (FamGKG) regelt daneben weitere besondere Wertvorschriften.

vgl. LF 4, Kap. 4.4.2, 4.4.3

Neben dem Anspruch auf die Rechtsanwaltsgebühren hat der Rechtsanwalt auch einen Erstattungsanspruch hinsichtlich der ihm entstandenen Auslagen gem. Nrn. 7000–7008 VV RVG und die von ihm getätigten Aufwendungen.

vgl. LF 6, Kap. 2

Hinweis: Nach dem Versand der Vergütungsrechnung muss der Zahlungseingang überprüft und im Aktenkonto notiert werden.

1.7.1 Verfahrenswerte nach besonderen Wertvorschriften ermitteln

In den §§ 43 ff. FamGKG sind besondere Wertvorschriften für familienrechtliche Angelegenheiten enthalten. Nachfolgend werden drei Wertvorschriften beispielhaft aufgeführt.

Hinweis: In Familiensachen wird der Gegenstands- bzw. Streitwert als Verfahrenswert bezeichnet.

Abstammungssachen, § 47 FamGKG

In Abstammungssachen beträgt gem. § 47 Abs. 1 FamGKG der Verfahrenswert bei Anerkennung bzw. Anfechtung der Vaterschaft (§ 169 Nr. 1, 4 FamFG) 2.000,00 €, in den übrigen Abstammungssachen 1.000,00 €. Das Gericht kann, sofern der Wert nach den besonderen Umständen des Einzelfalls unbillig ist, gem. § 47 Abs. 2 FamGKG einen höheren oder niedrigeren Wert festsetzen.

▶ Beispiel: Markus Mailänder erkennt die Vaterschaft für Nico Sturm an. Das Gericht setzt den Verfahrenswert mit 2.000,00 € fest.

Ehewohnungs- und Haushaltssachen, § 48 FamGKG

Der Verfahrenswert in Ehewohnungs- und Haushaltssachen beträgt gem. § 48 Abs. 1, 2 FamGKG:

- 3.000,00 € in Ehewohnungssachen nach § 200 Abs. 1 Nr. 1 FamFG (bei Getrenntleben)
- 4.000,00 € in Ehewohnungssachen nach § 200 Abs. 1 Nr. 2 FamFG (anlässlich der Scheidung)
- 2.000,00 € in Haushaltssachen nach § 200 Abs. 2 Nr. 1 FamFG (bei Getrenntleben)
- 3.000,00 € in Haushaltssachen nach § 200 Abs. 2 Nr. 2 FamFG (anlässlich der Scheidung)

Das Gericht kann auch hier wieder den Wert, sofern er nach den besonderen Umständen des Einzelfalls unbillig ist, höher oder niedriger festsetzen (§ 48 Abs. 3 FamGKG).

▶ Beispiel: Im Scheidungsverfahren gibt es zwischen Mareike und Michael Kunstmeier Streit über die Aufteilung der Haushaltssachen. Das Gericht setzt den Verfahrenswert mit 3.000,00 € fest.

Gewaltschutzsachen, § 49 FamGKG

Der Verfahrenswert in Gewaltschutzsachen beträgt gem. § 49 Abs. 1 FamGKG

- nach § 1 GewSchG (Gewaltschutzgesetz) bei Schutz vor Gewalt und Nachstellungen 2.000,00 €,
- nach § 2 GewSchG bei Überlassung einer gemeinsam genutzten Wohnung 3.000,00 €.

Auch hier kann das Gericht, sofern der Wert nach den besonderen Umständen des Einzelfalls unbillig ist, einen höheren oder niedrigeren Wert festsetzen (§ 49 Abs. 2 FamGKG).

▶ Beispiel: Andrej Rudkowski hat seine Ehefrau Andrea Rudkowski mehrfach geschlagen und dabei verletzt. Das Gericht setzt den Verfahrenswert mit 2.000,00 € fest.

1.7.2 Gebühren des Rechtsanwalts

In familienrechtlichen Angelegenheiten entstehen die Gebühren nach Teil 1 und Teil 3 des Vergütungsverzeichnisses zum RVG:

Gebühren in familienrechtlichen Angelegenheiten	
außergerichtliche Tätigkeit	• Geschäftsgebühr, Nr. 2300 VV RVG (Gebührenrahmen: 0,5–2,5) • Erhöhungsgebühr, Nr. 1008 VV RVG (pro Mandant 0,3, höchstens 2,0) • 1,5 Einigungsgebühr, Nr. 1000 VV RVG • 1,5 Aussöhnungsgebühr, Nr. 1001 VV RVG
gerichtliche Tätigkeit I. Instanz	• 1,3 Verfahrensgebühr, Nr. 3100 VV RVG • 0,8 Verfahrensgebühr, Nr. 3101 VV RVG (ermäßigt) • Erhöhungsgebühr, Nr. 1008 VV RVG (pro Mandant 0,3, höchstens 2,0) • 1,2 Terminsgebühr, Nr. 3104 VV RVG • 0,5 Terminsgebühr, Nr. 3105 VV RVG (ermäßigt) • 1,0 Einigungsgebühr, Nrn. 1000, 1003 VV RVG • 1,0 Aussöhnungsgebühr, Nrn. 1001, 1003 VV RVG
gerichtliche Tätigkeit II. Instanz	• 1,6 Verfahrensgebühr, Nr. 3200 VV RVG • 1,1 Verfahrensgebühr, Nr. 3201 VV RVG (ermäßigt) • Erhöhungsgebühr, Nr. 1008 VV RVG (pro Mandant 0,3, höchstens 2,0) • 1,2 Terminsgebühr, Nr. 3202 VV RVG • 0,5 Terminsgebühr, Nr. 3203 VV RVG (ermäßigt) • 1,3 Einigungsgebühr, Nrn. 1000, 1004 VV RVG • 1,3 Aussöhnungsgebühr, Nrn. 1001, 1004 VV RVG

Hinweis: Die Aussöhnungsgebühr gem. Nr. 1001 VV RVG entsteht für die Mitwirkung des Rechtsanwalts bei der Aussöhnung der Ehegatten, sofern diese die Scheidung oder die Aufhebung der Ehe betreiben wollten und die eheliche Lebensgemeinschaft durch die Aussöhnung fortsetzen bzw. wieder aufnehmen.

vgl. LF 10, Kap. 5.1.5; LF 9 (ReFa), Kap. 3.1.5

Merke: Bei der Abrechnung müssen ggf. Anrechnungsvorschriften angewandt sowie die Gebührenbegrenzung nach § 15 Abs. 3 RVG beachtet werden.

▶ Beispiel: Rechtsanwalt Dr. Ulrich Gürster vertritt Heribert Lehnhardt im Scheidungsverfahren. Heribert Lehnhardt verdient monatlich 2.610,00 € netto, seine Ehefrau 1.980,00 € netto. Nach einem Gerichtstermin wird die Ehe geschieden. Ein Versorgungsausgleich findet wegen der Kürze der Ehe nicht statt. Rechtsanwalt Dr. Ulrich Gürster erhält folgende Gebühren und Auslagen:

Verfahrenswert: 13.770,00 €, § 43 Abs. 1 FamGKG

1,3 Verfahrensgebühr Nr. 3100 VV RVG	933,40 €
1,2 Terminsgebühr Nr. 3104 VV RVG	861,60 €
Pauschale Post und Telekommunikation, Nr. 7002 VV RVG	20,00 €
Zwischensumme	1.815,00 €
19 % Umsatzsteuer, Nr. 7008 VV RVG	344,85 €
Summe	2.159,85 €

1.8 Schriftverkehr in familienrechtlichen Angelegenheiten

In familienrechtlichen Angelegenheiten gehören neben dem Scheidungsantrag und dem Antrag auf Verfahrenskostenhilfe viele weitere Schriftsätze, die zum Teil in den Aufgabenbereich der Rechtsanwälte fallen, zur täglichen Arbeit in einer Rechtsanwaltskanzlei. Auch die Unterrichtung der Mandanten sowie die Abrechnung der Angelegenheiten fallen in den Aufgabenbereich der Rechtsanwaltsfachangestellten.

Hinweise:

- Da seit 01.01.2022 alle Rechtsanwälte verpflichtet sind, Schriftsätze per beA zu übermitteln, entfällt ab diesem Zeitpunkt das Vervielfältigen des Schriftsatzes (und etwaiger Anlagen) und damit das Erstellen von (beglaubigten und/oder einfachen) Abschriften für den Gegner zum Zweck der Zustellung (vgl. § 133 Abs. 1 ZPO).
- Die folgenden Schreiben werden verkleinert dargestellt und stellen keine Musterlösung dar.
- Grundlage des Briefbogens der Partnerschaft Dr. Neumann & Huber sind die Form B, der gestaltete Informationsblock und das Anschriftfeld mit Rücksendeangabe.

vgl. LF 2, Kap. 2.3.4

Tipp: Im (Kurz-)Rubrum von Schriftsätzen sollte in jedem Fall jeweils der sachbearbeitende Rechtsanwalt (Vor- und Nachname sowie Postleitzahl und Ort) der Parteien angegeben werden. Dadurch wird sichergestellt, dass man auf den ersten Blick sieht, wer Sachbearbeiter ist. Dies erleichtert die Zustellung per beA. Sinnvoll ist auch die Angabe am Briefende, ob der Schriftsatz einfach oder elektronisch signiert ist, damit einfach und schnell nachvollzogen werden kann, wie signiert wurde.

1.8.1 Scheidungsantrag

Situationsbeschreibung: Rechtsanwältin Katharina Schuh vertritt Leonard Meisel, geb. am 02.06.1985, Kreuztorstraße 65 a, 67346 Speyer. Leonard Meisel ist seit 10.10.2010 (Heiratsurkunde 151/10, Standesamt Speyer) mit Leonie Meisel, geb. am 24.08.1986, Storchenpark 5, 67346 Speyer, verheiratet. Diese wird vertreten durch Rechtsanwalt Christian Ott, Mehlgasse 3, 67346 Speyer. Die Beteiligten, beide deutsche Staatsangehörige, haben bereits vor Notar Paul Schneider in Speyer eine Scheidungsfolgenvereinbarung (UrkNr. 333/2022) geschlossen, sodass nun die Scheidung erfolgen kann. Die Ehe der Beteiligten ist gescheitert, da die eheliche Gemeinschaft nicht mehr besteht. Die Beteiligten leben seit dem 05.04.2021 getrennt und wollen eine häusliche Gemeinschaft auch nicht wiederherstellen und sind deshalb mit einer Scheidung einverstanden. Anderweitige Familiensachen sind derzeit nicht anhängig. Aus der Ehe der Beteiligten sind zwei Kinder hervorgegangen: Lina, geb. am 25.12.2014, und Linus, geb. am 03.04.2016. Die Kinder leben bei der Antragsgegnerin. Weitere Abkömmlinge haben die Beteiligten nicht. Julia Hoffmann bereitet den Scheidungsantrag an das zuständige Amtsgericht am 28.09.2022 zum Az.: 199/2022 vor.

Dr. Neumann & Huber
Rechtsanwälte Partnerschaft

RAe Dr. Neumann & Huber, Grainstr. 101, 67434 Neustadt a. d. Wstr.
Per beA
Amtsgericht Speyer
Abteilung für Familiensachen
Wormser Straße 41
67346 Speyer

Ihr Zeichen:
Ihre Nachricht vom:
Unser Zeichen: 199/2022
Unsere Nachricht vom:

Name: RAin Katharina Schuh
Sekretariat: Julia Hoffmann
Telefon: +49 6321 5632-13
Telefax: +49 6321 5632-15

Datum: 28.09.2022

Ehescheidungsantrag

In Sachen

Leonard Meisel, Kreuztorstraße 65 a, 67346 Speyer,

– Antragsteller –

Verfahrensbevollmächtigte: Rechtsanwälte Dr. Neumann & Huber, Partnerschaft,
RAin Katharina Schuh, Grainstraße 101,
67434 Neustadt an der Weinstraße,

gegen

Leonie Meisel, Storchenpark 5, 67346 Speyer,

– Antragsgegnerin –

Verfahrensbevollmächtigter: RA Christian Ott, Mehlgasse 3, 67346 Speyer,

wegen Ehescheidung,

zeigen wir unter Vorlage einer auf uns lautenden besonderen Verfahrensvollmacht an, dass wir den Antragssteller vertreten.

Namens und im Auftrag des Auftragsstellers beantragen wir:

Seite 1 von 2

RAin Dr. Annette Neumann Fachanwältin für Verkehrsrecht · **RA Peter Huber** Fachanwalt für Erbrecht
In Zusammenarbeit mit **RAin Katharina Schuh** Fachanwältin für Familienrecht

RAe Dr. Neumann & Huber · Grainstr. 101 · 67434 Neustadt a. d. Wstr. · Telefon +49 6321 5632-0 · Fax +49 6321 5632-15
info@rae-neumann-huber.de · www.rae-neumann-huber.de
Registernummer PR 956 · Amtsgericht Neustadt a. d. Wstr. · USt-IdNr.: DE573964122

Commerzbank Neustadt a. d. Wstr. · IBAN DE41 5464 0035 0012 5832 19
Deutsche Bank Neustadt a. d. Wstr. · IBAN DE52 5467 0095 0096 7844 58

Die am 10.10.2010 vor dem Standesbeamten des Standesamts Speyer, Heiratsregisternummer 151/10, geschlossene Ehe der Beteiligten wird geschieden.

Begründung:

Der Antragssteller, geb. am 02.06.1985, hat am 10.10.2010 mit der Antragsgegnerin, geb. am 24.08.1986, vor dem Standesbeamten in Speyer, die Ehe geschlossen.

Beweis: Heiratsurkunde Nr. 151/10 (Anlage 1)

Der Antragssteller sowie die Antragsgegnerin sind deutsche Staatsangehörige. Die Beteiligten haben zwei gemeinsame Kinder: Lina, geb. am 25.12.2014, und Linus, geb. am 03.04.2016. Die Kinder leben bei der Antragsgegnerin und werden von dieser betreut. Weitere Kinder haben die Beteiligten nicht.

Die Ehe der Beteiligten ist gem. § 1565 Abs. 1 S. 1 BGB gescheitert, da die eheliche häusliche Gemeinschaft der Ehegatten nicht mehr besteht, denn die Beteiligten leben seit dem 05.04.2021 getrennt gem. § 1567 Abs. 1 BGB. Die Beteiligten wollen eine häusliche Gemeinschaft auch nicht mehr herstellen und stimmen deshalb der Scheidung zu.

Der Antrag auf Ehescheidung ist somit begründet.

Die Zuständigkeit des Familiengerichts Speyer ist gem. § 122 Nr.3 FamFG gegeben. Die Ehegatten haben ihren gewöhnlichen Aufenthalt im Bezirk des Amtsgerichts Speyer.

Anderweitige Familiensachen sind nicht anhängig.

Folgesachen sind nicht zu verhandeln, da die Beteiligten alle rechtlichen Verhältnisse bereits umfassend in einer von Herrn Notar Paul Schneider in Speyer beurkundeten Scheidungsvereinbarung geregelt haben.

Beweis: Scheidungsvereinbarung, UrkNr. 333/2020 (Anlage 2)

Katharina Schuh
Rechtsanwältin

3 Anlagen

Dieser Schriftsatz wurde qualifiziert elektronisch signiert.

1.8.2 Antrag auf Verfahrenskostenhilfe

Situationsbeschreibung: Emelie Reuß (Am Bildstöckel 9, 76770 Hatzenbühl) beauftragt Rechtsanwältin Katharina Schuh in einer Unterhaltssache gegen David Reuß (Am Wasserturm 13, 76870 Kandel). Für die Unterhaltssache soll Verfahrenskostenhilfe (VKH) beantragt werden. Rechtsanwältin Katharina Schuh übergibt die Akte (Az.: 23/2022) an Annika Sauer. Diese soll den VKH-Antrag an das Amtsgericht Kandel (Landauer Straße 19, 76870 Kandel) vorbereiten und ihr anschließend die Akte wieder übergeben, damit sie den Antragsentwurf fertigen kann. Annika Sauer fertigt den VKH-Antrag am 25.04.2022 an.

Dr. Neumann & Huber
Rechtsanwälte Partnerschaft

RAe Dr. Neumann & Huber, Grainstr. 101, 67434 Neustadt a. d. Wstr.
Per beA
Amtsgericht Kandel
Familiengericht
Landauer Straße 19
76870 Kandel

Ihr Zeichen:
Ihre Nachricht vom:
Unser Zeichen: 23/2022
Unsere Nachricht vom:

Name: RAin Katharina Schuh
Sekretariat: Annika Sauer
Telefon: +49 6321 5632-12
Telefax: +49 6321 5632-15

Datum: 25.04.2022

Antrag auf Bewilligung von Verfahrenskostenhilfe

In dem Verfahren

Emelie Reuß, Am Bildstöckel 9, 76770 Hatzenbühl,

– Antragstellerin –

Verfahrensbevollmächtigte: Rechtsanwälte Dr. Neumann & Huber, Partnerschaft,
RAin Katharina Schuh, Grainstraße 101,
67434 Neustadt an der Weinstraße,

gegen

David Reuß, Am Wasserturm 13, 76870 Kandel,

– Antragsgegner –

wegen Unterhalts,

wird beantragt,

der Antragstellerin Verfahrenskostenhilfe für die erste Instanz zu bewilligen und ihr zur vorläufig unentgeltlichen Wahrnehmung ihrer Rechte die Rechtsanwaltskanzlei Dr. Neumann & Huber, Partnerschaft, beizuordnen.

Seite 1 von 2

RAin Dr. Annette Neumann Fachanwältin für Verkehrsrecht · **RA Peter Huber** Fachanwalt für Erbrecht
In Zusammenarbeit mit **RAin Katharina Schuh** Fachanwältin für Familienrecht

RAe Dr. Neumann & Huber · Grainstr. 101 · 67434 Neustadt a. d. Wstr. · Telefon +49 6321 5632-0 · Fax +49 6321 5632-15
info@rae-neumann-huber.de · www.rae-neumann-huber.de
Registernummer PR 956 · Amtsgericht Neustadt a. d. Wstr. · USt-IdNr.: DE573964122

Commerzbank Neustadt a. d. Wstr. · IBAN DE41 5464 0035 0012 5832 19
Deutsche Bank Neustadt a. d. Wstr. · IBAN DE52 5467 0095 0096 7844 58

Begründung:

Die Antragstellerin ist nach ihren persönlichen und wirtschaftlichen Verhältnissen nicht in der Lage, die Kosten des beabsichtigten Verfahrens aufzubringen. Einzusetzendes Einkommen i. S. v. § 115 Abs. 1 ZPO ist nicht vorhanden, sodass es der Antragstellerin nicht möglich ist, sich durch monatliche Raten an den Kosten zu beteiligen. Auch eigenes Vermögen steht der Antragstellerin nicht zur Verfügung.

Zur Glaubhaftmachung überreichen wir anliegend die Erklärung der Antragstellerin über ihre persönlichen und wirtschaftlichen Verhältnisse.

Der beabsichtigte Unterhaltsantrag hat hinreichende Aussicht auf Erfolg und ist nicht mutwillig. Hierzu wird auf den anliegenden Antragsentwurf verwiesen.

Katharina Schuh
Rechtsanwältin

2 Anlagen

Dieser Schriftsatz ist einfach elektronisch signiert.

1.8.3 Schreiben an Mandanten bzgl. der Fragebögen zum Versorgungsausgleich

Situationsbeschreibung: Rainer Schuckert (Schulstraße 15 a, 76879 Knittelsheim) wird in der Scheidungssache von Rechtsanwältin Katharina Schuh anwaltlich vertreten. Das Amtsgericht Germersheim hat am 03.02.2022 die von der Antragstellerin Ruth Schuckert-Timm bereits ausgefüllten Fragebögen zum Versorgungsausgleich zur Kenntnis- und Stellungnahme binnen zwei Wochen übersandt. Weiterhin wird gebeten, dass Rainer Schuckert ebenfalls die Fragebögen ausfüllt und binnen gleicher Frist zurückschickt. Das gerichtliche Schreiben ging in der Kanzlei am 07.02.2022 ein. Annika Sauer erstellt am 08.02.2022 zum Az.: 255/2021 ein entsprechendes Schreiben an Rainer Schuckert.

Dr. Neumann & Huber
Rechtsanwälte Partnerschaft

RAe Dr. Neumann & Huber, Grainstr. 101, 67434 Neustadt a. d. Wstr.
Herrn
Rainer Schuckert
Schulstraße 15 a
76879 Knittelsheim

Ihr Zeichen:
Ihre Nachricht vom:
Unser Zeichen: 255/2021
Unsere Nachricht vom:

Name: RAin Katharina Schuh
Sekretariat: Annika Sauer
Telefon: +49 6321 5632-12
Telefax: +49 6321 5632-15

Datum: 08.02.2022

Rainer Schuckert ./. Ruth Schuckert-Timm
wegen Ehescheidung

Sehr geehrter Herr Schuckert,

das Amtsgericht Germersheim hat mit Schreiben vom 03.02.2022 die von Frau Ruth Schuckert-Timm ausgefüllten Fragebögen zum Versorgungsausgleich zur Kenntnis- und Stellungnahme binnen zwei Wochen übersandt (vgl. Anlage).

Wir bitten Sie, die von Frau Ruth Schuckert-Timm gemachten Angaben zu überprüfen. Sofern Angaben fehlerhaft sind oder fehlen, bitten wir um Mitteilung.

Weiterhin bitten wir Sie, die beiliegenden Fragebögen zum Versorgungsausgleich umgehend auszufüllen, zu unterzeichnen und an uns zurückzusenden, damit wir diese fristgerecht bis zum 21.02.2022 an das Gericht weiterleiten können.

Freundliche Grüße

Katharina Schuh
Rechtsanwältin

Anlagen

RAin Dr. Annette Neumann Fachanwältin für Verkehrsrecht · **RA Peter Huber** Fachanwalt für Erbrecht
In Zusammenarbeit mit **RAin Katharina Schuh** Fachanwältin für Familienrecht

RAe Dr. Neumann & Huber · Grainstr. 101 · 67434 Neustadt a. d. Wstr. · Telefon +49 6321 5632-0 · Fax +49 6321 5632-15
info@rae-neumann-huber.de · www.rae-neumann-huber.de
Registernummer PR 956 · Amtsgericht Neustadt a. d. Wstr. · USt-IdNr: DE573964122

Commerzbank Neustadt a. d. Wstr. · IBAN DE41 5464 0035 0012 5832 19
Deutsche Bank Neustadt a. d. Wstr. · IBAN DE52 5467 0095 0096 7844 58

Zusammenfassung

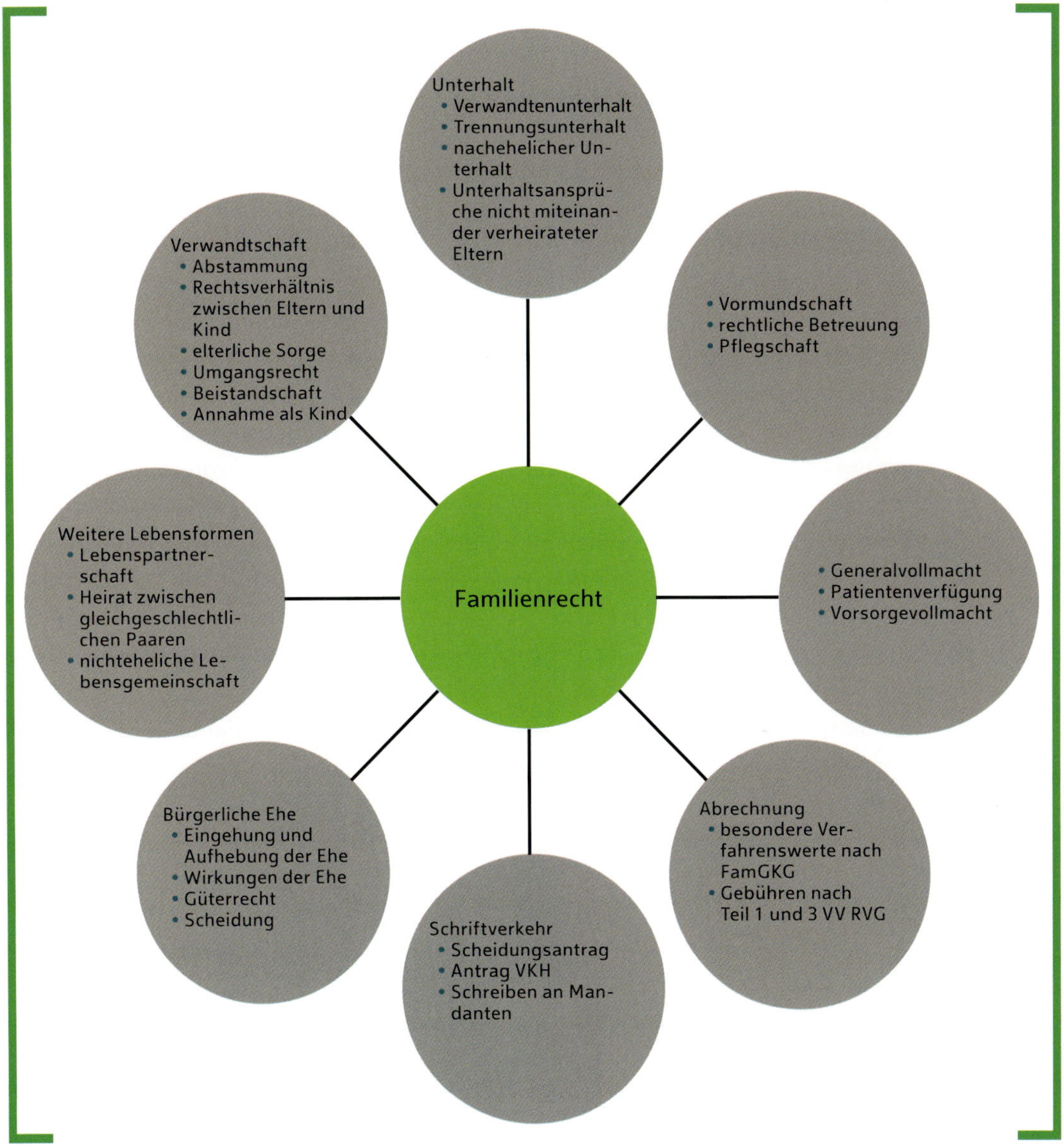

Wiederholung und Vertiefung

1. Ist ein Verlöbnis die Voraussetzung für eine Eheschließung bzw. wann kann eine Ehe geschlossen werden?
2. Welche Güterstände sind möglich?
3. Wann gilt die Ehe als gescheitert?
4. Wann ist man in gerader Linie verwandt, wann in der Seitenlinie?

5. Jeder Ehegatte hat gem. § 1569 BGB nach der Scheidung selbst für seinen Unterhalt zu sorgen. Gilt dies auch dann, wenn er wegen der Erziehung des gemeinsamen zweijährigen Kinds noch ein Jahr zu Hause bleibt, da eine anderweitige Kinderbetreuung erst ab dem Alter von drei Jahren möglich ist?
6. Rechtsanwältin Katharina Schuh macht für ihre Mandantin Carina Schuster außergerichtlich monatlichen Trennungsunterhalt von 600,00 € geltend. Bis zur Geltendmachung des Unterhaltsanspruchs ist rückständiger Unterhalt von 1.200,00 € aufgelaufen. Welche Gebühren und Auslagen erhält Rechtsanwältin Katharina Schuh nach dem RVG für ihre durchschnittliche Tätigkeit?
7. Rechtsanwältin Katharina Schuh vertritt Marion Harnischmacher (Nachtweide 5, 67433 Neustadt an der Weinstraße). Nachdem außergerichtlich keine Einigung über den Unterhaltsanspruch zwischen Marion und Marcel Harnischmacher erzielt werden konnte, soll Rechtsanwältin Katharina Schuh den Anspruch nun gerichtlich geltend machen. Marion Harnischmacher sollte zunächst das Formular über die persönlichen und wirtschaftlichen Verhältnisse ausfüllen, damit Verfahrenskostenhilfe beantragt werden kann. Am 18.05.2022 findet Annika Sauer das Formular im Briefkasten. Marion Harnischmacher hat das Formular zwar ausgefüllt, jedoch fehlen die Unterschrift sowie Belege über die Mietwohnung und aktuelle Kontoauszüge. Annika Sauer erstellt deshalb am 18.05.2022 zum Az. 280/2021 ein Schreiben an Marion Harnischmacher, mit dem sie das Formular mit dem Hinweis zurücksendet, dass es noch unterschrieben werden muss. Weiterhin weist Annika Sauer darauf hin, dass zudem die fehlenden Belege beigefügt werden müssen. Die Mandantin soll anschließend alles umgehend zurücksenden, damit der Antrag bei Gericht eingereicht werden kann. Erstellen Sie dieses Schreiben mithilfe des Kanzleibriefbogens.

2 Die Tätigkeit in erbrechtlichen Angelegenheiten

Auch das Erbrecht ist ein äußerst emotionales Rechtsgebiet – die Mandanten machen sich Gedanken über die Zeit nach ihrem Tod bzw. wollen ihr Recht nach einem Erbfall in der Familie durchsetzen. Daher müssen Rechtsanwaltsfachangestellte hier, wie auch im Familienrecht, versuchen, den schmalen Grat zwischen Empathie und sachlicher Kompetenz zu wahren.

vgl. LF 13 (ReFa), Kap. 1

Die Rechtsquellen im Erbrecht finden sich im BGB und dem FamFG.

Das Erbrecht ist im fünften Buch des BGB geregelt. Neben erbrechtlichen Begriffen werden Regelungen getroffen, was im Fall eines Erbfalls mit der Erbschaft geschehen soll, ob und in welcher Form der Erblasser über seinen Nachlass Verfügungen treffen kann und letztlich wer Erbe ist und welche Konsequenzen, Rechte und Pflichten diese Stellung mit sich bringt.

Ausgangspunkt sind die §§ 1922 ff. BGB: Gemäß § 1922 BGB geht mit dem Tod einer Person (Erbfall) deren Vermögen (Erbschaft) als Ganzes auf eine oder mehrere andere Personen (Erben) über. Die Person, auf die eine Erbschaft übergehen soll, muss erbfähig sein, § 1923 BGB. Grundsätzlich ist dies eng mit der Rechtsfähigkeit verknüpft (§ 1 BGB), wobei der nicht Geborene ausnahmsweise bereits erbfähig ist, § 1923 Abs. 2 BGB.

Lernsituation

Magnus Hofstetter ist verstorben. Dessen Eltern sind bereits seit längerem verstorben, sein Bruder Marius Hofstetter seit zwei Jahren. Der Erblasser hinterlässt daher nur noch seine Nichte Isabell Kauder (wohnhaft in Edesheim) und seinen Neffen Jonathan Hofstetter (wohnhaft in Landau in der Pfalz). Isabell Kauder wiederum ist verheiratet und hat einen Sohn Jannis. Da Magnus Hofstetter (zuletzt wohnhaft in Ramberg) kein Testament errichtet hat, werden Isabell Kauder und Jonathan Hofstetter Miterben zu je einer Hälfte.

Als sich die beiden Geschwister im Haus umsehen, in dem ihr Onkel bis zuletzt gewohnt hat, fallen ihnen Unterlagen in die Hände, die besagen, dass einige der Gemälde ziemlich wertvoll sind. Aus den Unterlagen ist auch ersichtlich, dass Magnus Hofstetter erhebliches Geldvermögen besaß. Er hatte Konten bei der örtlichen Sparkasse und Raiffeisenbank.

Die Geschwister, die am Ende nur noch einen losen Kontakt zu ihrem Onkel hatten, da er mit zunehmendem Alter wunderlich geworden war, sind doch überrascht. Mit einem so hohen Vermögen hatten sie nicht gerechnet.

Da Jonathan Hofstetter dringend Geld benötigt, möchte er eines der wertvollen Gemälde seines Onkels gleich verkaufen. Isabell Kauder ist dagegen, selbst dann, als Jonathan Hofstetter ihr die Hälfte des Kauferlöses anbietet. Sie ist der Meinung, dass man erst einmal alles sichten und auflisten solle, um sich einen Überblick über die genaue Höhe des Nachlasses zu verschaffen. Dabei will Isabell Kauder zuerst die Banken anschreiben, damit sie die Beerdigungskosten zahlen kann, die sie in Auftrag gegeben hat. Die beiden Geschwister kontaktieren daher die beiden örtlichen Banken. Den Banken reicht jedoch die Vorlage der Sterbeurkunde nicht aus. Sie fordern als Nachweis der Erbschaft einen Erbschein.

Daher wenden sich Isabell Kauder und Jonathan Hofstetter an Rechtsanwalt Peter Huber und bitten ihn, sich um die Erteilung des Erbscheins zu kümmern. Während der Besprechung kommt auch das strittige Thema auf den Tisch, dass Jonathan Hofstetter der Meinung ist, wer die Beerdigung in Auftrag gibt, muss auch die Beerdigungskosten tragen. Rechtsanwalt Peter Huber klärt die Geschwister hier über die rechtlichen Bestimmungen auf, sodass der Streit anschließend ausgeräumt ist.

Arbeitsaufträge:

a) Welcher Erbordnung gehören Isabell Kauder und Jonathan Hofstetter an?
b) Überlegen Sie mit Ihren Mitschülern, warum den Banken die Vorlage einer Sterbeurkunde als Nachweis nicht ausreicht.
c) Welches Gericht ist vorliegend für die Erteilung des Erbscheins zuständig?
d) Welchen Wert kann Rechtsanwalt Peter Huber seiner Abrechnung für das Erbscheinsverfahren zugrunde legen?
e) Kann Jonathan Hofstetter das Gemälde verkaufen, wenn Isabell Kauder dagegen ist?
f) Muss Isabell Kauder tatsächlich allein die Beerdigungskosten tragen, da sie diese in Auftrag gegeben hat?
g) Vergleichen Sie Ihre Ergebnisse mit denen Ihrer Mitschüler.
h) Web Reflektieren Sie anschließend Ihr Wissen anhand des Fragebogens, den Sie im Downloadbereich zum Buch finden.

2.1 Die Erbfolge

Die Erbfolge, also die Frage, wer die Erbschaft erhalten soll, kann entweder willentlich oder gesetzlich bestimmt sein. Bei der gewillkürten Erbfolge muss der Erblasser eine letztwillige Verfügung (z. B. Testament) errichtet haben. Sollte der Verstorbene keine Verfügungen getroffen haben, geht die Erbfolge nach dem Gesetz.

vgl. LF 13 (ReFa), Kap. 2.3

Gesetzliche Erbfolge

Erben erster Ordnung, § 1924 BGB	Abkömmlinge des Erblassers; Kinder erben zu gleichen Teilen
Erben zweiter Ordnung, § 1925 BGB	Eltern des Erblassers und deren Abkömmlinge
Erben dritter Ordnung, § 1926 BGB	Großeltern des Erblassers und deren Abkömmlinge
mehrere Erbteile bei mehrfacher Verwandtschaft, § 1927 BGB	Erben verschiedener Ordnungen erhalten den in jedem dieser Stämme ihm zufallenden Anteil; jeder Anteil gilt als besonderer Erbteil.
Erben vierter Ordnung, § 1928 BGB	Urgroßeltern des Erblassers und deren Abkömmlinge
Erben fernerer Ordnungen, § 1929 BGB	entferntere Voreltern und deren Abkömmlinge
Erbrecht des Ehegatten, § 1931 BGB	
Erbrecht des Staats, § 1936 BGB	

2.1.1 Gesetzliches Erbrecht des Ehegatten

Der überlebende Ehegatte erbt gem. § 1931 BGB

- neben Verwandten der ersten Ordnung zu einem Viertel und
- neben Verwandten der zweiten Ordnung oder Großeltern zur Hälfte.

Sind keine Verwandten der ersten oder zweiten Ordnung und Großeltern vorhanden, erhält der überlebende Ehegatte die ganze Erbschaft.

vgl. LF 13 (ReFa), Kap. 1.1.6

Mit dem Tod eines Ehegatten endet auch die Ehe. Dieses Ehe-Ende wird ebenfalls ausgeglichen, wobei es bei der Berechnung des Erbteils auf den Güterstand ankommt, in dem die Ehegatten lebten:

- **Zugewinngemeinschaft:** Hier erhöht sich der gesetzliche Erbteil um ein Viertel, § 1931 Abs. 3 BGB i. V. m. § 1371 BGB.
- **Gütertrennung:** Hier erhöht sich der gesetzliche Erbteil nicht. Allerdings gilt § 1931 Abs. 4 BGB. Bestand beim Erbfall Gütertrennung sind als gesetzliche Erben neben dem überlebenden Ehegatten ein oder zwei Kinder des Erblassers berufen, so erben der überlebende Ehegatte und jedes Kind zu gleichen Teilen. Ab dem dritten Kind erhält der Ehegatte ein Viertel, der Rest wird unter den Kindern gleichmäßig aufgeteilt.
- **Gütergemeinschaft:** Hier erhöht sich der gesetzliche Erbteil des Ehegatten nicht.

▶ Beispiele:

Erben erster Ordnung und Ehegatte:

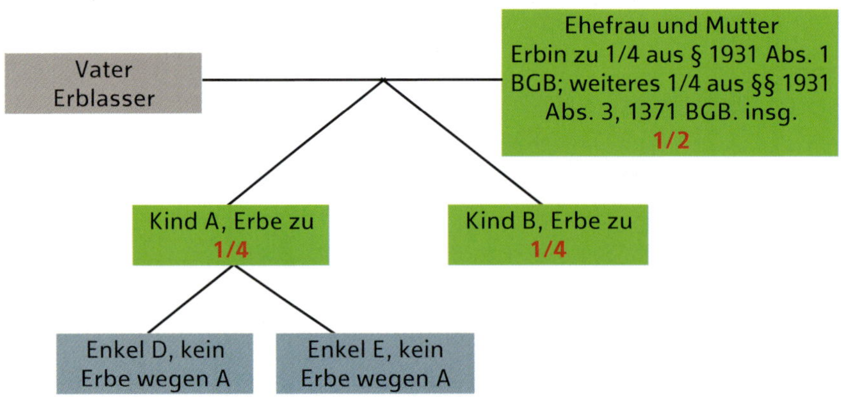

Erben zweiter Ordnung:

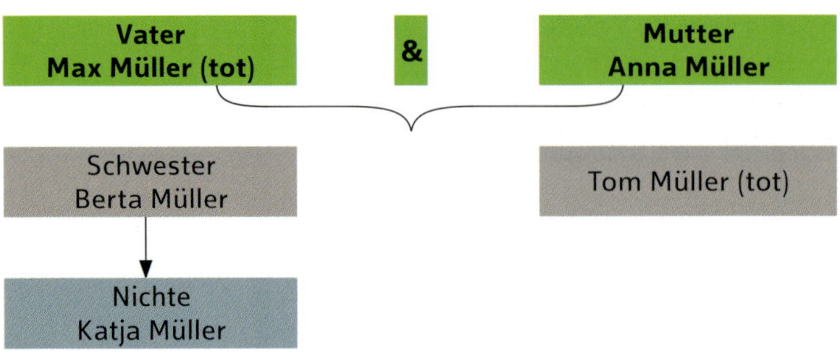

Tom Müller wird beerbt von:

- Mutter Anna Müller (Erbe zweiter Ordnung): ½
- Vater Max Müller (Erbe zweiter Ordnung): ½

Sollte der Vater Max Müller bereits vorverstorben sein erbt:

- Mutter Anna Müller (Erbe zweiter Ordnung): ½
- Schwester Berta Müller (Erbe zweiter Ordnung): ½

2.1.2 Gesetzliches Erbrecht des Lebenspartners

Hier sind die „Altfälle" betroffen. Das Erbrecht ist geregelt im Lebenspartnerschaftsgesetz (= LPartG). Nach § 10 LPartG erbt der überlebende Partner:

- neben Verwandten der ersten Ordnung zu einem Viertel und
- neben Verwandten der zweiten Ordnung oder Großeltern zur Hälfte.

Waren die Partner im Vermögensstand der Ausgleichsgemeinschaft (= vergleichbar mit der Zugewinngemeinschaft), erhöht sich der Erbteil des überlebenden Partners um ein Viertel (§ 6 Abs. 1 LPartG, § 1371 BGB).

2.1.3 Gesetzliches Erbrecht des Staats

Sollte der Erblasser keinerlei Verwandte haben und auch keinen Ehegatten, erbt grundsätzlich das Bundesland, in dem der Erblasser seinen letzten Wohnsitz hatte. Allerdings übernimmt (erbt) der Staat keine Schulden.

2.2 Die rechtliche Stellung des Erben

Mit einer Erbschaft kommen nicht nur Rechte auf den Erben zu, sondern auch Pflichten. Daher ist die rechtliche Stellung des Erben zu klären, §§ 1942–2063 BGB.

2.2.1 Annahme und Ausschlagung einer Erbschaft

Die Erbschaft geht auf den berufenen Erben unbeschadet des Rechts über, sie auszuschlagen (Anfall der Erbschaft), § 1942 Abs. 1 BGB. Mit dem Erbfall wird der Erbe also per Gesetz oder letztwilliger Verfügung Erbe, ohne dass er eine Annahmeerklärung abgeben muss. Eine Erklärung muss vielmehr nur dann abgegeben werden, wenn der Erbe die Erbschaft nicht annehmen möchte. Dies kann z. B. der Fall sein, weil der Erbe weiß, dass der Erblasser überschuldet war und nur Schulden vererbt werden. Dann muss der Erbe die Erbausschlagung erklären. Für diese Erklärung läuft eine Ausschlussfrist von sechs Wochen, beginnend mit dem Zeitpunkt, in dem der Erbe von dem Anfall und dem Grund der Berufung Kenntnis erlangt, § 1944 Abs. 1 und 2 BGB.

Hinweis: Viele Menschen kommen im Zusammenhang mit einer Erbschaft auf die Idee, nur einzelne Gegenstände zu wollen und den Rest auszuschlagen. Dies ist aber nicht möglich. Die Erbschaft kann nur als Ganzes ausgeschlagen werden, § 1950 BGB.

Sollte die Erbschaft ausgeschlagen werden, ist eine Erklärung gegenüber dem zuständigen Nachlassgericht (§ 343 Abs. 1 FamFG) abzugeben, also dem Gericht, in dessen Bezirk der Erblasser im Zeitpunkt seines Tods seinen gewöhnlichen Aufenthalt hatte, § 1945 BGB.

Ohne Ausschlagungserklärung gehen alle weitergabefähigen Rechtspositionen in ihrer Gesamtheit auf den Erben über. Weitergabefähig ist fast alles, außer Rechtspositionen, die an die konkrete Person des Erblassers gebunden waren, z. B. der Arbeitsvertrag. Übergehen wird daher beispielsweise das Eigentum an einem Grundstück, Forderungen, Anteile an Kapitalgesellschaften usw.

Hinweis: Wird die Erbschaft ausgeschlagen, gilt sie als nicht erfolgt und die Erbschaft geht auf die nächste verwandte Person über.

Der Erbe wird Gesamtrechtsnachfolger. Man spricht von Universalsukzession. Die weitergabefähigen Rechte und Pflichten gehen von selbst über. Man spricht daher vom „Selbsterwerb".

2.2.2 Erbenhaftung und Nachlassverbindlichkeiten

Die Erben des Verstorbenen haften für alle Nachlassverbindlichkeiten, d. h., für die noch bestehenden Schulden des Verstorbenen, § 1967 Abs. 1 BGB. Das Gleiche gilt für Verbindlichkeiten aus Pflichtteilsrechten, Vermächtnissen und Auflagen.

▶ Beispiel: Kathrin Schmaus muss die noch offene Telefonrechnung ihres verstorbenen Ehemanns Egon Schmaus begleichen. Auch muss Kathrin Schmaus die Vermächtnisse erfüllen, die Egon Schmaus vorgesehen hat. Hat Egon Schmaus also seinem Neffen Wolfgang Schmaus seine Briefmarkensammlung versprochen, muss Kathrin Schmaus diese dem Neffen aushändigen.

Hinweis: Zu den Nachlassverbindlichkeiten gehören auch die Beerdigungskosten, § 1968 BGB. Dabei ist es egal, ob eine Erd- oder Feuerbestattung durchgeführt wird.

2.2.3 Herausgabepflicht des Erbschaftsbesitzers

Sollte jemand etwas aus einer Erbschaft erhalten, was ihm eigentlich nicht zusteht, spricht man von einem Erbschaftsbesitzer. Die echten Erben können von diesem die Herausgabe des Erlangten verlangen, § 2018 BGB.

▶ Beispiel: Thomas Landwehr denkt, er wäre der Erbe seines Onkels und nimmt daher dessen Armbanduhr an sich. Nach ein paar Tagen taucht ein Testament auf, in dem sein Bruder Manuel Landwehr als Alleinerbe bestimmt wird. Manuel Landwehr kann daher die Herausgabe der Uhr verlangen.

2.2.4 Erbengemeinschaft

Sollten mehrere Erben vorhanden sein, bilden diese eine sog. Erbengemeinschaft. Der Nachlass wird dann gemeinschaftliches Vermögen der Gemeinschaft, § 2031 BGB. Es gilt sodann Folgendes:

- Jeder Miterbe, kann über seinen Anteil am Nachlass verfügen. Über die einzelnen Nachlassgegenstände kann er aber nicht verfügen, § 2033 BGB.

  ▶ Beispiel: Hans Bauer kann seinen Erbteil verkaufen, nicht aber einen bestimmten Gegenstand aus der Erbschaft.

- Die Verwaltung des Nachlasses erfolgt gemeinschaftlich, § 2038 BGB.
- Über einzelne Nachlassgegenstände kann nur gemeinschaftlich verfügt werden, § 2040 BGB.
- Das Ziel einer Erbengemeinschaft ist die Auseinandersetzung. Diese kann von jedem Miterben verlangt werden, § 2042 BGB.

  ▶ Beispiel: Anna Neuer und Markus Meier sind die Erben Ihrer verstorbenen Oma. Anna Neuer kann von Markus Meier verlangen, dass das geerbte Haus verkauft wird, damit der Verkaufspreis aufgeteilt werden kann.

- Sobald die Nachlassverbindlichkeiten getilgt sind, wird der noch übrige Überschuss an die Erben im Verhältnis ihrer Erbquoten verteilt, § 2047 BGB.

▶ Beispiel: Tom Kraus und Katja Amberg sind Erben zu jeweils der Hälfte. In der Erbmasse befindet sich ein Ferrari, den sie für 12.000,00 € verkaufen können. Zunächst müssen ein paar offene Rechnungen des Verstorbenen beglichen werden. Danach verbleiben noch 120.000,00 €. Dieser Betrag wird hälftig zwischen Tom Kraus und Katja Amberg aufgeteilt, sodass jeder 60.000,00 € erhält.

- Für die Nachlassverbindlichkeiten haften die Erben gesamtschuldnerisch, § 2058 BGB.

▶ Beispiel: Max Cäsar bezahlt eine noch offene Telefonrechnung des verstorbenen Vaters in Höhe von 800,00 €. Da auch seine Schwester Nina Kuntze Erbin geworden ist, kann er von ihr einen Ausgleich von 400,00 € verlangen.

2.3 Letztwillige Verfügungen

Grundsätzlich hat das Gesetz Regelungen aufgestellt, wie der Nachlass eines Verstorbenen zu verteilen ist. Ein Erblasser kann aber andere Vorstellungen bzgl. seines Vermögens und seiner Rechtsnachfolger haben. Um diese Vorstellung umzusetzen, kann er eine letztwillige Verfügung treffen. Damit kann er gem. § 1937 BGB durch eine einseitige Verfügung von Todes wegen einen oder mehrere Erben bestimmen. Hier gibt es zwei Möglichkeiten.

Der Erblasser errichtet ein Testament. Hierzu muss der Erblasser testierfähig sein. Dies ist im § 2229 BGB geregelt:

- Wer dauerhaft unter einer krankhaften Störung der Geistestätigkeit leidet, ist nicht testierfähig.
- Wer noch nicht das 16. Lebensjahr vollendet hat, ist nicht testierfähig.
- Minderjährige, die mindestens 16 Jahre alt sind, sind beschränkt testierfähig. Sie benötigen daher für die Errichtung eines Testaments die Zustimmung des gesetzlichen Vertreters. Eingeschränkt ist aber die Möglichkeit, ein eigenhändiges Testament zu errichten, § 2247 Abs. 4 BGB. Minderjährige können also nur öffentliche Testamente errichten.
- Wer volljährig und geistig gesund ist, kann ein Testament entweder eigenhändig oder als öffentliches Testament errichten.

Eine andere Möglichkeit statt eines Testaments ist ein Erbvertrag. Dies ist als Vertrag ein zweiseitiges Rechtsgeschäft.

2.3.1 Das Testament

Das Testament kann in drei verschiedenen Formen vorliegen.

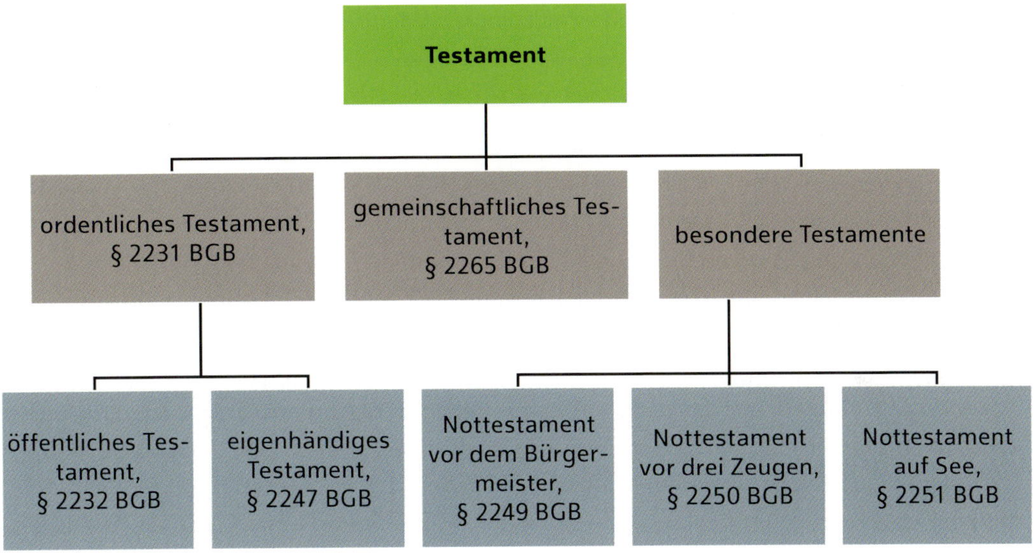

Ordentliches Testament

Das **ordentliche Testament** ist in § 2231 BGB geregelt und kann zur Niederschrift eines Notars (= öffentliches Testament) oder durch eine vom Erblasser in der Form des § 2247 BGB abgegebenen Erklärung (= eigenhändiges Testament) errichtet werden.

Das **öffentliche Testament** ist ein notarielles Testament. Der Notar setzt nach den Wünschen des Erblassers das Schriftstück auf. In dieser Niederschrift werden der Notar, die Beteiligten, die Erklärungen des Erblassers, Ort und Datum des Vorgangs beim Notar genannt. Die Niederschrift wird von dem Notar in Anwesenheit des Erblassers vorgelesen, von diesem genehmigt und eigenhändig von ihm und dem Notar unterzeichnet.

Alternativ kann der Erblasser ein **eigenhändiges Testament** gem. § 2247 BGB errichten. Dazu muss der Erblasser eine eigenhändig geschriebene und unterschriebene Erklärung abgeben. Dabei soll der Erblasser den Ort und das Datum der Erklärung angeben. Auch soll er bei der Unterschrift seinen Vor- und Nachnamen angeben, um Verwechslungen auszuschließen.

Hinweis: Die Errichtung am PC mit Ausdruck und Unterschrift ist nicht ausreichend.

Der Erblasser kann das Testament jederzeit komplett oder in Teilen widerrufen (§ 2253 BGB). Ebenso kann ein jüngeres Testament ein älteres ersetzen.

Gemeinschaftliches Testament

Ehegatten können ein gemeinschaftliches Testament (§ 2265 BGB) errichten. Der Vorteil liegt darin, dass nur einer der Ehegatten die Erklärung in Form des § 2247 BGB errichten muss. Der andere Ehegatte muss diese gemeinsame Erklärung dann lediglich mitunterzeichnen. Hier soll der mitunterzeichnende Ehegatte auch nochmals Ort und Datum seiner Unterschrift hinzufügen.

In diesem Zusammenhang wird oft vom sog. **Berliner Testament** gesprochen. In dieser Variante setzen sich die Ehegatten zunächst gegenseitig als Erben ein und bestimmen Dritte (meistens die gemeinsamen Kinder) als Erben des letztversterbenden Ehegatten. Hierbei handelt es sich um eine wechselbezügliche Verfügung gem. § 2270 BGB. Die testamentarischen Regelungen stehen in einem Abhängigkeitsverhältnis. Zu den wechselbezüglichen Verfügungen gehören nach § 2270 Abs. 3 BGB Erbeinsetzungen, Vermächtnisse und Auflagen.

Hinweis: Die Ehegatten können aber bestimmen, ob die testamentarischen Verfügungen wirklich wechselbezüglich sein sollen. Es ist denkbar, dass nur die gegenseitige Erbeinsetzung wechselbezüglich ist, der länger lebende Ehegatte aber das Recht hat, die Erbquoten der Erben nach dem Letztversterbenden zu ändern oder einen Erben zu enterben.

Besondere Testamente

Sollte es einem Erblasser nicht mehr möglich sein, ein ordentliches Testament zu errichten, gibt es die Möglichkeit ein Nottestament zu errichten. Dies erlischt automatisch nach drei Monaten, es sei denn, der Erblasser ist dann noch immer nicht in der Lage, ein ordentliches Testament zu errichten (§ 2252 BGB).

Das BGB sieht drei Nottestamente vor:

Nottestament vor dem Bürgermeister, § 2249 BGB

- Der Erblasser kann ein Testament zur Niederschrift des Bürgermeisters der Gemeinde, in der er sich aufhält, errichten.
- Der Bürgermeister muss zur Beurkundung zwei Zeugen zuziehen.

Nottestament vor drei Zeugen, § 2250 BGB

- Der Erblasser kann ein Testament auch in der durch § 2249 BGB bestimmten Form oder durch mündliche Erklärung vor drei Zeugen errichten.
- Möglich ist dies dann, wenn der Erblasser sich an einem Ort aufhält, der infolge außerordentlicher Umstände derart abgesperrt ist, dass die Errichtung vor einem Notar nicht möglich oder erheblich erschwert ist.
- Gleiches gilt, wenn der Erblasser in naher Todesgefahr ist

Nottestament auf See, § 2251 BGB

- Wer während einer Seereise an Bord eines deutschen Schiffs außerhalb eines inländischen Hafens ist, kann durch mündliche Erklärung vor drei Zeugen ein Nottestament errichten.

2.3.2 Der Erbvertrag

Ein Erbvertrag ist ein Vertrag, der von jedem Geschäftsfähigen zur Niederschrift vor einem Notar bei gleichzeitiger Anwesenheit der Parteien geschlossen werden kann, § 2276 BGB.

Nach § 2278 BGB können in einem Erbvertrag Verfügungen von Todes wegen getroffen werden. Hierzu können gehören:

- Erbeinsetzungen, Vermächtnisse, Auflagen
- Ein Vertrag bindet den Erblasser, sodass eine Bindungswirkung auch nur von den Personen aufgehoben werden kann, die den Vertrag geschlossen haben (§ 2290 BGB). Ist eine der Personen bereits verstorben, kann eine Aufhebung nicht mehr erfolgen.
- Eine vertragsmäßige Verfügung, durch die ein Vermächtnis oder eine Auflage angeordnet sowie eine Rechtswahl getroffen ist, kann von dem Erblasser durch Testament aufgehoben werden, § 2291 BGB. Zur Wirksamkeit der Aufhebung ist die Zustimmung des anderen Vertragschließenden erforderlich.
- § 2292 BGB bestimmt, dass ein zwischen Ehegatten oder Lebenspartnern geschlossener Erbvertrag auch durch ein gemeinschaftliches Testament der Ehegatten oder Lebenspartner aufgehoben werden kann.

- Nach § 2296 Abs. 2 BGB kann ein Rücktritt durch eine notarielle Erklärung gegenüber der anderen Vertragspartei erfolgen. Allerdings muss hier die Möglichkeit des Rücktritts eröffnet sein.
- Ein Rücktritt ist nur möglich, wenn sich
  - der Erblasser den Rücktritt im Vertrag vorbehalten hat, § 2293 BGB,
  - die im Erbvertrag bedachte Person einer Verfehlung schuldig macht, die den Erblasser zur Entziehung des Pflichtteils berechtigt (§ 2294 BGB),
  - die im Erbvertrag bedachte Person für die Zuwendung im Erbvertrag zu einer Gegenleistung verpflichtet hat, diese Verpflichtung aber noch vor dem Tod des Erblassers aufgehoben wird (§ 2295 BGB).

2.3.3 Verwahrung von letztwilligen Verfügungen

Nachdem eine letztwillige Verfügung erstellt wurde, stellt sich die Frage, wo diese aufbewahrt werden soll. Natürlich kann der Erblasser sein Testament zu Hause aufbewahren. Dabei besteht allerdings die Gefahr, dass dieses im Fall seines Tods nicht gefunden wird. Daher gibt es die Möglichkeit der Verwahrung bei den Amtsgerichten. Die Zuständigkeit ergibt sich örtlich aus § 344 FamFG. Gibt der Erblasser sein Testament in Verwahrung, erhält er einen Hinterlegungsschein.

Hinweis: Die Hinterlegung wird vom Gericht an das Zentrale Testamentsregister gemeldet. Sollten seit der Hinterlegung mehr als 30 Jahre vergangen sein, prüft das Gericht, ob der Erblasser noch lebt.

2.3.4 Eröffnung von letztwilligen Verfügungen

Die letztwillige Verfügung wird vom Gericht eröffnet, sobald es von dem Tod des Erblassers Kenntnis erlangt. Die letztwillige Verfügung wird an die Erben zugestellt. Sollten Abkömmlinge enterbt worden sein, werden sie ebenfalls informiert.

Zur Eröffnung kann vom Gericht auch ein Termin bestimmt werden, zu dem die Beteiligten geladen werden. Dort wird der Inhalt den Anwesenden bekanntgegeben, § 345 Abs. 2 FamFG. Sollten nicht alle Beteiligten erschienen sein, werden sie schriftlich über den Inhalt der Verfügung informiert, § 348 Abs. 3 FamFG.

2.3.5 Aussetzung eines Vermächtnisses

Vermächtnisse sind Einzelzuwendungen eines Vermögensvorteils durch eine Verfügung von Todes wegen.

▶ Beispiel: Der Erblasser Leopold Straub bestimmt in seinem Testament, dass sein Patenkind Leonie Weigelt ein bestimmtes Schmuckstück erhalten soll. Leonie Weigelt hat daher gegenüber den Erben des Erblassers Leopold Straub einen Anspruch auf Herausgabe des Schmuckstücks.

Der Erbe wird hier mit einem Vermächtnis nach § 2147 BGB beschwert. Vermächtnisnehmer müssen gegenüber dem Erben die Annahme oder die Ausschlagung des Vermächtnisses erklären, § 2180 BGB.

Hinweis: Die Hinterlegung wird vom Gericht an das Zentrale Testamentsregister gemeldet. Sollten seit der Hinterlegung mehr als 30 Jahre vergangen sein, prüft das Gericht, ob der Erblasser noch lebt.

2.3.6 Benennung eines Testamentsvollstreckers

Damit die letztwilligen Verfügungen korrekt umgesetzt werden, kann es sinnvoll sein, dass ein oder mehrere Testamentsvollstrecker bestimmt werden. Insbesondere wenn zu vermuten ist, dass die Erben sich nicht einig oder unter den Erben Minderjährige sein werden, ist ein Testamentsvollstrecker sinnvoll, § 2197 Abs. 1 BGB. Der Erblasser kann hier eine Person bestimmen, der er diese Aufgabe zukommen lassen möchte.

Ein Testamentsvollstrecker hat die Aufgabe, ein Nachlassverzeichnis mit sämtlichen Gegenständen und Verbindlichkeiten aufzustellen. Dieses ist den Erben zur Verfügung zu stellen (§ 2215 BGB) und der Nachlass ist ordnungsgemäß zu verwalten (§ 2205 BGB).

Hinweis: Der Testamentsvollstrecker kann für seine Tätigkeit Ersatz für seine Aufwendungen verlangen sowie eine angemessene Vergütung, §§ 2218, 2221 BGB. Meistens legt diese Vergütung bereits der Erblasser in seiner letztwilligen Verfügung fest.

2.4 Der Pflichtteil

Wie beschrieben kann der Erblasser durch Errichtung eines Testaments selbst entscheiden, was mit seinem Nachlass nach seinem Tod passiert. Man spricht hier von der Testierfreiheit. Diese ist allerdings nicht komplett frei. Sie wird durch das Pflichtteilsrecht eingeschränkt.

Wird ein grds. gesetzlicher Erbe durch eine Verfügung von Todes wegen von der Erbfolge ausgeschlossen, kann er dennoch gem. § 2303 Abs. 1 S. 1 BGB von den Erben seinen Pflichtteil verlangen. Der Pflichtteil besteht in der Hälfte des Werts des gesetzlichen Erbteils (§ 2303 Abs. 1 S. 2 BGB).

Dieses Recht steht den Abkömmlingen wie auch den Eltern und dem Ehegatten des Erblassers zu.

Der Pflichtteil kommt aber nur zum Tragen, wenn die Person durch eine Verfügung von Todes wegen von der Erbfolge ausgeschlossen wurde, also sozusagen enterbt wurde.

Dieser Pflichtteilsanspruch unterliegt wie jeder Anspruch der Verjährung gem. §§ 195, 199 BGB, d. h., er verjährt innerhalb von drei Jahren mit dem Schluss des Jahrs, in dem man davon erfährt, dass der Erbfall eingetreten ist und man durch ein Testament oder einen Erbvertrag enterbt wurde. Gemäß § 199 Abs. 3 a BGB verjährt der Pflichtteilsanspruch nach 30 Jahren, auch wenn der Pflichtteilsberechtigte von dem Eintritt des Erbfalls nichts erfährt.

2.4.1 Die Pflichtteilsberechnung

Für die Pflichtteilsberechnung müssen also zunächst die gesetzliche Erbfolge und der gesetzliche Erbteil bestimmt werden. Daneben muss der Wert des zu verteilenden Nachlasses ermittelt werden.

Der Nachlasswert errechnet sich wie folgt:

Vermögen des Erblassers im Zeitpunkt des Erbfalls
abzgl. Verbindlichkeiten des Erblassers (offene Rechnungen usw.)
abzgl. Nachlassverbindlichkeiten (Beerdigungskosten usw.)

Der Pflichtteil errechnet sich wie folgt:

Pflichtteilsquote · Nachlasswert

Sollte der Erblasser zu seinen Lebzeiten bereits Zuwendungen an den Pflichtteilsberechtigten geleistet haben, sind diese anzurechnen. Diese Anrechnung erfolgt allerdings nur, wenn die Zuwendung mit der Bestimmung erfolgte, dass sie auf den zu erwartenden Pflichtteil anzurechnen ist (§ 2315 Abs. 1 BGB).

Nachlasswert
zzgl. Wert der Zuwendung (§ 2315 Abs. 2 BGB)
= gesamter Nachlasswert

gesamter Nachlasswert
· Pflichtteilsquote
= Pflichtteilsanspruch
abzgl. Wert der Zuwendung
= verbleibender Pflichtteilsanspruch

▶ Beispiel: Fridolin Vaust hat seine Ehefrau Frieda Vaust, mit der er im gesetzlichen Güterstand gelebt hat, im notariellen Testament als Alleinerbin eingesetzt. Die gemeinsame Tochter Barbara Vaust ist damit lediglich pflichtteilberechtigt. Diesen Anspruch macht sie gegenüber Frieda Vaust geltend. Fridolin Vaust hat ein Vermögen von 140.000,00 € hinterlassen. Die Verbindlichkeiten des Erblassers beliefen sich auf 1.250,00 €, die Nachlassverbindlichkeiten auf 21.300,00 €. Zu Lebzeiten hat Barbara Vaust eine Zuwendung gem. § 2315 BGB in Höhe von 32.000,00 € erhalten. Der Pflichtteilsanspruch errechnet sich wie folgt:

Vermögen	140.000,00 €
abzgl. Verbindlichkeiten	1.250,00 €
abzgl. Nachlassverbindlichkeiten	21.300,00 €
zzgl. Wert der Zuwendung	32.000,00 €
= Nachlasswert	149.450,00 €

Pflichtteilsanspruch ¼ hiervon	37.362,50 €
abzgl. Wert der Zuwendung	32.000,00 €
= verbleibender Pflichtteilsanspruch	5.362,50 €

2.4.2 Der Pflichtteilsergänzungsanspruch

Es ist denkbar, dass der Erblasser sein Vermögen zu Lebzeiten durch Schenkungen geschmälert hat. Dann greifen unter Umständen die Bestimmungen der §§ 2325 ff. BGB zum Pflichtteilsergänzungsanspruch.

Der Pflichtteilsberechtigte hat dann gegenüber einem Dritten, der eine Schenkung durch den Erblasser erhalten hat, einen Anspruch, den Betrag zu erhalten, um den sich der Pflichtteil erhöht, wenn der verschenkte Gegenstand dem Nachlass hinzugerechnet wird (§ 2325 Abs. 1 BGB).

Die Schenkung ist innerhalb des ersten Jahrs vor dem Erbfall in vollem Umfang, innerhalb der nächsten Jahre jeweils um ein Zehntel weniger zu berücksichtigen. Sind seit der Schenkung zehn Jahre vergangen, bleibt die Schenkung unberücksichtigt, § 2325 Abs. 3 BGB.

2.4.3 Der Pflichtteilsentzug

Obwohl das Gesetz grds. einen Pflichtteilsanspruch vorsieht, also ein Enterben verhindert, gibt es die Möglichkeit, dass der Pflichtteil entzogen werden kann. Dies kann aber nur unter den strengen Voraussetzungen des § 2333 Abs. 1 BGB erfolgen. Der Erblasser kann einem Abkömmling den Pflichtteil entziehen, wenn der Abkömmling:

- dem Erblasser, dem Ehegatten des Erblassers, einem anderen Abkömmling oder einer dem Erblasser ähnlich nahestehenden Person nach dem Leben trachtet,
- sich eines Verbrechens oder eines schweren vorsätzlichen Vergehens gegen eine der eben genannten Personen schuldig macht,
- die ihm dem Erblasser gegenüber gesetzlich obliegende Unterhaltspflicht böswillig verletzt,
- wegen einer vorsätzlichen Straftat zu einer Freiheitsstrafe von mindestens einem Jahr ohne Bewährung rechtskräftig verurteilt wird und die Teilhabe des Abkömmlings am Nachlass deshalb für den Erblasser unzumutbar ist. Gleiches gilt, wenn die Unterbringung des Abkömmlings in einem psychiatrischen Krankenhaus oder in einer Entziehungsanstalt wegen einer ähnlich schwerwiegenden vorsätzlichen Tat rechtskräftig angeordnet wird.

Diese Regelungen gelten auch für den Pflichtteilsentzug des Eltern- oder Ehegattenpflichtteils, § 2333 Abs. 2 BGB.

2.4.4 Der Pflichtteilsverzicht

Der Pflichtteilsberechtigte kann auch freiwillig vor dem Eintritt des Erbfalls auf seinen Pflichtteilsanspruch verzichten, § 2346 Abs. 2 BGB. In diesem Fall wird ein Pflichtteilsverzichtsvertrag zwischen dem Erblasser und dem Pflichtteilsberechtigten geschlossen, der notariell beurkundet werden muss. Meistens geht mit so einem Verzicht eine Abfindung einher.

▶ Beispiel: Marius Bauerfeld möchte sich eine Eigentumswohnung kaufen. Da er nicht genug eigenes Vermögen besitzt, vereinbart er mit seiner Mutter Erika Bauerfeld, dass sie ihm den fehlenden Betrag gibt. Im Gegenzug verzichtet Marius Bauerfeld auf seinen Pflichtteil. Dies wird notariell beurkundet.

2.5 Die Erbunwürdigkeit

Der § 2339 BGB regelt die Situation, dass eine Person als erbunwürdig anzusehen ist. Demnach ist erbunwürdig:

- wer den Erblasser vorsätzlich und widerrechtlich getötet oder zu töten versucht oder in einen Zustand versetzt hat, infolge dessen der Erblasser bis zu seinem Tod unfähig war, eine Verfügung von Todes wegen zu errichten oder aufzuheben,
- wer den Erblasser vorsätzlich und widerrechtlich verhindert hat, eine Verfügung von Todes wegen zu errichten oder aufzuheben,
- wer den Erblasser durch arglistige Täuschung oder widerrechtlich durch Drohung bestimmt hat, eine Verfügung von Todes wegen zu errichten oder aufzuheben,
- wer sich in Ansehung einer Verfügung des Erblassers von Todes wegen einer Straftat nach den §§ 267, 271–274 StGB schuldig gemacht hat.

Diese Erbunwürdigkeit muss durch Anfechtung des Erbschaftserwerbs im Weg der Anfechtungsklage geltend gemacht werden (§§ 2340, 2342 Abs. 1 BGB). Anfechtungsberechtigt ist jeder, der einen Vorteil aus dem Wegfall des Erbunwürdigen erlangt, also derjenige, der erben würde.

Wird ein Erbe für erbunwürdig erklärt, gilt der Anfall der Erbschaft als nicht erfolgt. Erbe wird gem. § 2344 Abs. 2 BGB derjenige, der Erbe geworden wäre, hätte der Erbunwürdige zum Zeitpunkt des Erbfalls nicht gelebt.

2.6 Der Erbverzicht

Verwandte und der Ehegatte des Erblassers können durch einen Vertrag mit dem Erblasser auf ihr Erbrecht verzichten, § 2346 Abs. 1 S. 1 BGB. Gründe für so einen Verzicht sind meistens Gegenleistungen in Form von Abfindungen.

Der Verzichtende ist dann von der gesetzlichen Erbfolge ausgeschlossen, so als würde er zum Zeitpunkt des Erbfalls nicht leben. Ein Pflichtteilsrecht steht ihm dann auch nicht zu.

Verzichtet ein Abkömmling auf sein gesetzliches Erbrecht, so erstreckt sich die Wirkung des Verzichts auch auf seine Abkömmlinge, sofern nichts anderes bestimmt wird. Ein solcher Verzicht muss notariell beurkundet werden, § 2348 BGB.

2.7 Der Erbschein

Das Nachlassgericht stellt dem Erben auf seinen Antrag hin ein Zeugnis über sein Erbrecht aus. Sollte er nur zu einem Teil der Erbschaft berufen sein, wird in diesem Zeugnis auch die Größe des Erbteils benannt. Dieses Zeugnis ist der sog. Erbschein. Insbesondere Behörden und Banken benötigen diesen Erbschein zur Legitimation des Erben.

Zuständig für die Erteilung des Erbscheins ist das Amtsgericht – Abteilung für Nachlasssachen. Örtlich ist das Gericht zuständig, an dem der Erblasser seinen gewöhnlichen Aufenthalt hatte, § 343 Abs 1 FamFG.

Der Inhalt des Antrags bei der gesetzlichen Erbfolge ergibt sich aus § 352 Abs 1 FamFG. Bei einer Verfügung von Todes wegen ergibt sich der Erbscheinsantrag aus § 352 Abs. 2 FamFG.

2.8 Der Erbschaftskauf

Durch einen notariell beurkundeten Vertrag kann ein Erbe auch gem. § 2371 BGB verkauft werden. Voraussetzung ist aber, dass ein Erbfall eingetreten ist.

Gegenstand ist hier der Vermögensinbegriff, nämlich die Gesamtheit des einem Erben zugefallenen Nachlassvermögens. Beim Alleinerben ist dies der Inbegriff des Nachlasses, beim Miterben dessen quotenmäßiger Anteil.

Der Alleinerbe überträgt dann die zur Erbschaft gehörenden Gegenstände und Rechte. Der Miterbe überträgt seinen Anteil nach § 2033 BGB.

2.9 Erbrechtliche Angelegenheiten abrechnen

In erbrechtlichen Angelegenheiten geht es in der Regel um vermögensrechtliche Streitigkeiten. Daher bestimmt sich der Gegenstands-/Streitwert nach den Vorschriften des RVG und des GKG. Auch im Erbrecht gibt es, wie im Familienrecht, besondere Wertvorschriften. Diese sind im Gesetz über Kosten der freiwilligen Gerichtsbarkeit für Gerichte und Notare (GNotKG) geregelt.

Neben dem Anspruch auf die Rechtsanwaltsgebühren hat der Rechtsanwalt auch einen Erstattungsanspruch hinsichtlich der ihm entstandenen Auslagen gem. Nrn. 7000–7008 VV RVG und die von ihm getätigten Aufwendungen. vgl. LF 4, Kap. 4.4.2, 4.4.3

Hinweis: Nach dem Versand der Vergütungsrechnung muss der Zahlungseingang überprüft und im Aktenkonto notiert werden. vgl. LF 6, Kap. 2

2.9.1 Geschäftswerte nach besonderen Wertvorschriften ermitteln

Im GNotKG sind besondere Wertvorschriften für erbrechtliche Angelegenheiten enthalten. Nachfolgend werden drei Wertvorschriften beispielhaft aufgeführt.

Hinweis: Der Gegenstands-/Streitwert wird im GNotKG als Geschäftswert bezeichnet.

Erbscheinsverfahren, § 40 GNotKG

Im Verfahren zur Erteilung, Einziehung oder Kraftloserklärung eines Erbscheins ist der Wert des Nachlasses zum Zeitpunkt des Erbfalls maßgebend. Vom Erblasser herrührende Verbindlichkeiten werden abgezogen (§ 40 Abs. 1 GNotKG). Wenn nur ein Miterbe das Erbscheinsverfahren betreibt, bestimmt sich der Wert nach dem Anteil dieses Miterben (§ 40 Abs. 2 GNotKG).

▶ Beispiel: Der Erblasser Otto Reiners hat Vermögen in Höhe von 25.000,00 € hinterlassen. Die Erben müssen noch Nachlassverbindlichkeiten in Höhe von 30.000,00 € tilgen sowie vom Erblasser herrührende Verbindlichkeiten in Höhe von 10.000,00 €. Die Erben beantragen die Erteilung eines Erbscheins. Der Geschäftswert errechnet sich wie folgt:

Vermögen des Erblassers	250.000,00 €
abzgl. Verbindlichkeiten des Erblassers	10.000,00 €
abzgl. Nachlassverbindlichkeiten	30.000,00 €
Nachlasswert	210.000,00 €

Nachlasspflegschaft, § 64 GNotKG

In Verfahren wegen einer Nachlasspflegschaft oder -verwaltung ist Geschäftswert der Wert des von der Verwaltung betroffenen Vermögens (§ 64 Abs. 1 GNotKG). Wenn der Antrag auf Nachlasspflegschaft oder -verwaltung von nur einem Gläubiger gestellt wurde, so errechnet sich der Geschäftswert mit dem Betrag der Forderung, höchstens jedoch mit dem Gesamtwert des von der Verwaltung betroffenen Vermögens (§ 64 Abs. 2 GNotKG).

▶ Beispiel: Der alleinstehende Hans Krauthuber ist verstorben. In seinem Testament hat er seine Nichten Elena und Helen als Erben seines Vermögens (u. a. ein Zweifamilienhaus im Wert von 225.000,00 €) eingesetzt. Da zum Zeitpunkt seines Tods die Nichte Elena bereits vorverstorben ist, streiten sich nunmehr die Kinder der Nichte Elena sowie die Nichte Helen darum, wer Erbe geworden ist. Da vor Erteilung des Erbscheins keine Verfügungen in Bezug auf den Nachlass getroffen werden können und der Winter vor der Tür steht, bestellt das Nachlassgericht einen Nachlasspfleger, der sich insbesondere um das Anwesen kümmern soll. Geschäftswert ist der Wert des Hauses von 225.000,00 €.

Ernennung und Entlassung von Testamentsvollstreckern, § 65 GNotKG

Für das Verfahren über die Ernennung und die Entlassung eines Testamentsvollstreckers errechnet sich der Geschäftswert in der Regel mit jeweils 10 % des Werts des Nachlasses zum Zeitpunkt des Erbfalls, wobei Nachlassverbindlichkeiten nicht abgezogen werden (§ 65 1. Hs. GNotKG).

▶ Beispiel: Rita Vogel soll zur Testamentsvollstreckerin hinsichtlich des Nachlasses von Frieda Schönmeier ernannt werden. Diese hat Vermögen in Höhe von 78.000,00 € hinterlassen. Nachlassverbindlichkeiten entstanden in Höhe von 15.000,00 €. Der Geschäftswert errechnet sich wie folgt:

Vermögen von Frieda Schönmeier	78.000,00 €
hiervon 10 % =	7.800,00 €

2.9.2 Gebühren des Rechtsanwalts

In erbrechtlichen Angelegenheiten entstehen die Gebühren nach Teil 1 und Teil 3 des Vergütungsverzeichnisses zum RVG:

Gebühren in erbrechtlichen Angelegenheiten	
außergerichtliche Tätigkeit	• Geschäftsgebühr, Nr. 2300 VV RVG (Gebührenrahmen: 0,5–2,5) • Erhöhungsgebühr, Nr. 1008 VV RVG (pro Mandant 0,3, höchstens 2,0) • 1,5 Einigungsgebühr, Nr. 1000 VV RVG
gerichtliche Tätigkeit I. Instanz	• 1,3 Verfahrensgebühr, Nr. 3100 VV RVG • 0,8 Verfahrensgebühr, Nr. 3101 VV RVG (ermäßigt) • Erhöhungsgebühr, Nr. 1008 VV RVG (pro Mandant 0,3, höchstens 2,0) • 1,2 Terminsgebühr, Nr. 3104 VV RVG • 0,5 Terminsgebühr, Nr. 3105 VV RVG (ermäßigt) • 1,0 Einigungsgebühr, Nrn. 1000, 1003 VV RVG

Gebühren in erbrechtlichen Angelegenheiten	
gerichtliche Tätigkeit II. Instanz	• 1,6 Verfahrensgebühr, Nr. 3200 VV RVG • 1,1 Verfahrensgebühr, Nr. 3201 VV RVG (ermäßigt) • Erhöhungsgebühr, Nr. 1008 VV RVG (pro Mandant 0,3, höchstens 2,0) • 1,2 Terminsgebühr, Nr. 3202 VV RVG • 0,5 Terminsgebühr, Nr. 3203 VV RVG (ermäßigt) • 1,3 Einigungsgebühr, Nrn. 1000, 1004 VV RVG

Merke: Auch in erbrechtlichen Angelegenheiten müssen ggf. Anrechnungsvorschriften angewandt sowie die Gebührenbegrenzung nach § 15 Abs. 3 RVG beachtet werden.

vgl. LF 10, Kap. 5.1.5; LF 9 (ReFa), Kap. 3.1.5

▶ Beispiel: Rechtsanwältin Sybille Letschka vertritt Vera Ludwik. Diese fordert vom Erben Jürgen Amling ihren Pflichtteilsanspruch in Höhe von 13.610,00 €. Da ein paar Punkte streitig sind, die Parteien aber keinen langwierigen Rechtsstreit möchten, einigen sie sich darauf, dass Vera Ludwik einen Betrag in Höhe von 11.000,00 € erhält. Rechtsanwältin Sybille Letschka erhält folgende Gebühren und Auslagen:

Gegenstandswert: 13.610,00 €, § 2 RVG

1,3 Geschäftsgebühr, Nr. 2300 VV RVG	933,40 €
1,5 Einigungsgebühr, Nr. 1000 VV RVG	1.077,00 €
Pauschale Post und Telekommunikation, Nr. 7002 VV RVG	20,00 €
Zwischensumme	2.030,40 €
19 % Umsatzsteuer, Nr. 7008 VV RVG	385,78 €
Summe	2.416,18 €

2.10 Schriftverkehr in erbrechtlichen Angelegenheiten

Auch in erbrechtlichen Angelegenheiten können viele verschiedene Schreiben anfallen, wie z. B. die Geltendmachung des Pflichtteilsanspruchs, die Einholung von Auskünften, die Information von Mandanten sowie die Erstellung von Kostenrechnungen. Auch gerichtlicher Schriftverkehr fällt an. Gerichtliche Schriftsätze (z. B. Klage wegen Auskunft über den Nachlass, Klage auf Erfüllung des Pflichtteilsanspruchs) werden jedoch in der Regel von den Rechtsanwälten diktiert bzw. selbst erstellt.

vgl. LF 2, Kap. 2.3.4

Hinweise:

- Da seit 01.01.2022 alle Rechtsanwälte verpflichtet sind, Schriftsätze per beA zu übermitteln, entfällt ab diesem Zeitpunkt das Vervielfältigen des Schriftsatzes (und etwaiger Anlagen) und damit das Erstellen von (beglaubigten und/oder einfachen) Abschriften für den Gegner zum Zweck der Zustellung (vgl. § 133 Abs. 1 ZPO).
- Die folgenden Schreiben werden verkleinert dargestellt und stellen keine Musterlösung dar.
- Grundlage des Briefbogens der Partnerschaft Dr. Neumann & Huber sind die Form B, der gestaltete Informationsblock und das Anschriftfeld mit Rücksendeangabe.

Tipp: Im (Kurz-)Rubrum von Schriftsätzen sollte in jedem Fall jeweils der sachbearbeitende Rechtsanwalt (Vor- und Nachname sowie Postleitzahl und Ort) der Parteien angegeben werden. Dadurch wird sichergestellt, dass man auf den ersten Blick sieht, wer Sachbearbeiter ist. Dies erleichtert die Zustellung per beA. Sinnvoll ist auch die Angabe am Briefende, ob der Schriftsatz einfach oder elektronisch signiert ist, damit einfach und schnell nachvollzogen werden kann, wie signiert wurde.

2.10.1 Geltendmachung des Pflichtteilsanspruchs

Situationsbeschreibung: Waltraud Rumpel (Herzog-Otto-Straße 31, 67105 Schifferstadt) beauftragt Rechtsanwalt Peter Huber in der Nachlasssache Dr. Georg Zimmermann. Der Erblasser ist am 29.12.2021 verstorben. Er hat am 23.08.2011 ein Testament errichtet, nach dem er seinen ältesten Sohn Ernst Zimmermann zum Alleinerben eingesetzt hat. Die drei weiteren Abkömmlinge, u. a. Waltraud Rumpel, hat er nicht bedacht. Waltraud Rumpel möchte nun ihren Pflichtteils- und ggf. Pflichtteilsergänzungsanspruch gegenüber ihrem Bruder Ernst Zimmermann (Freudenbergstraße 8 b, 69469 Weinheim) geltend machen. Rechtsanwalt Peter Huber übergibt die Akte nach der Besprechung an Julia Hoffmann, die das Pflichtteilsanspruchsschreiben erstellen soll. Sie erstellt das Schreiben am 07.02.2022 zum Az.: 39/2022. Es wird per Einwurf-Einschreiben versandt. Julia Hoffmann setzt Ernst Zimmermann eine Frist von zwei Wochen zur Erfüllung der Ansprüche.

Dr. Neumann & Huber
Rechtsanwälte Partnerschaft

RAe Dr. Neumann & Huber, Grainstr. 101, 67434 Neustadt a. d. Wstr.
Einwurf-Einschreiben
Herrn
Ernst Zimmermann
Freudenbergstraße 8 b
69469 Weinheim

Ihr Zeichen:	
Ihre Nachricht vom:	
Unser Zeichen:	39/2022
Unsere Nachricht vom:	
Name:	RA Peter Huber
Sekretariat:	Julia Hoffmann
Telefon:	+49 6321 5632-13
Telefax:	+49 6321 5632-15
Datum:	07.02.2022

Waltraud Rumpel ./. Ernst Zimmermann
wegen Pflichtteils- und Pflichtteilsergänzungsanspruch

Sehr geehrter Herr Zimmermann,

wir vertreten Ihre Schwester, Frau Waltraud Rumpel, Herzog-Otto-Straße 31, 67105 Schifferstadt. Eine uns legitimierende Vollmacht fügen wir in der Anlage bei.

Ihr Vater ist am 29.12.2021 verstorben. Dieser hat Sie mit Testament vom 23.08.2011 als Alleinerbe eingesetzt. Unsere Mandantin wurde von der Erbfolge ausgeschlossen, sodass ihr daher gem. § 1924 BGB i. V. m. § 2303 Abs. 1 BGB der Pflichtteil zusteht. Dieser besteht in der Hälfte des gesetzlichen Erbteils von 1/4, somit in Höhe von 1/8 des Werts des Nachlasses.

Weiterhin steht unserer Mandantin gem. § 2325 BGB ein Pflichtteilsergänzungsanspruch in Bezug auf sämtliche Schenkungen zu, die der Erblasser in einem Zeitraum von zehn Jahren vor dem Erbfall an Sie oder Dritte vorgenommen hat oder für die ein Nutzungsvorbehalt des Erblassers bestand (fiktiver Nachlass).

Sie sind als Erbe gem. § 2314 BGB verpflichtet, unserer Mandantin Auskunft über den gesamten Bestand des Nachlasses zum Zeitpunkt des Erbfalls und über den fiktiven Nachlass, d. h., Schenkungen an Sie oder Dritte unter Nutzungsvorbehalt des Erblassers und innerhalb der letzten zehn Jahre vor dem Erbfall, zu erteilen.

Das Nachlassbestandsverzeichnis hat die Aktiva und Passiva des Nachlasses übersichtlich gegenüberzustellen und ist von Ihnen als Erbe eigenhändig zu unterzeichnen. Die Richtigkeit der Auskunft ist durch Vorlage von Belegen nachzuweisen.

Seite 1 von 2

RAin Dr. Annette Neumann Fachanwältin für Verkehrsrecht · **RA Peter Huber** Fachanwalt für Erbrecht
In Zusammenarbeit mit **RAin Katharina Schuh** Fachanwältin für Familienrecht

RAe Dr. Neumann & Huber · Grainstr. 101 · 67434 Neustadt a. d. Wstr. · Telefon +49 6321 5632-0 · Fax +49 6321 5632-15
info@rae-neumann-huber.de · www.rae-neumann-huber.de
Registernummer PR 956 · Amtsgericht Neustadt a. d. Wstr. · USt-IdNr.: DE573964122

Commerzbank Neustadt a. d. Wstr. · IBAN DE41 5464 0035 0012 5832 19
Deutsche Bank Neustadt a. d. Wstr. · IBAN DE52 5467 0095 0096 7844 58

Weiterhin bitten wir darzulegen, ob und welche unentgeltlichen Verfügungen in welcher Höhe an Sie bzw. an Dritte erfolgt sind, insbesondere Geldzuwendungen in bar, Schenkungen von beweglichen Gegenständen, Zuwendungen unter Nießbrauchsvorbehalt u. a.

Sofern Nachlassverbindlichkeiten bestehen (Beerdigungskosten u. a.), sind diese ebenfalls mitzuteilen und durch Vorlage der Rechnungen nachzuweisen.

Wir fordern Sie auf, die vollständige und ordnungsgemäße Aufstellung des Nachlassbestands nebst den erforderlichen Belegen vorzulegen sowie die sich aus der richtigen und vollständigen Auskunftserteilung ergebenden Pflichtteils- und Pflichtteilsergänzungsansprüche unserer Mandantin nach dem verstorbenen Erblasser Dr. Georg Zimmermann bis spätestens

21.02.2022

auf eines der im Briefbogen genannten Konten zu überweisen.

Freundliche Grüße

Peter Huber
Rechtsanwalt

Anlage
Vollmacht

2.10.2 Einholung von Bodenrichtwerten

Situationsbeschreibung: Rechtsanwalt Peter Huber vertritt Lina-Maria Kohlschreiber (Heerstraße 11, 67434 Diedesfeld) in einer erbrechtlichen Angelegenheit. Im Nachlass von Britta Leinweber befand sich Grundbesitz in 67434 Neustadt an der Weinstraße, Waldstraße 45, Flurnr. 1331, eingetragen im Grundbuch von Neustadt an der Weinstraße, Band 12, Blatt 555. Rechtsanwalt Peter Huber benötigt zur Berechnung der Ansprüche der Mandantin den aktuellen Bodenrichtwert für diesen Grundbesitz. Er bittet deshalb Annika Sauer, beim zuständigen Gutachterausschuss der Stadt Neustadt an der Weinstraße (Marktplatz 1, 67433 Neustadt an der Weinstraße) die Auskunft einzuholen. Annika Sauer erstellt das Schreiben am 27.04.2022 zum Az.: 101/2022.

Dr. Neumann & Huber
Rechtsanwälte Partnerschaft

RAe Dr. Neumann & Huber, Grainstr. 101, 67434 Neustadt a. d. Wstr.
Stadt Neustadt an der Weinstraße
Gutachterausschuss
Marktplatz 1
67433 Neustadt an der Weinstraße

Ihr Zeichen:	
Ihre Nachricht vom:	
Unser Zeichen:	101/2022
Unsere Nachricht vom:	
Name:	RA Peter Huber
Sekretariat:	Annika Sauer
Telefon:	+49 6321 5632-12
Telefax:	+49 6321 5632-15
Datum:	27.04.2022

Bodenrichtwerte für den Grundbesitz
Waldstraße 45, 67434 Neustadt an der Weinstraße

Sehr geehrte Damen und Herren,

wir vertreten Lina-Maria Kohlschreiber, Heerstraße 11, 67434 Diedesfeld. Ordnungsgemäße Bevollmächtigung wird anwaltlich versichert.

Um die Ansprüche unserer Mandantin in einer Nachlasssache berechnen zu können, benötigen wir die aktuellen Bodenrichtwerte für den oben genannten Grundbesitz, eingetragen im Grundbuch von Neustadt an der Weinstraße, Band 12, Blatt 555, Flurnr. 1331.

Für eine baldige Erledigung wären wir dankbar.

Freundliche Grüße

Peter Huber
Rechtsanwalt

RAin Dr. Annette Neumann Fachanwältin für Verkehrsrecht · **RA Peter Huber** Fachanwalt für Erbrecht
In Zusammenarbeit mit **RAin Katharina Schuh** Fachanwältin für Familienrecht

RAe Dr. Neumann & Huber · Grainstr. 101 · 67434 Neustadt a. d. Wstr. · Telefon +49 6321 5632-0 · Fax +49 6321 5632-15
info@rae-neumann-huber.de · www.rae-neumann-huber.de
Registernummer PR 956 · Amtsgericht Neustadt a. d. Wstr. · USt-IdNr.: DE573964122

Commerzbank Neustadt a. d. Wstr. · IBAN DE41 5464 0035 0012 5832 19
Deutsche Bank Neustadt a. d. Wstr. · IBAN DE52 5467 0095 0096 7844 58

2.10.3 Kostenrechnung an den Mandanten

Situationsbeschreibung: Sandra Wiczorek (Am Waldrand 2, 67434 Neustadt an der Weinstraße) hat Rechtsanwalt Peter Huber am 08.06.2022 in einer erbrechtlichen Angelegenheit (Az.: 109/2022) beauftragt. Er hat für Sandra Wiczorek einen Erbschein beantragt. Es geht um den Nachlass ihrer verstorbenen Freundin Nina Merk. Diese hat Vermögen in Höhe von 115.000,00 € hinterlassen. Die Verbindlichkeiten der Erblasserin belaufen sich auf 9.200,00 €, die Nachlassverbindlichkeiten auf 12.500,00 €. Die Eltern von Nina Merk, die vom Erbe ausgeschlossen wurden, haben sich gegen den Erbscheinsantrag gewandt. Das Gericht hat diesem jedoch stattgegeben. Nach Erteilung des Erbscheins rechnet Annika Sauer die Tätigkeit am 04.11.2022 mit der Rechnungsnr. 173/2022 ab.

Dr. Neumann & Huber
Rechtsanwälte Partnerschaft

RAe Dr. Neumann & Huber, Grainstr. 101, 67434 Neustadt a. d. Wstr.
Frau
Sandra Wiczorek
Am Waldrand 2
67434 Neustadt an der Weinstraße

Ihr Zeichen:
Ihre Nachricht vom:
Unser Zeichen: 109/2022
Unsere Nachricht vom:

Name: RA Peter Huber
Sekretariat: Annika Sauer
Telefon: +49 6321 5632-12
Telefax: +49 6321 5632-15

Datum: 04.11.2022

Kostenendabrechnung
Rechnungsnummer: 173/2022
Sandra Wiczorek
wegen Erbscheinsverfahren
Leistungszeitraum: 08.06.2022 – 04.11.2022

Streitwert: 93.300,00 €, § 40 GNotKG

1,3 Verfahrensgebühr, Nr. 3100 VV RVG	2.029,30 €
Pauschale Post und Telekommunikation, Nr. 7002 VV RVG	20,00 €
Zwischensumme	2.049,30 €
19 % Umsatzsteuer, Nr. 7008 VV RVG	389,37 €
Summe	2.438,67 €

Peter Huber
Rechtsanwalt

RAin Dr. Annette Neumann Fachanwältin für Verkehrsrecht · **RA Peter Huber** Fachanwalt für Erbrecht
In Zusammenarbeit mit **RAin Katharina Schuh** Fachanwältin für Familienrecht

RAe Dr. Neumann & Huber · Grainstr. 101 · 67434 Neustadt a. d. Wstr. · Telefon +49 6321 5632-0 · Fax +49 6321 5632-15
info@rae-neumann-huber.de · www.rae-neumann-huber.de
Registernummer PR 956 · Amtsgericht Neustadt a. d. Wstr. · USt-IdNr: DE573964122

Commerzbank Neustadt a. d. Wstr. · IBAN DE41 5464 0035 0012 5832 19
Deutsche Bank Neustadt a. d. Wstr. · IBAN DE52 5467 0095 0096 7844 58

Zusammenfassung

Die Tätigkeit in erbrechtlichen Angelegenheiten

Erbfolge	**Kap. 2.1**	• Erbrecht nach Ordnungen • Erbrecht des Ehegatten/Lebenspartners • Erbrecht des Staats
rechtliche Stellung des Erben	**Kap. 2.2**	• Annahme und Ausschlagung der Erbschaft • Erbenhaftung und Nachlassverbindlichkeiten • Herausgabepflicht des Erbschaftsbesitzers
letztwillige Verfügungen	**Kap. 2.3**	• Testierfähigkeit • Testament und Erbvertrag • Verwahrung/Eröffnung letztwilliger Verfügungen • Vermächtnisse und Auflagen • Benennung eines Testamentsvollstreckers
Pflichtteils- und Pflichtteilsergänzungsanspruch	**Kap. 2.4**	• Pflichtteilsberechtigte • Pflichtteilsberechnung • Pflichtteilsentzug • Pflichtteilsverzicht
Erbunwürdigkeit	**Kap. 2.5**	• strenge Voraussetzungen • Anfechtungsklage möglich • bei Erbunwürdigkeit folgt Enterbung
Erbverzicht	**Kap. 2.6**	• notarielle Beurkundung • Gegenleistung für Erbverzicht oft in Form einer Abfindung

Die Tätigkeit in erbrechtlichen Angelegenheiten

Erbschein	**Kap. 2.7**	• Vermutung der Richtigkeit • Zuständigkeit und Inhalte des Erbscheinsantrags
Erbschaftskauf	**Kap. 2.8**	• notarielle Beurkundung • Erbschaft oder Erbanteil kann verkauft werden
Abrechnung	**Kap. 2.9**	• Ermittlung der besonderen Wertvorschriften • Gebühren nach Teil 1 und Teil 3 VV RVG
Schriftverkehr	**Kap. 2.10**	• Geltendmachung des Pflichtteilsanspruchs • Einholung von Bodenrichtwerten • Kostenrechnung

Wiederholung und Vertiefung

1. Was gehört zu den Nachlassverbindlichkeiten?
2. Nennen Sie die verschiedenen Testamentsformen, die laut BGB unterschieden werden.
3. Welche Personen sind pflichtteilsberechtigt?
4. Welches Gericht ist örtlich für die Erteilung des Erbscheins zuständig?
5. Rechtsanwalt Peter Huber beantragt für Timo Leitner einen Erbschein. Nach welchem Geschäftswert errechnen sich die anwaltlichen Gebühren?
6. Rechtsanwalt Peter Huber vertritt Lena Rottmann in einer Pflichtteilsangelegenheit. Nach den bislang vorliegenden Erkenntnissen errechnet Rechtsanwalt Peter Huber einen Pflichtteilsanspruch von 5.310,95 €. Annika Sauer soll der Mandantin eine Vorschussrechnung für die bislang durchschnittliche Tätigkeit übersenden. Welche Gebühren und Auslagen kann Rechtsanwalt Peter Huber laut RVG der Mandantin in Rechnung stellen?
7. Barbara Bauer (Im Schelmen 5 a, 67433 Neustadt an der Weinstraße) wurde Alleinerbin ihres Ehemanns Tim Bauer, der am 31.12.2021 verstorben ist. Der gemeinsame Sohn Maurice Bauer macht nun durch seinen Rechtsanwalt Zacharias Jürgensen (Speyerdorfer

Straße 51, 67433 Neustadt an der Weinstraße, Az.: 135/2022 Z) seinen Pflichtteilsanspruch geltend. Barbara Bauer beauftragt deshalb Rechtsanwalt Peter Huber, der zunächst unter Vorlage der Vollmacht bei Rechtsanwalt Zacharias Jürgensen um Fristverlängerung bis 20.07.2022 bittet, denn um das Nachlassverzeichnis ordnungsgemäß erstellen zu können, müssen noch Informationen eingeholt werden. Annika Sauer erstellt das Schreiben zum Az.: 198/2022 am 05.07.2022. Das Schreiben wird per beA versandt. Erstellen Sie dieses Schreiben mithilfe des Kanzleibriefbogens.

Lernfeld 14 – Kompetenzen

In diesem Lernfeld lernen Sie:

Kapitel 1 **Das selbstständige Beweisverfahren**	• die Zulässigkeit eines selbstständigen Beweisverfahrens zu beurteilen • die Unterschiede zwischen dem Ablauf eines selbstständigen Beweisverfahrens und eines allgemeinen Zivilverfahrens kennen • den Streitwert zu ermitteln, der dem Verfahren zugrunde liegt • die Gebühren und Auslagen im selbstständigen Beweisverfahren richtig abzurechnen • eine eventuelle Gebührenanrechnung auf die entstehenden Gebühren zu beachten und vorzunehmen • Kostenrechnungen normgerecht zu erstellen und zu gestalten • Schriftstücke an Gerichte, Mandanten und sonstige Beteiligte effizient und normgerecht zu erstellen und zu gestalten
Kapitel 2 **Der Urkundenprozess**	• die Zulässigkeit eines Urkundenprozesses zu beurteilen • die Unterschiede zwischen dem Ablauf eines Urkundenprozesses und eines allgemeinen Zivilverfahrens kennen • die Besonderheiten bei einem Wechsel- und Scheckprozess • den Streitwert zu ermitteln, der dem Verfahren zugrunde liegt • die Gebühren und Auslagen im Urkundenprozess richtig abzurechnen • eine eventuelle Gebührenanrechnung auf die entstehenden Gebühren zu beachten und vorzunehmen • Kostenrechnungen normgerecht zu erstellen und zu gestalten • Schriftstücke an Gerichte, Mandanten und sonstige Beteiligte effizient und normgerecht zu erstellen und zu gestalten
Kapitel 3 **Das arbeitsrechtliche Verfahren**	• in welchen Fällen der Rechtsweg zu den Arbeitsgerichten eröffnet ist • die Besonderheiten bei den Zulässigkeitsvoraussetzungen arbeitsrechtlicher Verfahren zu beachten • welche Klagearten im Arbeitsrecht in Frage kommen • welche Rechtsmittel es gegen Entscheidungen in arbeitsrechtlichen Verfahren gibt und welche Fristen dabei zu beachten sind • ein arbeitsgerichtliches Mahnverfahren einzuleiten • wie ein Schlichtungsverfahren bei Streitigkeiten zwischen Ausbildenden und Auszubildenden abläuft • den Gegenstands- bzw. Streitwert zu ermitteln, der dem Verfahren zugrunde liegt

	• die Gebühren und Auslagen in arbeitsrechtlichen Verfahren korrekt abzurechnen • eine eventuelle Gebührenanrechnung auf die entstehenden Gebühren zu beachten und vorzunehmen • Kostenrechnungen normgerecht zu erstellen und zu gestalten • Schriftstücke an Gerichte, Mandanten und sonstige Beteiligte effizient und normgerecht zu erstellen und zu gestalten
Kapitel 4 **Das Verwaltungsverfahren**	• in welchen Fällen der Rechtsweg zu den Verwaltungsgerichten eröffnet ist • welche Besonderheiten bei Ermessensentscheidungen zu beachten sind • zu beurteilen, wann ein Verwaltungsakt im Unterschied zu anderen Handlungsformen der Verwaltung vorliegt • die Besonderheiten bei den Zulässigkeitsvoraussetzungen verwaltungsrechtlicher Verfahren zu beachten • welche Klagearten im Verwaltungsrecht in Frage kommen • welche Rechtsmittel es gegen Entscheidungen in Verwaltungsverfahren gibt und welche Fristen dabei zu beachten sind • den Gegenstands- bzw. Streitwert zu ermitteln, der dem Verfahren zugrunde liegt • die Gebühren und Auslagen in Verwaltungsverfahren korrekt abzurechnen • das Verwaltungs- und das Nachprüfungsverfahren zu unterscheiden und korrekt abzurechnen • eine eventuelle Gebührenanrechnung auf die entstehenden Gebühren zu beachten und vorzunehmen • Kostenrechnungen normgerecht zu erstellen und zu gestalten • Schriftstücke an Gerichte, Mandanten und sonstige Beteiligte effizient und normgerecht zu erstellen und zu gestalten
Kapitel 5 **Das sozialrechtliche Verfahren**	• in welchen Fällen der Rechtsweg zu den Sozialgerichten eröffnet ist • die Besonderheiten bei den Zulässigkeitsvoraussetzungen sozialrechtlicher Verfahren zu beachten • welche Klagearten im Sozialrecht in Frage kommen • welche Rechtsmittel es in sozialrechtlichen Verfahren gibt und welche Fristen dabei zu beachten sind • den Gegenstands- bzw. Streitwert zu ermitteln, der dem Verfahren zugrunde liegt • die Gebühren und Auslagen in sozialgerichtlichen Verfahren korrekt abzurechnen • eine eventuelle Gebührenanrechnung auf die entstehenden Gebühren zu beachten und vorzunehmen • Kostenrechnungen normgerecht zu erstellen und zu gestalten

	• Schriftstücke an Gerichte, Mandanten und sonstige Beteiligte effizient und normgerecht zu erstellen und zu gestalten
Kapitel 6 **Das steuerrechtliche Verfahren**	• in welchen Fällen der Rechtsweg zu den Finanzgerichten eröffnet ist • die Besonderheiten bei den Zulässigkeitsvoraussetzungen steuerrechtlicher Verfahren zu beachten • welche Klagearten in steuerrechtlichen Streitigkeiten in Frage kommen • welche Rechtsmittel es in steuerrechtlichen Verfahren gibt und welche Fristen dabei zu beachten sind • Unterschiede bei der Fristenberechnung in den einzelnen Verfahren zu berücksichtigen • den Gegenstands- bzw. Streitwert zu ermitteln, der dem Verfahren zugrunde liegt • die Gebühren und Auslagen in steuerrechtlichen Verfahren korrekt abzurechnen • eine eventuelle Gebührenanrechnung auf die entstehenden Gebühren zu beachten und vorzunehmen • Kostenrechnungen normgerecht zu erstellen und zu gestalten • Schriftstücke an Gerichte, Mandanten und sonstige Beteiligte effizient und normgerecht zu erstellen und zu gestalten
Kapitel 7 **Das Strafverfahren**	• Straf- von Bußgeldverfahren zu differenzieren • die Unterschiede zwischen Verbrechen und Vergehen und ihre Auswirkungen in der Praxis kennen • die Verfahrensgrundsätze im Strafverfahren kennen • wie ein Ermittlungsverfahren abläuft • bei welchen Delikten ein Strafbefehlsverfahren möglich ist und wie es abläuft • welche Schritte es im Strafprozess und Vollstreckungsverfahren gibt • die Gebühren und Auslagen im Strafverfahren korrekt abzurechnen • Kostenrechnungen normgerecht zu erstellen und zu gestalten • Schriftstücke an Gerichte, Mandanten und sonstige Beteiligte effizient und normgerecht zu erstellen und zu gestalten
Kapitel 8 **Das Bußgeldverfahren**	• Straf- von Bußgeldverfahren zu differenzieren • das Verfahren bei Ordnungswidrigkeiten kennen • die Gebühren und Auslagen im Bußgeldverfahren korrekt abzurechnen • Kostenrechnungen normgerecht zu erstellen und zu gestalten • Schriftstücke an Gerichte, Mandanten und sonstige Beteiligte effizient und normgerecht zu erstellen und zu gestalten

Lernfeld 14: Besondere Verfahren bearbeiten

1 Das selbstständige Beweisverfahren

Droht der **Verlust von Beweisen**, kann ein selbstständiges Beweisverfahren noch vor dem Hauptsacheverfahren durchgeführt werden, um dies zu verhindern. Besonders im Bauvertragsrecht, aber auch bei Streitigkeiten über Arzthaftung oder den Kauf von Gebrauchtwagen kann eine solche Beweissicherung sinnvoll sein.

Von Vorteil ist dabei, dass während der Durchführung des selbstständigen Beweisverfahrens die Verjährung gem. § 204 Abs. 1 Nr. 7 BGB gehemmt ist. Dies gilt jedoch nur für die streitgegenständlichen Mängel und nur zwischen den Beteiligten. Die **Verjährungshemmung** endet sechs Monate nach Beendigung des selbstständigen Beweisverfahrens.

Lernsituation

Rechtsanwalt Peter Huber vertritt seit 01.12.2021 Seküre Karatas (wohnhaft in 67435 Neustadt an der Weinstraße, Im Sackgarten 5) in einer bauvertragsrechtlichen Angelegenheit. Seküre Karatas hat den Bauunternehmer Claußen KG mit der Errichtung eines Einfamilienhauses beauftragt. Noch während der Bauarbeiten treten im Erdgeschoss jedoch Risse in den Wänden sowie große feuchte Flecken auf. Der Schaden wird auf 4.300,00 € geschätzt. Seküre Karatas verlangt daraufhin die Beseitigung dieser Mängel. Die Claußen KG weigert sich jedoch und führt an, dass das Rohrbauerunternehmen Pipes GmbH für die feuchten Flecken verantwortlich sei und die Risse durch Absenkung des Grundwasserspiegels entstanden seien. In Kürze sollen im Erdgeschoss Tapeten sowie Fliesen an den Wänden angebracht werden.

Rechtsanwalt Peter Huber bittet Annika Sauer, die Akte in dieser Angelegenheit anzulegen. Sie unterhält sich mit Julia Hoffmann darüber:

<u>Annika Sauer:</u>	„Wenn die Handwerker jetzt tapezieren, müssen sie wahrscheinlich bald wieder alles abreißen, weil neue Flecken entstehen. Sollte man nicht erst feststellen, wo das Problem überhaupt liegt? Aber bis der Prozess durch ist, dauert es ja noch ewig."
<u>Julia Hoffmann:</u>	„Ich habe mal gehört, dass man in solchen Fällen ein besonderes Verfahren machen kann, das schneller geht. Schau mal in der ZPO nach."

Annika Sauer wird in der ZPO fündig. Nachdem sie die Akte (Az.: 300/2021) angelegt hat, fertigt sie den Schriftsatz an das Gericht, mit dem die Ansprüche der Mandantschaft geltend gemacht werden, nach Diktat an.

Rechtsanwalt Peter Huber bittet anschließend darum, der Mandantschaft den Schriftsatz vom 03.12.2021 zur Kenntnisnahme zu übersenden. Dem Schreiben soll gleich eine Vorschusskostenrechnung beigefügt werden. Die Kostenrechnung erhält die fortlaufende Rechnungsnummer 165/2021 und soll bis 20.12.2021 beglichen werden. Als Vorschuss sollen die bislang entstandenen Gebühren und Auslagen geltend gemacht werden sowie die einzuzahlenden Gerichtskosten. Das Schreiben nebst Kostenrechnung wird ebenfalls am 03.12.2021 versandt.

Arbeitsaufträge:

a) Erstellen Sie eine stichpunktartige Übersicht über mögliche Fragen, die hier in einem Verfahren geklärt werden sollten.

b) Überlegen Sie in Partnerarbeit, welches Verfahren hier am erfolgversprechendsten erscheint. Wo ist dieses in der ZPO geregelt?

c) Überlegen Sie, was die Vorteile dieses Verfahrens sind. Erstellen Sie hierüber eine Übersicht.

d) Überlegen Sie, welches Gericht in dieser Sache zuständig ist. Kommen mehrere Gerichte infrage?

e) Erstellen Sie eine Übersicht zum Ablauf des Verfahrens.

f) Formulieren Sie das Schreiben an Seküre Karatas. Beginnen Sie mit der Anrede und enden Sie mit dem Gruß.

g) Erstellen Sie die Vorschusskostenrechnung mithilfe des Kanzleibriefbogens.

h) Vergleichen Sie Ihre Ergebnisse mit denen Ihrer Mitschüler und berichtigen bzw. ergänzen Sie ggf. Ihre Notizen.

Web i) Reflektieren Sie anschließend Ihr Wissen anhand des Fragebogens, den Sie im Downloadbereich zum Buch finden.

1.1 Zulässigkeit

vgl. LF 10, Kap. 2.2

Auch für das selbstständige Beweisverfahren gelten die allgemeinen Sachentscheidungsvoraussetzungen. Hinzu kommen jedoch einige Besonderheiten.

Statthaftigkeit

Ein selbstständiges Beweisverfahren kann sowohl vor als auch während eines streitigen Verfahrens durchgeführt werden.

Während oder außerhalb eines Streitverfahrens kann gem. § 485 Abs. 1 ZPO auf Antrag einer Partei die Einnahme des Augenscheins, die Vernehmung von Zeugen oder die Begutachtung durch einen Sachverständigen angeordnet werden, wenn

- der **Gegner zustimmt** oder
- zu besorgen ist, dass das **Beweismittel verloren geht** oder
- die **Benutzung des Beweismittels erschwert wird**.

▶ Beispiele:

- Ein Zeuge unternimmt eine längere Auslandsreise oder wandert in ein entferntes Land aus.
- Die streitgegenständliche Sache wird durch eine Reparatur verändert.

Ist ein Rechtsstreit **noch nicht anhängig**, spricht man von einem **isolierten selbstständigen Beweisverfahren**. In einem solchen Verfahren kommt als Beweismittel nur das Sachverständigengutachten in Betracht. Gemäß § 485 Abs. 2 ZPO kann ein isoliertes selbstständiges Beweisverfahren durch ein Sachverständigengutachten nur beantragt werden, wenn die Feststellung der Vermeidung eines Rechtsstreits dienen kann. Der Antragsteller muss dabei ein rechtliches Interesse daran haben, dass

- der Zustand einer Person oder der Zustand oder Wert einer Sache,
- die Ursache eines Personenschadens, Sachschadens oder Sachmangels,
- der Aufwand für die Beseitigung eines Personenschadens, Sachschadens oder Sachmangels

festgestellt wird.

Zuständigkeit

Ist ein **Rechtsstreit anhängig**, so ist der Antrag gem. § 486 Abs. 1 ZPO bei dem **Prozessgericht** zu stellen. Ist ein **Rechtsstreit noch nicht anhängig**, so ist der Antrag gem. § 486 Abs. 2 S. 1 ZPO bei dem **Gericht** zu stellen, das in der **Hauptsache** zuständig wäre.

In **dringenden Fällen** kann gem. § 486 Abs. 3 ZPO der Antrag auch bei dem Amtsgericht gestellt werden, in dessen Bezirk die zu vernehmende oder zu begutachtende Person sich aufhält oder die in Augenschein zu nehmende oder zu begutachtende Sache sich befindet.

Inhalt des Antrags

Gemäß § 487 ZPO muss der Antrag enthalten:

- die Bezeichnung des **Gegners**
- die Bezeichnung der **Tatsachen**, über die Beweis erhoben werden soll
- die Benennung der Zeugen oder die Bezeichnung der zulässigen **Beweismittel**
- die **Glaubhaftmachung** der Tatsachen, die die Zulässigkeit des selbstständigen Beweisverfahrens und die Zuständigkeit des Gerichts begründen sollen

Hinweis: Im selbstständigen Beweisverfahren ist eine Streitverkündung gem. § 72 ZPO zulässig, sodass auch Dritte in das Verfahren einbezogen werden können. Die Verjährungshemmung wirkt dann auch gegenüber dem Streitverkündeten und er muss sich das Ergebnis der Beweiserhebung in einem nachfolgenden streitigen Verfahren entgegenhalten lassen.

Auch ein Antrag gegen einen **unbekannten Gegner** ist gem. § 494 ZPO zulässig, wenn der Beweisführer glaubhaft macht, dass er ohne sein Verschulden außerstande ist, den Gegner zu bezeichnen.

1.2 Ablauf des Verfahrens

Nachdem der Antrag bei Gericht eingegangen ist, prüft das Gericht die **Zulässigkeit des Antrags** und erlässt gem. § 490 ZPO ohne mündliche Verhandlung einen Beweisbeschluss, in dem es den **Sachverständigen** bezeichnet. Beide Parteien können gem. § 404 ZPO Sachverständige vorschlagen, Gründe zur Ablehnung eines Sachverständigen vortragen oder sich auch auf einen Sachverständigen einigen, den das Gericht dann ernennt.

Der **Antragsgegner** darf Einwendungen gegen die Zulässigkeit des Beweisverfahrens und die gestellten Beweisanträge vorbringen. Er kann jedoch keine eigene Beweisanträge über andere Beweisthemen oder gegen Dritte stellen, sondern nur solche, die im unmittelbaren sachlichen Zusammenhang mit dem ursprünglichen Beweisantrag stehen, vom gleichen Sachverständigen beantwortet werden können und zu keiner wesentlichen Verzögerung des Verfahrens führen.

Der Sachverständige erstellt (in der Regel nach einem oder mehreren Ortsterminen, zu denen auch der Antragsgegner gem. § 491 ZPO geladen wird) das **Gutachten**, das er dem Gericht zukommen lässt. Nach Zugang des Gutachtens können die Parteien innerhalb einer vom Gericht festgesetzten Frist Ergänzungsfragen an den Sachverständigen richten und auch dessen mündliche Befragung beantragen. Werden innerhalb der Frist keine entsprechenden Anträge gestellt, gilt das Beweisverfahren als beendet und es können keine Beweise mehr in der Sache erhoben werden.

Auf der Grundlage der Beweisaufnahme können sich die Parteien nun darauf einigen, dass eine **Nachbesserung** durchgeführt wird oder einen anderweitigen **Vergleich** schließen.

Kommt es zu keiner Einigung zwischen den Beteiligten, so kann das Gericht gem. § 494 a Abs. 1 ZPO nach Beendigung der Beweiserhebung auf Antrag anordnen, dass der Antragsteller binnen einer zu bestimmenden Frist **Klage** zu **erheben** hat. Tut er dies nicht, kann der Gegner gem. § 494 a Abs. 2 ZPO beantragen, dass dem Antragsteller die dem Antragsgegner im selbstständigen Beweisaufnahmeverfahren entstandenen **Kosten** auferlegt werden. Gegen diesen Beschluss ist die sofortige Beschwerde statthaft. vgl. LF 11, Kap. 1.4.1

Für das Gericht des Hauptsacheverfahrens sind die **Ergebnisse** des selbstständigen Beweisverfahrens gem. § 493 ZPO dann **bindend**, so als ob eine Beweisaufnahme vor dem Hauptsachegericht stattgefunden hätte.

1.3 Rechtsanwaltsgebühren

Das selbstständige Beweisverfahren ist gebührenrechtlich eine eigene Angelegenheit. Es entstehen die Gebühren nach Teil 1 und Teil 3 des Vergütungsverzeichnisses zum RVG:

Gebühren im selbstständigen Beweisverfahren

Verfahrensgebühr	ggf. Erhöhungsgebühr	Terminsgebühr	Einigungsgebühr
1,3 gem. Nr. 3100 VV RVG, ermäßigt: 0,8 gem. Nr. 3101 VV RVG	pro Mandant 0,3, höchstens 2,0 gem. Nr. 1008 VV RVG	1,2 gem. Nr. 3104 VV RVG, ermäßigt: 0,5 gem. Nr. 3105 VV RVG	1,5 gem. Nr. 1000 VV RVG

Sofern dem selbstständigen Beweisverfahren ein Hauptsacheverfahren nachfolgt bzw. während eines Hauptsacheverfahrens ein selbstständiges Beweisverfahren durchgeführt wird, erhält der Rechtsanwalt auch hierfür die Gebühren nach Teil 3 des Vergütungsverzeichnisses zum RVG. Allerdings muss er beachten, dass die Verfahrensgebühr des selbstständigen Beweisverfahrens in voller Höhe auf die Verfahrensgebühr im Hauptsacheverfahren angerechnet wird (Vorbemerkung 3 Abs. 5 VV RVG).

Hinweis: Wenn der Rechtsanwalt mehrere Auftraggeber wegen desselben Gegenstands vertritt, ist die erhöhte Verfahrensgebühr des Beweisverfahrens auf die erhöhte Gebühr des Hauptsacheverfahrens anzurechnen.

Der Rechtsanwalt hat auch einen Erstattungsanspruch in Bezug auf die ihm entstandenen Auslagen gem. Nrn. 7000–7008 VV RVG und die von ihm getätigten Aufwendungen. Zu den getätigten Aufwendungen gehören u. a. die entstehenden Gerichtskosten. vgl. LF 4, Kap. 4.4.2, 4.4.3

vgl. LF 6, Kap. 2

Hinweis: Nach dem Versand der Vergütungsrechnung muss der Zahlungseingang überprüft und im Aktenkonto notiert werden.

▶ Beispiel: Die Geschwister Wilhelm und Gisela Seifert werden im selbstständigen Beweisverfahren vor dem Landgericht Stuttgart gegen die Baufirma Schecker OHG von Rechtsanwältin Karla Döpfner anwaltlich vertreten. Nach Erstellung des schriftlichen Gutachtens kommt es zu einer mündlichen Verhandlung, in der noch offene Fragen vom Sachverständigen geklärt werden. Die Baufirma behebt binnen zwei Wochen nach dem Gerichtstermin die Mängel in Höhe von 21.000,00 €. Rechtsanwältin Karla Döpfner erhält für ihre Tätigkeit folgende Gebühren und Auslagen nach dem RVG:

Streitwert: 21.000,00 €, § 43 Abs. 1 GKG, § 4 ZPO

1,6 Verfahrensgebühr, Nrn. 3100, 1008 VV RVG	1.315,20 €
1,2 Terminsgebühr, Nr. 3104 VV RVG	986,40 €
Pauschale Post und Telekommunikation, Nr. 7002 VV RVG	20,00 €
Zwischensumme	2.321,60 €
19 % Umsatzsteuer, Nr. 7008 VV RVG	441,10 €
Summe	2.762,70 €

1.4 Führen des erforderlichen Schriftverkehrs

Im selbstständigen Beweisverfahren muss, da es sich um keine Klage, sondern um einen Antrag handelt, darauf geachtet werden, dass die Parteien als Antragsteller und Antragsgegner bezeichnet werden und die anwaltlichen Vertreter als Verfahrensbevollmächtigte. Sofern dem Antrag Urkunden o. Ä. beigefügt werden, sind diese zur Glaubhaftmachung vorzulegen. Die Anlagen sollten – wie z. B. auch im Klageverfahren – durchnummeriert werden. Da es sich vorliegend aber um keine Klage handelt, eignet sich nicht K1, K2 bzw. B1, B2 usw. Es sollte beispielsweise AST1, AST2 bzw. AGE1, AGE2 usw. für „Antragsteller" bzw. „Antragsgegner" gewählt werden. Der Schriftverkehr im selbstständigen Beweisverfahren umfasst in der Regel den Antrag bzw. die Antragsabweisung sowie weitere sachbezogene Schriftsätze, Mandantenschreiben sowie Kostenrechnungen.

Hinweis:

- Da seit 01.01.2022 alle Rechtsanwälte verpflichtet sind, Schriftsätze per beA zu übermitteln, entfällt ab diesem Zeitpunkt das Vervielfältigen des Schriftsatzes (und etwaiger Anlagen) und damit das Erstellen von (beglaubigten und/oder einfachen) Abschriften für den Gegner zum Zweck der Zustellung (vgl. § 133 Abs. 1 ZPO).
- Das folgende Schreiben wird verkleinert dargestellt und stellt keine Musterlösung dar.
- Grundlage des Briefbogens der Partnerschaft Dr. Neumann & Huber sind die Form B, der gestaltete Informationsblock und das Anschriftfeld mit Rücksendeangabe.

vgl. LF 2, Kap. 2.3.4

Tipp: Im (Kurz-)Rubrum von Schriftsätzen sollte in jedem Fall jeweils der sachbearbeitende Rechtsanwalt (Vor- und Nachname sowie Postleitzahl und Ort) der Parteien angegeben werden. Dadurch wird sichergestellt, dass man auf den ersten Blick sieht, wer Sachbearbeiter ist. Dies erleichtert die Zustellung per beA. Sinnvoll ist auch die Angabe am Briefende, ob der Schriftsatz einfach oder elektronisch signiert ist, damit einfach und schnell nachvollzogen werden kann, wie signiert wurde.

Situationsbeschreibung: Dr. Eva Bremers (Dr.-Sartorius-Straße 5, 67435 Neustadt an der Weinstraße) gehört das Mehrfamilienwohnhaus in 67434 Neustadt an der Weinstraße, Waldstraße 16. Dr. Eva Bremers hat im Wohnhaus alle Wohnungsaußentüren erneuern lassen. Nun hat die Mieterin Jule Jenkins, die die Wohnung im Erdgeschoss links bewohnt, bemängelt, dass sich auf der Türblattoberfläche kleine Blasen bilden. Auch die Türe der Wohnung im Dachgeschoss rechts, die Peter Ulbricht gemietet hat, ist beschädigt. Hier löst sich die Folienkantenbeschichtung. Dr. Eva Bremers moniert dies bei der beauftragten Firma (Fenster & Türen Friedrichs GmbH, Peter-Koch-Straße 51, 67435 Neustadt an der Weinstraße; Geschäftsführer: Torben Neuhaus). Diese hat gem. Vertrag vom 10.01.2022 alle sechs Wohnungsaußentüren ausgetauscht. Die Türen wurden am 17.05.2022 montiert. Nachdem die Mieter die Mängel angezeigt haben, hat Dr. Eva Bremers die GmbH mit Schreiben vom 27.05.2022 zur Nacherfüllung aufgefordert. Die Mängel wurden jedoch nicht beseitigt. Deshalb beauftragt Dr. Eva Bremers Rechtsanwalt Peter Huber. Dieser schlägt ein Beweissicherungsgutachten vor. Ein Rechtsstreit ist noch nicht anhängig. Annika Sauer erhält die Akte mit der Bitte, den Antrag auf Durchführung des selbstständigen Beweisverfahrens an das Amtsgericht Neustadt an der Weinstraße (Robert-Stolz-Straße 20, 67433 Neustadt an der Weinstraße; Streitwert: 4.000,00 €) zu senden. Das Gutachten soll klären, ob es sich um Herstellungs- und/oder Montagefehler handelt, welche Maßnahmen zur Beseitigung der Mängel erforderlich sind und welche Kosten hierfür anfallen. Es soll vorgeschlagen werden, einen von der Handwerkskammer der Pfalz zu benennenden Sachverständigen zu beauftragen. Annika Sauer erstellt den Antrag am 21.06.2022 zum kanzleiinternen Az.: 105/2022.

Dr. Neumann & Huber
Rechtsanwälte Partnerschaft

RAe Dr. Neumann & Huber, Grainstr. 101, 67434 Neustadt a. d. Wstr.
Per beA
Amtsgericht Neustadt an der Weinstraße
Robert-Stolz-Straße 20
67433 Neustadt an der Weinstraße

Ihr Zeichen:
Ihre Nachricht vom:
Unser Zeichen: 105/2022
Unsere Nachricht vom:

Name: RA Peter Huber
Sekretariat: Annika Sauer
Telefon: +49 6321 5632-12
Telefax: +49 6321 5632-15

Datum: 21.06.2022

Antrag auf Anordnung eines selbstständigen Beweisverfahrens

In Sachen

Dr. Eva Bremers, Dr.-Sartorius-Straße 5, 67435 Neustadt an der Weinstraße,

– Antragstellerin –

Verfahrensbevollmächtigte: RAe Dr. Neumann & Huber, RA Peter Huber, Grainstraße 101, 67434 Neustadt a. d. Weinstraße

gegen

Fenster & Türen Friedrichs GmbH, gesetzl. vertr. d. d. Geschäftsführer Torben Neuhaus, Peter-Koch-Straße 51, 67435 Neustadt an der Weinstraße,

– Antragsgegnerin –

Streitwert: 4.000,00 €,

beantragen wir namens und im Auftrag der Antragstellerin ohne mündliche Verhandlung im Wege eines **selbstständigen Beweisverfahrens** die Einholung eines schriftlichen Sachverständigengutachtens zu folgenden Tatsachen anzuordnen:

1. Die Außentüren der nachfolgend aufgeführten Wohnungen des Wohnhauses in 67434 Neustadt an der Weinstraße, Waldstraße 16, weisen folgende Mängel auf:

Seite 1 von 2

RAin Dr. Annette Neumann Fachanwältin für Verkehrsrecht · **RA Peter Huber** Fachanwalt für Erbrecht
In Zusammenarbeit mit **RAin Katharina Schuh** Fachanwältin für Familienrecht

RAe Dr. Neumann & Huber · Grainstr. 101 · 67434 Neustadt a. d. Wstr. · Telefon +49 6321 5632-0 · Fax +49 6321 5632-15
info@rae-neumann-huber.de · www.rae-neumann-huber.de
Registernummer PR 956 · Amtsgericht Neustadt a. d. Wstr. · USt-IdNr.: DE573964122

Commerzbank Neustadt a. d. Wstr. · IBAN DE41 5464 0035 0012 5832 19
Deutsche Bank Neustadt a. d. Wstr. · IBAN DE52 5467 0095 0096 7844 58

a) Wohnung Erdgeschoss links, Mieterin Jule Jenkins: Blasenbildung auf der Türblattoberfläche
b) Wohnung Dachgeschoss rechts, Mieter Peter Ulbricht: Ablösen der Folienkantenbeschichtung

2. Sind Ursachen für die genannten Mängel Herstellungs- und/oder Montagefehler?

3. Welche Maßnahmen sind zur Beseitigung der Mängel erforderlich?

4. Welche Kosten werden für die genannten Maßnahmen anfallen?

Es wird vorgeschlagen, einen von der Handwerkskammer der Pfalz zu benennenden Sachverständigen mit der Erstellung des Sachverständigengutachtens zu beauftragen.

Begründung:

Die Antragsgegnerin hat sich durch Vertrag vom 10.01.2022 gegenüber der Antragstellerin verpflichtet, die Außentüren in den insgesamt sechs Mietwohnungen im Wohnobjekt der Antragstellerin in 67434 Neustadt an der Weinstraße, Waldstraße 16, zu ersetzen.

Glaubhaftmachung: Vertrag vom 10.01.2022 (Anlage AST1)

Nach diesem Vertrag sollte die Antragsgegnerin die jeweiligen Türen nach Aufmaß anfertigen und montieren. Die Türen wurden am 17.05.2022 von der Antragsgegnerin geliefert und montiert.

Glaubhaftmachung: Lieferschein vom 17.05.2022 (Anlage AST2)

Nachdem die vorgenannten Mieter der Antragstellerin gegenüber die Mängel angezeigt haben, hat die Antragstellerin die Antragsgegnerin mit Schreiben vom 27.05.2022 zur Nacherfüllung aufgefordert.

Glaubhaftmachung: Schreiben der Antragstellerin vom 27.05.2022 (Anlage AST3)

Die Antragsgegnerin hat die aufgeführten Mängel jedoch nicht beseitigt. Es ist aber davon auszugehen, dass sich die Antragsgegnerin der Feststellung eines Sachverständigen über die vorhandenen Mängel und den zur Beseitigung erforderlichen Kostenaufwand nicht verschließen wird, sodass ein Beweissicherungsgutachten zur außergerichtlichen Klärung der Auseinandersetzung dient.

Ein Rechtsstreit ist bislang noch nicht anhängig.

Das Amtsgericht Neustadt an der Weinstraße ist gem. § 486 Abs. 2 ZPO als Gericht der Hauptsache zuständig.

Peter Huber
Rechtsanwalt

Anlagen

Dieser Schriftsatz ist einfach elektronisch signiert.

Seite 2 von 2

Zusammenfassung

1. Antrag auf selbstständiges Beweisverfahren bei Gericht (§ 485 ZPO)
2. Gericht prüft Zulässigkeit, Entscheidung durch Beschluss (§ 490 ZPO)
3. Gericht bestellt Gutachter bzw. Gutachterin (§ 404 ZPO)
4. Erstellung des Gutachtens ggf. Durchführung von Ortsterminen
5. Möglichkeit von Nachfragen, Ergänzungsgutachten durch die Parteien (§ 411 ZPO)
6. ggf. mündliche Erläuterung des Gutachtens auf Antrag einer Partei (st. Rsp. abgeleitet aus §§ 402, 397 ZPO)
7. bei nicht anhängigem Rechtsstreit: Frist zur Klageerhebung durch das Gericht (§ 494 a ZPO)

Wiederholung und Vertiefung

1. Wann endet die Verjährungshemmung des selbstständigen Beweisverfahrens?
2. Nach welchen Bestimmungen richtet sich die Auswahl der Sachverständigen und die Gutachtenerstellung?
3. Rechtsanwältin Michaela Ockermann vertritt Julius Hohenstedt. Im selbstständigen Beweisverfahren, in dem auch eine mündliche Verhandlung durchgeführt wurde, hat der Sachverständige die Auffassung von Julius Hohenstedt bestätigt, dass Marius Gottinger für die Schäden am Pkw des Julius Hohenstedt in Höhe von 2.800,00 € verantwortlich ist. Im sich anschließenden Hauptsacheverfahren findet eine mündliche Verhandlung statt. Marius Gottinger erklärt, dass er nicht so viel Geld habe. Die Parteien einigen sich daher darauf, dass Marius Gottinger einen Betrag in Höhe von 1.500,00 € zahlt. Damit ist der Rechtsstreit beendet. Welche Gebühren und Auslagen erhält Rechtsanwältin Michaela Ockermann?
4. Rechtsanwältin Katharina Schuh vertritt Leonore Schenker (Zeiskamer Straße 12, 67482 Freimersheim in der Pfalz) seit dem 04.07.2022. In dem selbstständigen Beweisverfahren Leonore Schenker ./. Dachdeckerbetrieb Schütze & Kuntze GmbH (Streitwert: 6.000,00 €) wurde aufgrund des eingeholten Sachverständigengutachtens festgestellt, dass der Dachdeckerbetrieb für die Mängel nicht verantwortlich ist. Auch nach Vernehmung des Sachverständigen in einer mündlichen Verhandlung vor dem Landgericht Landau in der Pfalz (Fahrt: 46 km; Abwesenheit: 3,25 Std.) bleibt es bei dieser Feststellung. Leonore Schenker möchte daher den Anspruch im Hauptprozess nicht mehr geltend machen. Rechtsanwältin Katharina Schuh übergibt die Akte an Annika Sauer mit der Bitte, die anwaltlichen Kosten gegenüber der Mandantin abzurechnen. Annika Sauer erstellt die Kostenrechnung mit der Rechnungsnummer 209/2022 am 13.12.2022 zum Az. 135/2022. Erstellen Sie diese Kostenrechnung mithilfe des Kanzleibriefbogens.

2 Der Urkundenprozess

vgl. LF 10, Kap. 1.2.5

Der Urkundenprozess ist ein besonderes zivilrechtliches Verfahren, das den Zweck hat, dem Kläger schnell einen (vorläufig) vollstreckbaren Titel zu verschaffen. Dies wird durch eine Beschränkung der Beweismittel auf Urkunden und den Ausschluss von Widerklagen gem. § 595 ZPO erreicht.

Lernsituation

Rechtsanwältin Katharina Marschner vertritt die Beklagte Rebecca Hargrave (Birkenweg 13, 64295 Darmstadt) in einer werkvertraglichen Angelegenheit gegen Alicia Meier (Az.: 125/2021), bei der die Abnahme strittig ist. Am 23.09.2021 wird das Urteil in der Sache zugestellt. Der Tenor lautet:

„*1. Die Klage wird als im Urkundenprozess unstatthaft abgewiesen.*

2. Der Kläger trägt die Kosten des Rechtsstreits.

3. Das Urteil ist vorläufig vollstreckbar. Die Vollstreckung kann durch Sicherheitsleistung in Höhe von 110 % des vollstreckbaren Betrags abgewendet werden, wenn nicht der Gläubiger vor der Vollstreckung Sicherheit in Höhe von 110 % des jeweils zu vollstreckenden Betrags leistet."

Oxana Schuhmann hat so einen Tenor bislang noch nicht gesehen und fragt daher bei Jana Seidel nach, was es damit auf sich habe.

Mit dem Urteil wurde gleichzeitig der Streitwert festgesetzt: 5.100,00 €. Ein Termin fand nicht statt.

Oxana Schuhmann erhält von Rechtsanwältin Katharina Marschner am 23.09.2021 den Auftrag, ein Schreiben an die Mandantin zu erstellen. Sie soll das Urteil mitschicken und für Montag, 27.09.2021 um 16:00 Uhr einen Terminsvorschlag unterbreiten, damit das weitere Vorgehen in dieser Angelegenheit besprochen werden kann. In der Akte ist notiert, dass alle Besprechungen, aufgrund des beruflich bedingten Auslandsaufenthalts der Mandantin, per Videokonferenz erfolgen.

Arbeitsaufträge:

a) Recherchieren Sie im Gesetz, in welchen Paragrafen der Urkundenprozess geregelt ist.

b) Erstellen Sie in Gruppenarbeit eine Mindmap zur Zulässigkeit und Zweckmäßigkeit dieses Verfahrens.

c) Erstellen Sie eine Übersicht zum Ablauf des Verfahrens.

d) Überlegen Sie, welche Tatsachen hier bewiesen werden müssten und durch welche Urkunden dies erfolgen könnte. Welcher Nachweis durch Urkunden könnte in diesem Fall möglicherweise problematisch sein?

e) Erstellen Sie in Partnerarbeit eine Übersicht, welche Gebühren im Urkundenprozess nach dem RVG entstehen können.

f) Errechnen Sie die entstehenden Gebühren und Auslagen, die Rechtsanwältin Katharina Marschner erhält.

g) Erstellen Sie das Schreiben an die Mandantin Rebecca Hargrave, das per E-Mail am 23.09.2021 versandt wird.

h) Vergleichen Sie Ihre Ergebnisse mit denen Ihrer Mitschüler und berichtigen bzw. ergänzen Sie ggf. Ihre Notizen.

i) Reflektieren Sie anschließend Ihr Wissen anhand des Fragebogens, den Sie im Downloadbereich zum Buch finden.

Web

2.1 Zulässigkeit

Wie beim ordentlichen zivilrechtlichen Erkenntnisverfahren auch, müssen die Prozessvoraussetzungen erfüllt sein. Zusätzlich gibt es für den Urkundenprozess besondere Voraussetzungen:

vgl. LF 10, Kap. 2

- Im Urkundenprozess können gem. § 592 ZPO **nur bestimmte Ansprüche**, nämlich die Zahlung einer bestimmten Geldsumme oder die Leistung einer bestimmten Menge anderer vertretbarer Sachen oder Wertpapiere geltend gemacht werden.
- Die Klage muss gem. § 593 ZPO die **Erklärung** enthalten, dass im Urkundenprozess geklagt werden soll. Wurde gem. § 703 a ZPO ein Urkunden-, Wechsel- oder Scheckmahnbescheid beantragt, so wird im Fall eines Widerspruchs das Verfahren entsprechend auch im Urkunden-, Wechsel- oder Scheckprozess fortgeführt.
- Sämtliche zur Begründung des Anspruchs erforderlichen Tatsachen müssen **durch Urkunden bewiesen** werden können. Es reicht, wenn diese in Kopie vorgelegt werden. Die Beweismittelbeschränkung auf Urkunden gilt nicht für Fragen der Zulässigkeit. Zudem müssen unstreitige, zugestandene oder offenkundige Tatsachen nicht bewiesen werden, sodass es hierzu auch nicht erforderlich ist, Urkunden vorzulegen.

▶Beispiel: Aglaia Koslovski möchte im Urkundenprozess eine Darlehensforderung gegen Selena Behrens geltend machen. Den Abschluss des Darlehensvertrags kann sie durch die Vertragsurkunde belegen und die Auszahlung des Darlehensbetrags durch eine Quittung. Weiterhin muss sie für die Fälligkeit die Kündigung des Darlehens und den Zugang dieser Kündigung beweisen. Hat sie keinen Einlieferungsbeleg o. Ä., der den Zugang beweist, so kann sie nicht im Urkundenprozess klagen. Bestreitet Selena Behrens den Zugang hingegen nicht, so ist ein Urkundenprozess möglich. Ist andererseits strittig, ob Selena Behrens prozessfähig ist, so kann der Beweis auch durch andere Beweismittel wie Zeugenaussagen erbracht werden.

Liegen die Zulässigkeitsvoraussetzungen nicht vor, so ist die Klage gem. § 597 Abs. 2 S. 1 ZPO **als im Urkundenprozess unstatthaft abzuweisen**. Eine Klage im ordentlichen Verfahren ist dann jedoch noch möglich.

2.2 Ablauf des Verfahrens

Beim Urkundenprozess wird zwischen einem Vor- und einem Nachverfahren unterschieden.

Im **Vorverfahren** müssen Kläger und Beklagter ihr Vorbringen durch Urkunden beweisen. Als Beweismittel sind bzgl. der Echtheit oder Unechtheit einer Urkunde sowie bzgl. anderer als der anspruchsbegründenden Tatsachen neben Urkunden auf Antrag auch die Parteivernehmung zulässig. Einwendungen des Beklagten, die er nicht auf diese Art beweisen kann, werden gem. § 598 ZPO als im Urkundenprozess unstatthaft zurückgewiesen.

vgl. LF 12, Kap. 1.3.1

Ist die Klage begründet, ergeht gem. § 599 Abs. 1 ZPO ein ohne Sicherheitsleistung vorläufig vollstreckbares Vorbehaltsurteil, in dem jedoch festgehalten wird, dass dem Beklagten die Ausübung seiner Rechte im Nachverfahren vorbehalten bleibt.

Im **Nachverfahren** gelten die Besonderheiten des Urkundenprozesses nicht mehr: Die Widerklage und alle Beweismittel sind nun zulässig, auch diejenigen, die vorher als unstatthaft zurückgewiesen wurden. Damit ist der eigentliche Urkundenprozess beendet. Das Verfahren wird vor dem gleichen Gericht als ordentliches Verfahren weitergeführt. Die Feststellungen aus dem Vorbehaltsurteil gelten dabei fort, soweit sie nicht durch erst jetzt zulässige Beweismittel angegriffen werden.

Der Kläger kann gem. § 596 ZPO, ohne Einwilligung des Beklagten, bis zum Schluss der mündlichen Verhandlung den Rechtsstreit **in ein ordentliches Verfahren überleiten**.

2.3 Der Wechsel- und der Scheckprozess

Der Wechselprozess gem. §§ 602 ff. ZPO und der Scheckprozess gem. § 605 a ZPO sind Unterarten des Urkundenprozesses, mit denen Forderungen aus dem jeweiligen Wertpapier bzw. Scheck geltend gemacht werden können. Diese Verfahrensarten haben jedoch in der Praxis kaum eine Bedeutung. Für sie gelten die Regelungen für den Urkundenprozess ebenfalls mit einigen Besonderheiten.

2.4 Rechtsanwaltsgebühren

Der Urkundenprozess ist nach § 17 Nr. 5 RVG eine eigene Gebührenangelegenheit. Es entstehen die Gebühren nach Teil 1 und 3 des Vergütungsverzeichnisses zum RVG:

Gebühren im Urkundenprozess

Verfahrensgebühr	ggf. Erhöhungsgebühr	Terminsgebühr	Einigungsgebühr
1,3 gem. Nr. 3100 VV RVG, ermäßigt: 0,8 gem. Nr. 3101 VV RVG	pro Mandant 0,3, höchstens 2,0 gem. Nr. 1008 VV RVG	1,2 gem. Nr. 3104 VV RVG, ermäßigt: 0,5 gem. Nr. 3105 VV RVG	1,0 gem. Nrn. 1000, 1003 VV RVG

Sofern dem Urkundenprozess ein Nachverfahren folgt, erhält der Rechtsanwalt auch hierfür die Gebühren nach Teil 3 des Vergütungsverzeichnisses zum RVG. Allerdings muss er beachten, dass die Verfahrensgebühr des Urkundenprozesses in voller Höhe auf die Verfahrensgebühr im Nachverfahren angerechnet wird (Anmerkung Abs. 2 zu Nr. 3100 VV RVG).

Der Rechtsanwalt hat auch einen Erstattungsanspruch in Bezug auf die ihm entstandenen Auslagen gem. Nrn. 7000–7008 VV RVG und die von ihm getätigten Aufwendungen. Zu den getätigten Aufwendungen gehören u. a. die entstehenden Gerichtskosten. vgl. LF 4, Kap. 4.4.2, 4.4.3

Hinweis: Nach dem Versand der Vergütungsrechnung muss der Zahlungseingang überprüft und im Aktenkonto notiert werden. vgl. LF 6, Kap. 2

▶ Beispiel: Joachim Wank hat Rechtsanwalt Dr. Frieder Buchholz beauftragt, die rückständige Mietforderung in Höhe von 3.150,00 € gegen Melissa Reuther im Weg des Urkundenprozesses einzuklagen. Melissa Reuther erscheint im anberaumten Termin zur mündlichen Verhandlung nicht, sodass antragsgemäß Versäumnisurteil ergeht. Auch hierauf reagiert sie nicht. Rechtsanwalt Dr. Frieder Buchholz erhält für seine Tätigkeit im Urkundenprozess folgende Gebühren und Auslagen:

Streitwert: 3.150,00 €, § 48 Abs. 1 GKG

1,3 Verfahrensgebühr, Nr. 3100 VV RVG	361,40 €
0,5 Terminsgebühr, Nrn. 3104, 3105 VV RVG	139,00 €
Pauschale Post und Telekommunikation, Nr. 7002 VV RVG	20,00 €
Zwischensumme	520,40 €
19 % Umsatzsteuer, Nr. 7008 VV RVG	98,88 €
Summe	619,28 €

2.5 Führen des erforderlichen Schriftverkehrs

Im Urkundenprozess werden durch die Rechtsanwaltsfachangestellten Klagen erstellt, ggf. auch weitere im Verfahrensverlauf erforderliche Schriftsätze. Natürlich gehören auch zum Schriftverkehr im Urkundenprozess Schreiben und Kostenrechnungen an den Mandanten.

vgl. LF 2, Kap. 2.3.4

Hinweise:
- Da seit 01.01.2022 alle Rechtsanwälte verpflichtet sind, Schriftsätze per beA zu übermitteln, entfällt ab diesem Zeitpunkt das Vervielfältigen des Schriftsatzes (und etwaiger Anlagen) und damit das Erstellen von (beglaubigten und/oder einfachen) Abschriften für den Gegner zum Zweck der Zustellung (vgl. § 133 Abs. 1 ZPO).
- Das folgende Schreiben wird verkleinert dargestellt und stellt keine Musterlösung dar.
- Grundlage des Briefbogens der Partnerschaft Dr. Neumann & Huber sind die Form B, der gestaltete Informationsblock und das Anschriftfeld mit Rücksendeangabe.

Tipp: Im (Kurz-)Rubrum von Schriftsätzen sollte in jedem Fall jeweils der sachbearbeitende Rechtsanwalt (Vor- und Nachname sowie Postleitzahl und Ort) der Parteien angegeben werden. Dadurch wird sichergestellt, dass man auf den ersten Blick sieht, wer Sachbearbeiter ist. Dies erleichtert die Zustellung per beA. Sinnvoll ist auch die Angabe am Briefende, ob der Schriftsatz einfach oder elektronisch signiert ist, damit einfach und schnell nachvollzogen werden kann, wie signiert wurde.

Situationsbeschreibung: Moritz Kuka (Poststraße 34 a, 67483 Kleinfischlingen) beauftragt Rechtsanwältin Katharina Schuh am 16.05.2022 in einem Urkundenprozess. Die Klägerin Tamara Seubert fordert einen Betrag in Höhe von 5.050,00 € aus rückständiger Miete. Nach einer mündlichen Verhandlung wird Moritz Kuka antragsgemäß verurteilt. Rechtsanwältin Katharina Schuh macht jedoch die Rechte des Moritz Kuka im Nachverfahren geltend. Dort wird die Klage nach mündlicher Verhandlung aber ebenfalls abgewiesen. Annika Sauer rechnet die Angelegenheit am 17.10.2022 unter Angabe der Rechnungsnummer 201/2022 zum kanzleiinternen Az.: 128/2022 ab.

Dr. Neumann & Huber
Rechtsanwälte Partnerschaft

RAe Dr. Neumann & Huber, Grainstr. 101, 67434 Neustadt a. d. Wstr.
Herrn
Moritz Kuka
Poststraße 34 a
67483 Kleinfischlingen

Ihr Zeichen:	
Ihre Nachricht vom:	
Unser Zeichen:	128/2022
Unsere Nachricht vom:	
Name:	RAin Katharina Schuh
Sekretariat:	Annika Sauer
Telefon:	+49 6321 5632-12
Telefax:	+49 6321 5632-15
Datum:	17.10.2022

Kostenendabrechnung
Rechnungsnummer: 201/2022
Moritz Kuka ./. Tamara Seubert
wegen rückständiger Miete – Urkundenprozess
Leistungszeitraum: 16.05.2022 – 17.10.2022

I. Urkundenprozess

Streitwert: 5.050,00 €, § 48 Abs. 1 GKG

1,3 Verfahrensgebühr, Nr. 3100 VV RVG	507,00 €
1,2 Terminsgebühr, Nr. 3104 VV RVG	468,00 €
Pauschale Post und Telekommunikation, Nr. 7002 VV RVG	20,00 €
Zwischensumme	995,00 €
19 % Umsatzsteuer, Nr. 7008 VV RVG	189,05 €
Summe	1.184,05 €

II. Nachverfahren

Streitwert: 5.050,00 €, § 48 Abs. 1 GKG

1,3 Verfahrensgebühr, Nr. 3100 VV RVG	507,00 €	
abzgl. anzurechnende 1,3 Verfahrensgebühr gem. Nr. 3100 Abs. 2 VV RVG	507,00 €	0,00 €
1,2 Terminsgebühr, Nr. 3104 VV RVG		468,00 €
Pauschale Post und Telekommunikation, Nr. 7002 VV RVG		20,00 €
Zwischensumme		468,00 €

Seite 1 von 2

RAin Dr. Annette Neumann Fachanwältin für Verkehrsrecht · **RA Peter Huber** Fachanwalt für Erbrecht
In Zusammenarbeit mit **RAin Katharina Schuh** Fachanwältin für Familienrecht

RAe Dr. Neumann & Huber · Grainstr. 101 · 67434 Neustadt a. d. Wstr. · Telefon +49 6321 5632-0 · Fax +49 6321 5632-15
info@rae-neumann-huber.de · www.rae-neumann-huber.de
Registernummer PR 956 · Amtsgericht Neustadt a. d. Wstr. · USt-IdNr.: DE573964122

Commerzbank Neustadt a. d. Wstr. · IBAN DE41 5464 0035 0012 5832 19
Deutsche Bank Neustadt a. d. Wstr. · IBAN DE52 5467 0095 0096 7844 58

	19 % Umsatzsteuer, Nr. 7008 VV RVG	88,92 €
	Summe	556,92 €
III. Gesamtsumme		1.740,97 €

Katharina Schuh
Rechtsanwältin

Zusammenfassung

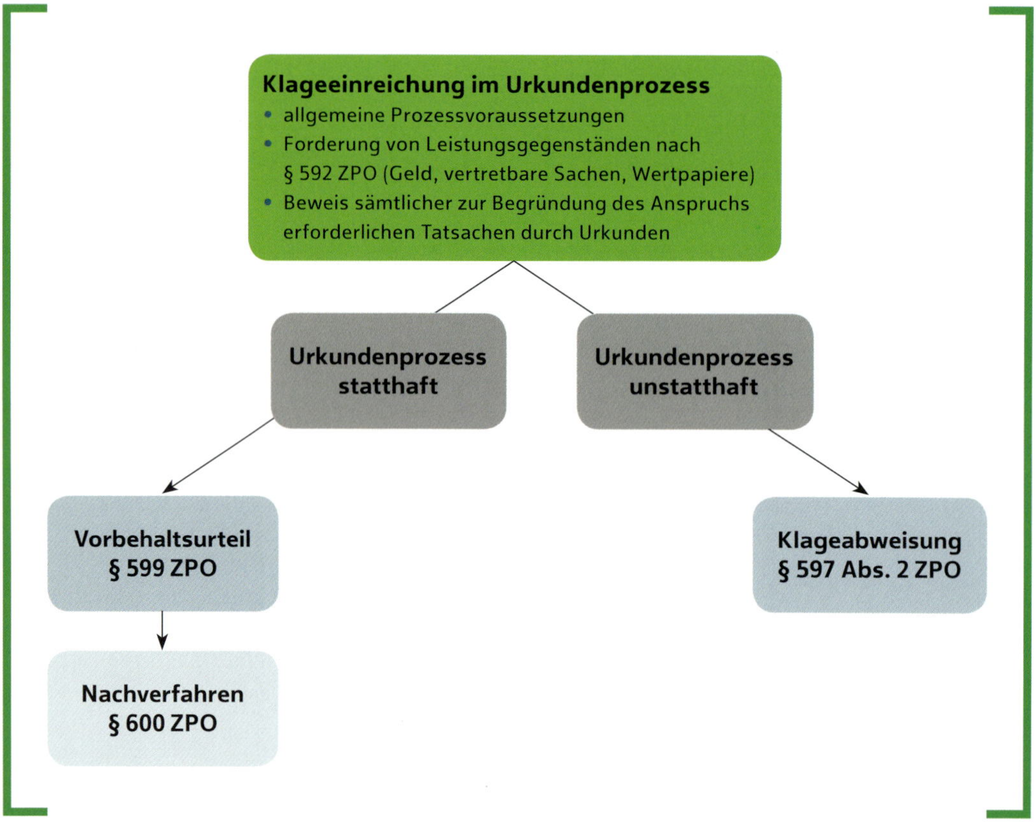

Wiederholung und Vertiefung

1. Welche Tatsachen müssen nicht durch Urkunden in einem Urkundenprozess bewiesen werden?

2. In welcher Form müssen die Urkunden der Klage beigefügt werden?

3. Rechtsanwalt Dr. Dieter Bartosch vertritt Markus Saalfeldt. Diesem steht eine Darlehensrückzahlung seiner Ex-Lebensgefährtin Jasmin Ballotin in Höhe von 2.350,00 € zu. Auf das außergerichtliche Aufforderungsschreiben, den fälligen Darlehensbetrag zu begleichen, hat Jasmin Ballotin nicht reagiert. Rechtsanwalt Dr. Dieter Bartosch macht den Anspruch von Markus Saalfeldt daher in einem Urkundenprozess geltend. Nach einer mündlichen Verhandlung einigen sich die Parteien dahin gehend, dass Jasmin Ballotin lediglich einen Betrag in Höhe von 1.900,00 € zurückzahlt. Ermitteln Sie die Gebühren und Auslagen, die Rechtsanwalt Dr. Dieter Bartosch für seine Tätigkeit erhält.

4. Stefanie und Holger Maiselstein (Am Mittelweg 31, 67482 Venningen) beauftragen Rechtsanwältin Dr. Annette Neumann wegen ausstehender Mietzahlungen in Höhe von 2.120,00 €. Der ehemalige Mieter Oliver Schmitz (Ackergasse 1, 67482 Freimersheim in der Pfalz) hat sich laut Mietvertrag vom 25.06.2021 verpflichtet, eine monatliche Miete von 530,00 € für die Erdgeschosswohnung in 67482 Venningen, Am Mittelweg 31, jeweils zum dritten Werktag eines Monats im Voraus zu zahlen. Während des Mietzeitraums vom 01.07.2021 bis 31.03.2022 sind für die Monate September 2021, Dezember 2021, Februar 2022 und März 2022 keine Mietzahlungen erfolgt. Stefanie und Holger Maiselstein haben Oliver Schmitz bereits mit Schreiben vom 21.05.2022 aufgefordert, den Betrag von 2.120,00 € bis zum 14.06.2022 zu bezahlen. Eine Reaktion hierauf erfolgte nicht. Während der Besprechung mit Rechtsanwältin Dr. Annette Neumann übergeben Stefanie und Holger Maiselstein den Mietvertrag im Original. Annika Sauer erhält die Unterlagen mit der Bitte, eine Klage im Urkundenprozess anzufertigen. Die Klage an das Amtsgericht Landau in der Pfalz (Marienring 13, 76829 Landau in der Pfalz) geht am 21.06.2022 zum kanzleiinternen Az. 111/2022 zur Post. Erstellen Sie diesen Schriftsatz mithilfe des Kanzleibriefbogens.

3 Arbeitsrechtliche Verfahren

Das Arbeitsrecht gehört zum sog. **Sonderprivatrecht**. Daher wurden spezialisierte Gerichte eingerichtet: die Gerichte für Arbeitssachen, für die Sonderregelungen im Vergleich zum „normalen“ Zivilverfahren gelten. Diese Regelungen finden sich im **Arbeitsgerichtsgesetz** (ArbGG). § 46 Abs. 2 ArbGG verweist jedoch auf die Vorschriften der ZPO, soweit das ArbGG selbst nichts anderes bestimmt. Daher gelten für die Zulässigkeit der Klage und den Ablauf des Verfahrens grds. die gleichen Regelungen wie für das allgemeine zivilrechtliche Erkenntnisverfahren (z. B. hinsichtlich der Partei- und Prozessfähigkeit).

vgl. LF 10, Kap. 2

Der Zweck des arbeitsgerichtlichen Verfahrens ist zunächst eine einvernehmliche Streitbeilegung zwischen den Parteien, die im Gütetermin angestrebt wird. Erst wenn diese scheitert, wird ein streitiges Verfahren mit Beweisaufnahme wie im allgemeinen Zivilverfahren auch durchgeführt.

Lernsituation

Rechtsanwältin Katharina Marschner führt ein erstes beratendes Gespräch mit Alice Nyman (wohnhaft in der Kaiser-Wilhelm-Straße 24, 67059 Ludwigshafen am Rhein). Ihr wurde am 29.08.2021 eine schriftliche außenordentliche Kündigung durch den Geschäftsführer ihres Arbeitgebers, der Jochmann Kfz-Werkstatt GmbH, Herrn Jannis Jochmann ausgehändigt.

Sie war für die Jochmann Kfz-Werkstatt GmbH acht Jahre tätig und hat ihre Tätigkeit als Mechatronikerin am Sitz der GmbH in der Breiten Straße T1, 1 – 2, 68161 Mannheim ausgeübt. Laut Arbeitsvertrag erhielt sie ein monatliches Bruttogehalt von 2.950,00 €.

Die GmbH hat abgesehen von Alice Nyman noch weitere 14 Mitarbeiter.

Rechtsanwältin Katharina Marschner übergibt Oxana Schuhmann die Unterlagen, die sie von der Mandantin erhalten hat und bittet sie, die Akte anzulegen. In der Anwaltssoftware soll sie dabei auch gleich das zuständige Gericht und relevante Fristen notieren. Da Oxana Schuhmann weiß, dass Rechtsanwältin Katharina Marschner einen gerichtlichen Schriftsatz diktieren wird, überlegt sie sich, wie in diesem Fall wohl das Rubrum aussehen wird.

Arbeitsaufträge:

a) Überlegen Sie in Gruppenarbeit, wie Alice Nyman gegen die Kündigung vorgehen kann.
b) In welchem Gesetz finden sich die dazugehörigen Verfahrensvorschriften?
c) Erstellen Sie eine Übersicht mit der Aktenbezeichnung und allen für eine Akte relevanten Daten inklusive der zuständigen Gerichte in erster und zweiter Instanz.
d) Welche Fristen sind hier eventuell zu beachten? Notieren Sie diese.
e) Könnte Alice Nyman ihre Ansprüche auch im Mahnverfahren geltend machen? Welches Gericht wäre dafür zuständig?
f) Überlegen Sie in Partnerarbeit, wie das Rubrum im vorliegenden Fall lauten wird. Notieren Sie dieses.
g) Wie errechnet sich der Streitwert im vorliegenden Verfahren?
h) Vergleichen Sie Ihre Ergebnisse mit denen Ihrer Mitschüler und berichtigen bzw. ergänzen Sie ggf. Ihre Notizen/Berechnungen.
i) Reflektieren Sie anschließend Ihr Wissen anhand des Fragebogens, den Sie im Downloadbereich zum Buch finden.

Web

3.1 Eröffnung des Rechtswegs

Gemäß § 2 Abs. 1 Nr. 3 ArbGG sind die Gerichte für Arbeitssachen ausschließlich zuständig für bürgerliche Rechtsstreitigkeiten zwischen Arbeitgebern und Arbeitnehmern.

vgl. LF 1, Kap. 3.4.1

Arbeitnehmer i. S. v. § 5 ArbGG ist, wer aufgrund eines privatrechtlichen Vertrags für einen anderen gegen Entgelt unselbstständige Dienste leistet. **Arbeitgeber** ist, wer mindestens einen Arbeitnehmer beschäftigt.

vgl. LF 5, Kap. 1.4.2

Darüber hinaus entscheiden die Gerichte für Arbeitssachen gem. § 2 Abs. 1 Nr. 1 ArbGG im Urteilsverfahren über Rechtsstreitigkeiten zwischen Tarifvertragsparteien.

vgl. LF 5, Kap. 3.5.1

In den §§ 2 ff. ArbGG finden sich weitere Konkretisierungen für die Eröffnung des Rechtswegs.

3.2 Zuständigkeit

Sachlich zuständig für alle arbeitsrechtlichen Klagen in der **ersten Instanz** sind gem. § 8 Abs. 1 ArbGG die **Arbeitsgerichte**. Diese sind mit einem Berufsrichter und zwei Laienrichtern besetzt, die von den Arbeitgeberverbänden und den Gewerkschaften benannt werden.

Für **Berufungen** gegen Urteile und **Beschwerden** gegen Beschlüsse des Arbeitsgerichts sind die **Landesarbeitsgerichte** zuständig (vgl. § 8 Abs. 2, 4 ArbGG).

Für **Revisionen** gegen Urteile und **Rechtsbeschwerden** gegen Beschlüsse des Landesarbeitsgerichts ist das Bundesarbeitsgericht in Erfurt zuständig (vgl. § 8 Abs. 3, 5 ArbGG).

Die **örtliche** Zuständigkeit bestimmt sich – wie im allgemeinen Zivilverfahren auch – grds. nach dem **allgemeinen Gerichtsstand des Beklagten** gem. §§ 12, 13, 17 ZPO i. V. m. § 46 Abs. 2 ArbGG. In § 48 Abs. 1 a ArbGG findet sich zudem ein wichtiger **besonderer Gerichtsstand**. Zuständig ist demnach auch das Arbeitsgericht, in dessen Bezirk der Arbeitnehmer gewöhnlich seine Arbeit verrichtet oder zuletzt gewöhnlich verrichtet hat.

▶ Beispiel: Louisa Federmann klagt gegen ihren Arbeitgeber, der Wendrix AG, auf Zeugniserteilung. Die Wendrix AG hat ihren Sitz in München, der Arbeitsort von Louisa Federmann war Hamburg. Louisa Federmann kann sich somit gem. § 35 ZPO aussuchen, ob sie Klage vor dem Arbeitsgericht in München oder Hamburg erhebt.

3.3 Ordnungsgemäße Klageerhebung

vgl. LF 10, Kap. 2.2.8

Für die Form der Klageerhebung gelten gem. § 46 Abs. 1 ArbGG i. V. m. § 253 ZPO die gleichen Vorschriften wie im allgemeinen Zivilverfahren.

Vor den Arbeitsgerichten in erster Instanz besteht gem. § 11 Abs. 1 ArbGG **kein Anwaltszwang**. Die Parteien können sich jedoch gem. § 11 Abs. 2 ArbGG durch einen Rechtsanwalt oder auch durch Gewerkschaften und Arbeitgeberverbände vertreten lassen. Vor den Landesarbeitsgerichten und dem Bundesarbeitsgericht ist eine solche Vertretung gem. § 11 Abs. 4 ArbGG zwingend.

3.4 Statthafte Klageart

Im Arbeitsrecht werden grds. zwei Verfahrensarten unterscheiden:

vgl. LF 5, Kap. 3

Im **Beschlussverfahren** gem. § 2 a ArbGG werden u. a. kollektivrechtliche Streitigkeiten entschieden, die das Betriebsverfassungsgesetz, Streitigkeiten im Zusammenhang mit der Schwerbehindertenvertretung und dem Mitbestimmungsgesetz, aber auch Entscheidungen über Tariffähigkeit und Tarifzuständigkeit betreffen. Das Beschlussverfahren wird durch Antragstellung eingeleitet, sodass die Parteien auch als Antragsteller und Antragsgegner bezeichnet werden und es wird durch Beschluss entschieden. Im Beschlussverfahren gilt zudem der **Amtsermittlungsgrundsatz**.

Im **Urteilsverfahren** gem. § 2 ArbGG werden hingegen individualrechtliche Streitigkeiten, also solche zwischen Arbeitnehmern oder zwischen Arbeitnehmern und Arbeitgebern entschieden. Die Parteien werden als Kläger und Beklagter bezeichnet und es ergeht ein Urteil. Im Urteilsverfahren gilt – wie im allgemeinen Zivilprozess auch – der **Beibringungsgrundsatz**, sodass die Parteien die entscheidungserheblichen Tatsachen vorbringen und ggf. beweisen müssen.

vgl. LF 10, Kap. 1.1.2

Je nach Klagebegehren kommen im Urteilsverfahren – wie im allgemeinen Zivilverfahren auch – verschiedene Klagearten in Betracht.

- Durch eine **Leistungsklage** können vor allem Geldforderungen, aber auch andere Leistungsansprüche geltend gemacht werden.

  ▶ Beispiele:
  - Gehaltsansprüche
  - Urlaubs- oder Urlaubsvergütungsansprüche
  - Anspruch auf Zeugniserteilung oder -berichtigung
  - Schadenersatzanspruch wegen Verstoß gegen ein Wettbewerbsverbot
  - Anspruch auf eine Betriebsrente

  Bei Leistungsklagen richtet sich die Eröffnung des Rechtswegs nach § 2 Abs. 1 Nr. 3 b ArbGG i. V. m. § 8 Abs. 1 ArbGG.

- Durch eine **allgemeine Feststellungsklage** nach § 256 ZPO kann vor allem das Fortbestehen eines Arbeitsverhältnisses gerichtlich festgestellt werden.

  ▶ Beispiel: Ein Arbeits- oder Aufhebungsvertrag wird wegen arglistiger Täuschung nach § 123 BGB angefochten. Der Klageantrag würde z. B. lauten: „*Es wird beantragt, festzustellen, dass das Arbeitsverhältnis zwischen den Parteien über den … hinaus fortbesteht.*“

- Daneben gibt es im arbeitsrechtlichen Verfahren auch besondere Feststellungsklagen:
  - Die **Befristungskontrollklage** gem. § 17 S.1 TzBfG ist statthaft, wenn der Arbeitnehmer geltend macht, dass die Befristung eines Arbeitsvertrags rechtsunwirksam ist. Die Klage muss innerhalb von **drei Wochen** nach dem vereinbarten Ende des befristeten Arbeitsvertrags erhoben werden.

    ▶ Beispiel: Saeid Ezatolahi hat über eine Dauer von 10 Jahren immer wieder befristete Arbeitsverträge erhalten. Der Klageantrag würde z. B. lauten: „*Es wird beantragt, festzustellen, dass das Arbeitsverhältnis aufgrund der zuletzt mit Arbeitsvertrag vom … vereinbarten Befristung nicht beendet ist.*“

  - Die **Kündigungsschutzklage** gem. § 4 S. 1 KSchG ist statthaft, wenn der Arbeitnehmer geltend macht, dass die Kündigung sozial ungerechtfertigt oder aus anderen Gründen rechtsunwirksam ist. Die Klage ist **drei Wochen** ab Zugang der Kündigung einzureichen.

    vgl. LF 5, Kap. 2.6.1

    ▶ Beispiel: Domenic Finke klagt gegen die Kündigung seines Arbeitsvertrags, da er der Meinung ist, dass die Sozialauswahl nicht richtig durchgeführt wurde und es

Kollegen gibt, die erst kurzzeitig im Betrieb beschäftigt sind und keinerlei Unterhaltsverpflichtungen haben. Der Klageantrag würde z. B. lauten: *„Es wird beantragt, festzustellen, dass das Arbeitsverhältnis nicht durch die Kündigung vom ... aufgelöst wurde."*

Web

Im Downloadbereich zum Buch finden Sie eine ausführliche Darstellung einer Kündigungsschutzklage.

Bei Beendigungsstreitigkeiten ist der Rechtsweg gem. § 2 Abs. 1 Nr. 3 b ArbGG i. V. m. § 8 Abs. 1 ArbGG eröffnet.

- Durch eine **Gestaltungsklage** wird die Begründung oder Änderung eines Rechtsverhältnisses angestrebt. Sie ist nur in den gesetzlich vorgesehenen Fällen zulässig.

  ▶ Beispiel: Laura Petkovic möchte die Auflösung ihres Arbeitsverhältnisses gegen Zahlung einer Abfindung gem. §§ 9, 10 KSchG erreichen.

3.5 Das arbeitsgerichtliche Mahnverfahren

Auch im Arbeitsrecht ist ein Mahnverfahren für **Geldforderungen aus dem Arbeitsverhältnis** möglich.

▶ Beispiele: Forderung von Restlohn oder Sonderzahlungen wie Weihnachtsgeld

Künftige Ansprüche auf Arbeitsvergütung können nicht im Mahnverfahren eingefordert werden.

Gemäß § 46 a Abs. 1 ArbGG gelten die Vorschriften der ZPO dafür entsprechend. Es gelten jedoch einige Besonderheiten, die nachfolgend erläutert werden.

Zuständig für die Durchführung des Mahnverfahrens ist gem. § 46 a Abs. 2 ArbGG das Arbeitsgericht, das für die im Urteilsverfahren erhobene Klage zuständig sein würde. Im Gegensatz zum zivilrechtlichen Mahnverfahren richtet sich die örtliche Zuständigkeit also nicht nach dem Wohnsitz des Antragstellers, sondern nach dem Wohn- oder Betriebssitz des **Antragsgegners** oder dem Ort, an dem die streitige Verpflichtung zu erfüllen ist.

Die **Widerspruchs- und Einspruchsfrist** beträgt gem. § 46 a Abs. 3 ArbGG und anders als im zivilrechtlichen Mahnverfahren nur **eine Woche**.

Für das arbeitsgerichtliche Mahnverfahren gibt es entsprechende standardisierte **Vordrucke**, die zwingend verwendet werden müssen. Diese sind im Schreibwarenhandel erhältlich und auch in einigen Kanzleisoftwarepaketen enthalten. Zudem kann der Antrag vor den Urkundsbeamten der Rechtsantragsstelle bei den Arbeitsgerichten gestellt werden.

3.6 Das Schlichtungsverfahren gem. § 111 Abs. 2 ArbGG

In arbeitsrechtlichen Angelegenheiten ist zum Teil vorgeschrieben, dass vor Einleitung eines Rechtsstreits ein Schlichtungsverfahren durchzuführen ist. Dies ist insbesondere nach § 111 Abs. 2 ArbGG zur Beilegung von **Streitigkeiten zwischen Ausbildenden und Auszubildenden** der Fall.

Der Schlichtungsausschuss wird je nach Ausbildungsart bei der IHK oder der zuständigen Berufskammer, wie z. B. der Rechtsanwaltskammer, gebildet und besteht zu gleichen Teilen aus Arbeitgebern und Arbeitnehmern. Eine bestimmte Frist zur Anrufung des Ausschusses ist gesetzlich nicht vorgesehen. Der Ausschuss fällt nach mündlicher Anhörung der Parteien einen Schiedsspruch. Wird dieser von beiden Parteien anerkannt oder schließen die Parteien einen Vergleich, kann daraus vollstreckt werden. Wird der gefällte Spruch nicht innerhalb einer Woche von beiden Parteien anerkannt, so kann binnen **zwei Wochen** nach ergangenem Spruch **Klage** beim zuständigen Arbeitsgericht erhoben werden.

3.7 Rechtsanwaltsgebühren

Bei arbeitsrechtlichen Streitigkeiten richtet sich der Gegenstands-/Streitwert in der Regel nach § 23 Abs. 1 RVG, § 42 Abs. 2 und 3 GKG. Weiterhin hatte die Präsidentenkonferenz der Landesarbeitsgerichte eine Kommission eingesetzt. Diese hat einen Streitwertkatalog für arbeitsrechtliche Streitigkeiten entwickelt, mit dem Ziel, die Streitwertbestimmung der Gerichte bundesweit möglichst einheitlich zu gestalten. In der Praxis folgen die Gerichte bei der Streitwertbestimmung in der Regel den Vorgaben des Streitwertkatalogs, verbindlich ist dieser jedoch nicht.

Im Downloadbereich zum Buch finden Sie den Streitwertkatalog „Arbeitsgerichtsbarkeit". Web

Der Rechtsanwalt hat neben seinem Gebührenanspruch, der in den folgenden Kapiteln erläutert wird, auch einen Erstattungsanspruch in Bezug auf die ihm entstandenen Auslagen gem. Nrn. 7000–7008 VV RVG und die von ihm getätigten Aufwendungen.

vgl. LF 4, Kap. 4.4.2, 4.4.3

Hinweis: Nach dem Versand der Vergütungsrechnung muss der Zahlungseingang überprüft und im Aktenkonto notiert werden.

vgl. LF 6, Kap. 2

3.7.1 Außergerichtliche Tätigkeit

Die Gebühren für die außergerichtliche Tätigkeit des Rechtsanwalts richten sich nach Teil 1 und Teil 2 Abschnitt 3 des Vergütungsverzeichnisses zum RVG:

Gebühren für die außergerichtliche Tätigkeit

- Geschäftsgebühr gem. Nr. 2300 VV RVG
  - Satzrahmengebühr: 0,5–2,5; Regelgebühr = 1,3
- Geschäftsgebühr gem. Nr. 2301 VV RVG
  - 0,3 Gebühr für einfache Schreiben
- ggf. Erhöhungsgebühr gem. Nr. 1008 VV RVG
  - pro Mandant 0,3, höchstens 2,0
- Einigungsgebühr gem. Nr. 1000 VV RVG
  - 1,5 Gebühr

Web Im Downloadbereich zum Buch finden Sie ein Abrechnungsbeispiel für die außergerichtliche Tätigkeit in arbeitsrechtlichen Angelegenheiten.

3.7.2 Schlichtungsverfahren gem. § 111 Abs. 2 ArbGG

Im Arbeitsrecht muss bei Streitigkeiten zwischen Auszubildenden und Ausbildern vor der gerichtlichen Geltendmachung ein Schlichtungsverfahren durchgeführt werden (§ 111 Abs. 2 ArbGG). Dieses stellt gem. § 17 Nr. 7 RVG eine eigene Angelegenheit dar, sodass folgende Gebühren entstehen können:

Gebühren für das Schlichtungsverfahren

- 1,5 Geschäftsgebühr gem. Nr. 2303 Nr. 2 VV RVG
- ggf. 0,3 Erhöhungsgebühr (höchstens 2,0) gem. Nr. 1008 VV RVG
- 1,5 Einigungsgebühr gem. Nr. 1000 VV RVG

Hinweis:

- Ist der Rechtsanwalt vor seiner Tätigkeit im Schlichtungsverfahren bereits außergerichtlich tätig geworden, muss die Geschäftsgebühr gem. Nr. 2300 VV RVG zur Hälfte, höchstens in Höhe von 0,75, auf die Geschäftsgebühr im Schlichtungsverfahren angerechnet werden (Vorbemerkung 2.3 Abs. 6 VV RVG).
- Sofern der Rechtsanwalt nach dem Schlichtungsverfahren im Klageverfahren tätig wird, ist die Geschäftsgebühr gem. Nr. 2303 Nr. 2. VV RVG zur Hälfte, also in Höhe von 0,75, auf die Verfahrensgebühr im Klageverfahren anzurechnen (Vorbemerkung 3 Abs. 4 VV RVG).

Im Downloadbereich zum Buch finden Sie ein Abrechnungsbeispiel zum Schlichtungsverfahren. Web

3.7.3 Gerichtliche Tätigkeit

In arbeitsrechtlichen Streitigkeiten entstehen für die gerichtliche Tätigkeit die anwaltlichen Gebühren nach Teil 1 sowie Teil 3 Abschnitt 1 und 2 des Vergütungsverzeichnisses zum RVG.

Klage	
Verfahrensgebühr	• 1,3 gem. Nr. 3100 VV RVG • ermäßigt: 0,8 gem. Nr. 3101 VV RVG
ggf. Erhöhungsgebühr	pro Mandant 0,3, höchstens 2,0 gem. Nr. 1008 VV RVG
Terminsgebühr	• 1,2 gem. Nr. 3104 VV RVG • ermäßigt: 0,5 gem. Nr. 3105 VV RVG
Einigungsgebühr	1,0 gem. Nrn. 1000, 1003 VV RVG

Berufung	
Verfahrensgebühr	• 1,6 gem. Nr. 3200 VV RVG • ermäßigt: 1,1 gem. Nr. 3201 VV RVG
ggf. Erhöhungsgebühr	pro Mandant 0,3, höchstens 2,0 gem. Nr. 1008 VV RVG
Terminsgebühr	• 1,2 gem. Nr. 3202 VV RVG • ermäßigt: 0,5 gem. Nr. 3203 VV RVG
Einigungsgebühr	1,3 gem. Nrn. 1000, 1004 VV RVG

Revision	
Verfahrensgebühr	• 1,6 gem. Nr. 3206 VV RVG • ermäßigt: 1,1 gem. Nr. 3207 VV RVG
ggf. Erhöhungsgebühr	pro Mandant 0,3, höchstens 2,0 gem. Nr. 1008 VV RVG

Terminsgebühr	• 1,5 gem. Nr. 3210 VV RVG • ermäßigt: 0,8 gem. Nr. 3211 VV RVG
Einigungsgebühr	1,3 gem. Nrn. 1000, 1004 VV RVG

Hinweis:

- Die anwaltlichen Kosten im erstinstanzlichen Verfahren sind gem. § 12 a Abs. 1 ArbGG nicht erstattungsfähig. Dies bedeutet, dass die Kosten der obsiegenden Partei nicht vom Gegner erstattet werden.
- Sofern das Landesarbeitsgericht die Revision nicht zulässt, besteht die Möglichkeit, hiergegen Nichtzulassungsbeschwerde einzulegen (§ 72 a ArbGG). Die Nichtzulassungsbeschwerde stellt gebührenrechtlich eine eigene Angelegenheit dar (§ 18 Abs. 1 Nr. 3 RVG). Die entstehende Verfahrensgebühr gem. Nr. 3506 VV RVG ist jedoch auf ein ggf. nachfolgendes Revisionsverfahren in voller Höhe anzurechnen (Anmerkung zu Nr. 3506 VV RVG).

Web

Im Downloadbereich zum Buch finden Sie ein Abrechnungsbeispiel für die gerichtliche Tätigkeit in arbeitsrechtlichen Angelegenheiten.

3.8 Führen des erforderlichen Schriftverkehrs

vgl. LF 5, Kap. 2

Zum Schriftverkehr in arbeitsrechtlichen Angelegenheiten gehören neben dem Erstellen von Arbeitszeugnissen, Arbeitsverträgen, Kündigungen und Aufhebungsverträgen z. B. auch Aufforderungsschreiben an den Arbeitgeber, die Geltendmachung des ausstehenden Gehalts vor dem Arbeitsgericht, die Kündigungsschutzklage und die Klage auf Aushändigung der Arbeitspapiere.

vgl. LF 2, Kap. 2.3.4

Hinweis:

- Da seit 01.01.2022 alle Rechtsanwälte verpflichtet sind, Schriftsätze per beA zu übermitteln, entfällt ab diesem Zeitpunkt das Vervielfältigen des Schriftsatzes (und etwaiger Anlagen) und damit das Erstellen von (beglaubigten und/oder einfachen) Abschriften für den Gegner zum Zweck der Zustellung (vgl. § 133 Abs. 1 ZPO).
- Das folgende Schreiben wird verkleinert dargestellt und stellt keine Musterlösung dar.
- Grundlage des Briefbogens der Partnerschaft Dr. Neumann & Huber sind die Form B, der gestaltete Informationsblock und das Anschriftfeld mit Rücksendeangabe.

Tipp: Im (Kurz-)Rubrum von Schriftsätzen sollte in jedem Fall jeweils der sachbearbeitende Rechtsanwalt (Vor- und Nachname sowie Postleitzahl und Ort) der Parteien angegeben werden. Dadurch wird sichergestellt, dass man auf den ersten Blick sieht, wer Sachbearbeiter ist. Dies erleichtert die Zustellung per beA. Sinnvoll ist auch die Angabe am Briefende, ob der Schriftsatz einfach oder elektronisch signiert ist, damit einfach und schnell nachvollzogen werden kann, wie signiert wurde.

Situationsbeschreibung: Dominik Karch (Zwerlenbachstraße 18, 67468 Neidenfels) hat von seinem Arbeitgeber, der Umzugsservice Bäuerlein GmbH (Konrad-Adenauer-Straße 3 – 7, 67433 Neustadt an der Weinstraße; Geschäftsführerin: Inge Kistner), am 28.06.2022 eine ordentliche Kündigung erhalten. Als Grund gibt der Arbeitgeber Umstrukturierungsmaßnahmen an und teilt mit, dass ein Sozialplan eingehalten wurde. Da Dominik Karch mit der Kündigung nicht einverstanden ist, beauftragt er Rechtsanwältin Katharina Schuh mit der anwaltlichen Vertretung. In der Besprechung teilt er mit, dass er nicht verstehe, wo denn ein Sozialplan eingehalten worden sei. Florian Redelberger, der 25 Jahre alt und ledig ist und erst seit acht Monaten im Betrieb arbeitet sowie die unverheiratete 30-jährige Jasmin Forster, die erst seit vier Jahren beim Arbeitgeber beschäftigt ist, stehen seiner Ansicht nach vor ihm auf der „Abschussliste". Dominik Karch ist nämlich 36 Jahre alt, verheiratet, hat drei schulpflichtige Kinder und ist seit seiner Ausbildung zum Schreiner ab 01.08.2000 in Vollzeit bei der Umzugsservice Bäuerlein GmbH beschäftigt. Dies ergibt sich auch aus dem Arbeitsvertrag vom 28.07.2000. Auf Nachfrage teilt Dominik Karch noch mit, dass es in der Firma (23 Vollzeitbeschäftigte, fünf Auszubildende) keinen Betriebsrat gibt und dass er derzeit einen monatlichen Bruttolohn von 2.700,00 € bezieht. Rechtsanwältin Katharina Schuh übergibt die Akte an Annika Sauer, die am 05.07.2022 die Kündigungsschutzklage an das Arbeitsgericht Ludwigshafen (Wredestraße 6, 67059 Ludwigshafen) zum kanzleiinternen Az. 171/2022 anfertigt.

Dr. Neumann & Huber
Rechtsanwälte Partnerschaft

RAe Dr. Neumann & Huber, Grainstr. 101, 67434 Neustadt a. d. Wstr.
Per beA
Arbeitsgericht Ludwigshafen
Wredestraße 6
67059 Ludwigshafen

Ihr Zeichen:
Ihre Nachricht vom:
Unser Zeichen: 171/2022
Unsere Nachricht vom:

Name: RAin Katharina Schuh
Sekretariat: Annika Sauer
Telefon: +49 6321 5632-12
Telefax: +49 6321 5632-15

Datum: 05.07.2022

Klage

In Sachen

Dominik Karch, Zwerlenbachstraße 18, 67468 Neidenfels,

– Kläger –

Prozessbevollmächtigte: RAe Dr. Neumann & Huber, RAin Katharina Schuh, Grainstr. 101, 67434 Neustadt an der Weinstraße,

gegen

Umzugsservice Bäuerlein GmbH, gesetzl. vertr. d. d. Geschäftsführerin Inge Kistner, Konrad-Adenauer-Straße 3 – 7, 67433 Neustadt an der Weinstraße,

– Beklagte –

wegen Unwirksamkeit einer Kündigung,

erheben wir namens und im Auftrag des Klägers

Klage

und beantragen, zu erkennen:

Seite 1 von 2

RAin Dr. Annette Neumann Fachanwältin für Verkehrsrecht · **RA Peter Huber** Fachanwalt für Erbrecht
In Zusammenarbeit mit **RAin Katharina Schuh** Fachanwältin für Familienrecht

RAe Dr. Neumann & Huber · Grainstr. 101 · 67434 Neustadt a. d. Wstr. · Telefon +49 6321 5632-0 · Fax +49 6321 5632-15
info@rae-neumann-huber.de · www.rae-neumann-huber.de
Registernummer PR 956 · Amtsgericht Neustadt a. d. Wstr. · USt-IdNr.: DE573964122

Commerzbank Neustadt a. d. Wstr. · IBAN DE41 5464 0035 0012 5832 19
Deutsche Bank Neustadt a. d. Wstr. · IBAN DE52 5467 0095 0096 7844 58

1. Es wird festgestellt, dass das Arbeitsverhältnis zwischen den Parteien durch die Kündigung vom 28.06.2022 nicht aufgelöst ist.

2. Für den Fall des Obsiegens, den Kläger als Schreiner zu den Arbeitsbedingungen gem. Arbeitsvertrag vom 28.07.2000 weiter zu beschäftigen.

Der Kläger wurde von der Beklagten am 01.08.2000 als Schreiner eingestellt. Der monatliche Bruttolohn beträgt derzeit 2.700,00 €.

Beweis: Arbeitsvertrag vom 28.07.2000 (Anlage K1)

Die Beklagte hat das Arbeitsverhältnis mit Schreiben vom 28.06.2022, das der Kläger am selben Tag erhalten hat, wegen Umstrukturierungsmaßnahmen gekündigt.

Beweis: Kündigungsschreiben vom 28.06.2022 (Anlage K2)

Diese Kündigung ist sozial nicht gerechtfertigt. Zum einen ist nicht erkennbar, dass der Arbeitsplatz des Klägers mit Ablauf der Kündigungsfrist entfällt. Außerdem wird gerügt, dass die Beklagte soziale Gesichtspunkte bei der Auswahl der zu kündigenden Arbeitnehmer nicht ausreichend berücksichtigt hat.

Ein weiterer Arbeitnehmer, Florian Redelberger, ist 25 Jahre alt, ledig und erst seit acht Monaten im Betrieb beschäftigt. Auch die unverheiratete Jasmin Forster, 30 Jahre alt, ist erst seit vier Jahren angestellt. Beide Arbeitnehmer sind somit weniger sozial schutzwürdig als der Kläger, der 36 Jahre alt und verheiratet ist und drei schulpflichtige Kinder hat.

Die Beklagte wird vorsorglich aufgefordert, die Gründe anzugeben, die zu der getroffenen Sozialauswahl geführt haben.

Im Betrieb der Beklagten sind regelmäßig mehr als zehn Vollzeitarbeitnehmer, ohne Auszubildende, beschäftigt. Ein Betriebsrat existiert nicht.

Im Fall des Obsiegens möchte der Kläger bei der Beklagten weiterbeschäftigt werden.

Katharina Schuh
Rechtsanwältin

Anlagen

Dieser Schriftsatz ist qualifiziert elektronisch signiert.

Seite 2 von 2

Zusammenfassung

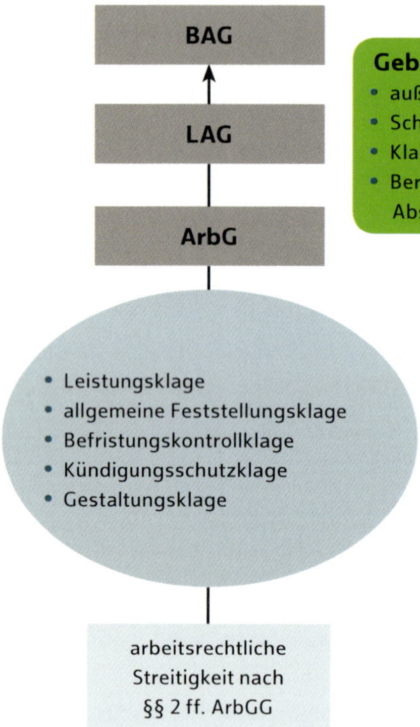

Gebühren:
- außergerichtlich: Teil 1 und Teil 2 Abschnitt 3
- Schlichtungsverfahren: Teil 1 und Teil 2 Abschnitt 3
- Klageverfahren: Teil 1 und Teil 3 Abschnitt 1 VV RVG
- Berufungs- und Revisionsverfahren: Teil 1 und Teil 3 Abschnitt 2

◀◀ Wiederholung und Vertiefung

1. Nennen Sie zwei Unterschiede des arbeitsrechtlichen Beschluss- und Urteilsverfahrens.
2. Innerhalb welcher Frist muss gegen einen arbeitsrechtlichen Mahnbescheid Widerspruch eingelegt werden?
3. Marie Hofstetter wird in der arbeitsrechtlichen Angelegenheit von Rechtsanwalt Ulrich Reuther vertreten. Marie Hofstetter macht ihren Anspruch auf Weihnachtsgeld in Höhe von 1.000,00 € brutto gegenüber ihrem Arbeitgeber, der Büromaterialdiscounter Buntpapier GmbH, geltend. Sowohl in dem Klage-, als auch im Berufungsverfahren unterlag Marie Hofstetter. Da die Revision nicht zugelassen wurde, bittet sie Rechtsanwalt Ulrich Reuther Nichtzulassungsbeschwerde einzureichen. Das Gericht lässt die Revision zu. Im Revisionsverfahren einigen sich die Parteien auf Anraten des Gerichts in der mündlichen Verhandlung. Welche Gebühren und Auslagen erhält Rechtsanwalt Ulrich Reuther für seine Tätigkeit im Verfahren über die Nichtzulassungsbeschwerde sowie im Revisionsverfahren?

4. Das Arbeitsgericht Ludwigshafen hat in der Angelegenheit Celine Donnerstedt (Hoher Weg 5, 67158 Ellerstadt) ./. Steuerkanzlei Kracht mit Urteil vom 21.02.2022, zugestellt am 25.02.2022, wider Erwarten die Klage auf Zahlung von Weihnachtsgeld in Höhe von 650,00 € abgewiesen. Rechtsanwältin Katharina Schuh bittet Annika Sauer, der Mandantin das Urteil zu übersenden und sie darüber aufzuklären, wie es nun weitergeht (Berufung, Fristen, Hinwirkung auf gütliche Beilegung, Kostentragung im Fall des Verlierens). Celine Donnerstedt soll bald Bescheid geben, ob Berufung eingelegt werden soll. Falls erforderlich, kann sie auch einen Besprechungstermin vereinbaren. Annika Sauer erstellt das Schreiben am 28.02.2022 zum kanzleiinternen Az. 209/2021. Erstellen Sie dieses Schreiben unter Verwendung des Kanzleibriefbogens.

4 Das Verwaltungsverfahren

Das Verwaltungsrecht ist die Gesamtheit der Rechtssätze, die die Tätigkeit, das Verfahren und Organisation der (staatlichen) Verwaltung regeln.

Die Verwaltung erfüllt zum einen eine **Ordnungsfunktion** durch Aufrechterhaltung der öffentlichen Sicherheit und Ordnung, aber auch eine **Leistungsfunktion** durch Gewährung von Leistungen an Einzelne und Bereitstellung von öffentlichen Einrichtungen und Infrastruktur.

▶ Beispiele:

- Abwehr von Gefahren durch die Polizei
- Auszahlung von Hartz IV durch das Jobcenter
- Betrieb eines Schwimmbads durch die Gemeinde

Grundsätze des Verwaltungshandelns

Die Verwaltung ist gem. Art. 20 Abs. 3 GG an Gesetz und Recht gebunden. Im Verwaltungsverfahren gilt somit der sog. **Vorbehalt des Gesetzes**. Eine Behörde darf demnach in die Rechte eines Bürgers nur eingreifen, wenn eine entsprechende gesetzliche **Ermächtigungsgrundlage** vorliegt. Beansprucht ein Bürger hingegen eine Leistung von einer Behörde, so benötigt er eine (gesetzliche) **Anspruchsgrundlage**.

Zudem gilt für die Verwaltung der **Gleichbehandlungsgrundsatz** gem. Art. 20 Abs. 3 GG i. V. m. Art. 3 Abs. 1 GG, der die Verwaltung verpflichtet, gleiche Sachverhalte auch gleich zu behandeln.

Jedes staatliche Handeln, somit auch das von Behörden, muss zudem **verhältnismäßig**, also im Hinblick auf den verfolgten Zweck geeignet, erforderlich und angemessen sein. Zudem muss es hinreichend **bestimmt** (vgl. § 37 Abs. 1 VwVfG [Verwaltungsverfahrensgesetz]) und **nicht willkürlich** sein.

Ein Verstoß gegen diese Grundsätze stellt einen Rechtsverstoß dar, der im Rahmen der **Begründetheit** einer verwaltungsrechtlichen Klage geprüft wird.

Ermessensentscheidungen

Häufig wird der Behörde ein **Ermessensspielraum** eingeräumt (etwa durch Formulierungen im Gesetz wie „kann“ oder „ist befugt/berechtigt“). Das Ermessen kann sich dabei sowohl auf das „Ob“ (Entschließungsermessen) als auch auf das „Wie“ (Auswahlermessen) beziehen. Die Gerichte sind bei der Überprüfung von Ermessensentscheidungen eingeschränkt. Sie können nur prüfen, ob die Behörde ihr Ermessen gar nicht gebraucht hat (Ermessensnichtgebrauch), die

Entscheidung die gesetzlich festgelegten Rechtsfolgen unter- oder überschreitet (Ermessensunter- bzw. -überschreitung) oder die Behörde sachfremde oder nicht alle erheblichen Erwägungen in ihre Entscheidung einbezieht (Ermessensfehlgebrauch). Das Gericht darf hingegen nicht prüfen, ob das Handeln zweckmäßig war oder eine andere Entscheidung zu einem sinnvolleren Ergebnis geführt hätte.

▶ Beispiele: Art. 16 Abs. 1 S. 1 PAG (Gesetz über die Aufgaben und Befugnisse der Bayerischen Staatlichen Polizei) lautet: „Die Polizei kann zur Abwehr einer Gefahr [...] eine Person vorübergehend von einem Ort verweisen oder ihr vorübergehend das Betreten eines Orts verbieten." Ein Ermessensnichtgebrauch würde vorliegen, wenn der Polizeibeamte Hubert Sengelmeyer allen Passanten und Rettungskräften verbietet, ein brennendes Gebäude zu betreten, weil er fälschlicherweise annimmt, dass er das muss. Eine Ermessensüberschreitung würde vorliegen, wenn die Polizeibeamtin Jule Nümburger dem Obdachlosen Martin Wiesner dauerhaft verbietet, sich vor dem Bahnhof aufzuhalten, da in Art. 16 PAG nur ein vorübergehender Platzverweis vorgesehen ist. Ein Ermessensfehlgebrauch würde vorliegen, wenn der Polizeibeamte Anton Willert den Imbissbudenbesitzer Karl Sanders vom Marktplatz verweist, da ihn der Geruch stört.

Im Downloadbereich zum Buch finden Sie eine ausführliche Darstellung und weitere Beispiele zu Ermessensentscheidungen. Web

Die wichtigsten Regelungen im Verwaltungsrecht finden sich im **Verwaltungsverfahrensgesetz** (VwVfG) des Bunds und den Verwaltungsverfahrensgesetzen der Länder, die zur Anwendung kommen, wenn keine Bundesbehörde, sondern eine Landesbehörde handelt. Das verwaltungsrechtliche Gerichtsverfahren ist in der **Verwaltungsgerichtsordnung** (VwGO) geregelt.

Der Verwaltungsakt

Die Verwaltung hat verschiedene Handlungsformen, wie etwa den Erlass von Satzungen, den Realakt oder den Abschluss eines öffentlich-rechtlichen Vertrags. Die wichtigste Handlungsform der Verwaltung ist jedoch der **Verwaltungsakt**, der in § 35 VwVfG definiert ist.

Merke: Ein Verwaltungsakt ist jede Verfügung, Entscheidung oder andere hoheitliche Maßnahme, die eine Behörde zur Regelung eines Einzelfalls auf dem Gebiet des öffentlichen Rechts trifft und die auf unmittelbare Rechtswirkung nach außen gerichtet ist.

Die Unterscheidung, ob ein Verwaltungsakt vorliegt oder nicht, hat für die Wahl der richtigen Klageart eine große Bedeutung, da Anfechtungs- und Verpflichtungsklagen nur gegen Verwaltungsakte statthaft sind. vgl. LF 14 (ReFa), Kap. 4.6

▶ Beispiele:
- Die Polizei löst eine Demonstration auf. Es handelt sich um einen Verwaltungsakt, da die Anweisung zur Regelung eines Einzelfalls erfolgt.
- Die Gemeinde Warendorf erteilt Maike Burghardt Auskunft über den Sachstand in ihrem Baugenehmigungsverfahren. Hierbei handelt es sich um einen Realakt, da durch die Auskunftserteilung keine Regelung getroffen wird. Die Erteilung der Baugenehmigung ist hingegen ein Verwaltungsakt.
- Der Behördenleiter ordnet an, dass Oberregierungsdirektor Hannes Riebel das Dezernat für Bausachen übernimmt. Hier liegt kein Verwaltungsakt vor, da es sich um eine innerdienstliche Weisung ohne Außenwirkung handelt.

Web Im Downloadbereich zum Buch finden Sie weitere Beispiele zur Abgrenzung zwischen Verwaltungsakten und anderen Handlungsformen der Verwaltung.

Wie im Zivilverfahren auch haben Klagen in Verwaltungsverfahren nur Erfolg, wenn sie **zulässig und begründet** sind. Für die Zulässigkeit müssen die Sachentscheidungsvoraussetzungen vorliegen und für die Begründetheit eine Rechtsverletzung.

Web Im Downloadbereich zum Buch finden Sie ausführliche Informationen zur Prüfung der Begründetheit verwaltungsrechtlicher Klagen.

Lernsituation

Rechtsanwältin Katharina Schuh vertritt Alexandra Wodetzki (Bahnhofstraße 14, 67434 Neustadt an der Weinstraße). Diese wollte mit einem selbstgebauten Fahrrad von der Pfalz bis nach Dänemark fahren. In Hannover wurde sie jedoch am 23.08.2022 von der Polizei angehalten. Die Polizeibeamten hielten ihre Konstruktion für gefährlich, da sie sich bei einer scharfen Bremsung selbst verletzen könne und andere Verkehrsteilnehmer gefährde. Sie beschlagnahmten daher das Fahrrad, ein Bußgeldbescheid wurde jedoch nicht ausgestellt.

Alexandra Wodetzki bittet Rechtsanwältin Katharina Schuh in einem Besprechungstermin am 05.09.2022 das Fahrrad „herauszuklagen“.

Rechtsanwältin Katharina Schuh übergibt Julia Hoffmann die Unterlagen, um eine Akte anzulegen und bittet sie, die Anschrift des zuständigen Gerichts zu ermitteln.

Nachdem Julia Hoffmann diese Aufgabe erledigt hat, nimmt sie sich die nächste Akte vor: Anne Schönmeier wegen Ausbildungsförderung.

Anne Schönmeier hatte gegen zwei Bescheide des Amts für Ausbildungsförderung wegen der ihr zustehenden und noch zu zahlenden Ausbildungsförderung (BAföG) selbst Widerspruch eingelegt. Hinsichtlich des ersten Bescheids, der einen Betrag in Höhe von 530,00 € betraf, war bereits ein Widerspruchsbescheid ergangen. Gegen diesen Widerspruchsbescheid hatte Rechtsanwältin Katharina Schuh Klage erhoben. Im Gerichtstermin wurde auch der zweite Bescheid, der eine noch zu zahlende Ausbildungsförderung in Höhe von 311,50 € betraf, in die Verhandlung miteinbezogen. Eine Gesamterledigung scheiterte jedoch. Das Gericht entschied zugunsten der Behörde.

Am 16.08.2022 wurde der Mandantin die Kostenendabrechnung übersandt. Anne Schönmeier hat jedoch den Rechnungsbetrag nicht fristgerecht bis zum 01.09.2022 beglichen. Julia Hoffmann erstellt deshalb am 05.09.2022 ein Mahnschreiben mit Fristsetzung zum 22.09.2022.

Arbeitsaufträge:

a) Prüfen Sie die Zulässigkeit einer Klage. Notieren Sie Ihr Ergebnis in Stichpunkten.
b) Prüfen Sie, welches Gericht in diesem Fall zuständig wäre. Notieren Sie die Daten der Klägerin und des Klagegegners sowie die zuständigen Gerichte in der ersten und zweiten Instanz für die Akte.
c) Welche Fristen sind hier zu beachten? Notieren Sie Ihr Ergebnis.
d) Recherchieren Sie, wo sich die Definition des Verwaltungsakts im Gesetz findet und notieren Sie diese. Nennen Sie jeweils drei Beispiele für Verwaltungsakte und andere Formen von Verwaltungshandeln und begründen Sie dabei Ihre Entscheidung.
e) Welche Gebühren und Auslagen erhält Rechtsanwältin Katharina Schuh in der Sache Anne Schönmeier wegen Ausbildungsförderung?
f) Formulieren Sie das Mahnschreiben. Beginnen Sie mit dem Betreff und enden Sie mit dem Gruß.
g) Vergleichen Sie Ihre Ergebnisse mit denen Ihrer Mitschüler und berichtigen bzw. ergänzen Sie ggf. Ihre Notizen.
h) Reflektieren Sie anschließend Ihr Wissen anhand des Fragebogens, den Sie im Downloadbereich zum Buch finden. Web

4.1 Verfahrensgrundsätze

Wie im zivilrechtlichen Verfahren auch, gibt es im Verwaltungsprozess einige allgemeine Grundsätze, die für (fast) alle Verfahren gelten, wie der **Mündlichkeitsgrundsatz** (§ 101 Abs. 1 VwGO), vgl. LF 10, Kap. 1.1.3–1.1.7

der **Unmittelbarkeitsgrundsatz** (vgl. § 96 Abs. 1 VwGO), der **Öffentlichkeitsgrundsatz** (§ 55 VwGO i. V. m. § 169 GVG), der **Grundsatz des rechtlichen Gehörs** (§ 108 Abs. 2 VwGO) und der **Beschleunigungsgrundsatz** (vgl. § 87 VwGO).

vgl. LF 10, Kap. 1.1.1

Auch im Verwaltungsverfahren gilt die **Dispositionsmaxime**, da der Kläger durch seine Handlungen das Verfahren in Gang setzt, das Gericht also nur auf Antrag tätig wird (vgl. §§ 42 Abs. 1, 80 Abs. 5, 123 VwGO) und den Streitgegenstand bestimmt. Das Gericht ist gem. § 88 VwGO allerdings nur an das Begehren, nicht an konkret formulierte Anträge gebunden.

Im Verwaltungsprozess gilt das **Verschlechterungsverbot (Verbot der reformatio in peius)**. Dies besagt, dass das Gericht den Kläger nicht schlechter stellen darf, als er vorher stand.

vgl. LF 10, Kap. 1.1.2

Im Gegensatz zum Zivilverfahren gilt jedoch beim Verwaltungsprozess der **Untersuchungsgrundsatz**, sodass das Gericht die entscheidungserheblichen Tatsachen **von Amts wegen** zu ermitteln hat (vgl. § 86 Abs. 1 VwGO).

4.2 Eröffnung des Rechtswegs

vgl. LF 1, Kap. 3.4.4

Der Rechtsweg zu den Verwaltungsgerichten ist gem. § 40 Abs. 1 VwGO eröffnet, wenn es sich um eine öffentlich-rechtliche Streitigkeit nichtverfassungsrechtlicher Art handelt und keine Sonderzuweisung an andere Gerichte vorliegt.

▶ Beispiele:

vgl. LF 14 (ReFa), Kap. 5

- Für Schadenersatzansprüche aus der Verletzung öffentlich-rechtlicher Pflichten sind gem. § 40 Abs. 2 VwGO die ordentlichen Gerichte zuständig.
- Für Bußgeldbescheide sind gem. §§ 62 Abs. 1 S. 1, 68 OWiG die Amtsgerichte zuständig.
- Für sozialrechtliche Streitigkeiten sind gem. § 51 SGG die Sozialgerichte zuständig.

4.3 Zuständigkeit

Die **örtliche Zuständigkeit** richtet sich nach § 52 VwGO. Grundsätzlich zuständig ist das Verwaltungsgericht, in dessen Bezirk der Verwaltungsakt erlassen wurde.

Sachlich zuständig ist im ersten Rechtszug gem. § 45 VwGO grds. das **Verwaltungsgericht** (VG). Das **Oberverwaltungsgericht** (OVG) ist gem. § 47 VwGO hingegen in erster Instanz zuständig bei Normenkontrollverfahren und den in § 48 VwGO genannten Sachverhalten, u.a. Streitigkeiten über Atomkraftwerke. Das OVG entscheidet gem. § 46 VwGO zudem über das Rechtsmittel der Berufung und Beschwerde.

Das **Bundesverwaltungsgericht** (BVerwG) in Leipzig ist in erster Instanz zuständig für die in § 50 VwGO genannten Fälle, u. a. Streitigkeiten zwischen zwei Bundesländern oder Abschiebeanordnungen gegen einen Ausländer sowie gem. § 49 VwGO für das Rechtsmittel der Revision und Beschwerde.

4.4 Beteiligten-, Prozess- und Postulationsfähigkeit

Gemäß § 63 VwGO können die **Beteiligten am Verfahren** nur der Kläger, der Beklagte, der Beigeladene gem. § 65 VwGO sowie der Bundesanwalt oder ein anderer Vertreter des öffentlichen Interesses sein.

▶ Beispiel: Emily Pilch erhebt Anfechtungsklage gegen die ihrem Nachbarn Leander Bellinghausen erteilte Baugenehmigung für ein Einfamilienhaus, weil sie der Meinung ist, dass diese Genehmigung auf einem fehlerhaften Bebauungsplan beruht. Leander Bellinghausen muss zu dem Verfahren beigeladen werden, weil die Entscheidung über die Rechtmäßigkeit der Baugenehmigung gegenüber Emily Pilch und Leander Bellinghausen nur einheitlich ergehen kann (notwendige Beiladung). Die Gemeinde, die den Bebauungsplan erlassen hat, kann, muss aber nicht zwingend beigeladen werden, da sie ein rechtliches Interesse an dem Verfahren hat (einfache Beiladung). Leander Bellinghausen und die Gemeinde dürfen dann im Verfahren eigene Angriffs- oder Verteidigungsmittel geltend machen, also z. B. einen Beweisantrag stellen.

Beteiligungsfähig sind:

- natürliche und juristische Personen gem. § 61 Nr. 1 VwGO

  ▶ Beispiele: juristische Personen des Öffentlichen Rechts wie eine Gemeinde oder ein Bundesland; juristische Personen des Zivilrechts wie eine GmbH

- Vereinigungen, soweit ihnen ein Recht zustehen kann gem. § 61 Nr. 2 VwGO

  ▶ Beispiele: GbR, Personalrat

- Behörden, sofern das Landesrecht dies bestimmt gem. § 61 Nr. 3 VwGO

Beklagter ist gem. § 78 Abs. 1 Nr. 1 VwGO die Körperschaft, deren Behörde gehandelt hat (Rechtsträgerprinzip) oder sofern das Landesrecht dies bestimmt gem. § 78 Abs. 1 Nr. 2 VwGO die Behörde selbst, die den angefochtenen Verwaltungsakt erlassen hat (Behördenprinzip).

▶ Beispiel: Nach § 8 S. 2 AG VwGO LSA (Gesetz zur Ausführung der Verwaltungsgerichtsordnung und des Bundesdisziplinargesetzes Sachsen-Anhalt) ist die Klage gegen die Landesbehörde zu richten, die den angefochtenen Verwaltungsakt erlassen hat. Das Behördenprinzip nach § 78 Abs. 1 Nr. 2 VwGO gilt in Nordrhein-Westfalen hingegen seit dem Inkrafttreten des Gesetzes zur Modernisierung und Bereinigung von Justizgesetzen im Land Nordrhein-Westfalen vom 26.01.2011 nicht mehr, hier ist Beklagter stets der Rechtsträger.

Die **Prozessfähigkeit** gem. § 62 VwGO richtet sich nach den im BGB geregelten Grundsätzen zur Geschäftsfähigkeit. Für Vereinigungen sowie für Behörden handeln ihre gesetzlichen Vertreter und Vorstände.

Vor dem Verwaltungsgericht ist jeder, der prozessfähig ist, auch **postulationsfähig**. Die Beteiligten können gem. § 67 Abs. 1 VwGO vor dem Verwaltungsgericht den Rechtsstreit also selbst führen. Sie können sich aber auch durch einen Rechtsanwalt oder einen Rechtslehrer (also einem Hochschullehrer auf dem Gebiet der Rechtswissenschaft), der die Befähigung zum Richteramt besitzt, vertreten lassen. Diese müssen dazu eine schriftliche Vollmacht gem. § 67 Abs. 6 VwGO vorlegen. Vor dem Oberverwaltungsgericht und dem Bundesverwaltungsgericht ist gem. § 67 Abs. 4 VwGO die Vertretung durch Prozessbevollmächtigte zwingend.

4.5 Ordnungsgemäße Klageerhebung

Die Klage ist gem. § 81 VwGO **schriftlich** einzureichen, zu unterschreiben und muss gem. § 82 VwGO den Kläger, den Beklagten und den Gegenstand des Klagebegehrens bezeichnen.

Ein bestimmter Antrag und eine **Klagebegründung** sind aufgrund des Untersuchungsgrundsatzes **nicht zwingend** erforderlich.

Widerspruch und Anfechtungsklage haben grds. gem. § 80 Abs. 1 VwGO **aufschiebende Wirkung**. Dies bedeutet, dass der Verwaltungsakt nicht befolgt werden muss und auch nicht zwangsweise durchgesetzt werden kann. Behörden können auch keine anderen, darauf aufbauenden Verwaltungsakte erlassen.

▶ Beispiel: Die Behörde entzieht Henriette Griesbach Ruiz die Gewerbeerlaubnis für ihre Tätigkeit als Finanzanlagenvermittlerin, wogegen sie Klage einreicht. Bis die Sache rechtskräftig entschieden wurde, darf Henriette Griesbach Ruiz die Tätigkeit weiterhin ausüben und die Behörde darf auch kein Zwangsgeld gegen sie erlassen.

4.6 Statthafte Klageart

Im verwaltungsrechtlichen Klageverfahren werden mehrere Klagearten unterschieden:

- Durch eine **Anfechtungsklage** gem. § 42 Abs. 1 1. Alt. VwGO kann der Kläger die Aufhebung eines Verwaltungsakts erreichen.

  ▶ Beispiel: Fabian Christiansen erhebt Klage gegen eine Verfügung, die ihm aufgibt, das von ihm auf seinem Grundstück errichtete Baumhaus zu entfernen.

- Die **Fortsetzungsfeststellungsklage** gem. § 113 Abs. 1 S. 4 VwGO ist statthaft, wenn sich der angefochtene Verwaltungsakt nach Klageerhebung, aber vor der gerichtlichen Entscheidung erledigt hat. Hat sich der Verwaltungsakt vor Klageerhebung erledigt, wird § 113 Abs. 1 S. 4 VwGO analog angewandt. Der Kläger muss dabei ein berechtigtes Interesse an der Feststellung der Rechtswidrigkeit haben, was u. a. bei Wiederholungsgefahr der Fall ist.

  ▶ Beispiel: Lea Frieder beantragt die Genehmigung einer Demonstration in der Dresdener Innenstadt. Die Genehmigung wird ihr am Vortag mit der Auflage erteilt, den Demonstrationszug nicht an der Semperoper vorbeizuführen. Sie hält sich an die Auflage, erhebt aber am Tag danach Klage, da sie weitere ähnliche Demonstrationen plant.

- Durch eine **Verpflichtungsklage** gem. § 42 Abs. 1 2. Alt. VwGO kann der Kläger erreichen, dass die Behörde dazu verurteilt wird, einen bestimmten Verwaltungsakt zu erlassen. Man unterscheidet dabei zwischen der **Versagungsgegenklage**, durch die eine Verurteilung zum Erlass eines abgelehnten Verwaltungsakts angestrebt wird und der **Untätigkeitsklage**, durch die der Erlass eines unterlassenen Verwaltungsakts erreicht werden soll.

  ▶ Beispiele:
  - Gwendolin Göpfert klagt auf Erteilung einer Baugenehmigung für ein Carport mit zwei Stellplätzen, die die Behörde jedoch abgelehnt hat und nur eine Baugenehmigung für ein Carport mit einem Stellplatz erteilt hat (Versagungsgegenklage).
  - Selim Canikli klagt auf Erteilung einer Baugenehmigung für ein Einfamilienhaus, die er beantragt hat, aber über die die Behörde seit mehr als drei Monaten nicht entschieden hat (Untätigkeitsklage).

- Durch eine **Leistungsklage** kann der Kläger eine hoheitliche Handlung verlangen, die keinen Verwaltungsakt darstellt (dafür wäre die Verpflichtungsklage statthaft).

  ▶ Beispiel: Lucas Tillmann möchte von einer Behörde Auskunft über von ihm vorliegende Daten und deren Löschung.

- Durch eine **Feststellungsklage** gem. § 43 Abs. 1 VwGO kann das Bestehen oder Nichtbestehen eines Rechtsverhältnisses oder die Feststellung, dass aufgrund eines bestimmten Rechtsverhältnisses eine bestimmte Verhaltensweise nicht gefordert werden kann, erreicht werden. Die Feststellungsklage ist grds. subsidiär gegenüber Gestaltungs- und Leistungsklagen. Eine Feststellungsklage ist also grds. nur möglich, wenn der Kläger seine Rechte durch eine Gestaltungs- oder Leistungsklage nicht effektiver verfolgen kann.

  ▶ Beispiel: Orhan Ebro möchte gerichtlich feststellen lassen, dass er Mitglied der Stiftung Naturschutz Berlin ist.

- Mithilfe eines **Normenkontrollverfahrens** gem. § 47 VwGO kann die Überprüfung von untergesetzlichen Rechtsnormen erreicht werden.

  ▶ Beispiele:
  - Richard Winkler hält den Bebauungsplan seiner Stadt für rechtswidrig und möchte diesen gerichtlich überprüfen lassen.
  - Karla Bräumeister hält die Friedhofssatzung der Gemeinde Gadsdorf für rechtswidrig.

Web

Im Downloadbereich zum Buch finden Sie eine vergleichende Übersicht zu den Zulässigkeitsvoraussetzungen der verschiedenen verwaltungsrechtlichen Klagearten.

4.7 Vorverfahren

Bevor eine **Anfechtungs- oder Verpflichtungsklage** erhoben werden kann, muss grds. gem. § 68 VwGO ein Widerspruchsverfahren (auch Vorverfahren genannt) form- und fristgerecht, aber erfolglos durchgeführt worden sein. Das Verfahren ist zum Teil in den §§ 68 ff. VwGO und teilweise in §§ 79, 80 VwVfG geregelt. Es dient dazu, die Gerichte zu entlasten und den Behörden die Möglichkeit zu geben, Fehler selbst zu korrigieren.

Das **Widerspruchsverfahren** beginnt gem. § 69 VwGO mit der fristgerechten (innerhalb eines Monats ab Bekanntgabe des Verwaltungsakts) Einlegung des Widerspruchs bei der Ausgangsbehörde. Die Behörde kann dann eine Abhilfeentscheidung gem. § 72 VwGO treffen oder die Sache an die Widerspruchsbehörde (in der Regel die nächsthöhere Behörde) gem. § 73 Abs. 1 S. 1 VwGO weiterleiten. Die Widerspruchsbehörde erlässt dann, wenn sie dem Widerspruch ebenfalls nicht abhilft, gem. § 73 VwGO den **Widerspruchsbescheid**.

Bei der Verpflichtungsklage in Form einer Untätigkeitsklage ist gem. § 75 VwGO kein Vorverfahren erforderlich.

Bei der **Leistungs- und Feststellungsklage** ist **kein Vorverfahren** erforderlich.

Kein Widerspruchsverfahren ist zudem erforderlich, wenn ein Gesetz dies bestimmt. Zahlreiche Bundesländer haben für verschiedene Rechtsgebiete von dieser Möglichkeit Gebrauch gemacht und bestimmt, dass kein Vorverfahren erforderlich ist.

▶ Beispiele:
- In Bayern und Niedersachsen wurde das Widerspruchsverfahren bis auf wenige Ausnahmen abgeschafft (vgl. Art. 15 Abs. 3 S. 1 Bayrisches Gesetz zur Ausführung der Verwaltungsgerichtsordnung und § 80 Niedersächsisches Justizgesetz).

- In Nordrhein-Westfalen ist ein Widerspruchsverfahren nur in den in § 110 JustG NRW (Gesetz über die Justiz im Land Nordrhein-Westfalen [Justizgesetz Nordrhein-Westfalen]) genannten Fällen erforderlich.

Im Downloadbereich zum Buch finden Sie eine ausführliche Darstellung des Widerspruchsverfahrens. Web

4.8 Klagefrist

Die Frist zur Erhebung einer Anfechtungs- oder Verpflichtungsklage beträgt gem. § 74 VwGO **einen Monat** nach Zustellung des Widerspruchsbescheids bzw. sofern kein Vorverfahren erforderlich ist, innerhalb eines Monats nach Bekanntgabe des Verwaltungsakts.

Die Erhebung einer Feststellungs- oder allgemeinen Leistungsklage ist nicht fristgebunden.

Die Fristberechnung richtet sich hierbei nach § 57 Abs. 2 VwGO i. V. m. § 222 ZPO i. V. m. §§ 187 ff. BGB. Dabei ist zu beachten, dass gem. § 41 Abs. 2 VwVfG ein schriftlicher Verwaltungsakt am dritten Tag nach der Aufgabe zur Post als bekannt gegeben gilt.

Im Downloadbereich zum Buch finden Sie Beispiele zur Fristberechnung im Verwaltungsverfahren. Web

Hinweis: Auch in Verwaltungsprozessen ist eine Wiedereinsetzung in den vorigen Stand gem. § 60 VwGO möglich.

vgl. LF 11, Kap. 1.5

4.9 Klagebefugnis/Beschwer

Die Klage ist gem. § 42 Abs. 2 VwGO nur zulässig, wenn der Kläger geltend macht, durch den Verwaltungsakt oder seine Ablehnung oder Unterlassung **in seinen Rechten verletzt** zu sein. Damit soll verhindert werden, dass die Gerichte mit Klagen überschüttet werden und vor allem, dass die Rechte Dritter durch sog. Popularklagen, also Klagen, die jedermann erheben kann, ohne selbst unmittelbar betroffen zu sein, geltend gemacht werden. Man sagt: „Der Einzelne ist kein Sachwalter der Allgemeinheit“, er kann daher nur für sich selbst klagen. Es reicht dabei aus, dass die **Möglichkeit** einer eigenen Rechtsverletzung besteht.

4.10 Ablauf des Verfahrens/Rechtsmittel

Über die Klage entscheidet das Verwaltungsgericht (besetzt durch drei Berufs- und zwei Laienrichter), soweit nicht ein Einzelrichter entscheidet (vgl. § 5 Abs. 3 VwGO), in der Regel gem. § 107 VwGO nach mündlicher Verhandlung durch ein **Urteil**. Auch Zwischen- und Teilurteile sind möglich (vgl. §§ 109 f. VwGO). Das Gericht kann gem. § 84 VwGO auch ohne mündliche Verhandlung durch **Gerichtsbescheid** entscheiden, wenn die Sache keine besonderen Schwierigkeiten tatsächlicher oder rechtlicher Art aufweist und der Sachverhalt geklärt ist. In den gesetzlich vorgesehenen Fällen ist auch eine Entscheidung durch **Beschluss** möglich.

▶ Beispiele: Über die Beiladung Dritter wird gem. § 65 VwGO durch Beschluss entschieden, über einen Antrag auf Aussetzung der Vollziehung gem. § 80 Abs. 5 VwGO wird durch Beschluss entschieden (vgl. § 80 Abs. 7 VwGO).

vgl. LF 11, Kap. 1.4.3

Gegen ein Urteil kann gem. § 124 VwGO **Berufung** beim OVG eingereicht werden. Die Berufung muss im Urteil durch das VG zugelassen worden sein. Andernfalls muss ein Berufungszulassungsantrag beim OVG gestellt werden. Wird die Zulassung der Berufung abgelehnt, wird das angegriffene Urteil rechtskräftig und es gibt **kein Rechtsmittel** wie etwa eine Nichtzulassungsbeschwerde. Die **Berufungseinlegungsfrist** beträgt gem. § 124 a Abs. 2 VwGO **einen Monat** nach Zustellung des vollständigen Urteils und die **Begründungsfrist** gem. § 124 a Abs. 3 VwGO **zwei Monate** nach Zustellung des vollständigen Urteils.

Gegen einen Gerichtsbescheid kann gem. § 84 Abs. 2 VwGO innerhalb eines Monats nach Zustellung **mündliche Verhandlung** beantragt werden. Der Gerichtsbescheid gilt dann gem. § 84 Abs. 3 VwGO als nicht ergangen. Gegen einen Gerichtsbescheid kann – sofern sie zugelassen wurde – auch **Berufung** oder **Revision** eingelegt werden.

Gegen Entscheidungen des Verwaltungsgerichts, die nicht Urteile oder Gerichtsbescheide sind, ist gem. § 146 VwGO die **Beschwerde** an das OVG statthaft. Die Frist für die Einlegung der Beschwerde beträgt gem. § 147 Abs. 1 VwGO **zwei Wochen** nach Bekanntgabe der Entscheidung.

Gegen Urteile des OVG und Beschlüsse im Normenkontrollverfahren kann gem. § 132 VwGO **Revision** zum BVerwG erhoben werden, wenn das OVG die Revision zugelassen hat. Gegen die Nichtzulassung der Revision kann gem. § 133 Abs. 1 VwGO **Beschwerde** beim BVerwG eingelegt werden.

Die Frist für die **Einlegung der Revision** beträgt gem. § 139 VwGO **einen Monat** nach Zustellung des Urteils und die **Revisionsbegründungsfrist zwei Monate** nach Zustellung des Urteils. **Absolute Revisionsgründe** finden sich in § 137 VwGO.

4.11 Rechtsanwaltsgebühren

Der Gegenstands-/Streitwert richtet sich bei verwaltungsrechtlichen Streitigkeiten nach § 23 Abs. 1 RVG, § 52 GKG. Wenn der Sach- und Streitstand für die Bestimmung des Gegenstands-/Streitwerts keine genügenden Anhaltspunkte liefert, ist von einem Regelwert von 5.000,00 € auszugehen (§ 52 Abs. 2 GKG). Weiterhin wurde vom Bundesverwaltungsgericht, den Oberverwaltungsgerichten und den Verwaltungsgerichtshöfen ein Streitwertkatalog für verwaltungsrechtliche Streitigkeiten entwickelt, mit dem Ziel, die Streitwertbestimmung bundesweit möglichst einheitlich zu gestalten. In der Praxis folgen die Gerichte in der Regel den Vorgaben des Streitwertkatalogs, verbindlich ist dieser jedoch nicht.

Im Downloadbereich zum Buch finden Sie den Streitwertkatalog „Verwaltungsgerichtsbarkeit". Web

Der Rechtsanwalt hat neben seinem Gebührenanspruch, der in den folgenden Kapiteln erläutert wird, auch einen Erstattungsanspruch in Bezug auf die ihm entstandenen Auslagen gem. Nrn. 7000–7008 VV RVG und die von ihm getätigten Aufwendungen. vgl. LF 4, Kap. 4.4.2, 4.4.3

Hinweis: Nach dem Versand der Vergütungsrechnung muss der Zahlungseingang überprüft und im Aktenkonto notiert werden. vgl. LF 6, Kap. 2

4.11.1 Außergerichtliche Tätigkeit

Die Gebühren für die außergerichtliche Tätigkeit des Rechtsanwalts richten sich nach Teil 1 und Teil 2 Abschnitt 3 des Vergütungsverzeichnisses zum RVG:

Gebühren für die außergerichtliche Tätigkeit

Geschäftsgebühr gem. Nr. 2300 VV RVG	Geschäftsgebühr gem. Nr. 2301 VV RVG	ggf. Erhöhungsgebühr gem. Nr. 1008 VV RVG	Einigungsgebühr gem. Nr. 1000 VV RVG	Erledigungsgebühr gem. Nr. 1002 VV RVG
Satzrahmengebühr: 0,5–2,5; Regelgebühr = 1,3	0,3 Gebühr für einfache Schreiben	pro Mandant 0,3, höchstens 2,0	1,5 Gebühr	1,5 Gebühr nur im Nachprüfungsverfahren

Hinweis:

- Außergerichtlich werden in verwaltungsrechtlichen Angelegenheiten verschiedene Verfahrensstadien unterschieden, die nach § 17 Nr. 1 a RVG jeweils eigene Angelegenheiten darstellen. Hierzu gehören das Verwaltungsverfahren und das sog. Nachprüfungsverfahren, das einem gerichtlichen Verfahren vorausgeht und der Nachprüfung des Verwaltungsakts dient (z. B. das Widerspruchsverfahren).
- Die Erledigungsgebühr ist eine besondere Form der Einigungsgebühr. Sie entsteht, wenn sich eine Rechtssache ganz oder teilweise erledigt, durch Aufhebung oder Änderung des mit einem Rechtsbehelf angefochtenen Verwaltungsakts und der Rechtsanwalt dabei mitgewirkt hat.
- Sofern der Rechtsanwalt vor seiner Tätigkeit im Nachprüfungsverfahren bereits im Verwaltungsverfahren tätig war, muss er die Geschäftsgebühr, die er im Verwaltungsverfahren erhalten hat, auf die Geschäftsgebühr im Nachprüfungsverfahren zur Hälfte anrechnen, höchstens zu 0,75 (Vorbemerkung 2.3 Abs. 4 VV RVG).
- Wenn der Rechtsanwalt nach einer Tätigkeit im Verwaltungs- oder Nachprüfungsverfahren noch gerichtlich tätig wird, ist ebenfalls eine Anrechnungsvorschrift zu beachten: Nach der Vorbemerkung 3 Abs. 4 S. 2 VV RVG ist nur die zuletzt angefallene Geschäftsgebühr aus dem Verwaltungs- oder Nachprüfungsverfahren hälftig, höchstens mit 0,75, auf die Verfahrensgebühr anzurechnen.

Web Im Downloadbereich zum Buch finden Sie ein Abrechnungsbeispiel für die außergerichtliche Tätigkeit in verwaltungsrechtlichen Angelegenheiten.

4.11.2 Gerichtliche Tätigkeit

In verwaltungsrechtlichen Streitigkeiten entstehen für die gerichtliche Tätigkeit die anwaltlichen Gebühren nach Teil 1 sowie Teil 3 Abschnitt 1 und 2 des Vergütungsverzeichnisses zum RVG:

Klage vor dem Verwaltungsgericht	
Verfahrensgebühr	• 1,3 gem. Nr. 3100 VV RVG • ermäßigt: 0,8 gem. Nr. 3101 VV RVG
ggf. Erhöhungsgebühr	pro Mandant 0,3, höchstens 2,0 gem. Nr. 1008 VV RVG
Terminsgebühr	1,2 gem. Nr. 3104 VV RVG
Einigungsgebühr/ Erledigungsgebühr	• 1,0 Einigungsgebühr gem. Nrn. 1000, 1003 VV RVG • 1,0 Erledigungsgebühr gem. Nrn. 1002, 1003 VV RVG

Berufung	
Verfahrensgebühr	• 1,6 gem. Nr. 3200 VV RVG • ermäßigt: 1,1 gem. Nr. 3201 VV RVG
ggf. Erhöhungsgebühr	pro Mandant 0,3, höchstens 2,0 gem. Nr. 1008 VV RVG
Terminsgebühr	1,2 gem. Nr. 3202 VV RVG
Einigungsgebühr/ Erledigungsgebühr	• 1,3 Einigungsgebühr gem. Nrn. 1000, 1004 VV RVG • 1,3 Erledigungsgebühr gem. Nrn. 1002, 1004 VV RVG

Revision	
Verfahrensgebühr	• 1,6 gem. Nr. 3206 VV RVG • ermäßigt: 1,1 gem. Nr. 3207 VV RVG
ggf. Erhöhungsgebühr	pro Mandant 0,3, höchstens 2,0 gem. Nr. 1008 VV RVG
Terminsgebühr	1,5 gem. Nr. 3210 VV RVG
Einigungsgebühr/ Erledigungsgebühr	• 1,3 Einigungsgebühr gem. Nrn. 1000, 1004 VV RVG • 1,3 Erledigungsgebühr gem. Nrn. 1002, 1004 VV RVG

Hinweis: Sofern das Oberverwaltungsgericht bzw. der Verwaltungsgerichtshof die Revision nicht zulässt, besteht die Möglichkeit, hiergegen Nichtzulassungsbeschwerde einzulegen (§ 133 Abs. 1 VwGO). Die Nichtzulassungsbeschwerde stellt gebührenrechtlich eine eigene Angelegenheit gem. § 18 Abs. 1 Nr. 3 RVG dar. Die entstehende Verfahrensgebühr gem. Nr. 3506 VV RVG ist jedoch auf ein ggf. nachfolgendes Revisionsverfahren in voller Höhe anzurechnen (Anmerkung zu Nr. 3506 VV RVG).

Im Downloadbereich zum Buch finden Sie ein Abrechnungsbeispiel für die gerichtliche Tätigkeit in verwaltungsrechtlichen Angelegenheiten.

Web

4.12 Führen des erforderlichen Schriftverkehrs

In verwaltungsrechtlichen Angelegenheiten müssen beispielsweise Widerspruchsschreiben gegen Behördenbescheide (z. B. im Bereich des Baurechts und des Hochschulrechts) erstellt werden und bei der Geltendmachung der Ansprüche im gerichtlichen Verfahren z. B. die Schreiben an das Verwaltungsgericht. Weiterhin müssen Mandantenschreiben und Kostenrechnungen formuliert und gestaltet werden.

vgl. LF 2, Kap. 2.3.4

Hinweis:

- Da seit 01.01.2022 alle Rechtsanwälte verpflichtet sind, Schriftsätze per beA zu übermitteln, entfällt ab diesem Zeitpunkt das Vervielfältigen des Schriftsatzes (und etwaiger Anlagen) und damit das Erstellen von (beglaubigten und/oder einfachen) Abschriften für den Gegner zum Zweck der Zustellung (vgl. § 133 Abs. 1 ZPO).
- Das folgende Schreiben wird verkleinert dargestellt und stellt keine Musterlösung dar.
- Grundlage des Briefbogens der Partnerschaft Dr. Neumann & Huber sind die Form B, der gestaltete Informationsblock und das Anschriftfeld mit Rücksendeangabe.

Tipp: Im (Kurz-)Rubrum von Schriftsätzen sollte in jedem Fall jeweils der sachbearbeitende Rechtsanwalt (Vor- und Nachname sowie Postleitzahl und Ort) der Parteien angegeben werden. Dadurch wird sichergestellt, dass man auf den ersten Blick sieht, wer Sachbearbeiter ist. Dies erleichtert die Zustellung per beA. Sinnvoll ist auch die Angabe am Briefende, ob der Schriftsatz einfach oder elektronisch signiert ist, damit einfach und schnell nachvollzogen werden kann, wie signiert wurde.

Situationsbeschreibung: Martin Landauer (Nachtweide 26, 67433 Neustadt an der Weinstraße) hat seinen Sohn Max Landauer zum Schuljahr 2022/23 beim Kurfürst-Ruprecht-Gymnasium (Landwehrstraße 22, 67433 Neustadt an der Weinstraße; Az.: A13/2022) angemeldet. Mit Bescheid vom 22.02.2022, zugestellt am 28.02.2022, hat die Schule die Anmeldung abgelehnt und Max Landauer stattdessen einen Platz im Leibniz-Gymnasium zugewiesen. Martin Landauer beauftragt deshalb Rechtsanwältin Katharina Schuh. Diese legt zunächst Frist wahrend Widerspruch gegen den erlassenen Bescheid ein. Die Widerspruchsbegründung wird fristgerecht eingereicht werden. Annika Sauer fertigt das Widerspruchsschreiben zum kanzleiinternen Az. 52/2022 am 28.03.2022 an. Das Schreiben wird vorab per Telefax (Nr. 06321 1234-56) übersandt.

Dr. Neumann & Huber
Rechtsanwälte Partnerschaft

RAe Dr. Neumann & Huber, Grainstr. 101, 67434 Neustadt a. d. Wstr.
Vorab per Telefax: 06321 1234-56
Kurfürst-Ruprecht-Gymnasium
Landwehrstraße 22
67433 Neustadt an der Weinstraße

Ihr Zeichen:	A13/2022
Ihre Nachricht vom:	22.02.2022
Unser Zeichen:	52/2022
Unsere Nachricht vom:	
Name:	RAin Katharina Schuh
Sekretariat:	Annika Sauer
Telefon:	+49 6321 5632-12
Telefax:	+49 6321 5632-15
Datum:	28.03.2022

Max Landauer ./. Kurfürst-Ruprecht-Gymnasium
wegen Schulanmeldung zum Schuljahr 2022/23

Sehr geehrte Damen und Herren,

wir zeigen Ihnen unter Vollmachtsvorlage an, dass wir Max Landauer, gesetzlich vertreten durch seinen Vater, Herrn Martin Landauer, Nachtweide 26, 67433 Neustadt an der Weinstraße, anwaltlich vertreten.

Namens und im Auftrag unseres Mandanten legen wir gegen Ihren Bescheid vom 22.02.2022, Az.: A13/2022, zugestellt am 28.02.2022,

Widerspruch

ein.

Die Widerspruchsbegründung wird fristgerecht eingereicht werden.

Freundliche Grüße

Katharina Schuh
Rechtsanwältin

Anlage
Vollmacht

RAin Dr. Annette Neumann Fachanwältin für Verkehrsrecht · **RA Peter Huber** Fachanwalt für Erbrecht
In Zusammenarbeit mit **RAin Katharina Schuh** Fachanwältin für Familienrecht

RAe Dr. Neumann & Huber · Grainstr. 101 · 67434 Neustadt a. d. Wstr. · Telefon +49 6321 5632-0 · Fax +49 6321 5632-15
info@rae-neumann-huber.de · www.rae-neumann-huber.de
Registernummer PR 956 · Amtsgericht Neustadt a. d. Wstr. · USt-IdNr.: DE573964122

Commerzbank Neustadt a. d. Wstr. · IBAN DE41 5464 0035 0012 5832 19
Deutsche Bank Neustadt a. d. Wstr. · IBAN DE52 5467 0095 0096 7844 58

Zusammenfassung

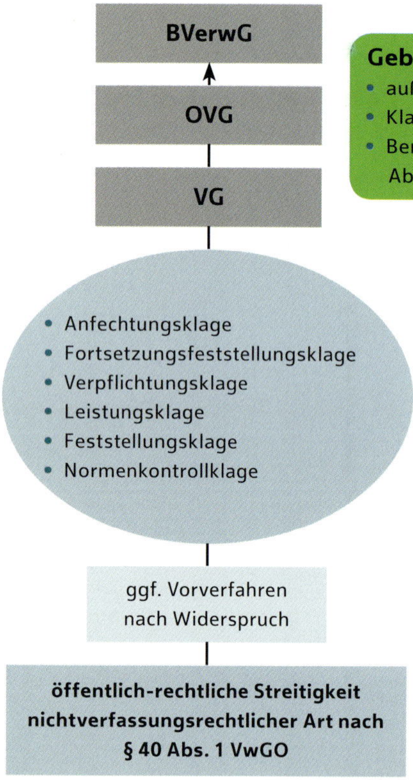

Gebühren:
- außergerichtlich: Teil 1 und Teil 2 Abschnitt 3
- Klageverfahren: Teil 1 und Teil 3 Abschnitt 1 VV RVG
- Berufungs- und Revisionsverfahren: Teil 1 und Teil 3 Abschnitt 2

Wiederholung und Vertiefung

1. Nennen Sie zwei Bundesländer, in denen das verwaltungsrechtliche Vorverfahren abgeschafft wurde. Welche Konsequenzen hat dies?
2. Was bedeutet die aufschiebende Wirkung einer verwaltungsrechtlichen Klage?
3. Welche Klage im Verwaltungsverfahren ist statthaft, wenn sich ein Verwaltungsakt nach Klageerhebung erledigt hat?
4. Thilo Brandtner beauftragt Rechtsanwältin Dr. Ingeborg Kunkel in einem Verwaltungsverfahren. Es geht um die Jägerprüfung von Thilo Brandtner. Die Behörde meldet sich seit Wochen nicht mehr. Telefonische Anrufe und schriftliche Anfragen wurden nicht beantwortet. Rechtsanwältin Dr. Ingeborg Kunkel erstellt eine Sachstandsanfrage bei der Behörde, woraufhin der Bescheid endlich zugestellt wird. Thilo Brandtner erhält Recht. Ermitteln Sie die Gebühren und Auslagen, die Rechtsanwältin Dr. Ingeborg Kunkel für ihre Tätigkeit erhält. Verwenden Sie dabei zur Ermittlung des Gegenstandswerts den entsprechenden Streitwertkatalog.

5 Das sozialrechtliche Verfahren

Das Sozialrecht ist ein Teilbereich des Öffentlichen Rechts. Es ist Ausfluss des in den Art. 20 Abs. 1, 28 Abs. 1 GG verankerten **Sozialstaatsprinzips** und dient der Verwirklichung sozialer Gerechtigkeit und sozialer Sicherheit. Zur Absicherung und Unterstützung sozial schwacher Menschen gibt es verschiedene staatliche Einrichtungen, wie die Arbeitslosen-, Kranken-, Pflege-, Unfall- und Rentenversicherung, aus denen diese im Bedarfsfall Leistungen erhalten können.

Sozialrechtliche Regelungen finden sich vornehmlich in den Büchern des **Sozialgesetzbuchs** (SGB Bücher I–XII) und darüber hinaus in Spezialgesetzen, wie z. B. dem Wohngeldgesetz (WoGG) oder dem Bundesgesetz über individuelle Förderung der Ausbildung (BAföG). Das sozialgerichtliche Verfahren ist im **Sozialgerichtsgesetz** (SGG) geregelt und findet vor spezialisierten Gerichten statt.

Lernsituation

Rechtsanwältin Dr. Annette Neumann vertritt Jennifer Karrer (Am Horstring 16, 76829 Landau in der Pfalz) in einem Verfahren vor dem Sozialgericht gegen die Rentenversicherung. Die Akte erhält das Az. 195/2020.

Jennifer Karrer ist seit über 25 Jahren als Pflegekraft in Altenheimen tätig. In den letzten Jahren leidet sie unter ständigen starken Rückenschmerzen, die trotz medikamentöser Behandlung und Physiotherapie nicht zu beheben sind und auch in die Beine und Arme ausstrahlen. Aufgrund der Schmerzen und der starken Schmerzmittel leidet sie zudem unter Konzentrationsmangel. Sie hat daher Versichertenrente wegen voller Erwerbsminderung beantragt; dies wurde jedoch mit Bescheid vom 20.03.2020 abgelehnt.

Das Urteil in der Sache wird der Kanzlei am 27.09.2021 zugestellt. Marion Webermann notiert die entsprechenden Fristen für die Berufung im kanzleieigenen Fristenkalender und übersendet das Urteil an die Mandantin.

Nach intensiver Überlegung entscheidet sich Jennifer Karrer, das Urteil zu akzeptieren. Sie bittet am 08.10.2021 darum, die Akte abzuschließen und ihr die Kostenrechnung zu übersenden. Annika Sauer erstellt das entsprechende Schreiben noch am 08.10.2021 und setzt hierin eine Frist zur Begleichung der Kostenrechnung bis zum 25.10.2021.

Arbeitsaufträge:

a) Welche Schritte waren vor Klageerhebung erforderlich? Begründen Sie Ihre Antwort.
b) Welche Fristen sind nun zu beachten? Notieren Sie diese.
c) Prüfen Sie, welches Gericht in diesem Fall zuständig wäre. Notieren Sie Ihr Ergebnis.
d) Erstellen Sie eine Übersicht zum Verfahrensablauf und den möglichen Rechtsmitteln in allen Instanzen im sozialgerichtlichen Verfahren, beginnend mit der Bescheiderteilung durch die Rentenversicherung.
e) Ermitteln Sie in Partnerarbeit die Gebühren und Auslagen, die Rechtsanwältin Dr. Annette Neumann erhält, wenn die Mittelgebühr zugrunde gelegt wird.
f) Erstellen Sie das Schreiben an die Mandantin mithilfe des Kanzleibriefbogens, den Sie im Downloadbereich zum Buch finden.
g) Vergleichen Sie Ihre Ergebnisse mit denen Ihrer Mitschüler und ergänzen bzw. berichtigen Sie ggf. Ihre Notizen.
h) Reflektieren Sie anschließend Ihr Wissen anhand des Fragebogens, den Sie im Downloadbereich zum Buch finden.

Web

5.1 Verfahrensgrundsätze

vgl. LF 10, Kap. 1.1.3–1.1.7

Wie im zivilrechtlichen Verfahren auch, gibt es im sozialgerichtlichen Verfahren einige allgemeine Grundsätze, die für (fast) alle Verfahren gelten, wie der **Mündlichkeitsgrundsatz** (§ 124 SGG), der **Unmittelbarkeitsgrundsatz** (vgl. § 117 SGG und § 129 SGG), der **Öffentlichkeitsgrundsatz** (§ 61 SGG), der **Grundsatz des rechtlichen Gehörs** (§ 62 SGG) und der **Beschleunigungsgrundsatz** (vgl. § 106 Abs. 2 SGG).

vgl. LF 10, Kap. 1.1.1

Auch im sozialgerichtlichen Verfahren gilt die **Dispositionsmaxime**. Das Gericht kann nur zusprechen, was auch beantragt wurde und die Beteiligten können das Verfahren durch ihre Handlungen, wie etwa einem Vergleich oder einer Klagerücknahme, beenden.

vgl. LF 10, Kap. 1.1.2

Im Gegensatz zum Zivilverfahren gilt jedoch bei sozialgerichtlichen Verfahren gem. § 103 SGG der **Untersuchungsgrundsatz**, sodass das Gericht die entscheidungserheblichen Tatsachen **von Amts wegen** zu ermitteln hat. Ein weiterer Unterschied zu Zivilverfahren besteht darin, dass der **Grundsatz der Klägerfreundlichkeit** gilt. So werden Gerichtskosten gem. § 183 SGG in allen drei Instanzen von den Versicherten, Leistungsempfängern und behinderten Menschen grds. nicht erhoben. Nur wenn ein Beteiligter trotz eines entsprechenden Hinweises des Gerichts einen Rechtsstreit gem. § 192 SGG missbräuchlich fortführt, können ihm Kosten auferlegt werden. Darüber hinaus richtet sich die örtliche Zuständigkeit nach dem Wohnsitz des Klägers und die Prozessvertretung durch Interessensvereinigungen, wie z. B. Gewerkschaften (vgl. § 73 Abs. 2 Nr. 5-8 SGG), ist zulässig.

vgl. LF 14 (ReFa), Kap. 5.3

5.2 Eröffnung des Rechtswegs

Der Rechtsweg zu den Sozialgerichten ist in den in § 51 SGG aufgezählten öffentlich-rechtlichen Streitigkeiten nicht verfassungsrechtlicher Art eröffnet.

vgl. LF 1, Kap. 3.4.2

Dies sind hauptsächlich Fälle, in denen **Rechtsschutz gegen Sozialversicherungsträger** begehrt wird.

▶ Beispiele:

- Der Hartz-IV-Empfänger Nils Hutter klagt gegen das Jobcenter auf Übernahme seiner Mietkosten.
- Musavvir Gyarmaty klagt gegen die Unfallkasse auf Erstattung der Behandlungskosten nach einem Arbeitsunfall.
- Lydia Henneke klagt gegen ihre Krankenkasse auf Übernahme der Kosten für ein neues Medikament zur Behandlung ihrer Multiplen Sklerose.

Wenn hingegen Rechtsschutz gegen Verwaltungsträger begehrt wird, die neben sozialrechtlichen auch nicht-sozialrechtliche Zuständigkeiten haben, wie z. B. Städte und Gemeinden, sind gem. § 40 Abs. 1 S. 1 VwGO die Verwaltungsgerichte zuständig.

vgl. LF 14, (ReFa) Kap. 4.2

5.3 Zuständigkeit

Sachlich zuständig ist gem. § 8 SGG in der ersten Instanz grds. das **Sozialgericht**.

Das **Landessozialgericht** (LSG) ist in erster Instanz zuständig für die in § 29 Abs. 2 SGG genannten Streitigkeiten, u. a. Aufsichtsangelegenheiten gegenüber Trägern der Sozialversicherung. Zudem finden sich in § 29 Abs. 3, 4 SGG Sonderzuständigkeiten des LSG Nordrhein-Westfalen und des LSG Berlin-Brandenburg. Gemäß § 29 Abs. 1 SGG entscheidet das LSG zudem im zweiten Rechtszug über die Berufung gegen die Urteile und die Beschwerden gegen andere Entscheidungen der Sozialgerichte.

Das **Bundessozialgericht** (BSG) in Kassel ist gem. § 39 Abs. 2 SGG zuständig für Streitigkeiten nicht verfassungsrechtlicher Art zwischen dem Bund und den Ländern sowie zwischen verschiedenen Ländern. Darüber hinaus entscheidet das BSG gem. § 39 Abs. 1 SGG über das Rechtsmittel der Revision und gem. § 160 a SGG über Nichtzulassungsbeschwerden.

Örtlich zuständig ist gem. § 57 SGG das Sozialgericht, in dessen Bezirk der Kläger seinen Wohnsitz hat oder in dessen Bezirk er beschäftigt ist.

5.4 Beteiligten-, Prozess- und Postulationsfähigkeit

Gemäß § 70 SGG sind natürliche und juristische Personen, nichtrechtsfähige Personenvereinigungen, Behörden, sofern das Landesrecht dies bestimmt und gemeinsame Entscheidungsgremien von Leistungserbringern und Krankenkassen oder Pflegekassen **beteiligtenfähig**.

Ein Beteiligter ist gem. § 71 Abs. 1 SGG **prozessfähig**, soweit er sich durch Verträge verpflichten kann. Minderjährige sind in eigener Sache prozessfähig, soweit sie durch Vorschriften des bürgerlichen oder öffentlichen Rechts für den Gegenstand des Verfahrens als geschäftsfähig anerkannt sind. Für rechtsfähige und nichtrechtsfähige Personenvereinigungen sowie für Behörden handeln ihre gesetzlichen Vertreter und Vorstände.

Vor dem Sozialgericht und dem Landessozialgericht ist jeder, der prozessfähig ist, auch **postulationsfähig**. Die Beteiligten können gem. § 73 Abs. 1 SGG vor diesen Gerichten den Rechtsstreit also selbst führen. Sie können sich aber auch durch einen Rechtsanwalt oder einen Rechtslehrer, der die Befähigung zum Richteramt besitzt, als Bevollmächtigten vertreten lassen. Diese müssen dazu eine schriftliche Vollmacht gem. § 73 Abs. 6 SGG vorlegen. Nur vor dem Bundessozialgericht ist gem. § 73 Abs. 4 SGG die Vertretung durch Prozessbevollmächtigte zwingend.

5.5 Ordnungsgemäße Klageerhebung

Die Klage muss gem. § 90 SGG **schriftlich** mit eigenhändiger Unterschrift oder zur Niederschrift des Urkundsbeamten der Geschäftsstelle erhoben werden. Ein bestimmter **Antrag** und eine **Klagebegründung** sind gem. § 92 Abs. 1 S. 3, 4 SGG **nicht zwingend** erforderlich.

vgl. LF 14 (ReFa), Kap. 4.5

Widerspruch und Anfechtungsklage haben nach § 86 a Abs. 1 SGG grds. **aufschiebende Wirkung**.

5.6 Statthafte Klageart

Im sozialgerichtlichen Verfahren gibt es folgende Klagearten:

- **Anfechtungsklage** (§ 54 Abs. 1 S. 1 1. Alt. SGG)
- **Verpflichtungsklage** (§ 54 Abs. 1 2. Alt. SGG)
- **unechte Leistungsklage** (kombinierte Anfechtungs- und Leistungsklage, § 54 Abs. 4 SGG)
- **allgemeine Leistungsklage** (§ 54 Abs. 5 SGG)
- **Feststellungsklage** (§ 55 SGG)
- **Untätigkeitsklage** (§ 88 SGG)
- **Fortsetzungsfeststellungsklage** (§ 131 Abs. 1 S. 3 SGG)

Die Klagearten entsprechen denen im allgemeinen Verwaltungsverfahren. Da im Sozialrecht hauptsächlich Leistungen gefordert und nicht Eingriffe des Staats abgewehrt werden, hat die Anfechtungsklage nur eine geringe praktische Bedeutung, wohingegen die unechte Leistungsklage am häufigsten vorkommt.

vgl. LF 14 (ReFa), Kap. 4

▶ Beispiel: Anneliese Rosenbaum beantragt bei der Berufsgenossenschaft ihres verstorbenen Manns Witwenrente und Sterbegeld, was jedoch mit Bescheid vom 17.06.2022 abgelehnt wird. Auch das Widerspruchsverfahren bleibt erfolglos. Da sie zum einen diesen ablehnenden Bescheid anfechten möchte und zum anderen möchte, dass das Gericht die Berufsgenossenschaft zur Gewährung der beantragten Leistungen verurteilt, erhebt sie eine unechte Leistungsklage. Der Klageantrag lautet: „Es wird beantragt, den Bescheid der Beklagten vom 17.06.2022 in der Gestalt des Widerspruchsbescheids vom 19.08.2022 aufzuheben und die Beklagte zu verurteilen, der Klägerin Sterbegeld, Rente im Sterbevierteljahr und Witwenrente zu gewähren."

5.7 Vorverfahren

Gemäß § 78 Abs. 1 S. 1 bzw. Abs. 3 SGG sind vor Erhebung der Anfechtungs- und Verpflichtungsklage Rechtmäßigkeit und Zweckmäßigkeit des Verwaltungsakts in einem Widerspruchsverfahren nachzuprüfen. Bevor also Klage erhoben werden kann, muss die Behörde, die den angegriffenen Verwaltungsakt erlassen hat bzw. die nächsthöhere Behörde – wie im allgemeinen Verwaltungsverfahren auch – diesen nochmals selbst überprüfen und einen Widerspruchsbescheid erlassen.

In den Fällen des § 78 Abs. 1 S. 2 SGG, also insbesondere wenn dies gesetzlich bestimmt ist, ist kein Widerspruchsverfahren erforderlich.

Für die anderen Klagearten ist kein Vorverfahren erforderlich.

5.8 Klagefrist

Die Frist zur Erhebung einer Anfechtungs- oder Verpflichtungsklage beträgt gem. § 87 Abs. 1 SGG **einen Monat** ab Bekanntgabe des Verwaltungsakts bzw. des Widerspruchsbescheids.

Gemäß § 89 SGG ist die Klage an **keine Frist** gebunden, wenn die Feststellung der Nichtigkeit eines Verwaltungsakts oder die Feststellung des zuständigen Versicherungsträgers oder die Vornahme eines unterlassenen Verwaltungsakts begehrt wird.

Die **Fristberechnung** richtet sich hierbei nach § 64 SGG.

Im Downloadbereich zum Buch finden Sie Beispiele zur Fristberechnung im sozialgerichtlichen Verfahren.

Web

Hinweis: Auch in sozialrechtlichen Verfahren ist eine Wiedereinsetzung in den vorigen Stand gem. § 67 Abs. 1 SGG möglich.

5.9 Klagebefugnis/Beschwer

Die Klage ist gem. § 54 Abs. 1 S. 2, Abs. 2 S. 1 SGG nur zulässig, wenn der Kläger geltend macht, durch den Verwaltungsakt oder durch die Ablehnung oder Unterlassung eines Verwaltungsakts beschwert zu sein. Dies ist der Fall, wenn der Verwaltungsakt oder die Ablehnung oder Unterlassung eines Verwaltungsakts **rechtswidrig** ist oder das Ermessen falsch ausgeübt wurde.

5.10 Ablauf des Verfahrens/Rechtsmittel

Über die Klage entscheidet das Sozialgericht (besetzt durch einen Berufs- und zwei ehrenamtliche Richter) nach § 12 Abs. 1 SGG in der Regel gem. § 125 SGG nach mündlicher Verhandlung durch ein **Urteil**. Auch Zwischenurteile sind möglich (vgl. § 130 Abs. 2 SGG). Das Gericht kann gem. § 105 SGG in geeigneten Fällen auch ohne mündliche Verhandlung durch **Gerichtsbescheid** entscheiden und gem. § 142 SGG durch **Beschluss**.

Gegen ein Urteil kann gem. § 143 SGG **Berufung** beim LSG eingereicht werden. Die Berufung muss im Urteil zugelassen worden sein, wenn der Beschwerdegegenstand 750,00 € nicht übersteigt. Die **Nichtzulassung** der Berufung durch das Sozialgericht kann gem. § 145 SGG durch **Beschwerde** angefochten werden. Die **Berufungseinlegungsfrist** beträgt gem. § 151 SGG **einen Monat** nach Zustellung des Urteils. Eine Begründung ist nicht zwingend notwendig, sodass es auch keine Berufungsbegründungsfrist gibt.

Gegen einen Gerichtsbescheid kann gem. § 105 Abs. 2 SGG innerhalb eines Monats nach Zustellung **mündliche Verhandlung** beantragt werden. Der Gerichtsbescheid gilt dann gem. § 105 Abs. 3 SGG als nicht ergangen. Gegen einen Gerichtsbescheid kann auch **Berufung** eingelegt werden.

Gegen andere Entscheidungen des Sozialgerichts, insbesondere gegen Beschlüsse, ist gem. § 172 SGG die **Beschwerde** an das LSG statthaft. Die Frist für die Einlegung der Beschwerde beträgt gem. § 173 SGG **einen Monat** nach Bekanntgabe der Entscheidung.

Gegen Urteile des LSG kann gem. § 160 SGG **Revision** zum BSG erhoben werden, wenn das LSG die Revision zugelassen hat. Gegen die Nichtzulassung der Revision kann gem. § 160 a SGG **Beschwerde** eingelegt werden.

Die Frist für die Einlegung der Revision beträgt gem. § 164 SGG **einen Monat** nach Zustellung des Urteils und die Revisionsbegründungsfrist zwei Monate nach Zustellung des Urteils.

5.11 Rechtsanwaltsgebühren

Sozialrechtliche Streitigkeiten stellen besondere verwaltungsrechtliche Streitigkeiten dar. Bei der Abrechnung muss Folgendes beachtet werden:

- Abrechnung nach Betragsrahmengebühren: Betragsrahmengebühren entstehen in Verfahren vor den Gerichten der Sozialgerichtsbarkeit, in denen das GKG nicht anzuwenden ist (§ 3 Abs. 1 S. 1 RVG).
- Abrechnung nach Wertgebühren: Wertgebühren sind abzurechnen, wenn der Mandant nicht zu den in § 183 SGG genannten Personen (Versicherte, Leistungsempfänger, behinderte Menschen) gehört (§ 3 Abs. 1 S. 2 RVG).

In sozialrechtlichen Streitigkeiten richtet sich der Gegenstands-/Streitwert nach § 23 Abs. 1 RVG, § 52 GKG. Wenn der Sach- und Streitstand für die Bestimmung des Gegenstands-/Streitwerts keine genügenden Anhaltspunkte liefert, ist von einem Regelwert von 5.000,00 € auszugehen (§ 52 Abs. 2 GKG). Weiterhin wurde von den Präsidentinnen und Präsidenten der Landessozialgerichte ein Streitwertkatalog für sozialrechtliche Streitigkeiten entwickelt. In der Praxis folgen die Gerichte bei der Streitwertbestimmung in der Regel den Vorgaben dieses Katalogs, verbindlich ist dieser jedoch nicht.

Im Downloadbereich zum Buch finden Sie den Streitwertkatalog „Sozialgerichtsbarkeit“. Web

Der Rechtsanwalt hat neben seinem Gebührenanspruch, der in den folgenden Kapiteln erläutert wird, auch einen Erstattungsanspruch in Bezug auf die ihm entstandenen Auslagen gem. Nrn. 7000–7008 VV RVG und die von ihm getätigten Aufwendungen.

vgl. LF 4, Kap. 4.4.2, 4.4.3

Hinweis: Nach dem Versand der Vergütungsrechnung muss der Zahlungseingang überprüft und im Aktenkonto notiert werden.

vgl. LF 6, Kap. 2

5.11.1 Außergerichtliche Tätigkeit

Die Gebühren für die außergerichtliche Tätigkeit des Rechtsanwalts richten sich nach Teil 1 und Teil 2 Abschnitt 3 des Vergütungsverzeichnisses zum RVG.

Im Downloadbereich zum Buch finden Sie eine tabellarische Übersicht über die Gebühren, die in sozialrechtlichen Streitigkeiten außergerichtlich anfallen können. Web

Hinweis:

- Außergerichtlich werden in sozialrechtlichen Angelegenheiten verschiedene Verfahrensstadien unterschieden, die nach § 17 Nr. 1 a RVG jeweils eigene Angelegenheiten darstellen. Hierzu gehören das Verwaltungsverfahren und das Nachprüfungsverfahren (z. B. das Widerspruchsverfahren).
- Sofern der Rechtsanwalt vor seiner Tätigkeit im Nachprüfungsverfahren bereits im Verwaltungsverfahren tätig war, muss er die Geschäftsgebühr, die er im Verwaltungsverfahren erhalten hat, auf die Geschäftsgebühr im Nachprüfungsverfahren zur Hälfte anrechnen, höchstens zu 0,75 bzw. 207,00 € (Vorbemerkung 2.3 Abs. 4 VV RVG).
- Wenn der Rechtsanwalt nach einer Tätigkeit im Verwaltungs- oder Nachprüfungsverfahren noch gerichtlich tätig wird, ist ebenfalls eine Anrechnungsvorschrift zu beachten: Nach der Vorbemerkung 3 Abs. 4 VV RVG ist nur die zuletzt angefallene Geschäftsgebühr aus dem Verwaltungs- oder Nachprüfungsverfahren hälftig, höchstens mit 0,75 bzw. 207,00 €, auf die Verfahrensgebühr anzurechnen.

Web Im Downloadbereich zum Buch finden Sie ein Abrechnungsbeispiel für die außergerichtliche Tätigkeit in einer sozialrechtlichen Angelegenheit.

5.11.2 Gerichtliche Tätigkeit

In sozialrechtlichen Streitigkeiten entstehen für die gerichtliche Tätigkeit die anwaltlichen Gebühren nach Teil 1 sowie Teil 3 Abschnitt 1 und 2 des Vergütungsverzeichnisses zum RVG.

Web Im Downloadbereich zum Buch finden Sie eine tabellarische Übersicht über die Gebühren, die in sozialrechtlichen Streitigkeiten gerichtlich anfallen können.

Hinweis:

- Sofern die Berufung nicht zugelassen wird, besteht die Möglichkeit, hiergegen Nichtzulassungsbeschwerde einzulegen. Die entstehende Verfahrensgebühr gem. Nr. 3511 VV RVG (Betragsrahmengebühren) bzw. Nr. 3504 VV RVG (Wertgebühren) ist auf ein ggf. nachfolgendes Berufungsverfahren in voller Höhe anzurechnen (Anmerkung zu Nr. 3511 VV RVG bzw. Anmerkung zu Nr. 3504 VV RVG).
- Wenn die Revision nicht zugelassen wurde, kann Nichtzulassungsbeschwerde eingelegt werden. Die entstehende Verfahrensgebühr gem. Nr. 3512 VV RVG (Betragsrahmengebühren) bzw. Nr. 3506 VV RVG (Wertgebühren) ist auf ein ggf. nachfolgendes Revisionsverfahren in voller Höhe anzurechnen (Anmerkung zu Nr. 3512 VV RVG bzw. Anmerkung zu Nr. 3506 VV RVG).

Im Downloadbereich zum Buch finden Sie ein Abrechnungsbeispiel für die gerichtliche Tätigkeit in einer sozialrechtlichen Angelegenheit.

Web

5.12 Führen des erforderlichen Schriftverkehrs

In sozialrechtlichen Angelegenheiten müssen neben den Schreiben und Kostenrechnungen an den Mandanten auch Widerspruchsschreiben gegen Bescheide (z. B. über Hartz IV, über die Feststellung des Grads der Behinderung, über Sach- und Geldleistungen gem. dem Asylbewerberleistungsgesetz) erstellt werden. Zum Schriftverkehr gehören auch die Schreiben an das Sozialgericht, das Landessozialgericht und das Bundessozialgericht, sofern der Anspruch im gerichtlichen Verfahren geltend gemacht wird.

Hinweise:

vgl. LF 2, Kap. 2.3.4

- Da seit 01.01.2022 alle Rechtsanwälte verpflichtet sind, Schriftsätze per beA zu übermitteln, entfällt ab diesem Zeitpunkt das Vervielfältigen des Schriftsatzes (und etwaiger Anlagen) und damit das Erstellen von (beglaubigten und/oder einfachen) Abschriften für den Gegner zum Zweck der Zustellung (vgl. § 133 Abs. 1 ZPO).
- Das folgende Schreiben wird verkleinert dargestellt und stellt keine Musterlösung dar.
- Grundlage des Briefbogens der Partnerschaft Dr. Neumann & Huber sind die Form B, der gestaltete Informationsblock und das Anschriftfeld mit Rücksendeangabe.

Tipp: Im (Kurz-)Rubrum von Schriftsätzen sollte in jedem Fall jeweils der sachbearbeitende Rechtsanwalt (Vor- und Nachname sowie Postleitzahl und Ort) der Parteien angegeben werden. Dadurch wird sichergestellt, dass man auf den ersten Blick sieht, wer Sachbearbeiter ist. Dies erleichtert die Zustellung per beA. Sinnvoll ist auch die Angabe am Briefende, ob der Schriftsatz einfach oder elektronisch signiert ist, damit einfach und schnell nachvollzogen werden kann, wie signiert wurde.

Situationsbeschreibung: Irene Schäffner (Hauptstraße 110, 67489 Kirrweiler in der Pfalz) beauftragt Rechtsanwalt Peter Huber in der Angelegenheit Irene Schäffner ./. Agentur für Arbeit Landau (76828 Landau; Az.: 99.2 – 8131 – W215/2022). Mit Bescheid vom 17.06.2022 hat die Agentur für Arbeit eine Sperrzeit gegen Irene Schäffner verhängt, weil sie bei der Spedition Kleinhentz GmbH selbst gekündigt hat. Gegen diesen Bescheid hat Irene Schäffner am 23.06.2022 Widerspruch eingelegt. Aber auch mit Widerspruchsbescheid vom 12.08.2022, zugestellt am 17.08.2022, hob die Agentur für Arbeit die Sperrzeit nicht auf. Irene Schäffner hatte jedoch einen wichtigen Grund. Obwohl sie an keinem Arbeitstag arbeitsunfähig erkrankt war, hatte sie von der Arbeit ständig Rückenprobleme. Nach einem Jahr hat sie deshalb aufgegeben und das Arbeitsverhältnis gekündigt. Die Hausärztin Dr. med. Heike Braun (Hartmannstraße 55, 67487 Maikammer) kann hierüber auch Auskunft erteilen. Rechtsanwalt Peter Huber übergibt die Unterlagen an Annika Sauer. Diese fertigt die Klageschrift am 19.08.2022 an das Sozialgericht Speyer (Schubertstraße 2, 67346 Speyer) an. Dabei verwendet sie das kanzleiinterne Az. 168/2022.

Dr. Neumann & Huber
Rechtsanwälte Partnerschaft

RAe Dr. Neumann & Huber, Grainstr. 101, 67434 Neustadt a. d. Wstr.
Per beA
Sozialgericht Speyer
Schubertstraße 2
67346 Speyer

Ihr Zeichen:
Ihre Nachricht vom:
Unser Zeichen: 168/2022
Unsere Nachricht vom:

Name: RA Peter Huber
Sekretariat: Annika Sauer
Telefon: +49 6321 5632-12
Telefax: +49 6321 5632-15

Datum: 19.08.2022

Klage

In Sachen

Irene Schäffner, Hauptstraße 110, 67489 Kirrweiler in der Pfalz,

– Klägerin –

Prozessbevollmächtigte: RAe Neumann & Huber, RA Peter Huber, Grainstraße 101, 67434 Neustadt an der Weinstraße,

gegen

Bundesagentur für Arbeit, vertr. d. d. Agentur für Arbeit Landau, 76828 Landau,

– Beklagte –

wegen Aufhebung des Sperrzeitbescheids,

erheben wir namens und im Auftrag der Klägerin gegen den Widerspruchsbescheid der Agentur für Arbeit Landau vom 12.08.2022, Az.: W215/2022, zugestellt am 17.08.2022,

Klage

und beantragen, zu erkennen:

Seite 1 von 2

Rain Dr. Annette Neumann Fachanwältin für Verkehrsrecht · **RA Peter Huber** Fachanwalt für Erbrecht
In Zusammenarbeit mit **RAin Katharina Schuh** Fachanwältin für Familienrecht

RAe Dr. Neumann & Huber · Grainstr. 101 · 67434 Neustadt a. d. Wstr. · Telefon +49 6321 5632-0 · Fax +49 6321 5632-15
info@rae-neumann-huber.de · www.rae-neumann-huber.de
Registernummer PR 956 · Amtsgericht Neustadt a. d. Wstr. · USt-IdNr.: DE573964122

Commerzbank Neustadt a. d. Wstr. · IBAN DE41 5464 0035 0012 5832 19
Deutsche Bank Neustadt a. d. Wstr. · IBAN DE52 5467 0095 0096 7844 58

1. Die Beklagte wird verurteilt, den Sperrzeitvermerk in Gestalt des Widerspruchsbescheids vom 12.08.2022 aufzuheben.

2. Die Beklagte wird verpflichtet, der Klägerin die beantragte Leistung zu gewähren.

Begründung:

Die Agentur für Arbeit Landau hat gegen die Klägerin eine Sperrzeit verhängt, da diese bei ihrem Arbeitgeber, der Spedition Kleinhentz GmbH, selbst gekündigt hat. Hierfür hatte die Klägerin jedoch einen wichtigen Grund.

Es stimmt zwar, dass die Klägerin bei der Spedition Kleinhentz GmbH niemals krankheitsbedingt gefehlt hat. Trotzdem hatte sie von der Arbeit ständig Rückenprobleme. Die Klägerin konnte es deshalb nach einem Jahr dort nicht mehr aushalten. Dies hat die Klägerin auch ihrer Hausärztin Dr. med. Heike Braun, Hartmannstraße 55, 67487 Maikammer, mehrfach mitgeteilt.

Es wird deshalb beantragt, den Sperrzeitbescheid aufzuheben.

Eine Kopie des mit dieser Klage angefochtenen Widerspruchsbescheids vom 12.08.2022 wird in der Anlage beigefügt.

Peter Huber
Rechtsanwalt

Anlage

Dieser Schriftsatz ist qualifiziert elektronisch signiert.

Zusammenfassung

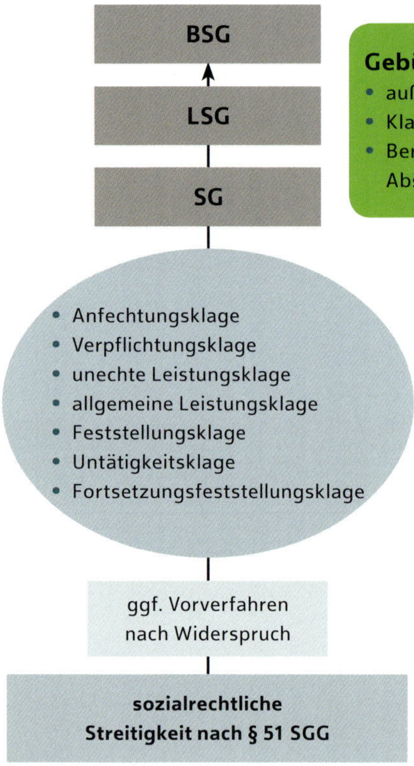

Gebühren:
- außergerichtlich: Teil 1 und Teil 2 Abschnitt 3
- Klageverfahren: Teil 1 und Teil 3 Abschnitt 1 VV RVG
- Berufungs- und Revisionsverfahren: Teil 1 und Teil 3 Abschnitt 2

Wiederholung und Vertiefung

1. Wo sind Form und Frist des Widerspruchs im Sozialrecht geregelt?
2. Muss der Kläger in einem Verfahren vor dem Sozialgericht alle für ihn günstigen Tatsachen beweisen? Begründen Sie Ihre Antwort.
3. Rechtsanwalt Alexander Steinert vertritt Silvia Kiesel im Klageverfahren auf Anerkennung als verantwortliche Pflegefachkraft. Es findet ein Termin zur mündlichen Verhandlung statt. Silvia Kiesel unterliegt. Welche Gebühren und Auslagen erhält Rechtsanwalt Alexander Steinert für seine Tätigkeit? Verwenden Sie bei der Ermittlung des Streitwerts den entsprechenden Streitwertkatalog.
4. Marika Stein wird von Rechtsanwältin Katharina Schuh in einem Verfahren vor dem Sozialgericht Speyer vertreten. Am 14.10.2022 wird per beA das Urteil des Gerichts vom 12.10.2022 zugestellt. Das Sozialgericht spricht Marika Stein vom eingeklagten Betrag von 2.350,00 € lediglich einen Betrag in Höhe von 1.500,00 € zu. Annika Sauer erhält den Auftrag, der Mandantin das Urteil zu übersenden mit dem Hinweis, dass es die Möglichkeit gibt, gegen das Urteil vorzugehen. Dies soll sie näher ausführen. Formulieren Sie den Brieftext von der Anrede bis zum Gruß.

6 Steuerrechtliche Verfahren

Das Steuerrecht ist ein Teil des öffentlichen Rechts und umfasst alle Rechtsvorschriften, die die Besteuerung betroffener Personen regeln. Die wichtigsten Regelungen finden sich dabei in der **Abgabenordnung** (AO), die grundlegende Bestimmungen zum materiellen Steuerrecht, aber auch zum Verfahrensrecht enthält. Daneben gibt es noch zahlreiche Einzelsteuergesetze, z. B. das Einkommensteuergesetz oder das Erbschaftsteuer- und Schenkungsteuergesetz.

Diese Gesetze bestimmen, wer, wann **Steuern** in welcher Höhe zu bezahlen hat (vgl. § 38 AO). Die Finanzbehörden setzen diese Steuern dann in der Regel durch einen **Steuerbescheid** fest. Die Steuerbescheide stellen Verwaltungsakte dar, die außergerichtlich durch einen **Einspruch** und gerichtlich durch eine **Klage** angegriffen werden können.

Daneben gibt es noch steuerrechtliche **Sonderverfahren** wie die Außenprüfung gem. § 193 AO, das Haftungsverfahren gem. §§ 191, 69 AO und das Steuerstrafverfahren gem. §§ 369 ff., 208 AO.

In diesem Kapitel wird das steuerliche Klageverfahren, das in der **Finanzgerichtsordnung** (FGO) geregelt ist, kurz erläutert.

Lernsituation

Larissa Ostermeyer (Grünstadter Straße 13, 67067 Ludwigshafen am Rhein) hat eigenhändig Einspruch gegen ihren Einkommensteuerbescheid aus dem Jahr 2020 eingelegt. Am 06.09.2021 wurde ihr der ablehnende Bescheid des Finanzamts Ludwigshafen vom 05.09.2021 gegen diesen Einspruch (Az. 27/668/02345 KII/3) zugestellt. Bevor sie dagegen etwas unternehmen konnte, erlitt sie jedoch einen Schlaganfall und verbrachte die nächsten Wochen bis zum 17.10.2021 im Krankenhaus.

Am 18.10.2021 wendet sich Larissa Ostermeyer an Rechtsanwalt Peter Huber und fragt an, ob man in der Sache noch etwas unternehmen könne.

Rechtsanwalt Peter Huber bittet Julia Hoffmann die Akte anzulegen und ein entsprechendes Schreiben vorzubereiten.

Nachdem Julia Hoffmann diese Aufgabe erledigt hat, nimmt sie sich die nächste Akte vor: In der Sache Lars Blockstein wegen Erbschaftsteuer hat Rechtsanwalt Peter Huber gegen den vom Mandanten vorgelegten Erbschaftsteuerbescheid, wonach der Mandant Erbschaftsteuer in Höhe von 1.600,00 € zahlen sollte, Einspruch eingelegt. Der Einspruch hatte Erfolg und der Bescheid wurde berichtigt.

Arbeitsaufträge:

a) Überlegen Sie in Gruppenarbeit, wie gegen den ablehnenden Bescheid vorgegangen werden kann. Welche Fristen sind dabei zu beachten? Notieren Sie Ihr Ergebnis stichpunktartig.

b) Prüfen Sie, welches Gericht in diesem Fall zuständig wäre. Notieren Sie Ihr Ergebnis.

c) Entwerfen Sie ein entsprechendes Schreiben (ohne Briefkopf) an das zuständige Gericht.

d) In dem Bescheid wurde Larissa Ostermeyer zur Nachzahlung in Höhe von 2.238,47 € aufgefordert. Muss sie diese Forderung begleichen oder kann sie das Ergebnis des Klageverfahrens abwarten? Begründen Sie Ihr Ergebnis.

e) Ermitteln Sie in Partnerarbeit die Gebühren und Auslagen, die Rechtsanwalt Peter Huber im Einspruchsverfahren in der Sache Lars Blockstein wegen Erbschaftsteuer erhält, wenn die Mittelgebühr zugrunde gelegt wird.

f) Vergleichen Sie Ihre Ergebnisse mit denen Ihrer Mitschüler und berichtigen bzw. ergänzen Sie ggf. Ihre Notizen.

Web

g) Reflektieren Sie anschließend Ihr Wissen anhand des Fragebogens, den Sie im Downloadbereich zum Buch finden.

6.1 Verfahrensgrundsätze

vgl. LF 10, Kap. 1.1.3–1.1.7

Wie im zivilrechtlichen Verfahren auch, gibt es im sozialgerichtlichen Verfahren einige allgemeine Grundsätze, die für (fast) alle Verfahren gelten, wie der **Mündlichkeitsgrundsatz** (§ 90 Abs. 1 S. 1 FGO), der **Unmittelbarkeitsgrundsatz** (vgl. § 103 FGO), der **Öffentlichkeitsgrundsatz** (§ 52 Abs. 1 GVG i. V. m. § 169 GVG), der **Grundsatz des rechtlichen Gehörs** (§ 96 Abs. 2 FGO; vgl. auch §§ 75, 78, 83, 93 Abs. 1 FGO) und der **Beschleunigungsgrundsatz** (vgl. § 79 FGO).

vgl. LF 10, Kap. 1.1.1

Auch im steuerrechtlichen Verfahren gilt die **Dispositionsmaxime**, da der Kläger durch seine Handlungen das Verfahren in Gang setzt und den Streitgegenstand bestimmt. Das Gericht darf dabei zwar gem. § 96 Abs. 1 S. 2 FGO über das Klagebegehren nicht hinausgehen, ist aber an die Fassung der Anträge nicht gebunden.

Im steuerrechtlichen Klageverfahren gilt das **Verschlechterungsverbot (Verbot der reformatio in peius)**. Dies besagt, dass das Gericht den Kläger nicht schlechter stellen darf, als er vorher stand.

Im Gegensatz zum Zivilverfahren gilt jedoch beim steuerrechtlichen Klageverfahren gem. § 76 FGO der **Untersuchungsgrundsatz**, sodass das Gericht die entscheidungserheblichen Tatsachen von **Amts wegen** zu ermitteln hat. vgl. LF 10, Kap. 1.1.2

6.2 Eröffnung des Rechtswegs

Gemäß § 33 Abs. 1 Nr. 1 FGO ist der Finanzrechtsweg in allen öffentlich-rechtlichen Streitigkeiten über Abgabenangelegenheiten eröffnet. Abgabenangelegenheiten sind gem. § 33 Abs. 2 FGO alle mit der Anwendung der abgabenrechtlichen Vorschriften durch die Finanzbehörden zusammenhängenden Angelegenheiten.

6.3 Zuständigkeit

Gemäß § 38 Abs. 1 FGO ist **örtlich zuständig** das Finanzgericht, in dessen Bezirk die Behörde, gegen welche die Klage gerichtet ist, ihren Sitz hat.

Sachlich zuständig ist im ersten Rechtszug gem. § 35 FGO ausschließlich das Finanzgericht. Eine erstinstanzliche Zuständigkeit des Bundesfinanzhofs (BFH) gibt es also nicht. Der BFH in München ist gem. § 36 FGO ausschließlich zuständig für die Rechtsmittel Revision und Beschwerde.

6.4 Beteiligten-, Prozess- und Postulationsfähigkeit

Beklagter ist gem. § 63 FGO immer die **Behörde**, die den Verwaltungsakt erlassen bzw. unterlassen hat und nicht etwa der Rechtsträger der Behörde.

Die Beteiligungsfähigkeit des **Klägers** richtet sich nach den Regelungen in der AO: Wer nach dem materiellen Steuerrecht Rechte hat, kann diese vor den Finanzgerichten geltend machen.

Hinweis: Die Rechtsfähigkeit nach dem Steuerrecht deckt sich nicht immer mit der Rechtsfähigkeit nach dem Zivilrecht. So ist eine GbR, da sie Umsatzsteuer zahlen muss, in einem Verfahren gegen einen Umsatzsteuerbescheid beteiligtenfähig.

Die **Prozessfähigkeit** gem. § 58 FGO richtet sich nach der in § 79 AO geregelten Handlungsfähigkeit. Rechtsfähige und nichtrechtsfähige Personenvereinigungen sowie geschäftsunfähige Personen müssen gem. § 58 Abs. 2 FGO durch ihre nach dem BGB bestimmten gesetzlichen Vertreter vertreten werden.

Vor den Finanzgerichten ist jeder, der prozessfähig ist, auch **postulationsfähig**. Die Beteiligten können gem. § 62 Abs. 1 FGO vor dem Finanzgericht den Rechtsstreit also selbst führen. Sie können sich aber auch durch einen Rechtsanwalt, Steuerberater, Steuerbevollmächtigten, Wirtschaftsprüfer oder vereidigten Buchprüfer als Bevollmächtigtem vertreten lassen. Diese müssen dazu eine schriftliche Vollmacht gem. § 62 Abs. 6 FGO vorlegen. Nur vor dem Bundesfinanzhof ist gem. § 62 Abs. 4 FGO die Vertretung durch Prozessbevollmächtigte zwingend erforderlich.

6.5 Ordnungsgemäße Klageerhebung

Die Klage ist gem. § 64 FGO **schriftlich** einzureichen, zu unterschreiben und muss gem. § 65 FGO den Kläger, den Beklagten, den Gegenstand des Klagebegehrens, den Verwaltungsakt und die Einspruchsentscheidung bezeichnen.

Ein bestimmter Antrag und eine **Klagebegründung** sind aufgrund des Untersuchungsgrundsatzes **nicht zwingend** erforderlich.

vgl. LF 10, Kap. 1.2.1

Durch Erhebung der Klage wird die Streitsache gem. § 66 FGO rechtshängig.

Die Klageerhebung hat gem. § 69 Abs. 1 FGO grds. **keine aufschiebende Wirkung**.

6.6 Statthafte Klageart

Im steuerrechtlichen Klageverfahren werden mehrere Klagearten unterschieden:

- Durch eine **Anfechtungsklage** gem. § 40 Abs. 1 1. Alt. FGO kann der Kläger die Aufhebung oder die Änderung eines Verwaltungsakts erreichen.

  ▶ Beispiele: Anfechtung eines Steuerbescheids, Haftungsbescheids oder eines Zwangsgelds

- Die **Fortsetzungsfeststellungsklage** gem. § 100 Abs. 1 S. 4 FGO ist statthaft, wenn der angefochtene Verwaltungsakt sich vor der gerichtlichen Entscheidung erledigt und der Kläger ein berechtigtes Interesse an der Feststellung der Rechtswidrigkeit hat.

  ▶ Beispiel: Pauline Krefeld hat gegen eine Prüfungsanordnung Anfechtungsklage erhoben. Die Außenprüfung wird trotzdem noch vor der mündlichen Verhandlung durchgeführt. Die ursprüngliche Anfechtungsklage ist somit unbegründet. Kann sie jedoch belegen, dass sie ein berechtigtes Interesse daran hat, feststellen zu lassen, dass der Verwaltungsakt rechtswidrig war, etwa weil Wiederholungsgefahr besteht oder sie einen Schadenersatzprozess vorbereitet, so muss das Gericht darüber entscheiden.

- Durch eine **Verpflichtungsklage** gem. § 40 Abs. 1 2. Alt. FGO kann der Kläger erreichen, dass die Finanzbehörde dazu verurteilt wird, einen Verwaltungsakt zu erlassen, den sie zunächst abgelehnt hat oder bei dem sie untätig geblieben ist.

▶ Beispiel: Vivianna Hargrave möchte durch ihre Klage die Stundung ihrer Steuernachzahlung erreichen.

- Durch eine **Leistungsklage** gem. § 40 Abs. 1 3. Alt. FGO kann der Kläger ein Handeln, Dulden oder Unterlassen erreichen, also solche Leistungen, die keinen Verwaltungsakt darstellen (dafür wäre die Verpflichtungsklage statthaft).

▶ Beispiel: Ann-Kathrin Petersen möchte erreichen, dass ein Prüfungsbericht über das Ergebnis einer Außenprüfung erstellt wird.

- Durch eine **Feststellungsklage** gem. § 41 FGO kann die Feststellung des Bestehens oder Nichtbestehens eines Rechtsverhältnisses oder der Nichtigkeit eines Verwaltungsakts erreicht werden. Eine Feststellungsklage ist nur möglich, wenn ein Feststellungsinteresse besteht, der Kläger also seine Rechte nicht durch eine Gestaltungs- oder Leistungsklage verfolgen kann.

▶ Beispiel: Ansel Meinerzhagen möchte gerichtlich feststellen lassen, dass er die Ausgaben für sein Arbeitszimmer steuerlich absetzen kann. Er müsste jedoch erst den Steuerbescheid abwarten und sich ggf. gegen diesen durch eine Anfechtungsklage wehren.

6.7 Vorverfahren

Bevor eine **Anfechtungs- oder Verpflichtungsklage** erhoben werden kann, muss die Finanzbehörde gem. § 44 FGO grds. den Verwaltungsakt nochmals in einem Vorverfahren nach den §§ 347–367 AO überprüfen. Das Vorverfahren wird durch den **Einspruch** des Steuerpflichtigen in Gang gesetzt.

Eine **Gestaltungsklage** ohne vorheriges Einspruchsverfahren ist nur bei der Sprungklage gem. § 45 FGO und bei der Untätigkeitsklage gem. § 46 FGO möglich.

Bei der **Leistungs- und Feststellungsklage** ist **kein Vorverfahren** erforderlich.

6.8 Klagefrist

Die Frist zur Erhebung einer Anfechtungs- oder Verpflichtungsklage beträgt gem. § 47 Abs. 1 FGO **einen Monat** ab Bekanntgabe der Entscheidung über den Einspruch. Die Frist gilt gem. § 47 Abs. 2 FGO auch als gewahrt, wenn die Klage bei der Behörde, die den angefochtenen Verwaltungsakt erlassen hat, fristgerecht zugeht oder zur Niederschrift gegeben wird.

Die Erhebung einer Feststellungs- oder allgemeinen Leistungsklage ist nicht fristgebunden.

Die Fristberechnung richtet sich hierbei nach § 108 AO i. V. m. §§ 187 ff. BGB.

Web

Im Downloadbereich zum Buch finden Sie Beispiele zur Fristberechnung in steuerrechtlichen Verfahren.

Hinweis: Auch in steuerrechtlichen Verfahren ist eine Wiedereinsetzung in den vorigen Stand gem. § 110 AO bzw. im Klageverfahren nach § 56 FGO möglich.

6.9 Klagebefugnis/Beschwer

Die Klage ist gem. § 40 Abs. 2 FGO nur zulässig, wenn der Kläger geltend macht, durch den Verwaltungsakt oder durch die Ablehnung oder Unterlassung eines Verwaltungsakts oder einer anderen Leistung **in seinen Rechten verletzt** zu sein. Damit soll verhindert werden, dass die Rechte Dritter durch sog. Popularklagen geltend gemacht werden.

6.10 Ablauf des Verfahrens/Rechtsmittel

Über die Klage entscheidet das Finanzgericht (besetzt durch drei Berufs- und zwei Laienrichter) in der Regel gem. § 95 FGO nach mündlicher Verhandlung durch ein **Urteil**. Auch Zwischen- und Teilurteile sind möglich (vgl. §§ 97 f. FGO). Das Gericht kann gem. § 90 a FGO in geeigneten Fällen auch ohne mündliche Verhandlung durch **Gerichtsbescheid** entscheiden und gem. § 114 Abs. 4 FGO bei einstweiliger Anordnung durch **Beschluss**.

vgl. LF 11, Kap. 1.3

Im steuerrechtlichen Verfahren gibt es nur zwei Instanzen. Gegen ein Urteil kann gem. § 115 FGO Revision zum BFH in München erhoben werden, wenn das Finanzgericht die Revision zugelassen hat. Dieser überprüft – wie im Zivilverfahren auch – nur die rechtlichen, nicht die tatsächlichen Gesichtspunkte. Absolute Revisionsgründe finden sich in § 119 FGO.

Die Frist für die Einlegung der Revision beträgt gem. § 120 FGO **einen Monat** nach Zustellung des vollständigen Urteils und die Revisionsbegründungsfrist zwei Monate nach Zustellung des vollständigen Urteils.

Wurde die Revision nicht zugelassen, kann gem. § 116 FGO innerhalb **eines Monats** nach Zustellung des vollständigen Urteils **Nichtzulassungsbeschwerde** beim BFH eingelegt werden.

Gegen einen Gerichtsbescheid kann gem. § 90 a Abs. 2 S. 1 FGO innerhalb **eines Monats** nach Zustellung **mündliche Verhandlung** beantragt werden. Der Gerichtsbescheid gilt dann gem. § 90 a Abs. 3 FGO als nicht ergangen. Wurde im Gerichtsbescheid die Revision zugelassen, können die Beteiligten gem. § 90 a Abs. 2 S. 2 FGO auch gleich Revision einlegen.

Gegen Entscheidungen des Finanzgerichts, die nicht Urteile oder Gerichtsbescheide sind, ist gem. § 128 FGO die **Beschwerde** an den BFH statthaft. Die Frist für die Einlegung der Beschwerde beträgt gem. § 129 Abs. 1 FGO **zwei Wochen** nach Bekanntgabe der Entscheidung.

6.11 Rechtsanwaltsgebühren

Zu den besonderen verwaltungsrechtlichen Streitigkeiten gehören auch die steuerrechtlichen Streitigkeiten. Bei der Gebührenabrechnung muss beachtet werden, dass

- sich nicht in allen Fällen die Vergütung nach dem RVG richtet, sondern in bestimmten Fällen nach § 35 RVG die Steuerberatervergütungsverordnung (StBVV) anzuwenden ist,
- in gerichtlichen Verfahren der ersten Instanz die Gebühren der Nrn. 3200 ff. VV RVG, also die Gebühren eines Berufungsverfahrens, entstehen (Vorbemerkung 3.2.1 Nr. 1 VV RVG).

Hinweis: Auch wenn in bestimmten Fällen die Steuerberatervergütungsverordnung hinsichtlich der angefallenen Gebühren anzuwenden ist, kann der Rechtsanwalt trotzdem die Gebühren nach Teil 1 bzw. die Auslagen nach Teil 7 des Vergütungsverzeichnisses zum RVG abrechnen.

Der Gegenstands-/Streitwert lässt sich wie folgt ermitteln:

Steuerberatervergütungsverordnung § 35 RVG, §§ 23–39 StBVV i. V. m. §§ 10, 13 StBVV	**Rechtsanwaltsvergütungsgesetz** § 23 Abs. 1 RVG, § 52 GKG
Anwendungsbereich: im Verwaltungsverfahren	Anwendungsbereich: • im Verwaltungsverfahren (wenn Wert nicht nach der StBVV zu ermitteln ist) • im Nachprüfungsverfahren • in gerichtlichen Angelegenheiten
Wenn sich aus diesen Vorschriften kein Wert ermitteln lässt, ist der Wert des Interesses maßgebend (§ 10 Abs. 1 S. 3 StBVV).	Wenn der Sach- und Streitstand für die Bestimmung des Werts keine genügenden Anhaltspunkte liefert, ist von einem Regelwert von 5.000,00 € auszugehen (§ 52 Abs. 2 GKG).
Streitwertkatalog: Ergänzend gelten die Empfehlungen des Streitwertkatalogs für steuerrechtliche Streitigkeiten.	

Im Downloadbereich zum Buch finden Sie den Streitwertkatalog „Finanzgerichtsbarkeit". Web

Der Rechtsanwalt hat neben seinem Gebührenanspruch, der in den folgenden Kapiteln erläutert wird, auch einen Erstattungsanspruch in Bezug auf die ihm entstandenen Auslagen gem. Nrn. 7000–7008 VV RVG und die von ihm getätigten Aufwendungen. vgl. LF 4, Kap. 4.4.2, 4.4.3

vgl. LF 6, Kap. 2

Hinweis: Nach dem Versand der Vergütungsrechnung muss der Zahlungseingang überprüft und im Aktenkonto notiert werden.

6.11.1 Außergerichtliche Tätigkeit

Die Gebühren für die außergerichtliche Tätigkeit des Rechtsanwalts richten sich nach Teil 1 und Teil 2 Abschnitt 3 des Vergütungsverzeichnisses zum RVG bzw. der Steuerberatervergütungsverordnung.

Web Im Downloadbereich zum Buch finden Sie eine tabellarische Übersicht über die Gebühren, die in steuerrechtlichen Streitigkeiten außergerichtlich anfallen können.

Hinweis:

- Außergerichtlich werden in steuerrechtlichen Angelegenheiten verschiedene Verfahrensstadien unterschieden, die nach § 17 Nr. 1 a RVG jeweils eigene Angelegenheiten darstellen. Hierzu gehören das Verwaltungsverfahren und das Nachprüfungsverfahren (z. B. das Einspruchsverfahren).
- Sofern der Rechtsanwalt vor seiner Tätigkeit im Nachprüfungsverfahren bereits im Verwaltungsverfahren tätig war, muss er die Gebühr gem. §§ 23, 24, 31 StBVV bzw. die Geschäftsgebühr gem. Nr. 2300 VV RVG, die er im Verwaltungsverfahren erhalten hat, auf die Gebühr im Nachprüfungsverfahren zur Hälfte anrechnen, höchstens zu 0,75 (Vorbemerkung 2.3 Abs. 4 VV RVG).
- Wenn der Rechtsanwalt nach einer Tätigkeit im Verwaltungs- oder Nachprüfungsverfahren noch gerichtlich tätig wird, ist ebenfalls eine Anrechnungsvorschrift zu beachten: Nach der Vorbemerkung 3 Abs. 4 VV RVG ist nur die zuletzt angefallene Gebühr nach dem StBVV bzw. RVG aus dem Verwaltungs- oder Nachprüfungsverfahren hälftig, höchstens mit 0,75, auf die Verfahrensgebühr anzurechnen.

Web Im Downloadbereich zum Buch finden Sie ein Abrechnungsbeispiel für die außergerichtliche Tätigkeit in einer steuerrechtlichen Angelegenheit.

6.11.2 Gerichtliche Tätigkeit

In steuerrechtlichen Streitigkeiten entstehen für die gerichtliche Tätigkeit die anwaltlichen Gebühren nach Teil 1 sowie Teil 3 Abschnitt 2 des Vergütungsverzeichnisses zum RVG.

Web Im Downloadbereich zum Buch finden Sie eine tabellarische Übersicht über die Gebühren, die in steuerrechtlichen Streitigkeiten gerichtlich anfallen können.

Hinweis: Wenn die Revision nicht zugelassen wurde, kann Nichtzulassungsbeschwerde erhoben werden. Die entstehende Verfahrensgebühr gem. Nr. 3506 VV RVG ist auf ein ggf. nachfolgendes Revisionsverfahren in voller Höhe anzurechnen (Anmerkung zu Nr. 3506 VV RVG).

Im Downloadbereich zum Buch finden Sie ein Abrechnungsbeispiel für die gerichtliche Tätigkeit in einer steuerrechtlichen Angelegenheit. Web

6.12 Führen des erforderlichen Schriftverkehrs

Zum Schriftverkehr in steuerrechtlichen Angelegenheiten gehören neben dem Einspruchsschreiben weitere Schreiben an das Finanzamt (z. B. über eine Ratenzahlungsvereinbarung) sowie Schreiben an das Finanzgericht und den Bundesfinanzhof. Ebenso sind Schreiben und Kostenrechnungen an den Mandanten normgerecht zu erstellen und zu gestalten.

Hinweise:

- Da seit 01.01.2022 alle Rechtsanwälte verpflichtet sind, Schriftsätze per beA zu übermitteln, entfällt ab diesem Zeitpunkt das Vervielfältigen des Schriftsatzes (und etwaiger Anlagen) und damit das Erstellen von (beglaubigten und/oder einfachen) Abschriften für den Gegner zum Zweck der Zustellung (vgl. § 133 Abs. 1 ZPO). vgl. LF 2, Kap. 2.3.4
- Das folgende Schreiben wird verkleinert dargestellt und stellt keine Musterlösung dar.
- Grundlage des Briefbogens der Partnerschaft Dr. Neumann & Huber sind die Form B, der gestaltete Informationsblock und das Anschriftfeld mit Rücksendeangabe.

Tipp: Im (Kurz-)Rubrum von Schriftsätzen sollte in jedem Fall jeweils der sachbearbeitende Rechtsanwalt (Vor- und Nachname sowie Postleitzahl und Ort) der Parteien angegeben werden. Dadurch wird sichergestellt, dass man auf den ersten Blick sieht, wer Sachbearbeiter ist. Dies erleichtert die Zustellung per beA. Sinnvoll ist auch die Angabe am Briefende, ob der Schriftsatz einfach oder elektronisch signiert ist, damit einfach und schnell nachvollzogen werden kann, wie signiert wurde.

Situationsbeschreibung: Richard Brown (Klosterstraße 98, 67480 Edenkoben) hat Rechtsanwältin Dr. Annette Neumann in einer steuerrechtlichen Angelegenheit mandatiert. Das Finanzamt Darmstadt (Soderstraße 30, 64283 Darmstadt) hat am 14.01.2022 einen Steuervorauszahlungsbescheid zur Steuernummer 231/266/31315 erlassen. Dieser Bescheid wurde am 17.01.2022 zugestellt. Hiernach muss Richard Brown vierteljährlich eine Steuervorauszahlung in Höhe von 4.500,00 €, jeweils zahlbar am 10.03.2022, 10.06.2022, 10.09.2022 und 10.12.2022, leisten. Die Vorauszahlungen wurden auf der Grundlage der Jahreseinkünfte 2020 festgelegt. Richard Brown hat jedoch aufgrund unvermeidbarer Investitionen in eine neue Telefon- und Computeranlage sowie in ein neues Fertigungssystem für seine Firma, die Stahlhandel Brown GmbH, deutlich geringere Einkünfte als im Jahr 2020. Rechtsanwältin Dr. Annette Neumann übergibt die Akte an Annika Sauer. Diese soll Einspruch einlegen und die Kostenvoranschläge bzgl. der Investitionskosten beilegen. Annika Sauer erstellt das Schreiben am 31.01.2022 zum Az. 35/2022.

Dr. Neumann & Huber
Rechtsanwälte Partnerschaft

RAe Dr. Neumann & Huber, Grainstr. 101, 67434 Neustadt a. d. Wstr.
Finanzamt Darmstadt
Soderstraße 30
64283 Darmstadt

Ihr Zeichen:	231/266/31315
Ihre Nachricht vom:	
Unser Zeichen:	35/2022
Unsere Nachricht vom:	
Name:	RAin Dr. Annette Neumann
Sekretariat:	Annika Sauer
Telefon:	+49 6321 5632-12
Telefax:	+49 6321 5632-15
Datum:	31.01.2022

Steuernummer: 231/266/31315
Einspruch gegen den Steuervorauszahlungsbescheid vom 14.01.2022

Sehr geehrte Damen und Herren,

wir zeigen Ihnen unter Vollmachtsvorlage an, dass wir Herrn Richard Brown, Klosterstraße 98, 67480 Edenkoben, anwaltlich vertreten.

Namens und im Auftrag unseres Mandanten legen wir hiermit gegen den Steuervorauszahlungsbescheid vom 14.01.2022, zugestellt am 17.01.2022, **Einspruch** ein.

Begründung:

Mit dem Steuervorauszahlungsbescheid vom 14.01.2022 wurden die fälligen Steuervorauszahlungen bzgl. der Einkommensteuer unseres Mandanten wie folgt festgesetzt:

- 4.500,00 €, zahlbar am 10.03.2022
- 4.500,00 €, zahlbar am 10.06.2022
- 4.500,00 €, zahlbar am 10.09.2022
- 4.500,00 €, zahlbar am 10.12.2022

Die vierteljährlichen Vorauszahlungen wurden auf der Grundlage der Einkünfte des Jahrs 2020 festgelegt.

Aufgrund von unvermeidbaren Investitionen in eine neue Telefon- und Computeranlage sowie in ein neues Fertigungssystem für die Firma unseres Mandanten, die Stahlhandel Brown GmbH, werden die diesjährigen Einnahmen deutlich niedriger ausfallen als die Einkünfte im Jahr 2020.

Seite 1 von 2

RAin Dr. Annette Neumann Fachanwältin für Verkehrsrecht · **RA Peter Huber** Fachanwalt für Erbrecht
In Zusammenarbeit mit **RAin Katharina Schuh** Fachanwältin für Familienrecht

RAe Dr. Neumann & Huber · Grainstr. 101 · 67434 Neustadt a. d. Wstr. · Telefon +49 6321 5632-0 · Fax +49 6321 5632-15
info@rae-neumann-huber.de · www.rae-neumann-huber.de
Registernummer PR 956 · Amtsgericht Neustadt a. d. Wstr. · USt-IdNr.: DE573964122

Commerzbank Neustadt a. d. Wstr. · IBAN DE41 5464 0035 0012 5832 19
Deutsche Bank Neustadt a. d. Wstr. · IBAN DE52 5467 0095 0096 7844 58

Zum Nachweis der geplanten Investitionskosten übersenden wir Ihnen in der Anlage die entsprechenden Kostenvoranschläge. Diese bitten wir als Grundlage für die Neuberechnung der Steuervorauszahlungen heranzuziehen.

Freundliche Grüße

Dr. Annette Neumann
Rechtsanwältin

Anlagen

Zusammenfassung

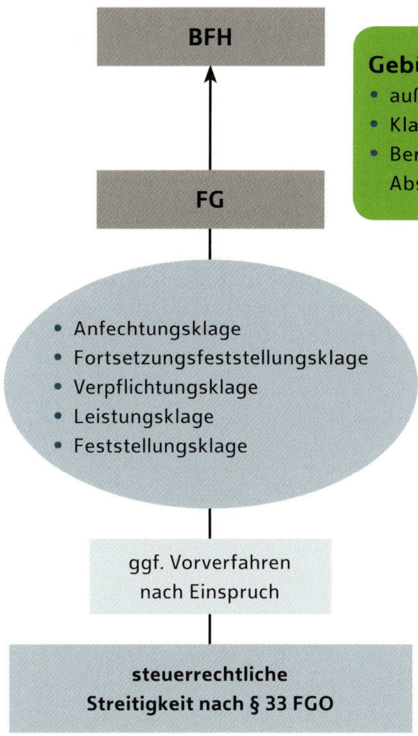

Gebühren:
- außergerichtlich: Teil 1 und Teil 2 Abschnitt 3
- Klageverfahren: Teil 1 und Teil 3 Abschnitt 1 VV RVG
- Berufungs- und Revisionsverfahren: Teil 1 und Teil 3 Abschnitt 2

Wiederholung und Vertiefung

1. Welche Voraussetzungen müssen bei einer Wiedereinsetzung in den vorigen Stand vorliegen?
2. Welche Frist ist bei der Erhebung einer Anfechtungsklage gegen einen Steuerbescheid zu beachten?
3. Rechtsanwalt Peter Huber vertritt Dr. Johannes Meier seit vielen Jahren in steuerrechtlichen Angelegenheiten. In einem Telefonat teilt Dr. Johannes Meier nun mit, dass er es nicht schafft, die Unterlagen, die Rechtsanwalt Peter Huber für die Erstellung der Steuererklärung noch benötigt, rechtzeitig herauszusuchen. Deshalb beantragt Rechtsanwalt Peter Huber die Verlängerung der Abgabefrist der Steuererklärung. Welcher Streitwert wird der Gebührenabrechnung für diese Tätigkeit zugrunde gelegt?
4. Rechtsanwalt Peter Huber hat für Kerstin Schuckertz am 03.05.2022 Einspruch gegen den Einkommensteuerbescheid 2020 vom 22.04.2022, Steuernummer 156/383/44114, eingelegt. Die Einlegung erfolgte zunächst lediglich Frist wahrend. Nach intensiver Prüfung des Sachverhalts und aller relevanten Unterlagen rät Rechtsanwalt Peter Huber der Mandantin, den Einspruch zurückzunehmen. Nachdem Kerstin Schuckertz der Rücknahme zugestimmt hat, erstellt Annika Sauer das entsprechende Schreiben am 09.05.2022 an das zuständige Finanzamt Darmstadt (Soderstraße 30, 64283 Darmstadt) zum kanzleiinternen Az. 181/2021. Erstellen Sie dieses Schreiben unter Verwendung des Kanzleibriefbogens.

7 Das Strafverfahren

Verstöße gegen Ge- und Verbote werden nach ihrem Unrechtsgehalt unterschieden. Besonders schwerwiegende Taten werden als **Straftaten** in Strafverfahren verfolgt.

Hinweis: Straftatbestände sind üblicherweise folgendermaßen formuliert: *„Wer ..., wird mit ... bestraft"*.

Die wichtigste Rechtsquelle für das materielle Strafrecht ist das StGB **(Strafgesetzbuch),** in dem sich die meisten Straftatbestände finden.

▶ Beispiele: § 211 StGB (Mord), § 242 StGB (Diebstahl), § 263 StGB (Betrug)

Darüber hinaus finden sich jedoch auch Strafvorschriften in zahlreichen Spezialgesetzen, die zusammenfassend als Nebenstrafrecht bezeichnet werden.

▶ Beispiele: §§ 399 ff. AktG (Aktiengesetz), § 27 JuSchG (Jugendschutzgesetz), §§ 106 ff. UrhG (Gesetz über Urheberrecht und verwandte Schutzrechte [Urheberrechtsgesetz])

Straftaten werden mit **Geld- oder Freiheitsstrafe** bestraft.

Das Strafprozessrecht ist in der **Strafprozessordnung** (StPO) geregelt, in der sich Vorschriften zum Ablauf des Ermittlungsverfahrens und des Strafprozesses finden.

Das Strafverfahren dient der Feststellung und Durchsetzung des staatlichen Strafanspruchs. Es besteht aus dem Erkenntnisverfahren, in dem durch staatsanwaltliche Ermittlung und richterliche Entscheidung festgestellt wird, ob im konkreten Einzelfall ein solcher Strafanspruch besteht, und dem Vollstreckungsverfahren, in welchem die festgesetzte Strafe vollstreckt wird. Für jeden Verfahrensabschnitt ist jeweils ein bestimmtes Organ, also insbesondere die Staatsanwaltschaft oder das Gericht, zuständig.

Lernsituation

Elda Lauenburg erscheint am 29.03.2022 unangemeldet in der Kanzlei und bittet sichtlich aufgelöst darum, sofort mit einem Rechtsanwalt zu sprechen. Sie übergibt Annika Sauer, die sie empfängt, einen Strafbefehl, der ihr am 28.03.2022 zugegangen ist und teilt ihr mit, dass sie dieses Schreiben vom Gericht bekommen habe und nun befürchte ins Gefängnis zu müssen.

In dem Strafbefehl wird ihr vorgeworfen, in einer Bar eine andere Kundin an den Haaren gezogen und zu Boden gestoßen zu haben. Sie wird daher zu 30 Tagessätzen zu je 30,00 €, somit insgesamt 900,00 € verurteilt.

Elda Lauenburg erklärt, dass die andere Frau sie beleidigt und bespuckt habe und sie sich nur dagegen wehren wollte. Sie habe noch nie mit der Polizei zu tun gehabt und mache sich nun Sorgen, dass dies für immer in ihrer Akte stünde.

Rechtsanwältin Katharina Schuh hat gerade Zeit und übernimmt den Fall. Annika Sauer legt die Handakte mit dem Az.: 49/2022 an und beantragt sofort Akteneinsicht.

Bereits wenige Tage später erhält Rechtsanwältin Katharina Schuh kurzfristig Akteneinsicht. Nach Durchsicht der Akte telefoniert sie mit der Mandantin. Sie rät Elda Lauenburg von der Einlegung des Einspruchs ab, da sie hierfür mangels Beweise keine Chance sieht. Elda Lauenburg bittet daher darum, die Akte zu schließen.

Annika Sauer sendet am 05.04.2022 die Akte mit dem Az.: 21 Cs 35/22 an das Amtsgericht Speyer (Wormser Straße 41, 67346 Speyer) zurück. Anschließend erstellt sie die Kostenrechnung für den durchschnittlichen Fall.

Arbeitsaufträge:

a) Recherchieren Sie im Gesetz, wo die Körperverletzung geregelt ist. Handelt es sich dabei um ein Verbrechen oder ein Vergehen? Begründen Sie Ihre Antwort.

b) Recherchieren Sie im Gesetz das Strafbefehlsverfahren. Erstellen Sie dazu in Partnerarbeit eine Mindmap.

c) Wie kann Elda Lauenburg gegen den Strafbefehl vorgehen? Welche Fristen sind dabei zu beachten? Notieren und begründen Sie Ihr Ergebnis.

d) Recherchieren Sie, ob die genannte Strafe in einem Führungszeugnis aufgeführt wird. Notieren Sie Ihr Ergebnis.

e) Erstellen Sie das Schreiben an das Amtsgericht Speyer mithilfe des Kanzleibriefbogens, den Sie im Downloadbereich finden.

f) Ermitteln Sie in Partnerarbeit, welche Gebühren und Auslagen Rechtsanwältin Katharina Schuh für ihre Tätigkeit erhält.

g) Vergleichen Sie Ihre Ergebnisse mit denen Ihrer Mitschüler. Ergänzen bzw. berichtigen Sie ggf. Ihre Notizen.

Web

h) Reflektieren Sie anschließend Ihr Wissen anhand des Fragebogens, den Sie im Downloadbereich zum Buch finden.

7.1 Allgemeine Grundsätze

Für das Verständnis des Strafverfahrens sind einige allgemeine Grundsätze von großer Bedeutung.

7.1.1 Verbrechen und Vergehen

Straftaten werden in Vergehen und Verbrechen unterteilt. Gemäß § 12 StGB sind **Verbrechen** jene Taten, die mit **mindestens einem Jahr Freiheitsstrafe** bedroht sind, **Vergehen** jene Taten, die mit weniger Strafe bedroht sind.

▶ Beispiel: Gemäß § 249 StGB wird jemand, der einen Raub begeht, mit Freiheitsstrafe nicht unter einem Jahr bestraft. Der Raub ist also ein Verbrechen. Im Gegensatz dazu wird ein Diebstahl gem. § 242 StGB mit Freiheitsstrafe bis zu fünf Jahren oder mit Geldstrafe bestraft, sodass es sich dabei um ein Vergehen handelt.

Die Unterscheidung hat eine weitreichende Bedeutung sowohl im materiellen Recht wie im Prozessrecht. So ist z. B. gem. § 23 Abs. 1 StGB der **Versuch eines Verbrechens stets strafbar**, während der Versuch eines Vergehens nur dann strafbar ist, wenn das Gesetz es ausdrücklich bestimmt. Darüber hinaus darf u. a. ein Strafbefehl nach § 407 StPO nur bei Vergehen erlassen werden und eine Einstellung des Verfahrens gem. § 153 ZPO oder § 153 a StPO ist ebenfalls nur bei Vergehen möglich. Zudem ist die Unterscheidung für die funktionale Zuständigkeit des Strafrichters wichtig (vgl. § 25 GVG).

7.1.2 Pflicht- und Wahlverteidiger

Die Unterscheidung zwischen Verbrechen und Vergehen spielt auch für die Anordnung der Beiordnung eines Pflichtverteidigers eine Rolle. Dem Beschuldigten bzw. Angeklagten steht es natürlich frei, sich anwaltlich vertreten zu lassen, er kann also einen sog. **Wahlverteidiger** bestellen. In § 140 Abs. 1 StPO werden jedoch einige Fälle aufgezählt, in denen dem Angeklagten vom Gericht zwingend ein Anwalt zur Seite gestellt werden muss, der sog. **Pflichtverteidiger**. Diese Fälle sind neben der Anklage für ein Verbrechen, auch, dass das Verfahren zu einem Berufsverbot führen könnte oder, dass der Beschuldigte in Untersuchungshaft sitzt. Drohen also dem Angeklagten schwerwiegende Konsequenzen, folgt aus dem Prinzip des fairen Verfahrens, dass er die Möglichkeit erhalten muss, sich bestmöglich zu verteidigen, wofür er rechtskundige Unterstützung durch einen Rechtsanwalt benötigt. Die Beiordnung eines Pflichtverteidigers erfolgt daher unabhängig davon, ob der Angeklagte sich einen Rechtsanwalt leisten kann oder nicht.

7.1.3 Aussageverweigerungsrecht

Aus dem sog. **nemo-tenetur-Grundsatz** (lat.: nemo tenetur se ipsum accusare = „niemand ist verpflichtet, sich selbst anzuklagen“) ergibt sich, dass dem Betroffenen in jedem Stadium eines Strafverfahrens ein Aussageverweigerungsrecht zusteht. Er muss also keine Angaben zu dem ihm zur Last gelegten Sachverhalt machen, Angaben zu seiner Person zur Identitätsfeststellung hingegen aber schon.

Das Aussageverweigerungsrecht ergibt sich für den Beschuldigten im Ermittlungsverfahren aus § 136 Abs. 1 S. 2 StPO und für den Angeklagten im Strafprozess aus § 243 Abs. 5 StPO.

Wird bei einer Vernehmung auf dieses Recht nicht hingewiesen, so kann dies zu einem **Beweisverwertungsverbot** führen. Macht der Beschuldigte bzw. Angeklagte von seinem Aussageverweigerungsrecht Gebrauch, so darf das Gericht aus dem Schweigen keine für ihn nachteiligen Schlüsse ziehen.

7.1.4 Verfahrensgrundsätze

Wie im zivilrechtlichen Verfahren auch, gelten im Strafprozess einige allgemeine Grundsätze, wie der **Mündlichkeitsgrundsatz** (§ 261 StPO, eine Ausnahme von diesem Grundsatz stellt das Strafbefehlsverfahren dar), der **Unmittelbarkeitsgrundsatz** (§ 250 StPO), der **Öffentlichkeitsgrundsatz** (§ 169 GVG), der **Grundsatz des rechtlichen Gehörs** (vgl. §§ 33, 115, 118, 128, 163 a Abs. 1, 175, 201, 230 Abs. 1, 243 Abs. 2 und 5, 257, 258, 265 StPO) und der **Beschleunigungsgrundsatz**.

vgl. LF 10, Kap. 1.1.3–1.1.7

Im **Strafverfahren** herrscht jedoch im Gegensatz zum Zivilverfahren die **Offizialmaxime**, wonach das Anklagemonopol bei der Staatsanwaltschaft liegt (vgl. § 152 StPO). Das Opfer einer Straftat kann also nicht darüber bestimmen, ob ein Strafverfahren durchgeführt wird oder nicht (etwa durch „Rücknahme" einer Strafanzeige). Diese Entscheidung ist der Staatsanwaltschaft überlassen, die darüber bestimmt, ob ein Verfahren eröffnet wird oder nicht.

Hinweis: Eine wichtige Ausnahme vom Offizialprinzip sind Antragsdelikte und das Privatklageverfahren, das in den §§ 374 ff. StPO geregelt ist. Ein **Antragsdelikt** kann grds. nur verfolgt werden, wenn der Geschädigte einen entsprechenden Antrag stellt, wie z. B. beim Hausfriedensbruch gem. § 123 StGB oder der Beleidigung nach § 185 StGB. Es gibt aber auch sog. relative Antragsdelikte wie z. B. die fahrlässige Körperverletzung nach § 229 StGB, bei denen die Staatsanwaltschaft das besondere öffentliche Interesse bejahen kann, sodass dieses Delikt dann auch ohne einen Antrag des Geschädigten verfolgt werden kann. Bei der Privatklage kann für bestimmte im Gesetz genannte Delikte auch ohne Mitwirkung der Staatsanwaltschaft Anklage vor dem Strafgericht erhoben werden.

Damit zusammen hängt auch das **Akkusationsprinzip**, das besagt, dass ein gerichtliches Verfahren nur nach Erhebung einer Anklage durch die Staatsanwaltschaft stattfindet (§ 151 StPO) und diese Anklage den Umfang der gerichtlichen Untersuchung und Entscheidung bestimmt (§§ 155 Abs. 1, 264 Abs. 1 StPO). Nur die Staatsanwaltschaft entscheidet also darüber, ob und welche Delikte vor Gericht kommen.

Das **Legalitätsprinzip** schreibt zudem vor, dass bei Verdacht des Vorliegens einer Straftat Staatsanwaltschaft und Polizei grds. immer verpflichtet sind einzugreifen (§§ 152 Abs. 2, 163 Abs. 1 StPO).

Im Gegensatz zum Zivilverfahren gilt beim Strafprozess zudem der **Untersuchungsgrundsatz**, sodass das Gericht die entscheidungserheblichen Tatsachen **von Amts wegen** zu ermitteln hat und die Staatsanwaltschaft sowohl belastende als auch entlastende Umstände ermitteln muss (vgl. § 160 Abs. 2 StPO). vgl. LF 10, Kap. 1.1.2

Wichtig sind zudem im Strafverfahren noch der Grundsatz der **Unschuldsvermutung** (sog. Grundsatz in dubio pro reo [lat. = „im Zweifel für den Angeklagten"], Art. 20 Abs. 3 GG) und das **Verbot der Doppelbestrafung**, also das Verbot einer erneuten Bestrafung oder Strafverfolgung nach einer Verurteilung oder einem Freispruch wegen derselben Tat (sog. Grundsatz ne bis in idem [lat. = „nicht zweimal in derselben Sache"], Art. 103 Abs. 3 GG).

7.2 Das Ermittlungsverfahren

Das Ermittlungsverfahren besteht aus zwei Abschnitten: Zunächst wird ein **Vorverfahren** gem. §§ 160–177 StPO durchgeführt. Dieses steht unter der Herrschaft der **Staatsanwaltschaft** und hat das Ziel, einen hinreichenden Tatverdacht zu ermitteln. Die Staatsanwaltschaft bedient sich bei der Ermittlung der **Polizeibehörden als Hilfsbeamte** (vgl. § 163 StPO). Darüber hinaus ist für einige besonders einschneidende Maßnahmen, wie die Anordnung einer Durchsuchung oder die Anordnung der Untersuchungshaft, gem. § 162 StPO der **Ermittlungsrichter** zuständig.

Liegt ein hinreichender Tatverdacht vor, so erhebt die Staatsanwaltschaft **Anklage**. Andernfalls **stellt** sie das **Verfahren ein** (§ 170 StPO).

Hat die Staatsanwaltschaft Anklage erhoben, schließt sich das **Zwischenverfahren** gem. §§ 199–211 StPO an, in welchem das Gericht darüber entscheidet, ob die Anklage zur Hauptverhandlung zugelassen wird. Das Verfahren beginnt mit Übersendung der Anklageschrift gem. §§ 199, 200 StPO. Das Gericht entscheidet nun durch Beschluss über die **Eröffnung des Hauptverfahrens** gem. §§ 203, 207 StPO, die **Ablehnung der Eröffnung** gem. § 204 StPO oder die **Einstellung des Verfahrens** gem. § 206 a StPO.

Das Ermittlungsverfahren beginnt in der Regel durch eine **Strafanzeige** gem. § 158 Abs. 1 StPO, die bei der Staatsanwaltschaft, der Polizei oder den Amtsgerichten mündlich oder schriftlich erfolgt. Daneben gibt es noch sog. Antragsdelikte, die gem. § 158 Abs. 2 StPO nur verfolgt werden, wenn ein **Strafantrag** durch das Opfer der Straftat gestellt wird.

▶ Beispiel: Eine Verleumdung gem. § 187 StGB i. V. m. § 194 StGB wird nur auf Antrag verfolgt.

7.3 Das Strafbefehlsverfahren

Liegt ein hinreichender Tatverdacht vor, so kann sich die Staatsanwaltschaft entscheiden, ob sie Anklage erheben will oder ob sie ein Strafbefehlsverfahren gem. §§ 407 ff. StPO einleitet. Dabei handelt es sich um ein schriftliches, **verkürztes** und beschleunigtes **Verfahren**, bei dem es **keine Hauptverhandlung** mit Beweisaufnahme gibt. Es wird daher nur bei einfach gelagerten Fällen mit geringer Strafandrohung angewandt.

▶ Beispiele: Strafbefehle werden vorwiegend bei in der Praxis massenhaft auftretenden Delikten wie unerlaubtes Entfernen vom Unfallort gem. § 142 StGB, Fahren ohne Fahrerlaubnis gem. § 21 StVG oder Leistungserschleichung durch Schwarzfahren in öffentlichen Verkehrsmitteln gem. § 265 a StGB eingesetzt.

Das Strafbefehlsverfahren ist **nur zulässig bei Vergehen** gem. § 12 StGB, wenn der Strafrichter oder das Schöffengericht zuständig ist und **nur bestimmte Rechtsfolgen**, wie z. B. Geldstrafe, Fahrverbot, Entziehung der Fahrerlaubnis bis zu zwei Jahren, Freiheitsstrafe bis zu einem Jahr auf Bewährung, angeordnet werden. Eine Freiheitsstrafe kann nur verhängt werden, wenn der Angeschuldigte anwaltlich vertreten ist.

Gegen einen Strafbefehl kann gem. § 410 StPO innerhalb einer Frist von zwei Wochen **Einspruch** eingelegt werden. In diesem Fall wird ein reguläres Verfahren mit Hauptverhandlung durchgeführt. Der Einspruch muss beim Gericht, das den Strafbefehl erlassen hat, eingelegt werden.

7.4 Der Strafprozess

Hat das Gericht durch Eröffnungsbeschluss das Hauptverfahren gem. §§ 213–295 StPO eröffnet, so folgt eine (in der Regel) öffentlichen Hauptverhandlung vor Gericht. Die Hauptverhandlung endet in der Regel entweder mit der Einstellung des Verfahrens gem. §§ 153 ff. StPO oder einem Urteil gem. § 260 StPO, welches einen Freispruch oder eine Verurteilung beinhalten kann.

Im Anschluss haben sowohl die Staatsanwaltschaft als auch der Angeklagte die Möglichkeit, **Rechtsmittel** einzulegen. Diese sind insbesondere die **Berufung** gem. §§ 312 ff. StPO, die statthaft ist gegen die Urteile des Strafrichters und des Schöffengerichts und innerhalb einer Woche nach Verkündung eingelegt werden muss, und die **Revision** gem. §§ 333 ff. StPO, die gegen die Urteile der Strafkammern und Schwurgerichte sowie erstinstanzliche Urteile des Oberlandesgerichts statthaft ist. Gegen sonstige Entscheidungen wie Verfügungen und Beschlüsse ist die **Beschwerde** gem. § 304 StPO statthaft.

Zuständig für das Verfahren ist in erster Instanz das **Amtsgericht** gem. § 24 GVG, wenn eine Strafe von bis zu vier Jahren Freiheitsstrafe zu erwarten ist. Am Amtsgericht ist der Strafrichter zuständig für Vergehen mit einer Straferwartung von bis zu zwei Jahren Freiheitsstrafe und das Schöffengericht (bestehend aus einem Berufsrichter und zwei Schöffen gem. § 29 Abs. 1 GVG) bei einer Straferwartung von über zwei Jahren bis zu vier Jahren.

Das **Landgericht** ist gem. § 74 GVG in erster Instanz zuständig bei einer zu erwartenden Freiheitsstrafe von über vier Jahren und für die in Abs. 2 genannten Delikte, insbesondere Straftaten gegen das Leben. Außerdem ist das Landgericht gem. § 74 Abs. 3 GVG zuständig für Berufungen gegen die Urteile des Strafrichters und des Schöffengerichts.

Das **Oberlandesgericht** ist gem. § 120 GVG in erster Instanz zuständig für die dort genannten Delikte, insbesondere Landesverrat und Straftaten mit politischem Hintergrund und als nächste Instanz gem. § 121 GVG in Revisionsverfahren.

Die **Hauptverhandlung** ist in den §§ 226–275 StPO geregelt und hat folgenden Ablauf:
- Aufruf zur Sache
- Feststellung der Anwesenheit von Angeklagtem, Verteidiger, Zeugen
- Zeugen verlassen Sitzungssaal
- Vernehmung des Angeklagten zu seiner Person (Dies dient der Identitätsfeststellung. Der Angeklagte ist verpflichtet, Vor-, Familien-, Geburtsname, Geburtstag und -ort, Familienstand, Beruf, Wohnort, Wohnung, Staatsangehörigkeit zu nennen.)
- Verlesung des Anklagesatzes durch die Staatsanwaltschaft (Verlesen werden entweder die Anklageschrift oder bei vorangegangenem Strafbefehlsverfahren der Strafbefehlsantrag.)
- Hinweis an den Angeklagten, dass es ihm freisteht, sich zur Sache zu äußern
- Vernehmung des Angeklagten zur Sache (sofern er von seinem Aussageverweigerungsrecht keinen Gebrauch macht)
- Beweisaufnahme gem. § 244 StPO
- Schlussvorträge und letztes Wort des Angeklagten gem. § 258 Abs. 2 und 3 StPO
- Urteil gem. § 260 StPO

Die Hauptverhandlung wird grds. durch **Urteil** beendet und lautet auf Freispruch, auf Verurteilung oder auf Anordnung einer Maßregel der Besserung und Sicherung.

▶ Beispiele: Die dauerhafte Entziehung der Fahrerlaubnis nach § 69 StGB ist eine Maßregel der Besserung und Sicherung. Das Fahrverbot nach § 44 StGB ist hingegen eine Nebenstrafe. Weitere Maßregeln sind das Berufsverbot gem. § 70 StGB oder die Unterbringung in einer Entziehungsanstalt gem. § 64 StGB.

Bei einer Einstellung aus Opportunitätsgründen gem. §§ 153 ff. StPO wird durch **Beschluss** entschieden.

Die Gerichts- sowie Rechtsanwaltskosten übernimmt im Fall eines Freispruchs der Staat. In allen anderen Fällen hat der Angeklagte gem. § 465 StPO die **Kosten** des Verfahrens zu tragen.

7.5 Das Vollstreckungsverfahren

Hat das Gericht im Strafurteil auf Geld- oder Freiheitsstrafe erkannt und wird dieses Urteil rechtskräftig, so folgt das Vollstreckungsverfahren gem. §§ 449 ff. StPO. Dieses liegt wiederum in den Händen der Staatsanwaltschaft. Geldstrafen werden gem. §§ 459 ff. StPO vollstreckt. Freiheitsstrafen, die nicht zur Bewährung ausgesetzt wurden, werden in einer Strafvollzugsanstalt verbüßt. Für den Vollzug finden sich Regelungen in den Strafvollzugsgesetzen der Länder und des Bunds (StVollzG).

7.6 Rechtsanwaltsgebühren

In Strafverfahren gelten die Vorschriften des Teils 4 des Vergütungsverzeichnisses zum RVG. Sie gelten dabei für den Rechtsanwalt, der als

- Wahlanwalt (vom Beschuldigten oder Angeklagten beauftragter Verteidiger) oder
- Pflichtverteidiger (für den gerichtlich bestellten oder beigeordneten Rechtsanwalt) tätig wird.

In Strafsachen gelten für den Wahlanwalt folgende allgemeinen Grundsätze des RVG:

- Vereinbarung der Vergütung, § 4 RVG
- Fälligkeit der Vergütung, § 8 RVG
- Recht auf einen Vorschuss, § 9 RVG
- Berechnung der Vergütung, § 10 RVG

Hinweis: Sofern der Mandant aufgrund seiner persönlichen und wirtschaftlichen Verhältnisse nicht in der Lage ist, die Kosten des Verfahrens zu tragen, besteht die Möglichkeit, dass ihm für eine **Beratung** in Strafverfahren Beratungshilfe gewährt wird. Die Möglichkeit der Prozess- und Verfahrenskostenhilfe ist in Strafverfahren nicht gegeben.

Bei der Abrechnung von Strafverfahren nach Teil 4 des Vergütungsverzeichnisses zum RVG müssen die einzelnen Verfahrensabschnitte beachtet werden. Bei den einzelnen Verfahrensabschnitten handelt es sich gem. § 15 RVG um eigene Angelegenheiten:

- vorbereitendes Verfahren, Nrn. 4104, 4105 VV RVG
- erstinstanzliches gerichtliches Verfahren, Nrn. 4106–4123 VV RVG
- Berufungsverfahren, Nrn. 4124–4129 VV RVG
- Revisionsverfahren, Nrn. 4130–4135 VV RVG
- Verfahren nach Zurückverweisung, § 21 Abs. 1 RVG
- Wiederaufnahme, Nr. 4136 VV RVG
- Strafvollstreckung, Nrn. 4137–4140 VV RVG

Hinweis: Nachfolgend wird auf die wohl am meisten vorkommenden Verfahren eingegangen. Weitere Gebühren finden Sie in Teil 4 Abschnitt 1 Unterabschnitt 4 und 5 VV RVG sowie in Teil 4 Abschnitt 2 und 3 VV RVG.

Dem Wahlanwalt stehen nach dem RVG **Betragsrahmengebühren** zu. Dabei muss der Wahlanwalt bei der Bestimmung der konkreten Gebühr innerhalb des vom RVG vorgegebenen Betragsrahmens die Vorschriften des § 14 Abs. 1 RVG berücksichtigen. Hier kommt es vor allem auf den Umfang und die Schwierigkeit der anwaltlichen Tätigkeit, die Bedeutung der Angelegenheit und die Einkommens- und Vermögensverhältnisse des Mandanten an. Ebenso muss das Haftungsrisiko des Wahlanwalts berücksichtigt werden. vgl. LF 4, Kap. 4.4.1

Hinweis: Handelt es sich bei der abzurechnenden Angelegenheit um einen Durchschnittsfall, wird der Wahlanwalt die Mittelgebühr ansetzen. vgl. LF 4, Kap. 4.4.1

Der Pflichtverteidiger erhält im Gegensatz zum Wahlanwalt keine Betragsrahmengebühren, sondern **Festgebühren**. vgl. LF 4, Kap. 4.4.1

Merke: Die Gebühren in Strafverfahren können jeweils mit Zuschlag entstehen. Dies ist dann der Fall, wenn sich der Mandant nicht auf freiem Fuß befindet (Vorbemerkung 4 Abs. 4 VV RVG).

Der Rechtsanwalt hat neben seinem Gebührenanspruch, der in den folgenden Kapiteln erläutert wird, auch einen Erstattungsanspruch in Bezug auf die ihm entstandenen Auslagen gem. Nrn. 7000–7008 VV RVG und die von ihm getätigten Aufwendungen. vgl. LF 4, Kap. 4.4.2, 4.4.3

Hinweis: Nach dem Versand der Vergütungsrechnung muss der Zahlungseingang überprüft und im Aktenkonto notiert werden. vgl. LF 6, Kap. 2

7.6.1 Allgemeine Gebühren

Nach Teil 4 Abschnitt 1 Unterabschnitt 1 VV RVG können folgende allgemeine Gebühren entstehen:

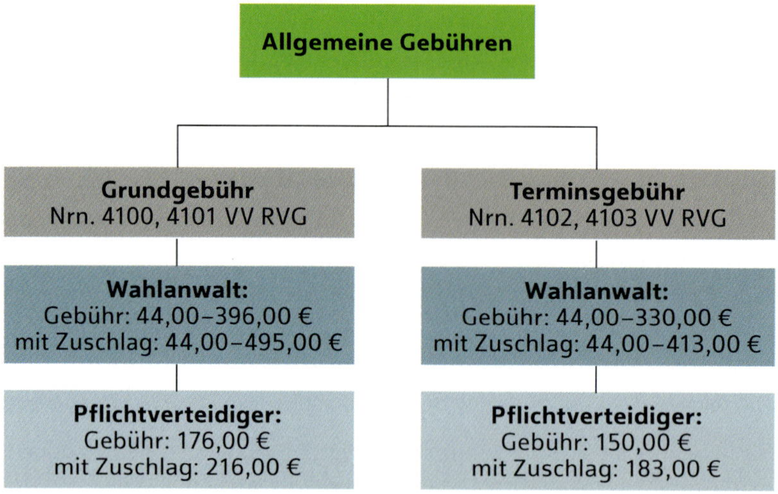

Grundgebühr

Gemäß Nr. 4100 VV RVG erhält der Rechtsanwalt eine Grundgebühr für die erstmalige Einarbeitung in den Rechtsfall, unabhängig davon, in welchem Verfahrensabschnitt sie erfolgt (Nr. 4100 Abs. 1 VV RVG). Somit kann die Grundgebühr im Ermittlungsverfahren, im gerichtlichen Verfahren sowie im Berufungs- und im Revisionsverfahren entstehen.

Mit der Grundgebühr soll der Arbeitsaufwand der anwaltlichen Tätigkeit (z. B. erstes Gespräch mit dem Mandanten, Beschaffung der erforderlichen Informationen, erste Akteneinsicht) abgegolten werden, der dem Rechtsanwalt einmalig mit der Übernahme des Auftrags entsteht.

Hinweis: Ist wegen derselben Tat oder Handlung ein Bußgeldverfahren vorausgegangen und hat der Rechtsanwalt hierfür bereits eine Grundgebühr nach Nr. 5100 VV RVG verdient, ist diese auf die Grundgebühr nach Nr. 4100 VV RVG anzurechnen (Nr. 4100 Abs. 2 VV RVG).

Terminsgebühr

Nach Nr. 4102 VV RVG erhält der Rechtsanwalt eine Terminsgebühr für die Teilnahme an

- richterlichen Vernehmungen und Augenscheinseinnahmen,
- Vernehmungen durch die Staatsanwaltschaft oder eine andere Strafverfolgungsbehörde,
- Terminen außerhalb der Hauptverhandlung, in denen über die Anordnung oder Fortdauer der Untersuchungshaft oder der einstweiligen Unterbringung verhandelt wird,
- Verhandlungen im Rahmen des Täter-Opfer-Ausgleichs sowie
- Sühneterminen nach § 380 StPO.

Die Terminsgebühr steht sowohl dem Wahlanwalt als auch dem Pflichtverteidiger zu. Mehrere Termine an einem Tag gelten als ein Termin (Anmerkung zu Nr. 4102 VV RVG). Die Gebühr entsteht im vorbereitenden Verfahren und in jedem Rechtszug für die Teilnahme an jeweils bis zu drei Terminen einmal.

Hinweis: Findet der Termin aus einem Grund, den der Rechtsanwalt nicht zu vertreten hat, nicht statt, ist die Terminsgebühr trotzdem entstanden, wenn der Rechtsanwalt erschienen ist (Vorbemerkung 4 Abs. 3 VV RVG).

7.6.2 Vorbereitendes Verfahren

Nach Teil 4 Abschnitt 1 Unterabschnitt 2 VV RVG kann im vorbereitenden Verfahren eine Verfahrensgebühr entstehen:

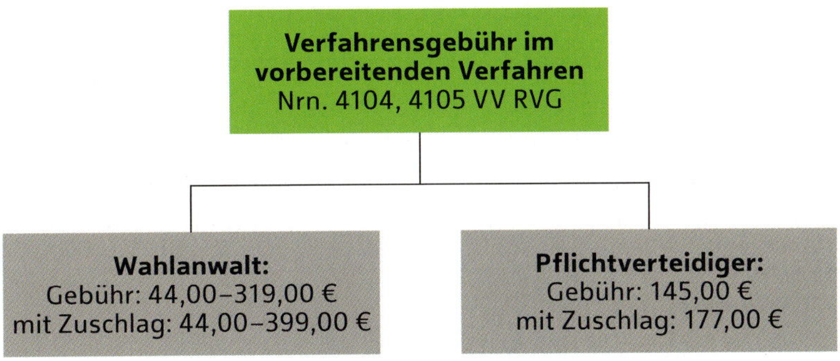

Nach Nr. 4104 VV RVG erhält der Rechtsanwalt für die Verteidigung oder Vertretung des Mandanten im vorbereitenden Verfahren eine Verfahrensgebühr. Diese entsteht für das Betreiben des Geschäfts einschließlich der Information für eine Tätigkeit in dem Verfahren bis zum Eingang der Anklageschrift, des Antrags auf Erlass eines Strafbefehls bei Gericht oder im beschleunigten Verfahren bis zum Vortrag der Anklage, wenn diese nur mündlich erhoben wird (Anmerkung zu Nr. 4104 VV RVG).

Hinweis: Neben der Verfahrensgebühr gem. Nr. 4104 VV RVG entsteht zusätzlich eine Terminsgebühr in den in Nr. 4102 Ziff. 1–5 VV RVG genannten Fällen. vgl. LF 14 (ReFa), Kap. 7.6.1

▶ Beispiel: Rechtsanwalt Reinhold Brinkmann vertritt die Beschuldigte Lilo Leppin in einem Ermittlungsverfahren. Er nimmt an einer Vernehmung der Beschuldigten durch die Staatsanwaltschaft teil. Danach rät er seiner Mandantin, den ihr zur Last gelegten Diebstahl zuzugeben. Lilo Leppin weigert sich jedoch und entzieht Rechtsanwalt Reinhold Brinkmann das Mandat. Es handelt sich um einen Durchschnittsfall. Es wurden 39 Ablichtungen aus der Ermittlungsakte angefertigt. Rechtsanwalt Reinhold Brinkmann erhält folgende Gebühren und Auslagen nach dem RVG:

Grundgebühr, Nr. 4100 VV RVG	220,00 €
Verfahrensgebühr (vorbereitendes Verfahren), Nr. 4104 VV RVG	181,50 €
Terminsgebühr (Vernehmung durch Staatsanwaltschaft), Nr. 4102 Ziff. 2 VV RVG	187,00 €
Dokumentenpauschale (39 Kopien à 0,50 €), Nr. 7000 Ziff. 1 a VV RVG	19,50 €
Pauschale Post und Telekommunikation, Nr. 7002 VV RVG	20,00 €
Zwischensumme	628,00 €
19 % Umsatzsteuer, Nr. 7008 VV RVG	119,32 €
Summe	747,32 €

7.6.3 Erstinstanzliches gerichtliches Verfahren

Nach Teil 4 Abschnitt 1 Unterabschnitt 3 VV RVG bestimmen sich die Gebühren im erstinstanzlichen gerichtlichen Verfahren nach der Ordnung des Gerichts, bei dem der RA tätig wird:

		Wahlanwalt	**Pflichtverteidiger**
erster Rechtszug vor dem Amtsgericht Nrn. 4106–4111 VV RVG	Verfahrensgebühr, Nr. 4106 VV RVG	44,00–319,00 €	145,00 €
	Verfahrensgebühr/Zuschlag, Nrn. 4106, 4107 VV RVG	44,00–399,00 €	177,00 €
	Terminsgebühr/Tag, Nrn. 4108 VV RVG	77,00–528,00 €	242,00 €
	Terminsgebühr/Zuschlag, Nrn. 4108, 4109 VV RVG	77,00–660,00 €	295,00 €
	Teilnahme an Hauptverhandlung mehr als 5 und bis 8 Std.; zusätzlich, Nr. 4110 VV RVG		121,00 €
	Teilnahme an Hauptverhandlung mehr als 8 Std.; zusätzlich, Nr. 4111 VV RVG		242,00 €
erster Rechtszug vor der Strafkammer Nrn. 4112–4117 VV RVG	Verfahrensgebühr, Nr. 4112 VV RVG	55,00–352,00 €	163,00 €
	Verfahrensgebühr/Zuschlag, Nrn. 4112, 4113 VV RVG	55,00–440,00 €	198,00 €
	Terminsgebühr/Tag Nr. 4114 VV RVG	88,00–616,00 €	282,00 €
	Terminsgebühr/Zuschlag, Nrn. 4114, 4115 VV RVG	88,00–770,00 €	343,00 €

		Wahlanwalt	Pflichtverteidiger
	Teilnahme an Hauptverhandlung mehr als 5 und bis 8 Std.; zusätzlich, Nr. 4116 VV RVG		141,00 €
	Teilnahme an Hauptverhandlung mehr als 8 Std.; zusätzlich, Nr. 4117 VV RVG		282,00 €
erster Rechtszug vor dem OLG, dem Schwurgericht oder der Strafkammer Nrn. 4118–4123 VV RVG	Verfahrensgebühr, Nr. 4118 VV RVG	110,00–759,00 €	348,00 €
	Verfahrensgebühr/Zuschlag, Nrn. 4118, 4119 VV RVG	110,00–949,00 €	424,00 €
	Terminsgebühr/Tag, Nr. 4120 VV RVG	143,00–1.023,00 €	466,00 €
	Terminsgebühr/Zuschlag, Nrn. 4120, 4121 VV RVG	143,00–1.279,00 €	569,00 €
	Teilnahme an Hauptverhandlung mehr als 5 und bis 8 Std.; zusätzlich, Nr. 4122 VV RVG		233,00 €
	Teilnahme an Hauptverhandlung mehr als 8 Std.; zusätzlich, Nr. 4123 VV RVG		466,00 €

Verfahrensgebühr

Im gerichtlichen Verfahren des ersten Rechtszugs erhält der Rechtsanwalt eine Verfahrensgebühr nach den Nrn. 4106, 4112 und 4118 VV RVG für das Betreiben des Geschäfts einschließlich der Information (Vorbemerkung 4 Abs. 2 VV RVG).

Terminsgebühr

Im erstinstanzlichen gerichtlichen Verfahren erhält der Rechtsanwalt eine Terminsgebühr für die Teilnahme an einem Hauptverhandlungstermin (Nrn. 4108, 4114 und 4120 VV RVG).

Hinweis: Findet der Termin aus einem Grund, den der Rechtsanwalt nicht zu vertreten hat, nicht statt, ist die Terminsgebühr trotzdem entstanden, wenn er erschienen ist (Vorbemerkung 4 Abs. 3 VV RVG).

Der Pflichtverteidiger erhält zusätzlich zur jeweiligen gerichtlichen Terminsgebühr eine Zusatzgebühr, wenn er mehr als 5–8 Stunden oder mehr als 8 Stunden an einer Hauptverhandlung teilgenommen hat. Die zusätzliche Gebühr entsteht als selbstständige Gebühr für alle Hauptverhandlungstage gesondert.

vgl. LF 14 (ReFa), Kap. 7.6.1

Hinweis: Finden während des Verfahrens noch andere gerichtliche Termine außerhalb der Hauptverhandlung statt, erhält der Rechtsanwalt neben der gerichtlichen Terminsgebühr des ersten Rechtszugs noch eine zusätzliche Terminsgebühr nach Nr. 4102 VV RVG.

▶ Beispiel: Rechtsanwalt Rüdiger Amrehn verteidigt Samira Schmitz in einem Strafverfahren vor dem Landgericht Dresden als Wahlanwalt. An der Hauptverhandlung am 05.12.2022 von 11:30 Uhr bis 17:00 Uhr hat Rechtsanwalt Rüdiger Amrehn teilgenommen. Es handelt sich um einen Durchschnittsfall. Das Urteil ist rechtskräftig. Rechtsanwalt Rüdiger Amrehn erhält folgende Gebühren und Auslagen nach dem RVG:

Grundgebühr, Nr. 4100 VV RVG	220,00 €
Verfahrensgebühr (gerichtliches Verfahren), Nr. 4112 VV RVG	203,50 €
Terminsgebühr (Hauptverhandlung), Nr. 4114 VV RVG	352,00 €
Pauschale Post und Telekommunikation, Nr. 7002 VV RVG	20,00 €
Zwischensumme	795,50 €
19 % Umsatzsteuer, Nr. 7008 VV RVG	151,15 €
Summe	946,65 €

7.6.4 Berufungsverfahren

Nach Teil 4 Abschnitt 1 Unterabschnitt 3 VV RVG können im Berufungsverfahren folgende Gebühren entstehen:

	Wahlanwalt	Pflichtverteidiger
Verfahrensgebühr, Nr. 4124 VV RVG	88,00–616,00 €	282,00 €
Verfahrensgebühr/Zuschlag, Nrn. 4124, 4125 VV RVG	88,00–770,00 €	343,00 €
Terminsgebühr/Tag, Nr. 4126 VV RVG	88,00–616,00 €	282,00 €
Terminsgebühr/Zuschlag, Nrn. 4126, 4127 VV RVG	88,00–770,00 €	343,00 €
Teilnahme an Hauptverhandlung mehr als 5 und bis 8 Std.; zusätzlich, Nr. 4128 VV RVG		141,00 €
Teilnahme an Hauptverhandlung mehr als 8 Std.; zusätzlich, Nr. 4129 VV RVG		282,00 €

Neben der Verfahrens- und Terminsgebühr kann auch noch die Grundgebühr nach Nr. 4100 VV RVG entstehen. Dies ist dann der Fall, wenn der Rechtsanwalt

- erst im Berufungsverfahren tätig wird,
- mit der Verteidigung im Berufungsverfahren bereits beauftragt ist, dem Mandanten aber später von der Einlegung der Berufung abrät.

Sofern der Rechtsanwalt dem Mandanten von der Einlegung der Berufung abrät und damit die Hauptverhandlung entbehrlich wird, erhält er eine zusätzliche Gebühr nach Teil 4 Abschnitt 1 Unterabschnitt 5 VV RVG, nämlich nach Nr. 4141 Abs. 1 Ziff. 3 VV RVG. Diese Gebühr entsteht in der Höhe der jeweiligen Verfahrensgebühr (ohne Zuschlag). Die Höhe der Gebühr richtet sich gem. Nr. 4141 Abs. 3 VV RVG nach dem Rechtszug, in dem die Hauptverhandlung vermieden wurde.

Sofern bereits ein Termin zur Hauptverhandlung bestimmt wurde, entsteht die Gebühr nur, wenn die Berufung früher als zwei Wochen vor Beginn des Tags, der für die Hauptverhandlung vorgesehen war, zurückgenommen wird (Nr. 4141 Abs. 1 Ziff. 3 VV RVG).

▶ Beispiel: In einem Strafverfahren wird Alexander Jürgens seit dem vorbereitenden Verfahren von der Wahlanwältin Aileen Renninger anwaltlich vertreten. Alexander Jürgens bittet Rechtsanwältin Aileen Renninger gegen die gerichtliche Entscheidung in Berufung zu gehen. Es finden zwei Hauptverhandlungen am 08.11.2022 und 29.11.2022 statt, an denen Rechtsanwältin Aileen Renninger teilnimmt. Das Berufungsverfahren bleibt ohne Erfolg. Es handelt sich um einen Durchschnittsfall. Rechtsanwältin Aileen Renninger erhält folgende Gebühren und Auslagen nach dem RVG:

Verfahrensgebühr (Berufungsverfahren), Nr. 4124 VV RVG	352,00 €
Terminsgebühr (Hauptverhandlung 08.11.2022), Nr. 4114 VV RVG	352,00 €
Terminsgebühr (Hauptverhandlung 29.11.2022), Nr. 4114 VV RVG	352,00 €
Pauschale Post und Telekommunikation, Nr. 7002 VV RVG	20,00 €
Zwischensumme	1.076,00 €
19 % Umsatzsteuer, Nr. 7008 VV RVG	204,44 €
Summe	1.280,44 €

7.6.5 Revisionsverfahren

Nach Teil 4 Abschnitt 1 Unterabschnitt 3 VV RVG können im Revisionsverfahren folgende Gebühren entstehen:

	Wahlanwalt	Pflichtverteidiger
Verfahrensgebühr, Nr. 4130 VV RVG	132,00–1.221,00 €	541,00 €
Verfahrensgebühr/Zuschlag, Nrn. 4130, 4131 VV RVG	132,00–1.526,00 €	663,00 €
Terminsgebühr/Tag, Nr. 4132 VV RVG	132,00–616,00 €	300,00 €
Terminsgebühr/Zuschlag, Nrn. 4132, 4133 VV RVG	132,00–770,00 €	361,00 €
Teilnahme an Hauptverhandlung mehr als 5 und bis 8 Std.; zusätzlich, Nr. 4134 VV RVG		150,00 €
Teilnahme an Hauptverhandlung mehr als 8 Std.; zusätzlich, Nr. 4135 VV RVG		300,00 €

Wird der Rechtsanwalt von seinem Mandanten beauftragt, erst im Revisionsverfahren tätig zu werden, erhält er für seine anwaltliche Tätigkeit die Grundgebühr nach Nr. 4100 VV RVG. Die Grundgebühr erhält er auch dann, wenn er mit der Verteidigung im Revisionsverfahren bereits beauftragt ist, dem Mandanten aber später von der Einlegung der Revision abrät.

Sofern der Rechtsanwalt dem Mandanten von der Einlegung der Revision abrät und damit die Hauptverhandlung entbehrlich wird, erhält er eine zusätzliche Gebühr nach Teil 4 Abschnitt 1 Unterabschnitt 5 VV RVG, nämlich nach Nr. 4141 Abs. 1 Ziff. 3 VV RVG. Die zusätzliche Gebühr entsteht in der Höhe der jeweiligen Verfahrensgebühr (ohne Zuschlag). Die Höhe der Gebühr richtet sich gem. Nr. 4141 Abs. 3 VV RVG nach dem Rechtszug, in dem die Hauptverhandlung vermieden wurde.

Sofern bereits ein Termin zur Hauptverhandlung bestimmt wurde, entsteht die Gebühr nur, wenn die Berufung früher als zwei Wochen vor Beginn des Tags, der für die Hauptverhandlung vorgesehen war, zurückgenommen wird (Nr. 4141 Abs. 1 Ziff. 3 VV RVG).

▶ Beispiel: Rechtsanwalt Udo Marschmenger vertritt Linda Strasser auch im Rahmen der Beiordnung als Pflichtverteidiger im Revisionsverfahren. Er nimmt an drei Hauptverhandlungsterminen teil: 05.12.2022 (08:00 Uhr bis 12:00 Uhr), 06.12.2022 (11:00 Uhr bis 16:30 Uhr) und 12.12.2022 (08:00 Uhr bis 11:00 Uhr). Portogebühren sind in Höhe von 19,80 € entstanden. Rechtsanwalt Udo Marschmenger erhält folgende Gebühren und Auslagen nach dem RVG:

Verfahrensgebühr (Revisionsverfahren), Nr. 4130 VV RVG	541,00 €
Terminsgebühr (Hauptverhandlung 05.12.2022), Nr. 4132 VV RVG	300,00 €
Terminsgebühr (Hauptverhandlung 06.12.2022), Nr. 4132 VV RVG	300,00 €
Zusätzliche Gebühr (Hauptverhandlung 06.12.2022: 5 ½ Std.), Nr. 4134 VV RVG	150,00 €
Terminsgebühr (Hauptverhandlung 12.12.2022), Nr. 4132 VV RVG	300,00 €
Pauschale Post und Telekommunikation, Nr. 7002 VV RVG	20,00 €
Zwischensumme	1.611,00 €
19 % Umsatzsteuer, Nr. 7008 VV RVG	306,09 €
Summe	1.917,09 €

7.7 Führen des erforderlichen Schriftverkehrs

Auch in Strafverfahren können Schreiben vom Rechtsanwaltsfachangestellten übernommen werden, beispielsweise der Antrag auf Gewährung von Akteneinsicht, die Einlegung bzw. Rücknahme des Einspruchs gegen einen Strafbefehl sowie Schreiben und Kostenrechnungen an den Mandanten.

Hinweis: Seit 01.01.2022 sind alle Rechtsanwälte verpflichtet, Schriftsätze per beA zu übermitteln. Etwaige Anlagen müssen, sofern diese dem Gericht noch nicht vorliegen, mitübersandt werden.

vgl. LF 2, Kap. 2.3.4

Situationsbeschreibung: Rechtsanwältin Katharina Schuh verteidigt Sandro Meyer in einem Strafverfahren vor dem Amtsgericht (Az.: 250 Ds 568/2021) als Pflichtverteidigerin. An der Hauptverhandlung am 07.02.2022 von 10:30 Uhr bis 17:00 Uhr hat sie teilgenommen. Es ergeht ein Urteil. Annika Sauer übernimmt die Handakte, um gegenüber der Staatskasse abzurechnen. Da sie bislang keine Strafverfahren abgerechnet hat, schreibt sie den Festsetzungsantrag zunächst als Aktennotiz, um ihn dann anschließend mit Julia Hoffmann zu besprechen.

In dem Strafverfahren Sandro Meyer, Az.: 250 Ds 568/2021

beantragen wir hiermit die Festsetzung unserer Gebühren wie folgt:

Grundgebühr, Nr. 4100 VV RVG	176,00 €
Verfahrensgebühr, Nr. 4106 VV RVG	145,00 €
Terminsgebühr, Nr. 4108 VV RVG	242,00 €
Zusätzliche Gebühr, Nr. 4110 VV RVG	121,00 €
Pauschale Post und Telekommunikation, Nr. 7002 VV RVG	20,00 €
Zwischensumme	704,00 €
19 % Umsatzsteuer, Nr. 7008 VV RVG	133,76 €
Summe	837,76 €

Wir bitten um Festsetzung und Ausgleich der Gebühren auf eines der unten genannten Kanzleikonten.

Als gerichtlich bestellter Verteidiger wird Folgendes versichert:

Wir haben keinerlei Vorschüsse oder Zahlungen, weder vom Mandanten noch seitens der Staatskasse oder Dritter erhalten (§ 55 Abs. 5 RVG). Wir versichern, dass etwaige spätere Zahlungen vom Mandanten oder Dritten, die für die Pflicht zur Rückzahlung der Gebühren an die Staatskasse von Bedeutung sind, der Staatskasse angezeigt werden (§ 55 Abs. 5 RVG).

Zusammenfassung

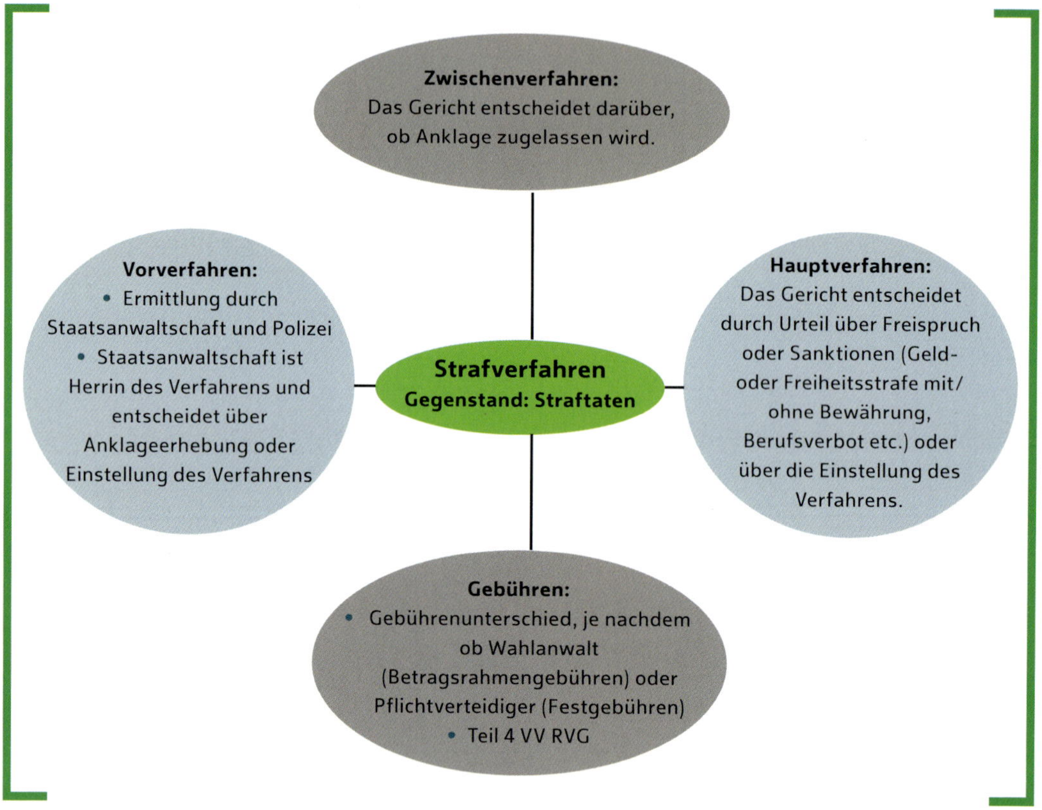

Wiederholung und Vertiefung

1. Was besagt das Legalitätsprinzip?
2. Was ist der Unterschied zwischen Straftaten und Ordnungswidrigkeiten?
3. Die Staatsanwaltschaft kommt nach Abschluss der Ermittlungen zu dem Schluss, dass der Verdacht gegen Jannis Martins wegen des Vorwurfs einer fahrlässigen Körperverletzung nicht ausreicht. Sie möchte daher statt Anklage zu erheben einen Strafbefehl erlassen. Ist dies zulässig?
4. In welchen Fällen ist der Strafrichter in erster Instanz zuständig?
5. Nadine Mallon erscheint bei Rechtsanwalt Dr. Gunter Rath und erklärt, dass gegen sie zwar ein polizeiliches Ermittlungsverfahren läuft, sie aber unschuldig sei. Sie erteilt Rechtsanwalt Dr. Gunter Rath den Auftrag, in dieser Sache tätig zu werden. Nach eingehender Besprechung des Sachverhalts beantragt Rechtsanwalt Dr. Gunter Rath Akteneinsicht bei der Polizeiinspektion Nürnberg, die die Sache an die Staatsanwaltschaft Nürnberg übergegeben hat. Aufgrund des umfangreichen Vortrags des Rechtsanwalts

Dr. Gunter Rath stellt die Staatsanwaltschaft das Ermittlungsverfahren gem. § 153 a StPO ohne Auflagen endgültig ein. Für das Strafverfahren wäre das Amtsgericht Nürnberg zuständig gewesen. Es handelt sich um einen Durchschnittsfall. Portokosten sind in Höhe von 21,40 € angefallen. Weiterhin wurden 42 Ablichtungen aus Behördenakten angefertigt. Welche Gebühren und Auslagen erhält Rechtsanwalt Dr. Gunter Rath nach dem RVG?

6. Die langjährige Mandantin Inga Aschöwer hat an Rechtsanwalt Peter Huber per E-Mail einen ihr zugestellten Strafbefehl geschickt mit der Bitte um eine kurze Rückmeldung dahingehend, was sie beachten muss, wenn sie Einspruch gegen diesen Strafbefehl einlegen will. Rechtsanwalt Peter Huber bittet Annika Sauer, eine E-Mail an Inga Aschöwer zu verfassen, in der sie die Mandantin über Form und Frist des Einspruchs informiert. Formulieren Sie den Brieftext einschließlich Anrede. Berücksichtigen Sie hierbei die Regeln der DIN 5008.

8 Das Bußgeldverfahren

vgl. LF 14 (ReFa), Kap. 7

Verstöße gegen Ge- und Verbote werden nach ihrem Unrechtsgehalt unterschieden. Besonders schwerwiegende Taten werden als **Straftaten** in Strafverfahren verfolgt, während leichtere Verstöße als **Ordnungswidrigkeiten** in Bußgeldverfahren geahndet werden.

Hinweis: Ordnungswidrigkeiten erkennt man an folgender Formulierung: *„Ordnungswidrig handelt, wer ...“*.

Ordnungswidrigkeiten sind nicht in einem bestimmten Gesetz gesammelt, sondern finden sich je nach Themenbereich in den jeweiligen Gesetzen. Sie stellen in der Regel Verstöße gegen Verwaltungsvorschriften dar.

▶ Beispiele: §§ 21 ff. StVG (Straßenverkehrsgesetz), § 49 StVO (Straßenverkehrsordnung), §§ 143 ff. GewO (Gewerbeordnung), §§ 22 f. ArbZG (Arbeitszeitgesetz), § 73 IfSG (Infektionsschutzgesetz), § 25 PassG (Passgesetz)

Ordnungswidrigkeiten werden mit **Geldbußen** bestraft. Diese werden nicht ins Bundeszentralregister eingetragen (vgl. § 4 BZRG [Bundeszentralregistergesetz]), sodass der Betroffene nicht als vorbestraft gilt und die Verfahren auch nicht in einem Führungszeugnis aufgeführt werden.

Die Verfahrensregeln für das Bußgeldverfahren finden sich im OWiG (**Gesetz über Ordnungswidrigkeiten**).

Das Bußgeldverfahren läuft grds. ähnlich wie das Strafverfahren ab, weist jedoch einige Besonderheiten auf.

Lernsituation

Marta Markowiak vereinbart mit Rechtsanwältin Katharina Schuh einen Besprechungstermin. Im Termin am 14.04.2022 legt Marta Markowiak einen Bußgeldbescheid vor, der ihr am 12.04.2022 zugestellt wurde. Der Bußgeldbescheid erging wegen Überschreitung der zulässigen Höchstgeschwindigkeit innerhalb einer Ortschaft vom Landkreis Südliche Weinstraße. Anstelle der erlaubten 50 km/h soll Marta Markowiak angeblich 83 km/h gefahren sein, und damit deutlich zu schnell. Dies hätte ein Fahrverbot von einem Monat zur Folge sowie eine Geldbuße von

160,00 €. Marta Markowiak will gegen den Bußgeldbescheid vorgehen, da sie ihren Führerschein nicht abgeben will und auch kein Geld hat, um die Geldbuße zu zahlen.

Annika Sauer erhält zunächst von Rechtsanwältin Katharina Schuh den Auftrag, die Akte dazu anzulegen.

Nur eine Stunde nach der Besprechung ruft Marta Markowiak in der Kanzlei an, da ihr noch etwas eingefallen ist. Sie erkundigt sich bei Annika Sauer, ob es nicht möglich wäre, für die Angelegenheit Beratungshilfe zu beantragen. Sie hat davon nämlich im Internet gelesen und sie kann auch belegen, dass sie kein Einkommen und kein Vermögen hat. Damit ein Nachweis in der Handakte ist, bittet Rechtsanwältin Katharina Schuh Annika Sauer darum, der Mandantin ihre Frage schriftlich zu beantworten.

Arbeitsaufträge:

a) Recherchieren Sie, in welchem Gesetz der Tatvorwurf geregelt ist. Notieren Sie Ihr Ergebnis.
b) Erstellen Sie in Partnerarbeit eine schematische Übersicht über den Ablauf des Bußgeldverfahrens.
c) Wie kann Marta Markowiak gegen den Bußgeldbescheid vorgehen? Welche Fristen sind dabei zu beachten. Notieren und begründen Sie Ihr Ergebnis.
d) Überlegen Sie in Partnerarbeit, ob vorliegend Beratungshilfe gewährt werden würde. Begründen Sie Ihre Antwort.
e) Formulieren Sie den Brief an Marta Markowiak. Beginnen Sie mit der Anrede und enden Sie mit dem Gruß.
f) Vergleichen Sie Ihre Ergebnisse mit denen Ihrer Mitschüler und berichtigen bzw. ergänzen Sie ggf. Ihre Notizen.
g) Reflektieren Sie anschließend Ihr Wissen anhand des Fragebogens, den Sie im Downloadbereich zum Buch finden.

Web

8.1 Allgemeine Grundsätze

Im Gegensatz zum Strafverfahren sind die Behörden nach dem **Opportunitätsprinzip** bei der Verfolgung von Ordnungswidrigkeiten nicht zur Ahndung verpflichtet (vgl. § 47 Abs. 1 OWiG). Die Einleitung eines Bußgeldverfahrens und auch die Beendigung des Verfahrens zu jedem Zeitpunkt ohne Verhängung einer Rechtsfolge liegen im Ermessen der zuständigen Behörde.

Wie im Strafverfahren auch gilt jedoch der **Untersuchungsgrundsatz**, nach dem der Sachverhalt von Amts wegen umfassend zu erforschen ist und sowohl belastende als auch entlastende Umstände ermittelt werden müssen (§ 46 Abs. 1 OWiG i. V. m. § 160 Abs. 1 und 2 StPO).

8.2 Ablauf des Verfahrens

Ähnlich wie beim Strafverfahren gibt es beim Bußgeldverfahren **verschiedene** Abschnitte. Im Vorverfahren ist jedoch nicht die Staatsanwaltschaft Herrin des Verfahrens sondern gem. § 35 Abs. 1 OWiG die **Verwaltungsbehörde**. Sie hat im Gegensatz zur Staatsanwaltschaft auch die Möglichkeit, selbst eine Sanktion zu verhängen, also einen Bußgeldbescheid zu erlassen und damit das Verfahren abzuschließen. Welche Verwaltungsbehörde zuständig ist, ergibt sich in der Regel aus dem Gesetz, welches auch den jeweiligen Bußgeldtatbestand enthält (§ 36 Abs. 1 Nr. 1 OWiG).

▶ Beispiel: Gemäß § 26 Abs. 1 S. 1 StVG sind für die Verfolgung von Verkehrsordnungswidrigkeiten die Polizeibehörden zuständig.

Die Verwaltungsbehörde kann gem. § 161 Abs. 1 StPO i. V. m. § 46 Abs. 1, 2 OWiG auch die Polizei mit Ermittlungstätigkeiten beauftragen.

Die Verwaltungsbehörde kann dann nach Abschluss der Ermittlungen entscheiden, ob sie einen **Bußgeldbescheid** erlässt, eine **Verwarnung** gem. §§ 56 ff. OWiG ausspricht, das **Verfahren** gem. § 47 Abs. 1 OWiG **einstellt**, wenn Zweckmäßigkeitsgesichtspunkte dies gebieten, oder das Verfahren gem. § 46 Abs. 1 OWiG i. V. m. § 170 Abs. 2 S. 1 StPO einstellt, weil kein hinreichender Tatverdacht besteht. Ein Bußgeldbescheid nach § 66 OWiG wird erlassen, wenn die Verwaltungsbehörde die Ordnungswidrigkeit für erwiesen hält, keine Verfahrenshindernisse entgegenstehen und die Ahndung nach pflichtgemäßem Ermessen i. S. v. § 47 Abs. 1 OWiG geboten ist. Die Höhe des Bußgelds wird in der Praxis bei häufig vorkommenden Ordnungswidrigkeiten anhand von Bußgeldkatalogen bestimmt. Der Betroffene kann gem. § 67 OWiG gegen den Bußgeldbescheid innerhalb von zwei Wochen nach Zustellung schriftlich oder zur Niederschrift bei der Verwaltungsbehörde, die den Bußgeldbescheid erlassen hat, Einspruch einlegen.

Im **Zwischenverfahren** entscheidet dann die Behörde darüber, ob der Einspruch zulässig ist. Andernfalls verwirft sie ihn gem. § 69 Abs. 1 S. 1 OWiG. Gegen diese Entscheidung ist der Antrag auf gerichtliche Entscheidung gem. § 62 OWiG statthaft. Hält die Behörde den Einspruch für zulässig, kann sie den Bußgeldbescheid gem. § 69 Abs. 2 OWiG entweder aufrechterhalten oder zurücknehmen. Hält sie ihn aufrecht, übersendet sie die Akten gem. § 69 Abs. 3 S. 1 OWiG über die Staatsanwaltschaft an das zuständige Amtsgericht. Die Staatsanwaltschaft entscheidet dann, ob sie die Akten dem Gericht vorlegt oder das Verfahren einstellt. Das Gericht kann dann gem. § 70 OWiG den Einspruch als unzulässig verwerfen oder das Hauptverfahren durchführen.

▶ Der Ablauf der **Hauptverhandlung** richtet sich gem. § 46 Abs. 1 OWiG grds. nach den Vorschriften über die Hauptverhandlung im Strafverfahren gem. §§ 243 ff. StPO, wobei jedoch einige Vorschriften zur Beschleunigung und Vereinfachung gelten (§§ 73 ff. OWiG). In Bußgeldverfahren ist die Staatsanwaltschaft gem. § 75 Abs. 1 S. 1 OWiG nicht zur Teilnahme an der Hauptverhandlung verpflichtet, sodass in diesem Fall der Richter aus dem Bußgeldbescheid die Angaben gem. § 66 Abs. 1 Nr. 3 OWiG verliest. Das Gericht entscheidet dann gem. § 72 Abs. 3 OWiG darüber, ob der Betroffene freigesprochen, gegen ihn eine Geldbuße festgesetzt, eine Nebenfolge angeordnet oder das Verfahren eingestellt wird. Gegen das Urteil oder den Beschluss ist die Rechtsbeschwerde gem. § 79 OWiG statthaft.

Zuständig für die **Vollstreckung** eines Bußgeldbescheids ist gem. § 92 OWiG die Behörde, die ihn erlassen hat. Gerichtsentscheidungen werden hingegen gem. § 91 OWiG i. V. m. § 451 Abs. 1 StPO von der Staatsanwaltschaft vollstreckt. Grundsätzlich muss der Betroffene gem. §§ 105 Abs. 1, 107 OWiG i. V. m. § 465 Abs. 1 StPO neben der Geldbuße auch die Kosten und Auslagen tragen. Nur im Fall eines Freispruchs oder einer Einstellung mangels hinreichenden Tatverdachts trägt der Staat die Kosten.

8.3 Rechtsanwaltsgebühren

In Bußgeldverfahren gelten die Vorschriften des Teils 5 des Vergütungsverzeichnisses zum RVG. Sie gelten dabei für den Rechtsanwalt, der als

- Wahlanwalt (vom Beschuldigten oder Angeklagten beauftragter Verteidiger) oder
- Pflichtverteidiger (für den gerichtlich bestellten oder beigeordneten Rechtsanwalt)

tätig wird.

In Bußgeldsachen gelten für den Wahlanwalt folgende allgemeinen Grundsätze des RVG:

- Vereinbarung der Vergütung, § 4 RVG
- Fälligkeit der Vergütung, § 8 RVG
- Recht auf einen Vorschuss, § 9 RVG
- Berechnung der Vergütung, § 10 RVG

Hinweis: Sofern der Mandant aufgrund seiner persönlichen und wirtschaftlichen Verhältnisse nicht in der Lage ist, die Kosten des Verfahrens zu tragen, besteht die Möglichkeit, dass ihm für eine **Beratung** in Bußgeldverfahren Beratungshilfe gewährt wird. Die Möglichkeit der Prozess- und Verfahrenskostenhilfe ist in Bußgeldverfahren jedoch nicht gegeben.

Bei der Abrechnung von Bußgeldsachen nach Teil 5 des Vergütungsverzeichnisses zum RVG werden zwei Abschnitte unterschieden:

Bußgeldsachen
Teil 5 VV RVG

- Abschnitt 1
  Gebühren des Verteidigers
  Nrn. 5100–5116 VV RVG
- Abschnitt 2
  Einzeltätigkeiten
  Nr. 5200 VV RVG

Hinweis: Nachfolgend wird auf die wohl am meisten vorkommenden Verfahren eingegangen. Weitere Gebühren finden Sie in Teil 5 VV RVG.

vgl. LF 4, Kap. 4.4.1

Wie im Strafverfahren auch erhält der Wahlanwalt nach dem RVG **Betragsrahmengebühren**. Dabei muss er die Vorschriften des § 14 Abs. 1 RVG berücksichtigen. Handelt es sich bei der abzurechnenden Angelegenheit um einen Durchschnittsfall, wird der Wahlanwalt die Mittelgebühr ansetzen. Der Pflichtverteidiger erhält im Gegensatz zum Wahlanwalt keine Betragsrahmengebühren, sondern **Festgebühren**.

Durch die Gebühren wird die gesamte Tätigkeit des Rechtsanwalts entgolten (Vorbemerkung 5.1 Abs. 1 VV RVG). Hängt die Höhe der Gebühren von der Höhe einer **Geldbuße** ab, ist die zum Zeitpunkt des Entstehens der Gebühr zuletzt festgesetzte Geldbuße maßgebend. Ist eine Geldbuße nicht festgesetzt, richtet sich die Gebührenhöhe im Verfahren vor der Verwaltungsbehörde nach dem mittleren Betrag der in der Bußgeldvorschrift angedrohten Geldbuße. Sind in einer Rechtsvorschrift Regelsätze bestimmt, sind diese maßgebend. Mehrere Geldbußen sind zusammenzurechnen (Vorbemerkung 5.1 Abs. 2 VV RVG).

vgl. LF 4, Kap. 4.4.2, 4.4.3

Der Rechtsanwalt hat neben seinem Gebührenanspruch, der in den folgenden Kapiteln erläutert wird, auch einen Erstattungsanspruch in Bezug auf die ihm entstandenen Auslagen gem. Nrn. 7000–7008 VV RVG und die von ihm getätigten Aufwendungen.

vgl. LF 6, Kap. 2

Hinweis: Nach dem Versand der Vergütungsrechnung muss der Zahlungseingang überprüft und im Aktenkonto notiert werden.

8.3.1 Allgemeine Gebühr

Nach Teil 5 Abschnitt 1 Unterabschnitt 1 VV RVG kann folgende allgemeine Gebühr entstehen:

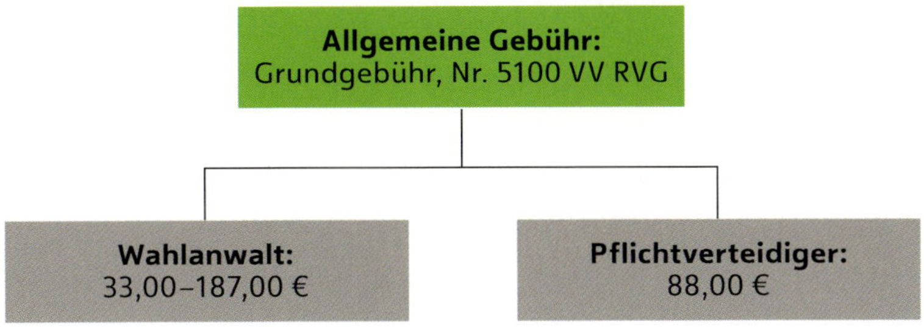

Gemäß Nr. 5100 VV RVG erhält der Rechtsanwalt eine Grundgebühr. Diese entsteht für die erstmalige Einarbeitung in den Rechtsfall nur einmal, unabhängig davon, in welchem Verfahrensabschnitt sie erfolgt (Nr. 5100 Abs. 1 VV RVG).

Hinweis: Gemäß Nr. 5100 Abs. 2 VV RVG entsteht die Grundgebühr nicht, wenn in einem vorangegangenen Strafverfahren für dieselbe Handlung oder Tat die Grundgebühr nach Nr. 4100 VV RVG entstanden ist.

8.3.2 Verfahren vor der Verwaltungsbehörde

Nach Teil 5 Abschnitt 1 Unterabschnitt 2 VV RVG können folgende Gebühren entstehen:

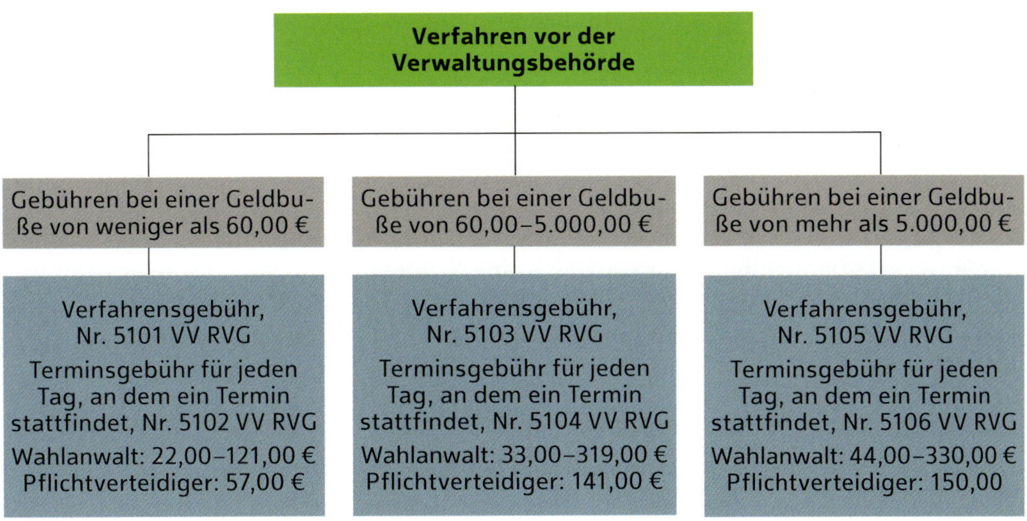

Gemäß Vorbemerkung 5.1.2 Abs. 1 VV RVG gehört zu dem Verfahren vor der Verwaltungsbehörde auch das Verwarnungsverfahren und das Zwischenverfahren nach § 69 OWiG bis zum

Eingang der Akten bei Gericht. Die Höhe der **Verfahrensgebühr** ist, wie oben bereits ausgeführt, abhängig von der Höhe der Geldbuße. Die **Terminsgebühr** ist der jeweiligen Verfahrensgebühr zugeordnet und entsteht auch für die Teilnahme an Vernehmungen vor der Polizei oder der Verwaltungsbehörde (Vorbemerkung 5.1.2 Abs. 2 VV RVG).

Hinweis: Sofern sich durch die Mitwirkung des Rechtsanwalts das Verfahren vor der Verwaltungsbehörde erledigt, entsteht gem. Nr. 5115 VV RVG eine zusätzliche Gebühr in Höhe der jeweiligen Verfahrensgebühr. Diese entsteht gem. Nr. 5115 Abs. 1 VV RVG z. B. wenn der Einspruch gegen den Bußgeldbescheid zurückgenommen wird.

▶ Beispiel: Gegen Mira Kardeli ist ein Bußgeldverfahren anhängig. Rechtsanwalt Ingo Martensen vertritt sie, nachdem von der Verwaltungsbehörde ein Bußgeldbescheid mit einer Geldbuße in Höhe von 50,00 € festgesetzt worden ist. Rechtsanwalt Ingo Martensen legt auftragsgemäß Einspruch gegen den Bußgeldbescheid ein. Anschließend entzieht ihm Mira Kardeli das Mandat. Es handelt sich um einen Durchschnittsfall. Rechtsanwalt Ingo Martensen erhält folgende Gebühren und Auslagen nach dem RVG:

Grundgebühr, Nr. 5100 VV RVG	110,00 €
Verfahrensgebühr (Verwaltungsbehörde), Nr. 5101 VV RVG	71,50 €
Pauschale Post und Telekommunikation, Nr. 7002 VV RVG	20,00 €
Zwischensumme	201,50 €
19 % Umsatzsteuer, Nr. 7008 VV RVG	38,29 €
Summe	239,79 €

8.3.3 Erstinstanzliches gerichtliches Verfahren

Nach Teil 5 Abschnitt 1 Unterabschnitt 3 VV RVG können folgende Gebühren entstehen:

Erstinstanzliches gerichtliches Verfahren		
Gebühren bei einer Geldbuße von weniger als 60,00 €	**Gebühren bei einer Geldbuße von 60,00–5.000,00 €**	**Gebühren bei einer Geldbuße von mehr als 5.000,00 €**
Verfahrensgebühr, Nr. 5107 VV RVG Wahlanwalt: 22,00–121,00 € Pflichtverteidiger: 57,00 €	**Verfahrensgebühr,** Nr. 5109 VV RVG Wahlanwalt: 33,00–319,00 € Pflichtverteidiger: 141,00 €	**Verfahrensgebühr,** Nr. 5111 VV RVG Wahlanwalt: 55,00–385,00 € Pflichtverteidiger: 176,00 €
Terminsgebühr je Hauptverhandlungstag, Nr. 5108 VV RVG Wahlanwalt: 22,00–264,00 € Pflichtverteidiger: 114,00 €	**Terminsgebühr je Hauptverhandlungstag,** Nr. 5110 VV RVG Wahlanwalt: 44,00–517,00 € Pflichtverteidiger: 224,00 €	**Terminsgebühr je Hauptverhandlungstag,** Nr. 5112 VV RVG Wahlanwalt: 88,00–616,00 € Pflichtverteidiger: 282,00 €

Gemäß Vorbemerkung 5.1.3 Abs. 1 VV RVG entsteht die Terminsgebühr auch für die Teilnahme an gerichtlichen Terminen außerhalb der Hauptverhandlung. Die Höhe der **Verfahrens- und Terminsgebühr** ist, wie bereits ausgeführt, abhängig von der Höhe der Geldbuße.

Ist der Rechtsanwalt im Verfahren vor der Verwaltungsbehörde **und** im erstinstanzlichen gerichtlichen Verfahren auftragsgemäß tätig, kann er die Vergütung nach Teil 5 Abschnitt 1 Unterabschnitt 2 und 3 VV RVG verlangen.

Hinweis: Sofern durch die Mitwirkung des Rechtsanwalts die Hauptverhandlung entbehrlich wird, erhält er eine zusätzliche Gebühr gem. Nr. 5115 VV RVG in Höhe der jeweiligen Verfahrensgebühr. Die Höhe der Gebühr richtet sich gem. Nr. 5115 Abs. 3 VV RVG nach dem Rechtszug, in dem die Hauptverhandlung vermieden wurde. Wenn bereits ein Termin zur Hauptverhandlung bestimmt wurde, entsteht die Gebühr nur, wenn der Einspruch früher als zwei Wochen vor Beginn des Tags, der für die Hauptverhandlung vorgesehen war, zurückgenommen wird (Nr. 5115 Abs. 1 Ziff. 4 VV RVG).

▶ Beispiel: Leonard Reinhard wird wegen Verstoßes gegen die Promillegrenze ein Bußgeldbescheid mit einer Geldbuße von 500,00 € von der Verwaltungsbehörde zugestellt. Dagegen legt Rechtsanwältin Alexandra Graf-Reincke als Pflichtverteidigerin Einspruch ein. Beim zuständigen Amtsgericht Darmstadt findet ein Hauptverhandlungstermin statt. Rechtsanwältin Alexandra Graf-Reincke nimmt diesen Termin wahr. Danach ergeht ein Urteil. Es handelt sich um einen Durchschnittsfall. Insgesamt wurden 29 Ablichtungen aus Behördenakten angefertigt. Rechtsanwältin Alexandra Graf-Reincke erhält folgende Gebühren und Auslagen nach dem RVG:

Grundgebühr, Nr. 5100 VV RVG	88,00 €
Verfahrensgebühr (Verwaltungsbehörde), Nr. 5103 VV RVG	141,00 €
Verfahrensgebühr (gerichtliches Verfahren), Nr. 5109 VV RVG	141,00 €
Terminsgebühr (Hauptverhandlung), Nr. 5110 VV RVG	224,00 €
Pauschale Post und Telekommunikation, Nr. 7002 VV RVG	20,00 €
Dokumentenpauschale (29 Kopien à 0,50 €), Nr. 7000 Ziff. 1 a VV RVG	14,50 €
Zwischensumme	628,50 €
19 % Umsatzsteuer, Nr. 7008 VV RVG	119,42 €
Summe	747,92 €

8.4 Führen des erforderlichen Schriftverkehrs

vgl. LF 14 (ReFa), Kap. 1.8

In Bußgeldsachen werden durch den Rechtsanwaltsfachangestellten diverse Schreiben erstellt, beispielsweise der Einspruch gegen den Bußgeldbescheid, die Anforderung der Ermittlungsakte zur Akteneinsicht sowie Informationsschreiben an den Mandanten und Kostenrechnungen.

vgl. LF 2, Kap. 2.3.4

Hinweis: Seit 01.01.2022 sind alle Rechtsanwälte verpflichtet, Schriftsätze per beA zu übermitteln. Etwaige Anlagen müssen, sofern diese dem Gericht noch nicht vorliegen, mitübersandt werden.

Situationsbeschreibung: Dominik Leitner (Schulstraße 5, 67365 Schwegenheim) beauftragt Rechtsanwältin Katharina Schuh in einem Bußgeldverfahren. Der Bußgeldbescheid vom 07.01.2022 mit dem Az.: 5634-80915-316 wurde Dominik Leitner am 10.01.2022 zugestellt. Der Mandant bittet Rechtsanwältin Katharina Schuh, hiergegen Einspruch einzulegen. Rechtsanwältin Katharina Schuh übergibt die Akte an Annika Sauer mit der Bitte, Einspruch einzulegen und Akteneinsicht zu beantragen. Die Begründung des Einspruchs soll nach Akteneinsicht und Prüfung der Sach- und Rechtslage erfolgen. Annika Sauer entwirft den Brieftext zunächst in einem leeren Dokument.

Dominik Leitner
wegen Bußgeldverfahren
Az.: 5634-80915-316

Sehr geehrte Damen und Herren,

wir zeigen Ihnen unter Vollmachtsvorlage an, dass wir Herrn Dominik Leitner, Schulstraße 5, 67365 Schwegenheim, anwaltlich vertreten.

Namens und im Auftrag von Herrn Dominik Leitner legen wir gegen den Bußgeldbescheid vom 07.01.2022 zugestellt am 10.01.2022,

Einspruch

ein.

Zugleich beantragen wir

Akteneinsicht.

Eine Begründung des Einspruchs wird nach erfolgter Akteneinsicht und Prüfung der Sach- und Rechtslage erfolgen.

Freundliche Grüße

Zusammenfassung

Ordnungswidrigkeiten

- **Vorverfahren**
  - Ermittlung durch Verwaltungsbehörde und Polizei
  - Verwaltungsbehörde ist Herrin des Verfahrens und entscheidet über Bußgeldbescheid, Verwarnung oder Einstellung des Verfahrens
- **Zwischenverfahren**
  - Verwaltungsbehörde entscheidet über Zulässigkeit und Begründetheit des Einspruchs
  - falls Einspruch unbegründet, übergibt sie die Sache an die Staatsanwaltschaft, die nochmals prüft, ob das Verfahren eingestellt wird
  - wird das Verfahren nicht eingestellt, führt das Gericht das Hauptverfahren durch, sofern der Einspruch zulässig ist
- **Hauptverfahren**
  - Gericht entscheidet darüber, ob der Betroffene freigesprochen, gegen ihn eine Geldbuße festgesetzt, eine Nebenfolge angeordnet oder das Verfahren eingestellt wird
- **Gebühren**
  - Gebührenunterschied, je nachdem ob Wahlanwalt (Betragsrahmengebühren) oder Pflichtverteidiger (Festgebühren)
  - Teil 5 VV RVG

Wiederholung und Vertiefung

1. Ist die zuständige Behörde zur Einleitung eines Bußgeldverfahrens verpflichtet?
2. Wie kann eine Behörde auf einen Einspruch reagieren?
3. Nino Hausmann wird wegen Geschwindigkeitsüberschreitung ein Bußgeldbescheid mit einer Geldbuße in Höhe von 50,00 € von der Verwaltungsbehörde zugestellt. Rechtsanwalt Jürgen Rosshauptner legt auftragsgemäß als Pflichtverteidiger Einspruch gegen den Bußgeldbescheid ein. Beim zuständigen Amtsgericht Stuttgart findet ein Hauptverhandlungstermin mit einer Dauer von fünf Stunden statt. Rechtsanwalt Jürgen Rosshauptner nimmt diesen Termin wahr. Danach ergeht ein Urteil. Es handelt sich um einen Durchschnittsfall.

Welche Gebühren und Auslagen erhält Rechtsanwalt Jürgen Rosshauptner für seine Tätigkeit?

4. Rechtsanwältin Katharina Schuh vertritt Dr. Markus Cäsar in einem Bußgeldverfahren. Wie besprochen hat Rechtsanwältin Katharina Schuh Einspruch gegen den von der Stadt Kaiserslautern erlassenen Bußgeldbescheid eingelegt. Annika Sauer übersendet das Einspruchsschreiben an den Mandanten zur Kenntnisnahme. Auf Bitte von Rechtsanwältin Katharina Schuh nimmt sie in das Schreiben noch den weiteren Verfahrensablauf bis zur Abgabe an das zuständige Amtsgericht mit auf. Formulieren Sie den Brieftext, einschließlich Anrede, unter Berücksichtigung der Regeln der DIN 5008.

Sachwortverzeichnis

Bildquellenverzeichnis

Bundesministerium der Justiz und Verbraucherschutz, Berlin: 109.2, 113.1, 114.1, 115.1, 116.1, 118.1, 125.1, 127.2, 130.1, 131.1, 134.1, 135.2, 136.1, 143.1, 199.1, 201.1, 206.1, 207.1, 209.1, 210.1

Foto Stephan - Behrla Nöhrbaß GbR, Köln: 13.2

fotolia.com, New York: Butch 298.1; contrastwerkstatt 12.2, 14.1, 14.2, 57.2; Dolgatsjov, Lev 13.1; Elnur 267.1; Gina Sanders 196.1; Pflueg, Franz 12.1; Sanders, Gina 13.3; Traumbild 56.2

iStockphoto.com, Calgary: Krivinis 256.1

Picture-Alliance GmbH, Frankfurt a.M.: Kalaene, Jens 393.2

stock.adobe.com, Dublin: .shock 76.2; andranik123 42.2; Anton.Matushchak 369.1; bbourdages Titel; bnenin 330.1; Boston, Frank 107.2; elnariz 354.3; fizkes 263.1; Halfpoint 165.1; juniart 246.1; LIGHTFIELD STUDIOS 213.1; memyjo 287.1; Nadezhda 412.2; NaruFoto 182.1; oatawa 293.2; Petair 304.1; Raths, Alexander 1.2; rogerphoto Titel; Schuppich, M. Titel; sebra Titel; siloto 319.1; sljubisa 21.1, 24.1, 28.1, 33.1, 42.1, 44.1, 45.1, 45.2, 47.1, 48.1, 48.2, 51.1, 53.1, 56.3, 57.1, 78.1, 80.1, 81.1, 82.1, 83.1, 85.1, 86.1, 93.1, 94.1, 96.1, 100.1, 103.1, 130.2, 133.1, 136.2, 138.1, 144.1, 161.1, 169.1, 171.1, 171.2, 171.3, 172.1, 173.1, 175.1, 177.1, 189.1, 191.1, 208.1, 212.1, 212.2, 247.1, 247.2, 250.1, 251.1, 254.1, 255.1, 255.2, 264.1, 271.1, 272.1, 272.2, 274.1, 274.2, 275.1, 276.1, 276.2, 278.1, 278.2, 278.3, 279.1, 292.1, 292.2, 293.1, 296.1, 296.2, 298.2, 299.1, 299.2, 305.1, 305.2, 307.1, 308.1, 308.2, 322.1, 323.1, 324.1, 325.1, 325.2, 333.1, 334.1, 334.2, 343.2, 345.1, 346.1, 346.3, 347.1, 353.2, 361.3, 363.2, 364.1, 365.1, 366.1, 366.2, 374.1, 375.2, 376.1, 376.4, 377.2, 377.3, 383.1, 386.2, 387.1, 388.1, 388.3, 389.1, 389.3, 389.4, 393.1, 396.1, 400.1, 401.1, 401.2, 401.3, 401.4, 402.1, 403.1, 403.2, 405.1, 406.1, 409.1, 412.1, 415.1, 416.1, 416.2, 417.1, 418.1, 419.1, 420.1; Stockfotos-MG 18.1; Stockwerk-Fotodesign 381.1; sveta 291.1; W PRODUCTION 244.1, 245.1; www.push2hit.de 338.1